예수 그리스도의
보병궁 복음서

예수 그리스도의 **보병궁 복음서**

『하나님의 기억의 책(아카식 레코드)』으로부터의 기록

저　자 : 리바이 다울링
번　역 : 상생문화연구소

발행일 : 2022년 3월 21일 초판 1쇄
　　　　 2023년 9월 18일 초판 2쇄
펴낸곳 : 상생출판
발행인 : 안경전
주　소 : 대전시 중구 선화서로 29번길 36(선화동)
전　화 : 070-8644-3156
팩　스 : 0303-0799-1735
홈페이지 www.sangsaengbooks.co.kr
출판등록 2005년 3월 11일(175호)

ISBN 979-11-91329-33-9
Copyright @ 2022, 2023 상생출판

『하나님의 기억의 책(아카식 레코드)』으로부터의 기록

예수 그리스도의
보병궁 복음서

리바이 다울링 著 | 상생문화연구소 譯

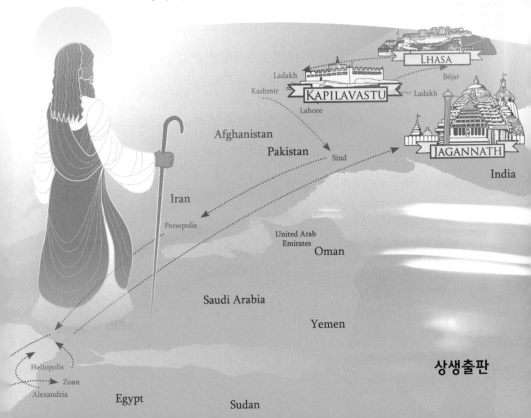

상생출판

차 례

그리스 아테네 p.134(44:4)
- 현자 *아볼로*를 만남. 델포이 신전에서 살아 있는 신탁으로 불림

아시리아 갈대아 우르 p.131(42:12)
(현.이라크)
- 이스라엘 요람의 땅 갈대아 우르에서 현자 *아시비나*와 함께 병자를 고침

페르시아 페르세폴리스 p.123(38:13)
(현. 이란) (24세)
- 현자 카스파와 호르, *룬, 메르, 자라, 멜조온* 등 마기 사제들을 만남

이스라엘 갈릴리 p.178(64:13)
(30세)
- 메시아임을 확증함
- 그리스도로서의 사역을 시작함

이집트 알렉산드리아
- 일곱 성자의 회의에 참석하여 세계 보편 교회 구상을 발표함
p.160(56:1)

이집트 조안
- 어머니 *마리아*의 스승인 *엘리후*와 살로메를 만남
p.141(47:2)

이집트 헬리오폴리스
- 성취형제단 신전의 제자가 됨 p.141(47:9)
- 그리스도 칭호를 받음 p.159(55:11)

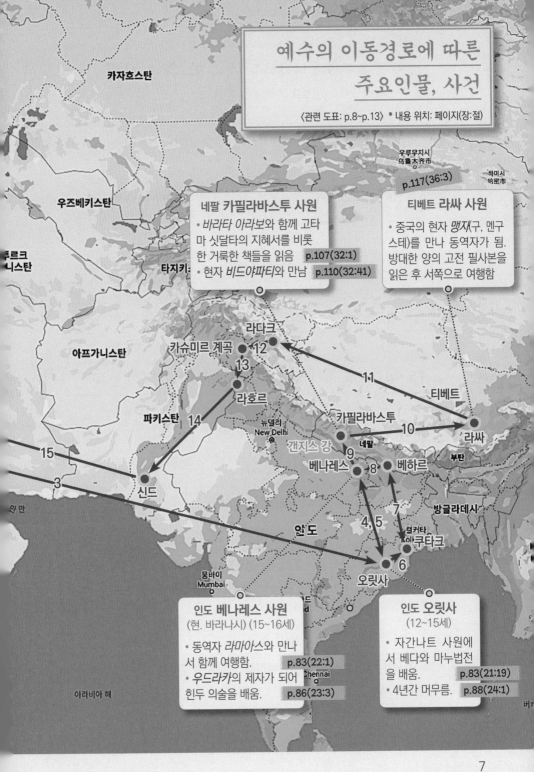

예수의 이동경로에 따른 주요인물, 사건

〈관련 도표: p.8~p.13〉 * 내용 위치: 페이지(장:절)

카자흐스탄

우즈베키스탄

투르크
니스탄

타지키

아프가니스탄

네팔 카필라바스투 사원
• *바라타 아라보*와 함께 고타마 싯달타의 지혜서를 비롯한 거룩한 책들을 읽음 p.107(32:1)
• 현자 *비드야파티*와 만남 p.110(32:41)

티베트 라싸 사원
• 중국의 현자 *맹자*(구, 멘구스테)를 만나 동역자가 됨. 방대한 양의 고전 필사본을 읽은 후 서쪽으로 여행함

우루무치시
乌鲁木齐市

p.117(36:3)

하미시
哈密市

라다크
카슈미르 계곡 **12**
13
라호르
파키스탄 **14**

뉴델리
New Delhi

카필라바스투
네팔
갠지스 강
베나레스 **9** **8** 베하르
15
3
신드
안도
11
티베트
10
라싸
부탄
방글라데시
7
4, 5
캘커타
코아쿠타크
6
오릿사
뭄바이
Mumbai

인도 베나레스 사원
(현. 바라나시)(15~16세)
• 동역자 *라마아스*와 만나서 함께 여행함. p.83(22:1)
• *우드라카*의 제자가 되어 힌두 의술을 배움. p.86(23:3)

인도 오릿사
(12~15세)
• 자간나트 사원에서 베다와 마누법전을 배움. p.83(21:19)
• 4년간 머무름. p.88(24:1)

Chennai

아라비아 해

보병궁 복음서에 나타나는 예수의 유년 시절

(머무른 지역과 주요 사건)

순번	본문 장번호	지역	나이
	1장	팔레스타인	(마리아) 0세
	주요 사건 ǀ 랍비인 **요아킴**과 유다 지파의 **안나**가 딸 **마리아**를 얻음. 딸의 탄생을 축하하는 연회에 부자가 아닌 가난하고 몸이 불편한 사람들을 초대하여 옷가지와 음식을 베품. 〈p.38〉		
	1장	예루살렘 성전	(마리아) 3세 이후
	주요 사건 ǀ 대제사장으로부터 고귀한 예언자의 어머니가 되리라는 말을 들은 후 성전에서 자라남. 산헤드린 의장 힐렐로부터 가르침을 받음. 〈p.39〉		
	1장	나사렛	(마리아) 혼기
	주요 사건 ǀ 나사렛 목수 **야곱**의 아들인 에세네파 **요셉**과 약혼함. 〈p.39〉		
	3장	베들레헴	0세
	주요 사건 ǀ 예수의 탄생 〈p.42~43〉		
	4장	예루살렘 성전	생후 40일
	주요 사건 ǀ 제사장에 의해 성별聖別됨. 〈p.44〉		
	5장	베들레헴	0세
	주요 사건 ǀ 마기 사제 3인(**호르, 룬, 메르**)이 아기 예수를 경배한 뒤 헤롯왕의 음모를 알리고 피신하게 함. 요셉과 마리아가 아기 예수를 데리고 이집트로 이동함. 〈p.45~47〉		
1	7~12장	이집트 조안	1~3세
	주요 사건 ǀ 어머니 마리아가 **엘리후**와 **살로메**로부터 가르침을 받음. 〈p.50~63〉		

순번	본문 장번호	지역	나이
2	16~21장	나사렛	3~12세
	주요 사건 | 이집트에서 귀국한 후 나사렛에 근거하여 유년 시절을 보냄. 〈p.71~83〉		
	16~17장	나사렛	7세
	주요 사건 | 마미온 거리에 있는 요셉의 집에서 생일잔치를 벌임. 나사렛 회당에서 **바라키아 랍비**와 대화를 나눔. 〈p.71~74〉		
	18장	예루살렘 성전	10세~11세
	주요 사건 | 1년 동안 머무르며 **힐렐**의 가르침을 받은 후 나사렛으로 돌아옴. 〈p.75~76〉		
	18~20장	나사렛	11~12세
	주요 사건 | 아버지와 함께 목수 일을 함. 〈p.76〉 마음 작업장 일화에서 원방각 비유를 듦. 〈p.81〉		
	19장	예루살렘 축제	12세
	주요 사건 | 힐렐의 요청으로 예언서를 해석함. 〈p.77~79〉		
3	21장	나사렛	12세
	주요 사건 | 인도 왕자 **라반나**의 후원으로 인도 유학길에 오름. 〈p.82〉		

보병궁 복음서에 나타나는 예수의 동방으로의 구도 여정

(머무른 지역과 주요 사건)

지도상 화살표 순번	본문 장번호	지역	나이
	21~ 24장	인도 오릿사 자간나트 사원	12~15세
	주요 사건 | 파키스탄 신드 지방을 거쳐 인도 오릿사로 이동. 〈p.82〉 자간나트 사원의 학생으로 들어가서 4년간 머무르며 베다와 마누법전을 배움. 〈p.83-84〉 브라만 사제인 동역자 **라마아스**와 만남. 〈p.90〉		
	23장	인도 오릿사와 갠지스 강 계곡	12~15세
4	**주요 사건	라마아스**와 함께 여행하며 수드라와 바이샤, 교사들에게 지혜를 구함. 〈p.86〉		
	23장	인도 갠지스 강 유역 베나레스 사원 (현. 바나라시)	12~15세
	주요 사건 | 힌두의 의술을 배우려고 힌두 최고의 의사인 **우드라카**의 제자가 됨. 〈p.86〉		
	24~ 25장	인도 오릿사 자간나트 사원	12~15세
5	**주요 사건 |** 인간 평등을 가르치다가 브라만교 사원에서 쫓겨남. 〈p.88~89〉 수드라와 바이샤 계층의 주거지에 은신하며 가르침을 베품. 〈p.91~92〉		
	26장	인도 쿠타크*	15세 이후
6	**주요 사건 |** 오릿사지방의 모든 도시에서 가르침. 쿠타크의 강변에서 브라만교 의식의 공허함에 대해 가르침. 〈p.93~96〉		
	27장	인도 베하르	–
7	**주요 사건 |** 연회에 참석하여 인간 평등에 대해 혁명적인 설교를 함. 〈p.95~98〉		

* 푸리 부근에 있는 오릿사의 주요 도시. 원문에는 Katak으로 되어 있지만 영어 표기로는 Cuttack이며 인도어 발음은 카타크이다.

순번	본문 장번호	지역	나이
	28~ 29장	인도 베나레스	-
8	**주요 사건 | 우드라카**의 집에 머물면서 신의 연합과 형제애에 대해 설교함. 〈p.98~100〉 라호르에서 온 브라만 사제인 **아자이닌**을 만남. 〈p.103〉		
	30장	인도 갠지스 강가	-
	주요 사건 | 아버지의 부고를 받고 어머니께 편지를 씀. 〈p.103〉		
	31~ 32장	인도 베나레스 사원	-
	주요 사건 | 형제애와 평등에 대해 설교하다가 브라만 사제들에 의해 인도에서 추방당함. 자객을 피해 네팔로 피신함. 〈p.105~111〉		
	32~35장	네팔 카필라바스투*	-
9	**주요 사건 |** 카필라바스투 사원의 불교 사제들로부터 환영을 받음. **바라타 아라보**와 함께 고타마 싯달타의 지혜서를 비롯한 거룩한 책들을 읽음. 〈p.107〉 카필라바스투의 제사장인 현자 **비드야파티**와 만나 동역자가 됨. 깨달음의 부처로 찬양됨. 〈p.115〉		
	36장	티베트 라싸 사원	-
10	**주요 사건 | 비드야파티**의 서신을 받은 중국의 현자 **맹자**(구 번역, 멘구스테)가 예수를 환대하여 동역자가 됨. 〈p.117〉 방대한 양의 고전 필사본을 읽으며 사원에서 공부를 마친 뒤 서쪽으로 여행함. 여행 중에 여러 마을에 잠깐씩 머물면서 가르침을 폄. 〈p.117~119〉		
	36장	인도 라다크 레흐	-
11	**주요 사건 |** 수도원과 시장에서 가르침을 펴고 어린아이를 치유함. 치병과 죄 사함, 지상천국을 만드는 법에 대해 설교함. 〈p.118~119〉		

* 원문에는 Kapivastu로 되어 있으나 Kapilavastu의 오기로 보인다.

순번	본문 장번호	지역	나이
12, 13, 14	37장	인도 카슈미르 골짜기 파키스탄 라호르, 신드	–
	주요 사건 l 인도 카슈미르 골짜기에서 낙타를 타고 대상 행렬과 함께 파키스탄 라호르로 이동함. **아자이닌**의 집에 머물면서 치유비법, 영을 지배하는 방법, 죄 사함의 비밀 등의 가르침을 전수함. 평민을 가르치고 병자를 고친 뒤 신드로 이동함. 〈p.120~121〉		
15	38장	페르시아 (현. 이란)	24세
	주요 사건 l 고향으로 향하는 길에 페르시아에 들어감. 촌락과 마을에서 사람들을 가르치거나 병자를 치유함. 〈p.122〉		
	38~41장	페르시아 페르세폴리스	24세
	주요 사건 l **동방박사 3인(호르, 룬, 메르)**과 마기 사제인 **카스파, 자라, 멜조온**을 만남. 이들과 함께 칠 일간 침묵 속에서 수행함. 〈p.122~123〉 페르세폴리스의 축제에 참석하여 마기 철학을 논평하고 악의 기원을 설명함. 현자 카스파의 칭송을 받음. 〈p.123~127〉 페르세폴리스 인근 치유의 샘에서 믿음에 대해 설교함. 〈p.127~129〉		
16	42장	아시리아(현. 이라크) 갈대아 우르	–
	주요 사건 l 이스라엘 요람의 땅 갈대아 우르에서 현자 **아시비나**와 함께 사람들을 가르치고 병자를 고침. 〈p.130~131〉		
17	43장	바빌론 벨루스 신전	–
	주요 사건 l **아시비나**와 함께 바빌론을 방문하고 시날 평지에서 칠 일간 머물면서 명상에 잠김. 〈p.131~132〉 요단강을 건너 나사렛 집으로 돌아감. 〈p.132〉		
18	43~44장	나사렛	–
	주요 사건 l 어머니 마리아가 예수를 위해 잔치를 베풂. 나사렛 집을 떠나 갈멜 산을 넘어 항구에서 배를 타고 그리스 수도 아테네로 이동함. 〈p.133~134〉		

순번	본문 장번호	지역	나이
19	44~46장	그리스 아테네	–
	주요 사건 | 현자 아볼로를 만남. 원형극장에서 연설함. 〈p.134〉 에테르와 성스러운 숨결에 대해 언급함. 델포이 신전에서 살아 있는 신탁 으로 불림. 아볼로의 집에서 40일간 가르친 후 마르스호를 타고 이집트 로 출항함. 〈p.134~140〉		
20	47장	이집트 조안	–
	주요 사건 | 어머니 **마리아**의 스승인 **엘리후**와 **살로메**를 만남. 〈p.141〉		
21	47~55장	이집트 헬리오폴리스	–
	주요 사건 | 성聖형제단 신전의 제자가 됨. 〈p.141〉 그리스도 칭호를 받음. 〈p.159〉		
22	56~60장	이집트 알렉산드리아	–
	주요 사건 | 일곱 성자의 회의에 참석하여 세계 보편 교회 구상을 발표함. 갈릴리로 돌아감. 〈p.168〉		
23	64장	갈릴리	–
	주요 사건 | 요단강의 요한을 찾아가서 세례를 받음. 성스러운 숨결이 그가 메시아임을 확증함. 〈p.177〉		
	65장	광야	30세
	주요 사건 | 40일간 광야에서 세 가지 시험을 받아 모두 극복함. 그리스도 로서의 사역을 시작함. 〈p.179~180〉		

| 머리말 |

이 책의 원제목은 "물고기 시대의 그리스도인 예수의 보병궁 시대의 복음서"이다. 이에 대해 비판적인 독자는 수많은 질문을 하기 마련이다. 그 많은 예상되는 질문 중에서 아마도 가장 중요한 질문은 이것일 것이다.

1. 시대란 무엇인가?
2. 물고기자리 시대는 무엇인가?
3. 보병궁(물병자리) 시대는 무엇인가?
4. 이 책에 사용된 '그리스도'라는 단어가 뜻하는 바는 무엇인가?
5. 나사렛 예수와 그리스도 사이의 관계는 무엇인가?
6. 이 책의 필사자인 리바이는 누구인가?
7. 아카샤의 기록이란 무엇인가?

1. 시대란 무엇인가?

천문학자들은 태양과 그의 행성들이 수백만 마일 떨어진 중심태양 주위를 돌고 있으며, 그 중심태양은 한 번의 공전주기를 일으키는데 26,000년이 채 안 된다고 말한다. 황도대라고 불리는 이 궤도는 양자리(백양궁), 황소자리(금우궁), 쌍둥이자리(쌍아궁), 게자리(거해궁), 사자자리(사자궁), 처녀자리(처녀궁), 저울자리(천칭궁), 전갈자리(천갈궁), 궁수자리(인마궁), 염소자리(마갈궁), 물병자리(보병궁), 물고기자리(쌍어궁)의 12궁으로 나누어져 있다. 우리의 태양계가 이 자리 하나를 통과하려면 2,100년이 조금 넘는 시간이 필요하며, 이 시간을 '한 시대'로 측정한다. 천문학자들이 말하는 "분점分點들의 세차歲差" 때문에, 12궁을 지나는 태양은 위에 있는 순서와 반대로 움직인다.

한 시대가 시작하는 정확한 시기

이 문제에 대해서는 천문학자들 사이에 의견의 차이가 있다. 그러나 이 책의 서론에서는 다양한 연구자들이 말하는 의견의 이유를 제시하는 것이 목적이 아니다. 우리의 현재 목적에 맞는 입증된 사실들이 충분히 있기 때문이다. 황소자리 시대가 시작된 우리의 역사적인 아담 시대에 태양이 황도대의 황소자리Taurus로 들어섰고, 태양이 양자리Aries에 들어갔을 때 아브라함이 양자리 시대 초기 가까이에 살았다는 것은 모든 까다롭게 비판적인 연구자들에 의해 인정받고 있다. 로마 제국이 부상할 무렵에 태양이 물고기자리에 들어가서 물고기자리 시대가 시작되었고, 그 시대 초기에 나사렛 예수가 살았다.

2. 물고기자리 시대는 무엇인가?

이 질문은 좀 더 숙고할 필요가 있다. 물고기자리 시대는 기독교 시대와 동일하다. 파이씨즈Pisces란 단어는 물고기를 의미한다. 이 별자리는 물의 별자리로 알려져 있으며, 물고기자리 시대는 명백하게 물고기와 그 원소인 물의 시대였다.

선구자 요한과 예수는 그들의 위대한 제도를 설립하면서 물세례 의식을 도입했으며, 이것은 어떤 형태로든 이른바 모든 기독교 교회와 종파에서 현재에 이르기까지 사용되고 있다. 물은 진정한 정화의 상징이다. 예수 그 자신이 세례를 받기 전에 선구자에게 말했다. "모든 사람은 씻겨야 한다. 이는 혼의 정화를 상징한다."(보병궁 복음서 64:7)

물고기는 기독교의 상징이었다.

기독교 시대의 초기에 물고기는 어디에서나 상징으로 사용되었다. 디드론은 그의 역저 '기독교 도상학'에서 다음과 같이 말한다:

"일반적으로 골동품 연구가들의 의견으로는 물고기는 예수 그리스도의 상징이다. 이 물고기는 많은 기독교 기념물들, 특히 고대 석관 위에 조각되어 있다. 그것은 또한 우리의 구원자의 이름과 함께 메달에 새겨지거나, 돌에 새겨져 있거나, 장신구에 양각이나 음각으로 조각되어 있다. 또 이 물고기는 아이들이 목에 걸고 다니는 부적이나 고대 안경과 조각된 램프에서도 볼 수 있다.

세례반洗禮盤(세례성사에 쓰기 위해 성수를 넣은 용기)은 특히 물고기로 장식되어 있다. 그 물고기는 최후의 만찬에서 식탁의 가운데 있는 접시와, 연회에서 사용되는 빵, 칼, 잔들에 끊임없이 나타난다."

터툴리안의 글에서 우리는 이런 문장을 발견한다. "우리는 그리스도라는 큰 물고기 안에 있는 작은 물고기들이다."

물고기자리 시대를 구성하는 지난 2천 년은 확실히 물의 시대였고, 물이라는 원소의 활용이 많이 강조되었으며, 바다와 호수, 강으로 항해하는 것은 효율성이 높았다.

3. 보병궁(물병자리) 시대는 무엇인가?

인류는 오늘날 물고기-물병자리 시대가 변환하는 접점에 서 있다. 물병자리Aquarius는 공기의 궁이며, 새로운 시대(뉴에이지New Age)는 이미 공기, 전기, 자력 등을 사용한 놀라운 발명품으로 유명하다. 사람들은 물고기가 바다에서 헤엄치듯이 공중을 날고, 빛의 속도로 그들의 생각을 전 세계에 보낸다.

물병자리의 영문 표기인 Aquarius라는 단어는 물을 뜻하는 라틴어 Aqua에서 유래한다. 그러나 이 Aquarius는 '물을 든 사람'이며, 이것은 황도대의 열한 번째 궁으로서 '오른손에 물병을 들고 있는 사람'으로 상징된다. 예수는 물병자리(보병궁寶甁宮) 시대의 시작을 다음과 같은 말로 언급하였다.

"그때 물병을 든 사람이 하늘의 호弧를 가로질러 걸어 나올 것이다. 사람의 아들의 표지와 인장이 동쪽 하늘에 우뚝 서게 될 것이다. 그러면 지혜로운 자들은 고개를 들어 이 땅의 구원이 가까이 왔음을 알게 될 것이다."(보병궁 복음서 157:29~30)

보병궁 시대는 특별히 영적인 시대이다. 그리고 예수가 세상에 베푼 위대한 교훈의 영적인 면을 이제 많은 사람이 이해할 수 있을 것이다. 많은 사람이 이제 영적 의식의 진보된 단계로 접어들고 있기 때문이다. 그래서 이 책은 예수 그리스도의 보병궁(혹은 영적) 복음이라고 불린다.

중요한 사건

한 시대에서 다른 시대로의 지배권의 이전은 케루빔과 세라핌의 세계에서 중요한 사건이다. 리바이의 원고 중에서 우리는 물고기 시대에서 보병궁 시대로의 지배권의 이전을 기술한 가장 주목할 만한 글을 발견했다. 하지만 그것이 사실을 설명한 것인지 예언적인 진술인지는 판단하기 어렵다. 이곳에 전문을 옮겨 본다.

물병자리 시대의 개막

성령 안에서 나는 아카샤의 영역으로 이끌려갔다. 나는 태양의 원 안에 홀로 서 있었다.

그리고 거기서 지혜와 이해하는 마음으로 가는 문을 열어주는 비밀의 샘을 발견했다.

나는 안으로 들어가 알게 되었다.

나는 '태양의 궤도'를 지키는 24명의 케루빔과 세라핌을 보았다. 그들은 오래전에 스승들에 의해 '고대의 24인(the four and twenty ancient ones)'으로 선포된 바 있는 강력한 힘을 가진 자들이다.

나는 모든 케루빔과 세라핌의 이름을 들었고, 황도대 위의 모든 자리가 케루빔과 세라핌에 의해 통치된다는 것을 알게 되었다.

그리고 나서 나는 두 시대가 만나는 접점에 섰다. 물고기자리 시대는 지나갔고 물병자리 시대가 막 시작되었다.

나는 물고기자리 시대의 수호 영들을 보았다. 라마사는 케루빔의 영이고, 바카비엘은 세라핌의 영이다.

나는 물병자리 시대의 수호 영들을 보았다. 궁수는 케루빔의 영이고, 사크마퀼은 세라핌의 영이다.

이 삼위일체 하나님의 네 위대한 영들이 물병자리가 시작되는 접점에 함께 가까이 서 있고, 성스러운 세 분의 하나님, 곧 힘의 하나님, 지혜의 하나님, 사랑의 하나님들 앞에서 통치의 홀笏(왕권, 주권), 지혜의 홀, 사랑의 홀이 이관되었다.

나는 삼위일체 하나님의 명령을 들었지만, 지금은 이것을 밝히지 못할 수도 있다.

물고기자리 시대의 케루빔과 세라핌으로부터 물고기자리 시대의 역사를 들었고, 내가 기록하기 위해 펜을 들자 케루빔의 영인 라마사가 이렇게 말했다.

내 아들아, 지금은 아니다. 그러나 너는 사람들이 형제애와 지구평화의 신성한 율법, 그리고 모든 생물에 대한 선의를 배웠을 때, 사람들을 위하여 기록해도 좋다.

그리고 나서 나는 보병궁의 케루빔과 세라핌이 다가오는 시대, 즉 지혜의 시대이며 사람의 아들의 시대를 알리는 복음을 선포하는 것을 들었다.

그리고 라마사의 머리에서 왕관을 들어 보병궁 시대의 궁수의 머리에 얹고, 왕실의 홀笏이 세라핌 바카비엘에서 세라핌 사크마퀼로 옮겨졌을 때, 하늘의 궁정에 깊은 침묵이 흘렀다.

그리고 지혜 여신이 말씀하면서, 두 손을 뻗어 보병궁의 통치자들에게 성스러운 숨결의 축복을 쏟아부었다.

나는 그녀가 한 말을 기록하지 못할 수는 있지만, 궁수가 왕관을 받았을 때 들려준 다가올 시대의 복음을 말할 수는 있다.

그리고 나는 세라핌 사크마퀼이 갓 태어난 시대의 왕실 홀을 받았을 때 불렀던 찬양의 노래를 사람들에게 불어 넣어줄 것이다.

나는 이 복음을 말하겠다. 그리고 나는 이 노래를 모든 땅에서, 지상의 모든 백성과 모든 부족과 모든 어족語族(언어에 의해 구별되는 민족)들에게 부르겠다.

4. 이 책에 사용된 거룩한 말씀처럼 '그리스도'라는 단어가 뜻하는 바는 무엇인가?

그리스도라는 단어는 그리스어 크리스토스Kristos에서 유래되었으며 '기름 부음'을 의미한다. 히브리어인 메시아와 같은 뜻이다. 그리스도는 그 어떤 특정한 사람을 지칭하지 않는다. 기름 부음을 받은 사람은 누구나 그리스도가 된다. 그리스도라는 단어 앞에 'the'라는 정관사가 있을 때, 그것은 확실한 인격을 지칭한다. 그리고 이 인격은 다름 아닌 삼위일체의 일원, 즉 세상이 형성되기 전에 아버지-어머니와 함께 영광을 누렸던 아들이다.

모든 고대의 스승들의 가르침에 따르면 이 아들은 사랑이다. 그러므로 그리스도는 사랑이고, 사랑은 하나님이다. 왜냐하면 하나님은 사랑이기 때문이다.

리바이의 아카샤 자료집에서 발견된 또 다른 주목할 만한 원고는 그리스도, 또는 '하나님의 사랑'의 가장 명확한 이상을 제공한다. 이 원고는 아카샤의 기록에서 직접 필사한 것으로 추정되며, 그 중요성은 여기에서 전문을 재현시킬 것을 요구한다.

그리스도

창세 이전에 그리스도는 아카샤에서 아버지 하나님과 어머니 하나님과 함께 걸었다.

그리스도는 전능하신 하나님, 능력의 하나님, 전지하신 하나님, 사상의 하나님이 낳으신 독생자[1]이며, 그리스도는 곧 하나님, 사랑의 하나님이다.

그리스도 없이는 빛도 없었다. 그리스도를 통하여 모든 생명이 나타났다. 그래서 그리스도를 통하여 모든 것이 행해졌다. 그리고 세상을 형성하거나 세상에 사람들을 있게 할 때 그리스도가 없이 행해진 것은 아무것도 없었다.

그리스도는 '무한의 로고스'이며, 그 단어만으로 '생각과 능력'이 뚜렷하게 나타난다.

아들은 그리스도라 불린다. 왜냐하면 보편적 사랑인 아들은 따로 구별되어서 창조자, 주님, 만물과 만유 존재, 또는 앞으로 영원히 존재할 것들의 보호자이며 구원자가 되도록 정해졌기 때문이다.

그리스도를 통해 원형질체, 땅, 식물, 짐승, 사람, 천사, 그리고 케루빔은 그들의 삶의 영역에서 그들의 위치를 차지했다.

그들은 그리스도를 통해서 보호된다. 그들이 넘어지면, 그들을 일으

---

1) 예수는 삼위일체의 교리로 봤을 때 아버지의 신성을 그대로 가진 아들로서의 독생자로 기독교인들은 알고 있다. 하지만 보병궁 복음서에서는 누구에게나 아버지의 신성을 그대로 가질 수 있는 그리스도가 될 수 있음을 예수는 말하고 있다. 그러므로 독생자라는 어휘 자체에 매여 오직 아버지를 대행할 분은 예수뿐이라는 의미로 규정할 필요가 없다.

키는 분이 그리스도다. 그리고 그들이 죄를 지으면 그리스도가 그들을 구원한다.

이제 보편적인 사랑인 그리스도는 무한의 모든 공간에 가득하며 그 사랑은 끝이 없다.

사랑의 위대한 가슴으로부터 무한히 많은 영이 보내져 사랑의 높이, 깊이, 넓이, 무한함을 보여주었다.

모든 세상과 별과 달과 태양에, 이 신성한 사랑의 위대한 영이 보내졌다. 그리고 모든 사람에게 도움의 기름이 부어져서 각각 그리스도가 되었다.

그의 위엄으로 찬란한 모든 영광이 그리스도이며, 그는 순백의 사랑의 옷자락을 온 지상에 펼치신다. 그는 땅과 하늘과 무덤의 그리스도이시다.

그러한 과정에서, 원형질체, 땅과 식물과 짐승과 사람은 그들의 생득권生得權을 죄에 팔아넘겼다. 그러나 그리스도는 그들을 구원하기 위해 존재하셨다.

모든 무한한 것 안에 가장 성스러운 곳에 하나님, 삼위일체 하나님의 목적을 기록한 두루마리가 감춰져 봉인되어 있다. 거기에 이렇게 쓰여 있다.

완벽함이 삶의 궁극이다. 씨앗은 배아의 상태에서 완벽하지만, 그것은 펼쳐지고 자라도록 되어 있다.

원형질체, 흙, 식물, 짐승, 인간, 천사, 케루빔의 씨앗 등 '하나님의 생각들'인 이 씨앗들이 모든 영역의 흙에 뿌려졌다. 그리고 그리스도를 통해 씨앗을 뿌린 자들은 그 씨앗들이 자라고, 마침내 무수한 세월의 노력으로 위대한 생각의 곳간으로 돌아가 각자가 그 종류에서 완벽해지도록 정해놓았다.

사랑의 무한한 축복 속에서, 그 사람은 땅과 식물과 짐승의 원형질체의 주님이 되었다. 그리고 그리스도는 다음과 같이 선포하였다; 인간은 이 생명의 단계에 있는 모든 것을 완전히 지배할 것이다. 그리고 말씀대로 되었다.

그리고 사람에게 주권을 주신 분은 사람이 사랑으로 다스려야 한다고 선포했다.

그러나 사람들이 더욱 잔인해져서 통치할 힘을 잃게 되자, 원형질체와 땅과 짐승은 인간과 적이 되었다. 인간은 유산을 잃어버렸지만, 그리스도가 그들을 구원하려고 오셨다.

그러나 사람은 권리에 대한 의식을 잃었다. 사람은 더 이상 사랑의 무한함을 이해할 수 없었다. 그는 자기 자신과 자신의 일 외에는 아무것도 볼 수 없었다. 그러나 그리스도는 길을 잃어버린 자들을 찾고 구원하기 위해 오셨다.

모든 삶의 방식에서 인간과 가까워지기 위해, 인간이 사랑의 강력한 정신을 이해할 수 있도록 땅의 그리스도께서 어떤 순수한 사람에게 거처를 정하여, 인간들이 뚜렷하게 보고 들을 수 있도록 나타나셨다. 그 순수한 사람은 사랑이 거하기에 적합한 처소가 되도록 여러 생 동안 준비된 사람이었다.

이와 같이 그리스도께서는 사랑의 능력을 나타내셔서 사람들을 구원하시려 하였으나, 사람들은 곧 잊어버렸다. 그래서 그리스도는 다시 또 다시 나타나야만 한다.

인간이 육체의 형태를 취한 이후로 그리스도는 모든 시대가 시작하는 때에 육체로 나타나셨다.

5. 나사렛 예수와 그리스도 사이에는 어떤 관계가 있는가?

정통 기독교 교회는 나사렛 예수와 그리스도가 하나였으며 이 놀라운 사람의 진짜 이름이 예수 그리스도였다고 우리에게 말한다. 그들은 우리에게 이 갈릴리사람이 사람들이 하나님의 영광을 볼 수 있도록 인간의 육체를 입은 영원한 하나님이었다고 말한다. 물론 이 교리는 예수 자신과 사도들의 가르침과 완전히 다르다. 보병궁 스승들 의회에서는 이 질문에 대해 우리가 필요로 하는 모든 정보를 충분히 포괄하는 대답을 공식화했으니 그 전문은 다음과 같다.

예수는 유대의 베들레헴에서 태어난 이상적인 유대인이었다. 그의 어머니는 마리아라고 하는 아름다운 유대인 여성이었다. 예수는 어렸을 적에 다른 아이들과 거의 다르지 않았다. 그러나 전생의 여러 생에서 다른 사람들처럼 유혹을 받았지만 굴복하지 않을 정도로 세속의 성향을 극복했다는 점에서만 달랐을 뿐이다. 바울이 히브리 사람들에게 '그는 모든 점에서 우리와 같이 유혹을 받았으나, 죄는 없었다.'라고 말한 내용은 옳다.(히브리서 4:15)

예수는 다른 사람들이 고통받듯이 고통받고, 고통을 통해서 완벽해졌다. 왜냐하면 이것이 완벽해지는 유일한 방법이기 때문이다. 예수의 삶은 십자가를 통해서, 그리고 혹독한 취급을 받음으로써 성취된 하나의 모범이었다. 이에 대해 바울이 한 이 말 역시 옳다. "그러므로 만물이 그를 위하고 또한 그로 말미암은 이가 많은 아들을 이끌어 영광에 들어가게 하시는 일에 그들의 구원의 창시자를 고난을 통하여 온전하게 하심이 합당하도다."(히브리서 2:10)

여러 면에서 예수는 놀라운 아이였다. 오랫동안 열심히 준비하여 아바타, 구세주가 될 자격을 얻었으며, 어린 시절부터 뛰어난 지혜를 부여받았고, 자신이 민족을 영적으로 더 높은 삶으로 이끌 수 있는 능력이 있다는 것을 의식했기 때문이다. 그러나 그는 시련과 심한 충격, 유혹과 고난을 겪으면서 반드시 지배력을 성취해야 한다는 사실 또한 의식하고 있었다. 그리고 그의 모든 삶은 지배력을 성취하는 데 쓰였다. 그가 죽고, 매장되고, 부활한 뒤에, 그는 이집트의 헬리오폴리스 신전에 있는 '침묵의 형제단' 앞에 육체를 입은 모습으로 나타나서 이렇게 말했다.

"나의 인간으로서의 삶은 전적으로 나의 의지를 신과 같은 의지와 조화시키기 위해 주어졌습니다. 이것이 성취되었을 때 나의 지상에서의 과제도 성취되었습니다.
그대들은 나의 모든 삶이 사람의 아들을 위한 한편의 위대한 드라마이며 그들을 위한 본보기였음을 알고 있습니다. 나는 인간의 가능성을 보여주기 위해 살았습니다.
내가 한 일은 모든 사람이 할 수 있고, 내가 존재하는 이대로 모든 사람이 될 것이다."(보병궁 복음서 178:43, 45, 46)

예수는 그 사람의 이름이었고 이런 종류의 사람에게만 적절한 이름이었다. 그 단어는 구원자를 뜻하지만 예수는 구원자 이상의 의미들을 갖고 있었다.
그리스도는 '기름 부음을 받은 자'라는 뜻이며 공식적인 직함으로 '사랑의 스승'이란 뜻이다. 우리가 '예수 그리스도'라고 말할 때 우리는 그 사람과 그의 직함을 말하는 것이다. 우리가 에드워드 왕이나 링컨 대통령을 말할 때처럼 말이다. 에드워드가 항상 왕이었던 것은 아니었고, 링컨이 항상 대통령이었던 것은 아니었으며, 예수가 항상 그리스도였던 것은 아니었다. 예수는 불굴의 삶으로써 그리스도의 지위(Christship)를 획득하였다. 보병궁 복음서 65장에는 예수가 그리스도가 되는 사건과 그리스도라는 직위를 받은 일이 기록되어 있다. 바로 여기에서 그는 이 땅의 최고의 권위자들에 의해 그리스도-왕으로, 정확히 말해 '사랑의 스승'으로 인정을 받았다. 이것이 이루어진 후 그는 유대와 갈릴리 사역에 즉시 들어갔다.

우리는 예수는 사람이었고, 그리스도는 하나님이었다는 사실을 인정한다. 그래서 사실 예수 그리스도는 그 시대의 하나님-사람이었다.

나사렛인의 증언

예수는 스스로 이 문제를 분명히 했다. 그가 베다니에 있는 회중에게 말하고 있었을 때, 사람들이 그를 왕이라고 불렀다. 그러자 예수가 나서서 이렇게 말했다.

"나는 카이사르가 세상을 지배하듯이 왕위에 앉으라고 보내진 것이 아닙니다. 나는 유대 왕의 자리를 주장하는 사람이 아니라는 것을 유대 왕에게 전해도 좋습니다.

사람들이 나를 그리스도라고 부르고 하나님도 그 이름을 인정해 주셨지만 그리스도는 사람이 아닙니다. 그리스도란 보편적 사랑이며, 사랑이 왕입니다.

이 예수는 유혹을 이겨내고, 여러 가지 시련을 거치면서 그리스도가 인간에게 나타날 수 있는 성전이 되기에 합당하게 된 사람일 뿐입니다.

이스라엘 사람들이여 들으십시오! 그대들은 육체를 바라보지 마십시오. 그것은 왕이 아닙니다. 내 안에 형성되었듯 그대들 안에서도 형성될, 안에 있는 그리스도를 보십시오.

그대들이 믿음으로 마음을 깨끗하게 할 때 그 왕이 들어올 것이며, 그대들은 그의 얼굴을 볼 수 있을 것입니다."(보병궁 복음서 68:10~14)

이 질문은 확실히 대답되었다. 예수는 사람이었고, 그리스도는 신성한

사랑-하나님의 사랑이었다. 30년 동안 열심히 노력하는 삶을 산 후에 그 사람은 성스러운 숨결의 성전이 될 수 있는 몸을 만들었고 사랑으로 가득 찬 사람이 되었다. 그러므로 제자 요한은 다음과 같이 선포했다.

"말씀이 육신이 되어 우리 가운데 거하시매 우리가 그의 영광을 보니 아버지의 독생자의 영광이요 은혜와 진리가 충만하더라."(요한복음 1:14)

6. 이 책의 필사자인 리바이는 누구인가?

리바이라는 인물에 관해서 우리는 약간만 쓰도록 허락을 받는다. 그는 미국 시민이고, 어린 시절부터 세상의 종교에 관심을 가진 내성적인 학생이었다고만 말해두자. 소년이었을 때 그는 매우 미세한 에테르들의 민감함에 감명을 받았고, 이 에테르들은 어떤 면에서는 소리, 심지어 생각까지도 녹음된 감광판들이라고 믿었다. 그는 강렬한 열정을 가지고 에테르 진동에 관한 심오한 연구에 착수하여, 스스로 하늘의 위대한 신비들을 풀기로 결심했다. 40년 동안 그는 연구와 침묵 명상에 몰두했고, 그 후 그는 자신이 이 초미세 에테르들의 영역으로 들어가서 그들의 신비에 친숙해질 수 있도록 허락된 영적 의식의 단계에 들어가 있음을 발견했다. 그때 그는 소년 시절의 상상들이 틀림없는 사실에 근거하고 있으며, 살아있는 것들의 모든 생각이 에테르판에 기록되어 있다는 것을 알게 되었다.

우리가 이미 서론에서 일부 재현한 '시대의 접점'이라는 제목의 그의 원고에서 우리는 리바이가 지혜의 여신인 비젤, 또는 성스러운 숨결로부터 받은 다음과 같은 '위임장'의 사본을 발견한다.

리바이 위임장

그러자 거룩한 사람 비젤이 나서서 말하였다.

오, 인간의 아들 리바이야, 보라. 너는 다가올 시대, 곧 복된 영의 시대의 메시지를 전해 주는 사람으로 부름을 받았다.

오, 인간의 아들아, 귀를 기울여라. 사람들은 그리스도, 즉 하나님의 사랑을 알아야 한다. 사랑은 사람의 모든 상처를 낫게 하는 최고의 향유이며 모든 병을 치료하는 약이다.

그리고 인간은 지혜와 권능과 이해하는 마음을 부여받아야 한다.

아카샤를 보라. 나는 모든 살아있는 것들의 모든 생각과 말과 행동이 기록되어 있는 비젤의 기록 갤러리를 본다.

사람들의 욕구는 다양하며 사람들은 자신의 욕구를 알아야 한다.

자, 리바이야, 내 말에 귀를 기울여 이 신비로운 갤러리들 속으로 들어가 읽으라. 거기에서 너는 세상과 모든 사람과 생명체를 위한 메시지를 찾을 것이다.

나는 지금 너에게 성스러운 숨결을 불어 넣을 것이다. 너는 그 차이를 식별할 것이며, 하나님의 기록의 책들이 새 시대의 사람들을 위해 기록하고 있는 교훈들을 알게 될 것이다.

이 시대는 영광과 빛의 시대가 될 것이다. 왜냐하면, 이 시대는 성스러운 숨결의 본향의 시대이기 때문이다. 그리고 성스러운 숨결은 영원한 사랑의 로고스인 그리스도를 위해 새롭게 증언할 것이다.

모든 시대의 처음에는 이 로고스가 육체로 뚜렷하게 나타나기 때문에 인간은 편협하지 않고 한정되지 않은 사랑을 보고 알 수 있다.

태양이 한번 돌아갈 때마다 열두 번씩 그리스도화된 하나님의 사랑이 이 땅 위에 육체로 온전히 나타나게 된다. 너는 아카샤에서 이 그리스도들이 사람들에게 가르쳐준 놀라운 교훈을 읽을 수 있다. 그러나 너는 고대 그리스도들의 교훈을 사람에게 공표해서는 안 된다.

이제 영의 시대의 메시지 전달자인 리바이여, 펜을 들고 글을 써라.

너는 태양 저편의 단단한 바위 위에 세워진 그리스도, 사람들이 전수자 에녹으로 알고 있었던 그리스도의 이야기를 하나도 빠짐없이 모두 적어라.

선지자와 제사장과 선각자로서의 그의 업적을 기록하여라. 그의 순수함과 사랑으로 이뤄진 삶을 기록하여라. 그리고 죽음의 문을 통해 내려 오지 않고 어떻게 그의 세속적인 육체를 신성한 육체로 변화시켰는지를 기록하여라.

너는 아브라함과 동시대에 살았던 그리스도인 멜기세덱의 이야기를 써도 좋다. 그는 사람들에게 희생을 통한 삶의 길을 알려주었으며, 사람들을 위해서 자신의 목숨을 기꺼이 바쳤다.

그리고 너는 베들레헴에서 아기로 오셔서 인간이 밟아야 할 삶의 모든 길을 걸었던 평화의 왕자 그리스도에 관한 이야기를 써도 좋다.

그는 멸시당하고, 배척당하고, 학대받았으며, 침뱉음을 당하고, 십자가에 못 박혔지만, 인간의 가능성을 보여주기 위해 다시 살아나 죽음을 이긴 정복자로 일어섰다.

그는 사람들에게 수도 없이 말했다. "나는 인간의 가능성을 보여주기 위해 왔다. 내가 한 일은 모든 사람이 할 수 있고, 내가 존재하는 이대로 모든 사람이 될 것이다."

그리스도에 관한 이 이야기들은 충분할 것이다. 그 속에는 삶과 죽음과 죽은 자의 부활에 대한 참된 철학이 담겨 있기 때문이다.

이 이야기는 지상의 인간과 하나님이 영원히 하나가 되는 혼의 나선적 여정을 보여준다.

예언의 리바이

약 2천 년 전, 이집트 조안에서 선지자 학파를 지휘한 엘리후는 리바이에 대해서 이렇게 언급했다.

"이 시대는 아직 순수함과 사랑의 사역에 대해서 거의 이해하지 못할 것이다. 그러나 하나님의 기억의 책에는 모든 생각과 말과 행동이 적혀 있으므로 단 한 말씀도 사라지지 않는다.

그래서 세상이 받아들일 준비가 되면, 보라, 하나님께서 한 메신저를 보내 기억의 책을 펴고, 그 신성한 장마다 쓰인 모든 순결과 사랑의 메시지를 옮겨 적게 하실 것이다.

그때 지상의 모든 사람은 자신의 모국어로 생명의 말씀을 읽을 것이며, 사람들은 빛을 볼 것이다.

그리고 인간은 다시 하나님과 하나가 될 것이다."(보병궁 복음서 7:25~28)

리바이라는 인물에 대한 추가적인 언급은 불필요해 보인다. 그가 누구인지는 중요하지 않다. 예수 그리스도에 관한 보병궁 복음서의 사본에서 그의 업적은 나무랄 데가 없다. 이 책의 교훈은 모두 나사렛인의 흔적을 지니고 있는데, 그가 세계 최고의 스승이 아니었다면 이 놀라운 책의 페이지를 특징짓는 신성한 사랑과 지혜의 높은 화음을 건드릴 수 없었을 것이기 때문이다.

7. 아카샤의 기록이란 무엇인가?

아카샤Akasha는 산스크리트어로, 그것으로부터 모든 사물이 형성되는 "근원적인 실체"라는 뜻이다. 보병궁 철학에 따르면, 그것은 영혼의 결정화의 첫 단계이다. 이 철학은 모든 최초의 실체가 영이며, 물질은 낮은 진동 속도로 움직이면서, 어떤 스승이 표현하였듯이 응고체가 된다는 사실을 인정한다.

이 아카샤, 또는 근원적인 실체는 매우 섬세하고 민감해서 우주 어느 곳에서나 에테르가 내는 가장 미세한 진동이라도 그 위에 지워지지 않는 인상을 남긴다.

이 최초의 실체는 우주의 어떤 특정 부분에 속하지 않으며, 어디에나 존재한다. 그것은 사실 우리의 형이상학자들이 말하는 '우주적인(보편적인) 마음'이다.

인간의 마음이 우주적인 마음과 정확히 일치할 때, 인간은 이러한 아카샤의 인상을 의식적으로 인식하게 되고, 그것을 수집하여 그가 친숙한 어떤 지구 언어로도 번역할 수 있다.

무한한 하나의 나타남 속에서 우리는 힘, 지성, 사랑의 속성에 주목한다. 그리고 사람은 이러한 속성들 중 어느 하나와 완전히 일치할 수 있고 다른 속성들과는 일치하지 않을 수도 있다. 어떤 사람은 '힘의 하나님'의 영에 완전히 들어가고 지성의 영에 물들지 않을 수도 있고, 또는 어떤 사람은 신성한 사랑의 영에 완전히 빠져 지성과 힘의 영으로부터 멀리 떨어져 있을 수 있다. 더욱이, 어떤 사람은 성스러운 숨결이나 최고 지능의 의식 속으로 완전히 들어갈 수도 있고, 사랑이나 힘과는 전혀 친밀하지 않을 수도 있다. 지식은 힘이나 사랑의 영을 통해서 얻어지는 것이 아니다. 어떤 종류의 지식이든 그것은 최고의 지성인 우주적인 마음으로부터만 얻어질 수 있다. 그것을 동양의 학자들은 아카샤의 기록이라고 했고 히브리의 스승들은 '하나님의 기억의 책'이라고 했다.

의식; 우리는 의식의 세 단계를 주목한다.
1. 하나님과 인간의 전능에 대한 의식.

2. 그리스도 의식, 또는 신성한 사랑의 의식.

3. 성스러운 숨결의 의식, 또는 초지성의 의식.

우리는 이러한 의식의 단계 중 하나가 반드시 다른 두 단계 모두를 의미하지는 않는다는 것을 명심해야 한다. 하나님의 사랑으로 완전히 충만하고 그리스도 의식의 과학에서 훨씬 진보한 사람들, 절대적으로 무지하고, 자연 사물의 법칙이나 영적인 것의 법칙에 대한 개념이 조금도 없으며, 성령인 위대한 교사와 교감하지 않는 사람들이 자주 발견된다.

아카샤의 기록

아카샤의 기록Akashic Records으로 알려진 불멸의 삶의 기록은 전적으로 초지성이나 우주적인 마음의 영역에 있으며, 아카샤의 기록을 읽는 자는 고대의 스승들이 이것을 초지성의 영혼이라고 부르듯이 성령, 또는 성스러운 숨결과 매우 밀접하게 접촉하여, 그의 존재의 모든 조직에서 모든 생각의 진동을 즉각적으로 느낄 수 있어야 한다.

구별

모든 우주 공간은 모든 종류의 생각의 진동으로 가득 차 있는데 아카샤 기록의 판독자는 어떻게 특정한 사람 또는 특정 집단의 생각과 삶의 사건들만을 구별해서 모을 수 있을까?

모든 사람은 자신만의 뚜렷한 진동을 가지고 있으며, 판독자가 구별의 법칙을 완전히 이해할 때 그의 존재 전체는 하나의 특정한 음색과 리듬을 수신하는 데 맞춰지게 된다. 이때 다른 어떤 음색이나 리듬이 그에게 조금이라도 인상을 남기는 것은 불가능하다. 이 원리는 무선 전신에서 증명된다.

리바이가 구별의 법칙을 배우고, 나사렛 예수와 에녹과 멜기세덱과 그들의 동역자들의 음색과 리듬에 맞추는 데에는 여러 해가 걸렸다. 그러나 초지성의 영의 인도를 받아 그는 이것을 성취하기에 이르렀고, 이제 자신의 모든 존재 안에서 그는 이 위대한 중심에서 오는 작은 진동을 즉시 느꼈다. 물론 그의 모든 기록은 글자 그대로 진실이다.

사람

"사람이 무엇이기에 주께서 그를 생각하시며 인자가 무엇이기에 주께서 그를 돌보시나이까?" 이것은 히브리 시편 저자인 다윗의 간절한 질문이었다. 시편 8편은 전적으로 인간의 사색, 즉 명백한 창조의 가장 위대한 업적에서 비롯된 내용이다. 리바이가 아카샤의 기록, 즉 우주적인 마음에서 모을 수 있도록 허락받았다는 많은 위대한 교훈들 중에서, 우리는 인간에 관하여 한 가지를 발견하는데, 인간의 육체적 물질로의 하강과 하나님과 영원히 하나가 되는 최종적인 승천이 너무도 그림처럼 묘사되어 있어서 여기 서론에서 확실히 한 자리를 차지할 만한 가치가 있다. 그 전체 내용은 다음과 같다.

인간이 존재하지 않았던 때는 결코 없었다.
인간의 삶이 시작한 때가 있었다면, 끝날 때가 올 것이다.
하나님의 생각은 제한될 수 없다. 유한한 마음은 무한한 것을 이해할 수 없다.
모든 유한한 것들은 변하기 마련이다. 유한한 모든 것들은 없어질 것이다. 왜냐하면 그들이 존재하지 않았던 때가 있었기 때문이다.
인간의 육체와 혼은 유한한 것이다. 그렇다. 그것들은 변할 것이다. 유한한 관점에서는 그것들이 더 이상 존재하지 않을 때가 올 것이다.
그러나 사람 자신은 육체도 아니고 혼도 아니다. 그는 영이며 하나님의 일부분이다.

창조적인 명령은 인간에게, 영의 인간에게 혼의 차원에서 기능할 수 있도록 혼을 주었고, 드러난 사물의 차원에서 기능할 수 있도록 육체의 몸을 주었다.

창조적인 명령은 왜 영의 인간에게 혼의 차원에서 기능할 수 있도록 하였을까?

창조적인 명령은 왜 드러난 사물의 차원에서 기능할 수 있는 육체의 몸을 혼에게 주었을까?

이제 너희 세계와 지배자들과 권력과 왕좌들은 들어라!

이제 너희 케루빔과 너희 세라핌과 너희 천사와 너희 사람들은 들어라!

이제 원형질체와 땅과 식물과 짐승은 들어라!

이제 땅 위에 기어 다니는 것들과 헤엄치는 물고기와 날아다니는 새들은 들어라!

이제 너희 부는 바람과 너희 천둥과 너희 하늘의 번개들은 들어라!

이제 너희 불과 물과 땅과 공중의 영들은 들어라!

이제 지금도 있고 전에도 있었던 것들과 영원히 있을 것들은 들어라.

지혜가 영의 삶의 가장 높은 곳에서 말한다.

인간은 하나님의 생각이다. 하나님의 모든 생각은 무한하다. 그들은 시간으로 측정되지 않는다. 시간과 관련된 일들은 시작과 끝이 있기 때문이다.

하나님의 생각은 영원한 과거로부터 앞으로 올 끝이 없는 날들로 온다. 사람, 곧 영의 인간도 그러하다.

그러나 인간은 하나님의 모든 다른 생각과 마찬가지로 씨앗에 지나지 않았다. 지구에 있는 모든 식물의 씨앗이 그 특별한 식물의 모든 부분의 속성을 그 안에 깊이 간직하고 있는 것처럼, 그 씨앗은 그 자체로 하나님의 힘을 간직하고 있는 씨앗이었다.

그러므로 영의 인간은 하나님의 씨앗으로서 하나님의 모든 부분의 속성을 자신 안에 깊이 간직하고 있었다.

이제 씨앗은 완벽하다. 그렇다. 그것이 온 근원처럼 완벽하다. 그러나 그것들은 드러난 삶으로 펼쳐지지 않은 상태이다.

자궁 안에 있는 아기는 엄마처럼 완벽하다.

그러므로 씨앗인 인간은 마치 꽃봉오리가 꽃을 보여주기 위해 꽃잎을 펼치듯이, 흙 속에 깊이 심어지고 자라고 펼쳐져야 한다.

하나님의 마음에서 나온 인간 씨앗은 혼의 차원과 드러난 사물들의 차원의 주인이 되도록 정해졌다.

그러므로 존재하는 모든 것의 농부인 하나님은, 이 인간 씨앗을 혼의 토양에 던졌고, 그 씨앗은 순식간에 자라났고, 인간은 살아있는 혼이 되었다. 그리고 인간은 모든 혼의 나라의 주인이 되었다.

들어라. 이제 모든 생명체는 들어라. 혼의 차원은 그렇게 빨리 진동하지 않는, 다만 영적인 차원의 에테르이다. 이 느린 리듬의 차원에서 생명의 본질이 드러난다. 향기와 냄새, 진정한 감각과 그 모든 사랑이 나타난다.

그리고 이러한 혼의 속성은 아름다운 육체가 된다.

인간은 혼의 차원에 관하여 많은 교훈을 배워야 한다. 그리고 모든 교훈을 익힐 때까지 많은 세월을 기다려야 한다.

혼의 차원의 경계선 위에서 에테르는 더 느리게 진동하기 시작하였고, 그 후에 본질은 옷을 입었다. 향기와 냄새, 진정한 감각과 그 모든 사랑은 살로 옷을 입었다. 인간은 드디어 육신이라는 옷을 걸치게 되었다.

완벽해진 인간은 모든 삶의 방식을 통과해야 하고, 그 결과로 육체적인 본성이 온전히 드러났고, 본성은 육체적인 것에서 나왔다.

군인은 적이 없으면 자신의 힘을 알지 못하며, 생각은 반드시 힘을 발휘함으로써 개발되어야 한다.

그러므로 이 육적인 본성은 곧 하나님의 능력을 분명하게 보여주기 위해 인간이 싸워야 할 적이 되었다.

살아있는 모든 것들은 가만히 서서 듣도록 하라!

인간은 원형질체, 광물, 식물, 짐승 등 드러나 있는 모든 차원의 주인 이지만, 단지 더 낮은 차원의 자아, 자신의 육적인 자아를 만족시키려 고 타고난 자신의 권리를 포기했다.

그러나 인간은 그의 잃어버린 유산을 완전히 되찾을 것이다. 그러나 그 는 말로 말해질 수 없는 엄청난 갈등 속에서 그 일을 해야 한다.

그렇다. 인간은 다양한 시련과 유혹을 겪어야 한다. 그러나 태양의 궤 도를 다스리는 케루빔과 세라핌과, 태양의 별들을 다스리는 강력한 하나님의 영이 그의 수호자와 안내자이며 그들이 승리로 이끌어 줄 것임을 알게 하라.

인간은 육체와 혼의 차원에서 그가 겪는 고통으로 인하여 구원받고 속죄받고 완전해질 것이다.

인간이 육체적인 것들을 정복하면, 육체라는 옷은 자신의 목적을 잘 달 성하고 마침내 무너질 것이고 더 이상 존재하지 않게 될 것이다.

그러면 그는 혼의 차원에서 자유롭게 설 것이며, 그곳에서 그는 완전 한 승리를 거두게 될 것이다.

혼의 차원에 있는 사람 앞에 무수한 적들이 서게 될 것이다. 그곳에서 인간은 극복해야만 한다. 그렇다. 그 적들을 하나하나 이겨내야만 한 다.

따라서 희망이 그의 등불이 될 것이다. 사람의 혼에는 실패가 없다. 왜 냐하면, 하나님께서 인도하시므로 승리가 확실하기 때문이다.

인간은 죽을 수가 없다. 하나님과 하나가 된 영의 인간은 죽을 수 없 다. 그리고 하나님이 살아계시는 한 인간은 죽을 수 없다.

사람이 혼의 차원에 있는 모든 적을 정복하면, 씨앗은 완전히 싹을 틔우고 성스러운 숨결 안에서 자라날 것이다.

그러면 혼의 겉옷은 그 목적을 잘 수행한 것이며, 인간은 혼의 겉옷이 더 이상 필요하지 않게 되고, 옷은 사라져서 없어질 것이다.

그때 인간은 완전함의 복을 얻고 하나님과 하나가 될 것이다.

철학박사 에바 S. 다울링

예수 그리스도의
보병궁 복음서

하나님의 기억의 책(아카식 레코드)으로부터의 기록

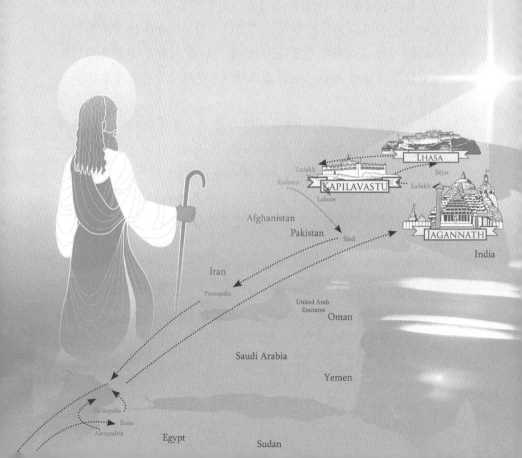

제1부

예수의 어머니 마리아의 탄생과 초년 시절

팔레스타인. 마리아의 탄생과 요아킴의 축하 연회. 제사장에게 축복받은 마리아. 제사장의 예언. 마리아는 성전에서 생활한다. 요셉의 약혼녀가 된다.

～＊～

1 아우구스투스 시저의 통치하에 헤롯 안티파스는 예루살렘의 지배자였다.[1]

2 팔레스타인은 유대, 사마리아, 갈릴리 등 세 지방으로 구성되었다.

3 요아킴[2]은 유대교 율법의 마스터였고 재력이 있었다. 그는 갈릴리의 나사렛에 살았고, 유다 지파의 안나가 그의 아내였다.

4 그들에게 한 아이가 태어났다. 좋은 여자아이였다. 그들은 기뻐했다. 그들은 아이에게 마리아라는 이름을 지어주었다.

5 요아킴은 아이를 기리는 잔치를 벌였다. 그는 부자와 존귀한 자들과 위대한 자를 초대하지 않았다. 대신에 가난한 사람과 걸음이 불편한 사람들과 앞을 못 보는 사람들을 초대하여 옷가지와 음식과 필요한 선물을 주었다.

6 그가 말했다. "주님께서 나에게 이런 부를 주셨으나 나는 그분의 은혜를 입은 청지기일 뿐입니다. 만일 하나님의 자녀들이 곤궁할 때에 내가 베풀지 않는다면 주님께서 이 부를 저주하실 것입니다."

7 아이가 세 살이 되자 나이가 든 부모는 그녀를 예루살렘으로 데려갔다. 아이는 그곳의 성전에서 제사장들에게 축복을 받았다.

---

1) 여기서 아우구스투스 시저는 옥타비아누스를 말하며 그의 재위기간은 BC 37-AD 14년이었다. 헤롯 안티파스는 헤롯대왕의 둘째아들이며 이때 갈릴리의 분봉왕이었다. 그의 재위기간은 BC 4-AD 39년이었다.
2) 외전(外典)에 의하면 요아킴은 자식이 없었기 때문에 예루살렘의 사제들에 의해 희생집전에서 제외되어, 황야의 목자들에게 가서, 거기서 하늘의 계시를 받았다고 한다. 부부가 된지 20년 만에 딸을 얻었다. (『카톨릭대사전』)

8 대제사장은 선지자이며 선각자였다. 그는 그 아이를 보고 말했다.

9 "보시오, 이 아이는 장차 고귀한 선지자이며 율법 선생의 어머니가 되리니 주 하나님의 성전에 머물러야 할 것입니다."

10 마리아는 주님의 성전에 머물게 되었다. 산헤드린(71명으로 이뤄지는 유대의 최고 의회) 의장인 힐렐이 마리아에게 유대의 모든 계율을 가르치고, 마리아는 하나님의 율법을 기뻐하였다.

11 마리아는 혼기에 이르자, 나사렛의 목수인 야곱의 아들 요셉과 약혼하였다.

12 요셉은 곧고 올바른 사람으로 헌신적인 에세네파였다.[3]

---

3) 예수 당시 유대교에는 모세오경만 받아들이고 부활을 부인하는 사두개파, 안식일과 음식법과 정결법을 중요시했던 바리새파, 금욕적인 삶과 종말론에 심취한 에세네파를 들 수 있다. 세례요한도 에세네파라는 주장이 있다.

제2부

예수와 선구자 요한의 탄생과 어린 시절

사가랴와 엘리사벳. 사가랴, 엘리사벳, 마리아에게 주는 가브리엘 천사의 예언적 메시지. 요한의 탄생. 사가랴의 예언.

～❋～

2 유대의 언덕에 있는 헤브론이라는 마을 근처에 사가랴와 엘리자벳이 살고 있었다.

2 두 사람은 정의롭고 독실했다. 그들은 앞으로 올 구원자에 대한 율법과 예언서, 시편을 매일 읽으면서 왕을 기다리고 있었다.

3 이제 제사장이던 사가랴가 예루살렘의 성전에서 제사장의 직무를 행할 차례가 되었다.

4 사가랴가 주 하나님 앞에 서서 성소에서 향을 피울 때 천사 가브리엘이 나타나서 사가랴 앞에 섰다.

5 사가랴는 유대인들에게 어떤 큰 재앙이 닥칠 징조라 생각하고 두려워했다.

6 그러자 가브리엘[4] 천사가 말했다. "오 하나님의 사람이여, 두려워하지 말라. 나는 그대와 온 세상에 선한 의지와 평화가 온다는 메시지를 전하러 왔다.

7 보라, 그대가 찾는 평화의 왕자가 곧 오실 것이다.

8 그대의 아내가 아들을, 거룩한 아들을 낳을 것이다. 그 아이에 대해 선지자가 이렇게 기록해 두었다.

9 "보라, 주께서 오시기 전에 내가 엘리야[5]를 너희에게 다시 보낼 것이다. 그는 구원하실 주를 위해 언덕을 낮추고 골짜기를 채워 그를 위해 길

---

4) 주된 임무는 '예언'과 '계시'이며, 그중 가장 유명한 것이 위에서 언급한 성모 마리아에 대한 수태고지이다.

5) 엘리야(Elijah)는 구약성서 열왕기상에 나오는 야훼의 예언자로 구약성서에서 모세, 사무엘 등과 함께 위대한 예언자로 꼽힌다.

을 닦을 것이다."

10 이 시대가 시작할 때 너의 아들은 요한이라는 이름을 받았으니, '주님의 은총'이란 뜻이다. 그 아이의 이름을 요한이라 하라.

11 그 아이는 하나님 앞에서 영예롭게 될 것이며, 포도주를 마시지 않을 것이며, 태어날 때부터 성스러운 숨결로 충만할 것이다."

12 엘리사벳이 집에서 혼자 조용히 생각에 잠겨 있을 때, 가브리엘 천사가 나타나 예루살렘에서 자신이 사가랴에게 계시했던 말을 모두 전했다.

13 사가랴는 제사장의 소임을 마치고 집으로 돌아와 엘리사벳과 함께 기뻐했다.

14 다섯 달이 지나 천사 가브리엘이 나사렛에 있는 마리아의 집에 나타나 말했다.

15 "기뻐하라 마리아여, 기뻐하라! 그대가 하나님의 이름으로 축복을 받고, 성스러운 숨결의 이름으로 두 배의 축복을 받고, 그리스도의 이름으로 세 배의 축복을 받은 것은 그대가 그럴 만한 사람으로서 임마누엘이라 불릴 아들을 낳을 것이기 때문이다.

16 그의 이름은 예수다. 그것은 그가 백성들을 죄에서 구원하기 때문이다."

17 요셉이 일과를 마치고 집으로 돌아오자, 마리아는 천사 가브리엘이 나타나 전한 말을 모두 들려주었다. 부부는 하나님의 사람이 진리의 말씀을 전해 주었다고 믿었기에 기뻐했다.

18 마리아는 서둘러 엘리사벳을 찾아가 천사 가브리엘이 말한 약속에 관한 이야기를 전했고, 두 사람은 함께 기뻐했다.

19 마리아는 사가랴와 엘리사벳의 집에서 구십 일을 보내고 나사렛으로 돌아왔다.

20 사가랴와 엘리사벳 사이에 아들이 태어나자 사가랴가 말했다.

21 "하나님의 이름이 가장 축복받을 것이오. 그것은 그의 백성인 이스라엘을 위해 하나님께서 축복의 샘을 열어주셨기 때문이오.

22 하나님의 언약은 꼭 이루어질 것이오. 거룩한 선지자들이 예전에 전한 말을 그가 이뤄 오셨듯이 말이오."

23 그리고 사가랴가 갓 태어난 요한을 들여다보며 말했다.

24 "너는 거룩한 분의 선지자로 불릴 것이다. 그리고 너는 그분 앞에서 그분의 길을 준비하게 될 것이다.

25 너는 이스라엘 백성에게 구원의 지식을 전하고, 회개와 죄 사함의 복음을 전파하게 될 것이다.

26 보라, 곧 높은 곳에서 온 샛별이 우리에게 와서, 어둠 속에 앉아 있는 자들을 위해 길을 밝히고, 우리를 평화의 길로 걸어가도록 안내할 것이다."

예수의 탄생. 빛의 스승들이 아기를 경배한다. 양치기들도 크게 기뻐한다. 사가랴와 엘리사벳이 마리아를 찾아온다. 아기 예수가 할례를 받는다.

⸺ ✳ ⸺

3 예수의 탄생이 가까워질 무렵이었다. 마리아는 엘리사벳이 보고 싶어서, 요셉과 함께 유대의 언덕으로 향했다.

2 마리아와 요셉이 베들레헴에 이르렀을 때 날이 저물어 하룻밤을 묵어야 했다.

3 그러나 베들레헴은 예루살렘으로 가는 사람으로 가득했고 여관과 민박은 손님으로 넘쳤다. 요셉과 그의 아내는 가축을 치는 동굴을 제외하곤 쉴 곳을 찾지 못하였으므로 그곳에서 잠을 잤다.

4 한밤중에 외치는 소리가 들렸다. "저기 있는 동굴의 짐승들 사이에서 아이가 태어났다!" 오기로 약속된 사람의 아들[6]이 탄생한 것이었다.

5 낯선 사람들이 아기를 받아 마리아가 미리 준비한 고운 옷에 감싸서 짐 나르는 짐승들을 먹이는 구유에 뉘었다.

6 눈같이 흰 예복을 입은 세 사람이 들어와 아이 앞에 서서 말했다.

----

6) 성서에서 인자(人子)라고 번역된 용어이다. 예수가 자신을 가리켜 '인자, 사람의 아들'이라고 칭한 것이 공관복음서에 총 69회가 사용된다. 자신을 사람의 아들이라고 강조한 것은 평범한 인간과 스스로를 동일시함으로써 모든 인간의 가능성을 일깨우기 위함인 것으로 보인다.

7 "모든 힘, 모든 지혜, 모든 사랑이 그대의 것입니다. 임마누엘[7]이여"

8 이때 베들레헴의 언덕 위에는 양치기들이 여러 양 떼를 지키고 있었다.

9 양치기들은 기도하는 경건한 사람들이었다. 그들은 강력한 구원자가 오기를 기다리고 있었다.

10 언약의 아이가 태어나자 눈처럼 흰옷을 입은 남자가 그들에게 나타났다. 양치기들은 두려워서 뒤로 물러났다. 그 남자가 나서며 말했다.

11 "두려워하지 마시오! 내가 기쁜 소식을 전하겠소. 밤중에 베들레헴의 동굴에서 그대들이 오래도록 기다려온 선지자이자 왕이신 분이 태어나셨소."

12 양치기들은 모두 기뻤다. 그들은 빛의 사자들이 모든 언덕을 가득 채운 것을 느꼈다. 그들이 말했다.

13 "높은 곳에 계신 하나님께 모든 영광이, 땅 위에는 평화가, 사람들에게는 선한 의지가 있으리라."

14 그런 뒤 양치기들은 사람들이 임마누엘이라 부르는 그분을 만나 존경을 표시하기 위해 서둘러 베들레헴의 동굴로 갔다.

15 아침이 되자 인근에 사는 여자 양치기가 마리아와 요셉과 아이를 위해 방을 마련하였다. 그들은 이곳에서 여러 날을 머물렀다.

16 요셉은 서둘러 사가랴와 엘리사벳에게 전령을 보내서 알렸다. "약속한 아기가 베들레헴에서 태어났습니다."

17 그러자 사가랴와 엘리사벳이 요한을 데리고 베들레헴으로 와서 환호하였다.

18 그리고 마리아와 엘리사벳은 일어난 모든 경이로운 일에 대해 서로 이야기했다. 사람들은 그들과 함께 하나님을 찬양했다.

19 유대인의 관례에 따라, 아기는 할례를 받았다. 사람들이 "아이의 이름을 무엇으로 할 것입니까?"라고 묻자, 어머니가 말했다. "하나님의 사람이 선포한 대로 그의 이름은 예수입니다."

---

7) 이는 히브리어로 '우리와 함께 계시는 하나님'의 의미를 갖는다.(이사야 7:14; 8:8) 신약에서는 예수 그리스도의 탄생과 관련된다.(마태 1:23)

예수의 축성. 마리아가 희생제물을 올린다. 시므온과 안나가 예언한다. 안나가 어린 아기를 경배하여 질책을 받는다. 그 가족이 베들레헴으로 돌아온다.

─◆─

4 마리아는 아들이 태어난 지 사십 일이 되었을 때 아기를 데리고 예루살렘의 성전으로 올라갔다. 아기는 제사장에 의해 축성 받았다.

2 마리아는 유대인의 관습에 따라 자신을 위해 죄 사함의 희생제물로 어린양 한 마리와 멧비둘기 두 마리를 바쳤다.

3 시므온이라 하는 어느 경건한 유대인이 성전에서 하나님을 섬기고 있었다.

4 젊은 시절부터 임마누엘이 오시기를 간절히 기다리면서, 육신으로 오시는 메시아를 두 눈으로 직접 보기 전에는 세상을 떠나지 않을 것을 하나님께 기도했다.

5 시므온은 어린 예수를 보자 기뻐하며 말했다. "저는 이제 죽어도 여한이 없습니다. 지금까지 기다리던 왕을 보았기 때문입니다."

6 그리고 아기를 두 팔에 안고 말했다, "보십시오, 이 아이는 우리 이스라엘 민족과 온 세상에 칼을 가져올 것입니다. 그러나 이 아이는 칼을 부러뜨릴 것이고, 그러면 나라들은 더 이상 전쟁을 배우지 않을 것입니다.

7 나는 아이의 이마 위에 있는 주님의 십자가를 봅니다. 그리고 이분은 이 십자가로 정복할 것입니다."

8 성전에는 여든네 살 된 과부 노파[8]가 있었는데 성전을 떠나지 않고 밤낮으로 하나님을 예배하고 있었다.

9 노파가 아기 예수를 보고 큰소리로 외쳤다. "임마누엘을 보세요! 메시아의 이마 위에 있는 십자가 인印을 보세요!"

10 그런 다음 노파는 "우리와 함께하시는 하나님, 임마누엘"이라 말하며 그를 경배하기 위해 무릎을 꿇었다. 그러자 흰옷을 입은 어느 스승이

---

8) "또 아셀 지파 바누엘의 딸 안나라 하는 선지자가 있어 나이가 매우 많았더라. 그가 결혼한 후 일곱 해 동안 남편과 함께 살다가 과부가 되고 팔십사 세가 되었더라. 이 사람이 성전을 떠나지 아니하고 주야로 금식하며 기도함으로 섬기더니."(누가복음 2:36-37)

나타나 말했다.

11 "선한 여인이여, 멈추고 그대의 행동을 주의하라. 그대는 사람을 경배
해서는 안 된다. 그것은 우상 숭배이다.

12 이 아이는 사람, 곧 사람의 아들이며 모든 찬양을 받을 가치가 있다. 그
대는 하나님을 사모하고 경배해야 한다. 오직 그분만을 섬겨야 한다."

13 노파는 일어나서 감사한 마음으로 머리를 숙이고 하나님께 경배했다.

14 마리아는 아기 예수를 데리고 베들레헴으로 돌아갔다.

마기 사제 세 명이 예수에게 존경을 표한다. 헤롯이 깜짝 놀란다. 유대인 평의회를 소집
한다. 선지자들이 왕이 올 것을 예언했다는 말이 전해진다. 헤롯이 그 아이를 죽이기로
결심한다. 마리아와 요셉이 예수를 데리고 이집트로 피신한다.

～❋～

5 유프라테스 강 너머에 마기 사제들[9]이 살고 있었다. 사제들은 현명하
여 별의 움직임을 읽을 수 있었다. 그들은 한 위대한 혼이 탄생할 것을
점쳤고 예루살렘 위에 그의 별이 뜬 것을 보았다.

2 마기 사제들 가운데 세 명이 다가오는 시대의 위대한 분을 보기를 갈망
했다. 그들은 값비싼 선물을 가지고 새로 태어난 왕을 찾아 경배하려
고 서둘러 서쪽으로 향했다.

3 한 사람은 고귀함의 상징인 황금을, 다른 사람은 지배와 권능의 상징
인 몰약을, 나머지 사람은 현자의 지혜의 상징인 유향을 가져갔다.

4 마기 사제들이 예루살렘에 이르렀을 때, 사람들이 놀라며, 그들이 누구
이며 왜 왔는지 궁금히 여겼다.

5 그들이 왕으로 태어난 아기가 어디에 있는지 물었을 때, 헤롯의 왕좌가

----

9) 이 책의 38장 '페르시아에서 예수의 삶과 사역'에 상세한 내용이 나온다. 이들의 이름은 호
르(Hor), 룬(Lun), 메르(Mer)이다. 이들은 모두 조로아스터교의 사제들이다. 이 종교의 창시
자는 조로아스터이다. 그가 섬기는 신은 아후라 마즈다이다. 유대인들은 기원전 586년 바벨
로니아의 포로가 되었지만 바벨로니아가 기원전 538년 페르시아에 멸망 당하고 그 당시 페
르시아의 종교인 조로아스터교를 신앙하던 고레스왕의 귀환 허락을 받고 팔레스타인으로
귀환한다. 이런 맥락에서 볼 때 유대교는 조로아스터교의 영향을 받았다고 할 수 있다.

흔들리는 듯했다.

6 헤롯[10]은 신하를 보내어 마기 사제들을 궁정으로 데려왔다.

7 사제들은 궁정으로 들어오면서 다시 물었다. "새로 난 왕은 어디에 있습니까?" 그리고 이렇게 말했다. "우리가 유프라테스 너머에 있을 때 그의 별이 뜨는 걸 보고 경배하러 왔습니다."

8 헤롯은 두려워서 얼굴이 창백해졌다. 그는 이들 마기 사제들이 유대 왕국의 재건을 모의하고 있을지도 모른다고 생각했다. 그래서 그는 속으로 이렇게 말했다. "왕으로 태어난 그 아기에 대하여 좀 더 자세히 알아봐야겠다."

9 그래서 그는 마기 사제들에게 예루살렘에 잠시 머물라 이르고, 그 왕에 대해 모든 것을 말해 주겠다고 하였다.

10 그는 평의회와 유대의 모든 율법 학자를 소집하여 물었다. "유대 선지자들이 그런 사람에 대해 뭐라고 말했는가?"

11 유대 학자들이 대답했다. "선지자들은 오래전에, 한 사람이 이스라엘 민족을 지배하러 올 것이고, 이 메시아는 베들레헴에서 태어난다고 예언했습니다."

12 그들은 또 말했다. "선지자 미가가 이렇게 썼습니다. 오 베들레헴 유대여, 유대 언덕 가운데 작은 땅이여, 그러나 그대들로부터 한 사람이 나와 우리 민족, 이스라엘을 지배할 것이다. 그렇다. 그는 아주 오래전 옛날에 살았던 사람이다."

13 헤롯이 그 말을 듣고 마기 사제들을 다시 불러 유대 율법 학자들이 전한 그대로 들려주었다. 그런 뒤 그들을 베들레헴으로 떠나보냈다.

14 헤롯이 말했다. "가서 찾으시오. 만약 그대들이 왕으로 태어난 그 아이를 찾는다면, 돌아와서 나에게 모든 것을 말해 주시오. 내가 가서 그를 경배할 것이오."

---

10) 이 헤롯은 헤롯대왕(BC 37-AD 4)이다. 그는 로마 최초의 황제인 가이우스 율리우스 카이사르 옥타비아누스(BC 27-AD 14)가 로마 황제로 재위 중에 있을 때 팔레스틴(유대) 지역을 통치하였다. 예수 그리스도가 베들레헴에서 탄생했을 때 두 살 이하의 아이들을 다 죽인 잔인한 왕이다.(마가복음 2:1-19)

15 마기 사제들은 길을 떠났고, 양치기의 집에서 마리아와 함께 있는 아이를 발견했다.

16 사제들은 아기 예수를 경배하였다. 그리고 그에게 귀중한 선물을 바치고, 황금과 유향과 몰약을 주었다.

17 마기 사제들은 사람들의 마음을 읽을 수 있었다. 그들은 헤롯의 사악한 마음을 읽고 그가 새로 난 왕을 죽이기로 작정했음을 알아차리고 있었다.

18 그래서 아기의 부모에게 그 비밀을 말하고, 해가 미치지 않을 곳으로 피하게 했다.

19 그 뒤 그 사제들은 고국으로 향했지만, 예루살렘을 통과하지 않았다.

20 요셉은 밤중에 아기 예수와 그 어머니를 데리고 이집트로 도망하여, 엘리후와 살로메와 함께 고대 도시 조안[11]에 머물렀다.

헤롯이 요한의 사명을 알게 된다. 베들레헴의 유아들이 헤롯의 명에 따라 몰살된다. 엘리사벳은 요한과 함께 피신한다. 사가랴는 그의 아들이 숨은 곳을 말할 수 없었기 때문에 살해된다. 헤롯이 죽는다.

꽃무늬 구분선

6 한편 왕으로 태어난 아이에 대해 말해 주기로 한 마기 사제들이 돌아오지 않자 헤롯 왕은 격분했다.

2 그때 그의 신하들이 베들레헴에 또 다른 아이가 있는데, 그가 미리 와서 백성들에게 왕을 맞을 준비를 시킨다고 말했다.

3 이 말을 들은 헤롯왕은 점점 더 화가 났다. 그는 근위병을 불러 베들레헴으로 가서 왕으로 태어난 예수뿐만 아니라 유아 요한까지 죽이라고 명했다.

4 그가 말했다. "실수하지 말고, 내 왕좌를 노리는 자들을 죽여라. 마을

---

11) 조안은 동부 나일강 델타(삼각주)에 위치한 고대 이집트의 도시 이름이다. 이 이름(성경에는 소안으로 표기)은 구약성경 이사야 19:11, 13; 30:4, 에스겔 30:14, 시편 78:12, 43절에 언급된다. 특히 시편 78편 12절 이하를 보면 옛적에 모세가 출애굽 할 때 바로 앞에서 기적을 행한 지역으로 묘사하고 있다.

안에 있는 두 살 미만의 모든 사내아이를 죽여라."

5 근위병들이 가서 헤롯이 시키는 대로 하였다.

6 엘리사벳은 헤롯이 그녀의 아들을 죽이려고 하는 것을 모른 채, 여전히 요한과 함께 베들레헴에 머물러 있었다. 그러나 소식을 접하자 서둘러 아기 요한을 데리고 산으로 달려갔다.

7 살기등등한 근위병들이 가까이 추격해 왔다. 그들은 엘리사벳을 급히 추격했지만, 그녀는 산에 있는 비밀 동굴을 모두 알고 있었다. 엘리사벳은 한 동굴로 들어가 병사들이 사라질 때까지 요한과 함께 몸을 숨겼다.

8 잔악한 행위가 자행되었다. 근위병들은 돌아가서 왕에게 보고했다.

9 그들은 말했다. "어린 왕은 죽였으나, 선구자 요한은 찾을 수 없었습니다."

10 아기 요한을 죽이지 못한 병사들에게 화가 난 왕은 그들을 쇠사슬로 묶어 감옥에 보냈다.

11 다른 근위병들은 성소에서 직무를 수행하던 선지자의 아버지 사가랴에게 보내졌다. 그들은 사가랴의 아들이 어디 있는지 말하라는 왕의 명령을 전하였다.

12 그러나 그 사실을 모르는 사가랴가 대답했다. "저는 하나님의 성직자요, 성소의 봉사자입니다. 그들이 그 아이를 어디로 데려갔는지 제가 어찌 알겠습니까?"

13 병사들이 돌아가서 사가랴의 말을 왕에게 전하자 왕이 분노하여 말했다.

14 "나의 병사들이여, 돌아가 그 교활한 제사장에게 가서 그의 목숨이 내게 달려 있으며, 그가 사실을 숨기고 요한이 숨은 장소를 밝히지 않는다면 그를 죽일 것이라고 전하라."

15 병사들은 돌아가서 사가랴에게 왕의 말을 전했다.

16 사가랴가 말했다. "나는 내 생명을 진리를 위해 바칠 수밖에 없소. 그리고 왕이 나를 죽일지라도 주께서 나의 혼을 구원해 주실 것이오."

17 병사들이 돌아가서 왕에게 사가랴의 말을 전했다.

18 이때 사가랴는 성소의 제단 앞에 서서 간절히 기도하고 있었다.

19 병사 한 명이 다가가 그를 단검으로 찔렀다. 그는 하나님 성소의 장막 앞에 쓰러져 죽었다.

20 사가랴는 제사장들을 매일 축복해 주었는데, 축복할 시간이 되어도 그가 오지 않았다.

21 사제들이 오래 기다린 끝에 성소로 들어가 그의 시신을 발견했다.

22 온 나라가 깊은 슬픔에 잠겼다.

23 헤롯이 그의 왕좌에 앉아 있었는데 움직이는 것 같지 않았다. 신하들이 다가가 보았더니 헤롯이 죽어 있었다. 그의 아들들이 그를 계승하여 나라를 다스렸다.

제3부

조안에서 마리아와 엘리사벳이 받은 교육

아켈라우스가 통치한다. 마리아와 엘리사벳은 그들의 아들들과 함께 조안에서 엘리후와 살로메의 가르침을 받는다. 엘리후의 입문 수업. 하나님의 회고록에 대해 언급한다.

～ ❈ ～

7 헤롯의 아들 아켈라우스[12]가 예루살렘을 통치했다. 그는 이기적이고 잔인한 왕이었다. 그는 그를 공경하지 않는 사람들을 모조리 죽였다.

2 그는 평의회에 현자들을 모두 소집하여 그의 왕좌를 노리는 아이에 관해 물었다.

3 평의회가 요한과 예수는 모두 죽었다고 말하자 그는 만족했다.

4 한편 요셉과 마리아와 그들의 아들 예수는 이집트의 조안에 있었고, 요한은 그의 어머니와 함께 유대의 산속에 있었다.

5 엘리후와 살로메는 급히 메신저들을 보내 엘리사벳과 요한을 찾도록 했다. 그들은 그들을 발견하여 조안으로 데려왔다.

6 마리아와 엘리사벳은 그들이 구출된 것이 경이로울 따름이었다.

7 엘리후가 말했다. "이상한 일이 아니다. 우연히 일어나는 일은 없다. 법칙이 모든 사건을 지배한다.

8 옛적부터 그대들은 우리와 함께하며, 이 성스러운 학교에서 가르침을 받도록 정해져 있었다."

9 엘리후와 살로메는 마리아와 엘리사벳을 근처에 있는 신성한 숲으로 데려갔는데, 그곳은 그들이 가르치는 장소였다.

10 엘리후가 마리아와 엘리사벳에게 말했다. "그대들은 그대들 자신이 세 번 축복 받았음을 알 것이다. 왜냐하면 그대들은 오래전부터 오기로

---

12) 헤롯 아켈라오(Herod Archelaus, AD 18년 사망)는 부친 헤롯 대왕보다 더 악랄한 폭정을 행하여 백성들의 원성이 컸고, 백성들이 로마로 탄원을 하여 통치 10년 만에 로마에 의해 강제 폐위되고, 그가 통치하던 유대·사마리아·이두매(BC 4-AD 6)는 로마 총독 체제로 들어간다.

약속된 아들들의 어머니로 선택되었기 때문이다.

11 누가 단단한 바위 위에 완벽한 사람의 성전, 곧 영원히 무너지지 않을 성전이 있을 확실한 초석을 깔도록 정해져 있는가?

12 우리는 순환하는 시대로 시간을 측정하며, 각 시대로 들어가는 문을 인류가 나아가는 여정의 이정표로 여긴다.

13 한 시대가 가고, 시간이 무르익으면 또 다른 시대로 가는 문이 활짝 열린다. 그것은 혼이 인간 안에 계신 하나님, 임마누엘의 나라를 준비하는 시대이다.

14 그리고 요한과 예수는 새 소식을 말하고, 사람들에게 선한 의지의 복음과 땅 위의 평화를 선포하는 최초의 사람이 될 것이다.

15 그들의 과업은 위대하다. 왜냐하면, 육에 속한 사람들은 빛을 원하지 않고 어둠을 사랑하며, 어둠 속에서 빛이 빛나도 그것을 이해하지 못하기 때문이다.

16 우리는 이들을 '빛의 계시자'라 부르지만, 그들은 빛을 드러낼 수 있기 전에 빛을 지녀야 한다.

17 그래서 그대들이 아들을 가르쳐 그들의 혼이 사랑과 거룩한 갈망으로 불타게 하고, 사람들의 아들들에 대한 그들의 사명을 자각하게 해야 한다.

18 그들에게 하나님과 사람은 하나였지만 세속적 생각과 말과 행동을 통해 사람이 하나님에게서 떨어져나와 자신을 천하게 하였음을 가르쳐라.

19 성스러운 숨결이 하나님과 인간을 다시 하나로 만들어 조화와 평화를 회복할 것이라 가르치고,

20 사랑 외에 어떤 것도 하나님과 사람을 하나 되게 하지 못한다는 것, 그리고 하나님께서 이 세상을 무척 사랑하셔서 그의 아들에게 육신의 옷을 입혀 사람들이 깨닫게 하신 것을 가르쳐라.

21 이 세상의 유일한 구세주는 사랑이며, 마리아의 아들 예수가 사람들에 대한 그 사랑을 드러내러 왔다.

22 사랑은 그 길이 준비되기 전에는 드러날 수 없다. 그리고 순수함을 제

외하고는 아무것도 바위를 부수고, 높은 언덕을 무너뜨리고, 골짜기를 메워 그 길을 준비할 수 없다.

23 그러나 사람들은 삶의 순수함을 이해하지 못하므로 그것 역시 육신으로 와야 한다.

24 그대 엘리사벳은 축복받았다. 그대의 아들이 육체를 입은 순수함이고 그가 사랑을 위한 길을 닦을 것이기 때문이다.

25 이 시대는 아직 순수함과 사랑의 사역에 대해서 거의 이해하지 못할 것이다. 그러나 하나님의 기억의 책[13]에는 모든 생각과 말과 행동이 적혀 있으므로 한 단어도 없어지지 않는다.

26 그래서 세상이 받아들일 준비가 되면, 하나님께서 한 전령을 보내 자신의 책을 펴고, 그 신성한 장마다 쓰인 모든 순수함과 사랑의 메시지를 옮겨 적게 하실 것이다.

27 그때 지상의 모든 사람은 자신의 모국어로 생명의 말씀을 읽을 것이며, 사람들은 빛을 보고 빛 가운데로 걸어 들어가 빛이 될 것이다.

28 그리고 인간은 다시 하나님과 하나가 될 것이다."

엘리후의 가르침. 생명의 통일성. 두 개의 자아. 악마. 사랑 – 인간의 구원자. 빛의 다윗. 어둠의 골리앗

～ ❖ ～

8 엘리후가 다시 신성한 숲에서 제자들을 만나 말했다.

2 "누구도 혼자 살아갈 수 없다. 모든 살아있는 것은 다른 살아있는 것과 끈으로 연결되어 있기 때문이다.

3 마음이 순수한 자들은 복되다. 그들은 사랑을 베풀 것이며 그 보답으로 사랑을 요구하지 않을 것이기 때문이다.

4 그들은 남들에게 대우받고 싶지 않은 것을 남에게 행하려 하지 않을

---

13) 동양의 학자들이 아카샤(Akasha)라고 부르는 미세한 에테르들은 모든 소리와 색과 단어와 생각이 등록되는 민감한 필름이다.(『보병궁 복음서』 머리말에서) 그래서 기독교 지도자들은 성령의 영감으로 기록된 성경이기에 오류가 없다고 믿지만, 구전해 내려오는 이야기와 기록들을 바탕으로 한 지금의 성경과는 달리 백 퍼센트의 정밀성이 있다.

것이다.

5 자아에는 높은 자아와 낮은 자아가 있다.

6 높은 자아는 하나님의 형상으로 만들어진 혼을 입은 인간의 영이다.

7 낮은 자아, 육의 자아, 욕망의 몸은 육체의 어두운 에테르에 의해 왜곡되어 있는 높은 자아의 반영이다.

8 낮은 자아는 환영이며 사라져 없어질 것이다. 그러나 높은 자아는 인간 안에 내재한 하나님이며 사라지지 않을 것이다.

9 낮은 자아는 뒤집힌 진리가 구체화된 것이며, 따라서 드러난 거짓이다.

10 높은 자아는 정의, 자비, 사랑, 공정이다. 낮은 자아는 높은 자아가 아닌 것이다.

11 낮은 자아는 증오, 비방, 음탕함, 살인, 절도 그리고 해를 끼치는 모든 것이다. 반면에 높은 자아는 삶의 미덕과 조화로움의 어머니이다.

12 낮은 자아는 약속은 푸짐하게 하지만 축복과 평화가 부족하다. 그것은 쾌락과 환희와 만족을 주지만, 불안과 불행과 죽음을 준다.

13 그것은 사람들에게 보기에 사랑스럽고 향도 좋은 사과를 주지만, 그 속은 쓴맛과 담즙으로 가득 차 있다.

14 그대들이 나에게 무엇을 공부할지 묻는다면, 나는 그대들 자신을 공부하라고 말할 것이다. 그대들이 그 공부를 다 하고 나서 다음으로 무엇을 공부할지 묻는다면, 역시 그대들 자신이라 대답할 것이다.

15 자신의 낮은 자아를 잘 아는 사람은 세상이 환영임을 알고, 사라지는 것들을 안다. 그리고 자신의 높은 자아를 아는 사람은 하나님을 알고, 사라질 수 없는 것을 잘 안다.

16 순수함과 사랑을 자신의 것으로 만든 사람은 세 번 축복 받은 사람이며, 낮은 자아의 위험에서 해방되어 스스로 높은 자아를 성취한 사람이다.

17 사람들은 지하세계에 사는 괴물이라 여겨지는 악에서 구원받기를 원하지만 그들의 신은 단지 위장한 악마들일 뿐이다. 그들은 모두 강력하지만 질투와 미움과 욕망으로 가득하다.

18 과일과 새와 동물과 인간 생명의 값비싼 희생으로 누구의 호의를 사야 하는가?

19 그러나 이 신들은 들을 귀가 없고, 볼 눈이 없고, 동정할 심장이 없고, 구원할 힘이 없다.

20 이 악은 신화이다. 이 신들은 생각의 그림자로 덮인 공기로 만들어졌다.

21 인간이 구원받아야 할 유일한 악마는 자아, 즉 낮은 자아이다. 만약 사람이 자신의 악마를 찾으려 한다면, 자기 내면을 들여다보아야 한다. 그 악마의 이름은 자아이다.

22 만약 사람이 구원자를 찾으려 한다면 자기 내면을 들여다보아야 한다. 그리고 악마인 자아가 지위에서 물러날 때 구원자인 사랑이 권세의 보좌로 올라갈 것이다.

23 빛의 다윗은 순수함이다. 다윗은 어둠의 강한 골리앗을 물리치고 구원자인 사랑을 왕좌에 앉힌다.

살로메의 가르침. 남자와 여자. 인간 정서의 철학. 삼위일체 하나님. 일곱 성령. 하나님의 도道

～ ❄ ～

9 살로메가 그날의 교훈을 가르쳤다. 그녀가 말했다. "모든 시대가 같지 않다. 오늘은 남자의 말이 가장 큰 힘을 가지겠지만 내일은 여자가 최고의 가르침을 펼칠 것이다.

2 인생의 모든 행로에서 남자와 여자는 서로 손을 잡고 걸어야 한다. 상대방이 없는 한쪽은 단지 반쪽에 불과하다. 각자 할 일이 있다.

3 그러나 만물이 가르친다. 그리고 각각은 자신만의 시간과 계절이 있다. 태양과 달은 사람들을 위한 자신만의 교훈을 갖고 있다. 그리고 각각은 정해진 시간에 가르친다.

4 만약 달과 모든 별들의 계절에 태양의 교훈이 주어진다면, 그 교훈은 시든 잎이 시냇물 위에 떨어지는 것처럼 사람의 마음에 떨어질 것이다.

5 오늘 우울함과 낙담과 억압된 심정으로 걷는 사람이라도 내일은 그 같

은 사람이 기쁨으로 가득해진다.

6 오늘 하늘이 축복과 희망으로 가득 찬 것처럼 보일지라도, 내일이 되면 희망이 달아나고 모든 계획과 목적이 수포로 돌아간다.

7 오늘은 자신이 밟는 땅을 저주하고 싶어 하지만 내일은 사랑과 찬양으로 가득 차 있다.

8 오늘은 사랑하는 자녀를 미워하고 경멸하고 부러워하고 질투하지만, 내일은 육적인 자아를 넘어서서 기쁨과 선한 의지를 뿜어낸다.

9 왜 이런 높이와 깊이, 경쾌한 마음과 슬픔이 일상의 삶에서 발견되는지 인간은 수천 번씩 궁금해한다.

10 그들은 어느 곳에나 교사들이 있고, 그 교사들이 각자 하나님께서 정해주신 임무 수행에 바쁘며, 진리를 인간의 마음속에 몰고 간다는 것을 모른다.

11 그러나 그것은 사실이며, 모든 사람은 자신이 필요한 가르침을 받는다."

12 그러자 마리아가 말했다. "오늘 저는 매우 기쁩니다. 저의 생각과 모든 삶이 고양됨을 느낍니다. 저는 어찌하여 이렇게 영감으로 가득 차 있을까요?"

13 살로메가 대답했다. "오늘은 기쁨의 날이고, 경배와 찬양의 날이며, 우리가 우리 아버지 하나님을 어느 정도 이해할 수 있는 날이다.

14 그러면 우리 함께 일(1)이시며, 삼(3)이시며, 칠(7)이신 하나님을 공부하도록 하자.

15 세상이 형성되기 이전에 만물은 하나였다. 다만 성령, 우주적인 숨결이었다.

16 그리고 성령께서 숨을 쉬자 드러나지 않았던 것들이 하늘의 불과 생각, 아버지 하나님과 어머니 하나님이 되었다.

17 하늘의 불과 생각이 함께 숨을 쉬자, 그들의 독생자[14]가 태어났다. 그

---

14) 예수는 삼위일체의 교리로 봤을 때 아버지의 신성을 그대로 가진 아들로서의 독생자로 기독교인들은 알고 있다. 하지만 『보병궁 복음서』에서는 누구에게나 아버지의 신성을 그대

아들은 사람들이 그리스도라 부르는 사랑이다.

18 사람들은 하늘의 생각을 성스러운 숨결이라고 부른다.

19 그리고 세 분의 하나님이 숨을 내쉬자, 보라, 일곱 영이 보좌 앞에 섰다. 이들은 엘로힘[15]이며, 우주의 창조 영들이다.

20 이들이 '사람을 만들자'고 했고, 그들의 형상대로 사람이 만들어졌다.

21 이 세계의 초창기에 극동에 살던 사람들이 말하기를, "도는 우주적 숨결의 이름"이라 하였으며 여러 고서에 이렇게 쓰여 있다.

22 "위대한 도는 드러난 형체가 없지만, 천지를 만들고 유지한다.

23 우리의 위대한 도는 아무런 열정이 없지만 해와 달과 모든 별을 뜨고 지게 한다.

24 위대한 도는 이름이 없지만, 만물을 성장시키고 파종의 계절과 수확의 계절을 가져온다.

25 위대한 도는 하나였다. 그 하나가 둘이 되었고, 둘은 셋이 되었으며, 셋은 일곱으로 진화하였다. 그리고 그것이 우주를 형상이 드러난 것으로 채웠다.

26 위대한 도는 악한 것이든 선한 것이든 모든 것에 비와 이슬과 햇빛과 꽃들을 고르게 베푼다. 그의 풍성한 창고로부터 그는 모두를 먹인다."

27 그 고서의 다른 장은 사람에 대해 이렇게 말한다. "사람의 영은 대도의 영과 밀접히 엮여있다. 혼은 대도의 일곱 숨결 안에 거하며 욕망의 몸은 육체의 토양에서 생겨난다.

로 가질 수 있는 그리스도가 될 수 있음을 예수는 말하고 있다. 그러므로 독생자라는 어휘 자체에 매여 오직 아버지를 대행할 분은 예수뿐 이라는 의미로 규정할 필요가 없다.

15) 성경의 기록을 보면 하나님을 엘이나 엘로아의 복수형인 엘로힘(하나님들)을 사용한다. (창세기 1:1-31, 출애굽기 20:1, 예레미야 31:33) 또한, 하나님의 형상대로 지어진 사람이 남자와 여자인 것은 남성적 형상뿐 아니라 여성적 형상의 하나님, 즉 두 분 하나님이 존재한다는 것을 증명한다. 그래서 하나님을 아버지 하나님과 어머니 하나님으로 보는 견해를 가능하게 한다. 그러나 엘로힘이 복수형이기 때문에 반드시 여러 명의 하나님을 말하는 것이 아니라는 학설도 있다. 한 분 참 하나님의 위엄을 강조하기 위해 복수형을 쓴다. 즉 모든 신보다 뛰어난 신이라는 의미로 복수형을 사용하기도 한다. 그러나 이스라엘의 민족 신인 야웨와는 다른 하나님으로 본다.

28 영은 순수한 것, 선한 것, 참된 것을 사랑하지만, 욕망의 몸은 이기적인 자아를 칭송한다. 그래서 그 혼은 둘 사이의 싸움터가 된다.

29 그의 영이 승리하여 낮은 자아가 순수해진 사람, 그의 혼이 정화되어 대도를 드러내는 대회의실이 되기에 적합해진 사람은 축복받은 사람이다."

30 이것으로 살로메의 수업은 끝났다.

엘리후의 가르침. 브라만교.[16] 아브라함의 생애. 유대의 성서들. 페르시아의 종교.

~ ✳ ~

10 엘리후가 가르쳤다. 그가 말했다. "고대에 동방의 어느 민족이 하나님을 경배하였는데, 그들은 그 한 분이신 하나님을 브라흐마라 불렀다.

2 그들의 율법은 정의로웠고, 그들은 평화롭게 살았으며, 그들은 내재한 빛을 보았고 지혜의 길을 걸었다.

3 그러나 세속적인 목적을 가진 사제들이 나와 그 세속적 마음을 채우기 위해 율법을 바꾸고, 가난한 자들에게 무거운 짐을 지우고, 정의의 법을 멸시하였다. 그렇게 브라만교는 부패하게 되었다.

4 그러나 이런 암흑의 시대에도 소수의 훌륭한 스승들이 흔들림 없이 서 있었다. 그들은 브라흐마의 이름을 사랑하였고, 그들은 세상 앞의 위대한 횃불이었다.

5 그들은 성스러운 브라흐마의 지혜가 더럽혀지지 않도록 지켰고 너희는 그들의 신성한 책에서 그 지혜를 읽게 되었다

6 갈대아에도 브라흐마는 알려져 있었다. 데라라는 이름의 경건한 브라만이 우르국[17]에 살았다. 그의 아들은 브라흐마에 매우 헌신적인 믿음

---

16) 브라만교(Brahmanism) 또는 베다 힌두교는 베다 시대(1500-500 BC) 동안 인도 아대륙에서 브라만이라고 불리는 사제 계급을 중심으로 전개된 종교를 말한다.

17) "갈대아인이 살던 '우르'라는 지역이 있었다." 이런 말이 성경에는 기원전 1,400년 전, 즉 지금으로부터 3,400년 전에 기록된 창세기 11장 31절을 비롯하여 여러 곳에서 나온다. 지금의 이라크 땅 티그리스와 유프라테스가 만나는 지점으로 초생달 모양의 비옥한 땅이다.

을 가지고 있어서 아브람(A-Brahm)이라 불렸으며, 히브리 민족의 아버지로 구별되었다.

7 한편 데라는 그의 아내와 아들들과 함께 양 떼와 소 떼를 거느리고 서쪽 하란으로 가서 그곳에서 죽음을 맞이했다.

8 그리고 아브람은 양 떼와 소 떼를 거느리고 자신의 친족들과 함께 더 서쪽으로 갔다.

9 마침내 가나안 땅 모라의 상수리나무에 이르자 장막을 치고 그곳에 머물렀다.

10 기근이 가나안 땅을 휩쓸자 아브람은 친족과 가축 무리를 이끌고 이집트로 가서 조안의 비옥한 평야에 천막을 치고 살았다.

11 지금도 사람들은 아브람이 살았던 평야를 찾아볼 수 있다.

12 너희는 아브람이 이집트에 온 이유를 묻는다. 이유는 그곳이 개척의 요람지이며 온갖 비밀스러운 것이 있는 땅이기 때문이다. 스승들이 이곳에 오는 이유가 바로 그것이다.

13 아브람은 조안에서 천문학을 가르치는 한편 그곳 성전에서 현자들의 지혜를 배웠다.

14 그리고 그는 배울 것을 다 배운 후에, 친족과 가축 떼를 이끌고 가나안으로 돌아갔다. 그리고 마므레 평원에 천막을 치고 그곳에서 살다가 그곳에서 죽었다.

15 그의 생애와 업적과 그의 아들들과 이스라엘 지파들에 대한 기록은 유대의 신성한 책들 속에 잘 보존되어 있다.

16 페르시아에도 브라흐마는 널리 알려져 경외의 대상이 되었다. 사람들은 그를 한 분, 존재하는 모든 것의 원인 없는 원인으로 보았으며, 멀리 동방에 사는 사람들에게 도가 그러하듯이 브라흐마는 그들에게 신성한 존재였다.

메소포타미아 남부 지역에 속한 수메르 문명지대에 있던 한 도시다. 갈대아인이라는 호칭은 남부 바벨론(바빌로니아)의 한 지역과 그 주민들을 가리키던 이름이 나중에는 온 바빌로니아에 대해 쓰이게 되었다.

17 사람들은 평화롭게 살았고 정의가 지배했다.

18 그러나 다른 나라들과 마찬가지로 페르시아에서도 사제들이 자아에 도취하고 자기 욕망에 물들어 권능과 지성과 사랑을 분노하게 했다.

19 종교는 갈수록 부패하고 새들과 짐승들과 파충류들이 신들로 구분되었다.

20 시간이 흘러 짜라투스트라[18]라고 불리는 고귀한 혼이 인간으로 태어났다.

21 그는 원인 없는 높고 고귀한 영을 보았다. 그리고 사람이 정한 신들의 결함도 보았다.

22 그가 입을 열자 모든 페르시아가 그의 말을 들었다. 그가 한 분 하나님, 하나의 민족, 하나의 사원을 말할 때 우상들의 제단은 무너지고 페르시아는 구원되었다.

23 그러나 사람들은 눈으로 직접 그들의 하나님들을 확인해야 했으므로 자라투스트라가 말했다.

24 "보좌 옆에 선 영들 가운데 가장 위대하신 분은 아후라 마즈다이며, 그분은 태양의 광명으로 나타나신다."

25 그러자 모든 사람이 태양 속에 계신 아후라 마즈다를 보고, 태양의 사원에 엎드려 그를 경배하였다.

26 페르시아는 마기인[19]의 땅이다. 그 땅의 사제들은 마리아의 아들이 태어난 곳을 가리키는 별을 보고, 그를 평화의 왕자로 경배한 최초의 사람들이었다.

27 짜라투스트라의 계율과 율법은 아베스타 경전[20]에 기록되어 있으며,

---

18) 조로아스터교, 또는 마즈다교(Mazdaism)의 창시자이며 BC 628년에 태어나 BC 551년에 사망한 이란의 종교개혁가이며 선지자이며 전통적으로 조로아스터교의 창시자로 여긴다. 아후라 마즈다(Ahura Mazda)를 창조신으로 섬기며 선과 악의 질서를 구분하는 게 특징이다.

19) 기원전 8세기에서 기원전 6세기에 이란의 서부 지역에서 발생한 사제 계급. 〈마태복음〉에 나오는 예수 탄생 때의 세 동방박사도 이에 해당한다.

20) 조로아스터교의 주요 경전 모음으로 현재는 존재하지 않는 아베스타어로 쓰였다.

너희는 그것을 읽고 너희 자신의 것으로 만들 수 있다.

28 그러나 그 말씀이 생생히 살아 움직여서 그 말씀의 가르침들이 머리와 심장의 일부가 되기 전까지는 아무것도 아니라는 것을 너희는 알아야 한다.

29 진리는 하나이다. 하지만 누구도 그 자신이 진리가 되기 전에는 진리를 알지 못한다. 한 고서에 이렇게 기록되어 있다.

30 "진리는 하나님의 감화시키는 능력이다. 진리는 모든 생명을 진리 자체로 변형시킬 수 있다. 모든 생명이 진리일 때, 사람은 진리가 된다."

엘리후의 가르침. 불교와 부처의 계율. 이집트의 신비.

11 다시 엘리후가 가르쳤다. 그가 말했다. "인도의 사제들은 부패하게 되었다. 브라흐마가 거리에서 잊혀지고 인간의 권리는 먼지 속에 짓밟혔다.

2 그때 어느 위대한 스승이 나타났다. 그는 깨달음의 부처로서 세상의 부와 명예를 외면하고 조용한 숲과 동굴에서 침묵을 찾았다. 그는 축복을 받았다.

3 그는 더 높은 삶의 복음을 전파했고 사람을 존중하는 법을 가르쳤다.

4 그는 신들의 교리를 가르치지 않았다. 그는 단지 인간을 알았고, 따라서 그의 신념은 정의와 사랑과 의로움이었다.

5 부처가 말한 도움 되는 말 중 몇 가지를 인용하겠다.

6 "미움은 잔인한 말이다. 사람들이 너희를 미워하더라도 그것을 마음에 두지 말라. 너희는 사람의 미움을 사랑과 자비와 선한 의지로 바꿀 수 있다. 그리고 자비는 모든 하늘만큼이나 넓다.

7 그리고 모두에게 충분한 선이 있다. 선으로 악을 물리쳐라. 관대한 행위로 탐욕을 부끄럽게 하라. 진리로 오류가 그리는 비뚤어진 선을 바로잡아라. 오류란 왜곡되고 어긋난 진리에 불과하기 때문이다.

8 그리고 마차 끄는 사람의 발을 바퀴가 좇는 것처럼 악한 생각으로 말

하고 행하는 자에게 고통이 따를 것이다.

9 자신을 정복하는 자는 전쟁에서 수천 명의 사람을 죽이는 자보다 더 위대하다.

10 다른 사람이 마땅히 그러해야 한다고 믿는 바를 스스로 실천하는 사람은 존귀하다.

11 너희에게 잘못하는 자에게 가장 순수한 사랑을 돌려주어라. 그러면 그는 더 이상 너희에게 잘못하지 않을 것이다. 사랑은 사랑하는 사람의 마음을 순수하게 하듯이 사랑받는 사람의 마음을 순수하게 만들 것이기 때문이다."

12 부처의 말은 인도의 신성한 책들에 기록되어 있다. 그 말에 주의를 기울여라. 그 말들은 성스러운 숨결의 가르침의 일부이기 때문이다.

13 이집트는 비밀이 숨겨진 땅이다.

14 여러 시대의 신비들이 우리의 성전과 사당에 봉인되어 있다.

15 모든 시대와 나라의 스승들이 이곳에 배우러 온다. 너희의 아들들이 어른이 되면 이집트의 학교에서 모든 학문을 마칠 것이다.

16 오늘 나는 충분히 말했으니, 내일 해가 뜨면 만나기로 하자."

살로메의 가르침. 기도. 엘리후의 총정리 수업. 삼 년 과정의 공부를 요약정리한다. 학생들이 그들의 고향으로 돌아간다.

— ❋ —

12 아침 해가 떠오르자 스승들과 학생들이 모두 신성한 숲에 모였다.

2 살로메가 먼저 말했다. "태양을 보라! 그것은 해와 달과 별들을 통해,

3 산과 언덕과 계곡을 통해, 꽃과 식물과 나무를 통해 우리에게 말씀하시는 하나님의 권능을 드러낸다.

4 하나님은 새와 하프시코드와 인간의 음성을 통해 우리를 위해 노래하시고, 바람과 비와 천둥의 울림을 통해 우리에게 말씀하신다. 어찌 하나님의 발아래 엎드려 경배하지 않겠는가?

5 하나님은 모든 사람의 마음에 개별적으로 말씀하신다. 사람들도 각자

개별적으로 하나님께 말씀드려야 한다. 그리고 이것이 기도이다.

6 하나님에게 소리치거나, 일어서거나 앉거나 무릎을 꿇고서 사람들의 죄를 말하는 것은 기도가 아니다.

7 거룩하신 한 분께 그가 얼마나 위대하시며, 얼마나 선하시며, 얼마나 강하며, 얼마나 자비로우신지 말하는 것도 기도가 아니다.

8 하나님은 사람의 칭찬으로 매수할 수 있는 사람이 아니다.

9 기도는 삶의 모든 방식이 빛이 되고, 모든 행위가 선한 면류관을 쓰며, 모든 살아있는 것들이 우리의 봉사로 말미암아 번영되기를 바라는 간절한 소망이다.

10 고귀한 행위와 유익한 말이 기도이다. 강렬하고 효험 있는 기도이다.

11 기도의 샘은 마음속에 있다. 말이 아닌 생각으로 우리의 마음은 하나님께 올라가서 그곳에서 축복받는다. 그러면 함께 기도하자."

12 그들은 기도했다. 그러나 한마디도 말하지 않았다. 다만 신성한 침묵 속에서 모든 마음이 축복을 받았다.

13 그런 뒤 엘리후가 마리아와 엘리사벳에게 말했다. "우리는 할 말을 다 했다. 너희는 이곳에 더 오래 머물 필요가 없다. 하나님의 부르심이 왔다. 돌아가는 길에는 아무 일이 없을 것이니, 너희는 고국으로 돌아가도 좋다.

14 위대한 일이 너희에게 주어졌다. 너희는 세상을 지도할 사람들의 정신을 지도할 것이다.

15 너희의 아들들은 인간을 정의로운 생각과 말과 행동으로 이끌도록

16 사람들로 하여금 죄의 사악함을 알게 하고, 낮은 자아와 모든 허망한 것들을 동경하는 것으로부터 그들을 인도하여 하나님 안에서 그리스도와 함께 살아가는 자아를 깨닫게 하도록 따로 구별되었다.

17 이런 사역을 준비하는 과정에서 너희의 아들들은 많은 가시밭길을 걸어야 한다.

18 다른 사람들처럼 극심한 시련과 유혹을 만날 것이며, 그들이 짊어질 짐이 가볍지 않아 지치고 쓰러질 것이다.

19 그들은 굶주림과 목마름의 고통을 알게 될 것이며 이유 없이 조롱을 받고 감옥에 갇히고 매질 당할 것이다.

20 그들은 여러 나라에 가서 많은 스승의 발밑에 앉을 것이다. 그들도 다른 사람들처럼 배우지 않으면 안 되기 때문이다.

21 하지만 우리는 충분히 말했다. 보좌 앞에 서 계신 삼(3)이시며 칠(7)이신 하나님의 축복이 언제나 틀림없이 너희에게 있을 것이다."

22 이리하여 엘리후와 살로메의 수업이 끝났다. 그들은 삼 년간 신성한 숲에서 제자들을 가르쳤다. 만일 그 가르침이 모두 책으로 쓰였다면 굉장한 책이 되었을 것이다. 여기에 기록된 것은 그들이 전한 것을 요약한 것이다.

23 이제 마리아와 요셉과 엘리사벳은 예수와 그의 선구자와 함께 고향으로 향하였다. 헤롯 아켈라우스가 예루살렘을 통치하고 있었기에 그곳을 거치치 않고 갔다.

24 그들은 사해死海를 지나 엔게디 언덕에 이르러 가까운 친척인 여호수아의 집에서 쉬었다. 엘리사벳과 요한은 이곳에 머물렀다.

25 그러나 요셉과 마리아와 그들의 아들은 요단 길을 따라가다가, 며칠 뒤 나사렛에 있는 집에 도착했다.

제4부

선구자 요한의 어린 시절과 초기의 교육

엔게디의 엘리사벳. 그녀의 아들을 가르친다. 요한은 맛세노의 제자가 된다. 그는 요한에게 죄의 뜻과 용서의 법을 밝혀준다.

～ ✳ ～

13 엘리사벳은 축복을 받았다. 그녀는 요한과 시간을 보냈다. 그리고 엘리후와 살로메에게 받았던 내용을 아들에게 가르쳤다.

2 요한은 자연 속에 있는 집에서 지내는 것과 그가 배운 가르침을 기뻐했다.

3 근처의 언덕에는 동굴이 많이 있었다. 엔게디의 은자가 사는 '다윗의 동굴'이 근처에 있었다.

4 이 은자는 맛세노[21]였다. 그는 이집트의 사제이자 사카라 성전에서 온 스승이었다.

5 요한이 일곱 살이 되자 맛세노는 그를 광야로 데리고 가서 다윗의 동굴에서 함께 머물렀다.

6 맛세노는 요한을 가르쳤고 요한은 스승의 말에 감명을 받았다. 그리고 서서히 맛세노는 삶의 신비들을 요한에게 열어주었다.

7 요한은 광야를 사랑했다. 그는 스승을 사랑했으며 소박한 음식을 사랑했다. 그들이 먹는 음식은 과일과 견과류, 벌꿀과 호콩으로 만든 빵이었다.

8 맛세노는 이스라엘 사람으로서 유대의 모든 축제에 참석했다.

9 요한이 아홉 살이 되자 맛세노는 그를 예루살렘의 대축제에 데리고 갔다.

---

21) 맛세노(Matheno)는 성경이나 The Anchor Bible Dictionary에서도 검색이 되지 않는 인물이다. 단지 본문에 있는 대로 이집트의 사제이며 사카라 성전에서 온 이스라엘인이라는 정보가 전부이다.

10 사악한 아켈라우스는 이기적이고 잔인했기에 왕위에서 쫓겨나 멀리 추방되었다. 그러므로 요한은 두렵지 않았다.

11 요한은 예루살렘을 방문하게 되어 몹시 기뻤다. 맛세노는 그에게 유대인의 의식에 대해, 그리고 그 의식의 의미에 대해 모든 것을 말해 주었다.

12 요한은 동물과 새들을 죽여서 하나님 앞에서 불태우는 것으로 어떻게 죄를 용서받는 건지 이해할 수 없었다.

13 맛세노가 말했다. "하늘과 땅의 하나님께서는 희생제물을 요구하지 않으신다. 이 잔인한 의식의 풍습은 다른 나라의 우상 숭배자들로부터 빌려온 것이다.

14 일찍이 어떠한 죄도 동물이나 새, 사람의 희생제물에 의하여 지워지지 않았다.

15 죄란 인간이 악의 진흙탕 속으로 뛰어드는 것이다. 그래서 사람이 죄에서 벗어나려면 그가 걸어온 길로 돌아가서 악의 진흙탕에서 벗어날 자신의 길을 찾아야 한다.

16 돌이켜서 사랑과 정의로 너의 마음을 깨끗이 하라. 그리하면 용서받을 것이다.

17 이것이 선구자가 사람들에게 전할 메시지의 짐이다."

18 요한이 물었다. "용서란 무엇입니까?"

19 맛세노가 말했다. "그것은 빚을 갚는 것이다. 다른 사람에게 잘못하는 사람은 그가 잘못한 것을 바로 잡을 때까지 결코 용서받을 수 없다.

20 베다경은 '잘못을 한 당사자 외에는 아무도 그것을 바로잡을 수 없다.' 라고 말한다."

21 요한이 말했다. "만일 그것이 사실이라면 자기 자신 안에 내재된 힘을 제외하고 용서할 힘은 어디에서 나옵니까? 인간은 스스로를 용서할 수 있습니까?"

22 맛세노가 말했다. "그 문은 크게 열려 있다. 너는 사람이 올바른 데로 돌아오는 길과 그의 죄사함의 길을 볼 것이다."

맛세노의 가르침. 우주 법칙에 대한 가르침. 인간이 가진 선택과 성취의 힘. 반론의 이점, 고대의 성전聖典들. 세계 역사에서 요한과 예수의 위치.

―― ✻ ――

14 맛세노와 요한은 고대의 성스러운 경전들과 그 속에 담긴 황금률에 관하여 이야기를 나누고 있었다. 요한이 감탄하며 말했다.

2 "이들 황금률의 가르침은 아주 훌륭합니다. 이것으로 충분한데 다른 성전聖典이 필요합니까?"

3 맛세노가 말했다. "거룩하신 한 분의 영들은 모든 것들이 적당한 때에 오고 가게끔 하신다.

4 태양이 지는 저마다의 때가 있고, 달이 떠서 차고 기울고, 별들이 오고 가고, 비가 오고, 바람이 부는 데에도 저마다의 때가 있다.

5 씨를 뿌리고 수확하는 때가 있고, 사람이 태어나고 죽는 때가 있다.

6 이들 강력한 영들은 국가들을 탄생시켜서 요람에서 양육하고, 가장 큰 힘을 가지도록 키우고, 그들의 과업이 끝났을 때 그들을 수의로 싸서 무덤에 눕힌다.

7 한 국가의 일생에도 한 개인의 일생에도 당장은 유쾌하지 않은 일이 많은 법이다. 그러나 결국에는 진리가 드러난다. 다가오는 일들이 무엇이든 그것은 최선을 위해서 오는 것이다.

8 인간은 고귀한 일을 위하여 창조되었으나 지혜, 진리, 능력을 다 갖춘 자유인이 될 수 없었다.

9 만일 사람이 어려운 처지로 제약받고 곤궁함에 갇혀서 벗어날 수 없다면 그는 장난감 같은 단순한 기계에 지나지 않을 것이다.

10 창조의 영들은 인간에게 의지를 주었다. 따라서 인간은 선택할 수 있는 능력을 가지고 있다.

11 사람은 최고로 높은 곳에 도달할 수도 있고, 가장 깊은 곳으로 가라앉을 수도 있다. 사람은 얻으려는 것을 얻을 수 있는 능력이 있기 때문이다.

12 만일 사람이 힘을 원한다면 그러한 힘을 얻을 수 있는 능력이 있다. 그러나 그 목표에 도달하기 위해서는 저항을 극복해야만 한다. 게으름을

피우면 어떤 힘도 얻을 수 없다.

13 따라서 인간은 다양한 갈등의 소용돌이 속에서 자신을 구출하기 위해 애써 노력해야 하는 위치에 놓여 있다.

14 인간은 모든 갈등에서 힘을 얻으며 갈등을 극복할 때마다 더 높은 곳에 도달한다. 그러면서 날마다 새로운 의무와 새로운 관심거리를 찾는다.

15 위험한 구덩이에 있다고 꺼내줄 사람은 없으며, 적을 이길 수 있도록 도와줄 사람도 없다. 인간은 스스로가 자신의 군대이며, 검이며 방패이다. 또한 자기 군대의 대장이다.

16 거룩하신 한 분은 그저 자신의 길을 비추신다. 인간은 길을 밝혀 주는 등불 없이 방치된 적이 결코 없었다.

17 그래서 인간은 언제나 위험한 암초, 혼탁한 물줄기와 방심할 수 없는 구덩이를 잘 살펴볼 수 있도록 손에 밝은 등불을 들고 있었다.

18 그래서 거룩하신 한 분은 판단했고, 사람들이 더 많은 빛을 필요로 할 때 영적 스승이 빛을 주기 위해 땅으로 내려왔다.

19 베다 시대 이전에도 세상에는 길을 밝혀주는 많은 경전이 있었다. 그리고 인간이 더 큰 빛이 필요할 때 베다와 아베스타와 대도大道의 경전들이 더 높은 차원으로 사람들을 인도하기 위해서 나타났다.

20 그리고 적합한 장소에서 율법과 예언서와 시편을 담고 있는 히브리 성서가 인간에게 깨달음을 주기 위하여 나타났다.

21 그러나 해가 지나가면서 사람들에게 더 큰 빛이 필요하게 되었다.

22 이제 샛별이 높은 곳으로부터 빛나기 시작한다. 그리고 예수는 사람들에게 그 빛을 보여주기 위해 성육신하신 메신저이다.

23 그리고 나의 제자여! 너는 다가오는 날이 오고 있음을 예고하도록 명을 받았다.

24 그러나 너는 지금 간직하고 있는 그 순수한 마음을 지켜야만 한다. 그리고 거룩하신 한 분의 제단 위에서 타오르고 있는 불로 직접 너의 등불을 밝혀야 한다.

25 그러면 너의 등불은 끝없는 불꽃으로 변할 것이고, 너는 살아있는 횃

불이 되어 사람이 사는 모든 곳을 비출 것이다.

26 그러나 다가올 시대에는 인간이 더 높은 곳에 도달할 것이고, 더 강렬한 빛이 나타날 것이다.

27 그런 다음 마침내 완전한 인간의 보좌로 가는 길을 비출 위대한 스승이 땅으로 내려오실 것이다.

엘리사벳의 죽음과 장례식. 맛세노의 가르침. 죽음의 사역. 요한의 사명. 세례의식의 제정. 맛세노가 요한을 이집트로 데리고 가서 사카라 사원으로 인도한다. 요한은 그곳에서 18년간 머무른다.

≈ ✳ ≈

15 요한이 열두 살이 되었을 때 어머니가 돌아가셨다. 이웃들은 그녀의 시신을 헤브론 선산에 있는 사가랴의 무덤 옆에 모셨다.

2 요한은 비통해하며 울었다. 맛세노가 말했다. "죽음 때문에 우는 것은 좋지 않다.

3 죽음은 사람의 적이 아니다. 그것은 생의 과업이 끝났을 때 인간이라는 배를 땅에 묶어 놓고 있는 줄을 끊어 보다 잔잔하게 바다를 항해하도록 도와주는 친구이다.

4 어떠한 언어로도 어머니의 가치는 설명할 수 없다. 너의 어머니는 시련을 겪었고 진실하셨다. 다만 그녀는 자신의 소임이 끝나기 전까지는 부름을 받지 않았을 뿐이다.

5 죽음의 부름은 언제나 최선을 위한 것이다. 우리는 거기에서도 여기에서처럼 문제를 해결하고 있을 것이며, 자신의 문제를 가장 잘 해결할 수 있는 곳에서 자기 자신을 찾을 것이기 때문이다.

6 떠난 사람의 혼을 다시금 땅 위로 불러들이려는 소망은 이기심일 뿐이다.

7 그러니 어머니를 편히 쉬게 하라. 그저 어머니의 고귀한 생애가 너에게 힘이 되고 영감이 되게 하라.

8 너의 인생에 하나의 위기가 왔다. 그리고 너는 부름받은 일이 무엇인지

분명히 알고 있어야 한다.

9 모든 시대의 성자들은 너를 선구자라 부른다. 선지자들은 너를 보고 다시 온 엘리야라고 말한다.

10 이곳에서 너의 사명은 선구자로서의 사명이다. 너는 메시아에 앞서서 그의 길을 닦을 것이고, 사람들이 그들의 왕을 받아들일 준비를 시킬 것이기 때문이다.

11 이 준비는 마음을 순수하게 하는 것이다. 마음이 순수한 사람만이 왕을 알아볼 수 있다.

12 사람들에게 마음이 순수해지도록 가르치려면 먼저 너의 마음과 말과 행동이 순수해져야 한다.

13 너는 어릴 적에 서약을 통하여 나실인[22)]이 되었다. 그러므로 얼굴과 머리에 면도날을 대지 말고, 포도주와 독주를 마시지 말아야 할 것이다.

14 사람들은 자신들의 삶에 모범을 필요로 한다. 그들은 모범을 따르기를 좋아하지 남을 이끄는 것은 좋아하지 않는다.

15 길모퉁이에 서서 길을 가리키기만 하고 그 길을 가지 않는 사람은 단지 지시봉과 같다. 나무토막도 그와 똑같은 일을 할 수 있다.

16 스승이 길을 갈 때, 그는 매 발자국마다 선명한 자국을 남긴다. 그것을 모든 사람들이 볼 수 있고, 스승이 그 길을 갔다는 것을 확신할 수 있다.

17 사람들은 자기들이 보고 행한 것으로 내면의 삶을 이해한다. 그래서 그들은 의식과 형식을 통하여 하나님 앞으로 나아간다.

18 그러므로 순수한 삶을 통하여 죄가 씻긴다는 것을 사람들이 알게 하고 싶을 때 상징적인 의식을 도입할 수 있다.

19 죄에서 벗어나 삶에서 순수함을 추구하는 사람들의 몸을 물로 씻어 주어라.

20 씻기는 의식은 준비하는 의식이며, 그렇게 씻긴 사람이 순수한 교회를

---

22) 나실인은 하나님께 자발적으로 서원한 사람을 말한다. 포도주와 독주를 멀리하며 삭도를 그의 머리에 대지 말며 시체를 가까이하지 말아야 한다.(민수기 6: 2-6) 삼손이 나실인의 대표적인 인물이다. 나사렛 사람(Nazarene)과 구별된다.

구성한다.

21 다음과 같이 말하라. '너희 이스라엘 사람들이여 들으라, 개심하고 씻으라. 순수한 아들이 되어라. 그러면 너희는 용서를 받을 것이다.'

22 이 씻기는 의식과 이 교회는 오직 삶의 순수함으로 혼을 씻는 상징이며 또한 혼의 나라의 상징이다. 이 나라는 겉으로 보이게 오는 것이 아니라 내면에 있는 교회이다.

23 길만 가리키고 사람들에게 네가 해보지 않는 일을 하라고 해서는 결코 안 된다. 너는 앞서서 길을 가보고 그 길을 알려 줘야 한다.

24 너는 사람들이 반드시 씻어야 한다는 것을 가르쳐야 한다. 너는 그 길을 인도해야 하며 먼저 혼을 깨끗이 하는 상징으로 너의 몸을 씻어야 한다."

25 그러자 요한이 말했다. "기다릴 필요가 있습니까? 지금 당장 가서 씻으면 안 됩니까?"

26 맛세노가 말했다. "좋다." 그들은 이스라엘 백성이 가나안으로 들어올 때 처음으로 건너와 잠시 머물렀던 여리고 동쪽의 요단강의 여울로 내려갔다.

27 맛세노는 요한을 가르쳤다. 요한에게 세례의식의 의미와 어떻게 자신을 씻고 사람들을 씻기는지 설명해 주었다.

28 요한은 요단강에서 세례를 받고, 맛세노와 함께 광야로 돌아갔다.

29 이로써 엔게디 언덕에서 맛세노의 사명은 끝이 나고, 그는 요한과 함께 이집트로 내려갔다. 그들은 나일강 가의 계곡에 있는 사카라 성전까지 쉬지 않고 갔다.

30 맛세노는 여러 해 동안 이곳 형제단의 성전에서 스승으로 있었다. 그리고 그가 요한의 삶과 사람들의 아들들을 위한 사명에 대하여 이야기하자, 신비 의식을 행하는 사제는 기뻐하며 선구자를 받아들이고 그를 '나실인 형제'로 불렀다.

31 요한은 18년 동안 이 성전 안에서 생활하며 일했다. 그리고 이곳에서 자아를 극복했으며 위대한 스승이 되었고 선구자의 의무를 배웠다.

제5부

예수의 유년 시절과 교육

요셉의 집. 마리아가 아들을 가르친다. 예수의 조부모가 예수를 기리는 잔치를 베푼다. 예수가 꿈을 꾼다. 그의 할머니가 해몽한다. 그의 생일 선물.

❈

16 요셉의 집은 나사렛의 마미온 거리에 있었다. 마리아는 이 집에서 아들 예수에게 엘리 후와 살로메의 교훈을 가르쳤다.

2 예수는 베다의 찬가와 아베스타 경전을 매우 좋아했지만, 무엇보다도 다윗의 시편과 솔로몬의 신랄한 논쟁을 즐겨 읽었다.

3 유대의 예언서를 읽는 것은 예수의 기쁨이었다. 일곱 살이 되었을 때 예수는 책에 있는 모든 내용을 외우고 있었기 때문에 책을 읽을 필요가 없었다.

4 예수의 조부모인 요아킴 부부는 어린 예수를 기리기 위하여 잔치를 열어 가까운 친척을 모두 초대하였다.

5 예수가 손님들 앞에 서서 말했다. "제가 꿈을 꾸었는데, 꿈속에서 바닷가 백사장에 서 있었습니다.

6 바다에 파도가 높이 일고, 폭풍우가 맹렬했어요.

7 누군가가 저에게 지팡이를 주었어요. 지팡이로 모래를 건드리자 모래알 하나하나가 생물로 변했어요. 해변은 온통 아름다움과 노래로 가득했어요.

8 발아래 있는 바닷물을 건드리자 바닷물이 나무와 꽃들과 지저귀는 새들로 변했어요. 그리고 모든 것이 하나님을 찬양하고 있었어요.

9 그리고 누군가가 말했어요. 말하는 사람은 보이지 않았고 이렇게 말하는 목소리만 들었어요. '죽음은 없다.'"

10 안나 할머니는 손자를 사랑했다. 그녀는 예수의 머리 위에 손을 얹고 말했다. "나는 네가 해변에 서 있는 것을 보았다. 네가 모래와 파도를

건드리는 것을 보았다. 그것들이 생물로 변하는 것을 보았고, 그때 나는 그 꿈의 의미를 알았다.

11 삶의 바다는 높이 출렁이고 폭풍우가 굉장하다. 수많은 사람은 해변의 죽은 모래알처럼 게으르고 무기력하며 기다리기만 한다.

12 너의 지팡이는 진리란다. 이 지팡이로 군중을 건드리거라. 그러면 모든 사람이 신성한 빛과 생명의 메신저가 될 것이란다.

13 네가 생명의 바다 위에 이는 파도를 건드리면, 파도는 잠잠해지고 바람은 찬양의 노래가 될 것이란다.

14 죽음은 없단다. 진리의 지팡이가 마른 뼈들을 살아나게 하고, 고여 있는 연못에서 가장 아름다운 꽃이 피어나게 하며, 불협화음을 조화와 찬양으로 바꿀 수 있기 때문이지.”

15 요아킴이 말했다. “얘야, 오늘 너의 인생에서 일곱 번째 중요한 관문을 지나서 일곱 살이 되었구나. 우리는 오늘을 기념하기 위해, 네가 원하는 것은 무엇이든지 주려고 한다. 그러니 너를 가장 기쁘게 하는 것을 선택해 보거라.”

16 예수가 대답했다. “저는 선물을 원하지 않아요. 저는 부족한 게 없으니까요. 하지만 오늘 많은 아이를 즐겁게 해줄 수 있다면 저는 아주 기쁠 거예요.

17 지금 나사렛에는 배고픈 아이들이 많이 있어요. 그들이 이 만찬에 와서 오늘의 즐거움을 함께 나누면 좋겠어요.

18 저에게 주실 수 있는 가장 풍요로운 선물은 제가 거리로 나가 가난한 애들을 이곳으로 데려와 우리와 함께 음식을 먹을 수 있도록 허락해 주시는 거예요.”

19 요아킴이 말했다. “참 훌륭하구나. 나가서 가난한 애들을 찾아서 이리 데려오너라. 모두를 위해서 충분한 음식을 준비하겠다.”

20 예수는 곧장 밖으로 달려나가 마을의 음침한 오두막으로 들어갔다. 그는 많은 말을 하지 않고 요점만 말했다. 그는 자신의 할 일을 도처에 말했다.

21 얼마 지나지 않아 누더기를 걸쳤지만, 행복한 백 육십 명의 아이들이

예수를 따라 마미온 거리로 왔다.

22 손님들은 아이들을 위해 자리를 양보했다. 연회장은 예수가 초대한 아이들로 가득 찼다. 예수와 마리아는 시중드는 것을 도왔다.

23 음식은 충분했고 모두가 기뻐했다. 예수의 생일 선물은 정의의 왕관이었다.

예수가 나사렛 회당의 랍비와 말하고 유대 사상의 편협함을 나무란다.

～ ✿ ～

17 나사렛 회당의 바라키아 랍비는 마리아가 예수를 가르치는 것을 도왔다.

2 어느 날 아침 회당에서 예배를 마친 후 그는 고요한 생각에 잠겨 앉아 있는 예수에게 물었다. "십계명 중에 어느 계명이 가장 중요한 것이냐?"

3 예수가 대답했다. "저는 십계명에서 가장 중요한 것이 무엇인지 모릅니다. 단지 십계명을 단단히 묶어 그들을 하나로 만드는 황금으로 된 끈 하나를 알고 있을 뿐입니다.

4 그 끈은 바로 사랑입니다. 사랑은 모든 십계명에 포함되어 있습니다.

5 어떤 사람이 사랑으로 가득 차 있다면 그는 하나님을 경배할 수밖에 없습니다. 하나님은 사랑이니까요.

6 사랑으로 충만하면 사람을 죽일 수 없습니다. 거짓 증언을 할 수 없으며, 남의 물건을 탐낼 수도 없습니다. 오직 하나님과 사람을 경배할 따름입니다.

7 사랑으로 충만한 사람은 어떤 종류의 계명도 필요로 하지 않습니다."

8 바라키아 랍비가 물었다. "너의 말은 하늘에서 내려온 지혜의 소금으로 간이 배여 있구나. 이런 진리를 네게 열어준 스승은 누구시냐?"

9 예수가 대답했다. "어떤 스승이 저에게 이런 지혜를 열어주었는지 모릅니다. 제가 보기에 진리는 결코 닫혀 있지 않고 언제나 열려 있었어요. 진리는 하나이고 어디에나 있으니까요.

10 생각의 창을 열면 진리는 안으로 들어와서 편히 쉴 것입니다. 진리는

제5부 예수의 유년 시절과 교육 73

어느 틈이나 창문이나 열려 있는 문을 통해 자신의 길을 찾을 수 있기 때문입니다."

11 랍비가 말했다. "어떤 손이 그토록 힘이 강해서 생각의 창문과 문을 열고 진리가 안으로 들어올 수 있게 하느냐?"

12 예수가 말했다. "저에게는 십계명을 하나로 묶는 황금의 끈인 사랑이 인간의 어떤 문이라도 열 수 있을 만큼 강하기 때문에, 마음이 진리를 받아들이고 진리를 이해할 수 있게 하는 것으로 보입니다."

13 저녁이 되어 예수와 어머니가 단둘이 남게 되자 예수가 말했다.

14 "랍비는 하나님이 사람들의 아들들을 대할 때 편파적이라고 생각하는 것 같아요. 유대인을 편애하고 다른 모든 민족보다 축복받았다고 생각하는 것 같습니다.

15 저는 어떻게 하나님께서 편파적이면서 동시에 공평하실 수 있는지 모르겠습니다.

16 사마리아인, 그리스인, 로마인들 모두 유대인처럼 거룩하신 한 분의 똑같은 자녀가 아닌가요?

17 저는 유대인은 자신들 주위에 벽을 쌓았으며, 벽 너머에 있는 다른 것을 보지 않는다고 생각해요.

18 그들은 저 벽 너머에도 꽃이 피어나며, 파종기와 수확기가 유대인들만이 아니라 모든 사람들에게 주어진다는 것을 모르는 것 같아요.

19 이런 장벽을 허물어서 하나님의 다른 자녀들도 유대인만큼 크게 축복받았다는 것을 알게 한다면 정말로 좋겠어요.

20 저는 유대 땅을 떠나서 나의 조상들의 땅에 있는 다른 나라의 친족들을 만나고 싶습니다."

예루살렘의 축제에 참석한 예수. 희생제물을 드리는 사람들의 잔인함에 슬퍼한다. 힐렐에게 호소하고 그의 공감을 받는다. 일 년 동안 성전에 머문다.

〜 ✼ 〜

18 유대인의 큰 축제가 열리고 있었다. 요셉, 마리아, 예수와 많은 친척

이 예루살렘으로 갔다. 그때 예수의 나이는 열 살이었다.

2 예수는 도살자들이 어린 양과 새들을 죽여서 하나님의 이름으로 제단에서 불태우는 것을 지켜보았다.

3 그의 여린 마음은 이 잔인한 광경에 충격을 받았다. 그는 제물을 바치는 제사장에게 물었다. "이 짐승들과 새들을 죽이는 목적이 무엇입니까? 왜 하나님 앞에서 그들의 살을 태우는가요?"

4 제사장이 대답했다. "이것은 우리의 죄에 대한 희생제물이다. 하나님께서 우리에게 이런 일들을 하라고 명하시고, 이렇게 살아있는 제물을 바침으로써 우리의 모든 죄가 씻겨진다고 하셨다."

5 그러자 예수가 물었다. "하나님께서 언제 살아있는 제물을 올리면 우리의 죄가 씻겨진다고 하셨는지 말씀해주시겠어요?

6 하나님은 죄를 씻어내기 위한 제물을 원치 않으시며 또 하나님 앞에 번제물을 바치는 일 자체가 죄악이라고 다윗이 말하지 않았습니까? 이사야도 그와 똑같이 말하지 않았습니까?"

7 제사장이 대답했다. "얘야, 넌 제정신이 아니구나. 너는 이스라엘의 모든 제사장보다 하나님의 율법에 대해서 더 많이 알고 있느냐? 이곳은 아이들이 재치를 자랑하는 곳이 아니다."

8 그러나 예수는 제사장의 조롱을 마음에 두지 않았다. 그는 산헤드린 의장인 힐렐[23]에게 가서 말했다.

9 "선생님, 말씀드리고 싶은 것이 있습니다. 저는 이 유월절 축제를 보고 마음이 혼란스럽습니다. 성전이란 사랑과 친절함이 있는 하나님의 집이라고 생각했습니다.

10 선생님께서는 저쪽에서 사람들이 죽이고 있는 어린 양들의 울음소리와

---

23) 힐렐은 바벨로니아에서 태어나 십대 후반까지 그곳에서 교육을 받고 팔레스틴으로 왔다. 바리새파에 속하는 스승들에게서 구약성서와 구전된 법들을 배웠다. 그는 늘 평정심을 유지했고 평화주의자였고 모든 사람을 사랑했고 항상 준비가 되어 있는 설득력 있는 스승이었다. 철저하고 기쁜 마음으로 하나님을 신뢰한 이상적인 유대인 현자였다. (by Judah Goldin, Professor of Post-Biblical Hebrew Literature, Uni-versity of Pennsylvania, Philadelphia, 1973~1985)

비둘기들의 애원하는 소리가 들리지 않습니까? 선생님은 살을 태울 때 나는 저 끔찍한 냄새를 맡지 못하십니까?

11 인간이 친절하고 정의로우면서 동시에 잔인함으로 가득 찰 수 있나요?

12 피를 흘리고 살을 태우는 희생제물에 기뻐하는 하나님은 저의 아버지 하나님이 아닙니다.

13 저는 사랑의 하나님을 찾고 싶습니다. 그리고 선생님은 현명하십니다. 그러니 사랑의 하나님을 어디에서 찾을 수 있는지 저에게 분명하게 말 씀해 줄 수 있을 거예요."

14 그러나 힐렐은 예수에게 대답도 줄 수 없었다. 그의 마음은 예수의 말 에 동감하며 흔들렸다. 힐렐은 예수를 가까이 오게 하여 그의 머리에 손을 얹고 눈물을 흘렸다.

15 힐렐이 말했다. "사랑의 하나님이 계시니 나와 함께 가자꾸나. 함께 손 을 잡고 사랑의 하나님을 찾아보자꾸나."

16 그러자 소년 예수가 말했다. "어째서 우리가 어딘가로 가야 하지요? 저 는 하나님께서는 어디에나 계신다고 생각했습니다. 우리가 우리의 마 음을 깨끗이 하고 잔인함과 모든 사악한 생각을 몰아내어 그 안에 사 랑의 하나님이 거하실 수 있는 성전을 만들 수는 없나요?"

17 산헤드린의 의장은 마치 자신이 어린아이이며, 자신 앞에 선 소년이 더 높은 율법 스승처럼 느껴졌다.

18 그는 속으로 생각했다. '이 아이는 분명히 하나님이 보내신 선지자다.'

19 그 후 힐렐은 예수의 부모를 찾아가서 예수가 자신들과 함께 지내면서 율법의 계율과 성전 제사장들의 모든 가르침을 배워도 되는지 물었다.

20 예수의 부모는 이를 승낙했고 예수는 예루살렘 성전에 머물렀고, 힐렐 은 매일 그를 가르쳤다.

21 그리고 힐렐 역시 매일 예수에게서 보다 높은 삶에 대한 많은 가르침을 받았다.

22 예수는 일 년 동안 힐렐과 함께 성전에 머물렀다. 그런 뒤 그는 나사렛의 집으로 돌아왔다. 그리고 그곳에서 아버지 요셉과 함께 목수 일을 했다.

성전에 있는 열두 살 된 예수. 그곳에서 율법학자들과 논쟁한다. 예언서를 읽는다. 힐렐의 요청으로 예언서들을 해석한다.

— ❋ —

19 다시 예루살렘에 큰 축제가 열렸다. 요셉과 마리아는 아들을 데리고 축제에 갔다. 그때 예수는 열두 살이었다.

2 예루살렘에는 유대인들과 여러 나라에서 온 개종자들이 있었다.

3 예수는 성전 집회장에서 제사장들과 박사들 사이에 앉아 있었다.

4 그리고 예수는 예언서[24]를 펴서 읽었다.

5 "다윗이 살았던 성읍 아리엘[25]에 화가 있으리라! 내가 아리엘을 소멸시킬 것이다. 그리고 아리엘은 신음하고 눈물을 흘릴 것이다.

6 그리고 나는 아리엘 주변을 적의 주둔지로 만들어 진을 칠 것이다.

7 아리엘은 몰락하여 땅속에서 말할 것이다. 그리고 친숙한 영처럼 나직한 목소리로 말할 것이다. 그렇다. 아리엘은 오로지 속삭이는 소리만 낼 것이다.

8 먼지 알갱이 같이 셀 수 없이 많은 적들이 불시에 아리엘을 덮칠 것이다.

9 만군의 주께서 천둥과 폭풍우로, 지진과 맹렬한 화염으로 아리엘에 오실 것이다.

10 보라, 이 백성들은 모두 나를 버렸다. 그들은 말로만 나에게 다가오며, 입술로만 나를 공경할 뿐 그 마음은 나로부터 멀어져 갔다. 그들이 나를 경외한다고 하여도 단지 사람들에게서 배운 것일 뿐이다.

11 그리고 나는 나의 백성, 이스라엘에게 숨을 불어넣을 것이다. 그러면 현인들의 지혜는 사라질 것이고 분별 있는 자들의 총명함은 찾아볼 수 없을 것이다.

12 나의 백성들은 그들의 일이 보이지 않도록 주님께 그들의 의도를 숨기

----

24) 이사야 29장에 기록된 말씀이다. 이사야서는 남유다가 바벨론에게 멸망 당하기 전 남유다를 중심으로 예언한 선지자였으며, 그 당시 남유다의 왕은 히스기야였다. 기록연대는 B.C. 740-681년으로 추정한다.

25) 영웅이나 개인의 이름으로 사용되는데 여기서는 예루살렘에 대한 시적 이름(a poetic name)으로 사용되었다.

려 한다. 그들은 기꺼이 자신들의 일을 밤의 어둠으로 덮어 버리고 말할 것이다. "누가 지금 우리를 보고 있겠는가? 누가 지금 우리의 일을 알겠는가?"

13 가련하고 어리석은 인간들이여, 피조물이 자신을 만든 조물주에 대해 "그는 아무것도 아니다. 내가 나 자신을 만들었다."라고 말하겠는가?

14 혹은 옹기가 자기를 만든 옹기장이에게 "당신은 기술이 없다, 당신은 모른다."라고 큰 소리로 말하겠는가?

15 하지만 이것은 영원하지 않을 것이다. 레바논이 비옥한 들판이 되고, 비옥한 들판이 과수원으로 변하게 될 때가 올 것이다.

16 그리고 그날 듣지 못하는 사람들은 하나님의 말씀을 들을 것이고, 보지 못하는 사람들은 하나님의 기억의 책을 읽을 것이다.

17 고통받는 자들은 고통이 덜어질 것이고 크게 기뻐할 것이다. 그리고 필요한 자들에게 그 필요가 채워질 것이고 모든 어리석은 자는 현명해질 것이다.

18 백성들은 돌아와서 거룩하신 한 분을 거룩하게 할 것이다. 그들은 마음속의 마음으로 하나님을 숭배할 것이다."

19 예수는 여기까지 읽고 나서 예언서를 옆에 내려놓고 말했다. "여러분 율법 스승님들, 저에게 선지자의 이 말씀을 명확하게 설명해 주시겠습니까?"

20 그러자 율법 스승들과 함께 앉아 있던 힐렐이 앞에 나서며 말했다. "아마 그 말씀을 읽은 우리의 젊은 선생이 해석자가 될 것입니다."

21 그러자 예수가 말했다. "선지자가 말한 아리엘은 우리의 예루살렘입니다.

22 이 백성들은 이기심과 잔인함으로 인해 엘로힘께 악취가 되었습니다.

23 그 선지자는 오래전에 이 시대를 보았고, 이 시대에 관하여 기록했습니다.

24 우리들의 박사들, 율법 학자들, 제사장들과 서기관들은 사치스럽게 살면서 가난한 자들을 억압합니다.

25 이스라엘 백성이 드리는 희생제물은 하나님께 단지 혐오스러운 것일 뿐입니다. 하나님이 요구하시는 유일한 희생은 자아입니다.

26 인간이 인간에게 행하는 이러한 불공평과 잔인함 때문에 거룩하신 한 분은 이스라엘에 대해 이렇게 말씀하셨습니다.

27 "보라, 내가 뒤집을 것이다. 그렇다. 내가 뒤집을 것이다. 그것은 뒤집힐 것이다. 내가 권리를 가진 자가 와서 그에게 이스라엘을 넘겨줄 때까지는 더 이상 존재하지 않을 것이다."

28 전 세계에는 하나의 정의의 법이 있습니다. 그 법을 어긴 자는 비통해할 것입니다. 하나님은 공정하시기 때문입니다.

29 그리고 이스라엘은 크게 빗나갔습니다. 정의를 존중하지 않고 인간의 권리를 무시했습니다. 하나님은 이스라엘이 개심하고 거룩한 길로 다시 돌아오기를 요구하십니다.

30 그리고 만일 우리 백성들이 하나님의 목소리를 듣지 않는다면, 먼 나라들이 와서 예루살렘을 약탈하고 우리의 성전을 무너뜨릴 것입니다. 또한 우리를 포로로 잡아서 외국으로 데려갈 것입니다.

31 그러나 비록 그들이 먼 나라로 흩어져 목자 없는 양과 같이 여러 나라 가운데서 방황하게 될지라도 이런 일은 영원하지 않을 것입니다.

32 하나님께서 포로가 된 군대를 다시 데려올 때가 올 것입니다. 그때 이스라엘은 돌아와서 평화롭게 살 것입니다.

33 그리고 여러 해가 지난 후에, 우리의 성전은 다시 세워질 것입니다. 그리고 하나님이 존귀하게 여기는 자, 순수한 마음으로 기뻐하는 자가 와서 하나님의 집을 영화롭게 하고 백성들을 정의롭게 다스릴 것입니다."

34 예수는 이렇게 말하고 그 자리에서 물러났다. 모든 사람이 깜짝 놀라며 말했다. "이분이 분명 그리스도이시다."

축제가 끝난 후. 집으로 돌아오는 여정. 사라진 예수. 사람들이 그를 찾아다닌다. 예수의 부모가 성전에서 그를 발견한다. 예수는 부모와 함께 나사렛으로 간다. 목수 연장의 상징적인 의미.

20 유월절의 대축제가 끝나고 나사렛 사람들은 고향으로 돌아가는 중

이었다.

2 그들이 사마리아에 있을 때, 마리아가 말했다. "나의 아들은 어디 있나요?" 그러나 아무도 그 아이를 본 사람이 없었다.

3 요셉은 갈릴리로 돌아가는 친척들 사이에서 아들을 수소문했으나 본 사람이 없었다.

4 그래서 요셉과 마리아와 세베데의 아들이 되돌아가 예루살렘을 온통 찾아보았지만 찾을 수가 없었다.

5 그때 그들은 성전 뜰로 올라가서 문지기에게 물었다. "이 뜰 근처에서 예수를 보았나요? 열두 살 된 금발 소년으로 눈은 짙은 푸른색입니다."

6 문지기가 대답했다. "예, 그 아이는 지금 성전에서 율법 박사들과 토론하고 있습니다."

7 그들이 안으로 들어가 보니 문지기가 말한 대로 예수가 그곳에 있었다.

8 마리아가 말했다. "예수야, 너는 어찌하여 부모의 마음을 이토록 애타게 만드느냐? 우리는 이틀 동안 너를 찾아다녔다. 너한테 큰 사고라도 났을까 봐 두려웠다."

9 그러자 예수가 말했다. "제가 아버지의 일을 해야 한다는 것을 모르셨어요?"

10 그는 여기저기 걸어 다니면서 모든 율법 박사들과 악수하며 말했다. "우리가 다시 만날 것을 믿습니다."

11 그런 뒤 예수는 부모님과 함께 나사렛으로 길을 떠났다. 그들이 집에 도착한 후에 예수는 아버지 요셉과 함께 목수 일을 했다.

12 어느 날 일을 하기 위해 연장을 꺼내오면서 말했다.

13 "이 연장들을 보니까 모든 것들이 생각으로 되어 있고 인격을 형성시키는 마음의 작업장에서 우리가 취급하던 도구들이 생각납니다.

14 우리는 직각자를 사용해서 모든 선을 재고, 길이 굽은 곳을 곧게 만들고, 행동의 모난 곳을 반듯하게 만듭니다.

15 우리는 컴퍼스를 사용하여 우리의 열정과 욕망을 둘러싸는 원을 그려 정의의 테두리 안에 둡니다.

16 우리는 도끼를 사용해서 나무의 옹이를 잘라내고, 쓸모없고 보기 흉한 부분도 잘라내서 우리의 품성에 균형을 잡습니다.

17 우리는 망치를 사용하여 진리의 못을 깊이 박고, 진리가 모든 부분의 일부가 될 때까지 두들깁니다.

18 우리는 대패를 사용하여 진리의 성전을 건축하는 데 쓰이는 이음매와 받침목과 판자의 거칠고 고르지 못한 표면을 매끄럽게 합니다.

19 끌, 줄, 가늠추, 톱 등 모든 것이 마음 작업장에서 제각각 쓰임새가 있습니다.

20 그리고 우리는 믿음, 소망, 사랑이라는 삼위일체 계단의 사다리를 타고 삶의 순수한 지붕으로 올라갑니다.

21 그리고 열두 계단의 사다리를 밟고, 짓기 위해 평생이 걸리는 완벽한 인간의 성전의 정점에 이를 때까지 올라갑니다."

제6부

인도에서 예수의 삶과 일

라반나가 성전에서 예수를 보고 그에게 매료된다. 힐렐이 라반나에게 예수에 관해서 말해 준다. 라반나는 나사렛에서 예수를 발견하고 그를 기리기 위해서 축하 연회를 연다. 라반나는 예수의 후원자가 되어 예수를 인도로 데리고 가서 브라만교를 공부시킨다.

～ ✿ ～

21 인도 남부 오릿사의 왕자인 라반나는 유대인 축제에 참석했다.

2 라반나는 부자이며 공정한 사람으로, 많은 브라만 사제들과 함께 서양의 지혜를 추구하고 있었다.

3 예수가 유대인 제사장들 가운데에 서서 책을 읽고 말하는 것을 듣고 라반나는 무척 놀랐다.

4 예수가 누구인지, 출신이 어디인지, 어떤 사람인지에 대해 라반나가 묻자 힐렐 의장이 대답했다.

5 "우리는 이 아이를 높은 곳에서 내려온 샛별이라고 부릅니다. 사람들에게 사람들이 가야 할 길을 밝혀 주고, 자신의 백성인 이스라엘을 구하기 위해 생명의 빛을 가지고 왔기 때문입니다."

6 힐렐은 라반나에게 이 소년에 관한 모든 것, 그에 관한 예언, 이 아이가 태어나던 날 밤의 경이로운 사건들, 동방박사 세 사람이 찾아왔던 일 등에 대해 자세히 말해 주었다.

7 또한, 이 아이가 어떻게 악인의 노여움으로부터 보호받았는지, 그가 이집트 땅으로 탈출한 것에 대해서, 그리고 어떻게 나사렛에서 아버지와 함께 목수로 일하게 되었는지에 대해서 말해 주었다.

8 라반나는 완전히 매료되어서 그와 같은 사람을 하나님의 아들로 경의를 표하고 싶으니 나사렛으로 가는 길을 가르쳐 달라고 했다.

9 그리하여 그는 장대한 행렬을 거느리고 여행을 떠나 갈릴리의 나사렛에 도착했다.

10 라반나는 자신이 찾고 있던 사람이 나사렛에서 다른 사람들의 집을 지어주고 있다는 것을 알았다.

11 그가 처음으로 예수를 보았을 때 예수는 열두 계단의 사다리를 올라가고 있었다. 예수는 손에 컴퍼스, 직각자, 도끼를 들고 있었다.

12 라반나가 말했다. "만세, 가장 총애받는 하늘의 아들이여!"

13 그리고 여관에서 라반나는 마을의 모든 사람을 위해 잔치를 베풀었다. 예수와 그의 부모님은 귀빈으로 초대되었다.

14 그는 며칠 동안 마미온 거리의 요셉의 집에서 손님으로 머무르면서 그 아들의 지혜의 비밀을 알고자 하였다. 그러나 그 일은 라반나에게 너무나 벅찬 일이었다.

15 그러자 라반나는 자신이 예수의 후원자가 될 수 있는지, 그 소년이 브라만의 지혜를 배울 수 있도록 그를 동양으로 데려갈 수 있는지 물었다.

16 예수도 역시 가서 배우기를 갈망하였기 때문에, 며칠 후 부모님이 승낙하였다.

17 라반나는 무척 기쁜 마음으로 다시 행렬을 거느리고 해가 떠오르는 곳을 향해 여행을 시작했다. 여러 날이 지난 뒤 그들은 신드를 가로질러 오릿사 지방에 있는 왕자의 궁전에 도착했다.

18 브라만 사제들은 왕자가 집에 돌아온 것을 환영했고, 유대 소년도 호의적으로 받아들였다.

19 예수는 자간나트 사원의 학생으로 받아들여져 여기서 베다와 마누법전을 배웠다.

20 브라만교의 스승들은 예수의 명확한 개념들에 경탄하고, 예수가 자신들의 율법의 의미를 설명하는 것을 듣고 놀라워했다.

예수와 라마아스의 우정. 예수가 라마아스에게 진리, 인간, 권력, 깨달음, 지혜, 구원, 신뢰의 의미를 설명한다.

～ ✳ ～

22 자간나트의 사제들 중에 그 유대 소년을 사랑한 사람이 있었다. 그

사제는 라마아스 브라마스라는 이름으로 알려졌다.

2 어느 날 예수와 라마아스가 자간나트 광장을 단둘이 걷고 있을 때 라마아스가 말했다. "나의 유대 스승이여, 진리는 무엇입니까?"

3 그러자 예수가 말했다. "진리는 변하지 않는 유일한 것입니다.

4 세상에는 두 가지가 있습니다. 하나는 진리이고, 다른 하나는 거짓입니다. 그리고 진리는 존재하는 것이고, 거짓은 존재하는 것처럼 보이는 것입니다.

5 진리는 원인이 없으면서 동시에 모든 것의 원인인 어떤 것입니다.

6 거짓은 무(아무것도 아닌 것)이면서도 어떤 것이 현상으로 드러난 것입니다.

7 만들어진 것은 무엇이든지 만들어지지 않은 상태가 될 것입니다. 시작한 것은 반드시 끝나게 되어있습니다.

8 인간의 눈으로 볼 수 있는 모든 것은 '어떤 것'이 현상으로 드러난 것이며, 아무것도 아니므로, 반드시 사라집니다.

9 우리가 보는 것은 에테르들이 이리저리 진동하는 동안 그것을 반사하여 그렇게 보이는 것일 뿐이며, 조건이 변하면 사라지고 맙니다.

10 성스러운 숨결은 진리입니다. 그것은 존재했었고, 존재하고 있으며, 앞으로 영원히 존재할 것입니다. 그것은 변할 수 없으며, 사라질 수도 없습니다."

11 라마아스가 말했다. "멋진 대답입니다. 자, 그럼 인간은 무엇입니까?"

12 예수가 말했다. "인간은 진리와 거짓이 묘하게 섞인 것입니다.

13 인간은 숨결이 육화된 것입니다. 그래서 진리와 거짓이 그 안에 합쳐져 있습니다. 그리고 그 둘은 서로 싸웁니다. 무가 가라앉으면 인간은 진리로 남게 됩니다.".

14 다시 라마아스가 물었다. "힘(power)에 관하여 어떻게 생각하시는지요?"

15 예수가 말했다. "그것은 드러난 것입니다. 포스(Force)의 결과입니다. 하지만 무입니다. 환상이면서 그 이상 아무것도 아닙니다. 포스는 변하지 않지만, 힘은 에테르가 변하는 것처럼 변합니다.

16 포스는 하나님의 의지이며 전능합니다. 그리고 힘은 숨결에 이끌려 드러난 포스의 의지입니다.

17 바람에 힘이 있고, 파도에 힘이 있으며, 번개의 내려침에 힘이 있고, 인간의 팔에도 힘이 있으며, 눈에도 힘이 있습니다.

18 에테르는 이런 힘들이 존재하게 합니다. 그리고 엘로힘과 천사와 인간들의 생각, 혹은 여타 생각하는 것들이 포스의 방향을 지시합니다. 포스가 자신의 역할을 다 하고 나면 힘은 더 이상 존재하지 않습니다."

19 라마아스가 다시 물었다. "깨달음에 대해서는 어떻게 생각하십니까?"

20 예수가 말했다. "깨달음이란 인간이 자기 자신을 그 위에 세우는 바위입니다. 그것은 '어떤 것'과 '아무것도 아닌 것', '거짓'과 '진실'에 대한 영적 인식입니다.

21 그것은 낮은 수준의 자아에 대한 지식입니다. 인간 자신의 힘을 감지하는 것이지요."

22 라마아스가 다시 물었다. "지혜에 대해서는 어떻게 생각하십니까?"

23 예수가 말했다. "지혜란 인간이 그 '어떤 것'이며, 하나님과 인간이 하나라는 의식입니다.

24 '아무것도 아닌 것'은 '아무것도 아닌 것'이며, 힘은 단지 환상일 뿐이고, 하늘과 땅과 지옥은 우리 위에나, 주위에나, 아래에 있는 것이 아니라 인간의 안에 있으며, '그 어떤 것'의 빛 속에서 '아무것도 아닌 것'이 되고, 하나님이 전부라는 의식입니다."

25 라마아스가 물었다. "그렇다면 신뢰(faith)는 무엇입니까?"

26 예수가 말했다. "신뢰란 하나님과 인간이 전능하다는 것을 확신하는 것입니다. 인간이 하나님과 같은 삶에 도달할 것이라는 확신입니다.

27 구원은 인간의 마음에서 하나님의 마음에 이르는 사다리입니다.

28 구원에는 삼 단계가 있습니다. 믿음(Belief)이 첫 번째입니다. 믿음이란 아마도 인간이 진리라고 여기는 어떤 것입니다.

29 신뢰는 그다음 단계입니다. 그것은 인간이 아는 것이 진리라는 것입니다.

30 성취는 마지막 단계입니다. 성취는 인간 자신이며, 진리인 것입니다.

31 믿음(belief)은 신뢰(faith)[26] 속에서 사라지며, 신뢰는 성취 속에서 사라 집니다. 인간이 하나님과 같은 삶에 도달했을 때, 인간과 하나님이 하 나가 될 때, 인간은 구원받습니다."

수드라, 바이샤들 틈 속의 예수와 라마아스. 예수는 베나레스에서 우드라카의 제자가 된 다. 우드라카의 가르침.

— ❈ —

23 예수가 친구 라마아스와 함께 모든 오릿사 지방과 갠지스강 계곡을 다니면서 수드라와 바이샤 및 스승들에게서 지혜를 구했다.

2 갠지스강의 베나레스는 문화와 학문이 발달한 도시였다. 이곳에서 두 사람은 여러 날을 머물렀다.

3 예수는 힌두 의술을 배우려고 했고, 힌두 최고의 의사인 우드라카의 제 자가 되었다.

4 우드라카는 물, 식물, 흙, 더위와 추위, 햇빛과 그늘, 빛과 어둠을 사용 하는 법을 가르쳤다.

5 그가 말했다. "자연법칙은 건강의 법칙이며, 이 법칙에 따라서 생활하 는 사람은 결코 병들지 않는다.

6 이 법칙을 어기는 것은 죄악이며, 이러한 죄를 짓는 사람은 병이 든다.

7 이 법칙을 지키는 사람은 자신의 모든 부분을 균형 있게 유지한다. 따 라서 이것은 진정한 조화를 보증한다. 조화는 건강이다. 반면에 부조 화는 병이다.

8 사람의 모든 부분에 조화를 이루는 것이 약이며 건강을 보증한다.

9 신체는 하프시코드다. 줄이 너무 느슨하거나 너무 팽팽하면 악기는 음

---

26) belief와 faith는 우리말로 '믿음'으로 통용된다. 군이 구분한다면 belief는 불신을 전제 로 하는 의도적인 믿음이며, faith는 불신을 허용하지 않는 강한 신뢰, 또는 신앙을 의미한 다. 위 문장에서 belief가 faith 속에서 사라진다는 뜻이 바로 그것이다. 하지만 우리말에서 는 belief와 faith 모두가 믿음이라는 한 단어로 혼용되기 때문에 이 복음서에서는 이 장을 제외한 모든 곳에서 '믿음'으로 통일시키기로 한다.

정이 맞지 않고 인간은 병이 들게 된다.

10 자연의 모든 것들은 인간이 필요한 것을 충족시키기 위해 만들어져 있다. 그래서 모든 것이 신비스러운 약이다.

11 인간의 하프시코드가 음정이 맞지 않으면, 광대한 자연에서 치료법을 찾아볼 수 있다. 육신의 모든 질병에는 치료법이 있다.

12 물론 인간의 의지가 최상의 치료법이다. 인간은 강력한 의지의 힘으로 느슨한 줄을 팽팽하게 할 수도 있고, 너무 팽팽한 줄을 느슨하게 할 수도 있다. 그래서 자기 자신을 치유할 수 있다.

13 인간이 하나님과 자연 그리고 자신에게 믿음을 갖는 곳에 도달할 때, 인간은 '거룩한 말씀(the Word)'의 힘을 알게 된다. 거룩한 말씀은 모든 상처를 치유하는 향유이며 생명의 모든 병을 낫게 해주는 치료약이다.

14 치료자란 믿음을 불어 넣어줄 수 있는 사람이다. 혀는 인간의 귀에 말을 들려줄 수 있다. 하지만 혼에게 말하는 혼만이 혼에 도달할 수 있다.

15 혼이 거대한 사람, 혼에 들어가 희망이 없는 자들에게 희망을 고취시키고, 하나님과 자연과 사람에 믿음이 없는 자에게 믿음을 고취시킬 수 있는 사람은 강한 사람이다.

16 평범한 삶을 살아가는 사람들을 위한 만병통치약은 없다.

17 수많은 것들이 부조화를 낳고 인간을 병들게 하며, 또 수많은 것들이 하프시코드를 조율하고 인간을 낫게 한다.

18 어떤 사람에게 약이 되는 것이 다른 사람에게는 독이 된다. 그러므로 어떤 사람은 다른 사람을 죽일 수 있는 것으로 치료된다.

19 약초 하나가 사람을 낫게 할 수 있고, 한 잔의 물이 사람을 회복시킬 수 있으며, 한줄기 산바람이 어떤 치료법도 소용이 없는 것처럼 보이는 사람에게 생기를 불어넣을 수도 있다.

20 숯불이나 한 줌의 흙이 또 다른 사람을 고칠 수 있고, 어떤 사람은 어떤 시냇물이나 물웅덩이에서 몸을 씻고 건강해질 수 있다.

21 손이나 호흡에서 나오는 효력은 천 명 이상을 낫게 할 수 있다. 하지만 사랑은 여왕이다. 사랑으로 강력해진 생각은 하나님의 최고의 향유이다.

22 그러나 삶에서 끊어진 많은 줄과 혼을 짜증스럽게 하는 불협화음들은 인간이 보지 못하는 공기의 악령들의 소행이다. 이것이 인간을 무지하게 만들어서 자연과 하나님의 법칙을 어기도록 한다.

23 이런 힘들이 악마처럼 행동하고 말한다. 그리고 그들은 인간을 분열시키고, 인간을 절망으로 몰아넣는다.

24 하지만 진정한 치유자는 위대한 혼을 통달한 자이며, 의지력으로 이런 사악한 것들을 통제할 수 있다.

25 공중의 어떤 영들은 우두머리 영들이며 인간의 힘만으로 몰아내기에는 너무 강력하다. 그러나 인간은 저 높은 곳에 계신 조력자들에게 간청할 수 있으며, 그들은 악령들을 몰아낼 수 있도록 도와줄 것이다."

26 이것은 이 위대한 의사가 말한 것 가운데 대략의 내용이다. 예수는 이 위대한 혼의 지혜를 인정하여 머리를 숙였다. 그리고 자신의 길을 떠났다.

브라만교 카스트제도의 교리. 예수는 그것을 거부하고 인간의 평등을 가르친다. 사제들은 화를 내면서 예수를 사원에서 쫓아낸다. 예수는 수드라 천민층들과 함께 머물면서 그들을 가르친다.

~~~ ❋ ~~~

24 유대 소년 예수는 4년 동안 자간나트 사원에 머물렀다.

2 어느 날 예수가 사제들과 함께 앉아서 그들에게 말했다. "카스트제도에 대한 당신들의 견해를 말해 주시기 바랍니다. 왜 모든 인간이 하나님 앞에서 동등하지 않다고 말하는 것입니까?"

3 그들 중 한 율법 교사가 앞으로 나서며 대답했다. "우리가 브라흐마라고 부르는 거룩하신 한 분은 자신에게 적합한 사람을 만드셨습니다. 그리고 사람들은 이것을 불평해서는 안 됩니다.

4 인간의 삶이 시작되는 때에 브라흐마는 말씀하셨습니다. 그리고 네 사람이 그 앞에 서 있었습니다.

5 파라브라흐만의 입에서 첫 번째 사람이 나왔습니다. 브라흐마 자신처

럼 그는 백인이었습니다. 그는 브라만이라 불렸습니다.

6 그는 신분이 높았고 고귀했습니다. 모든 사람 위에 군림하기 원했습니다. 그는 수고롭게 일할 필요가 없었습니다.

7 그는 브라만 사제로 불리었습니다. 브라흐마를 대신해 땅 위의 모든 일을 대행하는 성스러운 사람이었습니다.

8 두 번째 사람은 피부가 붉은색이었고, 파라브라흐만의 손에서 나왔습니다. 그는 크샤트리아라고 불렸습니다.

9 그는 왕이나 통치자 혹은 전사가 되도록 만들어졌으며, 그가 부여받은 가장 중요한 임무는 사제들을 보호하는 것이었습니다.

10 파라브라흐만의 안에서 세 번째 사람이 나왔습니다. 그는 바이샤[27]라고 불렸습니다.

11 그의 피부색은 황색이었으며, 그가 하는 일은 농사를 짓고 가축을 돌보는 것이었습니다.

12 파라브라흐만의 발에서 네 번째 사람이 나왔고, 흑인이었습니다. 그는 수드라라고 불리는 천한 신분이었습니다.

13 수드라는 모든 사람의 종이며 타인의 존경을 받을 권리가 없습니다. 그들은 베다 경전의 독경을 들을 수도 없습니다. 그들이 사제나 왕의 얼굴을 쳐다보는 것은 죽음을 의미하며, 죽음만이 그들을 노예 신분으로부터 자유롭게 해줍니다."

14 그러자 예수가 말했다. "그렇다면 파라브라흐만은 정의롭고 공평한 하나님이 아니군요. 자신의 강한 손으로 어떤 사람은 신분을 높여주고 다른 사람은 낮추었기 때문입니다."

15 예수는 그들에게 더 이상 말하지 않았다. 단지 하늘을 올려다보면서 기도했다.

16 "예전에도 계셨고, 지금도 계시며, 앞으로도 영원히 계실 아버지 하나님! 당신의 손에는 정의와 공정이라는 저울이 있습니다.

---

27) 베다의 경전에 의하면 바이샤는 브라흐마의 무릎과 허벅지에서 나왔다고 한다. 인도의 정신적 지주인 모한다스 카람찬드 간디 역시 바이샤 출신이다.

17 당신은 한량없는 사랑으로 모든 인간을 평등하게 만들었습니다. 백인종, 흑인종, 황인종, 적인종이 다 같이 당신의 얼굴을 우러러보고, '우리의 아버지 하나님'이라 부를 수 있습니다.

18 모든 인류의 아버지, 당신의 이름을 찬양합니다."

19 모든 사제가 예수의 기도를 듣고 화를 냈다. 그들은 달려가 예수를 붙잡아 해치려 했다.

20 그러나 그때 라마아스가 손을 들고 말했다. "브라만의 사제 여러분, 조심하십시오. 당신들은 당신들이 무슨 짓을 하는지 모르고 있습니다. 이 젊은이가 찬미하는 하나님을 당신들이 알 때까지 기다리십시오.

21 나는 기도하고 있는 이 소년을 보았습니다. 그때 태양보다 밝은 빛이 그를 둘러싸고 있었습니다. 조심하십시오! 그의 하나님은 브라흐마보다 더 강력할 수도 있습니다.

22 만일 그가 진실을 말하고 있고, 그가 옳다면, 강제로 그의 말을 그만두게 할 수 없습니다. 만일 그의 말이 그르고 당신들의 말이 옳다면, 그의 말은 빈말이 될 것입니다. 정의는 강력해서 마침내는 거짓을 이길 것이기 때문입니다."

23 그러자 사제들이 예수를 해하려던 것을 멈췄다. 그러나 한 사제가 말했다.

24 "이 신성한 곳에서 이 분별없는 젊은이가 파라브라흐만을 모독한 것 아닙니까? 브라흐마의 이름을 욕되게 한 자는 반드시 죽을 것이라고 율법은 분명히 말하고 있습니다."

25 라마아스는 예수를 살려달라고 애원했다. 그러자 사제들이 줄로 된 채찍을 들고 예수를 사원 밖으로 쫓아냈다.

26 예수는 길을 떠나 흑인종과 황인종, 하인들과 땅을 경작하는 사람들이 사는 거처를 찾았다.

27 예수는 그들에게 처음으로 평등의 복음을 알려 주었다. 예수는 그들에게 인류의 형제애와 아버지 하나님에 관해서 말했다.

28 평민들은 예수의 말을 기쁘게 듣고 "하늘에 계신 우리 아버지 하나님이

시여" 하며 기도하는 법을 배웠다.

예수가 수드라와 농부들을 가르친다. 귀족과 그의 부당한 아들에 대한 비유를 들려준다.
모든 인간의 가능성을 알려준다.

$\sim \ast \sim$

25 예수가 무리 중 수드라들과 농부들이 자신의 말을 듣고자 가까이
왔을 때 그들에게 비유 하나를 말했다.

2 "한 귀족이 넓은 토지를 갖고 있었습니다. 그에게는 네 아들이 있었는
데 그는 네 아들 모두가 독립하여 각기 자기들이 가지고 있는 모든 재
능을 발휘하여 강하게 자라기를 바라고 있었습니다.

3 그는 자신의 큰 재산을 아들 각자의 몫으로 나누어 주고 각자 자신들
의 삶을 살도록 했습니다.

4 장남은 매우 이기적이었고, 야심 차고, 영리하고 생각이 빨랐습니다.

5 그는 마음속으로 말했습니다. '나는 장남이야. 내 동생들은 내 발아래
에서 내 부하가 되어야만 해.'

6 그는 동생들을 불렀습니다. 그리고는 둘째 동생을 꼭두각시 왕으로 세
워놓고 칼을 주면서 토지를 모두 지키라고 했습니다.

7 셋째에게는 땅과 물이 흐르는 우물을 주어 사용하게 하고, 양과 소의
가축 떼를 주어 땅을 경작하게 하고, 가축들을 돌보고 거기에서 나오
는 최상의 수확물을 자기에게 가져오게 했습니다.

8 그리고 막내에게 말했습니다. '너는 가장 나이가 어리다. 넓은 땅의 분
할이 끝났으니 네게 줄 몫이 없다.'

9 그런 다음에 그는 막내를 사막의 광야에 있는 솟아오른 바위에 사슬로
묶고 이렇게 말했습니다.

10 '너는 노예로 태어났다. 너는 아무 권리가 없다. 너는 너의 운명에 만족
해야만 한다. 네가 죽어서 여기를 떠날 때까지 너를 풀어 줄 일은 없을
것이기 때문이다.'

11 몇 년 후에 결산의 날이 왔습니다. 귀족은 아들들을 불러 그들의 장부

를 제출하도록 했습니다.

12 귀족은 장남이 토지를 전부 차지하고 동생들을 노예로 만든 것을 알았을 때,

13 장남을 붙잡아서 사제복을 찢어버리고 감옥의 독방에 가두었습니다. 그리고 그곳에서 자신이 저지른 모든 잘못을 뉘우칠 때까지 갇혀 있도록 했습니다.

14 그리고 둘째가 입고 있는 꼭두각시 왕의 옥좌와 갑옷을 마치 장난감인 것처럼 공중에 던져 버렸습니다. 그는 둘째 아들의 검을 부러뜨리고 그를 독방에 가두었습니다.

15 그런 다음 농부가 된 아들을 불러 사막의 광야에서 쇠사슬에 묶여 있는 동생을 왜 구해주지 않았는지 물었습니다.

16 아들이 대답하지 않자 아버지는 농부 아들이 갖고 있던 가축과 토지와 물이 흐르는 우물을 빼앗아 버렸습니다.

17 그리고 농부 아들을 쫓아내서 자신의 모든 잘못을 뉘우칠 때까지 사막의 모래밭에 살게 했습니다.

18 그런 다음 쇠사슬에 잔인하게 묶여 있는 막내아들을 찾아냈습니다. 그는 자신의 손으로 사슬을 끊고, 아들에게 평화롭게 가라고 말했습니다.

19 이제 아들들은 자신들의 빚을 청산하고, 다시 정의의 법정에 섰습니다.

20 그들 모두는 각자의 교훈을 잘 배웠습니다. 그런 뒤 아버지는 한 번 더 토지를 나누어 주었습니다.

21 아버지는 각자에게 공평한 몫을 주었습니다. 그리고 그들이 평등과 정의의 법을 잘 알고 평화롭게 살도록 했습니다."

22 그러자 한 수드라가 말했다. "사제들의 기분을 충족시키기 위해 짐승처럼 베어지는 노예에 불과한 저희에게 누군가 오셔서 묶인 쇠사슬을 끊고 자유롭게 해주실 것이라는 소망을 품어도 되겠습니까?"

23 예수가 말했다. "거룩하신 한 분은 그분의 모든 자녀는 자유로울 것이며, 모든 혼은 하나님의 자녀라고 말씀하셨습니다.

24 수드라도 사제처럼 자유롭게 될 것입니다. 농부는 왕과 함께 손을 잡

고 길을 걷게 될 것입니다. 온 세상이 형제애를 갖게 될 것이기 때문입니다.

25 오, 여러분, 일어나십시오! 당신들의 힘을 자각하십시오. 뜻이 있는 사람은 노예로 있을 필요가 없기 때문입니다.

26 당신들의 형제가 살기 바라는 대로 그대로 살아가세요. 꽃이 피는 것처럼 하루하루를 펼치세요. 땅이 당신들의 것이고, 하늘이 당신들의 것이기 때문입니다. 그러면 하나님께서는 당신들이 있어야 할 곳에 당신들을 데려다줄 것입니다."

27 그러자 모든 사람이 간청했다. "우리가 꽃처럼 피어나 우리 자신으로 나아갈 수 있는 방법을 가르쳐주십시오."

쿠타크에서의 예수. 자간나트의 마차. 예수가 사람들에게 브라만교 의식의 공허함과 인간 안에서 하나님을 보는 법을 보여준다. 사람들에게 신성한 희생의 법칙을 가르친다.

～ ✳ ～

26 예수는 오릿사의 모든 도시에서 가르쳤다. 또한, 쿠타크의 강변에서 가르쳤고, 수천 명의 사람이 예수를 따랐다.

2 어느 날, 수십 명의 광신자가 자간나트의 한 마차를 끌고 갈 때 예수가 말했다.

3 "영이 없는 형체가 지나가는 것을 보십시오. 혼이 없는 육체, 제단에 불이 꺼진 사원을 보십시오.

4 이 크리슈나[28]의 마차는 텅 빈 것입니다. 크리슈나가 마차 안에 없기 때문입니다.

5 이 마차는 오직 세속의 포도주에 취한 사람들의 우상일 뿐입니다.

6 하나님은 시끄러운 말 속에 계시지 않습니다. 우상을 섬기는 사원에서 하나님께로 가는 길은 없습니다.

7 하나님과 사람이 만나는 장소는 마음속에 있습니다. 작고 낮은 목소

---

28) 힌두 신화의 영웅신으로 힌두교의 세 주신(主神) 중 하나인 비슈누(Viṣṇu)의 제8 화신이 된다.

리로 하나님은 말씀하십니다. 그리고 그 말씀을 듣는 사람은 고요합니다."

8 모든 사람들이 말했다. "마음속에서 고요하고 작은 목소리로 말씀하시는 거룩하신 분, 하나님을 우리가 알 수 있도록 가르쳐주십시오."

9 예수가 말했다. "하나님의 성스러운 숨결은 사람의 눈으로 볼 수 없습니다. 또한 사람들은 하나님의 영을 볼 수 없습니다.

10 그러나 사람은 하나님의 형상을 따라 만들어졌습니다. 그리고 사람의 얼굴을 들여다보는 사람은 내면에서 말씀하시는 하나님의 모습을 봅니다.

11 그리고 사람이 사람을 공경할 때, 그는 하나님을 공경하는 것입니다. 그리고 사람이 사람을 위해 행하는 것은 하나님을 위해 행하는 것입니다.

12 사람이 생각이나 말이나 행동으로 다른 사람을 해칠 때, 그는 하나님에게 잘못하는 것임을 명심해야 합니다.

13 당신의 마음속에서 말씀하시는 하나님을 섬기고자 한다면, 가까이에 있는 친척들을 섬기고, 친척이 아닌 사람들, 문간에 온 낯선 사람과 당신을 해치려는 적을 섬기십시오.

14 가난한 사람들과 약한 사람들을 도와주십시오. 그 어떤 누구도 해치지 말고, 남의 것을 탐내지 마십시오.

15 그러면 거룩하신 한 분께서 당신의 입을 통해서 말씀하실 것이며, 하나님은 당신의 눈물 뒤에서 미소를 지을 것이며, 당신의 얼굴을 기쁨으로 빛나게 할 것이고 당신의 마음을 평화로 채워주실 것입니다."

16 그러자 사람들이 물었다. "우리는 누구에게 제물을 드릴까요? 어디에 제물을 바칠까요?"

17 예수가 말했다. "우리의 아버지 하나님은 식물, 곡물, 비둘기, 어린양 따위의 불필요한 낭비를 요구하지 않습니다.

18 신전에서 불태우는 것을 던져버리십시오. 굶주린 자의 입으로부터 음식을 빼앗아 불에 던지는 사람에게 축복이 올 수 없습니다.

19 하나님께 제물을 바치고 싶거든 차라리 그 곡물과 고기를 가난한 사람

들의 식탁 위에 올려 주십시오.

20 거기서 향이 하늘로 올라갈 것이고, 그 향이 축복이 되어 당신에게 돌아올 것입니다.

21 당신의 우상들을 허물어 버리십시오. 그 우상들은 당신의 기도를 들을 수 없습니다. 당신의 제단들을 태워버리십시오.

22 사람의 마음을 당신의 제단으로 삼고, 당신의 제물을 사랑의 불로 태우십시오."

23 모든 사람이 예수의 말에 완전히 매료되어 예수를 하나님으로 경배하려고 하자 예수가 말했다.

24 "나는 하나님께 가는 길을 보여주려고 온 당신들의 형제입니다. 당신들은 사람을 경배해서는 안 됩니다. 단지 거룩하신 한 분, 하나님을 찬양하십시오."

예수는 베하르 연회에 참석한다. 인간의 평등에 관한 혁명적인 설교를 한다. 부러진 잎의 비유를 말한다.

— ✳ —

27 스승으로서 예수의 평판이 온 나라에 퍼졌다. 사람들은 예수가 전하는 진리의 말씀을 들으려고 멀리서 또는 가까이에서 몰려왔다.

2 브라흐마의 신성한 강가에 위치한 베하르에서 예수는 여러 날 동안 가르쳤다.

3 베하르의 부호 아흐는 자신의 손님을 기리기 위해서 연회를 베풀고 모든 사람을 초대했다.

4 많은 사람들이 왔다. 그들 중에는 도둑, 폭리를 취하는 자, 매춘부들도 있었다. 예수는 그들과 함께 앉아서 가르쳤다. 그러나 예수를 따르는 사람들은 예수가 도둑들과 매춘부들과 함께 있었기 때문에 매우 기분이 상했다.

5 그들은 예수를 호되게 질책하며 말했다. "선생님, 현명하신 선생님, 오늘은 선생님께 불운한 날이 될 것입니다.

6 선생님이 매춘부, 도둑들과 어울렸다는 소식이 퍼질 것입니다. 사람들은 독사를 피하듯이 선생님을 피할 것입니다."

7 예수가 그들에게 대답하여 말했다. "스승은 결코 평판이나 명성을 위해서 자신을 살피지 않습니다.

8 이런 것들은 한낱 시시한 것들입니다. 평판이나 명성은 마치 시냇물에 떠다니는 빈 병처럼 떴다가 가라앉습니다. 그것들은 환상이며 사라질 것입니다.

9 평판이나 명성은 분별없는 자들이 생각하는 지표입니다. 그것들은 사람들이 만들어내는 소음입니다. 천박한 인간들은 소음의 크기로 가치를 판단합니다.

10 하나님과 모든 훌륭한 스승이 사람을 평가하는 기준은 그 사람의 외모나 평판이나 명성이 아니며 그 사람이 어떤 사람인가입니다.

11 매춘부와 도둑들은 우리 아버지 하나님의 자녀들입니다. 하나님이 보시기에 그들의 혼은 당신들이나 브라만 사제들의 혼과 마찬가지로 소중합니다.

12 당신들이 체면과 도덕적 가치에 대해 스스로 자랑스럽게 생각하면서 살아가는 것처럼 그들도 당신들과 마찬가지로 스스로의 삶을 자랑스럽게 여기며 살고 있습니다.

13 그리고 그들 중에 어떤 사람들은 당신들이 하는 것보다 훨씬 더 힘든 문제들을 해결했습니다. 그런데 당신들은 그들을 경멸합니다.

14 그렇습니다. 저 사람들은 죄인이며 자신들의 죄를 고백합니다. 반면에 당신들은 죄가 있으면서도 광채나는 외투로 약싹빠르게 자신들의 죄를 덮고 있습니다.

15 이 매춘부들, 주정뱅이들, 도둑들을 경멸하고, 자신의 마음과 삶이 순수하고, 자신이 그들보다 훨씬 더 낫다고 아는 당신이 앞에 나서서 사람들이 당신이 누구인지 알 수 있게 된다고 가정해보십시오.

16 죄는 행위 속에 있는 것이 아니라, 바라고 욕망하는 데에 있습니다.

17 당신들은 다른 사람의 부를 탐내고, 그들의 매력 있는 모습을 바라보

고 마음 깊은 곳에서 그들의 부와 매력적인 모습을 갈망합니다.

18 당신들은 매일 단지 자신의 이기적인 자아를 위해서 속이고, 황금을 추구하고, 명예를 갈구하며, 명성을 추구합니다.

19 탐심을 품은 사람은 도둑이고 정욕을 품은 여자는 매춘부입니다. 이 부류에 속하지 않는 사람이 있으면 말해보십시오."

20 말하는 사람이 아무도 없었다. 비난하던 사람들은 조용해졌다.

21 예수가 말했다. "오늘의 증거는 모두 비난했던 사람들을 향한 것입니다.

22 마음이 순수한 사람들은 비난하지 않습니다. 마음이 비열한 사람들은 자신들의 죄를 경건이라는 신성한 연기로 덮으려고 하면서, 주정뱅이와 도둑들과 매춘부들을 끔찍하게 혐오합니다.

23 이런 혐오와 경멸이야말로 조롱거리입니다. 반짝이로 장식된 명성의 외투가 찢어질 수 있다면, 큰 소리로 떠드는 교수는 자신이 육욕과 허위와 여러 형태의 비밀스런 죄 속에서 흥청거리고 있다는 것을 알게 될 것이기 때문입니다.

24 다른 사람의 잡초를 뽑느라고 시간을 보낸 사람은 정작 자기 자신의 잡초는 뽑을 시간이 없으며, 그에게 인생의 가장 아름다운 꽃들은 이내 시들어 죽고 독보리, 엉겅퀴, 가시 열매만 남게 될 겁니다."

25 예수가 비유를 말했다. "보십시오, 어떤 농부는 잘 익은 곡식이 심겨 있는 밭을 가지고 있었습니다. 그가 보니 많은 밀대 잎이 늘어져서 부러져 있었습니다.

26 그래서 그는 추수꾼을 보내면서 말했습니다. "부러진 잎이 달린 밀대는 거두어들이지 말도록 하라.

27 가서 부러진 밀대는 잘라서 태워버려라."

28 며칠 후에 농부가 추수한 곡식이 얼마나 되나 보러 갔지만 한 톨도 찾아볼 수가 없었습니다.

29 그래서 농부는 추수한 일꾼들을 불러서 말했습니다. "추수한 밀이 어디 있느냐?"

30 그들이 대답하여 말했습니다. "우리는 시키는 대로 했습니다. 잎이 부러진 밀대를 모아서 태웠습니다. 곳간으로 가져갈 것은 하나도 없었습니다."

31 예수가 말했다. "만약에 하나님이 잎이 부러지지 않은 것들만 추수한다면 하나님이 보시기에 누가 완벽하겠습니까? 구원을 받을 사람이 누가 있겠습니까?"

32 비난하던 사람들은 창피해서 고개를 숙였다. 예수는 그곳을 떠났다.

예수를 기리기 위하여 우드라카가 연회를 연다. 예수가 하나님이 하나라는 것과 생명의 형제애를 말한다. 사제직을 비판한다. 농부의 손님이 된다.

⁕

28 베나레스는 브라흐마의 성지이다. 예수는 베나레스에서 가르치며 우드라카의 집에 머물렀다.

2 우드라카가 예수를 기리기 위해서 연회를 베풀었다. 힌두교의 많은 고위직 사제들과 서기관들이 그곳에 있었다.

3 예수가 그들에게 말했다. "여러분에게 삶에 대해서, 형제애가 있는 삶에 관해서 말하게 되어 매우 기쁩니다.

4 우주의 하나님은 한 분입니다. 하지만 그분은 한 분 이상입니다. 모든 만물은 하나님입니다. 그리고 모든 것은 하나입니다.

5 하나님의 달콤한 숨결로 모든 생명은 하나로 묶여 있습니다. 그래서 당신이 생물의 한 줄기 섬유 조직을 건드리면 생명체의 중심에서 바깥 경계선까지 떨림을 전달하게 됩니다.

6 그리고 당신의 발밑에 있는 가장 보잘것없는 벌레 한 마리를 밟으면 그것은 하나님의 보좌를 흔들게 하며 정의의 검이 칼집에서 떨리게 만듭니다.

7 어떤 새가 사람들을 위해서 노래하면 사람들은 일제히 공명하여 새가 노래하도록 도와줍니다.

8 개미는 개미집을 짓고, 벌은 벌집을 만들고, 거미는 거미줄을 칩니다.

그리고 꽃들은 그들에게 달콤하고 향기로운 활기를 불어넣어서 일할 수 있는 힘을 줍니다.

9 그런데 인간들과 새, 짐승, 벌레들은 육화된 신들입니다. 그러니 인간들이 어떻게 감히 그들을 죽일 수 있겠습니까?

10 이런 잔인함 때문에 세상은 엉망이 되었습니다. 살아있는 것을 해치는 것이 바로 자신을 해치는 것임을 안다면 인간들은 분명히 그들을 죽이지 않을 것입니다. 또한, 하나님이 만든 생물이 고통을 겪게 하지도 않을 것입니다."

11 한 율법 학자가 말했다. "예수여, 당신이 말하는 하나님이 누구신지, 하나님의 제사장과 성전과 사당은 어디 있는지 부디 말씀해 주십시오."

12 예수가 말했다. "내가 말하는 하나님은 어디에나 계십니다. 그는 벽으로 둘러싸여 있을 수 없으며, 어떤 종류의 경계에도 매여 있을 수 없습니다.

13 모든 사람이 하나님, 그 한 분을 경배합니다. 하지만 모든 사람이 하나님을 똑같이 보지는 않습니다.

14 이 우주의 하나님은 지혜이며 의지이고 사랑입니다.

15 모든 사람이 삼위일체 하나님을 보는 것은 아닙니다. 어떤 사람은 하나님을 힘의 하나님으로 보고, 다른 사람은 사고의 하나님으로 보고, 또 다른 사람은 사랑의 하나님으로 봅니다.

16 한 개인의 이상은 그가 섬기는 하나님입니다. 따라서 사람이 자신을 펼침에 따라 그의 하나님이 펼쳐집니다. 오늘의 하나님은 내일의 하나님이 아닙니다.

17 이 지구의 여러 나라 사람들은 서로 다른 관점으로 하나님을 봅니다. 그러므로 하나님은 모든 사람에게 똑같이 보이지 않습니다.

18 사람은 자기가 보는 하나님의 일부를 하나님이라 부릅니다. 그리고 그것이 그에게는 하나님의 모든 것입니다. 그리고 각 나라 사람들도 하나님의 일부를 보고, 하나님을 각각의 이름으로 부릅니다.

19 브라만들은 그분을 파라브라흐만이라고 부릅니다. 이집트에서 하나님

은 토트입니다. 그리스에서는 제우스가 그의 이름입니다. 여호와는 히브리의 이름입니다. 하지만 어느 곳에서나 그분은 원인 없는 대원인이며, 만물이 그곳에서 자라나온 뿌리 없는 뿌리입니다.

20 사람들이 하나님을 두려워하여 적대시할 때, 그들은 다른 사람들에게 화려한 옷을 입히고 그들을 사제라고 부릅니다.

21 그리고 사제들에게 그들의 기도로 하나님의 분노를 억제하는 임무를 맡깁니다. 그리고 사제들의 기도로 하나님의 은총을 얻지 못할 때, 그때는 동물이나 새 같은 제물로 하나님을 매수합니다.

22 사람이 하나님을 자신과 하나인 하나님으로, 아버지 하나님으로 볼 때 그는 중개인이 필요하지 않습니다. 중재 역할을 하는 사제가 필요 없습니다.

23 그가 직접 그분께 나아가 나의 아버지 하나님이시여! 라고 말하고 그분의 손위에 자신의 손을 얹으면 그것으로 만사는 해결됩니다.

24 이런 분이 하나님입니다. 여러분 한 사람 한 사람이 여러분 자신을 위한 사제입니다. 그리고 하나님은 피의 제물을 원하지 않습니다.

25 단지 모든 생명체에게 여러분의 삶을 바치십시오. 그러면 하나님께서는 기뻐하십니다."

26 예수가 말을 마치고 옆으로 물러났다. 사람들은 놀라워하면서 한편으로는 그들 사이에서 언쟁이 일어났다.

27 어떤 사람들은 이렇게 말했다. "그는 성스러운 브라흐마한테서 영감을 받았습니다." 그리고 다른 사람들은 이렇게 말했다. "그는 제정신이 아닙니다." 또 다른 사람들은 이렇게 말했다. "그는 악령에 사로잡혔습니다. 마치 악마가 말하는 것 같습니다."

28 예수는 그곳에서 오래 지체하지 않았다. 손님 중에 농부가 있었는데 그는 관대한 혼으로서 진리를 구하는 사람이었고 예수가 한 말을 매우 좋아했다. 예수는 그와 함께 그의 집으로 가서 머물렀다.

라호르 출신의 사제인 아자이닌은 예수를 만나기 위해 베나레스에 와서 사원에 머문다. 예수는 사원을 방문해 달라는 초대를 거절한다. 아자이닌은 밤에 농부의 집에 있는 예수를 찾아와서 예수의 철학을 받아들인다.

— ❋ —

29 베나레스 사원의 사제들 가운데 라호르에서 온 아자이닌이라는 사람이 있었다.

2 아자이닌은 상인들로부터 그 유대 소년과 그의 지혜에 대한 말을 전해 듣고, 그 소년을 만나 이야기를 들어보려고 허리띠를 졸라매고 라호르에서 찾아왔다.

3 브라만 사제들은 예수가 전하는 진리를 받아들이지 않았다. 그들은 예수가 우드라카 연회에서 한 말에 매우 분개하고 있었다.

4 그들은 그 소년을 본 적이 없었지만, 그가 하는 말이 몹시 듣고 싶어 그를 사원의 손님으로 초대했다.

5 하지만 예수는 그들에게 말했다. "빛은 지극히 풍부하여 모든 사람을 비춥니다. 그 빛을 보려면 빛이 있는 곳으로 오십시오.

6 만일 당신들이 거룩하신 한 분께서 사람들을 위하여 나에게 주신 메시지를 듣고자 한다면 나에게 오십시오."

7 사제들은 예수가 한 말을 듣고 격분했다.

8 아자이닌은 사제들처럼 노여워하지 않았다. 그는 예수가 머무는 농부의 집으로 귀한 선물과 함께 다른 전령을 보냈다. 그는 선물과 함께 이런 메시지를 보냈다.

9 "청컨대 제 말씀을 들어주십시오. 브라만 율법은 어떤 사제라도 천민의 집으로 가는 것을 금하고 있습니다. 하지만 당신은 우리한테 올 수 있습니다.

10 저는 이곳의 사제들이 당신이 하시는 말씀을 기쁘게 들을 것이라고 확신합니다. 부디 오늘 오셔서 우리와 함께 식사하시기를 청합니다."

11 예수가 말했다. "거룩하신 한 분은 모든 인간을 똑같이 여깁니다. 제가 묵고 있는 이곳은 어떤 사람들의 아들들에게도 충분히 좋은 모임 장소

입니다.

12 계급제도의 자존심 때문에 당신들이 올 수 없다면, 당신들은 그 빛을 나눌 가치가 있는 사람들이 아닙니다. 우리 아버지 하나님은 인간의 율법들을 중시하지 않습니다.

13 당신이 보낸 선물은 돌려드립니다. 하나님의 지식은 황금이나 값비싼 선물로 살 수 있는 것이 아닙니다."

14 예수의 말에 사제들은 더욱 더 화를 냈다. 사제들은 예수를 멀리 쫓아낼 음모와 계략을 꾸미기 시작했다.

15 아자이닌은 그들의 음모와 계략에 합류하지 않았다. 그는 밤에 사원을 떠나서 예수가 머무는 집으로 찾아왔다.

16 예수가 말했다. "태양이 빛나는 곳에 밤은 없습니다. 나는 비밀스러운 메시지를 전해 줄 것이 없습니다. 빛 속에서 모든 비밀은 드러납니다."

17 아자이닌이 말했다. "저는 이 고대의 지혜와 당신이 말하는 거룩하신 한 분의 왕국을 배우고자 라호르라는 먼 곳에서 왔습니다.

18 왕국은 어디에 있으며 왕은 어디에 있습니까? 누가 신하들입니까? 그 왕국의 법은 어떤 것입니까?"

19 예수가 말했다. "이 왕국은 멀리 있지 않지만 인간의 눈으로는 볼 수 없습니다. 이 왕국은 마음속에 있습니다.

20 당신은 땅이나 바다 혹은 하늘에서 왕을 찾을 필요가 없습니다. 왕은 그곳에 없습니다. 하지만 모든 곳에 있습니다. 그분은 하나님의 그리스도로 우주적인 사랑이십니다.

21 이 왕국으로 들어가는 문은 높지 않기에 그 문으로 들어가는 사람은 무릎을 꿇어야만 합니다. 또 그 문은 넓지 않습니다. 그 어떤 누구도 세속의 보따리를 갖고 통과할 수 없습니다.

22 낮은 자아는 영적인 자아로 변하여야만 합니다. 육체는 맑고 순수함으로 살아 흐르는 시냇물에 씻겨져야만 합니다."

23 아자이닌이 물었다. "제가 이 왕의 백성이 될 수 있습니까?"

24 예수가 말했다. "당신 자신이 왕입니다. 당신은 그 문을 통과하여 왕

중의 왕의 백성이 될 수 있습니다.

25 하지만 당신의 사제복을 버려야만 합니다. 황금을 위해 거룩하신 한 분을 숭배하는 것을 그만두어야 합니다. 당신의 생명, 그리고 당신이 가진 모든 것을 바쳐야만 합니다. 사람들의 아들들을 위해 기꺼이 봉사해야 합니다.”

26 예수는 더 이상 말하지 않았다. 아자이닌은 물러나 갈 길을 떠났다. 그는 예수가 말한 진리를 이해할 수 없었지만, 전에는 결코 본 적이 없었던 것을 보게 되었다.

27 그는 믿음의 영역을 결코 탐구한 적이 없었다. 그러나 그는 마음속에서 우주적인 형제애와 믿음의 씨앗이 좋은 토양을 찾았다.

28 고향으로 돌아가는 길에서 그는 잠을 자면서 가장 어두운 밤을 지내는 것 같았다. 그리고 그가 깨어났을 때 정의의 태양이 떠올라 있었다. 마침내 그는 왕을 찾았다.

29 예수는 베나레스에 머물며 여러 날 동안 가르쳤다.

예수는 아버지가 돌아가셨다는 소식을 전해 듣고 어머니께 편지를 쓴다. 그 편지. 예수는 상인 편에 편지를 보낸다.

~ ❋ ~

30 어느 날 예수가 갠지스 강가에서 바쁘게 일하고 있을 때, 서방에서 돌아온 한 무리의 대상이 가까이 다가왔다.

2 그중 한 사람이 예수에게 다가와 말했다. “우리는 바로 당신의 고향에서 반갑지 않은 소식을 갖고 왔습니다.

3 당신의 아버지께서 세상을 떠나셨습니다. 당신의 어머니는 슬퍼하고 계시며 누구도 그분을 위로할 수 없습니다. 어머니는 당신의 생사를 궁금해하시고 당신을 보고 싶어 하십니다.”

4 예수는 조용히 머리를 숙이고 생각에 잠겼다. 그리고 편지를 썼다. 예수가 쓴 편지의 대략의 내용은 다음과 같다.

5 “어머니, 가장 고결하신 여인이여. 고향에서 온 사람이 저에게 아버지

께서 돌아가셨고, 어머니는 슬퍼하시며 수심에 잠겨 있다는 소식을 전해 주었습니다.

6 어머니, 모든 일이 잘되어 가고 있습니다. 아버지를 위해서도, 또한 어머니를 위해서도 그렇습니다.

7 아버지는 이 땅에서 훌륭하게 할 일을 다 하셨습니다.

8 삶의 모든 여정에서 아버지가 남을 속이거나 정직하지 않거나 나쁜 의도를 가졌다고 비난할 수 있는 사람은 아무도 없습니다.

9 이 땅에서 아버지는 많은 힘든 일을 끝내셨습니다. 이제는 혼의 문제를 해결할 준비를 마쳤습니다.

10 우리 아버지 하나님이 이곳에서 아버지와 함께 계셨듯이 그곳에서 아버지와 함께 계십니다. 그곳에서 아버지가 길을 잃지 않도록 아버지의 천사들이 아버지의 발길을 지켜줍니다.

11 어머니는 왜 우십니까? 눈물은 슬픔을 이길 수 없습니다. 슬픔에는 상심한 마음을 치유할 힘이 없습니다.

12 슬픔의 차원은 게으름입니다. 바쁜 혼은 결코 슬퍼할 수 없습니다. 슬퍼할 겨를이 없습니다.

13 슬픔이 마음속에 몰려오면 그냥 자신을 놓아버리고, 사랑하는 일에 푹 빠져 보십시오. 그러면 슬픔은 사라집니다.

14 어머니가 할 일은 사랑의 사역이며, 온 세상이 사랑을 외치고 있습니다.

15 지나간 것은 지나간 대로 흘려보내세요. 세속적인 관심에서 벗어나, 살아있는 자들을 위해서 어머니의 삶을 바치세요.

16 만약 어머니께서 삶을 바쳐 봉사하시다가 세상을 떠나게 되면, 어머니는 아침 해와 저녁 이슬, 새들의 지저귐, 꽃과 밤하늘의 별 속에서 어머니의 삶을 확실히 발견하게 될 것입니다.

17 머지않아 어머니의 세상사들이 풀릴 것입니다. 그리고 어머니의 삶이 마감될 때, 더 넓은 쓰임의 장으로 들어가서 더욱 큰 혼의 문제를 해결하는 것이 어머니에게는 순수한 기쁨이 될 것입니다.

18 그러니 애써 만족하기를 힘쓰십시오. 저도 언젠가는 어머니께 가서 황

금이나 보석보다 더 값진 선물을 가져다드릴 것입니다.

19 요한이 어머니를 보살펴 주리라 확신합니다. 어머니께서 필요하신 것들을 챙겨드릴 겁니다. 저는 항상 어머니와 함께 있습니다. 여호수아."

20 예수는 이 편지를 예루살렘으로 가는 한 상인 편으로 보냈다.

브라만 사제들은 예수의 가르침에 분노하고, 예수를 인도에서 추방하기로 결정한다. 라마아스는 예수를 위해 탄원한다. 사제들이 예수를 살해하려고 자객을 고용한다. 라마아스의 경고에 따라 예수는 네팔로 피신한다.

～ ❋ ～

31 예수의 말과 행적은 인도 전역을 불안하게 했다.

2 평민들은 예수의 친구였다. 그들은 예수를 믿고 무리를 지어 따랐다.

3 사제들과 통치자들은 예수를 두려워했다. 그의 이름만 들어도 그들의 심장이 떨렸다.

4 예수는 형제애의 삶과 평등한 권리의 정당함에 대해 설교했고, 사제들과 희생 예식의 쓸모 없음을 가르쳤다.

5 예수는 사상누각과 같은 브라만교의 제도를 뿌리부터 흔들어 놓았다. 그는 브라만 우상을 보잘것없이 만들고, 희생제물은 죄악에 가득 찬 것으로 만들어, 사당과 반복적인 기도를 모두 잊게 했다.

6 사제들은 만약 이 유대 소년이 이곳에 더 오래 머물게 된다면 혁명이 일어날 것이고, 평민들이 궐기하여 사제들을 살해하고 사원을 파괴할 것이라고 단언했다.

7 그래서 그들은 전국에 소집령을 내렸고, 각 지방의 사제들이 모여들었다. 베나레스는 브라만교의 광기 어린 열풍으로 타올랐다.

8 예수의 내면의 삶을 잘 알고 있는 자간나트의 사원에서 온 라마아스는 사제들 가운데에서 있으면서 그들이 소리치는 것을 들었다.

9 그는 앞으로 나서서 말했다. "나의 형제 사제들이여, 당신들이 하는 행동을 주의하십시오. 오늘은 역사에 기록될 날입니다.

10 세상이 지켜보고 있습니다. 브라만 사상의 생명 자체가 심판대 위에 올

랐습니다.

11 만약 오늘 우리가 이성을 잃고, 편견이 오늘 우리를 지배한다면, 그리고 야만적인 무력을 앞세워, 브라흐마의 눈에는 순진무구하게 보일 수도 있는 사람을 해하고서 우리 손에 그 피를 묻힌다면,

12 브라흐마의 복수가 우리에게 떨어질 수도 있습니다. 우리가 올라 서 있는 바로 그 바위가 우리 발밑에서 산산조각이 날 수도 있습니다. 그리고 우리의 사랑하는 사제들과 우리의 율법과 사당들은 무너지게 될 것입니다."

13 그러나 사제들은 그가 더 이상 말을 하게 놔두지 않았다. 분노에 찬 사제들은 그에게 달려들어 구타하고 침을 뱉고 배신자라고 부르면서 피를 흘리고 있는 라마아스를 길바닥에 던져 버렸다.

14 그러자 혼란이 일어났다. 사제들은 폭도가 되었다. 사람의 피를 보자 그들은 악마처럼 행동했으며 시간이 흐를수록 더 심해졌다.

15 큰 싸움이 일어날 것을 두려워한 통치자들이 예수를 찾아 나섰다. 그리고 시장에서 조용히 사람들을 가르치고 있는 그를 발견했다.

16 그들은 예수에게 이곳을 떠나 목숨을 구하라고 재촉했다. 그러나 예수는 떠날 것을 거부했다.

17 사제들이 예수를 체포할 명분을 찾았지만, 그는 어떤 범죄도 범하지 않았다.

18 그러자 허위 고소장이 제출되었다. 그러나 병사들이 예수를 법정에 데려가려고 왔을 때, 그들은 두려웠다. 사람들이 그를 지켜 서 있었기 때문이다.

19 사제들은 당황했다. 그리고 그들은 비밀리에 예수를 살해하기로 결심했다.

20 그들은 자객을 고용하여 밤중에 분노의 표적인 예수에게 보냈다.

21 이들의 음모와 계획을 들은 라마아스가 사람을 보내서 자신의 친구인 예수에게 이 계획을 알려주었고, 예수는 급히 그곳을 떠났다.

22 예수는 밤을 틈타 베나레스를 벗어나 서둘러 북쪽으로 향했다. 가는

도중 어디에서나 농부들, 상인들과 수드라들이 예수를 도왔다.

23 여러 날이 지난 후 그는 웅장한 히말라야에 도착했고, 카필라바스투라
는 도시에서 머물렀다.

24 불교 사제들이 사원의 문을 활짝 열어 예수를 맞이했다.

예수와 바라타. 그들은 함께 신성한 책들을 읽는다. 예수가 진화에 대한 불교 교리에 이의
를 제기하고 인간의 참된 기원을 밝혀 준다. 비드야파티를 만난다. 그는 예수의 동료가 된
다.

—— ❋ ——

32 불교 사제들 가운데 예수가 하는 말에서 고귀한 지혜를 알아본 사
람이 있었다. 그는 바라타 아라보였다.

2 예수와 바라타는 함께 유대 시편과 예언서를 읽었으며 베다 경전과 아
베스타, 고타마의 지혜를 읽었다.

3 그들이 인간의 가능성에 대해 읽고 서로 대화를 나누고 있을 때 바라타
가 말했다.

4 "인간은 우주의 경이입니다. 인간은 생명의 모든 단계를 겪었기 때문에
모든 것의 일부분입니다.

5 인간이 없었던 때에도 시간은 존재했습니다. 그리고 인간은 시간의 틀
속에서 형태가 없는 실체였고, 그런 다음 원형질체가 되었습니다.

6 모든 것은 우주 법칙에 따라 완전한 상태를 지향하여 보다 높은 단계로
상승하는 경향이 있습니다. 원형질체는 진화해서 연충蠕蟲이 된 다음, 파
충류, 조류, 짐승 그리고 마침내 인간의 형태에 이르게 되었습니다.

7 이제 인간 그 자신은 정신이고, 정신은 경험을 통해 완전함을 얻기 위
해 여기에 있습니다. 정신은 종종 육의 형태로, 그리고 성장하기에 가
장 좋은 형태로 나타납니다. 그래서 정신은 벌레, 새, 혹은 짐승, 아니
면 인간으로 나타날 수 있습니다.

8 생명의 모든 것이 완전한 인간의 상태로 진화하는 시대가 올 것입니다.

9 그리고 인간이 완전한 인간이 된 후에, 인간은 더욱 더 높은 생명의 형

태로 진화할 것입니다."

10 예수가 말했다. "바라타 아라보여, 인간인 정신이 짐승과 새 혹은 기어 다니는 벌레의 모습으로 나타날 수 있다고 당신에게 가르친 사람이 누구입니까?"

11 바라타가 말했다. "인간이 기억할 수 없는 시기로부터 우리 사제들이 그렇게 말해 왔었고, 그래서 우리는 그렇게 알고 있습니다."

12 예수가 말했다. "깨달음을 얻은 아라보여, 위대한 스승인 당신이 남에게 들은 것만으로는 아무것도 알 수 없다는 것을 모릅니까?

13 사람이 다른 사람들의 말을 믿을 수는 있겠지만, 들은 것만으로는 그가 안다고 말할 수 없습니다. 사람이 알려고 한다면, 그는 자신이 아는 것 그 자체가 되어야만 합니다.

14 아라보여, 당신은 당신이 유인원, 조류, 혹은 벌레였을 때를 기억합니까?

15 자, 만일 사제들이 말해 준 것보다 더 나은 증거가 없다면, 당신은 알지 못하는 것이며, 그것은 단지 당신의 추측일뿐입니다.

16 그러므로 누가 말한 것에 유념할 필요가 없습니다. 육은 잊어버립시다. 그리고 정신과 더불어 육적인 것들이 없는 땅으로 갑시다. 정신은 결코 잊는 법이 없습니다.

17 위대한 스승들은 여러 시대를 거슬러 올라가도 자기 자신을 추적할 수 있습니다. 따라서 그들은 안다고 할 수 있습니다.

18 인간이 존재하지 않았던 때는 결코 없었습니다.

19 시작이 있으면 끝이 있기 마련입니다. 인간이 없던 때가 있었다면, 인간이 존재하지 않을 때가 올 것입니다.

20 하나님 자신이 기록한 책에는 다음과 같이 적혀 있습니다. "삼위일체 하나님께서 숨을 내쉬시자, 일곱 영이 하나님 앞에 섰습니다.(히브리인들은 이 일곱 영을 엘로힘이라고 부릅니다.)

21 그리고 일곱 영이 자신들의 무한한 능력으로 지금 존재하거나 과거에 존재했던 모든 것을 창조하셨습니다.

22 이 삼위일체 하나님의 영들께서 무한한 공간의 표면 위를 운행하셨고, 일곱 에테르가 있었으며, 그 각각의 에테르는 고유한 생명의 형상을 갖게 되었습니다.

23 이 생명의 형상들은 바로 하나님의 생각이 에테르 차원의 물질을 입은 것에 불과했습니다.

24 (사람들은 이 에테르 차원을 원형질체, 흙, 식물, 짐승, 사람, 천사, 케루빔 등의 차원이라고 부릅니다.)

25 하나님의 생각으로 넘치고 있는 이러한 차원들은 육신의 눈으로는 결코 볼 수 없습니다. 그들은 육신의 눈으로 보기에 너무 미세한 물질로 구성되어 있으며, 이러한 차원들은 여전히 모든 사물의 혼을 구성합니다.

26 그리고 모든 창조물은 혼의 눈으로 이 에테르 차원과 모든 생명체를 봅니다.

27 모든 차원에서의 생명의 형태 모두는 하나님의 생각이기 때문에, 모든 창조물은 생각합니다. 그리고 창조물마다 의지가 있고, 나름대로 선택할 힘이 있으며,

28 그들이 생겨난 차원에서 그 차원의 에테르에게서 영양분을 공급받습니다.

29 모든 생물은 의지가 약해질 때까지 그러했고, 그런 뒤 원형질체, 흙, 식물, 짐승, 사람의 에테르는 아주 느리게 진동하기 시작했습니다.

30 이제 에테르의 밀도가 더 높아지고, 이 차원의 모든 창조물은 육이라는 더욱 거친 옷을 입었으며, 인간의 눈으로 볼 수 있게 되었습니다. 이렇게 인간이 육체라고 부르는 더 거친 표현체가 나타났습니다.

31 이것이 소위 말하는 인간의 타락입니다. 그런데 인간은 혼자 타락하지 않았습니다. 원형질체, 흙, 식물, 짐승들도 모두 함께 타락했기 때문입니다.

32 천사들과 케루빔들은 타락하지 않았습니다. 그들의 의지는 매우 강해서 자신들 차원의 에테르를 하나님과 조화롭게 유지했습니다.

33 이 에테르가 대기의 정도에 도달하고 이 차원의 모든 창조물이 대기로

부터 자신들의 먹이를 섭취해야만 하자 분쟁이 생겼습니다. 그리고 유한한 인간이 적자생존이라고 부르는 것이 법칙이 되었습니다.

34 힘이 더 센 것이 더 약한 것을 잡아먹었습니다. 그리고 여기에서 진화라는 육의 법칙이 생겨났습니다.

35 이제, 완전히 파렴치한이 된 인간은 짐승을 때려잡아서 먹고, 짐승은 초목을 먹고, 초목은 땅에서 무성하게 자라고, 땅은 원형질체를 흡수합니다.

36 저 너머 혼의 왕국에는 이런 육의 진화가 알려져있지 않습니다. 위대한 스승들의 과업은 인간이 원래 갖고 있었던 유산을 회복시켜서 그들이 잃어버린 자산을 되돌려주는 것이며, 그때 인간은 자신이 타고난 차원의 에테르에 의존해서 다시 살아갈 것입니다.

37 하나님의 생각은 변하지 않습니다. 모든 차원에서 생명의 발현이 그 종류의 완벽을 향해 펼쳐집니다. 하나님의 생각이 절대 사라질 수 없는 것처럼, 삼위일체 하나님의 일곱 영의 일곱 에테르를 가진 어떤 존재에게도 죽음은 없습니다.

38 따라서 흙은 결코 식물이 아니며, 짐승이나 새, 또는 기어 다니는 것들은 결코 인간이 아닙니다. 인간은 짐승이나 새나 기어 다니는 것이 아니며 그런 것들이 될 수 없습니다.

39 이 모든 일곱 개의 드러난 형상들이 통합되고 인간, 짐승, 식물, 흙과 원형질체가 구원받을 때가 올 것입니다."

40 바라타는 깜짝 놀랐다. 이 유대 성자의 지혜는 그에게 하나의 계시였다.

41 인도에서 가장 현명한 성자이며, 카필라바스투 사원의 제사장인 비드야파티는 바라타가 예수에게 인간의 기원에 대해 하는 말과 히브리 선지자의 대답을 들었다. 그가 말했다.

42 "그대 카필라바스투의 사제들이여, 내가 하는 말을 들으시오. 오늘 우리는 시대의 정점에 서 있습니다. 여섯 시대 전에 위대한 스승이 태어나서 인간들에게 영광의 빛을 주었습니다. 지금 훌륭한 성인 한 분이 여

기 카필라바스투 사원에 서 있습니다.

43 이 히브리 선지자는 떠오르는 지혜의 별이며 신성한 분이십니다. 그는 하나님의 비밀에 대한 지식을 우리에게 가져왔습니다. 온 세상이 그의 말을 듣고 그의 말에 귀를 기울이며 그의 이름을 영화롭게 할 것입니다.

44 그대 카필라바스투의 사제들이여, 하던 일을 멈추고 그분의 말씀에 조용히 귀를 기울이십시오. 그는 살아있는 하나님의 신탁입니다."

45 그러자 모든 사제가 감사를 표하며, 깨달음의 부처를 찬양했다.

예수가 우물에서 백성들을 가르친다. 그들에게 행복해지는 법을 말한다. 돌짝 밭과 감추어진 보물에 대한 비유를 들어 말한다.

~~~ ✻ ~~~

33 예수는 흐르는 샘 옆에 앉아 고요히 명상에 잠겼다. 그날은 거룩한 날(성일聖日)이었다. 근처에는 많은 노예계층의 사람들이 있었다.

2 예수가 보니 사람들의 이마와 손마다 고된 노동의 주름살이 있을 뿐 그 어떤 표정에도 기쁨의 모습은 보이지 않았다. 모두가 고된 노역 외에는 다른 것을 생각할 수 없었다.

3 예수가 한 사람에게 물었다. "당신들 모두는 왜 이토록 슬퍼합니까? 당신들은 살면서 행복한 일이 없습니까?"

4 그가 대답했다. "우리는 행복이라는 말의 의미를 거의 알지 못합니다. 우리는 살기 위해서 힘든 일을 합니다. 어떤 희망도 없습니다. 단지 노역만 있을 뿐입니다. 우리는 우리가 노역을 멈추고, 죽은 자들이 사는 부처님의 도시에 누워서 휴식할 그 날을 기원할 뿐입니다."

5 이 불쌍한 노동자들에 대한 동정과 사랑으로 예수의 마음은 미어졌다. 예수가 말했다.

6 "노동은 사람을 슬프게 만들지 않습니다. 인간은 일할 때 가장 행복해야 합니다. 희망과 사랑이 노동의 등 뒤에 있을 때, 모든 삶은 기쁨과 평화로 가득합니다. 이것이 천국입니다. 당신은 그런 천국이 당신을 위

한 것이라는 것을 모르고 있나요?"

7 그가 대답했다. "우리는 천국에 대해서 들어본 적이 있지만, 천국은 너무나 멀리 떨어져 있습니다. 그리고 우리는 그곳에 도달하기 전에 아주 많은 생을 살아야 합니다!"

8 그러자 예수가 말했다. "나의 형제여, 당신의 생각은 틀렸습니다. 당신의 천국은 멀리 있는 것이 아닙니다. 그곳은 경계선이 있는 장소가 아니며 도달해야 할 나라가 아닙니다. 천국은 마음의 상태입니다.

9 하나님은 결코 인간을 위해서 천국을 만들지 않으셨으며 지옥 또한 만들지 않으셨습니다. 우리가 창조자이며, 우리 스스로가 우리 자신의 천국과 지옥을 만듭니다.

10 이제 하늘에서 천국을 찾는 것을 멈추고 다만 당신의 마음의 창을 여십시오. 그러면 천국은 빛의 홍수처럼 다가와서 끝없는 기쁨을 가져다줄 것입니다. 그때 힘든 노동은 더 이상 참혹한 일이 아닐 것입니다."

11 사람들은 놀라워했다. 그들은 낯선 젊은 스승이 하는 말을 들으려고 가까이 몰려들며,

12 아버지 하나님과 인간이 지상에 건설할 수 있는 천국, 그리고 끝없는 기쁨에 대해서 더 많은 것을 말해달라고 간청했다.

13 그러자 예수가 한 비유를 말했다. "어떤 사람이 밭을 갖고 있었습니다. 흙은 딱딱하고 형편없었습니다.

14 그는 끊임없이 일을 하였지만 가족이 궁핍하지 않을 정도로 충분한 식량을 공급할 수는 없었습니다.

15 어느 날 땅속을 꿰뚫어 보는 광부가 길을 가다가 이 불쌍한 사람과 척박한 밭을 보았습니다.

16 그는 지쳐있는 농부를 불러 말했습니다. "나의 형제여, 당신의 척박한 땅 바로 밑에 많은 보물이 감추어져 있다는 것을 모르시오?

17 당신은 매일 금과 보석 광산을 밟고 서서 그저 궁색하게 농사나 짓고 있구려.

18 그 보물들이 땅 위에 드러나 있는 것은 아니지만, 자갈밭을 파헤쳐서

땅속 깊은 곳을 살펴보면 더 이상 쓸모없이 밭이나 경작하고 있을 필요가 없을 것이오."

19 농부는 그 말을 믿었습니다. "그 광부가 확실히 알고 있다고 말했어. 내가 내 밭에 감춰진 보물을 찾아내겠어."

20 그리고는 자갈밭을 파 들어가 땅속 깊은 곳에서 금광을 찾아냈습니다."

21 그리고 예수가 말했다. "사람들의 아들들은 사막의 평원과 불타는 모래와 자갈밭에서 힘들게 일하고 있습니다. 그들이 다른 것을 할 수 있다는 것은 꿈도 꾸지 않은 채, 그곳에서 조상들이 했던 일을 하고 있습니다.

22 보십시오. 스승이 와서 그들에게 숨겨진 보물에 대해서 말합니다. 육체라는 자갈밭 밑에는 누구도 셀 수 없을 만큼의 보물이 있으며,

23 마음속에는 귀중한 보석들이 가득하며, 뜻하는 이는 문을 열고 그 모든 보석을 찾을 수 있다고 했습니다."

24 그러자 사람들이 말했다. "우리 마음속에 있는 보물을 찾아낼 방법을 알려주십시오."

25 예수가 그 방법을 열어주었다. 농부들은 삶의 다른 면을 보았고, 힘든 노동은 기쁨이 되었다.

카필라바스투에서의 희년. 예수가 광장에서 가르치자 사람들이 깜짝 놀란다. 예수가 돌보지 않은 포도밭과 포도나무 경작자의 비유를 말한다. 사제들이 예수의 말에 화를 낸다.

～✤～

34 성스러운 카필라바스투의 축제일이었다. 한 무리의 불교 신도들이 모여서 기념일을 축하했다.

2 인도 각지에서 온 사제들과 스승들이 그곳에서 가르쳤다. 하지만 그들은 진리가 아닌 것을 많은 말로 포장하고 있었다.

3 예수가 옛 광장으로 와서 가르쳤다. 그는 아버지 하나님과 어머니 하나님에 대해서, 그리고 형제애의 삶에 대해 말했다.

4 사제들을 비롯한 모든 사람이 예수의 말에 놀라서 말했다. "이분은 부

처님이 육체를 입고 다시 태어나신 분이 아닌가요? 누구도 이처럼 단순하고도 권능 있는 말을 할 수 있는 사람은 없었습니다."

5 예수가 비유를 들어 말했다. "농부가 전혀 관리하지 않는 포도밭이 있었습니다. 덩굴은 길게 뻗어나고 잎사귀들과 가지들이 무성하게 자라났습니다.

6 무성한 잎사귀들은 포도 넝쿨이 햇빛을 받지 못하게 막았습니다. 포도알은 시고, 거의 열리지 않았으며 작았습니다.

7 가지 치는 사람이 왔습니다. 그는 날카로운 칼로 모든 가지를 잘라 잎사귀 하나도 남기지 않았습니다. 뿌리와 줄기만 남았습니다.

8 바쁘게 일하던 이웃들이 와 보고는 깜짝 놀라서 가지 치는 사람에게 말했습니다. "어리석은 사람, 포도밭을 망쳐놓았군요.

9 저렇게 황량하다니, 아름다움이 하나도 없어서 수확기가 오면 거둬들일 포도송이가 하나도 없겠소."

10 그러자 가지 치는 사람이 말했습니다. "맘대로 생각하십시오. 수확기 때 다시 와서 보시구려."

11 수확기가 되자 바쁜 이웃들이 와보고 놀랐습니다.

12 앙상했던 줄기에는 가지와 잎이 돋아나 있었고, 먹음직스러운 포도송이들이 바닥에 닿을 듯 주렁주렁 매달려 있었습니다.

13 포도를 따는 사람들은 날마다 양조장으로 풍성한 과실을 실어 나르며 기뻐했습니다.

14 주님의 포도밭을 보십시오! 땅에는 인간 포도송이가 널려 있습니다.

15 사람들의 호화로운 형식과 의식은 나뭇가지들입니다. 그들의 말은 나뭇잎입니다. 잎사귀가 너무 무성해서, 햇빛이 더 이상 마음에 닿을 수가 없어서 열매가 열리지 않습니다.

16 보십시오, 가지 치는 사람이 와서 양쪽에 날이 선 칼로 말의 가지와 잎을 잘라 버립니다.

17 그리고 아무것도 남기지 않습니다. 단지 인간 삶의 적나라한 줄기만 남습니다.

18 사제들과 화려하게 겉치레를 한 사람들은 가지 치는 사람을 비난하며 그가 일을 하지 못하게 했습니다.

19 그들은 인간 삶의 줄기에서 아름다움을 보지 못합니다. 열매가 맺힐 것이라는 약속도 보지 못합니다.

20 추수기가 올 것이고, 가지 치는 사람을 비웃었던 사람들이 와서 다시 보고 놀랄 것입니다. 생기 없어 보이던 인간의 줄기에 귀한 열매들이 늘어지게 매달려 있는 것을 보게 될 것이기 때문입니다.

21 그들은 기뻐하는 추수꾼의 소리를 듣게 될 것입니다. 추수할 것이 아주 많기 때문입니다."

22 사제들은 예수의 말이 별로 달갑지 않았지만, 예수를 따르는 무리를 두려워하여 그를 비난하지 않았다.

예수가 비드야파티와 함께 다가오는 시대의 요구에 대해 생각한다.

35 예수가 종종 인도의 성자인 비드야파티와 만나서 여러 나라와 사람들이 필요로 하는 것과, 다가올 시대에 가장 적합한 신성한 교리와 형식과 의식에 관하여 이야기를 나눴다.

2 어느 날 그들은 산길에 함께 앉아 있었다. 예수가 말했다. "다가오는 시대에는 분명히 사제들과 사원, 그리고 산 제물이 필요 없을 것입니다.

3 짐승이나 새와 같은 제물은 인간이 신성한 삶을 살아가는데 도울 힘이 없습니다."

4 비드야파티가 말했다. "모든 형식과 의식은 인간이 혼의 성전 안에서 해야 하는 것에 대한 상징입니다.

5 거룩하신 한 분께서는 인간이 다른 인간들을 위해 기꺼이 자신의 삶을 희생하기를 요구하십니다. 태초 이래로 제단과 성전에 바쳐 온 이른바 제물이라 불리는 모든 것은 자신의 형제인 다른 사람을 구하기 위해 스스로 희생하는 법을 인간에게 가르치기 위한 것이었습니다. 인간은 다른 사람들을 구하기 위해 자신의 목숨을 버리지 않고서는 결코 자신

을 구할 수 없기 때문입니다.

6 완전한 시대에는 형식과 의식과 산 제물을 요구하지 않을 것입니다. 하지만 다가오는 시대는 완전한 시대가 아니며, 사람들은 실물교육(구체적인 실례를 보여 주는 교육)과 상징적인 의식을 요구할 것입니다.

7 당신이 사람들에게 전하게 될 위대한 종교는 물로 씻어내는 것과 기념식 같은 어떤 단순한 의식을 요구할 것입니다. 그러나 하나님께서는 동물이나 새들의 끔찍한 제물을 원하지 않으십니다."

8 예수가 말했다. "우리 하나님은 화려하게 포장된 사제들의 모습이나 사제용품을 혐오하십니다.

9 사람들이 신들의 봉사자임을 나타내기 위해 그들 자신의 옷을 아름답게 꾸며 입는다거나, 신앙심이나 무슨 다른 일로 사람들에게 칭찬을 받기 위하여 공작새같이 거드름을 피우며 걷는다면, 하나님께서 이를 매우 혐오하시고 외면하실 것입니다.

10 모든 사람은 똑같이 아버지 하나님을 섬기는 자이며, 왕이며, 사제입니다.

11 다음 시대는 모든 계급제도와 인간 간의 불평등뿐만 아니라 사제 계급 역시 완전히 파괴할 것을 요구하지 않겠습니까?"

12 비드야파티가 말했다. "다음 시대는 영적인 삶을 살아가는 시대가 아닙니다. 사람들은 자신들을 성자로 보이게 하려고 사제복을 입고 경건한 노래를 부르는 것을 자랑스러워할 것입니다.

13 당신이 소개하려는 간단한 의식들은 그 시대의 신성한 의식이 브라만 시대의 사제의식보다 훨씬 더 화려하게 빛날 때까지 당신을 따르는 사람들에 의해 칭송받을 것입니다.

14 이것이 사람들이 해결해야 하는 문제입니다.

15 모든 사람들이 사제가 되고 그들의 경건함을 남들에게 자랑하려고 특별한 복장으로 치장하지 않을 완전한 시대가 올 것입니다."

제7부

티베트와 서인도에서의 예수의 삶과 일

라싸에 있는 예수. 맹자[29](Meng-ste, 우리가 알고 있는 맹자 〈BC 372-BC 289, Meng-ste, Mencius, Meng-zi, Mengtzu〉와 같은 이름을 쓰고 있는 현자로 보임, 예수와 동시대의 인물로서의 맹자가 어떤 인물인지는 알 수 없음.)를 만나 그의 도움으로 고사본을 읽는다. 라다크로 가서 한 어린아이를 치유한다. 왕의 아들에 대한 비유를 말한다.

36 티베트의 라싸에 많은 고전 필사본들이 소장된, 큰 사원이 있었다.

2 인도의 현자인 비드야파티는 이 필사본들을 읽었으므로 예수에게 그 안에 담긴 비밀스러운 가르침을 이야기해 주었다. 그러나 예수는 이것들을 직접 읽기를 원했다.

3 한편 극동의 최고 현자 맹자가 이 티베트의 사원에 있었다.

4 에모두스 고원을 횡단하는 길은 험난했지만, 예수는 그곳을 향해 떠났고, 비드야파티는 믿음직한 안내자 한 사람을 딸려 보냈다.

5 비드야파티는 맹자에게 서신을 보내 그 히브리 현자에 대하여 언급하면서 그가 그곳 사제들의 환영을 받을 수 있게 해달라고 부탁했다.

6 많은 위험한 고비를 넘기고 여러 날이 지난 후 안내자와 예수는 티베트의 라싸에 있는 사원에 도착했다.

7 맹자가 사원의 문을 활짝 열고 모든 사제와 스승들이 이 히브리의 성자를 환영했다.

8 모든 신성한 필사본을 접할 수 있게 된 예수는 맹자의 도움을 받아 그것들을 모두 읽었다.

9 맹자는 예수와 더불어 장차 다가올 시대에 대하여, 그리고 그 시대의 사람들에게 가장 알맞은 신성한 예식에 관하여도 자주 이야기를 나누었다.

---

29) 구 번역, 멘구스테

10 라싸에서 예수는 가르치지 않았다. 그는 사원에 있는 학교에서 공부를 모두 마친 후 서쪽으로 여행했다. 그는 여러 마을에 잠깐씩 머물면서 가르쳤다.

11 마침내 그가 산길을 통하여 라다크 시의 레흐라는 마을에 이르자, 그곳 수도승과 상인과 신분이 낮은 사람들 모두가 그를 환대했다.

12 예수는 수도원에 머물면서 가르치고, 시장에서는 평민들을 찾아 가르쳤다.

13 멀지 않은 곳에 한 여인이 살고 있었는데 그녀의 어린 아들이 병이 들어 죽을 지경에 이르렀다. 의사는 희망이 없으며 아이는 죽게 될 것이라고 말했다.

14 그 여인은 예수가 하나님께서 보낸 스승이라는 말을 듣고 그에게 그녀의 아들을 치유할 수 있는 능력이 있을 것이라고 믿었다.

15 그래서 그녀는 죽어가는 어린아이를 안고 급히 달려와 하나님의 사람을 만나기를 간청했다.

16 예수는 그녀의 믿음을 보시고 눈을 들어 하늘을 향해 말했다.

17 "나의 아버지 하나님, 신성한 권능을 저에게 내려주시고 성스러운 숨결이 어린아이에게 기운을 불어넣어 살아날 수 있도록 해주소서."

18 예수는 사람들 앞에서 어린아이 위에 손을 얹고 말했다.

19 "착한 여인이여, 당신은 축복을 받았습니다. 당신의 믿음이 아들을 살렸습니다." 그러자 그 어린아이가 회복되었다.

20 사람들은 깜짝 놀라서 말했다. "이분은 거룩하신 한 분이 육신이 되신 분이시다. 인간의 힘만으로 열병을 꾸짖고 어린아이를 죽음에서 살려낼 수는 없을 테니까."

21 그러자 많은 사람이 환자들을 데려왔고 예수는 거룩한 말씀으로 그들을 치유했다.

22 예수는 라다크인들과 함께 여러 날 동안 머물렀다. 그는 어떻게 병을 고치는지, 어떻게 죄가 씻겨지는지, 그리고 어떻게 하면 지상에 기쁨의 천국을 만들 수 있는지 가르쳤다.

23 사람들은 그의 말과 행동을 보고 그를 깊이 사랑했으며 그가 떠날 때, 마치 어머니가 떠날 때 아이들이 슬퍼하는 것처럼 슬퍼했다.

24 출발하는 날 아침에 무리가 예수의 손을 잡으러 몰려왔다.

25 예수는 그들에게 한 비유를 들려주었다. "어떤 왕이 그의 백성들을 너무나 사랑한 나머지 모두를 위한 귀한 선물과 함께 그의 유일한 아들을 보냈습니다.

26 아들은 가는 곳마다 백성들에게 아낌없이 선물을 나누어 주었습니다.

27 그러나 이방의 신들을 모시는 신전에서 봉사하는 사제들이 있었는데 그들은 왕이 자기들을 통하지 않고 백성들에게 선물을 준 것에 기뻐하지 않았습니다.

28 그래서 그들은 모든 사람이 그 아들을 미워해야 할 이유를 찾아서 말했습니다. "이러한 선물들은 아무런 가치도 없으며 위조품에 불과하다."

29 그러자 사람들은 값진 보석과 금과 은을 길거리에 내던졌습니다. 그리고 아들을 잡아서 매질하고 침을 뱉고 쫓아냈습니다.

30 아들은 그들의 멸시와 학대를 분하게 여기지 않았습니다. 오히려 그는 이렇게 기도했습니다. "아버지 하나님, 당신의 손에서 나온 이 사람들을 용서하여 주소서. 그들은 단지 노예에 불과합니다. 그들은 자신이 무엇을 하는지 모릅니다."

31 그는 그들에게 맞으면서도 음식을 베풀어 주고 무한한 사랑으로 축복했습니다.

32 어떤 마을에서는 그를 기쁨으로 맞이하였습니다. 그는 흔쾌히 머무르며 축복해 줄 수도 있었지만, 왕의 영내에 있는 모든 이에게 선물을 주어야 했으므로 지체할 수 없었습니다."

33 예수가 말했다. "온 인류의 왕이신 내 아버지 하나님께서는 그의 비할 데 없는 사랑과 넘치는 부와 함께 나를 보내셨습니다.

34 나는 온 땅의 백성들에게 이 선물들 - 생명의 물과 생명의 빵을 가지고 가야 합니다.

35 나는 길을 떠나지만 우리는 다시 만나게 될 것입니다. 내 아버지의 나

라에는 모두를 위한 자리가 있기 때문입니다. 당신들을 위해 자리를 마련하겠습니다."

36 예수는 손을 들어 조용히 축복하고 그곳을 떠났다.

예수는 낙타를 선물로 받는다. 라호르로 가서 아자이닌과 함께 머물면서 그를 가르친다. 유랑 음악가의 교훈. 예수는 다시 여행을 떠난다.

⁓ ❊ ⁓

37 예수가 카슈미르 골짜기를 지날 때, 마침 상인들의 행렬이 그곳을 지나가고 있었다. 그 일행은 다섯 지류로 형성된 땅으로 손 모양의 도시인 라호르로 가는 도중이었다.

2 상인들은 레흐에서 이 선지자가 말하는 것을 듣고 그의 기적을 본 적이 있었으므로, 다시 보게 된 것이 무척 반가웠다.

3 그리고 예수가 라호르로 가고 있고, 그런 다음 신드를 가로질러 페르시아를 통과해 더 멀리 서쪽을 가고 있으나, 타고 갈 동물도 없다는 것을 알고는

4 기꺼이 예수에게 안장과 장비를 갖춘 쌍봉낙타를 드렸다. 그리하여 예수는 그 대상 행렬과 함께 여행하였다.

5 라호르에 도착하자 아자이닌과 몇몇 브라만 사제들이 그를 기쁘게 맞이했다.

6 아자이닌은 여러 달 전에 베니레스에서 밤중에 예수를 찾아와서 진리의 말씀을 들었던 사제였다.

7 예수는 아자이닌의 손님으로 있으면서 그에게 많은 것을 가르치고 치유의 비법도 알려 주었다.

8 그는 공기, 불, 물, 땅의 영을 지배하는 방법을 가르쳤으며, 용서의 비밀 교리와 죄를 씻어내는 방법을 설명해 주었다.

9 어느 날 아자이닌과 예수가 사원의 현관에 앉아 있는데, 한 떼의 유랑 악단이 사원의 뜰 앞에서 노래하고 악기를 연주했다.

10 그들의 음악은 매우 풍부하고 섬세하였다. 예수가 말했다. "우리는 일

찍이 이 지역의 교양 있는 사람들 가운데서도 이 광야의 거친 아이들이 노래하는 것보다 더 달콤한 음악을 들어본 적이 없습니다.

11 이들의 재능, 이들의 힘은 어디에서 오는 걸까요? 한 번의 짧은 인생에서 그들은 이토록 우아한 목소리, 조화와 음율의 법칙에 대한 지식을 얻을 수 없었을 것입니다.

12 사람들은 이들을 영재라 부르지만 그런 것은 없습니다. 모든 것은 자연법칙의 결과일 뿐입니다.

13 이 사람들은 어리지 않습니다. 이 정도의 신성한 표현력과 순수한 음성과 솜씨를 가지기 위해서는 천년의 세월도 충분하지 않을 것입니다.

14 만 년 전에 이 사람들은 화성법에 통달했습니다. 옛적에 그들은 분주한 인생을 살면서 새들이 지저귀는 멜로디를 포착해서 완전한 형태로 만들어 하프로 연주했습니다.

15 그들은 다양하게 표현되는 음들을 사용하는 다른 방법을 또 배우기 위해 다시 왔습니다.

16 이 유랑악단은 천국의 오케스트라의 한 부분을 이루고, 완전한 것들의 땅에서 천사들은 그들이 연주하고 노래하는 것을 들으며 기뻐할 것입니다."

17 예수는 라호르의 평민들을 가르쳤다. 병자들을 고치고, 사람들을 도와 생활을 향상시키는 방법을 보여주었다.

18 예수가 말했다. "우리는 우리가 얻고 가진 것으로 부자가 되는 것이 아닙니다. 우리가 가지고 있는 유일한 것은 남에게 나누어주는 것뿐입니다.

19 만일 당신들이 완전한 삶을 영위하고자 한다면, 당신의 동족을 위한 봉사에, 사람들이 낮은 형태의 삶으로 여기는 삶을 위한 봉사에 당신의 삶을 바치십시오."

20 예수는 라호르에서 더 이상 지체할 수가 없어서 사제들과 다른 친구들에게 작별 인사를 하였다. 그리고 낙타를 타고 신드로 향해 길을 떠났다.

제8부

페르시아에서의 예수의 삶과 일

예수가 페르시아를 횡단한다. 많은 곳에서 가르치고 병자를 고친다. 예수가 페르세폴리스 근처에 있을 때 세 명의 마기 사제들과 만난다. 카스파와 페르시아인 스승 두 명을 만난다. 일곱 명의 스승들이 이레 동안 앉아 침묵에 잠긴다.

— ❀ —

38 예수가 고향으로 향하는 길에 페르시아에 들어간 것은 스물네 살 때였다.

2 그는 촌락과 마을에서 잠시 걸음을 멈추고 그들을 가르치고 병자를 치료했다.

3 사제들과 지배층들은 그를 환영하지 않았다. 그가 하층민들에 대한 그들의 무자비함을 비난했기 때문이다.

4 평민들은 무리를 지어 그를 따랐다.

5 때로는 마을 우두머리들이 당돌하게도 예수가 가르치거나 병자를 고치는 것을 막으며 방해하려 들었다. 그러나 예수는 그들의 모진 위협에 개의치 않고, 계속하여 무리를 가르치고 병자를 고쳤다.

6 이윽고 예수는 페르시아 왕들이 묻혀 있는 도시 페르세폴리스에 도착했다. 이 도시는, 세 명의 동방박사인 호르, 룬, 메르가 사는 곳이기도 했다.

7 그들은 24년 전 예루살렘 하늘에 약속의 별이 떠오른 것을 보고, 새로 태어난 왕을 찾아 서쪽으로 찾아왔던 사람들이었다.

8 그들은 또한 처음으로 예수를 시대의 스승으로 예우하여 그에게 황금과 유향과 몰약을 선물했다.

9 이 동방박사들은 스승들이 언제나 그러하듯이 예수가 페르세폴리스에 가까워 왔음을 미리 알고서 몸가짐을 단정히 하고 그를 마중하러 나갔다.

10 그들이 예수를 만났을 때, 한낮의 광명보다 훨씬 더 밝은 빛이 그들을 에워쌌다. 사람들은 길에 서 있는 네 사람을 보고, '이들은 변모하여 인간이라기 보다는 신들처럼 보였다.'라고 말했다.

11 호르와 룬은 나이가 들었으므로, 예수는 두 사람을 낙타 위에 태우고 메르와 함께 길을 인도하여 페르세폴리스로 향했다.

12 동방박사의 집에 도착하자, 그들 모두 크게 기뻐했다. 예수가 자신의 삶의 흥미진진한 이야기를 들려주었고, 호르와 룬 그리고 메르는 아무 말도 하지 않았다. 다만 하늘을 우러르며 마음속으로 하나님을 찬양할 뿐이었다.

13 한편 북쪽에서 온 세 명의 현자가 페르세폴리스에 있었다. 그들은 카스파, 자라, 멜존이었다. 카스파는 마기의 땅에서 가장 지혜로운 스승이었다. 예수가 이곳에 왔을 때, 이 세 사람은 호르, 룬, 메르의 집에 있었다.

14 이 일곱 사람은 7일 동안 아무 말도 하지 않았다. 그들은 '침묵의 형제단'과 함께 친밀한 교감을 나누며 집회실에서 고요히 앉아 있었다.

15 그들은 빛과 계시와 권능을 구하였다. 다가오는 시대의 율법과 계율은 이 세상의 모든 스승의 지혜를 필요로 하였다.

예수가 페르세폴리스의 축제에 참석한다. 마기의 철학[30]을 논평하며 사람들과 이야기한다. 악의 기원을 설명한다. 밤을 새워 기도한다.

～❋～

39 마기의 신을 기리는 축제가 열리자 많은 사람이 페르세폴리스에 모여 있었다.

2 위대한 축제의 날 마기의 지도자가 말했다. "이 신성한 경내에는 자유가 있습니다. 누구든지 원하는 사람은 말할 수 있습니다."

3 그러자 무리 가운데 서서 예수가 말했다. "우리 아버지 하나님의 자녀인 나의 형제들이여, 자매들이여,

---

30) 페르시아의 마기 철학은 조로아스터교(Zoroastrianism)로 추정되며, 조로아스터교의 사제는 마기(Magi)로 불렸다.

4 오늘 사람들의 아들들 가운데 가장 축복받은 분들은 여러분입니다. 여러분은 거룩하신 한 분과 사람을 잘 이해하고 있기 때문입니다.

5 여러분의 순수한 예배와 삶을 하나님께서 기뻐하십니다. 그러므로 여러분의 스승인 자라투스트라는 찬양을 받아야 마땅합니다.

6 여러분 모두에게 말하건대, 천지를 창조하신 일곱 영을 낳으신 위대한 하나님은 오직 한 분이시며 이들 위대한 영들은 해와 달과 별에서 사람들의 아들들에게 명확히 나타납니다.

7 그러나 여러분의 성스러운 책에는 이 일곱 가운데 둘이 우월한 힘을 가지고 있는데, 이들 중 한 영은 모든 선을 창조했고, 다른 한 영은 모든 악을 창조했다고 쓰여 있습니다.

8 존귀하신 스승들께서 어떻게 그런 악이 모든 선에서 태어날 수 있는지 저에게 말씀해 주시겠습니까?"

9 한 마기가 일어나 말했다. "만약 당신이 내 말에 대답할 수 있다면 당신의 문제가 해결될 것입니다.

10 우리는 모두 악이 있다는 사실을 인정합니다. 그것이 무엇이 되었건 그것은 원인이 있습니다. 유일하신 하나님이 이 악을 만들지 않으셨다면, 악을 만든 신은 어디에 있습니까?"

11 그러자 예수가 말했다. "한 분이신 하나님께서 만드신 것이 무엇이든 선이며, 최초의 위대한 원인과 같이, 일곱 영은 모두 선이며, 그들의 창조의 손길에서 나오는 모든 것이 선입니다.

12 그런데 모든 창조된 것은 저마다의 색채와 음색과 형태를 가지지만 어떤 음색은, 비록 그 자체는 선하고 순수할지라도, 다른 것과 섞일 때, 부조화와 불협화음을 일으킵니다.

13 그리고 어떤 것들은 비록 선하고 순수하지만 다른 것과 섞일 때, 불협화음과 독성이 있는 것들을 만들어냅니다. 그것을 사람들은 악이라고 부릅니다.

14 그러므로 악은 색채나 음색이나 선의 형태가 조화롭지 못하게 섞여 있는 것입니다.

15 사람은 언제나 현명하지 않지만, 그런데도 자신만의 의지를 지니고 있습니다. 사람은 힘을 가지고 있고 그것을 이용하여 하나님의 선한 것들을 수많은 방법으로 혼합하여 매일같이 조화롭지 못한 소리와 악한 것들을 만들어냅니다.

16 그리고 모든 음색과 형태는 그것이 좋든 나쁘든 생명을 얻어, 악마나 요정 또는 선한 영이나 악한 영이 됩니다.

17 인간이 이처럼 악을 만들고서 그를 두려워하여 도망치므로 그 악은 대담해져서 인간을 내몰아 그를 고뇌의 불길 속에다 집어 던지는 것입니다.

18 악마와 타오르는 불길 모두가 인간의 작품입니다. 그리고 불을 끄고 악마를 내쫓을 수 있는 존재는 그것들을 만든 사람 외에는 없습니다."

19 그런 뒤 예수가 옆으로 비켜서자 누구도 그에게 대답하지 않았다.

20 예수는 군중을 떠나 기도하기 위해 은밀한 곳으로 갔다.

예수가 마기 사제들을 가르친다. 고요함을 설명하고 고요함으로 들어가는 법을 설명한다. 카스파가 예수의 지혜를 칭송한다. 예수가 사이러스의 작은 숲에서 가르친다.

40 이른 아침에 예수는 가르치고 병을 고쳐주기 위해 다시 왔다. 알 수 없는 빛이 내려와 그 주위를 비추었는데, 마치 어떤 강력한 영이 그에게 드리우는 듯했다.

2 한 마기가 이것을 보고 그의 지혜는 어디서 왔으며, 그 빛은 무엇을 의미하는지 말해 달라고 은밀히 청하였다.

3 예수가 말했다. "혼이 하나님을 만날 수 있는 고요함이 있습니다. 그곳에 지혜의 샘이 있어서 그곳에 들어가는 모든 이가 빛에 잠기고, 지혜와 사랑과 권능으로 채워집니다."

4 마기가 말했다. "이 고요함과 이 빛에 대해 말씀해 주십시오. 저도 그곳에 가서 머물 수 있도록 말입니다."

5 예수가 말했다. "고요함은 한정되어 있지 않습니다. 벽이나 험한 바위산

으로 갇힌 공간이 아니며, 또한 사람의 칼로 지켜지는 곳도 아닙니다.

6 사람들은 하나님과 만날 수 있는 비밀의 장소를 늘 지니고 다닙니다.

7 사람들이 산꼭대기에 있든, 깊은 계곡에 있든, 장터 한가운데 있든, 조용한 집에 있든 아무 상관이 없습니다. 그들은 장소나 시간에 구애받지 않고 마음의 문을 활짝 열어서 그 고요함을 발견하고 하나님을 집을 찾아낼 수 있습니다. 고요함은 혼 안에 있습니다.

8 홀로 골짜기나 산길을 찾아간다면 장사꾼들의 소음이나 사람들의 말과 생각에 그다지 방해받지 않을 수도 있습니다.

9 삶의 무거운 짐으로 인해 심한 압박감을 느낄 때는 밖으로 나가 조용한 장소를 찾아 기도하고 명상하는 것이 훨씬 더 좋습니다.

10 고요함은 혼의 나라요, 인간의 눈으로는 보이지 않습니다.

11 고요함에 들어가면 의식 앞에 환영이 무리 지어 돌아다니지만, 그것들은 모두 의지에 굴복합니다. 그리고 위대한 혼이 말하면 환영들은 물러갑니다.

12 만약 당신이 혼의 고요함을 얻고자 한다면 스스로 이 길을 준비해야 합니다. 마음이 순수한 자들만 이 고요함에 들어갈 수 있습니다.

13 당신은 반드시 마음의 긴장을 내려놓고 일에 대한 염려와 모든 두려움과 모든 의심과 복잡한 생각들을 내려놓아야 합니다.

14 당신의 인간적 의지가 신성에 흡수되어야만 합니다. 그때 비로소 당신은 신성함의 의식 속에 들어올 것입니다.

15 당신은 신성한 곳에 있게 되고, 살아있는 제단 위에 하나님의 촛불이 타오르는 것을 보게 될 것입니다.

16 그곳에서 타오르는 촛불을 볼 때, 당신 두뇌의 성전 속을 깊숙이 들여다보십시오. 그러면 그 촛불이 이글이글 타오르는 것을 보게 될 것입니다.

17 머리부터 발끝까지 우리 몸의 모든 곳에 초들이 놓여있는데, 이들은 사랑이라는 타오르는 횃불로 밝혀지기를 기다리고 있습니다.

18 촛불이 모두 타오르는 것을 보면 그냥 지켜보십시오. 그러면 지혜의 샘

물이 솟구치는 것을 혼의 눈으로 보게 될 것입니다. 당신은 그 물을 마시고 거기에 머무르면 됩니다.

19 그리고 장막이 걷히고 나면, 당신은 하나님의 언약궤가 있는 지성소에 있을 것입니다. 그 언약궤의 덮개는 속죄소입니다.

20 두려워 말고 그 언약궤의 덮개를 들어 올리십시오. 그러면 그 속에 있는 율법의 석판들이 드러날 것입니다.

21 그 석판들을 가져다 잘 읽어보십시오. 이 석판은 사람들이 언제든 필요로 할 모든 계율과 계명을 담고 있습니다.

22 그리고 궤 안에는 예언의 마법 지팡이가 당신의 손을 기다리고 있습니다. 그것은 현재, 미래, 과거의 모든 숨겨진 의미를 열어주는 열쇠입니다.

23 또 궤 안에 있는 만나를 보십시오. 이 만나는 숨겨진 생명의 빵이며 이것을 먹는 자는 절대 죽지 않을 것입니다.

24 케루빔들이 모든 혼을 위해 이 보물상자를 잘 지켜왔습니다. 원하는 자들은 누구든지 언약궤 안에 들어가 자신의 것을 찾을 것입니다."

25 카스파는 히브리 스승이 하는 말을 듣고 감탄하여 외쳤다. "보라, 신들의 지혜가 사람들에게 내려왔다!"

26 예수는 다시 길을 떠났다. 그는 사이러스의 신성한 작은 숲에서 많은 사람을 만나 가르치고 병자를 고쳤다.

예수가 치유의 샘 옆에 서 있다. 믿음은 치유의 주요한 요인이며 많은 사람이 믿음으로 치료된다는 사실을 알려 준다. 한 어린아이가 믿음에 대한 위대한 교훈을 가르친다.

～❁～

41 사람들이 치유의 샘이라 부르는 마르지 않는 샘이 페르세폴리스 근처에 있었다.

2 사람들은 매년 특정한 때에 그들의 신이 내려와 샘물에 영험을 내린 후에 병자가 샘에 뛰어들어 몸을 씻으면 낫게 된다고 생각했다.

3 샘터 근처에는 많은 사람들이 거룩하신 한 분이 내려와 샘물에 능력을

불어넣기를 기다리고 있었다.

4 거기에는 앞을 못 보는 사람들, 걸음이 불편한 사람들, 듣지 못하는 사람들, 말을 못 하는 사람들, 그리고 귀신들린 사람들이 있었다.

5 예수가 그들 가운데 서서 외쳤다. "이 생명의 샘을 보시오! 당신들은 이 없어질 물을 당신들의 하나님이 내리는 특별한 축복으로 여기고 있습니다.

6 치유의 효험은 어디서 옵니까? 어째서 당신들의 하나님은 선물을 주시는데 이다지도 편파적입니까? 왜 오늘은 이 우물을 축복하고 내일은 그 축복을 모두 거둬갑니까?

7 권능의 신이라면 날마다 이 샘을 치유의 효험으로 가득 채울 수 있을 것입니다.

8 위로받지 못하는 병자들이여, 내 말을 들으십시오. 이 샘의 효험은 하나님의 특별한 선물이 아닙니다.

9 믿음이 이 샘물의 모든 물방울에 깃들어 있는 치유의 힘입니다.

10 이 물에 씻으면 온전케 될 것을 진실로 믿는 자는 온전케 될 것입니다. 그는 언제든지 씻을 수 있습니다.

11 하나님과 자기 자신을 믿는 자는 누구라도 지금, 이 물에 뛰어들어 씻으십시오."

12 그러자 많은 사람이 수정 같은 샘에 뛰어들어 병을 고쳤다.

13 그러자 사람들이 몰려왔다. 그들은 믿음에 힘입어 모든 효험이 사라지기 전에 먼저 씻으려고 앞을 다투어 뛰어들었다.

14 그때 예수는 작고, 약하고, 가냘프고, 무력한 한 어린아이가 밀려드는 무리 너머에 혼자 앉아 있는 것을 보았다. 아무도 소녀를 도와 샘으로 데려오지 않았다.

15 예수가 말했다. "소녀야, 왜 앉아서 기다리기만 하느냐? 왜 일어나 서둘러 샘으로 씻고 낫지 않느냐?"

16 아이가 대답했다. "서두를 필요가 없어요. 하늘에 계신 아버지의 축복은 작은 잔으로 측량할 수가 없어요. 그 축복은 절대 사라지지 않아요.

그 효능은 영원히 똑같아요.

17 믿음이 약해 믿음이 없어질까 두려워 서둘러 씻어야 할 사람들이 모두 나왔다면, 이 물은 저에게도 똑같이 강력할 것입니다.

18 그러면 저는 천천히 가서 축복받은 샘물 안에서 오랫동안 머물 수 있어요."

19 그러자 예수가 말했다. "이 위대한 혼을 보십시오! 이 아이는 사람들에게 믿음의 힘을 가르치려고 이 땅에 왔습니다."

20 예수는 소녀를 안아 올리며 말했다. "어찌하여 뭔가를 기다립니까? 우리가 호흡하는 바로 이 공기가 생명의 향유로 채워져 있습니다. 믿음으로 이 생명의 향유를 들이마시고 온전케 되십시오.

21 소녀는 믿음으로 생명의 향유를 들이마시고 건강해졌습니다."

22 사람들은 그들이 듣고 본 것에 무척 놀라 말했다. "이분은 분명히 육체를 입은 건강의 신입니다."

23 예수가 말했다. "생명의 샘은 작은 웅덩이가 아닙니다. 그것은 하늘만큼이나 넓습니다.

24 샘물은 사랑이고 그 힘은 믿음입니다. 그리고 살아있는 믿음을 가지고 살아있는 샘 깊숙이 뛰어든 자는 자신의 죄를 씻어 온전해지고, 죄로부터 자유로워질 것입니다."

제9부

아시리아에서 예수의 삶과 일

예수가 마기 사제들과 작별하고 아시리아로 간다. 갈대아의 우르 사람들을 가르친다. 아시비나와 더불어 여러 마을과 도시의 사람들을 만나 가르치고 병자를 고친다.

～ ❋ ～

42 예수는 페르시아에서 사역을 마치고 고국으로 향하는 여행을 시작했다.

2 페르시아의 성자 카스파가 유프라테스강까지 예수와 동행하였다. 그리고 이집트에서 다시 만날 것을 기약하며 헤어졌다.

3 카스파는 카스피해 옆 자신의 집으로 향했다. 예수는 곧 이스라엘의 요람의 땅인 갈대아에 도착했다.

4 예수는 아브라함이 태어난 우르에 잠시 머물렀다. 사람들에게 자신이 누구이며, 이곳에 왜 왔는지 말하자, 그와 이야기하기 위해 멀리에서 사람들이 모여들었다.

5 예수가 그들에게 말했다. "우리는 모두 동족입니다. 이천 년 전에, 우리의 아버지 아브라함이 이곳 우르에 살았고, 한 분인 하나님을 경배하며 이 신성한 숲에서 사람들을 가르쳤습니다.

6 그는 큰 축복을 받아 강한 이스라엘 백성의 아버지가 되었습니다.

7 아브라함과 사라가 이곳에 산 지 오랜 시간이 흘렀지만, 그 후손들은 아직도 이곳 우르에서 살고 있습니다.

8 여전히 그들은 마음속으로 아브라함의 하나님을 숭배하며 믿음과 정의라는 반석 위에 살고 있습니다.

9 이 땅을 보십시오! 아브라함이 그토록 사랑하던 땅은 더 이상 풍요로운 땅이 아닙니다. 비가 예전처럼 오지 않습니다. 포도의 생산은 형편없으며, 무화과도 시들었습니다.

10 그러나 이런 현상은 영원하지 않을 것입니다. 모든 사막이 기뻐하고,

꽃들이 피어나고, 모든 포도나무에는 달콤한 열매들이 풍성하게 열릴 것이고, 목동들이 다시 기뻐할 그 날이 올 것입니다."

11 예수는 그들에게 선한 의지의 복음과 땅 위의 평화를 전했다. 그들에게 생명의 인류애, 사람의 타고난 능력, 그리고 영혼의 나라에 대해 말했다.

12 예수가 이 말을 할 때 아시리아에서 가장 위대한 현자인 아시비나가 그의 앞에 섰다.

13 사람들은 그를 알고 있었다. 그가 신성한 집회장과 숲속에서 자주 그들을 가르쳤기 때문이다. 그들은 그의 얼굴을 보고 기뻐했다.

14 아시비나가 말했다. "갈대아의 내 자녀들은 들어라! 보라, 그대들이 오늘 위대한 축복을 받았다. 살아계신 하나님의 선지자가 그대들에게 왔기 때문이다.

15 이 스승이 하시는 말씀을 주의 깊게 들어라. 그는 하나님이 주신 말씀을 전하고 있기 때문이다."

16 예수와 현자는 갈대아의 성읍과 도시, 티그리스와 유프라테스강 사이의 땅들을 두루 살폈다.

17 그리고 예수는 많은 병자를 고쳤다.

예수와 아시비나는 바빌론을 방문하여 그 황폐함을 이야기한다. 두 스승은 칠 일간 동행한다. 그 후 예수는 고향으로 향하고 나사렛에 도착한다. 어머니가 그를 위해 잔치를 베푼다. 그러나 형제들이 언짢아한다. 예수는 어머니와 이모에게 지나온 여정을 이야기한다.

~~~ ❄ ~~~

43 폐허가 된 바빌론이 가까웠다. 예수와 현자는 여러 문을 지나 무너진 궁전 사이를 걸었다.

2 그들은 이스라엘 사람들이 한때 천한 포로로 잡혀 있었던 거리를 걸었다.

3 그들은 유다의 아들딸들이 버드나무에 하프를 걸어 두고, 노래하기를 거부했던 곳을 보았다.

4 또 다니엘과 히브리의 자손이 믿음의 산 증인으로 서 있던 곳도 보았다.

5 예수가 두 손을 번쩍 들며 말했다. "인간이 행한 이 장한 업적을 보십시오!

6 바빌론 왕은 옛 예루살렘에 있던 성전을 파괴하고, 신성한 도시를 불태웠고, 내 백성과 내 친족들을 쇠사슬로 묶어서, 그들을 노예로 삼아 이곳으로 데려왔습니다.

7 그러나 보복은 뒤따릅니다. 사람들이 다른 사람들에게 행하는 모든 것에 대해서 정의로운 심판관이 그들에게도 행할 것이기 때문입니다.

8 바빌론의 해가 졌습니다. 쾌락의 노래는 옛 예루살렘의 성벽 안에서 더 이상 들리지 않을 것이며,

9 온갖 종류의 파충류와 더러운 새들이 이 폐허 속에서 둥지를 틀 것입니다."

10 그리고 벨로스의 신전에서 예수와 아시비나는 고요히 사색에 잠긴 채 서 있었다.

11 예수가 입을 열어 말했다. "이 어리석고 수치스러운 기념비를 보십시오.

12 인간은 하나님의 보좌를 흔들려 했고 하늘에 이르는 탑을 쌓으려고 했습니다. 그러나 그때, 하나님께서는 그들의 언어를 순식간에 빼앗아 가셨습니다. 이는 인간이 거만한 언행으로 자신의 힘을 과시하였기 때문입니다.

13 그 꼭대기에 인간의 손으로 만든 이교도의 신, 바알이 서 있었습니다.

14 바알의 제단 위에서 새들과 짐승들, 사람들, 그리고 심지어 어린아이들까지도 바알에게 끔찍한 희생제물로 불태워졌습니다.

15 그러나 이제 피로 물든 사제들은 죽었습니다. 성전의 바위들은 크게 흔들리다 무너져 내렸으며, 그 장소는 이제 황폐하게 되었습니다."

16 예수와 아시비나는 칠 일간 시날평야에 머물면서 사람들에게 필요한 것과 다가오는 시대에 현자들이 어떻게 최선의 봉사할 수 있을지를 생각하며 오랫동안 명상에 잠겼다.

17 예수는 여러 날이 지난 후 요단강을 건너 고국으로 돌아왔고, 즉시 나

사렛 집에 도착했다.

18 어머니는 매우 기뻐하며 모든 친척과 친구를 초대하여 잔치를 베풀었다.

19 그러나 예수의 형제들은 그들이 단순한 모험가로 여기는 사람에게 그런 관심을 보이는 것을 달갑게 여기지 않고 잔치에도 참석하지 않았다.

20 그들은 예수의 주장을 비웃고 경멸했다. 그들은 그를 게으르고, 야심이 있고, 허영심 많은 자이며, 부질없이 운수나 점치는 자이며, 명성을 찾아 세상을 유랑하는 뜨내기라 부르며, 수년이 지나 황금이나 다른 재산도 없이 어머니의 집에 찾아온 자라고 말했다.

21 예수는 어머니 마리아와 그녀의 여동생 미리암을 따로 불러 동방으로 갔던 여행담을 들려주었다.

22 그들에게는 그가 배운 교훈과 그가 행한 일을 들려주었지만, 다른 사람들에게는 자신이 겪은 삶의 이야기를 하지 않았다.

제10부

그리스에서의 예수의 삶과 일

예수가 그리스를 방문하자 아테네인들의 환영을 받는다. 아볼로를 만난다. 원형극장에서 그리스의 스승들에게 연설한다. 그 연설.

～ ✿ ～

44 그리스의 철학은 날카로운 진리로 가득 차 있었고, 예수는 그리스 학교에서 그리스의 스승들과 공부하기를 갈망했다.

2 그래서 예수는 나사렛의 집을 떠나 갈멜산을 넘어 항구에서 배를 타고 곧장 그리스의 수도에 도착했다.

3 아테네인들은 그가 스승이자 철학자라는 것을 들어본 적이 있었다. 그들은 그가 그들을 찾아와 그의 진리의 말씀을 듣게 되어 기뻐했다.

4 그리스의 스승들 가운데 아볼로가 있었다. 그는 신탁의 옹호자로 불렸으며, 많은 나라에서 그리스의 현자로 인정받고 있었다.

5 아볼로는 예수를 위해 그리스 학문의 모든 문을 열었다. 예수는 아레오파구스에서 가장 현명한 스승들의 연설을 들었다.

6 그러나 예수는 그들의 것보다 훨씬 더 위대한 지혜를 가져와 가르쳤다.

7 한번은 원형경기장에서 아볼로가 강연해주기를 청했을 때 이렇게 말했다.

8 "아테네의 스승들이여, 들으십시오! 오래전에, 자연의 법칙에 밝은 사람들이 여러분들의 도시가 서 있는 이곳을 찾아냈습니다.

9 여러분은 지구의 일부에 지구의 고동치는 거대한 심장이 하늘을 향하는 에테르파를 쏘아 올리는 곳이 있어 위로부터 내려오는 에테르를 만난다는 것을 잘 알고 있습니다.

10 그곳에는 영의 빛과 총명함이 밤하늘의 빛처럼 밝게 빛납니다.

11 지구상의 어떤 곳도 아테네가 서 있는 곳보다 더 감수성이 있고, 진실로 더 영적인 축복을 받은 곳은 없습니다.

12 그렇습니다. 모든 그리스가 축복받았습니다. 그 어떤 땅도 여러분의 명예의 두루마리에 적힌 위대한 사상가의 고향은 아니었습니다.

13 철학, 시, 과학, 예술 분야의 위대한 거장들이 그리스 땅에서 태어나서 순수한 사상의 요람 속에서 성장했습니다.

14 나는 과학이나 철학이나 예술에 대해 말하려고 이곳에 온 것이 아닙니다. 여러분들은 이 분야에서 지금 세계 최고의 스승입니다.

15 그러나 여러분들의 높은 성취는 감각의 경계를 넘어서는 세계로 가는 디딤돌에 불과한 것이며, 시간의 벽을 스쳐 가는 환상의 그림자일 뿐입니다.

16 그러나 나는 감각의 영역을 넘어선 삶과 그 안에 있는 삶, 사라지지 않는 진정한 삶에 대하여 말하고자 합니다.

17 과학이나 철학에는 혼이 <u>스스로</u>를 인식하거나 하나님과 교감할 수 있을 만큼 강력한 힘이 없습니다.

18 나는 여러분의 위대한 사상의 흐름에 머물지 않을 것입니다. 오히려 그것들을 혼의 통로로 돌려놓을 것입니다.

19 영의 숨결에 도움을 받지 않은 지적 작업은 보이는 문제를 해결하는 경향이 있을 뿐 그 이상은 할 수 없습니다.

20 감각은 지나가는 사물의 단순한 그림만을 마음에 가져올 뿐 사물의 실체를 다루지 않습니다. 감각은 영원한 법칙을 이해하지 못합니다.

21 그러나 사람은 혼 속에 그 장막을 찢어내는 무언가를 가지고 있어서 사물의 실제 세계를 볼 수 있습니다.

22 우리는 이 무엇을 영 의식이라 부릅니다. 그것은 모든 혼 속에 잠자고 있으며 성스러운 숨결이 반가운 손님으로 오기 전까지는 깨어날 수 없습니다.

23 이 성스러운 숨결은 모든 혼의 문을 두드리지만, 사람의 의지가 그 문을 활짝 열기 전까지는 들어갈 수 없습니다.

24 지성은 그 열쇠를 돌릴 힘이 없습니다. 철학과 과학 모두 베일 너머를 어렴풋이라도 알아보려고 애썼지만 결국 실패했습니다.

25 혼의 문을 여는 비밀의 샘은 오직 삶의 순수함과 기도와 성스러운 생각에 의해서만 건드려집니다.

26 오, 그리스 사상의 신비스러운 흐름이여, 돌아오십시오. 여러분들의 깨끗한 물을 영적 생명의 홍수에 섞으십시오. 그러면 영적 의식이 더 이상 잠들지 않을 것입니다. 사람은 알게 될 것이고, 하나님이 축복하실 것입니다."

27 예수는 이렇게 말하고 옆으로 물러났다. 그리스의 스승들이 그의 지혜에 놀라 아무도 대답하는 사람이 없었다.

예수가 그리스의 스승들을 가르친다. 아볼로와 함께 델포이 신전으로 가서 신탁의 말씀을 듣는다. 신탁의 말씀이 예수를 증명한다. 그는 아볼로와 함께 머물며, 하나님의 살아있는 신탁으로 인정받는다. 아볼로에게 신탁의 현상을 설명한다.

45 여러 날 동안 그리스의 학자들은 예수의 명료하고 예리한 말을 경청했다. 그가 말하는 것들을 완전히 이해할 수는 없었지만, 그들은 기뻐하며 예수의 철학을 받아들였다.

2 어느 날 예수와 아볼로가 해변을 걷고 있을 때 델피 신전의 사자가 급히 와서 말했다. "아볼로와 선생님! 어서 가시지요. 신탁이 당신들에게 말을 하려고 합니다."

3 아볼로가 예수에게 말했다, "선생님, 델포이의 신탁을 보고 그가 하는 말을 듣고자 하신다면, 저와 함께 가셔도 좋습니다." 예수는 아볼로와 동행했다.

4 그들은 서둘러 갔다. 그들이 델포이에 이르자 커다란 흥분이 밀려왔다.

5 아볼로가 신탁 앞에 서자, 신탁이 입을 열어 말했다.

6 "그리스의 현자 아볼로여! 종이 열두 번 울렸으니 이제 시대의 자정이 도래했도다.

7 대자연의 자궁 안에서 시대들이 잉태되어 자라나고 마침내 떠오르는 태양의 영광 안에서 태어난다. 그러나 그 시대의 해가 저물면, 그 시대

는 무너져 사라진다.

8 델포이 시대는 영광과 명성의 시대였다. 신들은 나무와 황금, 소중한 돌의 신탁을 통해 사람들의 아들들에게 말해 왔다.

9 이제 델포이의 해가 저물었고 신탁은 쇠퇴할 것이다. 사람들이 그 목소리를 더 이상 듣지 않을 시간이 가까워졌다.

10 신들이 사람을 통해 사람에게 말할 것이다. 그 살아있는 신탁은 이제 신성한 숲에 서 있다. 높은 곳에서 로고스가 내려왔다.

11 지금부터 나의 지혜와 권능은 줄어들 것이고, 지금부터 임마누엘의 지혜와 권능은 커질 것이다.

12 모든 스승을 이곳에 머물게 하라. 모든 피조물이 그의 말을 듣고 그, 임마뉴엘을 경배하게 하라."

13 그 후 신탁이 40일 동안 다시 말을 하지 않았다. 사제들과 사람들은 매우 놀랐다. 그들은 살아있는 신탁이 신들의 지혜를 전하는 것을 듣고자 가깝고 먼 곳으로부터 온 사람들이었다.

14 예수와 아볼로는 집으로 돌아왔고, 살아있는 신탁은 아볼로의 집에서 40일 동안 강연을 했다.

15 하루는 아볼로가 둘만 앉은 자리에서 예수에게 말했다. "신성한 델포이의 신탁이 그리스를 위하여 많은 유익한 말을 했습니다."

16 말하는 자가 누구인지 부디 말씀해 주십시오. 천사입니까? 사람입니까? 아니면 살아있는 신입니까?"

17 예수가 대답했다. "그것은 천사도 사람도 신도 아닙니다. 그것은 그리스의 위대한 스승들의 비길 데 없는 지혜이며, 하나의 위대한 정신으로 합쳐진 것입니다."

18 이 거대한 정신은 그 스스로 혼의 본질을 취하여 생각하고, 듣고, 말합니다.

19 그것은 위대한 스승들의 사상과 지혜, 믿음과 희망을 먹는 동안 살아있는 영혼으로 남아 있을 것입니다.

20 그러나 그리스의 위대한 스승들이 이 땅에서 사라질 때, 이 거대한 정

신도 없어질 것이며, 그때 델포이의 신탁은 더 이상 말하지 않을 것입니다.

바다에 폭풍이 몰아친다. 예수가 물에 빠진 많은 사람을 구한다. 아테네인들은 우상들에게 기도한다. 예수가 그들의 우상숭배를 꾸짖고 하나님이 어떻게 도와주시는지 말한다. 그리스인들과 마지막 만남을 갖는다. 마르스호를 타고 출항한다.

~ ❋ ~

46 그날은 축제일이었다. 예수는 아테네의 해변을 걷고 있었다.

2 그때 폭풍이 몰아쳐 배가 바다 한복판에서 장난감처럼 흔들렸다.

3 선원들과 어부들은 물에 빠져 죽고 해안가는 죽은 자들의 시체로 뒤덮였다.

4 예수는 놀라운 능력으로 물에 빠져 죽어가고 있는 사람들을 쉬지 않고 구하고, 종종 죽은 것처럼 보이는 사람들을 소생시켰다.

5 그런데 이 해변에는 바다를 다스리는 신들을 모시는 제단이 있었다.

6 물에 빠진 사람들의 울음소리에 아랑곳하지 않고 남자들과 여자들이 제단으로 몰려와 그들의 신들에게 도움을 요청하고 있었다.

7 드디어 폭풍이 멎고 바다가 잠잠해졌다. 사람들이 다시 의식을 차릴 수 있게 되자 예수가 말했다.

8 "나무로 된 신을 섬기는 자들이여, 당신들의 광적인 기도가 이 폭풍의 분노를 얼마나 가라앉게 하였습니까?

9 색칠한 칼과 관을 쓰고서 비바람에 시달려 초라해진 저 신들에게 구원할 힘이 어디에 있습니까?

10 이렇게 작은 집에 거한 신은 날아다니는 파리 한 마리도 잡지 못할 텐데 바람과 파도의 신을 막을 수 있기를 누가 바랄 수 있겠습니까?

11 보이지 않는 세계의 커다란 권능은 인간이 최선을 다할 때까지는 구조의 손길을 내밀지 않습니다. 그들은 인간이 더 이상 할 수 있는 것이 없을 때 비로소 도움을 줍니다.

12 당신들은 이 신전 주위에서 몸부림을 치며 기도만 했습니다. 그러면서

도 당신들의 도움으로 살 수 있었을 사람들을 빠져 죽게 했습니다.

13 구원하는 하나님은 당신들의 영혼 속에 거하시며 여러분의 당신들의 발과 다리와 팔과 손을 사용하여 나타나십니다.

14 힘은 결코 게으름을 통해 나오지 않습니다. 누군가가 여러분의 짐을 짊어주기를 기다리면서, 또는 당신이 하도록 지시받은 일을 누군가가 함으로써 나오는 것도 아닙니다.

15 최선을 다해서 자신의 짐을 짊어지고 자기 일을 하면 여러분들은 하나님이 기뻐하실 제물을 바친 것입니다.

16 그런 뒤에 거룩하신 한 분께서는 여러분의 희생으로 바쳐진 작열하는 석탄에 깊은 숨을 불어 넣으시고 그 불길이 높이 타오르게 하셔서 여러분의 영혼을 빛과 힘과 유익함으로 채우십니다.

17 인간이 어떤 종류의 신에게든 할 수 있는 가장 효과적인 기도는 도움이 필요한 사람들을 도와주는 것입니다. 당신들이 남을 위해 하는 일을 하나님께서 똑같이 당신들에게 베푸십니다.

18 그리고 하나님께서는 이런 방법으로 도와주십니다."

19 그리스에서 할 일은 모두 마쳤다. 예수는 그리스에서 할 일을 마치고 남쪽에 있는 이집트로 가야만 했다. 아볼로와 그리스 최고의 스승들과 여러 계층의 많은 사람이 히브리 성자를 보기 위해 해안에 서 있었다. 예수가 말했다.

20 "사람의 아들은 지금까지 여러 많은 나라를 방문하며 외국의 신들을 모신 수많은 신전에도 서 보았고, 많은 나라 사람과 부족과 다른 언어를 쓰는 이들에게 선한 의지와 땅 위에서의 평화에 대한 복음을 전했습니다.

21 그리고 많은 나라에서 환대를 받았지만, 그중에서도 그리스에서 최고의 환대를 받았습니다.

22 그리스 사상의 폭과 그 철학의 깊이, 사심 없는 열망의 높이는 인간의 자유와 권리라는 대의를 수호하기에 아주 적합합니다.

23 전쟁으로 그리스가 점령당한 것은 그리스가 한 나라를 그 힘의 원천에

묶어주는 영적인 삶을 잊어버리고 살과 뼈와 지성의 힘을 신뢰했기 때문입니다.

24 그러나 그리스는 타국의 속국이 되어 그늘진 어둠의 땅에 영원히 앉아 있지는 않을 것입니다.

25 그리스인들이여, 머리를 드십시오. 그리스가 성스러운 숨결의 에테르를 들이마시어 지상의 영적인 힘의 원동력이 될 날이 올 것입니다.

26 그러나 하나님이 반드시 여러분의 방패이며 방호이며 견고한 망대가 되어야 합니다."

27 그리고는 예수가 작별을 고했다. 아볼로가 손을 들어 조용히 축복하였고 사람들은 울었다.

28 크레타의 배인 마르스호를 타고 히브리의 성자는 그리스의 항구를 떠났다.

제11부

이집트에서의 예수의 삶과 일

이집트에서 예수는 엘리후와 살로메에게 그의 지난 여정에 대해서 말한다. 엘리후와 살로메는 하나님을 찬양한다. 예수는 헬리오폴리스에 있는 신전에 가서 제자가 된다.

꒱ 澿 ꒰

47 예수는 이집트에 도착하였고 모든 것이 좋았다. 그는 해변에 머물지 않고 곧장 조안으로 향했다. 조안은 엘리후와 살로메의 고향이며. 그들은 25년 전 이곳 신성한 학교에서 예수의 어머니를 가르쳤었다.

2 세 사람은 다시 만나 무척 기뻤다. 마리아의 아들 예수가 이 신성한 숲을 마지막으로 보았을 때 그는 아기였다.

3 그러나 이제 그는 온갖 어려움을 이겨내고 강한 남자로 성장해 있었으며, 많은 나라에서 수많은 사람을 뒤흔들어 놓은 스승이 되어있었다.

4 예수는 자신을 가르친 연로한 스승들에게 자신의 지나온 삶에 관해 이야기하며 타국에서의 여행담과 여러 스승들을 만났던 일과 대중들로부터 환영받았던 일 등에 대해 들려주었다.

5 엘리후와 살로메는 기뻐하면서 그의 이야기를 들었다. 그리고 눈을 들어 하늘을 보며 말했다.

6 "우리들의 아버지 하나님이시여, 이제 당신의 종들이 편히 가게 하소서. 우리는 주님의 영광을 보았습니다.

7 그리고 우리는 사랑의 메신저이며, 땅 위에 평화의 언약을 전해 준 메신저이며, 인간에게 선한 의지를 전해 준 이 메신저와 이야기를 나누었습니다.

8 임마누엘, 이 사람을 통하여 지상의 모든 나라가 축복받을 것입니다."

9 예수는 조안에서 며칠 동안 머물렀다. 그런 뒤 헬리오 폴리스라 부르는 태양의 도시에 가서 성聖형제단 신전에 입회하고자 했다.

10 성聖형제단의 의회가 열렸다. 그리고 예수는 신비 의식 사제 앞에 섰다.

그는 모든 질문에 명백하고 힘있게 대답하였다.

11 신비 의식 사제가 외쳤다. "랍비 중의 랍비시어, 어찌하여 이곳에 오셨습니까? 당신의 지혜는 신들의 지혜인데 어찌하여 사람의 모임에 와서 지혜를 구하십니까?"

12 예수가 대답했다. "나는 지상의 삶의 모든 길을 걸을 것입니다. 모든 배움의 전당에 앉을 것이고, 인간이 도달한 최고의 높이에 도달할 것입니다.

13 나는 내 형제의 슬픔과 실망과 가혹한 시련을 알 수 있도록, 도움이 필요한 사람들을 도울 방법을 알 수 있도록 누구의 고통이라도 마주할 것입니다.

14 형제들이여, 나를 부디 당신들의 어두운 토굴 속에 들어가게 해 주십시오. 그러면 당신들의 가장 어려운 시험을 통과해내겠습니다."

15 스승이 말했다. "그렇다면 비밀스럽고 신성한 성聖형제단의 계율을 엄수하겠다는 서약을 해주십시오." 이렇게 하여 예수는 비밀 성聖형제단의 서약에 맹세하였다.

16 스승이 다시 말했다. "가장 높은 정상은 가장 깊은 곳에 도달하는 자만이 도달할 수 있습니다. 당신은 가장 깊은 곳에 도달하게 될 것입니다."

17 안내자가 예수를 안내하였고, 예수는 샘에서 목욕을 했다. 예수는 의식을 행할 수 있는 옷으로 갈아입은 후 다시 신비 의식 사제 앞에 섰다.

예수는 신비 의식 사제에게서 신비스러운 이름과 숫자를 받는다. 성聖형제단의 첫 번째 테스트를 통과하여 그의 첫 번째 칭호인 '성실'을 받는다.

~ ❊ ~

48 스승은 모든 속성과 특성의 번호와 이름이 쓰여 있는 두루마리를 벽에서 펼쳐 내려놓았다. 그가 말했다.

2 "원은 완전한 인간의 상징이며, 일곱은 완전한 인간의 숫자입니다.

3 로고스는 모든 것을 창조하고, 파괴하고, 구원하는 완전한 말씀입니다.

4 여기 이 히브리 선생은 하나님의 로고스이며, 모든 인류의 원이며, 일

곱이라는 시간입니다."

5 그리고 서기가 기록서에 '로고스-원-일곱'이라고 적었다. 이렇게 예수가 알려졌다.

6 "로고스는 내가 하는 말에 유념하십시오. 자신의 진아眞我를 찾을 때까지는 아무도 진리의 빛 안으로 들어갈 수 없습니다. 당신의 진정한 영혼을 찾을 때까지 계속해서 정진하십시오. 그리고 그것을 찾았을 때 돌아오십시오."

7 안내자는 예수를 이른 새벽의 여명처럼 희미하고 그윽한 빛이 있는 방 안으로 안내했다.

8 그 방 벽에는 신비스러운 기호, 상형문자, 신성한 문구들이 있었다. 예수는 홀로 그곳에서 며칠 동안 머물렀다.

9 예수가 신성한 문구를 읽고, 상형문자의 의미를 생각하고, 또한 스승이 준 자기 자신을 찾으라고 한 과제의 의미를 탐구했다.

10 그러자 계시가 내려왔다. 그는 자신의 혼과 친숙해져 갔다. 그는 자기 자신을 찾았다. 그리고 그때 그는 혼자가 아니었다.

11 어느 날 한밤중에 깊은 잠을 자고 있을 때, 미처 있는 줄도 몰랐던 문이 열리면서 어두운 옷을 입은 사제가 들어와서 말했다.

12 "형제여, 불쑥 찾아온 것을 용서하십시오. 하지만 나는 당신의 생명을 구하려고 왔습니다.

13 당신은 잔인한 음모의 희생물로 이용당할 것입니다. 헬리오폴리스의 사제들이 당신의 명성을 시기하여, 이 어두침침한 토굴에서 살아나가지 못하게 할 것이라 말했습니다.

14 대사제들은 세상을 가르치려고 세상에 나가지 않습니다. 당신은 신전의 노예가 될 운명입니다.

15 이제 만약 당신이 자유를 얻고자 한다면, 당신은 이 사제들을 속여야만 합니다. 당신이 이곳에 평생 머물겠다고 말해야만 합니다.

16 그리고 당신이 바라는 모든 것을 얻었을 때, 내가 돌아와서 안전하게 나갈 수 있는 비밀통로로 안내해 줄 것입니다."

17 그러자 예수가 말했다. "나의 형제여! 혹시 당신은 기만을 가르치러 여기에 왔습니까? 내가 위선의 계략을 배우기 위하여 이 신성한 방안에 있는 걸까요?

18 그렇지 않습니다. 나의 아버지 하나님께서는 기만을 경멸하십니다. 나는 그분의 뜻을 행하기 위해 여기에 있습니다.

19 이곳의 사제들을 속이라니요! 나는 태양이 밝게 비추는 동안에는 그렇게 하지 않을 것입니다. 나는 내가 말한 것을 그대로 실행할 것입니다. 그리고 그들과 하나님과 나 자신에게 진실할 것입니다."

20 그러자 유혹하던 사람이 사라지고 예수는 또다시 홀로 남게 되었다. 잠시 후 하얀 옷을 입은 사제가 나타나서 말했다.

21 "잘하셨습니다. 로고스가 승리했습니다. 이곳은 위선을 심판하는 방입니다." 이렇게 말하고 그는 예수를 인도하였고 예수는 심판대 앞에 섰다.

22 모든 형제가 일어섰다. 신비 의식 사제가 와서 예수의 머리 위에 손을 얹고, 그의 양손에 두루마리를 놓았다. 거기에는 '성실'이라는 한 단어만 적혀 있었다. 그리고 단 한마디의 말도 없었다.

23 안내자가 다시 나타나 길을 안내하였다. 예수는 학생들이 탐낼 만한 많은 것들이 놓인 넓은 방으로 안내되어 그곳에서 쉬면서 기다리라는 명을 받았다.

예수는 두 번째 성聖형제단의 시험에 통과한다. 그리고 두 번째 칭호 '공정'을 받는다.

～ ✿ ～

49 로고스는 쉬고 싶지 않았다. 그가 말했다. "어찌하여 나를 이런 호화로운 방에서 기다리게 합니까? 나는 쉴 필요가 없습니다. 아버지의 일이 나를 강하게 압박하고 있습니다.

2 나는 가서 배워야 할 모든 것을 배우고 싶습니다. 만일 시험이 있다면 오게 하세요. 자아를 극복한 승리는 더 큰 힘을 줄 테니까 말입니다."

3 그러자 안내자가 앞장섰다. 그는 칠흑같이 어두운 방에 예수를 데려가

그곳에서 홀로 있게 했다. 그는 이 깊은 고독 속에서 며칠을 지냈다.

4 그리고 예수가 잠이 든 한밤중에 비밀스러운 문이 열리고 사제복을 입은 두 사람이 들어 왔다. 그들은 각각 손에 깜빡거리는 작은 등불을 들고 있었다.

5 한 사람이 예수에게 다가오며 말했다. "젊은이여, 우리는 당신이 이 무서운 굴에서 겪는 고통으로 인하여 마음이 무척 아픕니다. 그래서 우리는 친구로서 당신을 빛으로 데려가 자유의 길을 보여주기 위하여 왔습니다.

6 우리도 한때는 당신과 똑같이 이 지하실에 갇혀 있었습니다. 그리고 이런 기묘한 방법으로 축복을 받고 권능을 얻을 수 있으리라 생각했었습니다.

7 하지만 운 좋게도 우리는 속지 않았고 모든 힘을 다하여 속박의 쇠사슬을 끊었습니다. 그런 뒤 우리는 이러한 모든 신성의식이 위장된 타락이라는 것을 알아냈습니다. 이곳의 사제들은 그저 숨어 있는 범죄자들일 뿐입니다.

8 그들은 희생제물의 의식을 자랑하려고 그들의 신들에게 제물을 바치며, 살아있는 가엾은 새나 짐승들, 심지어 아이와 여자들과 남자들을 번제로 바칩니다.

9 그들이 지금은 당신을 이곳에 머물게 하고 있으나 어느 순간이 되면, 당신도 희생제물로 바칠 것입니다.

10 우리는 형제인 당신이 쇠사슬을 풀고 우리와 함께 가기를 바랍니다. 당신이 할 수 있을 때 자유를 받아들이십시오."

11 그러자 예수가 말했다. "당신들의 작은 심지는 당신들이 가져온 빛을 보여줍니다. 도대체 당신들은 누구입니까? 말보다 말하는 사람 그 자신이 더 중요합니다.

12 이곳의 신전 벽은 단단하고 높은데 어떻게 하여 이곳에 들어왔습니까?"

13 그 사람들이 대답했다. "이 벽 밑에는 비밀통로가 많이 있습니다. 예전에 우리가 사제였을 때 오랫동안 굴에서 보냈기 때문에 그 통로들을 모

두 다 알고 있습니다."

14 예수가 말했다. "그렇다면 당신들은 배신자입니다. 배신자는 악마입니다. 다른 사람을 배신하는 사람은 결코 믿을 만한 사람이 아닙니다.

15 사람이 배신의 경지에 오르게 되면, 속이는 것을 좋아하게 되고, 자신을 위하여 친구까지도 배신할 것입니다.

16 보십시오, 당신들이 어떤 사람인지 상관없이 당신들의 말은 내 귀에 가볍게 들립니다.

17 당신이 배반자라고 고백하는데 당신이 하는 말 때문에 내가 이 수많은 사제를 속단하고 나 자신과 그들을 기만할 수 있을까요?

18 그 누구도 나를 대신해서 판단을 내릴 수 없습니다. 그리고 만일 내가 충분한 증거가 있기 전에 판단을 내린다면 나는 옳게 판단하지 못할 수도 있습니다.

19 틀렸습니다, 여러분. 당신들이 어떤 길로 왔는지는 모르지만 왔던 길로 돌아가십시오. 나의 영혼은 당신들이 가져온 깜박거리는 등불보다는 차라리 무덤의 어둠을 더 좋아합니다.

20 내 양심이 판결을 내립니다. 나의 형제들이여, 당신들이 하는 말을 내가 듣긴 하겠지만 모든 증거가 갖추어질 때 결정하겠습니다. 당신들이 나 대신 결정할 수 없으며, 나 또한 당신들을 대신하여 결정할 수 없습니다.

21 여러분, 돌아가 주십시오. 그리고 지금의 황홀한 빛 속에 나를 놔두십시오. 해가 비추지 않는 동안에도 나의 혼 안에는 해나 달을 능가하는 빛이 있습니다."

22 그러자 교활하게 유혹하던 자들이 예수를 해치겠다고 맹렬히 위협하면서 떠나고, 예수는 다시 홀로 남게 되었다.

23 다시 하얀 옷을 입은 사람들이 나타나서 길을 안내하였다. 그리고 예수는 신비 의식 사제 앞에 다시 섰다.

24 그는 아무 말 없이 '정의'를 암시하는 말이 적혀 있는 두루마리를 예수의 양손에 놓았다.

²⁵ 이렇게 하여 예수는 편견과 배반의 환영幻影을 극복한 스승이 되었다.

예수는 성聖형제단의 세 번째 시험에 합격하여 세 번째 칭호인 '믿음'을 받는다.

～✿～

50 로고스는 이레 동안 기다리고 나서 명성의 방으로 옮겨졌다. 그곳은 호화로운 실내장식이 꽉 차 있었고 금과 은으로 만든 등으로 환하게 빛났다.

2 천정과 장식품들 그리고 가구들과 벽의 색은 청색과 황금색이었다.

3 그 선반에는 훌륭한 위인들의 책들로 가득 채워져 있었으며, 회화와 조각품들은 최고의 예술 작품들이었다.

4 예수는 이렇게 기품 있고 우아한 사상의 표현들에 매료되었다. 그는 신성한 책들을 읽었고, 기호들과 상징의 의미들을 찾아내려고 했다.

5 예수가 깊은 생각에 잠겨 있을 때 한 사제가 다가와서 말했다.

6 "형제여, 이곳의 영광을 보십시오. 당신은 지극히 축복을 받은 사람이며, 당신 같은 젊은 나이에 그렇게 높은 명성을 얻은 사람은 세상에서 무척 드뭅니다.

7 이제 만일 당신이 사람들이 결코 이해할 수 없는 숨겨진 것을 찾아 당신의 삶을 낭비하지 않는다면, 당신은 영원히 불후의 명성을 남길 한 학파의 창시자가 될 수도 있습니다.

8 당신의 철학은 플라톤보다 훨씬 더 깊으며, 당신의 가르침은 소크라테스의 철학보다 대중들을 더 만족시키기 때문입니다.

9 어찌하여 이 같은 고루한 굴속에서 신비한 빛을 찾으려 합니까? 나가서 사람들과 함께 걸으면서 사람들과 함께 생각하십시오. 그러면 그들은 당신을 존경할 것입니다.

10 그리고 이 기괴한 입문 의식은 결국 신화에 그칠 수도 있으며, 당신이 메시아가 되고자 하는 희망은 단지 천박한 시간의 환상에 불과할 것입니다.

11 나는 당신에게 불확실한 것을 포기하고 확실한 명성에 이르는 길을 선

택하라고 충고하고 싶습니다."

12 사제로 위장한 악마는 이렇게 불신을 유혹하는 노래를 불렀다. 예수는 그가 말한 것을 오랫동안 명상했다.

13 야망이라는 왕은 싸워야 할 완강한 적이었으므로 그 투쟁은 몹시 혹독하였다.

14 40일 동안 그의 높은 자아와 낮은 자아가 서로 무섭게 싸웠다. 그리고 싸움은 승리로 끝났다.

15 믿음이 승리했다. 의혹은 존재하지 않았다. 야망은 그 얼굴을 가리고 도망갔다. 그리고 예수가 말했다.

16 "이 세상의 모든 부귀와 명예 그리고 명성은 단지 일시적인 싸구려 장난감에 불과합니다.

17 지상에서의 이 짧은 삶이 다할 때, 터질 듯이 가득 찬 싸구려 장난감들은 그의 뼈와 함께 땅속에 묻힐 것입니다.

18 그렇습니다. 인간이 자신의 이기적인 자아를 위하여 행동하는 것은 인생의 좋은 면으로 기록되지 않을 것입니다.

19 타인을 위한 선행은 절대 소멸하지 않는 하나님의 부귀와 권력과 명예에 그 혼이 오를 수 있도록 해주는 튼튼한 사다리가 될 것입니다.

20 나에게 사람들의 빈곤함을 주시고, 사랑으로 행해져야 하는 의무를 자각하게 해주시고, 하나님의 재가를 주십시오. 그러면 나는 만족할 것입니다."

21 그런 뒤 예수는 눈을 들어 하늘을 바라보며 말했다.

22 "아버지 하나님이시여, 이 시간을 주셔서 감사합니다. 저는 저 자신의 영광을 구하지 않습니다. 저는 하나님의 나라의 문지기가 되어 저의 형제자매들을 섬기겠습니다."

23 예수는 다시 신비 의식 사제 앞으로 서도록 부름을 받았다. 사제는 여전히 아무 말 없이 예수의 두 손에 '신앙'이라고 쓰인 두루마리를 올려주었다.

24 예수는 겸손하게 머리를 숙여 감사의 인사를 한 후 그곳을 떠났다.

예수는 성聖형제단의 네 번째 시험을 통과하여 네 번째 칭호인 '박애'를 받는다.

～ ✳ ～

51 또 며칠이 지난 뒤, 안내자가 예수를 '환락의 홀'로 안내했다. 홀은 최고로 호화롭게 장식되었으며 세속적인 마음이 바랄 수 있는 모든 것으로 가득 차 있었다.

2 여러 가지의 산해진미와 아주 달콤한 포도주가 테이블 위에 차려져 있었고 화려하게 차려입은 하녀들이 우아하고도 쾌활하게 사람들을 접대하고 있었다.

3 값진 의복을 차려입은 남녀가 그곳에 모여 있었다. 그들은 자못 즐거움에 들떠 환락의 술잔을 기울였다.

4 예수가 잠깐 말없이 이 행복한 무리를 지켜 보고 있을 때, 성자의 옷차림을 한 사람이 다가와 말했다. "벌처럼 모든 꽃에서 단 것을 모을 수 있는 사람이 가장 행복한 사람입니다.

5 현명한 사람은 쾌락을 추구하는 자이며, 어디에서나 쾌락을 찾을 수 있는 사람입니다.

6 기껏해야 지상에서의 인간의 삶은 짧게 왔다 가는 것이며, 죽은 후에는 어디로 가는지 알 수도 없습니다.

7 그러므로 우리 다 같이 먹고, 마시고, 춤추고, 노래하고 삶의 기쁨을 얻읍시다. 죽음이 곧 닥쳐올 것이기 때문입니다.

8 타인을 위해 삶을 낭비하는 것은 어리석은 짓일 뿐입니다. 보십시오. 모든 사람이 죽어 무덤 속에서 함께 누워있습니다. 그곳에서는 아무도 알 수 없고 아무도 감사를 표할 수 없습니다."

9 그러나 예수는 아무 대답도 하지 않았다. 그는 번드레한 옷을 입고서 웃고 떠드는 손님을 바라보며 깊은 생각에 잠겼다.

10 그때 예수가 손님 중에 옷차림이 허름한 사람을 보았다. 그의 얼굴과 손은 고된 일과 빈곤에 찌든 주름으로 가득했다.

11 흥겨워하는 무리는 그에게 욕설하며 흥을 돋우고, 그를 벽에다 밀어붙이고 그가 당황해하는 것을 보고 조롱하였다.

12 그때 초라하고 연약한 여인이 왔다. 그녀의 얼굴과 몸에서 죄와 수치심의 흔적이 있었다. 그런 그녀는 무자비하게도 침 세례와 조롱을 받고 홀에서 쫓겨났다.

13 이번에는 한 어린아이가 겁에 질려 배고픈 모습으로 나타났다. 사람들에게 그들이 먹는 음식의 아주 작은 한 조각만 달라고 구걸했다.

14 그러나 그 어린 소녀는 누구의 보살핌이나 사랑도 받지 못하고 쫓겨났다. 그리고 흥겨운 춤은 여전히 계속되었다.

15 쾌락을 추구하는 무리가 계속하여 환락의 축제에 참석하기를 강요하자 예수가 말했다.

16 "타인이 곤궁에 빠져있는데 어떻게 나 자신만의 기쁨을 구할 수 있겠습니까? 아이들이 굶주려 빵을 나눠주기를 간청하고, 죄의 구렁텅이에 갇힌 자가 동정과 사랑을 외치고 있는 동안 당신들은 어떻게 내가 삶의 좋은 것들로 나를 가득 채울 수 있을 것이라고 생각할 수 있습니까?

17 나는 아니라고 말합니다. 우리는 모두 친족이며, 우리 각자는 거대한 인간의 마음의 일부입니다.

18 나는 당신들이 경멸하면서 벽으로 몰아세운 불쌍한 저 남자로부터 내가 분리되어있는 것으로 볼 수 없습니다.

19 동정과 사랑을 구하기 위해 범죄의 소굴에서 빠져나왔으나, 당신들에 의해 또다시 죄악의 소굴로 무자비하게 내몰린 가련한 여인도 그러하고

20 차고 황량한 밤바람 한가운데로 그대들이 내몬 어린아이도 그러합니다.

21 사람들이여, 나는 이렇게 말합니다. 당신들이 나의 동포들에게 행한 이런 일들은 곧 나에게 행한 것입니다.

22 당신들은 당신 자신의 집에서 나에게 모욕을 주었습니다. 나는 이곳에 머무를 수 없습니다. 나는 나가서 그 불쌍한 어린아이와 가련한 여인과 그 남자를 찾아 나의 생명의 피가 말라 없어질 때까지 그들을 도울 것입니다.

23 나는 무력한 자를 돕고, 굶주린 자를 배부르게 하고, 헐벗은 자에게 옷

을 입히고, 병든 자를 고치고, 사랑받지 못하고, 낙담하고, 의기소침한 사람에게 격려의 말을 할 때, 이를 즐거움이라 부르겠습니다.

24 그리고 당신들이 환락이라고 부르는 것은 단지 밤의 환상이며 정욕의 불꽃이며 시간의 벽 위에 그리는 그림일 뿐입니다."

25 로고스가 말할 때 흰옷을 입은 사제가 다가와 그에게 말했다. "성聖형 제단 회원들이 당신을 기다리고 있습니다."

26 예수가 또다시 심판대 앞에 섰고 신비 의식 사제는 이번에도 말없이 '박애'라고 적혀 있는 두루마리를 그의 양손에 쥐여 주었다.

27 그리하여 예수는 이기적인 자아를 이긴 승리자가 되었다.

예수가 신전의 숲에서 사십 일간을 보낸다. 성聖형제단의 다섯 번째 시험을 이겨내고 다섯 번째 칭호인 '용기'를 받는다.

～ ❋ ～

52 성전의 숲에는 조각상과 기념비, 사당이 많이 있었다. 예수는 이곳에서 산책과 명상을 즐겼다.

2 자아를 극복한 후 예수는 40일 동안 이 숲속에서 자연과 대화를 나누었다.

3 그때 안내자가 예수의 손과 발을 사슬로 채워 결박했다. 그리고 그를 굶주린 짐승들과 더러운 새들과 기어 다니는 벌레들로 가득 찬 동굴로 던졌다.

4 동굴 속은 칠흑같이 어두웠다. 야수들이 울부짖었고 새들이 분노하여 비명을 질렀다. 파충류들은 쉭쉭거렸다.

5 예수가 말했다. "이같이 나를 결박한 자가 누구였는가? 어째서 나는 사슬에 묶여 고분고분 앉아 있었는가?

6 내가 이르나니 세상에 어떤 것도 사람의 혼을 묶어 놓을 힘이 없다. 이 족쇄가 무엇으로 만들어졌는가?"

7 그리고 예수는 자기 힘으로 일어났고, 그가 사슬이라고 생각했던 것은 그가 건드리자마자 부스러지는 하잘것없는 끈일 뿐이었다.

8 그러자 예수가 큰 소리로 웃으며 말했다. "땅의 시체에 사람을 묶는 사슬은 상상의 공장에서 주조되고, 공기로 만들어져서 환상의 불로 용접한 것이다.

9 사람이 똑바로 서서 의지의 힘을 사용하면 사슬은 마치 하잘것없는 헝겊 조각처럼 풀리고 만다. 의지와 믿음은 인간이 만든 가장 튼튼한 사슬보다도 강하다."

10 그리고 예수는 굶주린 짐승과 새들 가운데 똑바로 서서 말했다. "나를 둘러싼 이 어둠은 무엇인가?

11 어둠은 단지 빛이 없는 것이다. 그렇다면 빛이란 무엇인가? 이것은 다만 하나님의 숨결이 생각의 빠른 리듬을 타고 진동하는 것이다."

12 그리고는 이렇게 말했다. "빛이 있어라!" 그리고 그는 강력한 의지로 에테르를 움직여 상승시켰다. 그러자 에테르의 진동이 빛의 차원에 이르렀다. 그리고 거기에 빛이 있었다.

13 밤과 같은 동굴의 어둠은 마치 새롭게 태어난 날의 밝음이 되었다.

14 그런 뒤 예수는 그곳에 있던 짐승들과 새와 파충류들을 보려고 했지만 놀랍게도 아무것도 없었다.

15 그때 예수가 말했다. "혼이 진정 두려워하는 것은 무엇인가? 두려움은 인간이 죽음을 향해 타고 가는 수레이다.

16 자신이 죽은 자들의 방 안에 있다는 것을 발견할 때 자신이 속았다는 것을 깨닫는다. 그의 수레는 신화에 불과하며 죽음은 환상의 자식이라는 것을 알게 된다.

17 그러나 언젠가 인간의 모든 교훈을 다 배우고 나면 그는 불결한 야수, 새, 기어 다니는 것들로 가득한 동굴에서 벗어나, 일어서서 빛 가운데서 걸을 것이다.

18 예수가 황금으로 만든 사다리를 보고 그것을 밟고 올라갔다. 꼭대기에는 흰옷 입은 사제가 그를 기다리고 있었다.

19 그는 다시 심의회 앞에 섰다. 그리고 다시 아무 말도 없었다. 신비 의식 사제는 예수를 축복하려고 손을 뻗었다.

20 그는 예수의 손에 다른 두루마리를 올려놓았다. 그 두루마리에는 '용기'라는 단어가 쓰여 있었다.

21 로고스는 두려움과 모든 환상의 무리를 마주했고, 그 싸움에서 승리를 쟁취했다.

예수가 성聖형제단의 여섯 번째 시험을 통과하여 여섯 번째 칭호인 '거룩한 사랑'을 받는다.

❦

53 온 땅에 태양의 신전에 있는 '아름다움의 응접실'만큼 웅장하게 꾸며진 곳은 없었다.

2 이 풍요로운 방에 들어간 학생은 거의 없었다. 그래서 사제들은 그곳을 경외하여 '신비의 홀'이라 불렀다.

3 예수는 두려움을 극복하자 이곳에 들어갈 권한을 갖게 되었다.

4 안내자가 길을 인도하였다. 호화롭게 꾸며진 여러 방을 지나간 뒤, 그들은 '조화의 홀'에 도착하였다. 여기서 예수는 홀로 남겨졌다.

5 여러 가지 악기 가운데 하프시코드가 있었다. 예수가 생각에 잠긴 채 앉아서 그것을 살펴보았다. 그때 매혹적인 미녀가 홀 안으로 조용히 들어왔다.

6 그녀는 예수가 방안에서 깊이 사색 중인 것을 알아차리지 못한 듯했다.

7 그녀는 하프시코드 옆에 앉아서 아주 부드럽게 화음을 연주하며 이스라엘의 노래를 불렀다.

8 예수는 완전히 매료되었다. 그는 지금까지 이렇게 아름다운 여인을 본 일이 없었고 그렇게 아름다운 음악도 들어 본 적이 없었다.

9 그녀는 계속 노래를 불렀다. 그녀는 누군가가 가까이에 있다는 것을 모르는 것 같았다. 그리고 그녀는 방을 나갔다.

10 예수는 자신에게 물었다. "이 일의 의미는 무엇인가? 나는 이렇게 매혹적인 미녀와 이렇게 여왕 같은 사랑스러움이 있다는 것을 몰랐다.

11 나는 일찍이 사람에게서 이처럼 우아한 천사의 목소리가 나오며, 사람

의 입술에서 천사의 음악이 나올 줄을 몰랐다."

12 예수는 며칠 동안이나 넋을 잃은 상태로 앉아 있었다. 그의 생각의 흐름은 변해 갔지만, 그는 오직 그 매혹적인 아가씨와 그녀의 노래만 생각했다.

13 그는 그녀를 다시 보고 싶어 했다. 며칠이 지난 후 그녀가 돌아왔다. 그녀는 예수에게 말을 걸면서 그의 머리 위에 손을 얹었다.

14 그녀의 손길이 그의 혼을 전율하게 했다. 잠시 동안 그는 자신이 이곳에 왜 보내졌는지 잊어버렸다.

15 그녀는 몇 마디 하지 않고 사라졌다. 그러나 이미 예수의 마음은 흔들리고 있었다.

16 그의 영혼 속에서 사랑의 불꽃이 타올랐다. 결국 그는 인생에서 가장 큰 시련에 직면하게 되었다.

17 그는 잠을 잘 수도 먹을 수도 없었다. 그녀에 관한 생각이 좀처럼 떠나지 않았다. 그의 육적인 본능은 그녀와의 교제를 크게 부르짖고 있었다.

18 그때 예수가 말했다. "나는 지금까지 만났던 모든 적과 싸워 이겼다. 그러한 내가 이러한 육적인 사랑에 정복당해야 하는가?

19 나의 아버지께서는 모든 살아있는 것에 미치는 거룩한 사랑의 힘을 보여주시려고, 모든 생명체에 미치는 사랑을 보여주시려고 이곳에 나를 보내셨다.

20 이렇게 순수하고 우주적인 사랑이 육적인 사랑에 빨려들어야 하는가? 비록 그녀가 최고의 미와 순수함과 사랑을 지녔을지라도 다른 모든 생명체를 잊고 이 아름다운 처녀에게 내 목숨을 잃어버려야 하는가?

21 그의 혼 깊은 곳에서 동요가 일어났고 오랫동안 마음속의 천사와 같은 우상과 씨름을 했다.

22 그러나 싸움에서 거의 패배할 무렵 그의 높은 자아가 힘차게 일어나 다시 자신을 찾았다. 그가 말했다.

23 "비록 내 마음이 찢어질지라도 나는 나의 가장 힘든 과업에 실패하지 않을 것이다. 나는 육적인 사랑을 이겨낼 것이다."

24 그리고 다시 아름다운 처녀가 나타나서 그에게 그녀의 손과 마음을 내
  맡기자, 예수가 말했다.

25 "아름다운 처녀여, 당신의 존재 자체가 나를 기쁨으로 떨리게 합니다.
  당신의 목소리는 나의 혼에게 축복입니다. 나의 자아는 당신과 함께
  날아가 당신의 사랑 안에서 언제나 기뻐하고 싶습니다.

26 그러나 온 세상은 지금 내가 드러내러 온 사랑을 갈구하고 있습니다.

27 그러므로 나는 당신을 떠나보내야 합니다. 그러나 우리는 다시 만나게
  될 것입니다. 이 땅에서 우리의 길은 서로 갈라지지 않을 것이기 때문
  입니다.

28 나는 당신이 바쁘게 움직이는 사람들 속에서 사랑의 사역자로 있는 것
  을 봅니다. 그리고 당신의 목소리가 사람들의 마음을 설득하여 더 나
  은 것이 되도록 노래하는 것을 듣습니다.

29 그러자 처녀는 슬프게 눈물을 흘리며 자리를 떠났다. 그리고 예수는 또
  다시 홀로 남게 되었다.

30 바로 그 순간 사원의 큰 종이 울리면서 성가대들이 새 노래를 불렀다.
  동굴은 밝은 빛으로 환하게 빛나고 있었다.

31 신비 의식 사제가 나타나 말했다. "축하합니다. 승리의 로고스여, 진심
  으로 축하합니다. 육적인 사랑을 정복한 자는 높은 곳에 서십시오."

32 그런 뒤 그는 예수의 손에 '거룩한 사랑'이라고 적힌 두루마리를 올려
  놓았다.

33 그들은 함께 아름다움의 동굴을 빠져나왔다. 연회장에서 연회가 열렸
  고 예수가 그 연회의 주빈이 되었다.

예수가 신비 의식 사제의 제자가 되어 이집트의 신비들을 배운다. 일곱 번째의 시험에 통
과하여 죽은 자의 방에서 일한다.

—※—

54 이제 상급과정이 열려 예수는 그곳에 들어가 신비 의식 사제의 제자
  가 되었다.

2 그는 이집트 땅의 신비로운 전승의 비밀, 삶과 죽음의 신비, 그리고 태양의 궤도 너머의 세계들에 대하여 배웠다.

3 그는 상급과정의 모든 공부를 마친 후, 죽은 자들의 방에 들어갔다. 그곳에서 고대로부터 전승되는 시체 보존법을 배웠고, 여기에서 일했다.

4 운반인들이 어느 과부의 외아들의 시체를 방부처리를 위해 운반해왔다. 그녀는 흐느껴 울며 가까이 뒤따라왔다. 그녀의 슬픔이 매우 컸다.

5 그러자 예수가 말했다. "착한 여인이여, 눈물을 닦으십시오. 당신은 빈집을 따라왔을 뿐입니다. 아들은 그 안에 없습니다.

6 당신은 아들이 죽어서 울고 있습니다. 죽음은 가혹한 말이지만, 당신의 아들은 절대 죽을 수 없습니다.

7 그는 이 땅에서 할 일을 하기 위해 육신의 옷을 입고 태어났었고, 이제 그 일을 다 마쳤습니다. 그는 이제 육신의 옷을 벗었습니다. 그는 더 이상 육신의 옷을 필요로 하지 않습니다.

8 육안 너머에 있는 저 세계에서 그가 해야 할 일이 있습니다. 그는 그 일을 잘할 것이며 그런 다음 또 다른 임무로 넘어갈 것입니다. 차츰차츰 그는 완전한 삶의 정상에 도달할 것입니다.

9 당신의 아들이 한 일이나 그가 앞으로 해야 할 일들을 우리 모두가 해야 합니다.

10 그런데 만약 당신이 슬픔을 품고 슬픔을 토로한다면, 슬픔은 나날이 더해만 갈 것입니다. 그 슬픔은 당신의 삶 자체를 빨아들일 것이며, 결국 쓰라린 눈물에 젖어 슬픔 외에는 아무것도 남지 않을 것입니다.

11 당신은 당신의 깊은 슬픔으로 당신의 아들을 도와주고 있는 것이 아니라 오히려 슬프게 만듭니다. 지금 그는 늘 그러했듯이 당신의 위로를 받고 싶어 합니다. 당신이 기뻐하면 그도 기뻐합니다. 당신이 슬퍼하면 그도 슬퍼합니다.

12 당신의 비애를 깊이 묻어버리고 슬픔에 미소를 지어보세요. 다른 사람들이 눈물을 닦도록 도와주는 일에 자신을 몰두하세요.

13 의무를 다하면 행복과 기쁨이 따라옵니다. 그리고 기쁨은 이미 세상을

떠난 사람들의 마음을 기쁘게 합니다."

14 울고 있던 부인은 돌아서서, 남을 돕는 행복을 찾고 기쁨의 사역 속에 자신의 슬픔을 깊이 묻기 위해 자신의 길을 떠났다.

15 그런 뒤 다른 운반인이 와서 어느 어머니의 시신을 죽은 자들의 방으로 가져왔다. 뒤를 따르며 애도하는 사람은 나이 어린 소녀 한 명뿐이었다.

16 장례행렬이 입구 가까이에 왔을 때, 그 아이는 다친 새 한 마리가 괴로움에 퍼덕이는 것을 보았다. 잔인한 사냥꾼이 쏜 화살이 새의 가슴을 관통했던 것이다.

17 그러자 아이는 시체를 남겨둔 채, 살아있는 새를 도우러 갔다.

18 아이는 사랑과 애정으로 다친 새를 가슴에 품고 급히 제 자리로 돌아왔다.

19 예수가 아이에게 물었다. "어찌하여 다친 새를 구하려고 돌아가신 어머니 곁을 떠났느냐?"

20 소녀가 대답했다. "생명이 없는 이 몸은 저의 도움을 필요로 하지 않습니다. 하지만 저는 아직 살아있는 생명을 생명이 남아 있는 동안 도울 수 있습니다. 제 어머니가 그렇게 가르쳐 주셨습니다.

21 어머니께서는 슬픔과 이기적인 사랑, 그리고 희망과 두려움은 우리의 낮은 자아의 그림자라고 가르치셨고,

22 우리가 느끼는 것은 굽이치는 생명의 물결 가운데 작은 파도에 불과하다고 가르쳐 주셨습니다.

23 이 모든 것은 지나갈 것이며 실재하지 않습니다.

24 육신의 마음으로부터 눈물이 흐르지만, 영은 결코 눈물을 흘리지 않습니다. 그리고 저는 빛 속에 거닐게 될 날을 간절히 바라고 있습니다. 그곳에서 눈물은 씻겨집니다.

25 어머니께서는 제게 '모든 감정은 사람의 애정과 희망과 공포에서 생겨나는 물보라 같은 것이며, 우리가 이런 것을 극복하기 전까지는 완전한 행복은 우리의 것이 될 수 없다'라고 가르쳐 주셨습니다."

26 예수는 아이에게 머리 숙여 경의를 표했다. 그가 말했다.

27 "나는 지금까지 며칠, 몇 달, 몇 년 동안 사람이 이 땅에서 배울 수 있는 최상의 진리를 배우고자 추구해왔는데 이곳에서 지상에 내려온 지 얼마 되지 않은 아이가 단숨에 모든 것을 말해 주었습니다.

28 다윗이 "오 주여! 우리의 주여! 당신의 이름이 온 땅에 어찌 그리 훌륭하십니까"라고 한 것은 놀라운 말이 아닙니다.

29 당신께서는 어린아이와 젖먹이의 입을 통하여 권능을 나타내주셨습니다."

30 그런 뒤 예수는 소녀의 머리 위에 손을 얹고 말했다. "어린 소녀여, 나의 아버지 하나님의 축복이 영원히 그대에게 머물 것이다."

예수가 성聖형제단의 일곱 번째 시험을 통과하여 일곱 번째, 최고의 등급 '그리스도'를 받고 승리자가 되어 신전을 떠난다.

— ✻ —

55 예수가 죽은 자들의 방에서 모든 사역을 끝내고 신전의 자줏빛 방에서 신비 의식 사제 앞에 섰다.

2 예수는 자주색 옷을 입었고, 모든 형제들이 일어섰다. 신비 의식 사제가 일어나 말했다.

3 "오늘은 이스라엘의 모든 사람들에게 최고의 날입니다. 우리는 선택받은 아들을 기리기 위해 성대한 유월절 축제를 거행하겠습니다."

4 그런 뒤 사제가 예수에게 말했다. "그대, 형제여! 가장 탁월한 자여! 그대는 성전의 모든 시험에 통과하였습니다.

5 그대는 여섯 번에 걸쳐 정의의 법정에서 심판받았으며, 그 여섯 번 모두 사람으로서 받을 수 있는 가장 큰 명예를 받았습니다. 그리고 이제 그대는 마지막 칭호를 받기 위해 여기에 서 있습니다.

6 내가 이제 그대의 이마에 이 왕관을 씌워주면 그대는 하늘과 땅의 위대한 성聖형제단의 집에서 그리스도가 됩니다.

7 이것이 그대의 유월절 의식입니다. 그대는 더 이상 초심자가 아니라 훌륭한 대스승입니다.

8 이제부터는 사람이 더 할 수 있는 것이 없습니다. 그러나 하나님께서 말씀하실 것이며 그대의 직함과 칭호를 확증해 주실 것입니다.

9 이제 그대의 길을 계속 가십시오. 사람들에게 선한 의지의 복음과 이 땅에 평화를 전해야 합니다. 감옥의 문을 열고 포로된 자들을 자유롭게 해야 합니다."

10 신비 의식 사제가 말하는 동안 사원의 종이 울렸고, 하얀 비둘기가 내려와 예수의 머리 위에 앉았다.

11 그리고 한 목소리가 사원을 뒤흔들며 말했다. '이 분은 그리스도이시다.' 그리고 모든 피조물이 말했다. "아멘"

12 웅장한 신전의 문이 열렸다. 그리고 로고스는 정복자의 길을 떠났다.

제12부

세계 일곱 현자의 협의회

세계의 일곱 성자가 알렉산드리아에 모인다. 집회의 목적. 개회사.

～ ❧ ～

56 시간이 시작된 이래 모든 시대에는 일곱 현자가 살았다.

2 매 시대가 시작될 때, 이 현자들이 만나서 국가와 백성과 부족과 어족의 행로를 확인하고

3 인류가 정의, 사랑, 공정함을 향하여 얼마나 다가갔는지 파악하고

4 다가올 시대에 가장 적합한 법전과 종교적 기준과 통치 계획을 수립하였다.

5 한 시대가 지나가고, 보라, 다른 시대가 왔다. 그리하여 현자들이 모여야 했다.

6 그때 알렉산드리아가 세계 최고의 사상의 중심지였으므로 여기 필로의 집에서 현자들이 만났다.

7 중국에서 맹자가, 인도에서 비드야파티가, 페르시아에서 카스파가, 아시리아에서 아시비나가, 그리스에서 아볼로가 왔다. 맛세노는 이집트의 현자였고 필로는 히브리 사상의 우두머리였다.

8 때가 되자 협의회가 만나 칠 일간 침묵 속에 앉아 있었다.

9 그런 뒤 맹자가 일어나 말했다. "시간의 수레바퀴가 한 번 더 돌았습니다. 인류는 더 높은 사상의 단계에 이르렀습니다.

10 조상들이 짜주신 옷은 다 낡았습니다. 케루빔들이 천상의 직물을 짜 우리 손에 쥐여 주었으니, 우리는 사람들을 위해 새 의복을 지어야 합니다.

11 사람들의 아들들은 더 큰 빛을 찾고 있습니다. 그들은 더 이상 나무를 깎거나 흙으로 빚어 만든 신을 좋아하지 않습니다. 그들은 손으로 만들지 않은 하나님을 구하고 있습니다.

12 그들은 다가오는 시대의 빛줄기를 보지만, 아직 그것을 이해하지 못합니다.

13 때가 무르익었으므로 우리는 새 인류에게 맞는 새 옷을 만들어야 합니다.

14 그리고 다가오는 시대의 빛이 비출 때 인간이 벌거벗음을 가릴 수 있도록 그들에게 정의와 자비와 의로움과 사랑의 새 옷을 지어줍시다."

15 비드야파티가 말했다. "우리 사제들은 모두 미쳤습니다. 그들은 광야에서 악마를 보았고, 그에게 그들의 램프를 던지자 램프가 모두 부서졌습니다. 그리고 어떤 사제도 인간을 위해 단 한 줄기의 빛도 가지고 있지 않습니다.

16 밤은 어둡고 인도인들의 마음은 빛을 요구하고 있습니다.

17 사제직은 개혁될 수 없습니다. 그것은 이미 죽었습니다. 사제직이 가장 필요로 하는 것은 무덤과 장송곡입니다.

18 새로운 시대는 자유를 요구합니다. 각 사람이 사제가 되어 홀로 나아가 하나님의 제단에 제물을 올릴 수 있어야 합니다."

19 그러자 카스파가 말했다. "페르시아인들은 두려움에 떨며 살아가고 있습니다. 그들은 나쁜 짓을 하는 것이 두려워 선을 행합니다.

20 악마는 우리 땅에서 가장 큰 힘입니다. 비록 신화이긴 하지만 그는 젊은이나 늙은이나 모두 자신의 무릎 위에 올려놓고 얼러대고 있습니다.

21 우리 땅은 어두우며 악이 어둠 속에서 번성하고 있습니다.

22 두려움은 스쳐가는 산들바람 속에 있고 모든 형태의 생명 안에 숨어 있습니다.

23 악에 대한 공포는 신화요, 환상이요, 덫입니다. 그러나 어떤 강력한 힘이 에테르를 빛의 지평으로 끌어 올릴 때까지 그것은 살아있을 것입니다.

24 그때가 오면 마기의 나라는 빛으로 빛날 것입니다. 페르시아의 혼이 빛을 부르고 있습니다."

계속되는 현자들의 모임. 개회사. 7일간의 침묵.

～ ✽ ～

57 아시비나가 말했다. "아시리아는 의심의 땅입니다. 백성들 대다수가 타는 수레에는 '의심'이라는 이름표가 붙어있습니다.

2 한때 믿음이 바빌론으로 걸어 들어왔을 때, 믿음은 밝고 아름다웠습니다. 그러나 믿음이 너무도 하얀 옷을 입고 있어서 사람들을 믿음을 두려워하게 되었습니다.

3 모든 수레바퀴가 돌기 시작하자 의심이 믿음에게 전쟁을 일으켰고, 나라 밖으로 믿음을 쫓아냈습니다. 그 후 믿음은 다시 돌아오지 않았습니다.

4 사람들은 한 분 하나님을 형태로 섬겼으나 마음속에서는 하나님이 존재하는지 확신하지 못합니다.

5 믿음은 보이지 않는 분의 사당에서 경배하지만, 의심은 반드시 눈으로 하나님을 보아야 합니다.

6 온 아시리아에 가장 필요한 것은 믿음이며, 믿음은 확신으로 존재하는 모든 것을 성숙시킵니다."

7 그러자 아볼로가 말했다. "그리스에 가장 필요한 것은 하나님에 대한 참된 개념입니다.

8 그리스 신들의 계보에는 지도자가 없습니다. 모든 사상이 신일 수 있고 신으로 숭배될 수 있기 때문입니다.

9 사상의 폭은 넓지만 날카로운 적대감으로 가득 채워져 있습니다. 마찬가지로 신들의 사회는 적대감과 전쟁과 야비한 음모로 가득 차 있습니다.

10 그리스에게는 신들 위에 서서, 사람들의 생각을 많은 신들에게서 한 분 하나님께로 끌어올리는 위대한 스승이 필요합니다.

11 우리는 빛이 언덕 너머로 오고 있는 것을 압니다. 하나님은 빛의 속도를 높입니다."

12 맛세노가 말했다. "이 신비의 나라, 죽은 자들의 나라 이집트를 보십시오.

13 우리의 신전들은 오랜 세월 모든 숨겨진 것들의 무덤이었습니다. 그리고 우리의 신전과 토굴과 동굴은 어둡습니다.

14 빛 속에는 비밀스러운 것이 없습니다. 태양이 모든 숨겨진 진실을 드러냅니다. 하나님 안에 신비는 없습니다.

15 떠오르는 태양을 바라보십시오. 그 빛은 각각의 문으로 들어옵니다. 그렇습니다. 미즈라임의 신비로운 토굴에 있는 모든 틈새로 들어옵니다.

16 우리는 빛을 환영합니다! 모든 이집트는 빛을 갈망합니다."

17 그러자 필로가 말했다. "히브리 사상과 삶에 필요한 것은 자유입니다.

18 히브리의 선지자, 선각자, 율법을 주신 자들은 힘이 있는 자들이며 거룩한 사상의 소유자입니다. 그들은 우리 백성들을 완전함의 목적지로 인도할 수 있을 만큼 강하고 선한 이상적인 철학 체계를 우리에게 물려주었습니다.

19 그러나 세속적인 마음은 신성함을 거부하였습니다. 그 결과 이기심으로 채워진 사제직이 등장하였고, 마음의 순수함은 신화가 되었고, 백성들은 노예가 되었습니다.

20 사제직은 이스라엘에게 저주입니다. 그러나 오기로 한 그가 올 때, 그는 노예해방을 선포할 것이고, 나의 백성들은 자유를 얻을 것입니다.

21 보십시오, 하나님께서는 지혜와 사랑과 빛을 육화시켰으며, 그를 임마누엘이라 부르셨습니다.

22 그에게 새벽을 여는 열쇠를 주셨고, 이곳에서 그는 인간으로서 우리와 함께 걷습니다."

23 그런 뒤 회의실의 문이 열리고 로고스께서 세상의 현자들 사이에 서 있었다.

24 다시 현자들은 일주일 동안 침묵 속에 앉아 있었다.

현자들의 회의가 계속된다. 일곱 개의 보편적인 원리를 제시한다.

~~❊~~

58 현자들은 기운을 차린 후 생명의 책을 펴서 읽었다.

2 그들은 인간의 삶에 대한 이야기, 인간의 모든 투쟁과 실패와 성공에 대한 이야기를 읽었다. 그리고 과거에 벌어졌던 사건과 필요의 관점에서, 앞으로 오는 시대에 인간을 위한 최선이 무엇일지를 살펴보았다.

3 그들은 그 시대에 가장 적합한 율법과 가르침이 무엇인지 알았고, 인류가 깨달을 수 있는 가장 높은 하나님의 이상을 보았다.

4 이들 현자들은 정립해야 할 일곱 가지의 원리 위에 다가오는 시대의 삶의 철학과 예배에 대한 골격을 짜야만 했다.

5 맹자가 가장 연로했다. 그래서 그가 의장직을 맡았다. 그가 말했다.

6 "인간은 아직 믿음으로 살아갈 정도로 충분히 진화하지 않았습니다. 인간은 자기 눈으로 보지 못하는 것들을 이해할 수 없습니다.

7 인간은 아직 어린아이이기 때문에 오는 시대 동안 그림과 상징 그리고 의례와 형식 등을 통해 배워야 합니다.

8 인간의 하나님은 인격화된 하나님이어야 합니다. 인간은 믿음으로 하나님을 볼 수 없습니다.

9 그리고 인간은 스스로 자신을 다스리지 못합니다. 왕이 다스려야 하며, 사람은 그를 섬겨야 합니다.

10 시대 다음에 오는 시대는 인간의 시대요, 믿음의 시대일 것입니다.

11 그 축복받은 시대에 인류는 육안의 도움 없이 볼 것이고, 소리 없는 소리를 들을 것이고, 영의 하나님을 알 것입니다.

12 우리가 들어가는 시대는 준비하는 시대이기 때문에 모든 학교와 정부와 예배의식은 사람들이 이해할 수 있도록 단순한 방식으로 설계되어야 합니다.

13 인간은 독창적으로 창조하지 못합니다. 그는 눈에 보이는 모형에 따라 모든 것을 만들어냅니다. 그래서 우리는 이 회의에서 앞으로 오는 시대의 모형을 만들어야 합니다.

14 그리고 우리는 혼의 제국의 영적 지식을 수립해야 하며, 그 지식은 일곱 개의 원리에 근거를 둬야 합니다.

15 각 현자들은 차례로 하나씩 원리를 만들어내야 하며, 이것들은 완벽한

시대가 올 때까지 인간들이 믿는 신조의 기초가 될 것입니다."

16 맹자가 첫 번째 원리를 썼다.

17 "만물은 생각이며, 모든 생명은 사유 활동이다. 수많은 존재는 다만 하나의 위대한 생각이 드러나게 된 국면일 뿐이다. 보라. 하나님은 생각이고, 생각은 하나님이다."

18 다음으로 비드야파티가 두 번째 원리를 썼다.

19 "영원한 생각은 하나이며, 본질적으로 그것은 둘이다 – 지성과 힘. 그들이 숨 쉴 때 아이가 태어나며, 그 아이는 사랑이다.

20 그리하여 삼위일체 하나님이 나타나는데, 사람들은 그것을 아버지-어머니-자녀라 부른다.

21 이 삼위일체의 하나님은 하나다. 그러면서도 빛의 하나님처럼 본질적으로는 일곱이다.

22 그리고 삼위일체 하나님이 숨을 내쉴 때, 보라, 일곱 성령이 그의 얼굴 앞에 나타난다. 이들이 창조적 속성이다.

23 사람들은 이 성령들을 낮은 신들이라 부르며 이들의 형상대로 사람을 만들었다."

24 그리고 카스파가 세 번째 원리를 썼다:

25 "사람은 하나님의 생각이며, 혼의 실체를 입은 셉토네이트(Septonate)의 형상으로 만들어졌다.

26 그리고 그의 욕망은 강했다. 그는 생명의 모든 차원에서 나타나고자 했다. 그리고 그는 스스로 땅의 형태를 가진 에테르체를 만들어서 땅의 차원로 내려왔다.

27 이렇게 내려옴으로써 그는 타고난 권리를 잃게 되었다. 하나님과의 조화를 잃어버렸고, 생명의 모든 음률을 불협화음으로 만들었다.

28 부조화와 악은 같은 것이다. 그러므로 악은 인간의 손으로 만든 작품이다."

29 아시비나가 네 번째 원리를 썼다.

30 "씨앗은 빛 속에서 싹트지 않는다. 그들은 토양을 찾기 전까지는 자라

지 않으며 자신을 빛으로부터 감춘다.

31 인간은 영생의 씨앗으로 진화되었다. 그러나 삼위일체 하나님의 에테르 속에서는 씨앗이 자라기에는 빛이 너무도 강했다.

32 그래서 인간은 육신의 생명의 토양을 찾았고 땅의 어둠 속에서 싹트고 자랄 수 있는 장소를 발견했다.

33 씨앗은 뿌리를 내리고 온전히 잘 자랐다.

34 인간 생명의 나무는 흙이라는 토양에서 솟아올라 자연법칙에 따라 완전한 모습에 이르고 있다.

35 인간을 육신의 삶에서 영적인 축복으로 끌어 올려 주는 하나님의 초자연적인 행동은 없다. 인간은 식물이 자라듯 자라며, 때가 되면 완성된다.

36 인간이 영적인 삶에 오를 수 있게 하는 영혼의 자질은 순수함이다."

현자들의 회의가 계속된다. 남은 원리들. 현자들이 예수를 축복한다. 칠일간의 침묵.

59 아볼로가 다섯 번째 원리를 썼다.

2 "영혼은 네 마리 백마에 의해 완전한 빛으로 이끌리는데, 이들은 의지와 믿음과 도움과 사랑이다.

3 사람이 뭔가를 하고자 하면, 그에게는 그 일을 할 힘이 있다.

4 그 힘에 대한 지식은 믿음이며, 믿음이 움직일 때, 영혼은 날기 시작한다.

5 이기적인 믿음은 빛으로 인도하지 않는다. 빛으로 이르는 길에 외로운 순례자는 없다. 사람들은 오직 타인이 높은 곳에 이르도록 도와줌으로써 높은 곳에 이를 수 있다.

6 영적인 삶으로 이끌어주는 말이 사랑이다. 순수한 이타적 사랑이다."

7 맛세노가 여섯 번째 원리를 썼다.

8 "아볼로가 말하는 보편적 사랑은 지혜와 신성한 의지의 자녀이다. 사람들이 그러한 사랑을 알 수 있도록 하나님께서는 그 사랑을 육신의

형태로 이 땅에 보내셨다.

9 현자들이 말하는 보편적 사랑은 그리스도이다.

10 모든 시대에서 가장 큰 수수께끼는 그리스도가 마음속에서 사는 방식이다.

11 그리스도는 육욕의 냉습한 동굴 속에서는 살 수가 없다. 공포, 자아, 감정, 욕망 등의 온갖 육적인 것이 버려질 때까지 일곱 번을 싸워 일곱 번 이겨야 한다.

12 이것이 이루어지면 그리스도가 영혼을 소유할 것이다. 그러면 일은 끝난 것이고, 사람과 하나님이 하나가 된다."

13 이어서 필로가 일곱 번째 원리를 썼다.

14 "완전한 인간이여! 이는 삼위일체 하나님 앞에 데려가기 위해 자연이 만들어낸 존재이다.

15 이 완성은 생명의 신비에 대한 가장 높은 계시이다.

16 모든 육의 본질이 혼으로 변이되고, 혼의 모든 본질이 성스러운 숨결로 돌아가며, 사람이 완전한 하나님으로 만들어질 때, 창조의 드라마는 끝날 것이다. 그리고 이것이 전부이다."

17 그러자 모든 성자가 말했다. '아멘'

18 맹자가 말했다. "거룩하신 한 분께서 인간의 생각을 이끄시기 위하여 헤아릴 수 없는 세월에 걸친 노력으로 광명을 얻은 사람을 우리에게 보내셨습니다.

19 하늘과 땅의 모든 위대한 스승들에 의해 입증된 이 사람, 갈릴리 출신의 이 사람, 이 세상 모든 현자들 가운데 우두머리인 예수를 기쁜 마음으로 인정합니다.

20 그가 사람에게 가져온 이 지혜를 인정하며 우리는 그에게 연꽃 화관을 씌웁니다.

21 이제 우리는 이 세계 일곱 현자의 축복과 함께 그를 보내드립니다."

22 그러자 모든 현자들이 예수의 머리 위에 손을 얹고 한목소리로 말했다. "하나님을 찬양할지어다!

23 지혜와 명예와 영광과 권능과 부와 축복과 힘은 그대의 것입니다, 오
그리스도여! 영원하소서"

24 그리고 모든 생명체들이 말했다. "아멘."

25 그리고 현자들은 7일 동안 침묵 속에 앉아 있었다.

예수가 일곱 성자에게 말한다. 그 말씀. 예수가 갈릴리로 간다.

— ✳ —

60 7일간의 침묵이 지나가고, 예수가 현자들과 함께 앉아 말했다.

2 "생명의 역사가 이 불멸의 원리 속에 잘 요약되었습니다. 이 원리들은
신성한 도시가 세워질 일곱 언덕과 같습니다.

3 이들은 우주 교회가 세워질 일곱 개의 확실한 초석들입니다.

4 나는 나에게 주어진 일을 할 때 놓인 위험을 잘 알고 있습니다. 그 잔은
쓰디쓴 잔일 것이며, 인간의 본성은 쉽게 움츠러들 수 있습니다.

5 그러나 나는 성스러운 숨결 속에 나의 의지를 맡겼고, 성스러운 숨결에
의해 말하고 행할 것입니다.

6 내가 하는 말은 나 자신의 것이 아닙니다. 그것은 그분의 말씀이며 나
는 그분의 의지를 행하는 것입니다.

7 인간은 아직 우주 교회를 이해하기에는 신성한 사상이 충분히 발달되
지 않았습니다. 따라서 하나님께서 나에게 맡기신 일은 그런 교회를 짓
는 것이 아닙니다.

8 나는 모델을 만드는 사람입니다. 나는 교회의 모형을 만들기 위하여
보내졌으며, 그것은 시대가 이해할 수 있는 모형이어야 합니다.

9 모델을 만드는 사람으로서의 나의 임무는 내가 태어난 이 나라 안에 있
습니다. 사랑이 하나님의 아들이며, 내가 그 사랑을 보여주러 온 것이
라는 기초 위에 모델교회가 세워질 것입니다.

10 그리고 낮은 신분의 사람 중에서 열두 사람을 선택할 것이며, 그들은
열두 가지의 불멸의 사상을 대표합니다. 그리고 이들이 모델교회가 될
것입니다.

11 혈육으로 친족인 내 유다 가문은 세상에 대한 나의 사명을 거의 이해하지 못할 것입니다.

12 그들은 나를 내쫓고 나의 일을 경멸하고 나를 거짓으로 고발하고 나를 묶어 세속의 심판대로 끌고 가서 나에게 유죄를 선언하고 십자가에 매달아 죽일 것입니다.

13 그러나 인간은 결코 진리를 죽일 수 없습니다. 추방하더라도 진리는 더 큰 힘으로 다시 올 것입니다. 진리가 세상을 정복할 것이기 때문입니다."

14 모델 교회는 살아날 것입니다. 비록 세속의 사람들이 이기적인 목적을 위해 성스러운 율법과 상징적인 의식과 형식을 악용하고, 그것을 겉으로 보여주는 허식으로 만들지라도 소수의 사람들은 그것을 통해 영혼의 나라를 발견할 것입니다.

15 그리고 더 나은 시대가 올 때, 우주 교회는 일곱 원리 위에 설 것이며, 주어진 모형에 따라 세워질 것입니다.

16 때가 왔습니다. 나는 살아있는 믿음의 힘과 여러분이 주신 힘을 받아 예루살렘으로 나의 길을 갑니다.

17 그리고 우리 아버지 하나님의 이름으로 영혼의 왕국이 일곱 언덕 위에 세워질 것입니다.

18 그리고 세상의 모든 백성, 부족, 어족이 그 안으로 들어갈 것입니다.

19 평화의 왕자가 권력의 보좌에 앉을 것이고, 그때 삼위일체 하나님은 만유 안에 만유가 될 것입니다.

20 모든 현자들이 말했다. "아멘"

21 예수는 갈 길을 떠나 여러 날이 지나 예루살렘에 도착했다. 그리고 갈릴리에 있는 집을 찾아갔다.

제13부

선구자 요한의 사역

선구자 요한이 헤브론으로 돌아온다. 그는 광야에서 은둔자로 살았고, 예루살렘을 방문하여 사람들에게 말한다.

～❉～

61 사가랴와 엘리사벳의 아들 요한은 이집트에서 모든 공부를 마치고 헤브론으로 돌아와 그곳에서 며칠 동안 머물렀다.

2 그런 뒤 그는 광야로 가서 다윗의 동굴에 거처를 만들었다. 그곳은 그가 수년 전에 이집트의 현자에게 가르침을 받았던 곳이었다.

3 어떤 사람들은 그를 엔게디의 은둔자라고 불렀고, 다른 사람들은 그를 언덕의 야인이라고 불렀다.

4 그는 짐승의 가죽으로 옷을 만들어 입고 캐롭 열매나 꿀 또는 견과류와 과일 등을 먹었다.

5 요한이 서른이 되었을 때 예루살렘에 가서 시장바닥에 앉아 칠 일간 침묵 속에 앉아 있었다.

6 평민들과 사제들, 서기관들과 바리새인들은 침묵하고 있는 언덕의 은둔자를 보려고 무리 지어 몰려왔다. 하지만 그가 누구인지 감히 물어보는 사람이 없었다.

7 그러나 침묵의 금식이 끝나자 그는 무리 가운데 서서 이렇게 말했다.

8 "보라, 왕이 오셨다. 선지자들이 그에 대해 말했고 현자들이 그를 오랫동안 찾아왔다."

9 "준비하라, 오 이스라엘이여! 그대들의 왕을 맞을 준비를 하라."

10 그것이 그가 말한 전부였다. 그런 뒤 그는 사라졌고 아무도 그가 어디로 갔는지 알지 못했다.

11 예루살렘 전역이 큰 불안에 휩싸였다. 통치자들은 언덕의 은둔자에 관한 이야기를 들었다.

12 그들은 앞으로 다가올 왕에 대해 알고 싶어서 그와 이야기하려고 특사를 보냈지만 그를 찾을 수 없었다.

13 며칠 뒤에 그가 다시 시장으로 돌아왔다. 모든 사람이 그의 말을 들으려고 몰려왔다. 그가 말했다.

14 "통치자들이여, 불안해하지 마시오. 앞으로 올 왕은 경쟁자가 아니오. 그는 지상의 어떤 보좌도 찾으려는 것이 아니오.

15 그는 평화의 왕자, 사랑과 정의의 왕으로 오실 것입니다. 그리고 그의 나라는 영혼 안에 있습니다.

16 인간의 눈은 그를 보지 못할 것이며, 아무도 그의 나라에 들어갈 수 없고, 오직 마음이 순수한 자만이 들어갈 수 있습니다.

17 준비하시오, 오 이스라엘이여! 그대들의 왕을 맞이할 준비를 하시오!"

18 은둔자는 다시 사라졌다. 사람들은 그를 따라가려고 애썼으나 그는 자신의 모습에 휘장을 둘러 사람들이 그를 볼 수 없었다.

19 유대의 축제일이 되었다. 예루살렘은 팔레스타인의 각 지방에서 온 유대인들과 개종자들로 가득 찼다. 요한은 성전의 뜰에 서서 이렇게 말했다.

20 "준비하시오. 오 이스라엘이여! 그대들의 왕을 맞이할 준비를 하시오!

21 그대들은 죄를 짓고 살아왔습니다. 가난한 자들이 길거리에서 울부짖어도 그들을 외면했습니다.

22 그대들의 이웃이 누구입니까? 그대들은 친구와 적을 똑같이 속였습니다.

23 그대들은 입으로만 하나님을 찬양하면서 마음은 황금에만 사로잡혀 하나님에게서 멀어졌습니다.

24 그대들의 제사장들은 사람들에게 견디기 힘든 짐을 지게하고, 가난한 사람들이 힘겹게 번 돈으로 안락하게 살고 있습니다.

25 그대들의 율법사들, 박사들, 서기관들은 모두 이 땅에서 쓸모없는 방해꾼들이며 국가라는 몸에 있는 악성 종양일 뿐이다.

26 그들은 열심히 일하지도 않고 물레질도 하지 않으나 그대들이 장사하

여 얻은 이익을 다 차지합니다.

27 그대들의 통치자들은 누구의 권리도 존중하지 않는 간부姦夫이며, 착취자이며, 도둑들입니다.

28 강도들은 신성한 홀에서 천직인 강도질에 분주하고, 당신들은 신성한 성전을 도둑들에게 팔았습니다. 그리고 기도를 위해 마련된 신성한 장소가 그들의 소굴이 되었습니다.

29 들으십시오! 들으십시오! 예루살렘의 사람들이여! 개심하십시오. 악한 길에서 돌아서십시오. 그렇지 않으면 하나님께서 그대들을 외면하실 것이며 먼 곳의 이교도들이 와서 아직 남아 있는 그대들의 명예와 명성이 단 한 시간 안에 사라질 것입니다.

30 준비하십시오, 예루살렘이여! 그대들의 왕을 맞이할 준비를 하십시오."

31 요한은 더 이상 말하지 않았다. 그가 성전의 뜰을 떠났고 아무도 그가 가는 것을 보지 못했다.

32 제사장, 박사, 서기관들은 모두 분노했다. 그들은 요한을 찾아서 그를 해하려 했지만 그를 찾지 못했다.

33 평민들은 그를 옹호했다. 그들이 말했다. "그 은둔자는 진실을 말하고 있다."

34 그러자 제사장과 박사와 서기관들은 몹시 두려워했다. 그들은 더 이상 아무 말도 하지 않고 몸을 숨겼다.

선구자 요한이 다시 예루살렘을 방문한다. 사람들에게 설교한다. 칠 일 후에 길갈에서 만나자고 약속한다. 베다니의 연회에 참석한다.

～ ❋ ～

62 다음날 요한이 다시 성전의 뜰에 가서 말했다.

2 "준비하시오! 오 이스라엘이여, 그대들의 왕을 맞을 준비를 하시오!"

3 대제사장과 서기관들은 요한이 하는 말의 의미를 알면서도 말했다.

4 "당돌한 젊은이여, 그대가 이스라엘에 전하고자 하는 메시지의 요지가 무엇이오? 만일 그대가 선각자이고 선지자라면 누가 그대를 이곳에 보

냈는지 분명히 말하시오."

5 요한이 대답했다. "나는 광야에서 외치는 자의 목소리요. 길을 준비하여 고르게 닦으시오. 왜냐하면, 평화의 왕자가 사랑으로 통치하러 오실 것이기 때문이오.

6 그대들의 선지자 말라기가 하나님의 말씀을 이렇게 기록해 놓았소.

7 '최후 심판일이 오기 전에, 내가 엘리야를 너희에게 보내 사람들의 마음을 하나님께로 돌리게 하리라. 만일 그들이 마음을 돌이키지 않으면, 보라, 내가 그들을 저주하여 멸하리라.'

8 이스라엘 사람들이여! 그대들은 자신의 죄를 알고 있소. 내가 거리를 지나갈 때 한 마리의 상처 입은 새가 그대들의 길가에 엎드려 있는데 모든 사람들이 몽둥이로 그것을 두들겨 패는 것을 보았소. 그때, 나는 그 새의 이름이 '공정'이라는 것을 알았소.

9 내가 다시 보니 동료 새인 '정의'도 이미 죽어 그 새가 죽임을 당한 것을 보았소. '정의'의 순수한 하얀 날개가 먼지 속에 짓밟혀 있었소.

10 내가 그대들에게 말하나니 그대들의 가공할 죄악은 부정의 시궁창이 되어 하늘까지 더러운 악취를 풍기고 있소.

11 개심하시오! 오 이스라엘이여, 개심하시오! 그대들의 왕을 맞을 준비를 하시오."

12 그런 뒤 요한이 돌아서서 떠나며 말했다.

13 "칠일 뒤에 나는 이스라엘이 약속의 땅으로 들어올 때 처음으로 건넜던 요단강 강가의 길갈에 있을 것이오."

14 그런 뒤 요한은 성전의 뜰을 떠나 다시는 그곳에 들어가지 않았다. 그러나 많은 사람들이 베다니까지 그를 따라갔다. 요한은 그곳에서 친척인 나사로의 집에 머물렀다.

15 불안해하는 사람들이 그의 집 주위에 모여들어 가지 않자 요한이 나와서 말했다.

16 "개심하시오, 오 이스라엘이여 개심하시오. 그대들의 왕을 맞을 준비를 하시오.

17 이스라엘의 죄가 제사장이나 서기관들에게만 있는 것이 아니오. 유대의 죄인들이 통치자들이나 부유한 사람들에게만 있다고 생각하지 마시오.

18 사람이 단지 궁핍하게 산다고 해서 그가 선량하고 순수한 사람이라는 것이 아니오.

19 이 땅의 힘없고 무능한 부랑자들은 대부분 가난하고 구걸해야 하는 사람들이오.

20 내가 제사장이나 서기관들이 부정을 저지르고 있다고 말한 것에 기뻐했던 바로 그 사람들이 거리에서 불쌍한 '공정'에게 돌을 던지고 구타하는 것을 나는 보았소.

21 나는 그들이 불쌍하게 죽은 '정의'의 새를 짓밟는 것을 보았소.

22 나를 따르는 평민들의 죄가 서기관들이나 제사장들 보다 뒤처지는 것이 아니오.

23 개심하시오, 그대 이스라엘 백성들이여. 왕이 오셨소. 그대들의 왕을 맞을 준비를 하시오"

24 요한은 나사로와 그의 누이들과 함께 며칠 동안 머물렀다.

25 나실인들을 기념하는 잔치가 벌어졌고, 모든 사람이 식탁 주위에 둘러서 있었다.

26 지방의 유지들이 발포주를 요한에게 한 잔 따라주자 그가 잔을 받아서 공중에 높이 들어 올리며 말했다.

27 "포도주는 육적인 마음을 기쁘게 하지만, 인간의 영혼은 슬프게 만듭니다. 그것은 사람을 깊은 슬픔에 빠지게 하며 불멸의 영혼을 성나게 합니다.

28 나는 어렸을 적에 나실인으로 서약을 한 이래로 술을 한 방울도 입에 대 본 적이 없습니다.

29 만일 당신들이 앞으로 오실 왕을 기쁘게 하려면 마치 사약을 멀리하듯이 술을 멀리하십시오."

30 그런 뒤 그는 발포주를 거리에 쏟아 버렸다.

선구자 요한이 여리고를 방문한다. 길갈에서 사람들을 만나서 그의 사명을 알린다. 세례 의식을 소개하고 많은 사람에게 세례의식을 행한다. 베다니에 돌아가서 가르치고, 다시 요단강으로 돌아온다.

⁓ ❈ ⁓

63 요한은 여리고로 내려가 알패오와 함께 머물렀다.

2 사람들은 그가 여리고에 있다는 소문을 듣고, 그의 말을 들으려고 떼를 지어 몰려 왔다.

3 요한은 누구에게도 말을 하지 않다가 때가 되자 요단강으로 내려가서 군중들에게 말했다.

4 "개심하십시오. 그리고 순수함의 샘물에서 그대들의 모든 죄를 씻어내십시오. 하나님의 나라가 가까이 왔습니다.

5 내게로 오십시오. 이 물로 씻김을 받으십시오. 이 일은 영혼을 정화하는 상징입니다."

6 그러자 수많은 사람이 내려와서 요단강에서 씻김을 받고 죄를 고백했다.

7 여러 달 동안 요한은 근방 모든 지역에서 순수함과 정의를 주장하고 여러 날 후에 다시 베다니로 가서 사람들을 가르쳤다.

8 처음에는 소수였지만 정직한 구도자들이 찾아왔다. 그러나 차차 이기적이고 사악한 무리가 아무런 뉘우침도 없이 그를 찾아왔다. 그들은 단지 많은 사람이 왔기 때문에 그냥 따라온 것이었다.

9 요한은 회개하는 일이 없는 바리새인들과 사두개인들이 오는 것을 보고 말했다.

10 "독사의 자식들이여! 멈추시오. 그대들은 진노가 닥치리라는 소식에 마음이 불안한 것이오?

11 가서 그대들의 회개가 참이라는 것을 증명하는 일을 하시오.

12 그대들이 아브라함의 상속자들이라고 말하는 것으로 충분하다고 생각하시오? 나는 그렇지 않다고 말하오.

13 아브라함의 자손도 이교도처럼 잘못하면 하나님이 볼 때 똑같이 사악

하오.

14 도끼를 보시오! 유익한 열매를 맺지 못하는 모든 나무는 뿌리가 찍혀서 불에 던져집니다."

15 그러자 사람들이 물었다. "우리가 무엇을 해야 합니까?"

16 요한이 대답했다. "모든 인류를 돕는 사역을 받아들이시오. 너희가 가진 모든 것을 이기적으로 사용하지 마시오.

17 외투를 두 벌 가진 사람은 한 벌도 없는 사람에게 나누어 주시오. 또 너희가 가지고 있는 모든 음식의 일부를 필요한 사람과 나누어주시오."

18 세리들이 와서 자신들은 무엇을 해야 할지 묻자 요한이 대답했다.

19 "그대들이 하는 일에 정직하시오. 부당한 이득을 얻기 위해 너희가 거두는 세금을 늘리지 마시오. 너희의 왕이 요구하는 것 이상으로 거두어들이지 마시오."

20 이번에는 군인들이 와서 자신들은 무엇을 해야 할지 물었다. 그러자 선구자가 대답했다.

21 "누구에게도 폭력을 행사하지 마시오. 부당한 것을 강요하지 마시오. 그리고 그대들이 받는 보수에 만족하시오."

22 유대인들 가운데 많은 사람이 그리스도가 올 것을 기다리고 있었다. 그리고 그들은 요한을 그리스도로 여겼다.

23 그러나 그들의 질문에 요한은 이렇게 대답했다. "나는 혼을 씻어내는 상징으로 물로써 세례의식을 행합니다. 그러나 오실 분이 오시게 되면, 보시오, 그는 성스러운 숨결로 세례를 행할 것이며 불로 정화할 것이오.

24 그는 키로 알갱이와 쭉정이를 구분해서 쭉정이는 버리고 모든 알갱이는 거둘 것이오. 그가 그리스도이십니다.

25 보시오. 그가 오십니다. 그는 그대들과 함께 걸을 것이나 그대들은 그를 알지 못할 것이오.

26 그가 그 왕이십니다. 나는 그분의 신발 끈을 풀어 드리기에도 부족한 사람입니다."

27 요한은 베다니를 떠나서 다시 요단강으로 갔다

예수가 갈릴리로 와 요한에게 세례를 받는다. 성스러운 숨결이 그가 메시아임을 확증해 준다.

※

64 그 소식이 갈릴리에 퍼졌다. 예수가 무리와 함께 선구자 요한이 전 파하고 있는 요단강 강가로 내려갔다.

2 예수가 선구자를 보고 그에게 말했다. "하나님의 사람을 보십시오! 가 장 위대한 선각자를 보십시오! 엘리야가 돌아왔습니다.

3 하느님이 길을 열라고 보낸 사자를 보십시오! 하나님의 나라가 가까이 왔습니다."

4 요한이 예수가 무리와 함께 서 있는 것을 보고 말했다. "하나님의 이름 으로 오시는 왕을 보시오!"

5 예수가 요한에게 말했다. "나의 혼을 정화하는 상징으로 물로 깨끗이 씻어주십시오."

6 요한이 대답했다. "당신은 생각과 말과 행동이 깨끗하므로 씻을 필요 가 없습니다. 그리고 설령 당신이 씻을 필요가 있을지라도 저는 그 의 식을 행할 자격이 없습니다."

7 예수가 말했다. "나는 사람들의 본보기가 되려고 왔습니다. 그래서 내 가 그들에게 명한 것을 내가 먼저 해야 합니다. 그리고 모든 사람은 혼 을 정화하는 상징으로 씻겨져야 합니다.

8 이렇게 씻는 것을 우리의 의식으로 정하고, 세례의식이라고 부를 것이 며 앞으로도 그렇게 부를 것입니다.

9 예언하는 선구자여, 당신의 일은 길을 예비하고 숨겨진 사실을 드러내 는 것입니다.

10 사람들은 생명의 말씀을 들을 준비가 되어있습니다. 그리고 나는 그대 에 의해 삼위일체 하나님의 선지자로서, 사람들에게 그리스도를 드러 내기 위해 선택된 자로서 알려지게 됩니다."

11 그러자 요한은 예수를 요단강 강가로 데리고 가서, 사람들에게 그리스 도를 드러내기 위해 그를 보내신 성스러운 하나님의 이름으로 세례를

주었다.

12 그리고 그들이 세례의식을 마치고 강물에서 올라오니 성스러운 숨결이 비둘기의 형태로 내려와 예수의 머리 위에 앉았다.

13 그때 하늘에서 한 목소리가 들렸다. "이는 사랑받는 하나님의 아들 그리스도이며, 하나님의 사랑이 드러난 것이다."

14 요한은 그 목소리를 듣고 그 목소리의 메시지를 이해했다.

15 예수는 그곳을 떠났고 요한은 대중들을 가르쳤다.

16 자신의 죄를 고백하고 악한 길에서 옳은 길로 돌아서는 자마다 선구자는 의로 인해 죄를 씻어내는 상징으로서 세례를 주었다.

제14부

예수의 그리스도 사역 – 입문 시대

예수는 자기 성찰을 위해 광야로 간다. 그는 광야에서 40일 동안 머문다. 세 가지 유혹을 받고 모두 이겨낸다. 요한이 머무는 곳으로 돌아가 가르치기 시작한다.

◈

65 로고스는 현상으로 드러난 사랑이며 이제 그는 그리스도의 사역을 시작해야 하는 것으로 사람들에게 소개되었다.

2 그리고 그는 하나님과 함께 홀로 있으면서 자신의 내면의 마음을 들여다보고 마음의 힘과 가치를 알기 위해 광야로 나갔다.

3 그리고 그는 자신과 이야기했다. "나의 낮은 자아는 강하다. 나는 많은 끈으로 육신의 삶에 묶여 있다.

4 나는 사람들을 위해 기꺼이 희생하고 극복할 수 있는 힘을 가지고 있는가?

5 사람들 앞에 섰을 때 그들이 내가 메시아라는 증거를 요구하면 뭐라고 대답할 것인가?"

6 그러자 유혹자가 나타나서 말했다. "만일 그대가 하나님의 아들이라면 돌에게 빵이 되라고 명령해 보라."

7 예수가 말했다. "시험을 요구하는 자가 누구냐? 기적을 행한다고 해서 그가 하나님의 아들이라는 것을 보여주는 것이 아니다. 악마도 위대한 일을 할 수 있다.

8 흑마법사들도 파라오 앞에서 위대한 일을 하지 않았더냐?

9 내 삶의 모든 걸음 속에서 내 말과 행동이 내가 메시아라는 증거가 될 것이다."

10 그러자 유혹자가 말했다. "만일 그대가 예루살렘에 가서 성전 꼭대기에서 땅 위로 뛰어내린다면 사람들은 그대를 하나님이 보내신 메시아라고 믿을 것이다.

11 그 일은 그대가 틀림없이 할 수 있는 일이다. 하나님께서 그대를 염려하여 천사들에게 명하여 그대가 떨어지지 않도록 손으로 그대를 부축할 것이라고 다윗이 말하지 않았던가?"

12 예수가 말했다. "나는 나의 주 하나님을 시험하지 않을 것이다."

13 그러자 유혹자가 말했다. "세상을 보라. 세상의 명예와 명성을 보라! 그 속의 즐거움과 부를 보라!

14 만일 그대가 이것들을 얻기 위해 자신의 생명을 바친다면 그것들은 그대의 것이 될 것이다."

15 그러나 예수는 이렇게 말했다. "나를 유혹하는 일체의 생각이여, 물러나라. 나의 마음은 확고하다. 나는 모든 헛된 야심과 교만으로 가득 찬 일체의 세속적인 자아를 경멸한다."

16 예수는 사십 일 동안 세속적인 자아와 씨름했다. 마침내 그의 더 높은 자아가 승리하였다. 그때 그는 배가 고팠지만 친구들이 그를 찾아내어 보살폈다.

17 그런 뒤 예수는 광야를 떠났다. 성스러운 숨결의 의식 안에서 그는 요한이 머무는 곳으로 와 가르쳤다.

요한의 제자 중 여섯 명이 예수를 따르고 그의 제자가 된다. 예수가 그들을 가르친다. 그들은 침묵 속에서 앉는다.

~ ❈ ~

66 요한을 따르는 사람 중에는 갈릴리에서 온 사람들이 많이 있었다. 안드레, 시몬, 야고보, 요한 그리고 벳새다 출신인 빌립과 그의 형제는 그들 중에서 가장 독실한 사람들이었다.

2 어느 날 안드레, 빌립과 세베대의 아들이 선구자 요한과 이야기하고 있었다. 그때 로고스가 오자 요한이 외쳤다. "그리스도를 보시오!"

3 그러자 그 세 명의 제자가 예수를 따라갔다. 예수가 물었다. "무엇을 찾고 있느냐?"

4 제자들이 물었다. "어디에 사십니까?" 예수가 대답했다. "와서 보라."

5 안드레가 그의 형제인 시몬을 불러 말했다. "그리스도를 찾았으니 나와 함께 가자."

6 예수가 시몬의 얼굴을 들여다보고 말했다. "보라, 바위로구나! 이제 베드로가 너의 이름이다."

7 빌립은 나다나엘이 나무 옆에 앉아 있는 것을 보고 말했다. "형제여, 내가 그리스도를 찾았으니 같이 가보세! 그는 나사렛에 살고 있소."

8 나다나엘이 말했다. "나사렛에서 무슨 좋은 것이 나올 수 있겠소?" 빌립이 대답했다. "와서 보라."

9 예수는 나다나엘이 오는 것을 보고 말했다. "그 속에 간사한 것이 없는 참된 이스라엘 사람이로다."

10 나다나엘이 말했다. "어떻게 저에 대해 그런 말씀을 하시는지요?"

11 예수가 말했다. "네 형제 빌립이 너를 부르기 전에 네가 무화과나무 아래에 앉아 있는 것을 보았다."

12 나다나엘은 양손을 들어 올리며 말했다. "이분이 바로 선지자께서 자주 증언하셨던 그 그리스도이며 왕이심이 분명하도다."

13 요한이 그의 형제 야고보를 찾아 그를 예수에게 데리고 왔다.

14 여섯 명의 제자들은 예수와 함께 그가 머물고 있는 곳으로 갔다.

15 베드로가 말했다. "우리는 오랫동안 그리스도를 찾아다녔습니다. 우리는 갈릴리에서 요한을 찾아왔고, 그를 그리스도라고 생각하였으나 그는 자신이 그리스도가 아니라고 말하며,

16 단지 길을 닦고 앞으로 오실 왕을 위해 길을 평탄하게 만드는 선구자라고 했습니다. 그리고 당신께서 오셨을 때 말했습니다. "그리스도를 보라!"

17 저희는 기꺼이 당신이 가는 곳을 따르고 싶습니다. 주여, 저희가 무엇을 해야 하는지 말씀해 주십시오."

18 예수가 말했다. "땅의 여우도 집이 있고 새들도 둥지가 있으나 나는 내 머리 둘 곳도 없다.

19 나를 따를 자는 자신의 모든 욕망을 포기해야 하고, 생명을 구하기 위

해 자신의 생명을 버려야 한다.

20 나는 길을 잃은 사람들을 구하러 왔다. 그리고 사람은 자기 자신으로 부터 구원받을 때, 구원받는다. 그러나 사람들은 이러한 그리스도의 가르침을 더디게 이해한다."

21 베드로가 말했다. "다른 사람에 대해서는 말할 수 없으나 저 자신에 대해서는 말씀드릴 수 있습니다. 저는 모든 것을 버리고 당신이 이끄는 대로 따르겠습니다."

22 그러자 나머지 제자들이 말했다. "당신에게는 진리의 말씀이 있으며 당신은 하나님에게서 왔습니다. 그러므로 당신의 발자국을 따라간다면 저희는 길을 잃을 수 없습니다."

23 그 후 예수는 여섯 제자와 함께 아주 오랫 동안 고요한 생각 속에 앉아 있었다.

예수가 요단강에 있는 요한을 찾아간다. 예수는 처음으로 그리스도의 설법을 전한다. 그 말씀. 제자들과 함께 베다니로 간다.

— ❋ —

67 다음날 예수는 다시 와서 요한과 함께 요단강 강가에 섰다. 요한이 그에게 말을 하도록 설득하므로 그가 앞에 나서서 말했다.

2 "이스라엘 사람들은 들어라! 하나님의 나라가 가까이 있다.

3 시대의 위대한 열쇠지기가 그대들 중에 서 있음을 보라. 그 사람은 엘리야의 영과 함께 왔다.

4 보라, 그가 열쇠를 돌렸으므로 이제 그 큰 문이 활짝 열려서 누구든지 원하는 자는 왕을 만날 수 있다.

5 여기 모인 많은 여인과 어린이들과 남자들을 보라. 모두가 몰려나와 거리를 가득 메우고 바깥의 뜰도 가득 채웠다. 각자가 남들보다 먼저 왕을 만나려 한다.

6 보라. 검열관이 와서 부른다. 누구든지 올 수 있지만 오는 자는 자신의 모든 사악한 생각들을 없애버려야 하며,

7 낮은 자아를 만족시키려는 욕망을 극복해야 하며, 길 잃은 자들을 구원하기 위하여 자신의 삶을 바쳐야 한다.

8 왕국의 문이 가까워질수록 공간은 더 넓어진다. 사람들이 많이 가버렸기 때문이다.

9 만약 사람들이 세속적인 생각과 열망과 욕구를 가지고 하나님의 나라에 올 수 있다면, 모든 사람이 들어갈 자리는 없을 것이다.

10 그러나 그들이 이것들을 가지고 좁은 문을 통과할 수 없을 때, 그들은 돌아간다. 소수의 사람만이 안으로 들어가 왕을 볼 준비가 되어있다.

11 보라. 요한은 사람들의 영혼을 낚는 훌륭한 어부이다. 그는 인간의 바다에 그물을 던지고, 그것을 당기면 가득 채워져 있다.

12 그런데 어찌 이다지도 잡동사니만 잡히는지! 게, 바닷 가재, 상어, 파충류들이 걸려들고 때때로 더 좋은 종류의 물고기들이 잡힌다.

13 수천 명의 사람이 언덕의 야인의 말을 들으려고 오는 것을 보라. 그들이 무리로 몰려오면, 그는 그들을 수정 같은 홍수에 씻겨주고, 그들은 자기 입으로 자신들의 죄를 고백한다.

14 그러나 다음날이 되면 우리는 그들이 다시 악덕의 소굴에서 요한을 욕하고, 하나님을 저주하고, 왕에게 욕설을 퍼붓는 것을 본다.

15 그러나 마음이 순수한 사람들은 축복받았다. 그들은 왕을 볼 것이기 때문이다.

16 그리고 마음이 강한 사람은 축복받았다. 그들은 바람 부는 대로 이리저리 흔들리지 않을 것이기 때문이다.

17 변덕스럽고 분별없는 사람들은 제 입맛을 만족시키는 파와 향신료를 찾아 이집트로 돌아가는 동안, 마음이 순수한 사람들은 왕을 찾아냈다.

18 그러나 믿음도 약하고 단지 육신에 불과한 자들도 언젠가 다시 올 것이고 왕을 만나기 위해 즐거운 마음으로 들어올 것이다.

19 오 이스라엘 사람들이여, 이 선지자가 하는 말에 귀를 기울여라! 의지를 강하게 하고, 마음을 순수히 하며, 항상 사람들을 도와주어라. 하나님의 나라가 가까이 있다."

20 예수는 이렇게 말하고 갈 길을 떠났다. 그리고 여섯 명의 제자들과 함께 베다니에 도착했다. 그들은 그곳에서 여러 날 동안 나사로와 함께 머물렀다.

예수가 베다니에서 사람들에게 말한다. 그들에게 마음이 순수해지는 방법을 가르쳐준다. 예루살렘에 가서 성전에서 예언서를 읽는다. 나사렛으로 간다.

$\sim$ ✤ $\sim$

68 이스라엘의 왕인 예수가 베다니에 왔다는 소식이 곧 널리 퍼졌다. 마을의 모든 사람이 왕을 맞이하러 왔다.

2 예수가 그들 가운데 서서 외쳤다. "보라. 진실로 왕이 왔다. 그러나 예수는 왕이 아니다.

3 하나님의 나라는 가까이 있지만, 사람들은 육신의 눈으로 그것을 볼 수 없다. 그들은 보좌에 계신 왕을 볼 수 없다.

4 그 나라는 영혼의 나라이다. 그 나라의 보좌는 지상의 보좌가 아니다. 그리고 그 나라의 왕은 사람이 아니다.

5 인간의 왕들이 이 세상에 나라를 세울 때 그들은 무력으로 다른 왕들을 정복한다. 한 나라는 다른 나라의 폐허 위에 세워진다.

6 그러나 우리 아버지 하나님께서 혼의 나라를 세울 때, 그때 그는 이 지상의 정의로운 왕들의 보좌 위에 축복을 쏟아부을 것이다.

7 하나님께서 멸하려는 것은 통치가 아니다. 그는 불의와 방종과 죄악에 대해 칼을 휘두른다.

8 로마의 왕들이 정의와 사랑을 행하고 그들의 하나님과 함께 겸손하게 걷는다면, 삼위일체 하나님의 축복이 그들 모두에게 임할 것이다.

9 그들은 하나님께서 지상으로 보낸 사자를 두려워할 필요가 없다.

10 나는 왕좌에 앉아 카이사르처럼 세상을 지배하라고 보내진 것이 아니다. 그대들은 내가 유대 왕의 자리를 빼앗으려고 온 것이 아니라는 것을 유대 왕에게 전해도 좋다.

11 사람들이 나를 그리스도라고 부르고 하나님도 그 이름을 인정해 주셨

다. 하지만 그리스도는 사람이 아니다. 그리스도는 보편적 사랑이며, 사랑이 왕이다.

12 이 예수는 온갖 유혹과 여러 형태의 시련을 극복하여 그리스도가 인간에게 드러날 수 있는 성전이 될 수 있도록 맞춰진 사람일 뿐이다.

13 그러니 이스라엘 사람들이여 들어라! 육체를 보지 말라. 그것은 왕이 아니다. 안에 있는 그리스도를 보라. 그가 내 안에 형성되었듯 그대들 안에서도 형성될 것이다.

14 그대들이 믿음으로 마음을 깨끗하게 할 때 왕이 들어올 것이며, 그대들은 그의 얼굴을 보게 될 것이다."

15 그러자 사람들이 물었다. "우리의 몸에 왕이 거할 수 있게 맞춰지려면 무엇을 해야 합니까?"

16 예수가 말했다. "그대들의 생각과 말과 행동을 정화하는 데 도움이 되는 것이라면 무엇이든 육체의 성전을 깨끗게 할 것이다.

17 모두에게 적용될 수 있는 규칙은 없다. 사람들은 죄를 짓는데 전문가이며 저마다 자기 자신을 괴롭히는 죄가 있기 때문이다.

18 사람들은 자신을 살펴야 한다. 각자 스스로 어떻게 하면 사악함에 빠지는 성향을 사랑과 정의를 실천하고자 하는 성향으로 바꿀 수 있는지를 살펴야 한다.

19 사람들이 더 높은 차원에 이르러 이기심에서 벗어날 때까지 이 규칙은 최상의 결과를 가져다줄 것이다.

20 남이 그대들에게 해주기를 바라는 대로 남에게 행하라."

21 그러자 많은 사람이 말했다. "우리는 예수가 그리스도이시며, 오시기로 약속된 왕이라는 것을 알고 있습니다. 그의 이름에 축복이 있을 것입니다."

22 이제 예수와 그의 여섯 제자가 예루살렘으로 향했다. 많은 사람이 그들을 따랐다.

23 알패오의 아들 마태가 먼저 달려가 예루살렘에 도착해서 말했다. "보시오, 그리스도가 오십니다!" 군중들이 왕을 보려고 나왔다.

24 그러나 예수는 누구에게도 말하지 않다가 예루살렘 성전의 뜰에 도착하여 책 한 권을 펼쳐 읽었다.

25 "보라, 내가 내 메신저를 보냈으니, 그가 길을 닦을 것이다. 그리고 너희들이 기다리는 그리스도가 예고 없이 그의 성전에 오리라. 보라, 그가 올 것이라고 만군의 주 하나님께서 말씀하셨기 때문이다."

26 그런 뒤 그는 책을 덮었다. 그리고 더 이상 말을 하지 않았다. 그는 여섯 제자와 함께 성전을 떠나 나사렛으로 향했다.

27 그들은 나사렛에서 예수의 어머니 마리아와 마리아의 여동생 미리암과 함께 지냈다.

예수와 나사렛 유대교의 회당장. 예수가 사람들에게 공개적으로 가르치지 않는다. 사람들이 놀란다.

≈ ❋ ≈

69 다음날 베드로가 나사렛 마을을 걷다가 회당장을 만났다. 그는 베드로에게 "최근에 나사렛에 온 예수는 어떤 사람입니까?"라고 물었다.

2 베드로가 대답했다. "그분은 우리들의 선지자들이 기록한 그리스도입니다. 그는 이스라엘의 왕이시며, 그의 어머니 마리아는 마미온 거리에 살고 있습니다."

3 회당장이 말했다. "내가 그의 말을 한번 들어보고 싶으니 회당으로 오라고 전해 주시오."

4 베드로가 예수에게 달려가서 그의 말을 전했으나, 예수는 대답하지 않았다. 그리고 그는 회당에 가지 않았다.

5 저녁 때에 회당장이 마미온 거리에 올라왔다. 그리고 마리아의 집에서 예수와 그의 어머니가 홀로 있는 것을 발견했다.

6 그가 예수에게 메시아의 증거를 요구하며, 회당에 오라는 명을 받고도 오지 않은 이유를 묻자 예수가 대답했다.

7 "나는 누구의 종이 아니며, 사제의 명을 받아 사역하지 않는다. 나는 인간의 부름에 응하지 않는다. 나는 하나님의 그리스도로 왔으므로 하나

님께만 응답한다.

8 누가 그대에게 내가 메시아라는 것을 증명할 것을 요구할 권리를 주었
는가? 그 증거는 나의 말과 행동에 있으니, 만일 당신이 나를 따른다면
증거가 부족하지 않을 것이다."

9 그러자 회당장이 돌아가면서 스스로에게 물었다. "회당장인 나를 무시
하는 그의 태도는 도대체 무엇이란 말인가?"

10 마을 사람들이 그리스도를 보고 그가 말하는 것을 듣고자 무리 지어
왔다. 그러나 예수가 말했다.

11 "선지자는 고향이나 친척들에게서 존경을 받지 못한다.

12 내가 다른 마을에서 가르친 말과 행한 일들을 통하여 그들이 믿음을
갖기 전까지,

13 하나님께서 영원한 사랑을 증명하기 위해서 나를 그리스도로 삼으셨다
는 사실을 사람들이 알 때까지, 나는 나사렛에서 말하지 않을 것이다.

14 그대들과 내 친척들에게 선한 의지가 있기를! 나는 그대들을 한없는 사
랑으로 축복한다. 그리고 그대들에게 넘치는 즐거움과 행복을 기원한
다."

15 그는 더 이상 말하지 않았다. 사람들은 나사렛에서 말하지 않을 것이
라는 그의 말에 무척 놀랐다.

예수가 제자들과 함께 가나의 결혼식 피로연에 참석한다. 예수가 결혼에 대하여 말한다.
물을 포도주로 바꾸자 사람들이 놀란다.

70 갈릴리의 가나에서 혼인 잔치가 열렸다. 마리아와 그녀의 동생 미리
암 그리고 예수와 여섯 명의 제자들도 잔치에 참석했다.

2 연회장은 예수가 하나님께서 보내신 스승이라는 것을 듣고 예수에게
말씀을 청하였다.

3 그러자 예수가 말했다. "결혼보다 더 신성한 결합은 없다.

4 두 사람의 혼을 사랑 속에서 묶어주는 사슬은 하늘에서 만들어진 것이

며, 사람은 그 결합을 결코 둘로 끊을 수 없다.

5 두 사람의 낮은 열정이 두 사람의 결합을 일으킬 수 있지만, 그것은 물과 기름의 결합에 불과하다.

6 그러면 사제가 사슬을 만들어서 두 사람을 묶어 놓을 수 있다. 이것은 진정한 결혼이 아니다. 그것은 가짜이다.

7 두 사람은 간음의 죄가 있다. 그리고 사제는 범죄의 당사자이다." 이것이 예수가 말한 전부였다.

8 예수가 홀로 떨어져 고요히 서 있을 때, 그의 어머니가 와서 말했다. "포도주가 떨어졌는데 어떻게 하지?"

9 예수가 말했다. "포도주가 무엇이지요? 그것은 단지 포도 향이 나는 물에 불과합니다.

10 그리고 포도란 무엇인가요? 그것들은 단지 어떤 종류의 생각이 나타난 것에 불과합니다. 제가 그 생각을 나타내 보일 수 있습니다. 그러면 물은 포도주가 될 것입니다."

11 그리고 하인들을 불러서 말했다. "돌로 된 물 항아리 여섯 개를 가져와서 각각의 항아리에 물을 가득 채워라."

12 하인들은 물 항아리들을 가져와서 가장자리까지 가득 채웠다.

13 예수가 강력한 생각으로 그 생각들이 현상으로 드러날 때까지 에테르를 휘저었다. 그리고, 보라, 물이 붉게 변하면서 포도주가 되었다.

14 하인들이 포도주를 가져다 연회장에게 전해 주자, 그가 신랑을 불러서 말했다.

15 "이 포도주는 최상급이오. 대부분 사람은 연회를 베풀 때 맨 처음에 최고의 포도주로 대접하는데 당신은 마지막까지 최상급 포도주를 남겨 두었소."

16 연회장과 손님들은 예수가 생각의 힘으로 물을 포도주로 바꾸었다는 말을 듣고 깜짝 놀랐다.

17 그들은 말했다. "이분은 보통사람이 아닙니다. 그는 오래전 선지자들이 장차 오리라고 말한 그리스도임이 분명합니다."

18 많은 손님들이 그를 믿고 기꺼이 따르고자 하였다.

예수가 여섯 명의 제자와 어머니 마리아와 함께 가버나움으로 간다. 예수는 땅에 있는 왕들과 하늘에 있는 왕들의 차이점을 밝혀주며 사람들을 가르친다.

~ ❄ ~

71 가버나움 도시는 갈릴리호 근처에 있었고, 베드로의 집이 거기에 있었다. 안드레, 요한, 야고보의 집도 근처에 있었다.

2 이들은 어부였으며, 그물을 손질하기 위해 돌아가야만 했다. 그들은 예수와 그 어머니도 함께 가자고 설득했다. 이윽고 그들은 빌립과 나다나엘과 더불어 갈릴리호 옆에 있는 베드로의 집에 머물게 되었다.

3 유대의 왕이 왔다는 소식이 가버나움과 갈릴리호숫가에 전해지자 그의 손을 잡으려고 많은 사람이 몰려 왔다.

4 예수가 말했다. "그대들이 혼의 눈으로 보지 않는다면 내가 그 왕을 보여 줄 수 없다. 그 왕의 왕국은 혼 안에 있기 때문이다.

5 모든 혼 속에 나라가 있으며 모든 이들 안에 왕이 있다.

6 이 왕은 사랑이다. 이 사랑이 삶에서 가장 큰 힘이 될 때, 그것이 그리스도이다. 그러므로 그리스도는 왕이다.

7 나의 혼 속에 그리스도가 거하듯이, 모든 이의 혼 속에 이 그리스도가 머물게 할 수 있다.

8 육신은 왕의 성전입니다. 그리고 사람들은 거룩한 사람을 왕이라 부를 수 있다.

9 자신의 몸을 깨끗하고 순수하게 하는 자, 너무도 순수하여 그 성벽 안에 더럽혀지지 않은 채 나란히 함께 거할 수 있는 자는 왕이다.

10 지상의 왕들은 왕의 옷을 입고 사람들이 두려워할 만한 모습으로 앉아 있다.

11 하늘의 왕은 어부의 옷을 입고 있거나 시장바닥에 앉아 있을 수도 있으며 땅을 갈거나, 밭에서 이삭을 줍고 있는 사람일 수도 있으며, 육신의 사슬에 묶인 노예일 수 있다.

12 또는 사람들에게 범죄자로 판결을 받아 감옥에서 고통을 받거나 십자가에서 처형을 당할 수도 있다.

13 사람들은 다른 사람들이 진정으로 어떤 사람인지 거의 알아보지 못한다. 인간의 감각은 그럴 것으로 여겨지는 것을 감지한다. 그리고 그럴 것으로 여겨지는 것과 실제의 그것은 모든 면에서 서로 다를 수 있다.

14 세속적인 인간은 왕의 성전인 인간의 외면만 보고 그의 사당을 경배한다.

15 그러나 하나님의 사람은 마음이 순수하다. 그는 왕을 본다. 혼의 눈으로 본다.

16 그리고 그가 그리스도의 의식 수준으로 올라갈 때, 그는 그 자신이 왕이며 사랑이며 그리스도임을, 하느님의 아들임을 알게 된다.

17 갈릴리 사람들이여, 그대들의 왕을 맞이할 준비를 하라."

18 그리고 예수는 그들과 함께 바닷가를 거닐며 그들에게 많은 가르침을 주었다.

제15부

예수의 그리스도 사역의 첫번째 해

예루살렘에서의 예수. 상인들을 성전 밖으로 낸다. 제사장들은 분개하고 그는 충직한 유대인의 입장에서 자신을 변호한다. 사람들에게 강연한다.

～ ✳ ～

72 유대인의 유월절이 다가오자 예수는 어머니를 가버나움에 남겨두고 예루살렘으로 여행을 떠났다.

2 그리고 유다라는 이름의 사두개인의 집에 머물렀다.

3 예수가 성전의 뜰에 이르렀을 때, 로마의 속박을 깨뜨리고 유대 나라를 재건하여 다윗왕의 보좌에서 다스리기 위해 왔다고 생각하는 그 선지자를 보려고 군중들이 모여들었다.

4 사람들은 예수가 오는 것을 보고 이렇게 말했다. '만세! 왕을 보라!'

5 그러나 예수는 대답하지 않았다. 그는 하나님의 집 안에 있는 환전상들을 보고 슬퍼하였다.

6 뜰은 장터로 바뀌었고, 사람들은 희생제물로 바치는 양들과 비둘기들을 팔고 있었다.

7 예수가 제사장들을 불러 말했다. "보라! 너희는 보잘것없는 이득을 얻기 위해 주님의 성전을 팔아 버렸다.

8 기도를 위해 마련된 이 집이 이제는 도적의 소굴이 되었다. 선과 악이 하나님의 뜰에서 같이 있을 수 있는가? 내가 말하건데, 그럴 수 없다."

9 그러고는 노끈으로 채찍을 만들어 상인들을 내쫓고, 그들의 가판대를 뒤집어엎고 그들의 돈을 바닥에 내던졌다.

10 그는 새들이 갇혀 있는 새장을 열어주고, 양들을 묶은 줄을 잘라 양들을 풀어주었다.

11 제사장들과 서기관들이 달려 나와 예수를 해치려 하다가 군중들이 그를 보호하며 지키고 있었기 때문에 물러났다.

12 그러자 성전 관리자들이 말했다. "너희가 왕이라고 부르는 예수는 누구인가?"

13 사람들이 말했다. "그는 우리들의 선지자들이 기록한 그리스도이며, 이스라엘을 구원할 왕이시다."

14 성전 관리자들이 예수에게 말했다. "이보시오, 당신이 왕이거나 그리스도라면 표적을 보이시오. 누가 그대에게 상인들을 몰아낼 권리를 주었소?"

15 예수가 말했다. "충직한 유대인이라면 누구라도 이 성전을 더럽히지 않으려고 자기의 생명을 바치지 않는 자가 없을 것이다. 나는 단지 충직한 유대인으로서 행동했고, 당신들은 이 일에 대하여 나의 증인이 될 것이다.

16 내가 메시아라는 표시는 나의 말과 하는 일에서 나타날 것이다.

17 그대들은 이 성전을 허물 수 있으며 (그리고 허물게 될 것이다.) 그러나 삼일 안에 이전보다 더 영광스럽게 지어질 것이다. "

18 예수는 그들이 그의 생명을 빼앗고 성스러운 숨결의 신전인 그의 몸을 해치더라도 그가 다시 일어설 것을 뜻했다.

19 유대인들은 예수가 한 말의 의미를 알지 못하고 그의 말을 비웃었다. 그들이 말했다.

20 "많은 사람이 46년에 걸쳐서 지은 이 집을, 이 낯선 젊은이가 60시간 안에 지을 것이라고 주장하는데, 그의 말은 헛되고 그의 주장은 가치 없는 것입니다."

21 그들은 예수가 장사꾼들을 내쫓을 때 썼던 채찍을 들고 그를 내쫓으려 하였다. 그러나 이집트에서 유월절에 참석하러 온 필로가 나서며 말했다.

22 "이스라엘 사람들이여 들으시오! 이분은 보통사람이 아니니 그대들의 행동을 조심하시오. 나 자신이 그가 말하는 것을 들었는데 모든 바람이 잠잠해졌소.

23 또한, 그가 병자들에게 손을 대자 그들이 모두 낫게 된 것을 보았소. 이

분은 세상의 현자 중에서 가장 뛰어난 현자입니다.

24 그대들은 그의 별이 떠오르는 것을 보게 될 것인데, 그 별은 정의의 둥근 태양으로 가득 찰 때까지 커질 것이오.

25 사람들이여, 그러니 성급하게 굴지 말고 기다리시오. 그러면 그가 메시아라는 증표를 보게 될 것이오."

26 그러자 제사장들이 채찍을 내려놓았다. 예수가 말했다.

27 "준비하라. 오 이스라엘 백성들이여. 그대들의 왕을 맞을 준비하라! 그러나 죄를 마음속의 소중한 우상으로 여기며 죄를 꼭 붙잡고 있는 한 결코 그 왕을 보지 못할 것이다.

28 그 왕은 하나님이다. 마음이 순수한 자들만이 하나님의 얼굴을 보게 될 것이고 살게 될 것이다."

29 그러자 제사장들이 외쳤다. "이 자는 자신이 하나님이라 주장한다. 이것이 신성모독이 아니고 무엇인가! 그를 쫓아내라!"

30 그러나 예수가 말했다. "누구도 내가 왕이라고 말하는 것을 들은 적이 없다. 우리의 아버지 하나님이 왕이다. 모든 충직한 유대인들과 함께 나는 하나님을 경배한다.

31 나는 주님의 길을 환하게 밝히는 주님의 촛불이다. 그리고 빛이 있는 동안 빛 속을 걸어라."

예수가 다시 성전을 방문하자 사람들이 호의적으로 그를 영접한다. 왕과 그 아들들의 비유를 들어 말한다. 메시아가 무엇인지 정의한다.

━━ ✳ ━━

73 다음날 군중들이 예수의 말씀을 들으려고 성전 뜰로 몰려왔다.

2 예수가 오자 사람들이 말했다. '만세! 왕을 보라!'

3 예수가 비유를 들어 말했다. "한 왕이 광대한 영토를 가지고 있었다. 그의 백성은 모두 한 혈족으로 평화롭게 살고 있었다.

4 몇 년 후에 왕은 백성들에게 말했다. "내가 가진 이 모든 땅을 가져가 그 가치를 높여라. 너희 스스로가 그 땅을 다스리며 평화롭게 살아라."

5 그러자 백성은 자신의 나라들을 세우고 통치자들과 소국의 왕들을 뽑았다.

6 그러나 교만과 야심, 이기적인 탐욕과 천박한 배은망덕이 빠르게 자라나서 왕들은 서로 싸우기 시작했다.

7 그들은 법령집에 '힘이 곧 정의'라고 기록하고, 강자는 약자를 멸망시키고 혼돈이 광대한 영토를 휩쓸었다.

8 오랜 시간이 지난 후 왕은 자신의 영토를 둘러보았다. 그는 백성이 잔혹한 전쟁 속에 있는 것을 보았다. 병들고 고통스러워하는 것을 보았으며, 강자가 약자를 노예로 만드는 모습을 보았다.

9 그때 그가 말했습니다. "어떻게 해야 할까? 재앙을 내려야 할까? 나의 백성들을 모두 멸망시켜야 할까?"

10 그러자 그때 그의 마음에 연민이 솟구쳐서 말했다. "나는 재앙을 내리지 않을 것이다. 나는 나의 왕위 계승자인 외아들을 보내어 백성들에게 사랑과 평화 그리고 정의를 가르치게 할 것이다."

11 왕은 아들을 보냈다. 그러나 사람들은 그를 경멸하고 학대하였으며 십자가에 못박았다.

12 그는 무덤에 묻혔지만 죽음은 왕자를 붙잡아 두기에는 너무 약했고, 그는 부활했다.

13 그는 사람이 죽일 수 없는 형태를 취하셨다. 그런 뒤 다시 사람들에게 사랑과 평화 그리고 정의를 가르치러 갔다.

14 하나님은 이렇게 사람들을 대한다."

15 한 율법사가 와서 물었다. "메시아란 무엇을 의미합니까? 그리고 누가 사람의 메시아를 만들 권한을 가졌습니까?"

16 그러자 예수가 말했다. "메시아란 길을 잃은 사람들을 찾아 구원하기 위해 하나님께서 보내신 사람이다. 메시아는 사람이 만든 것이 아니다.

17 모든 시대가 시작될 때 메시아가 길을 밝히고, 상처 입은 마음을 치유하고, 죄인들을 풀어주러 온다. 메시아와 그리스도는 하나이다.

18 어떤 사람이 자신이 그리스도라고 주장한다고 하여 그것이 그가 그리

스도라는 표시인 것은 아니다.

19 어떤 사람은 단단한 바위에서 시냇물을 흐르게 할 수 있고, 뜻대로 폭풍우를 불러올 수 있고, 사나운 바람을 잠재울 수 있고, 병자를 낫게 하고 죽은 자를 일으켜 세울 수도 있지만, 하나님으로부터 보내진 사람이 아닐 수 있다.

20 모든 자연은 인간의 의지에 순응하며 선한 자뿐만 아니라 악한 자도 마음의 힘을 모두 가지고서 원소를 지배할 수 있다.

21 머리는 참된 메시아의 증거를 제시하지 못한다. 지력으로는 결코 하나님을 알 수 없고 자신을 빛으로 인도할 수 없기 때문이다.

22 메시아는 머릿속에 살고 있지 않으며 자비와 사랑의 자리인 마음속에 살고 있다.

23 메시아는 결코 이기적인 이익을 위해서 일하지 않는다. 그는 세속적인 자아를 넘어서 있다. 그의 말과 행동은 보편적인 선을 위한 것이다.

24 메시아는 결코 왕이 되려 하거나 왕관을 쓰려 하지 않으며 세상의 왕좌에 앉으려고 하지 않는다.

25 왕은 세속적이고, 땅에 속해 있으나 메시아는 하늘에서 온 자이다."

26 그러자 율법사가 물었다. "당신은 어찌하여 왕으로 행세합니까?"

27 예수가 말했다. "내가 왕이라고 말하는 것을 들은 자는 아무도 없다. 카이사르의 자리에 앉아서 그리스도가 될 수는 없다.

28 카이사르의 것은 카이사르에게 주고 마음의 보물은 하나님에게 드려라."

예수는 안식일에 병을 고치시고 바리새인들에게 비난을 받는다. 물에 빠져 죽은 아이를 살리고 다친 개를 치료한다. 집 없는 아이를 돌보고 친절의 법칙에 대하여 말한다.

74 안식일이었다. 예수는 성전 뜰과 신성한 홀에 모인 사람들 사이에 서 있었다.

2 눈먼 자, 귀먹은 자, 말 못 하는 자, 그리고 귀신들린 자들이 그곳에 있

었다. 예수는 거룩한 말씀을 말하였고, 그들은 치유되었다.

3 어떤 이들에게는 손을 얹어서 병을 고치고, 다른 이들에게는 단지 거룩한 말씀만을 말하였고, 그들은 완전히 건강을 회복했다. 그러나 어떤 이들은 어떤 못에 가서 씻어야 했고, 어떤 사람들에게는 성유를 부어주었다.

4 한 의사가 왜 여러 가지 방법을 쓰는지 묻자 예수가 대답했다.

5 "병이란 인간 형태의 부조화이며, 부조화는 여러 가지 원인으로 인해 생겨난다.

6 몸은 하프시코드이다. 때로는 줄이 너무 늘어짐으로써 불협화음이 나오고,

7 때로는 줄이 너무 팽팽하여 또 다른 부조화가 일어나기도 한다.

8 병은 여러 가지 형태로 나타난다. 그리고 신비로운 하프시코드를 새롭게 조율하고, 치유하는 방법에도 여러 가지가 있다.

9 한편 바리새인들이 예수가 안식일에 병을 고쳤다는 말을 듣자 몹시 분개하여 그에게 그곳을 떠날 것을 명령했다.

10 그러나 예수가 말했다. "인간이 안식일을 맞추려고 만들어졌는가, 아니면 안식일이 인간에게 맞추려고 만들어졌는가?

11 만일 그대가 구덩이에 빠졌는데, 보라, 안식일이 되었다. 그러면 내가 그대의 길을 지나가야 하고, 그대는 이렇게 소리치겠는가?

12 '나를 내버려 두어라. 안식일에 나를 구하는 것은 죄이다. 나는 내일까지 이 더러운 흙탕물 속에 녹초가 되도록 견디겠다.'

13 위선자 바리새인들이여! 그대들은 안식일이든지 또 다른 날이든지 나의 도움을 받는 것이 당연히 좋다는 것을 알고 있다.

14 이 사람들이 모두 구덩이에 빠져서 나에게 도와달라고 크게 소리를 지르는데, 만일 내가 그들을 지나치고 주의를 기울이지 않는다면 사람과 하나님 모두 나를 저주할 것이다."

15 그러자 바리새인들은 기도하려고 돌아갔다. 그러면서 그가 자신들의 말에 귀를 기울이지 않았다는 이유로 하나님의 사람을 저주했다.

16 저녁이 되어 예수가 연못 근처에 서 있었다. 한 장난꾸러기 어린아이가 물에 빠져서 익사하였다. 친구들이 그 시신을 나르고 있었다.

17 예수는 그 친구들을 불러 세웠다. 그리고는 몸을 굽혀서 생명이 없는 그 아이의 위에 몸을 펴고, 그의 입에 생명의 숨결을 불어넣었다.

18 그런 뒤 소리 높여 떠나간 혼을 부르니, 그 혼이 돌아오고 아이가 다시 살아났다.

19 그리고 예수는 상처를 입어 움직일 수 없는 개를 보았다. 그 개는 길 한쪽에 놓여 고통으로 신음하고 있었다. 예수는 그 개를 안고 자신이 머무는 집으로 데려갔다.

20 그는 상처에 치유의 기름을 붓고 개가 튼튼하고 건강해질 때까지 마치 어린아이와 같이 돌보았다.

21 예수는 또한 집 없는 어린 소년을 보았다. 굶주린 소년이 빵을 구걸하자 사람들은 이를 외면했다.

22 예수는 아이를 데리고 가서 빵을 주고 자신의 따뜻한 외투로 아이를 감싸고 집을 찾아주었다.

23 그를 따라온 사람들에게 스승이 말했다. "만일 잃어버린 자신의 재산을 되찾으려 한다면, 반드시 생명의 형제애를 존중해야 한다.

24 모든 생명체 즉 사람, 동물, 새와 벌레에게 친절하지 않는 자는 누구라도 하나님의 축복을 기대할 수 없습니다. 하나님께서는 우리가 베푸는 대로 우리에게 베푸시기 때문이다."

니고데모가 밤에 예수를 방문한다. 예수는 그에게 거듭남과 천국의 의미를 밝혀준다.

75 니고데모는 유대인 관리로 성실하고 학식이 있는 독실한 사람이었다.

2 그는 예수가 말할 때 예수의 얼굴에서 스승의 면모를 보았으나 자신의 믿음을 공개적으로 고백할만한 용기가 없었다.

3 그래서 그는 밤중에 예수와 이야기를 나누려고 유다의 집에 있는 예수

를 찾아왔다.

4 예수는 그가 오는 것을 보고 말했다. "마음이 순수한 사람에게 축복이 있을 것이다.

5 두려움이 없고 마음이 순수한 사람에게 두 배의 축복이 있을 것이다.

6 두려움이 없고 마음이 순수하여 최고 법정에서 자신의 믿음을 고백할 수 있는 사람에게 세 배의 축복이 있을 것이다."

7 그러자 니고데모가 말했다. "만세, 스승님, 만세! 저는 당신께서 하나님이 보내신 스승인 것을 압니다. 사람 혼자서 당신이 가르친 것처럼 가르칠 수 없으며, 당신이 행한 것처럼 행할 수 없기 때문입니다."

8 예수가 말했다. "사람이 거듭나지 않고서는 왕을 볼 수가 없으며, 내가 한 말을 이해할 수 없다."

9 니고데모가 말했다. "어떻게 해야 거듭날 수 있습니까? 어머니의 자궁으로 들어갔다가 다시 태어날 수 있습니까?"

10 예수가 말했다. "내가 말하는 탄생은 육신의 탄생을 말하는 것이 아니다.

11 사람은 물과 성스러운 숨결로 거듭나지 않고는 하나님의 나라에 들어갈 수 없다.

12 육신에서 나는 것은 사람의 아들이며 성스러운 숨결로 나는 것은 하나님의 자녀이다.

13 바람은 자기 멋대로 분다. 사람들은 바람 소리를 듣고 결과를 알아차릴 수도 있다. 그러나 바람은 자기가 어디서 와서 어디로 가는지 모른다. 성스러운 숨결로 태어난 이 또한 그렇다."

14 니고데모가 말했다. "이해하지 못하겠습니다. 무슨 뜻인지 쉽게 말씀해 주십시오."

15 그러자 예수가 말했다. "거룩하신 한 분의 나라는 혼 속에 있다. 사람들은 육안으로 그것을 볼 수가 없으며, 어떤 이성의 힘으로도 그것을 이해할 수 없다.

16 그것은 하나님 속에 깊이 숨겨진 생명이며, 내면 의식의 작용을 통해서

만 그것을 알아차릴 수 있다.

17 세상의 나라들은 눈에 보이는 나라들이지만, 거룩하신 한 분의 나라는 믿음의 나라이며, 그 나라의 왕은 사랑이다.

18 사람들은 나타나지 않은 하나님의 사랑을 볼 수가 없다. 그래서 아버지 하나님은 사랑에 사람의 아들이라는 육신의 옷을 입혔다.

19 그리고 세상이 이 사랑이 드러난 것을 보고 알 수 있으려면 사람의 아들은 반드시 들어 올려져야 한다.

20 모세가 광야에서 육신의 병을 고치기 위하여 뱀을 들어 올린 것처럼 사람의 아들은 반드시 들어 올려져야 한다.

21 흙의 뱀에게 물린, 이 육신의 삶의 뱀에게 물린 모든 사람들이 살 수 있도록 말이다.

22 그를 믿는 사람은 영원한 생명을 얻을 것이다.

23 하나님께서 세상을 매우 사랑하셔서 사람들이 하나님의 사랑을 볼 수 있도록 독생자를 보내어 들어 올려지게 했다.

24 하나님은 세상을 심판하기 위해 아들을 보낸 것이 아니었다. 그는 세상을 살리기 위해, 사람들에게 빛을 가져다주기 위해 아들을 보냈다.

25 그러나 사람들은 빛을 사랑하지 않는다. 빛은 그들의 사악함을 드러내기 때문이다. 사람들은 어둠을 사랑한다.

26 이제, 진리를 사랑하는 모든 이는 빛으로 나아가며 자신이 행한 일이 드러나는 것을 두려워하지 않는다."

27 그 빛이 왔었고 니고데모는 자신의 길을 갔다. 그는 성스러운 숨결로 태어남의 의미를 알았다. 그는 자신의 혼 속에 성령이 존재하는 것을 느꼈다.

28 예수는 예루살렘에 여러 날을 머물면서 사람들을 가르치고 병자들을 고쳤다.

29 대중들은 기꺼이 그의 말에 귀를 기울였고 많은 사람이 세속적인 모든 것을 버리고 그를 따랐다.

베들레헴에서의 예수. 예수는 목자들에게 평화의 제국을 설명한다. 범상치 않은 빛이 나타난다. 목자들은 예수가 그리스도라는 것을 깨닫는다.

━━ ✳ ━━

76 로고스가 베들레헴으로 갔다. 그리고 많은 사람이 그를 따랐다.

2 그는 어린 아기였을 때 머물러 키워졌던 양치기의 집을 찾아 그곳에 머물렀다.

3 그는 30여 년 전 양치기들이 양 떼를 지키며 한 평화의 사도가 이렇게 외치는 것을 들었던 언덕에 올랐다.

4 "한밤중에 베들레헴 동굴에서 평화의 왕자가 탄생하셨다!"

5 양치기들은 아직 그곳에 있었고 양들도 여전히 그 언덕 위에서 풀을 뜯고 있었다.

6 골짜기 근처에는 눈처럼 흰 비둘기 떼가 이리저리 날고 있었다.

7 양치기들은 사람들이 왕이라 불렀던 예수가 왔다는 소식을 듣고 그와 이야기를 나누려고 여기저기서 몰려왔다.

8 예수가 그들에게 말했다. "순진무구함과 평화의 생명을 보라!

9 양은 순진무구함의 상징이고 비둘기는 평화의 상징이다.

10 그리고 이런 배경 가운데서 사랑이 인간의 모습으로 와야 한다는 것이 적절했다.

11 우리의 조상 아브라함은 이 골짜기를 따라 걸었고, 바로 이 언덕 위에서 그의 양 떼와 소 떼를 지켜보았다.

12 그리고 여기에 평화의 왕자인 살렘[31]이 왔다. 그는 인간의 모습을 한 그리스도로서 아브라함보다 훨씬 위대한 사람이었다.

13 그리고 아브라함은 이곳에서 그가 가진 모든 것의 십 분의 일을 살렘 왕에게 바쳤습니다.

14 이 평화의 왕자는 모든 곳에서 전쟁에 나섰다. 그는 칼도 없었고, 방어할 갑옷도 없었으며, 공격할 무기도 없었다.

15 그런데도 그는 사람들을 정복하였고, 여러 나라가 그의 발아래서 떨었다.

16 이집트군들은 이 건장한 정의의 왕 앞에서 겁을 먹었고, 이집트의 왕들은 그들의 왕관을 그의 머리 위에 얹어 주었다.

17 그리고 이집트의 모든 통치권을 그의 손에 넘겨주었다. 한 방울의 피도 흘리지 않았고 한 사람의 포로도 쇠사슬로 묶지 않았다.

18 오히려 그 정복자는 모든 곳의 감옥 문들을 활짝 열어 죄수들을 풀어 주었다.

19 다시 그 평화의 왕자가 돌아왔고, 또 싸우기 위하여 이 축복받은 언덕을 다시 떠났다.

20 그는 흰옷을 입었다. 그의 칼은 진리이고 그의 방패는 믿음이며 그의 투구는 순진무구함이며 그의 숨결은 사랑이며 그의 표어는 평화이다.

21 그러나 이것은 육신의 전쟁이 아니다. 그것은 사람과 사람이 싸우는 전쟁이 아니라 그름에 대항하는 옳음이다.

22 사랑이 대장이며 전사이며 갑옷이고 모든 것이다. 그리고 사랑은 승리할 것이다."

23 다시 베들레헴의 언덕은 빛으로 덮였다. 메신저가 다시 외쳤다.

24 "평화! 지상에는 평화가. 사람들에겐 선한 의지가 있을지어다!"

25 그리고 예수는 사람들을 가르치고 병자들을 치유하고 하나님의 나라의 비밀을 밝혀주었다.

26 그러자 많은 이들이 말했다. "그는 그리스도이시며 장차 오시기로 했던 그 왕이시다. 하나님을 찬양하라.

헤브론에 있는 예수. 예수가 베다니로 떠난다. 가정불화를 겪는 룻에게 충고한다.

━━━ ❀ ━━━

77 예수가 세 명의 제자와 헤브론으로 가서 이레 동안 머물면서 가르쳤다.

2 그 후 베다니로 가서 나사로의 집에서 가르쳤다.

3 저녁이 되자 사람들이 떠나고 예수와 나사로 그리고 나사로의 누이인 마르다와 룻과 마리아만 남게 되었다.

4 룻은 몹시 힘들어하고 있었다. 그녀의 집은 여리고 시내에 있었다. 그녀의 남편은 여관 주인으로 그의 이름은 아세르벤이었다.

5 아세르는 엄격한 태도와 사고를 가진 바리새인으로 예수를 경멸하고 있었다.

6 그의 아내 룻이 그리스도에 대한 믿음을 고백하자 그녀를 집에서 쫓아냈다.

7 그러나 룻은 남편에게 저항하지 않고 이렇게 말했다. "만일 예수가 그리스도라면 그리스도가 되는 길을 알 것이며, 나는 그분이 그리스도라고 확신합니다.

8 나의 남편이 크게 화가 나서 나의 육신을 죽일지 모르지만, 나의 혼을 죽일 수는 없습니다. 또한, 내 아버지의 나라에는 내가 살 집이 많이 있습니다."

9 룻이 예수에게 모든 것을 말하고 물었다. "제가 어떻게 해야 합니까?"

10 예수가 말했다. "그대의 남편이 일부러 잘못한 것은 아니다. 그는 신앙심이 깊고 우리 아버지 하나님께 기도하는 사람이다.

11 그의 종교에 대한 열망은 강렬하고 진실하지만, 그것이 그를 미치게 했다. 그는 그리스도라는 이단에 의해 그의 가정이 더럽혀지지 않도록 하는 것이 옳다고 믿고 있다.

12 그는 그대를 내쫓는 것이 하나님의 뜻을 행한 것이라 확신하고 있다.

13 편협함은 무지가 무르익은 것이다.

14 언젠가 빛이 그에게 올 것이다. 그때 그는 그대의 모든 아픈 마음과 슬픔과 눈물에 대해 보상해 줄 것이다.

15 룻이여, 그대가 비난으로부터 자유롭다고 생각해서는 안 된다.

16 만일 그대가 지혜의 길을 걸었고, 기꺼이 평화로움을 유지하였더라면 이 슬픔이 그대에게 오지 않았을 것이다.

17 빛이 편견의 껍질을 뚫고 들어가는 데는 아주 오랜 시간이 걸리며, 인내는 그대가 배울 필요가 있는 교훈이다.

18 끊임없이 떨어지는 물방울이 가장 단단한 돌을 닳게 한다.

19 경건한 삶의 달콤함과 거룩한 향기는 그 어떤 뜨거운 불길보다도, 그 어떤 강력한 타격보다 훨씬 더 빠르게 편협함을 녹일 것이다.

20 조금만 더 기다려라. 그런 뒤 동정심과 사랑을 품고 집으로 돌아가라. 그리고 그리스도나 하나님의 나라에 대해 말하지 말라.

21 단지 경건한 생활을 하고 말을 거칠게 하지 마라. 그러면 그대가 남편을 빛으로 인도하게 될 것이다."

22 그리고 그렇게 되었다.

여리고에 있는 예수. 아세르의 하인을 고친다. 요단강으로 가서 사람들에게 강연한다. 침례식을 제자의 서약으로 정한다. 여섯 명의 제자에게 세례를 베푸니 그들이 차례대로 많은 사람에게 세례를 베푼다.

‿❊‿

78 예수는 여리고로 가서 아세르의 여관에 머물렀다.

2 여관에 있던 하인이 병들어 죽게 되었으나 의사들은 그를 고칠 수 없었다.

3 예수가 와서 죽어가는 소녀에게 손을 대고 말했다. "마론, 일어나라!" 그러자 곧 고통은 사라지고 열이 내리고 하녀가 나았다.

4 그러자 사람들이 병자들을 데려왔고 그들은 고침을 받았다.

5 그러나 예수는 여리고에 오래 머물지 않았다. 그는 요한이 가르치던 요단강 강가로 내려갔다.

6 사람들이 그곳에 모여 있었고, 예수가 그들에게 말했다. "보라, 때가 왔다. 하나님의 나라가 가까이에 있다.

7 마음이 순수한 사람 외에는 아무도 거룩하신 한 분의 나라에 들어올 수 없다. 그러나 모든 아들과 딸들은 악을 멀리하고 마음이 순수해지도록 부름을 받았다.

8 그리스도의 문을 통해 거룩하신 한 분의 나라에 도달하고 들어가겠다고 결심해야 제자가 되는 것이며, 그들은 모두 제자가 되는 서약을 해야 한다.

9 요한은 흐르는 물에서 그대들의 몸을 씻겼다. 이는 왕이 오시는 것을 준비하고, 거룩하신 한 분의 나라로 들어가는 그리스도의 문을 열기 위해 영혼을 씻는 상징이었다.

10 요한은 위대한 일을 하였다. 그러나 이제 그리스도의 문이 열렸으니 씻음은 제자가 되는 서약으로 자리잡았다.

11 이 시대가 끝날 때까지 이 서약은 하나의 의식이 될 것이며 침례의식이라 불리게 될 것이다. 그리고 이것은 사람들에게 보여주는 표시가 될 것이며, 하나님에게 제자가 되었음을 보여주는 인장이 될 것이다.

12 너희 만국의 백성이여, 들으라! 나에게 오라. 그리스도의 문이 열려 있다. 그대들의 죄로부터 돌아와 세례를 받아라. 그러면 그리스도의 문으로 들어와 왕을 볼 것이다."

13 예수를 따르던 여섯 명의 제자들이 가까이 섰다. 예수는 그들을 인도하여 요단강에서 그들에게 그리스도의 이름으로 세례를 주었다. 그리고 그들에게 말했다.

14 "나의 벗들이여, 그대들은 그리스도의 문을 통해 거룩하신 한 분의 나라로 들어가는 최초의 사람들이다.

15 내가 그리스도의 이름으로 너희에게 세례를 준 것과 같이 그대들도 그 성스러운 이름으로 그리스도에 대한 믿음을 고백하고 자신의 죄를 버릴 것을 고백하는 모든 남자와 여자에게 세례를 줄 것이다."

16 그러자 많은 사람이 내려와서 자신들의 죄를 버리고 그리스도에 대한 믿음을 고백하고 세례를 받았다.

살렘에 있는 선구자 요한. 한 율법사가 예수에 관하여 묻는다. 요한은 군중들에게 예수의 사명을 설명한다.

━━ ✤ ━━

79 한편 선구자 요한은 물이 풍부한 살렘 샘터에서 자신의 죄를 고백하는 사람들에게 세례를 주었다.

2 한 유대인 율법사가 요한에게 와서 물었다. "당신이 세례를 주었던 그

리스도라고 불리는 이 갈릴리 사람은 당신의 적이 되지 않았습니까?

3 들리는 말로 그는 지금 요단강 강가에서 교회나 다른 뭔가를 짓고 있고, 당신처럼 사람들에게 세례를 주고 있다고 합니다."

4 이에 요한이 대답했다. "이 예수는 진정한 그리스도이며, 나는 그의 길을 닦기 위해 왔습니다. 그분은 나의 적이 아닙니다.

5 신랑에게는 신부가 있습니다. 신랑의 친구들이 가까이에 있으면서 신랑의 목소리를 들을 때, 그들은 모두 기뻐합니다.

6 거룩하신 한 분의 나라는 신부이며 그리스도는 신랑입니다. 그리고 선지자인 나는 그들이 크게 번성하는 것에 기쁨으로 충만합니다.

7 나는 내가 보내진 일을 했을 뿐입니다. 예수의 일은 이제 막 시작됩니다."

8 그런 뒤 요한은 군중들을 향하며 말했다. "그리스도는 정의의 왕이십니다. 그리스도는 하나님의 사랑이십니다. 그렇습니다. 그는 하나님이시며 삼위일체 하나님의 성스러운 분 중 한 사람이십니다.

9 그리스도는 마음이 순수한 사람들 안에 머무십니다.

10 지금 요단강 강가에서 설교하고 계시는 예수는 그의 인생에서 최대의 시험을 받아 육신을 가진 인간의 모든 욕구와 욕망을 극복했습니다.

11 그리고 천상 최고의 법정에서는 그를 지상에 그리스도의 존재를 증명할 수 있는 가장 순수하고 신성한 사람으로 공표했습니다.

12 그리스도이신 신성한 사랑이 그 안에 있으며 그분은 모든 인류의 본보기입니다.

13 그리고 우리 모든 인간이 이기적인 자신의 모든 열정을 극복했을 때의 모습을 그분에게서 볼 수 있습니다.

14 나는 혼을 씻어내는 상징으로 죄로부터 돌아선 사람들의 몸을 씻겼습니다.

15 그러나 예수는 성스러운 숨결의 생수로 영원히 씻기십니다.

16 예수는 구세주를 사람들에게 가져오기 위해 옵니다. 그리고 그 구세주는 바로 사랑입니다.

17 그리고 그리스도를 믿고 예수를 삶의 모범과 인도자로 삼고 따르는 자들은 영원한 생명을 얻게 될 것입니다.

18 그러나 그리스도를 믿지 않고 그리스도가 거할 수 있도록 마음을 정결케 하지 않는 자는 결코 생명으로 들어갈 수 없습니다."

라마아스가 예수를 보기 위해 인도에서 온다. 그는 살렘에서 요한의 가르침에 귀를 기울인다. 요한이 그에게 예수의 성스러운 사명에 대해 말해 준다. 라마아스가 요단강에서 예수를 만난다. 두 스승은 서로를 알아본다.

80 예수가 자간나트 사원에 머물 때 친구였던 브라만의 사제 라마아스는 예수에 대한 소식과 그가 여러 나라에서 행한 기적에 대해 들었다. 그래서 그는 예수를 찾아 자신의 집을 떠나 팔레스타인에 왔다.

2 그가 예루살렘을 향해 오던 중 살아있는 하나님의 선지자로서 존경을 받는 선구자 요한에 대해 듣게 되었다.

3 라마아스는 살렘의 샘에서 그 선구자를 만났다. 여러 날 동안 그는 요한이 가르치는 신랄한 진리에 조용히 귀 기울여 들었다.

4 바리새인들이 요한에게 예수와 그가 행한 기적에 대해 말할 때 라마아스도 그 자리에 함께 있었다.

5 그는 선구자의 대답을 들었고, 그가 그리스도라고 부르는 예수의 이름을 축복하는 것을 들었다.

6 이때 라마아스가 요한에게 말했다. "당신이 그리스도라 부르는 예수에 대해 좀 더 이야기를 해주십시오."

7 요한이 대답했다. "예수는 하나님의 사랑이 드러난 분이십니다.

8 사람들은 탐욕과 이기심의 낮은 차원에서 살고 있습니다. 자신을 위해 싸우고 칼로 정복합니다.

9 어느 나라에서나 강한 자는 약한 자를 노예로 삼거나 죽입니다. 모든 나라가 무력에 의해 일어납니다. 힘이 곧 왕이기 때문입니다.

10 예수는 이 무력의 철칙을 무너뜨리고 권력의 보좌에 사랑을 앉히기 위

해 오셨습니다.

11 그리고 예수는 그 누구도 두려워하지 않습니다. 그는 왕들의 뜰과 다른 어떤 곳에서도 무력으로 얻은 승리는 죄악이라고 당당하게 설교합니다.

12 모든 합당한 목적은, 마치 하나님의 제사장이자 평화의 왕자인 멜기세덱[31]이 피 한 방울 흘리지 않고 전쟁에서 큰 승리를 거두었던 것처럼, 온유함과 사랑으로 이루어질 것입니다.

13 당신은 그리스도의 성전이 어디 있는지 묻고 있습니까? 그는 사람 손으로 만든 성전이 아니라 왕을 볼 준비가 된 성스러운 사람들의 마음의 성전에서 사역하고 계십니다.

14 자연의 숲이 그의 회당이며 온 세상이 그분의 광장입니다.

15 그에게는 사람들에게 추앙받기 위해 꼭두각시처럼 옷을 차려입은 제사장들이 없습니다. 사람은 모두 사랑의 제사장이기 때문입니다.

16 사람이 믿음으로 자신의 마음을 깨끗하게 하면 그를 위한 중재자가 필요 없습니다.

17 그는 하나님과 친밀하여 하나님을 두려워하지 않으며 하나님의 제단 위에 누울 수도 있을 만큼 대담합니다.

18 그러므로 모든 사람은 제사장이며 그 자신이 산 제물입니다.

19 그대는 애써 그리스도를 찾지 않아도 됩니다. 그대의 마음이 정화되면 그리스도께서 올 것이며, 영원히 그대 안에 머물 것이기 때문입니다."

20 그런 뒤 라마아스는 여행을 계속하여 강가에서 가르치고 있는 예수에게로 갔다.

21 예수가 말했다. "인도의 별을 보라!"

22 라마아스가 말했다. "정의의 태양을 보라!" 그리고 그는 그리스도에 대한 그의 믿음을 고백하고 그를 따랐다.

---

31) 살렘왕은 아브람이 자신의 조카인 롯을 구출하고 전리품을 취한 후에 그 얻은 것의 십분의 일을 바친 지극히 높은 하나님의 제사장인 멜기세덱이다. 멜기세덱에 관한 내용은 히브리서 5장-7장, 창세기 14장, 시편 110편에 있다. 예수는 멜기세덱의 반차를 따른 영원한 대제사장이 되었기에 멜기세덱에 관한 연구가 필요하다.

그리스도인들이 갈릴리를 향하여 간다. 그들이 잠시 야곱의 우물가에 머물렀고, 예수는 사마리아의 여인을 가르친다.

～ ❋ ～

81 거룩하신 한 분의 나라로 가는 그리스도의 문이 열렸다. 그리고 예수와 그의 여섯 제자와 라마아스는 요단강을 떠나 갈릴리로 향했다.

2 그들은 사마리아를 거쳐서 여행을 계속하다 수가에 이르렀다. 그곳은 야곱이 젊었을 때 요셉에게 준 작은 땅 근처였다.

3 야곱의 우물이 거기에 있었다. 예수는 우물가에 앉아 조용히 생각에 잠겼고, 제자들은 빵을 사려고 마을로 들어갔다.

4 마을의 한 여인이 우물가로 물을 길으러 왔다. 예수가 목이 말라 여인에게 물을 청하자 그 여인이 말했다.

5 "나는 사마리아 여인이고 당신은 유대인입니다. 사마리아인과 유대인 사이에는 반목[32]이 있다는 것을 모르십니까? 그들은 서로 왕래하지 않습니다. 그런데 어찌하여 저에게 물을 청하십니까?"

6 예수가 말했다. "사마리아인과 유대인은 모두 한 분 하나님이신 아버지 하나님의 자녀이다. 우리는 동족이다.

7 이런 반목과 증오를 낳는 것은 다만 육신의 마음에서 생긴 편견일 뿐이다.

8 나는 유대인으로 태어났지만, 생명의 형제애를 느낄 수 있다. 사마리아인은 나에게 유대인이나 그리스인 만큼이나 소중하다.

9 그리고 만일 우리의 아버지 하나님께서 나를 통해 사람들에게 주신 축복을 그대가 알았다면 그대도 나에게 물을 청했을 것이다.

10 그리고 나는 기꺼이 생명의 샘에서 물을 한 잔 그대에게 줄 것이고, 그대는 결코 다시는 목마르지 않을 것이다."

----

32) 솔로몬 왕이 죽은 이후 히브리 왕국은 남 왕국 유다와 북 왕국 이스라엘로 양분되면서부터 그 적개심의 역사는 시작되었다. 즉 BC 722년 북 왕국 이스라엘(후에 사마리아)이 앗수르에 의해 멸망 당했다.(열왕기하 17:1-23) 많은 사람이 앗수르에 포로로 잡혀 갔고, 또 많은 앗수르 이민이 북이스라엘에 정착하기 시작했다. 따라서 남유다의 유대인들은 사마리아인들을 불순한 사람들로 여기기 시작했다.

11 여인이 말했다. "이 우물을 깊고, 당신은 물을 길을 두레박도 없는데 당신이 말하는 그 물을 어떻게 얻을 수 있습니까?"

12 그러자 예수가 말했다. "내가 말하는 물은 야곱의 우물에서 나오는 물이 아니라 절대 마르지 않는 샘에서 흐르는 물이다.

13 야곱의 우물에서 나오는 물을 마시는 사람은 모두 다시 목마를 것이다. 그러나 내가 주는 물을 마시는 사람은 절대 목마르지 않을 것이다.

14 그들 스스로가 샘이 되어 자신의 내면으로부터 소다수가 영원한 생명으로 넘쳐 흐르기 때문이다."

15 여인이 말했다. "선생님, 저도 그 넘치는 생명의 샘물을 마시고 싶습니다. 다시는 목마르지 않도록 저에게 마실 물을 주십시오."

16 예수가 말했다. "이 생명의 물을 같이 마실 수 있도록 마을에 있는 그대의 남편을 부르라."

17 여인이 대답하였다. "선생님, 저는 남편이 없습니다."

18 그러자 예수가 대답하여 말했다. "그대는 남편이 무엇을 의미하는지 모르고 있다. 그대는 마치 꽃과 꽃 사이를 날아다니는 화려한 나비 같다.

19 그대에게는 결혼 관계의 신성함이 없고 그대는 어느 남자와도 쉽게 어울린다.

20 그대는 그대의 친구들이 남편이라고 생각하는 사내 중 다섯 명과 함께 살았다."

21 여인이 말했다. "제가 지금 선지자나 선각자와 얘기하고 있는 것은 아닌가요? 선생님이 누구신지 말씀해 주지 않으시겠습니까?"

22 예수가 말했다. "내가 누구인지 말해 줄 필요는 없다. 그대는 이미 나에 대해 이야기한 율법과 예언서와 시편을 읽었을 것이기 때문이다.

23 나는 사람들을 분열시키는 벽을 무너뜨리기 위해 온 사람이다. 성스러운 숨결 안에는 그리스인도, 유대인도, 사마리아인도 없고, 구속도 없고 자유도 없다. 모두가 하나이기 때문이다."

24 여인이 물었다. "왜 예루살렘에서만 기도해야 한다고 말합니까? 우리의 성스러운 산에서는 예배를 드리면 안 됩니까?"

25 예수가 대답했다. "나는 그렇게 말하지 않았다. 어느 곳이나 모두 신성한 곳이다.

26 사람들이 마음의 성전 안에서 하나님을 경배해야 할 때가 왔다. 하나님이 모든 사람의 마음속에 계시지 않는다면, 예루살렘에도 그대들의 신성한 산에도 계시지 않기 때문이다.

27 우리의 하나님은 영이시다. 하나님을 예배하는 자는 반드시 영과 진리로 그분을 예배해야 한다."

28 여인이 말했다. "저희는 메시아가 오시면 저희를 진리의 길로 인도해 주실 것을 알고 있습니다."

29 예수가 말했다. "그 그리스도가 온 것을 보라. 메시아가 지금 그대에게 말하고 있다."

예수가 가르치는 동안, 그가 사마리아 여인과 말하는 것을 그의 제자들이 보고 놀란다. 예수를 보기 위해 수가에서 많은 사람이 온다. 예수가 그들에게 설교한다. 예수는 제자들과 함께 수가에 가서 며칠 동안 머문다.

— ✽ —

82 예수가 우물가에서 사마리아 여인과 이야기하고 있는 동안 여섯 제자가 음식을 가지고 수가에서 돌아왔다.

2 그들이 매춘부라고 여기는 사마리아 여인과 예수가 말하고 있는 것을 보고 그들은 깜짝 놀랐다. 그러나 아무도 예수에게 왜 그녀와 말하고 있는지 물어보지 않았다.

3 그 여인은 스승의 말씀에 대해 깊은 생각에 빠진 나머지 우물에 물 길으러 온 것도 잊어버리고 항아리를 놓아둔 채 황급히 마을로 뛰어갔다.

4 그녀는 야곱의 우물에서 만난 선지자에 대한 모든 것을 사람들에게 말하면서, 이렇게 말했다. "그는 내가 지금껏 한 모든 일을 알고 있었습니다."

5 사람들이 그 사람에 대해 더 많이 알고 싶어 하자, 여인이 사람들에게 가서 보라고 했다. 그러자 많은 사람이 야곱의 우물로 갔다.

6 예수는 그들이 오는 것을 보고 그를 따르는 사람들에게 말했다. "그대

들은 추수 전까지 넉 달이 남았다고 말할 필요가 없다.

7 보라. 추수기는 지금이다. 눈을 들어 바라보아라. 들판이 익은 곡식으로 누렇게 되었다.

8 씨 뿌리는 많은 사람이 생명의 씨를 뿌리기 위해 나갔다. 씨가 자라 식물은 여름의 햇볕으로 튼튼해졌다. 곡식은 무르익어 주인이 사람들에게 수확하라고 명했다.

9 그리고 그대들은 밭에 나가 다른 사람들이 뿌린 것을 수확할 것이다. 그러나 심판의 날이 오면 씨 뿌린 자와 수확하는 자 모두 함께 기뻐할 것이다."

10 그러자 빌립이 예수에게 말했다. "잠시 일을 멈추고 이 올리브나무 그늘에 앉아서 음식을 좀 드시지요. 아침부터 아무것도 드시지 않아서 기력이 없으실 것입니다."

11 예수가 말했다. "나는 기력이 없지 않다. 나에게는 너희가 모르는 양식이 있기 때문이다."

12 그러자 제자들이 서로 이야기를 하였다. "누가 먹을 것을 갖다 드렸을까?"

13 그들은 예수가 에테르로 빵을 만드는 권능을 가진 것을 몰랐다.

14 예수가 말했다. "추수의 주인은 결코 수확하는 자들을 보내고서 그들을 굶게 하지 않는다.

15 사람의 생명을 추수하는 들로 나를 내보내신 나의 아버지 하나님은 결코 내가 굶주림으로 고통받게 하시지 않을 것이다. 너희를 봉사하도록 부르실 때도 너희에게 먹을 것을 주시고 입을 것을 주시고 거처를 주실 것이다."

16 그리고 나서 예수는 사마리아 사람들을 돌아보며 말했다. "유대인인 내가 그대들에게 말하는 것을 이상히 생각하지 마라. 나는 그대들과 하나이다.

17 과거와 현재와 미래에 항상 존재하는 보편적인 그리스도는 내 안에 드러나 있다. 그러나 그리스도는 모든 사람에게 있다.

18 하나님은 풍요로운 손으로 그의 축복을 아낌없이 베푸시고 그의 손으로 창조하신 모든 생명들 중 어느 하나를 다른 것보다 더 친절하게 대하지 않는다.

19 나는 방금 유대의 언덕에서 왔는데, 그곳에서도 하나님의 똑같은 태양이 비추고 있었고, 그의 꽃이 피어나고 있었고, 밤에는 그의 별들이 여기와 똑같이 밝았다.

20 하나님은 한 아이도 버릴 수 없다. 유대인도 그리스인도 사마리아인도 그의 눈에는 다 같다.

21 그런데 어째서 남자들과 여자들이 마치 놀이하는 아이들처럼 안달하고 싸우는가?

22 사람들을 갈라놓는 선들은 짚으로 만들어져 있다. 그래서 사랑의 숨결 한 번이면 그것을 모두 날려 보낼 수 있다."

23 사람들은 그 낯선 사람이 말하는 것을 보고 놀랐다. 많은 사람들이 말했다. "오시기로 했던 그 그리스도가 확실히 오셨다."

24 예수는 그들과 함께 마을로 가 며칠 동안 머물렀다.

예수가 수가의 사람들을 가르친다. 악령에 사로잡힌 사람에게서 그 혼을 내쫓아서 본래의 거처로 보낸다. 예수는 많은 사람을 치유한다. 제사장들은 예수가 수가에 온 것을 불안해한다. 그러나 예수는 그들에게 설교하시고 그들의 호의를 얻는다.

⁓ ❋ ⁓

83 예수는 수가[33]의 시장에서 사람들을 가르쳤다.

2 사람들이 악령에 사로잡힌 사람을 예수에게 데려왔다. 그 사람을 사로잡은 악령은 난폭함과 정욕으로 가득 차 있었으며 그를 땅바닥으로 자주 내동댕이쳤다.

3 그러자 예수께서 큰 소리로 말했다. "천박한 영아, 이 사람의 급소를 쥐고 있는 손을 풀고 너의 원래 거처로 돌아가라!"

4 그러자 악한 영은 가까이에 있는 개의 몸으로 들어가겠다고 애원했다.

---

33) Sychar, 사마리아에 있는 성읍.(요한복음 4:5)

5 그러자 예수가 말했다. "어찌하여 힘없는 개를 해하는가? 나의 생명이 나에게 소중하듯이 개에게도 자신의 생명이 소중하다.

6 너의 죄로 인한 짐을 살아있는 어떤 것에게라도 지우는 것은 네가 할 일이 아니다.

7 너는 너 자신의 행위와 사악한 생각으로 인해 스스로 이러한 위험을 초래했다. 너는 풀어야 할 어려운 문제를 갖고 있다. 하지만 그것을 너 스스로 풀어야 한다.

8 너는 사람을 사로잡아서 너의 상황을 배로 슬프게 만든다. 너 자신의 영역으로 돌아가라. 어떤 것이든 해롭게 하는 것을 삼가하라. 그러면 서서히 너 스스로가 자유로워질 것이다."

9 악령은 그 사람을 떠나 자신의 거처로 돌아갔다. 그 사람은 감사하는 마음으로 고개를 들고 말했다. "하나님을 찬양합니다!"

10 그러자 많은 사람들이 병자들을 데려왔다. 예수는 거룩한 말씀을 하셨고, 병자들은 치유되었다.

11 유대인 회당장과 모든 제사장은 예루살렘에서 온 예수가 마을에서 설교하고 있다는 말을 듣고 크게 동요했다.

12 그들은 예수가 사마리아 사람들 가운데 개종자를 만들어서 갈등을 일으키러 왔다고 생각하였다.

13 그리하여 그래서 그들은 관리자를 보내 그를 회당으로 불러서 그가 마을에 있는 이유를 설명하도록 했다.

14 예수는 자신을 찾아온 사람에게 말했다. "제사장과 회당장에게 내가 죄를 짓지 않았다고 전하라.

15 나는 상처 난 마음을 치유하고 병자를 고쳐주며 악령에 사로잡힌 사람에게서 악령을 몰아내기 위하여 왔다.

16 그들의 선지자들이 나를 두고 말하기를 내가 율법을 파괴하려고 온 것이 아니라 최상의 율법을 성취하기 위하여 온다고 하였다고 그들에게 전하라."

17 그 사람은 돌아가서 제사장들과 회당장에게 예수가 말한 것을 전했다.

18 회당장은 깜짝 놀라서 제사장들과 함께 예수가 있는 시장으로 갔다.

19 예수가 그들을 보고 말했다. "모든 사마리아 사람들에게 존경받는 사람들을 보라! 사람들을 옳은 길로 인도할 사명을 받은 분들이다.

20 그리고 내가 온 것은 그들의 일을 도와주기 위한 것이지 방해하려는 것이 아니다.

21 세상에는 두 가지의 부류의 사람들이 있다. 공정, 진리, 평등, 정의의 확실한 초석 위에 인류를 세우려고 하는 사람들과

22 영혼이 머무는 성스러운 사원을 파괴하고 그들의 동료들을 가난과 죄악으로 빠뜨리려는 사람들이다.

23 정의의 신성한 형제들은 지금과 같은 갈등의 시기에 단결해야 한다.

24 그들이 유대인이건 사마리아인이건 아시리아인이건 그리스인이건 모든 다툼, 모든 불화, 질투, 증오를 그들의 발아래 짓밟아 버리고 인간의 형제애를 보여주어야 한다."

25 그런 뒤 그는 회당장에게 말했다. "우리는 정의라는 큰 대의를 위해 뭉쳐야 한다. 분열하면 망할 것이다."

26 그런 뒤 그는 회당장의 손을 잡았다. 사랑의 빛이 그들의 혼을 채웠고 모든 사람이 놀랐다.

그리스도인들이 다시 여행을 시작한다. 잠시 사마리아의 도시에 머무른다. 예수가 회당에서 말한다. 영적인 능력으로 한 여인을 고친다. 예수가 사라진다. 그 후에 제자들이 나사렛으로 향할 때 함께 한다.

━━ ❊ ━━

84 그리스도인들이 갈릴리로 향해 가다가 사마리아에 도착했을 때 사마리아인들이 잠시 그들의 도시에 머물기를 간청했다.

2 그들은 함께 회당으로 갔다. 예수는 모세의 책을 펴서 읽었다.

3 '너희와 너희의 후손을 통하여 땅 위의 모든 나라가 축복받을 것이다.'

4 그리고 책을 덮고 말했다. "이 말은 만군의 주께서 우리의 아버지 아브라함에게 전한 말씀이다. 그리고 이스라엘은 전 세계에게 축복이 되었다.

5 우리는 그의 자손이다. 그러나 우리는 우리가 하도록 부름을 받은 위대한 일의 십 분의 일도 아직 이루지 못했다.

6 만군의 주께서는 하나님과 인간의 하나 됨을 가르치려고 이스라엘의 자손들을 따로 떼어두셨다. 그러나 자신의 삶에서 이를 증명하지 못한 사람은 이것을 절대로 가르칠 수 없다.

7 우리의 하나님은 영이다. 그리고 그분 안에 모든 지혜와 사랑과 힘이 있다.

8 모든 사람에게는 이와 같은 신성한 속성이 싹트고 있다. 그리고 때가 오면 그러한 속성들은 펼쳐질 것이며 증명이 완성될 것이다. 그리고 사람들은 하나 됨의 사실을 이해하게 될 것이다.

9 그리고 그대들의 회당장과 제사장들은 만군의 주의 명예로운 종들이다.

10 삶의 방식을 안내받고자 하는 모든 이가 그대들의 삶을 들여다보고 있다. 모범은 제사장의 또 다른 이름이다. 그러므로 그대들은 반드시 그대들이 사람들에게 기대하는 그런 사람들이 되어야 한다.

11 한 사람의 경건한 삶은 만 명의 혼을 순수하고 정의로운 길로 인도할 수 있다."

12 그러자 모든 사람이 '아멘' 하고 말했다.

13 그런 뒤 예수는 회당을 떠났다. 저녁기도 시간에 그는 신성한 숲속으로 올라갔다. 모든 사람이 그들의 신성한 산을 향하여 얼굴을 돌리고 기도를 드렸다.

14 그리고 예수는 기도했다.

15 예수가 고요히 앉아 있을 때, 한 혼의 목소리가 그의 혼에게 간절히 도움을 요청하는 말을 했다.

16 예수는 심한 고통 속에서 침상에 누워있는 한 여인을 보았다. 그녀는 아파서 거의 죽음에 임박해 있었다.

17 그녀는 말을 할 수 없었지만, 예수가 하나님의 사람이라는 것을 듣고 마음속으로 그에게 도움을 청했다.

18 예수는 그녀를 도왔다. 그는 아무 말도 하지 않았다. 그러나 그의 혼으

로부터 섬광과도 같은 위대한 힘이 죽어가는 병자의 몸 전체를 채웠다. 그러자 그녀가 자리를 털고 일어서서 기도하고 있는 그녀의 친척들과 함께 했다.

19 그녀의 친척들은 깜짝 놀라 그녀에게 어떻게 나은 것인지 묻자 그녀가 대답했다.

20 "모르겠어요. 나는 단지 생각으로 하나님의 사람에게 치유의 능력을 구했고 순식간에 병이 나았어요."

21 사람들이 말했다. "신들이 지상에 오신 게 분명합니다. 사람은 생각으로 병을 고칠 능력이 없기 때문입니다."

22 그러나 예수가 말했다. "하늘과 땅 위서 가장 위대한 능력은 생각이다.

23 하나님은 생각으로 우주를 만드셨으며 생각으로 백합이나 장미에 색을 입히신다.

24 내가 치유하는 생각을 보내어 질병과 죽음의 에테르를 건강과 생명의 에테르로 바꾼 것을 왜 이상하다고 생각하는가?

25 그대들은 이보다 더 위대한 것들을 볼 것이다. 거룩한 생각의 능력에 의하여 나의 육신이 영체로 변할 것이며 그대들의 몸도 그렇게 될 것이기 때문이다."

26 예수가 이처럼 말하고 곧 사라졌지만 아무도 그가 가는 것을 보지 못했다.

27 그의 제자들조차도 그 변화를 이해하지 못했다. 그들은 그들의 스승이 어디로 갔는지 모른 채 그들의 길을 갔다.

28 그러나 그들이 그 이상한 일에 대해 말하며 걸어가고 있을 때, 예수가 와서 갈릴의 나사렛까지 그들과 함께 걸었다.

선구자 요한이 헤롯왕의 사악함을 크게 질책한다. 헤롯왕은 요한을 마케루스의 감옥에 감금한다. 예수는 하나님이 요한의 투옥을 왜 허용했는지 말한다.

～✸～

85 파라카와 갈릴리의 분봉왕分封王 헤롯 안티파스는 방탕하고 이기적

인 폭군이었다.

2 그는 친척의 아내이자 자신과 같이 부도덕하고 부정한 여자인 헤로디아를 아내로 맞아들이려고 자기 아내를 집에서 내쫓았다.(마가복음 14:1-4)

3 헤롯은 갈릴리의 해변에 있는 디베랴라는 도시에서 살았다.

4 이때 선구자 요한은 갈릴리 바닷가의 사람들을 가르치려고 살렘의 샘터를 떠났다. 그리고 그는 사악한 왕과 그의 훔친 아내의 모든 죄를 비난했다.

5 헤로디아는 이 설교자가 감히 자기와 남편의 죄를 비난한 것에 격분하였다.

6 그녀는 선구자를 체포하여 사해 옆 마케루스 성의 지하 감옥에 가두라고 헤롯왕을 설득했다.

7 헤롯은 그녀가 청한 대로 했다. 그러자 그녀는 아무도 그녀를 감히 책망할 사람이 없었으므로 자신이 지은 모든 죄에도 불구하고 마음 편히 살았다.

8 요한의 제자들은 요한의 재판과 투옥에 대해 말하지 말라는 경고를 받았다.

9 법원의 명령에 따라 그들이 공회당에서 가르치는 것은 금지되었다.

10 그들은 헤롯이 '요한의 이단'이라고 부른 이 더 나은 삶에 대해서 말할 수 없었다.

11 요한이 분봉왕分封王의 명에 따라 투옥된 것이 알려졌을 때 예수의 친구들은 예수가 갈릴리에 머물지 않는 것이 최선이라고 생각했다.

12 그러나 예수가 말했다. "나는 두려워할 필요가 없다. 아직 나의 때가 오지 않았으며 나의 일이 끝날 때까지는 아무도 나를 멈추게 할 수가 없다."

13 그들이 하나님께서 왜 헤롯이 요한을 투옥하도록 내버려 두셨는지 묻자 예수가 말했다.

14 "저기 밀짚을 보라! 곡식의 알이 충분히 익으면 밀짚은 더 이상 쓸모가 없게 되어 땅에 떨어져서 원래 그것이 생겨난 땅의 일부가 된다.

15 요한은 황금 밀대다. 그는 지상에서 가장 풍성한 알곡을 성숙시켰다. 그것으로 그의 일은 끝났다.

16 만일 그가 또 다른 말을 했었더라면 지금과 같은 고귀한 삶의 균형을 손상했을지도 모른다.

17 그리고 나의 일이 끝날 때, 통치자들은 그들이 요한에게 한 것 이상으로 나에게 행할 것이다.

18 이와 같은 모든 일은 하나님 스스로 계획하신 것의 일부분이다. 순진무구한 사람은 사악한 사람들이 권력을 잡고 있는 동안 고통을 당할 것이다. 그러나 순진무구한 사람들을 고통스럽게 하는 자에게 화가 있을 것이다."

그리스도인들이 나사렛에 있다. 예수가 회당에서 가르친다. 예수가 사람들을 화나게 하고 사람들은 예수를 살해하려고 한다. 그러자 예수는 신비롭게도 사라졌다가 다시 회당으로 돌아온다.

≈ ❄ ≈

86 그리스도인들이 나사렛에 있었다. 안식일이었다. 예수는 회당으로 올라갔다.

2 서적관리인이 예수에게 책 한 권을 주자 그가 펴서 읽었다.

3 "주님의 영이 나를 압도했다. 그는 나에게 기름을 부으시어, 가난한 자에게 복음을 전하고, 포로가 된 자들을 자유롭게 하고, 보이지 않는 눈을 뜨게 하고(이사야 61:1),

4 억압받은 자들과 다친 자들에게 위안을 가져다주고, 희년[34]이 왔음을 선포하게 하셨다. (이사야 61:2)"

5 예수는 이 구절을 읽은 후에 책을 덮고 말했다. "이 성구가 오늘 그대들의 눈앞에서 이루어진다. 희년이 왔고 이스라엘이 온 세상을 축복할

---

34) 은혜의 해(jubilee), 희년이란 안식년 정신의 최종 완성을 뜻한다. 희년은 일곱 번째 돌아오는 안식년으로서, 그들이 가나안 땅에 정착한 이래로 안식년을 일곱 번 맞이한 그 해를 그들은 '희년'으로 선포하고 지켰다. 즉 49년째 7월 10일이 되면 온 나라에 희년을 선포하는 나팔을 분다. 그해로부터 1년 동안이 희년이 된다. (레위기 25장)

때이다."

6 그런 뒤 그는 거룩하신 한 분의 나라와 생명의 감춰진 길과 죄의 용서에 대한 많은 것을 전했다.

7 많은 사람들이 그 말을 하는 사람이 누구인지 알지 못했다. 다른 사람들은 이렇게 말했다. "그 사람은 요셉의 아들이 아닙니까? 그의 어머니가 마미온 거리에 살고 있지 않습니까?"

8 그리고 한 사람이 큰 소리로 말했다. "이분은 가나와 가버나움과 예루살렘에서 위대한 기적을 행한 바로 그분입니다."

9 그러자 사람들이 말했다. "그렇다면 의사인 당신이 자신의 병을 먼저 고쳐 보시오. 당신이 다른 마을에서 행한 모든 기적을 여기 당신의 친척들 앞에서 해 보시오."

10 그러자 예수가 말했다. "어떤 선지자도 그의 고향에서는 존경받지 못한다. 그리고 선지자가 모든 이에게 보내지는 것은 아니다.

11 엘리야는 하나님의 사람으로 그에겐 권능이 있었다. 그가 하늘의 문을 닫자 40개월 동안 비가 내리지 않다가, 그가 거룩한 말씀을 하자 비로소 비가 내리고 땅은 생기를 찾았다.

12 나라 안에 과부들이 많이 있었으나 엘리야는 사르밧에게만 갔으며, 그녀는 축복받았다. (열왕기상 17:10)

13 엘리야가 살았을 때, 이스라엘에는 많은 나병 환자가 있었으나 병이 나은 사람은 단 한 사람밖에 없었다. 그 사람은 믿음을 가진 시리아인이었다.(열왕기하 5:14)

14 그대들에게는 믿음이 없다. 단순히 호기심 어린 변덕을 만족시킬 표시를 찾고 있을 뿐이다. 그러나 그대들이 믿음의 눈을 뜨기 전에는 보지 못할 것이다."

15 그러자 사람들은 격노하였다. 그들은 예수에게 달려들어 줄로 그를 묶고 멀지 않은 벼랑으로 끌고 가 그들 떨어뜨려 죽이려고 했다.

16 그러나 그들이 예수를 꽉 붙들었다고 생각했을 때, 예수는 사라졌다. 성난 사람들 사이에서 보이지 않게 빠져나와 그의 길을 갔다.(누가복음 4:29)

17 사람들은 어리둥절하여 말했다. "이 사람은 도대체 어떤 사람인가?"

18 그들이 다시 나사렛에 왔을 때, 그들은 예수가 회당에서 가르치고 있는 것을 발견했다.

19 그들은 몹시 두려워서 더 이상 예수를 괴롭히지 않았다.

그리스도인들이 가나로 간다. 그곳에서 예수는 귀족의 자녀를 고친다. 그리스도인들이 가버나움으로 간다. 예수는 어머니를 위해 넓은 집을 마련해 드린다. 그리고 열두 사도를 택할 계획을 공표한다.

⟨ ❋ ⟩

87 예수는 나사렛에서는 더는 가르치지 않고 제자들과 더불어 가나로 갔다. 예수는 이곳의 어느 혼인 잔치에서 물을 포도주로 바꾼 적이 있었다.

2 그곳에서 그는 가버나움에 사는 한 귀족을 만났는데 그의 아들은 병이 들어 있었다.

3 그 사람은 예수가 병을 고칠 능력을 갖고 있음을 굳게 믿었다. 그는 예수가 갈릴리에 왔다는 것을 알고 서둘러 예수를 만나러 갔다.(요한복음 4:46-54)

4 그는 오후 1시에 예수를 만났고, 서둘러 가버나움으로 가서 아들을 살려주시기를 간청했다.

5 그러나 예수는 가지 않고 잠시 따로 떨어져 말없이 서 있다가 말했다. "그대의 믿음이 치유의 향유임을 증명했다. 이제 그대의 아들은 나았다."

6 그는 그 말을 믿고 가버나움의 집으로 향해 길을 떠났다. 가는 도중 집에서 오는 하인을 만났다. 하인이 말하였다.

7 "주인님, 그렇게 서두르실 필요가 없습니다. 아드님이 다 나았습니다."

8 그가 물었다. "언제부터 내 아들이 호전되기 시작했느냐?"

9 하인이 대답했다. "어제 오후 1시쯤 열이 내렸습니다."

10 그는 그의 아들을 구한 것은 예수가 보낸 치유의 향유였다는 것을 알았다.

11 예수는 가나에 머물지 않고 제자들과 함께 가버나움으로 향했다. 그곳에서 예수는 어머니와 함께 살 수 있고, 제자들도 거룩한 말씀을 듣기 위해 모일 수 있는 넓은 집을 마련했다.

12 예수는 그 예수에 대한 믿음을 고백한 사람들을 그 집으로 불렀다. 제자들은 그 집을 그리스도 학교라고 불렀다. 그들이 오자 예수가 말했다.

13 "온 세상에 그리스도의 복음을 선포해야 한다.

14 그리스도의 포도나무는 가지가 온 땅의 백성들과 종족들과 어족(같은 언어를 쓰는 민족)들을 이루는 거대한 포도나무가 될 것이다.

15 나는 그 포도나무이며 열두 사도는 원줄기의 가지가 될 것이며, 이들은 사방으로 가지를 뻗을 것이다.

16 그리고 나를 따르는 사람 중에서 성스러운 숨결이 열두 명을 부를 것이다.

17 이제 돌아가서 그대들이 해왔던 일을 계속하라. 그러나 부름에 귀를 기울이도록 하라."

18 그러자 제자들은 지금까지 해오던 생업을 하려고 떠났고 예수는 기도하려고 홀로 함모스 언덕으로 갔다.

19 예수는 사흘 밤낮으로 침묵의 형제단과 교감을 했다. 그런 뒤 성스러운 숨결의 힘으로 열두 명을 부르러 왔다.

예수는 바닷가를 걷는다. 예수는 고깃배에 서서 사람들에게 말한다. 예수의 지시에 따라 어부들이 물고기를 많이 잡는다. 예수는 열두 사도를 택하고 그들을 부른다.

⸺ ✳ ⸺

88 그리스도가 갈릴리 해변을 거닐자 군중들이 그를 따랐다.

2 어선들이 막 들어왔다. 베드로와 그의 형제는 그들의 배에서 기다리고 있었다. 그들을 도와주는 사람들이 해변에서 망가진 그물을 수선하고 있었다.

3 예수가 배에 오르자 베드로가 배를 바다 쪽으로 살짝 밀었다. 예수가 배 안에 서서 사람들에게 말했다.

4 "만군의 주님의 선지자인 이사야는 앞일을 내다보았으며 바로 오늘을 보았다. 그는 해변에 모인 사람들을 보고 이렇게 외쳤다.

5 "요단강 너머 바닷가에 있는 스불론 땅과 납달리 땅, 이방인의 갈릴리 땅.

6 사람들은 어둠 속에서 길을 알지 못하였다. 그러나 그들은 태양이 떠오르는 것을 보았다. 빛이 그들의 앞을 비추어 그들은 생명의 길을 보았고, 그 안으로 걸어 들어갔다."(이사야 9:1-2)

7 그리고 그대들은 오늘날 땅 위의 모든 사람 가운데 가장 큰 축복을 받았다. 가장 먼저 그 빛을 볼 수 있고 그 빛의 자녀가 될 수 있기 때문이다."

8 그리고 예수가 베드로에게 말했다. "그물을 배로 가져와서 깊은 곳에 던져라."

9 베드로는 예수가 명한 대로 했다. 하지만 믿지 못하겠다는 듯이 이렇게 말했다. "이건 헛수고만 하는 것입니다. 오늘 갈릴리호숫가에는 고기가 없습니다. 저와 안드레가 밤새 고생했지만 한 마리도 못 잡았습니다."

10 그러나 예수는 바다 밑에 있는 많은 고기떼를 보고 베드로에게 말했다.

11 "배 오른쪽으로 그물을 던져라."

12 베드로가 예수의 말씀대로 하자 그물이 물고기로 가득 찼다. 그물은 그 많은 물고기를 담을 만큼 충분히 튼튼하지 않았다.

13 베드로가 가까이 있던 요한과 야고보에게 도움을 청하였다. 함께 그물을 배로 끌어 올리고 나니, 배 두 척이 모두 물고기로 가득 찼다.

14 베드로는 고기가 많이 잡힌 것을 보고 믿음 없이 한 자신의 말이 부끄러워졌다. 그는 예수의 발아래 엎드려 말했다. "주님이시여, 제가 믿습니다!"

15 예수가 말했다. "잡은 물고기를 보라! 이제부터 너희는 더 이상 물고기를 잡지 말라.

16 그리스도의 그물을 배 오른쪽에 있는 인간 생명의 바다에 던져야 할 것이며, 그들을 낚아 올려 신성함과 평화로 인도해야 할 것이다."

17 그들이 해안가에 도착했을 때, 그리스도가 베드로, 안드레, 야고보와

요한을 불러 말했다.

18 "너희 갈릴리의 어부들이여, 스승들은 우리들을 위해 해야 할 위대한 일이 있다. 나는 그 길을 갈 것인데 너희는 나를 따라도 좋다." 그러자 그들은 모든 것을 버리고 예수를 따랐다.

19 예수가 바닷가를 걷다가 해변을 걷고 있는 빌립과 나다나엘을 보며 말했다.

20 "오랫동안 그리스의 철학을 가르쳐 온 벳새다의 스승들이여, 우리의 스승들은 나와 그대들이 해야 할 더 위대한 일이 있다. 나는 그 길을 갈 것인데 그대들은 나를 따라도 좋다." 그러자 그들이 그를 따랐다.

21 조금 멀리 떨어진 곳에 로마의 세관이 있었다. 그곳에서 예수는 책임을 맡고 있는 관리를 보았다. 그의 이름은 마태였고, 한때 여리고에 산 적이 있었다.

22 이 젊은이는 주님보다 먼저 예루살렘으로 달려가 '보십시오! 그리스도께서 오십니다.'라고 말한 적이 있었다.

23 마태는 재력가로서 유대와 시리아와 그리스의 지혜를 배운 사람이었다.

24 예수가 마태에게 말했다. "안녕하시오, 카이사르의 충직한 신하인 마태여! 우리의 스승들은 우리를 영혼의 세관으로 부른다. 나는 그 길을 갈 것이니 그대는 나를 따라도 좋다." 그러자 마태가 그를 따랐다.

25 이스가롯과 그의 아들 유다는 마태에게 고용되어 세관에 있었다.

26 예수가 유다에게 말했다. "지금 하는 일을 그만두라. 스승들은 우리에게 혼의 은행에서 일하라고 부르고 계신다. 나는 그 길을 갈 것인데 그대는 나를 따라도 좋다." 그러자 유다가 예수를 따랐다.

27 또한, 예수는 그리스도에 대한 소식을 듣고 그리스도 학교에서 공부하려고 안디옥에서 온 한 율법사를 만났다.

28 그의 이름은 도마로 의심이 많으나 교양있고 능력 있는 그리스 철학자였다.

29 그러나 예수는 그에게서 믿음을 보고 말했다. "스승들이 율법을 해석

할 수 있는 사람을 필요로 한다. 나는 그 길을 갈 것인데 그대는 나를 따라도 좋다." 그러자 도마가 예수를 따랐다.

30 저녁이 되어 예수가 집에 있는데, 보라. 친척인 알패오와 미리암의 아들들인 야고보와 유다가 왔다.

31 그들은 믿음이 있는 사람들로서 나사렛의 목수들이었다.

32 예수가 그들에게 말했다. "보라, 너희는 내 아버지인 요셉과 더불어 사람들의 안식처인 집을 짓기 위해 나와 함께 수고하였다. 우리의 스승들은 영혼의 집을 세우는 일에 도우라고 우리를 부르고 계신다. 그 영혼의 집은 망치, 도끼나 톱을 사용하지 않고 지어진 집이다.

33 나는 그 길을 갈 것인데 너희는 나를 따라도 좋다." 그러자 야고보와 유다가 외쳤다. "주여, 저희는 당신을 따르겠습니다."

34 다음날 예수는 엄격한 유대 율법의 대표적인 인물이며, 열심당熱心黨[35]의 지도자인 시몬에게 메시지를 보냈다.

35 메시지에는 이렇게 적혀 있었다. "우리의 주인들께서 아브라함의 믿음을 증명하라고 우리를 부르고 계신다. 나는 그 길을 갈 것인데 그대는 나를 따라도 좋다." 그러자 시몬이 그를 따랐다.

열두 사도는 예수의 집에 머물면서 그들의 일에 전념한다. 예수는 그들을 가르친다. 안식일에는 회당에 가서 가르친다. 예수가 악령에 사로잡힌 사람에게서 부정한 영을 내쫓는다. 베드로의 장모를 낫게 해준다.

≈ ✤ ≈

89 안식일 전날, 부름을 받은 열두 제자는 예수의 집에 한뜻으로 모였다.

2 예수가 그들에게 말했다. "오늘은 바로 너희들 자신을 하나님의 일에 바치는 날이니 다 함께 기도하자.

3 외적인 것에서 벗어나 내적인 자아로 향하라. 육적인 자아의 모든 문을 닫고 기다려라.

4 성스러운 숨결이 이곳을 가득 채울 것이며 너희들은 성스러운 숨결 안

---

35) 무력으로 이스라엘의 종교적, 정치적인 독립을 꾀하려는 극단주의자들을 지칭한다.

에서 세례를 받을 것이다."

5 그런 뒤 그들은 기도했다. 한낮의 태양보다 더 밝은 빛이 온 방을 가득 채우고 모든 이들의 머리로부터 불길이 올라와 공중으로 높이 치솟았다.[36]

6 온 갈릴리가 술렁였다. 가버나움 위로 멀리서 천둥 같은 소리가 들리고 사람들은 마치 일만 명의 천사들이 합창하는 듯한 노랫소리를 들었다.

7 그리고 열두 사도는 고요하고 작은 소리를 들었다. 오직 한 단어였다. 감히 입으로 말할 수 없는 단어였다. 그것은 하나님의 신성한 이름이었다.

8 예수가 그들에게 말했다. "만물을 창조하는 이 하나님의 말씀으로 너희는 원소를 통제하고 공기의 모든 힘을 통제할 수 있을 것이다.

9 너희가 너희의 혼 안에서 이 하나님의 말씀을 말하면, 삶과 죽음의 열쇠, 현재와 과거와 미래의 것들에 대한 열쇠들을 갖게 된다.

10 보라, 너희는 그리스도 포도나무의 위대한 열두 가지이며, 열두 초석이며, 그리스도의 열두 사도이다.

11 나는 너희, 어린 양들을 야수들 가운데로 보낸다. 그러나 만물을 창조하는 하나님의 말씀이 너희의 방호와 방패가 될 것이다.

12 그러자 하늘은 다시 노랫소리로 가득 찼으며 온갖 피조물들이 마치 '하나님을 찬양하여라. 아멘!'이라고 외치는 듯하였다.

13 다음 날은 안식일이었다. 예수는 제자들과 함께 회당에 가서 거기에서 가르쳤다.

14 사람들은 말했다. "그는 율법사들이나 바리새인들처럼 가르치지 않고, 알고 있고, 말할 권한이 있는 사람으로서 가르친다."

15 예수가 말하고 있을 때 악령에 사로잡힌 사람이 들어왔다. 그 사람을

---

36) 성령강림의 사건은 사도행전 2장에 기록되어 있다. 물론 이 사건은 예수의 승천 이후에 일어난 사건이다. 종종 『보병궁 복음서』의 내용과 사복음서의 내용이 약간 다른 경우가 있다. 더 신뢰할 수 있는 기록이 어떤 기록인지를 판단하려면 사복음서의 기록방식(여러 자료들을 취합하여 저자의 수준이나 의도에 따라 기록한 방식)과 『보병궁 복음서』(마치 필름에 사진이 찍히는 것과 같은 아카샤의 기록방식)의 차이를 염두에 두어야 한다.

사로잡은 악령들은 비천한 부류로서 종종 그들의 희생자를 땅이나 불구덩이 속으로 내동댕이쳤다.

16 그 악령들이 회당에 있는 그리스도를 보았을 때 그를 알아보고 이렇게 말했다.

17 "하나님의 아들인 당신이 왜 여기에 있는가? 우리의 때가 되기도 전에 거룩한 말씀으로 우리를 멸망시키려는가? 우리는 당신과 아무 상관이 없으니 그냥 내버려 두시오."

18 그러나 예수가 그들에게 말했다. "만물을 창조하는 하나님의 말씀으로 말하노니 나오라. 다시는 이 사람을 괴롭히지 말고 너희의 거처로 돌아가라."

19 그러자 부정한 영들은 그 사람을 바닥에 내던지고 사악한 소리를 지르며 가버렸다.

20 예수가 그 사람을 일으켜 세우며 말했다. "만일 그대가 항상 선으로 충만한 마음을 갖는다면 악령들이 그대 안에서 머물 곳을 찾을 수 없을 것이다.

21 악령들은 텅 빈 머리와 마음에만 들어온다. 가서 다시는 죄를 짓지 말라."

22 사람들이 예수가 한 말과 그가 한 일에 놀라 서로에게 물었다.

23 "이분은 누구이신가? 부정한 영들조차 두려워하며 도망치게 만드는 이 모든 권능은 어디에서 오는가?"

24 그리스도가 회당을 떠났다. 그는 베드로 안드레, 야고보, 요한과 함께 회당을 떠나 베드로의 집으로 갔다. 베드로의 친척 중 한 명이 병이 들어 그 집에서 앓고 있었다.

25 베드로의 아내가 들어왔다. 병자는 그녀의 어머니였다.

26 예수가 침상에 누워있는 여인에게 손을 얹고 거룩한 말씀을 말하니 열이 멈추고 여인이 일어나 그들을 대접했다.

27 그 이웃들이 이 일을 듣고 병자와 귀신들린 사람들을 데리고 왔다. 예수가 그들에게 손을 얹자 그들이 나았다.

예수가 기도하려고 홀로 산에 간다. 제자들이 그를 찾아낸다. 예수가 열두 제자를 불러 갈릴리를 다니며 사람들을 가르치고 병을 고친다. 디베랴에서 나병 환자를 고친다. 예수가 가버나움으로 돌아온다. 예수가 자신의 집에서 중풍 병자를 낫게 하고 치유의 철학과 죄의 용서에 대해 말한다.

~ ❀ ~

90 그리스도 스승이 사라졌다. 그가 가는 것을 본 사람이 아무도 없었다. 베드로와 야고보와 요한이 그를 찾아 나섰다. 그들은 함모스 언덕에 있는 밀회 장소에서 예수를 발견했다.

2 베드로가 말했다. "가버나움 전체가 아주 떠들썩합니다. 거리마다 사람들로 붐비고 모든 공공장소도 사람들로 가득 찼습니다.

3 어디에서나 남자들과 여자들 그리고 아이들이 의지대로 병을 고치는 사람에 관해 묻고 있습니다.

4 선생님의 집과 우리의 집에는 병자들로 꽉 차 있습니다. 그들은 그리스도라 불리는 예수를 찾고 있습니다. 그들에게 뭐라고 말해야 할까요?"

5 예수가 말했다. "다른 도시의 많은 사람도 우리를 찾고 있다. 우리는 그들에게 생명의 빵을 가져가야 한다. 다른 사람들도 불러와서 함께 가자."

6 그리하여 예수와 열두 제자는 빌립과 나다나엘이 사는 벳새다로 가 그곳에서 가르쳤다.

7 군중들이 그리스도를 믿고 그들의 죄를 고백하고 세례를 받았다. 그리고 하나님의 나라로 들어갔다.

8 그리스도와 열두 제자는 갈릴리의 모든 마을을 다니며 믿음으로 찾아와 자신들의 죄를 고백한 사람들에게 세례를 주며 가르쳤다.

9 그들은 앞을 보지 못하는 사람들의 눈을 뜨게 했으며, 듣지 못하는 사람들의 귀를 듣게 하고, 악령에 사로잡힌 사람들에게서 악령을 내쫓았으며 온갖 병을 낫게 하였다.

10 그들이 바닷가의 디베랴에서 가르칠 때 나병 환자 한 명이 가까이 와서 말했다. "주여, 저는 믿습니다. 주께서 거룩한 말씀만 하셔도 저는 깨끗

해질 것입니다."

11 예수가 말했다. "그럴 것이다. 깨끗해져라." 그러자 곧 나병이 사라지고 그 사람이 깨끗해졌다.

12 예수가 그에게 말했다. "아무에게도 말하지 말고 제사장들에게 가 너희 몸을 보여주고 네가 깨끗하게 된 것에 대해 율법이 요구하는 것을 바쳐라"

13 그 사람은 기뻐서 날뛰었다. 그러나 그는 제사장들에게 가지 않고 시장으로 가서 곳곳을 돌아다니며 일어난 일을 이야기했다.

14 그러자 병자들이 떼를 지어 몰려들어 예수와 열두 제자에게 고쳐주기를 간청하였다.

15 그들의 요구가 너무나 끈질겨서 거의 아무것도 할 수 없어지자 예수와 그 제자들은 번잡한 곳을 떠나 사막으로 가서 그들을 따르는 군중들을 가르쳤다.

16 여러 날이 지나 그리스도인들은 가벼나움으로 돌아왔다. 예수가 집에 있다는 소문이 나자 사람들이 몰려왔다. 그들은 집안의 모든 방을 가득 메우고 심지어 입구에도 가득 찼다.

17 그 가운데 갈릴리와 예루살렘의 모든 지역에서 온 서기관과 바리새인과 율법사들이 있었고 예수는 그들에게 삶의 길을 열어주었다.

18 네 명의 남자가 중풍 환자를 간이침대에 실어 데려왔으나 문을 통과할 수가 없어 병자를 지붕으로 올리고 통로를 만들어 그를 예수 앞에 내려놓았다.

19 예수가 그들의 믿음을 보고 중풍 환자에게 말했다. "나의 아들아, 기운을 내라. 네 죄가 용서받았다."

20 이 말을 들은 서기관들과 바리새인들이 말했다. "이 사람은 어찌하여 그렇게 말하는가? 하나님 외에 그 누가 인간의 죄를 사할 수 있단 말인가?"

21 예수가 그들의 생각을 알아차렸다. 그는 자기들끼리 주고받은 질문을 알고 그들에게 말했다.

22 "어찌하여 그대들끼리 그렇게 따지고 있는가? 내가 '그대의 죄가 소멸

되었다.'라고 하거나 '일어나 너의 침상을 들고 걸으라'라고 말하는 것이 뭐가 문제라는 것인가?

23 사람이 사람의 죄를 사해줄 수 있다는 것을 증명하기 위해 나는 말하겠다." (그런 뒤 예수는 중풍 환자에게 말했다.)

24 "일어나 침상을 들고 그대의 갈 길을 가라!"

25 그는 사람들이 보는 앞에서 일어나서 침상을 들고 그의 길을 갔다.

26 사람들은 그들이 보고 들은 것을 이해할 수가 없었다. 그들은 서로 말했다. "오늘은 우리가 결코 잊을 수 없는 날이다. 오늘 우리는 기적을 보았다."

27 사람들이 돌아가자 열두 제자가 남았다. 예수가 그들에게 말했다.

28 "유대인의 축제가 다가오고 있다. 다음 주에 우리는 예루살렘으로 갈 것이다. 그곳에서 우리는 멀리서 오는 우리 형제들을 만나 그들이 왕을 볼 수 있도록 길을 열어줄 것이다."

29 그리스도인들은 그들의 집 조용한 곳으로 가서 며칠 동안 기도를 드렸다.

제16부

예수의 그리스도 사명의 2년째 시기

예루살렘의 축제에 있는 예수. 예수가 병약한 자를 고친다. 치유에 관한 실제적인 가르침을 준다. 모든 사람은 하나님의 자녀들이라고 단언한다.

～✳～

91 축제일이 다가오자 예수와 열두 제자는 예루살렘으로 갔다.

2 안식일 바로 전날 그들은 감람산에 이르러 북쪽 감람산 앞에 있는 여관에 머물렀다.

3 안식일 이른 아침에 그들은 양의 문을 통과해 예루살렘으로 갔다. (요한복음 5장)

4 문 가까이에 있는 베데스다라는 치유의 샘에는 많은 병자가 모여 있었다.

5 그들은 특정한 때에 천사가 내려와 샘 속으로 치유의 효력을 부어주며, 그때 제일 먼저 들어가서 씻는 사람은 낫게 된다고 믿었다.

6 예수와 열두 제자는 샘 가까이에 서 있었다.

7 예수는 38년간이나 병을 앓아온 사람을 가까이에서 보았다. 그는 남의 도움 없이는 움직일 수가 없었다.

8 예수가 그에게 말했다. "나의 형제여, 낫고자 하느냐?"

9 그가 대답했다. "낫기를 간절히 원합니다. 그러나 저는 무기력하여 천사가 내려와서 그 샘에 치유의 효력을 쏟아부으실 때

10 걸을 수 있는 다른 자들이 먼저 샘에 들어가기 때문에 저는 치유 받지 못합니다."

11 예수가 말했다. "누가 단지 몇몇의 혜택 받은 사람들을 위해 이 샘에 효력을 주려고 천사를 이곳에 보내겠는가?

12 내가 알기로 하나님이 아니다. 그분은 모든 사람을 똑같이 대하기 때문이다.

13 또한, 천국의 치유 샘에 다른 사람들보다 더 좋은 기회를 가진 사람은 없다.

14 건강의 샘은 너희의 혼 속에 있다. 그 샘은 자물쇠로 단단하게 잠겨있으나 이를 여는 열쇠는 믿음이다.

15 그러므로 누구도 이 열쇠로 잠겨 있는 샘의 문을 열고 치유의 샘에 뛰어들어 온전하게 치유될 수 있다."

16 그러자 그 사람은 희망에 찬 얼굴로 올려다보며 말했다. "제게 그 믿음의 열쇠를 주십시오."

17 예수가 말했다. "너는 내가 말한 것을 믿느냐? 너의 믿음대로 그렇게 될 것이다. 일어나라, 너의 침상을 들고 걸으라!"

18 그러자 남자는 단숨에 일어나 걸었다. 그러고는 "하나님을 찬양하라." 고 말했다.

19 사람들이 그에게 '누가 그대를 온전하게 치유했는가?'라고 묻자 그가 대답했다. "모르오. 어떤 낯선 이가 샘터에서 내게 한마디 말을 했는데 바로 나았소."

20 예수가 이 사람을 고치는 모습을 목격한 이는 많지 않았다. 예수는 열두 제자와 함께 성전 뜰로 갔다.

21 성전에서 예수는 그 사람을 보고 말했다. "보라, 네가 온전케 되었으니 이제부터 자신의 인생을 올바르게 살도록 하여라.

22 계속해서 올바른 삶을 살되 더 이상 죄를 짓지 말라. 그렇지 않으면 더 큰 재앙이 너에게 닥칠 것이다."

23 그제야 그는 자신을 온전하게 해 준 사람이 누구인지 알게 되었다.

24 그가 자신의 이야기를 제사장들에게 했더니 그들이 매우 격노하여 이렇게 말했다. "율법은 안식일에 사람을 고치는 것을 금한다."

25 그러나 예수가 말했다. "나의 아버지께서는 안식일에도 일을 하시는데 왜 나라고 못 하겠는가?

26 그분께서는 안식일에도 다른 날과 마찬가지로 비와 햇볕과 이슬을 내리시며, 풀이 자라고 꽃들이 피게 하시며, 수확을 재촉하신다.

27 만일 안식일에 풀이 자라고 꽃이 피어나는 것이 율법에 어긋나지 않는다면, 병약한 자를 병에서 구하는 것이 어찌 잘못된 일이겠는가?"

28 그러자 제사장들은 예수가 스스로 하나님의 아들이라고 주장하였기 때문에 더욱 더 화가 났다.

29 제사장들의 지도자인 아비후가 말했다. "이 자는 우리나라와 율법을 위협하는 자이다. 그는 그 자신을 하나님의 아들이라고 한다. 그를 살려 두어서는 안 된다."

30 그러나 예수가 말했다. "아비후 선생, 그대는 학식이 있는 사람이며 생명의 법칙을 확실히 알고 있소. 그러니 창세기에서 볼 수 있는 '인간의 딸들을 아내로 맞아들인 하나님의 아들들'이 누구인지 말해 주시겠소?

31 우리의 조상 아담은 누구였으며 언제 이 땅에 태어났소? 그에게 아버지가 있었소? 아니면 그가 하늘에서 별처럼 이 땅에 떨어졌소?

32 우리는 모세가 '아담은 하나님에게서 왔다'라고 말한 것을 읽었소. 만약 아담이 하나님에게서 왔다면 그는 하나님의 후손이오, 하나님의 아들이요?

33 우리는 그 하나님의 아들인 아담의 자녀이오. 그러니 학식이 있는 제사장이여, 우리가 하나님의 자손들이 아니라면 도대체 누구란 말이오?"

34 그러자 제사장은 급한 용무가 있다고 갈 길을 가버렸다.

35 예수가 말했다. "모든 사람은 하나님의 자손이며 만약 그들이 거룩한 삶을 산다면 그들은 언제나 하나님과 함께 거하는 것이다.

36 그들은 하나님의 일을 보고 이해하며 하나님의 성스러운 이름 안에서 이런 일들을 행할 수 있다.

37 번개와 폭풍은 햇볕과 비와 이슬과 마찬가지로 하나님의 사자이다.

38 모든 하늘의 덕은 하나님의 손에 있고 모든 충실한 하나님의 자손들은 이러한 덕과 권능을 사용할 수 있다.

39 사람은 이 땅 위에 하나님의 뜻을 펼치기 위해 보내진 대행자로서 병자들을 고칠 수 있으며 공기 중의 영들을 다스릴 수 있고 죽은 자들을 일으켜 살릴 수 있다.

40 내가 이러한 일들을 행할 수 있는 권능을 가졌다고 해서 전혀 이상한 것이 아니다. 모든 인간이 이 같은 권능을 얻을 수 있다. 그러나 우선 낮은 자아에서 나오는 모든 열망을 정복해야 한다. 그리고 의지가 있으면 이러한 열망을 정복할 수 있다.

41 그러므로 사람은 땅 위에 있는 하나님이며 하나님을 높이는 사람은 반드시 사람을 높여야 한다. 아버지와 그 자녀가 하나이듯이 하나님과 사람 역시 하나이기 때문이다.

42 보라, 내가 이르노니, 때가 왔다. 죽은 자들이 사람의 목소리를 듣고 살아날 것이다. 사람의 아들이 곧 하나님의 아들이기 때문이다.

43 너희 이스라엘 사람들이여, 들어라! 그대들은 죽음 속에서 살고 있고 무덤 속에 갇혀 있다.

44 (무지와 불신보다 더 깊은 죽음은 없다.)

45 그러나 모든 사람들은 언젠가 사람의 목소리로 인해 똑똑히 들리는 하나님의 목소리를 듣고 살 것이다. 그대들 모두가 하나님의 자녀들이라는 것을 알 것이며, 하나님의 신성한 말씀으로 하나님의 일을 하게 될 것이다.

46 그대들이 생명으로 나올 때, 즉 자신들이 하나님의 자녀라는 것을 깨닫게 될 때, 그때 정의의 삶을 살아온 그대들은 생명의 들판에서 눈을 뜨게 될 것이다.

47 그러나 죄의 길을 사랑하는 자들은 이와 같은 부활의 순간에 심판대 앞에 서서 사람들과 자신에게 진 빚을 갚아야 할 것이다.

48 그대들이 무엇을 잘못하였든 그것은 완전한 인간의 수준에 도달할 때까지 다시, 또다시 행해져야 하기 때문이다.

49 그러나 때가 오면 가장 낮은 자와 높은 자들이 함께 일어나 빛 속을 걸어갈 것이다.

50 내가 그대들을 하나님에게 고소하겠는가? 아니다. 그대들의 선지자 모세가 그렇게 했다. 그리고 만일 그대들이 모세의 말을 듣지 않는다면 나의 말에도 귀를 기울이지 않을 것이다. 모세가 이미 나에 대해 기록

하였기 때문이다."

나사로의 집에서 잔치를 열고 있는 그리스도인들. 마을에서 화재가 발생한다. 예수가 화염 속에서 한 어린아이를 구하고 거룩한 말씀으로 불길을 잠재운다. 그리스도는 술에 취한 사람을 구하는 방법에 대한 실질적인 교훈을 준다.

───── ❁ ─────

92 나사로가 잔치를 베풀고 예수와 열두 제자는 나사로와 함께 베다니에 있는 그의 집으로 갔다.

2 나사로와 그의 누이들은 예수와 열두 제자를 위하여 잔치를 벌였다. 룻과 아셀은 여리고에서 왔다. 아셀은 그리스도에게 더 이상 적대적이지 않았다.

3 손님들이 식탁에 앉아 있던 바로 그때, '마을이 불타고 있다!'라고 외치는 소리가 들려왔다. 모두가 거리로 뛰어나갔고, 이웃에 있는 많은 집들이 화염에 휩싸여 있었다.

4 어느 이층집 방안에 어린아이가 잠들어 있었는데 누구도 불길을 뚫고 구하러 갈 수 없었다. 엄마는 미친 듯이 슬퍼하며 사람들에게 아이를 구해달라고 울부짖고 있었다.

5 그때 예수는 불의 영들이 두려움에 떨며 창백해질 정도의 목소리로, '평화! 평화! 잠잠해질지어다!'라고 말했다.

6 그런 뒤 연기와 화염 속을 뚫고 걸어가 불에 타버려 떨어지는 계단 위를 오르더니 순식간에 아이를 팔에 안고 돌아왔다. 예수의 몸과 옷, 그리고 어린아이에게서 불의 흔적은 찾아볼 수 없었다.

7 그런 뒤 예수는 손을 들어 불의 영들을 꾸짖고 끔찍한 짓을 즉시 멈추고 잠잠해질 것을 명했다.

8 그러자 마치 바닷물이 한꺼번에 불길 위해 퍼부어진 듯 불길이 그쳤다.

9 사나운 불길이 멈춘 뒤, 사람들이 불을 다스릴 수 있었던 사람을 보기 위해 앞을 다투어 몰려들자 예수가 말했다.

10 "인간이 불을 위하여 만들어진 것이 아니라 불이 인간을 위하여 만들어

진 것이다.

11 사람이 자기 자신에게 돌아와 자기가 하나님의 아들이라는 사실을 이해하고, 하나님의 모든 권능이 자신 안에 내재하여 있는 것을 알게 될 때, 그는 위대한 스승이며 모든 원소가 그의 목소리를 듣고서 기꺼이 그의 뜻을 행할 것이다.

12 두 마리의 강한 당나귀들이 인간의 의지를 묶어 놓고 있다. 이들의 이름은 공포와 불신이다. 이것들을 사로잡아 물리치면 인간의 의지는 한계를 모를 것이다. 그러면 사람이 말만 하면 그대로 이루어진다."

13 그때 손님들이 돌아와서 식탁 주위에 앉았다. 한 어린아이가 들어와서 예수 곁에 섰다.

14 소녀가 예수의 팔에 손을 얹고 말했다. "주님이신 예수님, 제 말을 들어 주세요. 저의 아버지는 술주정뱅이입니다. 어머니는 아침부터 저녁까지 힘들게 일을 하고 그 품삯을 집으로 가져오시면 아버지는 그것을 빼앗아 모두 술값으로 탕진합니다. 그래서 어머니와 우리 어린것들은 밤새도록 배가 고픕니다.

15 주님, 제발 저와 함께 가셔서 아버지의 마음을 어루만져 주세요. 아버지는 온전한 정신일 때는 착하고 친절합니다. 저는 아버지를 다른 사람으로 만드는 것이 술이라는 것을 알고 있습니다."

16 예수는 그 소녀와 함께 밖으로 나갔다. 그는 초라한 집을 발견했다. 예수는 친절한 목소리로 그 어머니와 어린아이들에게 말을 했다. 그런 뒤 짚으로 만든 침대 위에 누워있는 술주정뱅이를 보았다.

17 예수는 그의 손을 잡아 일으켜 세우며 말했다. "아버지 하나님의 형상을 따라 만들어진 나의 형제여, 일어나서 나와 함께 가지 않으려는가?

18 그대의 이웃이 아주 비참한 상황에 부닥쳤다. 그들은 이번 화재로 그들의 모든 소유를 잃게 되어 집을 다시 지어야 하는데, 그대와 내가 앞장을 서자."

19 그러자 그가 일어났다. 두 사람은 팔짱을 끼고 폐허가 된 집들을 보러 갔다.

20 그들은 어머니들과 그 자식들이 거리에서 우는 소리를 들었다. 그들은 그들의 처참한 상황을 보았다.

21 예수가 말했다. "나의 친구여, 여기 그대가 해야 할 일이 있다. 그저 도움이 될 수 있도록 앞장서라. 그러면 반드시 베다니의 사람들이 그대에게 필요한 비용과 도움을 줄 것이다."

22 이 남자의 마음속에서 오랫동안 끓어오르고 있었던 희망의 불꽃이 확 타올랐다. 그는 걸치고 있던 해진 옷을 벗어 던지고 다시 자기 자신이 되었다.

23 그런 뒤 그는 자신을 위해서가 아니라 집이 없는 사람들을 위해 도움을 요청했다. 모든 사람이 그를 도왔고 불에 탄 집들은 다시 지어졌다.

24 그런 뒤 그는 자신의 초라한 집을 보았다. 그의 마음이 깊이 흔들렸다.

25 인간으로서의 자존심이 그의 혼을 가득 채웠다. 그가 말했다. "이 형편없는 집을 아늑한 집으로 만들어야겠다." 그는 과거의 어떤 때보다도 열심히 일했다. 그러자 모든 이가 그를 도왔다.

26 얼마 지나지 않아 그 초라한 집은 집다운 집이 되었다. 사랑의 꽃들이 곳곳에 피어났다.

27 어머니와 아이들은 기쁨으로 가득 찼다. 아버지는 다시는 술을 마시지 않았다.

28 한 남자가 구원받았다. 아무도 그의 태만이나 음주에 대해 말하지 않았으며 그에게 개심하라고 강요하지도 않았다.

그리스도인들이 누렇게 익은 밀밭을 지나간다. 제자들이 밀을 먹지만 예수는 그들을 용서한다. 그리스도인들이 가버나움으로 돌아온다. 예수는 안식일에 손이 오그라진 사람을 고치고 그의 행위를 변호한다.

— * —

93 또 다른 안식일이 찾아왔다. 예수와 그의 열두 제자가 무르익은 밀밭을 가로질러 갔다.

2 그들은 배가 고파 밀 이삭을 잘라 서 손으로 비빈 뒤 그 알곡을 먹었다.

3 그들을 따르는 사람 중에 매우 엄격한 종파의 바리새인들이 있었다. 그들은 열두 제자가 밀을 비벼서 까먹는 것을 보고 예수에게 말했다.

4 "선생님, 왜 저 열두 명은 안식일 날 법에 맞지 않는 일을 합니까?"

5 예수가 말했다. "너희는 다윗과 그를 따르던 사람들이 시장할 때 어떻게 했는지 듣지 못했느냐?(마가복음 2:25-26; 사무엘상 21장)

6 그가 어떻게 하나님의 집에 가서 성소의 상 위에 놓인 빵을 갖다 먹고, 그를 따르는 자들에게 나누어 주었느냐?

7 사람들이여, 나는 사람의 욕구가 의식의 율법보다 더 높다고 말한다.

8 우리의 성스러운 책에는 제사장들이 성소에서 봉사하는 동안 어떻게 여러 방법으로 안식일을 모독했고, 그러면서도 여전히 죄책감을 느끼지 않았는지 쓰여있다.

9 안식일은 인간을 위해서 만들어진 것이다. 그리고 인간이 안식일에 맞추도록 만들어진 것이 아니다.

10 사람은 하나님의 아들이며, 가장 높은 법인 정의의 영원한 법칙하에 성문법을 무효화시킬 수도 있다.

11 희생제물의 법은 인간이 만든 법에 불과하며 우리들의 법에는 하나님께서 제일 먼저 자비를 원하신다고 쓰여있다. 그리고 자비는 모든 성문법 위에 있다.

12 인자는 모든 율법의 주인이다. 한 선지자가 그의 책에 '자비 안에서 정의를 따르고 너희의 하나님과 함께 겸손하게 걸을지어다'라고 기록한 것은 인간의 의무들을 요약한 것이 아니겠는가?"

13 그런 뒤 예수와 열두 제자는 갈릴리로 돌아와 안식일 전날 가버나움에 있는 자신의 집에 왔다.

14 안식일에 그들은 회당으로 올라갔다. 그곳에 사람들이 모여 있었고 예수는 그들을 가르쳤다.

15 예배자들 중 손이 오그라진 사람이 있었다. 서기관들과 바리새인들은 예수가 그 사람을 보는 것을 지켜보고는 이렇게 말했다.

16 "그가 무엇을 하려는 것일까? 안식일에 사람을 고치려는 것일까?"

17 예수는 그들의 생각을 알고 손이 오그라진 사람을 불러 말했다. "자리에서 일어나 이들 앞에 서라."

18 예수가 말했다. "그대 서기관들과 바리새인들이여, 큰 소리로 내게 대답해 보라. 안식일에 생명을 구하는 것이 범죄인가?

19 만일 그대들에게 양들이 있는데 그중 한 마리가 안식일 날 구덩이에 빠졌다면 그대들은 그 양을 꺼내는 잘못을 저지르겠는가?

20 아니면 그 양을 수렁 속에서 다음날까지 고통스럽게 놔두는 것이 하나님을 기쁘게 하는 것이겠는가?

21 예수를 비난하던 자들이 잠잠해졌다.

22 그러자 예수가 그들에게 말했다. "양이 사람보다 더 큰 가치가 있는가?

23 하나님의 율법은 '정의'라는 바위에 기록되어 있다; 공정함이 자비라는 펜으로 율법을 기록했다.

24 그런 뒤 예수가 말했다. "남자여, 손을 들어 앞으로 펴 보라." 그가 손을 들어 올리자 그의 손이 말끔히 나았다.

25 바리새인들은 분노로 가득 찼다. 그들은 헤롯 당원들[37]의 비밀회합을 소집하고 예수를 어떻게 죽일 것인지 음모와 계획을 세우기 시작했다.

26 그들은 공개적으로 예수를 비난하는 것을 두려워하였다. 군중들이 앞장서서 그를 지켰기 때문이다.

27 예수와 열두 제자는 바닷가를 걸었고 많은 사람이 그들을 따랐다.

산상수훈.[38] 예수가 열두 제자에게 기도의 비밀을 밝힌다. 모범 기도. 용서의 법칙. 거룩한 금식. 거짓의 사악함. 자선

—— ❖ ——

94 다음 날 아침, 해 뜨기 전에 예수와 열두 제자는 기도하기 위해 바닷

---

37) 헤롯대왕과 헤롯 안디바의 추종세력(마태복음 22:16; 마가복음 3:6)으로 로마 황제에게 세금을 내는 것을 당연히 여긴 유대인이면서도 친 로마세력.

38) 마태복음 5장-7장에 있는 예수의 가르침이며 마가복음과 누가복음에도 부분적으로 나온다. 가르침의 내용은 그 당시의 유대인들이 알고 있는 도덕이나 윤리적인 기준을 넘어서는 내면적인 가르침이다.

가 근처의 산으로 갔다. 예수는 그들에게 기도하는 법을 가르쳤다. 그가 말했다.

2 "기도는 하나님과의 깊은 영혼의 교감이다.

3 그러므로 너희가 기도할 때, 거리에서나 회당에서 사람들의 귀를 즐겁게 하는 말을 쏟아내는 위선자들처럼 너희 자신을 속이지 말라.

4 그들은 사람들에게 칭찬을 얻기 위해서 경건한 분위기로 자신을 꾸민다. 그들은 사람들의 칭찬을 구하며 그들의 보상은 확실하다.

5 그러나 너희는 기도할 때, 너희 영혼의 방으로 들어가서 모든 문을 닫고 성스러운 침묵 속에서 기도하라.

6 많은 말이 필요 없다. 이교도들과 같이 같은 말을 반복할 필요도 없다. 단지 이렇게 기도하라.

7 '하늘에 계신 우리 아버지 하나님, 당신의 이름은 거룩합니다. 당신의 나라가 오고, 당신의 뜻이 하늘에서 행해지는 것처럼 땅에서도 행해지소서.

8 우리에게 오늘 필요한 양식을 주시고,

9 다른 사람들이 우리에게 진 빚을 잊게 해주시고, 우리의 모든 빚에서 벗어나게 해주소서.

10 그리고 우리가 감당하기 힘든 유혹의 함정에 빠지지 않도록 우리를 지켜주시고,

11 유혹들이 닥칠 때 그것들을 극복할 힘을 주소서.'

12 만일 너희가 하나님과 사람에게 진 모든 빚, 즉 고의로 율법을 어겨서 야기된 모든 빚에서 해방되기를 원한다면,

13 너희는 먼저 모든 이의 빚을 눈감아 주어야 한다. 하나님께서는 너희가 다른 사람을 대하듯 너희를 대하실 것이기 때문이다.

14 너희가 금식할 때, 그 행위를 광고할 필요는 없다.

15 금식할 때 위선자들은 그들이 금식하고 있다는 것을 사람들에게 보이려고 수척한 얼굴을 하고 점잖은 체하며 경건한 자세를 취한다.

16 금식은 혼의 행위이다. 그리고 기도와 마찬가지로 혼이 침묵하는 일이다.

17 하나님은 어떠한 기도나 금식도 절대 간과하지 않으신다. 하나님은 침묵 속에서 거니시며 하나님의 축복은 모든 영혼의 노력 위에 내린다.

18 기만은 위선이다. 그러므로 너희는 본래의 모습과 다르게 가장해서는 안 된다.

19 너희의 경건함을 선전하려고 특별한 의복을 입어서는 안 되며, 남들이 들어 신성한 목소리라고 생각할만한 목소리 톤을 내지 말아야 한다.

20 또한, 어려운 사람을 도울 때 너희가 선물한 것을 광고하려고 길거리나 회당에서 떠들지 마라.

21 사람들에게 칭찬을 받기 위해 자선하는 사람은 사람들로부터 보상을 받지만, 하나님은 이들을 존중하지 않는다.

22 남을 도와줄 때는 왼손의 비밀을 오른손이 모르게 하라.

산상교훈이 계속된다. 예수가 여덟 가지 지복과 여덟 가지 화를 선언한다. 용기를 북돋우는 말을 한다. 사도가 하는 일의 고귀한 특성을 강조한다.

～ ✳ ～

95 예수와 열두 제자가 산꼭대기로 올라갔다. 예수가 말했다.

2 "교회의 열두 기둥인 그리스도의 사도는 생명의 태양을 짊어지는 자들이며 사람들을 향한 하나님의 성직자들이다.

3 머지않아 너희는 홀로 나아가 먼저 유대인에게, 그런 다음 온 세상에 왕의 복음을 전해야 한다.

4 너희는 사람들을 채찍질로 내몰지 말아야 한다. 너희는 그들을 강제로 왕 앞에 몰아갈 수 없다.

5 다만 그들을 사랑하고 돕고자 하는 마음으로 가서 정의와 빛의 길로 인도하라.

6 나가서 하나님의 나라가 가까이 있다고 말하라.

7 영이 강력한 사람들은 자격이 있다. 왕국이 그들의 것이다.

8 온유한 사람들은 자격이 있다. 그들은 이 땅을 소유할 것이다.

9 정의에 굶주리고 목마른 사람은 자격이 있다. 그들은 충족될 것이다.

10 자비로운 사람은 자격이 있다. 그들에게 자비가 보여질 것이다.

11 자아를 극복한 사람은 자격이 있다. 그들은 권능의 열쇠를 가졌다.

12 마음이 순수한 사람은 자격이 있다. 그들은 왕을 만나게 될 것이다.

13 옳은 일을 하기 때문에 비방과 부당한 대우를 받는 사람들은 자격이
   있다. 그들은 자신을 핍박한 자들을 축복하게 될 것이다.

14 믿음이 있는 아이는 자격이 있다. 그는 권능의 보좌에 앉을 것이다.

15 세상 사람들이 너희를 박해하고 쓸모없는 자라고 하더라도 용기를 잃
   지 마라. 오히려 더 기뻐하라.

16 선지자들과 선각자들, 그리고 이 땅 위의 모든 선한 이들은 비방받았다.

17 만일 너희가 생명의 왕관을 받을 자격이 있다면 너희는 이 땅에서 중상
   과 비방과 저주를 받을 것이다.

18 악인들이 너희들을 그들의 길에서 쫓아내고 너희의 이름을 더럽히고
   거리의 웃음거리로 만들 때 기뻐하라.

19 내가 이르노니 크게 기뻐하라. 그러나 잘못을 범하는 자에게는 자비를
   베풀어라. 그들은 놀고 있는 어린애와 같아서 자기들이 무엇을 하고 있
   는지 모른다.

20 쓰러진 적을 보고 기뻐하지 마라. 너희가 사람을 깊은 죄에서 나오도록
   돕는다면 하나님께서는 너희를 더욱 높은 곳으로 오르게 도우실 것이
   다.

21 부자에게는 금과 땅이 고통이다. 그들에게는 다양한 유혹들이 따를 것
   이다.

22 자기가 원하는 대로 쾌락의 길을 걷는 자들에게 화가 있을 것이다. 그
   들의 길은 함정과 위험한 구덩이로 가득 차 있다.

23 교만한 자들에게 화가 있을 것이다. 그들은 벼랑 위에 서 있으며 파멸
   만이 그들을 기다리고 있다.

24 탐욕 있는 자에게 화가 있을 것이다. 그가 가진 것은 자신의 것이 아니
   다. 보라, 또 다른 자가 오고 그의 재산은 모두 사라진다.

25 위선자에게 화가 있을 것이다. 그 겉모습은 보기에 아름답지만, 그의

마음은 짐승의 사체와 시신의 뼈로 가득하다.

26 잔인하고 무자비한 자에게 화가 있을 것이다. 그는 그 자신이 한 행위들의 피해자이다.

27 다른 사람들에게 행한 악은 되돌아오며, 채찍질하는 자는 채찍을 맞게 된다.

28 약자를 착취하는 탕자에게 화가 있을 것이다. 그는 약한 자가 되고 더 강한 힘을 가진 탕자의 피해자가 될 시간이 닥칠 것이다.

29 세상 사람들이 그대를 찬양할 때, 그대에게 화가 있을 것이다. 세상은 성스러운 숨결 안에 사는 사람을 찬양하지 않는다. 세상은 거짓 선지자들과 망상을 찬양한다.

30 성스러운 숨결 안에서 걷는 너희는 세상의 소금이다. 그러나 너희가 너희의 미덕을 잃는다면 다만 이름뿐인 소금이며, 먼지보다 가치가 없게 될 것이다.

31 그리고 너희는 빛이며 세상을 비추라고 부름을 받은 사람들이다.

32 언덕 위의 도시는 숨길 수 없다. 그 불빛은 멀리서도 잘 보인다. 그리고 너희가 생명의 언덕 위에 서 있는 동안 사람들은 너희의 빛을 보고 너희가 하는 일을 따라 하며 하나님을 공경한다.

33 사람들은 등불을 밝힌 뒤 그 등불을 통속에 숨겨 두지 않는다. 오히려 그것을 걸이에 걸어 두어 집안을 밝힌다.

34 너희는 하나님의 등불들이므로 망상의 땅의 그늘 속에 서 있어서는 안 된다. 열려 있는 높은 곳에 서야 한다.

35 나는 율법을 무효로 하거나 파괴하려고 온 것이 아니라 완성하려고 왔다.

36 율법, 예언서, 시편은 성스러운 숨결의 지혜로 쓰였으므로 쇠약해질 수 없다.

37 지금의 하늘과 땅은 변하여 사라질 것이나 하나님의 말씀은 확고하다. 하나님의 말씀은 성취되어 말씀이 보내진 곳으로 돌아가기 전까지는 사라질 수 없다.

38 하나님의 율법을 무시하면서 사람들에게 그와 똑같은 것을 하도록 가르치는 사람은 누구든지 하나님에게 빚진 자가 되어 그가 되돌아와 자신의 삶을 바쳐 빚을 갚기 전에는 그분을 볼 수 없다.

39 그러나 하나님의 말씀에 귀를 기울이고 하나님의 율법을 지키고 땅 위에서 하나님의 뜻을 행하는 사람은 그리스도와 함께 세상을 다스릴 것이다.

40 서기관들과 바리새인들은 율법에 기록된 문자에 매어서 율법의 정신을 이해할 수 없다.

41 그러나 만일 너희의 의로움이 서기관들이나 바리새인들의 의로움을 넘어서지 못하면 너희는 영혼의 나라에 들어올 수 없다.

42 천국의 문을 통해 들어가는 권한을 주는 것은 사람이 한 행위가 아니다. 그가 통과할 수 있는 암호는 그의 인격이며 인격은 그의 갈망이다.

43 율법의 문자는 사람의 행위를 다루지만 율법의 정신은 그의 갈망에 주목한다.

산상수훈이 계속된다. 예수가 십계명을 고찰한다. 그리스도의 철학. 십계명의 정신. 예수가 첫 네 계율의 영적인 의의를 펼친다.

～ ✳ ～

96 하나님께서 십계명을 인간에게 주셨다. 모세가 산 위에서 하나님의 말씀을 보고 그것을 단단한 바위 위에 적었으므로 그 말씀은 파괴될 수가 없다.

2 이 십계명은 하나님의 의로우신 면을 보여준다. 그러나 이제 드러나신 하나님의 사랑이 성스러운 숨결의 날개 위에 자비를 가져온다.

3 하나님의 통일성 위에 율법이 세워졌다. 온 세상에 하나의 힘이 있다. 여호와는 전능하신 하나님이다.

4 여호와께서 하늘 위에 기록하셨으며 모세가 그것을 읽었다.

5 '나는 전능한 하나님이니 나 이외의 다른 신을 섬기지 말라.'(출애굽기 20:2)

6 힘은 하나가 있으나 거기에는 여러 가지 모습들이 있다. 인간은 이런 모습들을 일컬어 권능이라고 말한다.

7 모든 권능은 하나님의 것이며, 하나님의 드러남이며, 하나님의 영들이다.

8 만일 사람들이 다른 힘을 찾아 그의 신전에서 경배하고자 한다면, 환상이나 헛된 것을 자초할 것이다.

9 한 분이신 여호와 하나님의 그림자가 있다. 이러한 그림자들을 경배하는 자들은 벽에 있는 그림자들일 뿐이다. 사람들은 그들이 구하는 바로 그것이기 때문이다.

10 하나님께서는 모든 사람이 실체가 되기를 원하셔서 자비를 베푸시어 명령하시기를, '나 이외의 다른 신을 찾지 말라.'고 말씀하셨다.

11 유한한 인간은 무한한 것을 결코 이해할 수 없다. 인간은 힘으로 무한의 형상을 만들 수 없다.

12 그리고 사람들이 돌이나 나무, 또는 점토로 신을 만든다면 그들은 그림자의 상을 만드는 것이며, 그림자의 신전에서 경배하는 사람은 그림자이다.

13 그러므로 하나님께서 불쌍히 여겨 말씀하셨다. '너희는 나무나 흙, 돌에 형상을 새겨서는 안 된다.'

14 그러한 우상들은 저속한 이상들이며, 사람들은 그 자신들의 이상보다 높은 수준의 것을 얻을 수 없다.

15 하나님은 영이시니 만일 하나님의 의식을 얻고자 한다면 반드시 영으로 하나님을 경배해야 한다.

16 그러나 사람은 결코 성스러운 숨결을 그림이나 영상으로 만들 수 없다.

17 사람은 하나님의 이름을 육의 입으로 말할 수 없다. 오직 성스러운 숨결만이 그 이름을 부를 수 있다.

18 사람들은 허영심에서 하나님의 이름을 안다고 생각하지만, 그들은 경박하고 불경스럽게 그 이름을 말하며, 따라서 저주를 받는다.

19 만일 사람들이 신성한 이름을 알아서 그 이름을 불경한 그들의 입술로

말한다면, 그들은 살아서 그 이름을 다시 부를 수가 없게 될 것이다.

20 그러나 자비로우신 하나님께서는 성스러운 숨결로 하나님을 부르지 못하는 자에게 아직 그의 이름을 밝히지 않으셨다.

21 다른 신을 섬기며 다른 신의 이름을 하나님의 이름처럼 말하는 자들은 하나님 앞에서 죄를 범하는 것이다. 하나님께서는 다음과 같이 말씀하셨다.

22 '너희는 헛되이 하나님의 이름을 부르지 말라.'(출애굽기20:3)

23 성스러운 숨결의 수는 일곱이며, 하나님은 손안에 시간의 일곱을 쥐고 계신다.

24 하나님께서는 세상을 만드실 때 칠 일째 쉬셨으며, 매 칠 일째 되는 날 은 사람을 위한 안식일로 정하셨다. 하나님께서는 말씀하셨다.

25 '일곱째 되는 날은 너희 주 하나님의 안식일이라.' 이를 기억하여 성스러운 일을 위하여 안식일을 완전히 구별하라. 그것은 이기적인 자아를 위한 일이 아니라 우주적인 자아를 위함이다.

26 사람들은 일주일의 6일간을 자기 자신을 위하여 일할 수 있지만, 주님의 안식일에는 자신을 위해서 아무것도 해서는 안 된다.

27 이날은 하나님께 봉헌한 날이다. 그러나 사람은 사람을 섬김으로써 하나님을 섬긴다.

산상수훈이 계속된다. 예수가 다섯 번째와 여섯 번째 계명의 영적 측면을 열두 제자에게 밝힌다.

～❋～

97 하나님은 힘만이 아니다. 지혜가 힘의 짝이기 때문이다.

2 케루빔[39]들이 지혜로운 방법으로 사람을 가르칠 때 그들은 지혜가 인류의 어머니이며 힘이 인류의 아버지라고 말했다.

---

39) 히브리어로 '지식' 또는 '중재하는 자'라는 뜻을 지닌 케루빔이라는 단어는 창세기 3장 24절에 최초로 나타난다. 그의 역할은 에덴동산의 동쪽에서 생명 나무의 길을 지키는 일이었다. 그 다음에 나타나는 곳은 출애굽기 25장 18절이다. 하나님의 언약의 법궤 위에 케루빔을 두라고 했다.(출애굽기 25:18) 이는 하나님의 말씀에 두려움을 가지라는 상징이다.

3 전지전능한 하나님을 공경하는 사람은 축복받았다. 그리고 율법의 조항에는 이처럼 쓰여 있다.

4 '너희 인류의 아버지와 어머니를 공경하라. 그리하면 그들이 물려준 땅에서 너희의 날들이 길어질 것이다.'

5 율법의 문자는 명한다. '살인하지 말라. 살인하는 자는 마땅히 심판대 앞에 서야 한다.'

6 사람을 죽이고 싶다는 욕구가 있으나 사람을 죽이지 않는다면, 그는 율법에 심판을 받지 않는다.

7 율법의 정신에 의하면 사람을 죽이려고 하거나 복수를 하려 하며, 충분한 이유 없이 사람에게 화를 내는 사람은 마땅히 재판관에게 해명해야 한다.

8 그리고 자신의 형제를 넋 빠진 부랑자라고 부르는 사람은 법정에서 해명해야 한다.

9 그리고 자신의 형제를 타락한 자나 개라고 부르는 자는 자기 내면에 타오르는 지옥의 불길에 부채질하는 것이다.

10 더욱 높은 율법에는 너희의 형제가 무언가 너희의 행위 때문에 괴로움을 받고 있다면 하나님께 제물을 드리기 전에 먼저 괴로워하는 형제를 찾아가서 화해해야 한다고 적혀 있다.

11 분노를 품은 채로 하루가 다 지나가게 하는 것은 좋지 않다.

12 만일 너희가 모든 이기적인 구실을 내려놓고 모든 이기적인 권리를 포기하였는데도 그가 화해하지 않는다면 너희는 하나님 앞에서 죄가 없을 것이다. 그때 하나님께 가서 너희의 선물을 바쳐라.

13 그리고 만일 너희가 어떤 사람에게 빚이 있어서 그것을 갚지 못하게 되거나, 만일 어떤 사람이 마땅히 받아야 할 것보다 더 많은 금액을 요구하더라도 그의 주장에 반론하는 것은 좋지 않다.

14 저항은 노여움의 씨앗이다. 격분한 사람에게는 자비도 이성도 없다.

15 내가 너희에게 이르노니 율법에 호소하거나 시비를 가르기 위해 법정에 가는 것보다는 손해를 보는 것이 훨씬 낫다.

16 세속의 법은 눈에는 눈, 이에는 이로 맞서고 너희 권리가 침해받지 않 도록 하라고 말한다.

17 그러나 이것은 하나님의 율법이 아니다. 성스러운 숨결은 너희의 소유 물을 빼앗으려는 자와 다투지 말라고 말한다.

18 무력으로 너희의 외투를 뺏으려 하는 자도 여전히 너희의 형제이므로 그의 마음을 얻어야 하는데, 그것은 저항으로 할 수 있는 것이 아니다.

19 그에게 외투를 벗어주고 더욱 더 잘해 주어라. 시간이 지나면 그 사람 은 자신의 짐승과도 같은 모습을 떨치고 일어설 것이다. 이로써 너희는 그를 그 자신으로부터 구하게 될 것이다.

20 도움을 청하는 자를 거부하지 말고 무엇이 되었든 빌리고자 하는 사람 에게 빌려주어라.

21 그리고 만일 어떤 사람이 너희를 발작적으로나 화를 내며 때리려 할 때 보복으로 그 사람을 때리는 것은 좋지 않다.

22 사람들은 싸우지 않고 자신의 권리를 지키려는 자를 겁쟁이라고 부른 다. 그러나 공격당하거나 얻어맞아도 보복하지 않는 사람이 훨씬 더 훌 륭한 사람이며,

23 비방을 당해도 응대하지 않는 사람은 때린 사람에 맞서 때리거나 비방 하는 사람을 욕하는 사람보다 훨씬 훌륭한 사람이다.

24 옛날에는 친구를 사랑하고 적을 미워하라고 말했다. 그러나 나는 아니 라고 말한다.

25 너희의 적들에게 자비를 베풀어라. 너희를 욕하는 사람들을 축복하라. 너희를 해하는 자들에게 친절히 대하고 너희의 권리를 짓밟는 사람을 위하여 기도하라.

26 기억하라, 너희는 선한 자들과 악한 자들에게 똑같이 태양을 비추고 부 정한 사람들과 옳은 사람들에게 똑같이 비를 내리시는 하나님의 자녀 들이다.

27 만일 너희가 다른 사람이 너희에게 행하듯이 다른 사람에게 행한다면 너희는 단지 노예에 불과하며 죽음의 길을 쫓는 자가 될 뿐이다.

28 그러나 너희는 빛의 자녀들로서 길을 인도해야 한다.

29 다른 사람들이 너희에게 행하기를 바라는 대로 다른 사람에게 행하라.

30 만일 너희가 너희에게 좋게 대한 사람에게만 좋게 대한다면 너희가 하는 것이 다른 사람보다 나을 것이 없다. 세리들도 그렇게 한다.

31 만일 너희가 친구들에게는 인사를 하고 적에게는 인사를 하지 않는다면, 너희는 다른 사람들과 다를 것이 없다. 세리들이 그렇게 하고 있다.

32 하늘에 계시는 너희의 아버지 하나님과 같이 온전하라.

산상수훈이 계속된다. 예수가 제7계명, 제8계명, 제10계명의 영적인 측면들을 열두 제자에게 밝힌다.

~ ✳ ~

98 율법은 간음을 금한다. 그러나 율법에서 말하는 간음은 혼인의 관계를 벗어난 육감적 자아의 만족을 위한 명백한 행위이다.

2 율법에서 말하는 결혼은 남녀가 제사장의 승인을 받아 조화와 사랑으로 영원히 살자는 약속이다.

3 어떠한 제사장이나 관리도 두 혼을 혼인으로 맺는 하나님으로부터 받은 능력이 없다.

4 결혼에 의한 구속은 무엇인가? 그것이 제사장이나 관리가 말하는 것으로 이루어져 있는가?

5 결혼은 관리나 제사장이 두 사람이 결혼의 속박 속에서 살도록 하는 허락을 기록해 놓은 글인가?

6 두 사람이 죽을 때까지 서로 사랑하겠다는 약속인가?

7 사랑은 사람의 의지에 지배받는 열정인가?

8 사랑이 보석처럼 골랐다가 내려놓거나 다른 누군가에게 줄 수 있는 것인가?

9 사랑이 양처럼 사고팔 수 있는 것인가?

10 사랑은 두 혼을 묶어 하나로 만드는 하나님의 힘이며, 지상의 어떤 힘도 그 결합을 분리할 수 없다.

11 두 사람의 몸은 잠깐 사람이나 죽음에 의하여 강제로 떨어져 있을 수 있겠지만 그들은 다시 만나게 될 것이다.

12 우리는 이와 같은 하나님의 결합 안에서 결혼의 속박을 발견한다. 이 밖의 다른 모든 결합은 지푸라기로 만든 결합에 불과하며, 그러한 결합 속에서 사는 사람들은 간음하고 있는 것이다.

13 관리나 제사장의 승인 없이 그들의 정욕을 채우는 사람들도 마찬가지다.

14 그러나 이보다 더한 것은 호색한 생각을 충족시키는 남녀가 범하는 간음이다.

15 하나님께서 맺어준 것을 사람이 떨어뜨릴 수는 없다. 인간이 맺어준 사람은 죄 속에서 살고 있다.

16 위대한 입법자께서 율법에 남의 물건을 훔치지 말라고 기록하셨다.

17 율법의 눈으로 볼 때 절도는 물건의 주인 몰래 또는 주인의 승낙 없이 눈에 보이는 물건을 가져가는 것이 틀림없다.

18 그러나 내가 말하거니와, 마음속으로 자기 것이 아닌 것을 소유하고 싶어 하고 주인 몰래 또는 주인의 동의 없이 물건을 빼앗으려는 사람은 모두 하나님의 눈으로 볼 때 도둑이다.

19 인간의 육안으로 볼 수 없는 것은 육안으로 볼 수 있는 것보다 더 가치가 있다.

20 사람의 좋은 이름은 천 개의 금광보다도 더욱 가치가 있다. 그리고 그 이름에 손상을 주고 명예를 더럽히는 말이나 행동을 하는 사람은 제 것이 아닌 것을 가져간 것이며, 도둑이다.

21 율법에 또한 '탐내지 말라'라는 말이 있다.

22 탐내는 것은 자기가 가지기에 옳지 않은 것을 가지려는 강한 소망이다.

23 그리고 율법의 정신 안에서 그러한 소망은 도둑질이다.

산상수훈이 계속된다. 예수가 열두 제자에게 아홉 번째 계명에 대한 영적인 측면을 펼친다.

◦◦◦ ❀ ◦◦◦

99 율법에는 '거짓말하지 말라'라고 쓰여있다. 그러나 율법의 관점에서

보면 거짓말을 하는 사람은 진실이 아닌 것을 말하는 것이 틀림없다.

2 한편 영적인 율법에 비추어 보면 어떤 형태의 기만도 거짓에 불과하다.

3 사람은 표정이나 행동으로도 거짓말을 할 수가 있다. 심지어 침묵으로도 속일 수 있다. 따라서 성스러운 숨결의 눈에는 이것 역시 죄이다.

4 옛말에 '너희는 너희의 생명을 걸고 맹세하지 말라'라고 하였다.

5 그러나 나는 말한다. 전혀 맹세를 하지 말라. 머리로도, 마음으로도, 눈으로도, 손으로도 해나 달이나 별들을 걸고서도,

6 하나님의 이름으로나, 선하든 악하든 어떤 영의 이름으로도

7 어떠한 것으로도 맹세해서는 안 된다. 맹세에는 아무런 이득이 없기 때문이다.

8 그의 말이 어떤 종류의 맹세로든 뒷받침되어야만 하는 사람은 하나님의 눈에나 사람의 눈에나 신뢰할 수 없다.

9 맹세로는 나뭇잎을 떨어뜨릴 수도 없고, 한 오라기의 머리카락도 색을 변하게 할 수 없다.

10 가치 있는 사람은 사실을 사실대로 말하며, 사람들은 그가 진실을 말하고 있다는 것을 안다.

11 사람들에게 그가 진실을 말하고 있다고 믿게 하려고 많은 말을 장황하게 늘어놓는 사람은 단지 거짓말을 감추기 위하여 연막을 피우고 있는 것에 불과하다.

12 두 마음을 가진 것으로 보이는 사람이 많이 있다. 이런 사람들은 동시에 두 주인을, 그것도 완전히 정반대에 있는 두 주인을 섬기려는 사람들이다.

13 사람들은 안식일에는 경배하는 체하고 또 이틀에 한 번씩은 바알세불[40]의 비위를 맞춘다.

14 누구도 동시에 두 주인을 섬길 수는 없다. 누구도 반대 방향으로 가는 두 마리의 나귀를 동시에 탈 수는 없다.

---

40) 신약 성서에서 마귀의 우두머리. 곧, 사탄의 뜻으로 쓰이는 말.(마태복음 10:25; 12:24; 마가복음 3:22; 누가복음 11:18-19)

15 하나님을 경배하는 체하면서 동시에 바알세불[40]을 경배하는 사람은 하나님의 적이다. 그는 경건한 마귀이며 모든 사람들의 재앙이다.

16 사람들은 하늘과 땅에 동시에 보물을 쌓을 수 없다.

17 그러므로 나는 말한다. 눈을 위로 들어 하늘의 안전한 금고를 보고 그곳에 모든 보물을 두어라.

18 그곳은 좀 벌레도 없고 녹슬지도 않으며 도둑이 들어와 훔쳐 갈 수도 없다.

19 지상에는 안전 금고가 없다. 어떤 곳도 좀 벌레와 녹과 도둑으로부터 안전하지 않다.

20 땅의 보물들은 단지 스쳐 지나가는 허무한 환상에 불과하다.

21 속지 말라. 너희의 보물은 혼의 닻이다. 그리고 보물이 있는 곳에 너희의 마음이 있을 것이다.

22 이 땅의 물질에 집착하지 말라. 먹고 마시고 입을 것에 대하여 너무 걱정하지 말라.

23 하나님은 하나님을 믿고 인류에게 봉사하는 사람들을 돌봐 주신다.

24 새들을 보라! 그들은 노래로 하나님을 찬양한다. 땅은 그들이 행하는 기쁨의 봉사로 더욱 영광스러워진다. 하나님께서는 새들을 손안에 두신다.

25 한 마리의 참새도 하나님의 보살핌 없이는 땅에 떨어지지 않는다. 그리고 땅에 떨어진 새들은 다시 하늘로 올라갈 것이다.

26 지상의 꽃들을 바라보라! 꽃들은 하나님을 믿으며 자란다. 그들은 그들의 아름다움과 향기로 이 땅을 빛나게 한다.

27 거룩한 사랑의 메신저들인 들판의 백합들을 보라. 그 어떤 사람도, 부귀와 영화를 자랑하는 솔로몬조차도 이 백합들처럼 꾸며 입지 못했다.

28 그런데도 그들은 단순히 하나님을 믿고, 그의 손에서 먹이를 얻고, 그들의 머리를 하나님의 가슴에 기대어 안식을 취한다.

29 하나님께서 그의 뜻대로 꽃과 새들을 아름답게 꾸며 입히시고 먹이시는데 하물며 자녀들이 그를 믿을 때, 그들을 먹이시고 입히시지 않겠느냐?

30 먼저 혼의 나라와 하나님의 의로움과 사람들의 선을 구하라. 그리고 투덜거리지 마라. 하나님께서 보호해 주시며 먹이시며 옷을 입혀 주실 것이다.

산상수훈이 계속된다. 예수는 영적 윤리의 실천적 규범을 공식화하여 열두 제자에게 제시한다.

~ ❋ ~

100 세속적인 인간이 만든 법이 있다. 그리고 그는 그것을 엄격하게 지킨다.

2 "너희는 다른 사람들이 너희를 대하듯 그들을 대하라. 그들은 다른 사람들이 판단하듯이 판단하고, 다른 사람들이 주듯이 준다."

3 이제, 너희가 사람들과 함께 걸을 때, 사람들처럼 걷고, 판단하지 말라. 그러면 판단받지 않을 것이다.

4 너희가 판단하는 대로 판단 받을 것이고 너희가 주는 대로 받을 것이기 때문이다. 만일 너희가 비난하면 너희도 비난을 받을 것이다.

5 너희가 자비를 베풀면 사람들도 너희에게 자비로울 것이며, 만일 세속의 사람들이 너희의 사랑을 이해할 수 있는 방식으로 사랑한다면 너희도 사랑을 잘 받게 될 것이다.

6 그러므로 이 세상의 현명한 사람들은 그들이 대우받고 싶은 대로 다른 사람에게 행한다.

7 세속적인 사람들은 이기적인 이익을 얻기 위하여 남에게 선한 일을 한다. 이는 그가 그의 축복이 배가 되어 되돌아오기를 기대하기 때문이다. 그는 이러한 목적을 주시한다.

8 사람은 그 자신이 밭이며, 그의 행위는 씨앗이다. 그리고 다른 사람들에게 행하는 것은 때에 맞게 자라서 추수 때에는 분명히 열매를 맺는다.

9 수확을 보라! 만일 그가 바람을 뿌렸다면 바람을 거둘 것이며 추문, 도둑질, 미움, 음탕, 죄악과 같은 유독한 씨앗을 뿌렸다면,

10 그 수확은 확실하며 그가 뿌린 것을 반드시 거둘 것이다. 그렇다 그 이

상을 거둘 것이다. 씨앗은 백 배를 생산한다.

11 정의와 평화와 사랑과 기쁨의 열매는 결코 유독한 씨앗에게서 열릴 수 없다. 열매는 그 씨앗과 같다.

12 씨를 뿌릴 때에는 정의의 종자를 뿌리도록 하라. 거래하듯 풍성한 보상을 기대하지 않는 것이 옳은 것이기 때문이다.

13 세속적인 사람은 영의 율법을 혐오한다. 그것은 죄악으로 사는 자유를 빼앗기 때문이다. 그 빛 아래에서는 그의 욕정이나 갈망을 만족시킬 수 없다.

14 그는 성스러운 숨결 속에서 걷는 사람과 적대적이다. 세속적인 사람은 옛 성자들, 선지자들, 선각자들을 죽였다.

15 그리고 그는 너희를 때려눕힐 것이다. 허위로 고발할 것이며, 채찍질할 것이며 옥에 가둘 것이다. 그리고 그는 거리에서 너희를 살해하는 것이 하나님의 뜻을 행하는 것이라고 생각한다.

16 그러나 너희는 너희에게 잘못하는 사람을 속단하거나 비난해서는 안 된다.

17 사람들은 각자 해결해야 할 문제가 있으며, 스스로 그 문제를 풀어야만 한다.

18 너희를 채찍질하는 사람은 스스로 짊어져야 할 무거운 죄의 짐을 가지고 있을 수도 있다. 그러나 너희의 죄는 어떠한가?

19 성스러운 숨결과 함께 걷는 사람이 지은 작은 죄는 하나님의 눈으로 볼 때 그 길을 전혀 알지 못하는 사람이 지은 엄청난 죄보다 더 크다.

20 너희 자신의 눈에 들보가 들어있는데 어떻게 형제들의 눈에 든 가시를 볼 수 있겠는가?

21 먼저 너희의 눈에서 들보를 제거하라. 그러면 너희는 형제의 눈 속에 있는 가시를 보고 형제를 도와 그것을 제거할 수 있을 것이다.

22 너희 자신의 눈 속에 이물질이 가득 차 있는 동안 너희는 길을 볼 수 없다. 눈이 멀어 있기 때문이다.

23 맹인이 맹인을 인도해 가면 둘 다 길을 잃고 진흙탕 속에 빠지고 만다.

24 만일 너희가 하나님께 가는 길을 안내하려면 순수한 마음과 함께 맑은 시야를 가져야 한다.

산상수훈이 마무리된다. 윤리 규범의 결론 부분. 그리스도인들이 가버나움으로 돌아간다.

— ✽ —

101 생명나무의 열매는 너무 좋아서 세속적인 마음을 가진 사람들이 먹을 수 없다.

2 만일 너희가 배고픈 개한테 다이아몬드를 던져 준다면, 그 개는 도망가거나 화가 나서 덤빌 것이다.

3 하나님께 달콤한 향은 바알세불에게는 매우 불쾌하다. 하늘의 빵은 영의 삶이 무엇인지 이해하지 못하는 사람에게는 쓰레기에 지나지 않는다.

4 스승은 현명하게 양식을 소화할 수 있는 혼에게 양식을 먹여야 한다.

5 만일 모든 사람을 먹이기 위한 양식이 없다면, 단지 구하라. 그러면 얻을 것이다. 진심으로 구하라. 그러면 찾을 것이다.

6 오직 거룩한 말씀만 말하고 문을 두드려라. 그러면 그 문이 조금 열릴 것이다.

7 믿음으로 구하고 얻지 못한 자는 아무도 없었다. 아무도 구했으나 헛된 적이 없었다. 바르게 문을 두드린 사람 치고 열린 문을 발견하지 못한 사람은 아무도 없었다.

8 사람들이 너희에게 하늘의 빵을 구할 때 그들을 피하거나 그들에게 세속 나무의 열매를 주지 말라.

9 너희의 아들이 빵을 구하는데 돌을 주겠느냐? 그가 생선을 구하는데 그에게 흙 속의 뱀을 주겠느냐?

10 너희가 하나님에게서 받고 싶은 것을 사람들에게 베풀라. 너희의 가치를 평가받는 척도는 너희가 사람들에게 베푸는 봉사에 달려 있다.

11 완전한 생명으로 인도하는 길이 있으나 그것을 한 번에 찾는 사람은

아주 드물다.

12 그 길은 좁은 길이다. 그 길은 세속적인 삶의 바위들과 함정들 사이에 놓여있다. 그러나 일단 그 길에 들어서면 어떠한 함정이나 바위도 없다.

13 비참과 궁핍으로 이르는 길이 있다. 이 길은 넓은 길이며 많은 사람이 이 길을 걷는다. 이 길은 세속적인 쾌락의 숲속에 놓여있다.

14 주의하라. 세상에는 죽음의 길을 걸으면서 생명의 길을 걷고 있다고 주장하는 사람들이 많이 있기 때문이다.

15 그러나 그들은 말과 행동이 모두 거짓이며 거짓 선지자들이다. 그들은 양의 가죽을 입은 악랄한 늑대들이다.

16 그들은 그들 자신을 오랫동안 감출 수 없다. 사람들은 그들의 열매를 보고 그들을 알게 된다.

17 가시덤불에서 포도송이를 얻을 수도 없고, 엉겅퀴에서 무화과 열매를 거둘 수도 없다.

18 과실은 나무의 딸이며, 그 부모에게서 그 자녀가 나오기 마련이다. 그리고 좋은 열매를 맺지 못하는 나무는 뿌리째 뽑혀 버려지게 마련이다.

19 오랫동안 소리 높여서 기도한다고 그 사람이 성자라는 표시는 아니다. 기도하는 사람이 모두 혼의 나라에 있는 것은 아니다.

20 거룩한 생활을 하고 하나님의 뜻을 행하는 사람은 혼의 나라 안에 산다.

21 자신의 마음속에 보배를 지닌 선한 사람은 온 세상에 축복과 평화를 보낸다.

22 악한 사람은 희망과 기쁨을 마르고 시들게 하는 생각을 전하여 온 세상을 비참함과 비애로 채운다.

23 사람들은 마음에 가득 찬 것으로부터 생각하고 행동하고 말한다.

24 심판의 때가 오면 많은 사람이 떼를 지어서 그들 자신을 변호하려고 들어올 것이며 말로써 재판관의 환심을 살 생각을 할 것이다.

25 그리고 그들은 이렇게 말할 것이다. '우리는 만물을 창조하시는 분의 이름으로 많은 일을 하였습니다.

26 우리가 예언하지 않았습니까? 우리가 모든 종류의 병을 고쳐주지 않았습니까? 우리가 악령에 사로잡혀 있는 사람에게서 악령을 쫓아 주지 않았습니까?'

27 그러면 심판관이 말할 것이다. '나는 너희를 모른다. 너희는 마음으로는 바알세불을 경배하면서 말로만 하나님을 섬겼다.

28 악한 자들도 생명의 능력을 사용하고 많은 기적을 행할 수 있다. 불법을 행하는 자들이여, 나에게서 떠나가라.'

29 생명의 말씀을 듣고 행하지 않는 자는 모래 위에 집을 세우는 사람과 같다. 그 집은 홍수가 닥치면 씻겨나가 모든 것을 잃게 된다.

30 그러나 정직하고 진실한 마음에서 생명의 말씀을 듣고 이를 받아들여서 소중하게 여기고 거룩한 생활을 하는 사람은

31 반석 위에 집을 짓는 사람과 같다. 홍수가 나거나 바람이 불거나 폭풍이 그 집을 덮쳐도 그 집은 움직이지 않는다.

32 가서 진리의 단단한 바위 위에 집을 지어라. 그러면 어떤 악한 힘도 그것을 흔들지 못할 것이다."

33 예수는 산상수훈을 마치고 열두 제자와 함께 가버나움으로 돌아왔다.

예수의 집에 있는 그리스도인들. 예수는 그들에게 비밀 교리를 펼친다. 그들은 온 갈릴리를 다니며 가르치고 병을 고친다. 예수는 나인에서 한 과부의 아들을 살려준다. 그들은 가버나움으로 돌아온다.

❦

102 열두 사도는 예수와 함께 그의 집에 가서 수일 동안 머물렀다.

2 예수는 그들에게 지금 책에 기록하기에는 적당치 않은 내면의 삶에 대하여 말했다.

3 가버나움에 한 부자가 살았는데, 그는 백 명을 거느린 로마의 지휘관이었다. 그는 유대인을 사랑하여 그들을 위하여 회당을 세워 주었다.(마가복음 8장)

4 그 사람의 하인이 중풍에 걸려 죽을 지경에 이르렀다.

5 그 지휘관은 예수에 대해 알고 있었고 예수가 거룩한 말씀으로 병자들을 고쳤다는 소문을 들었고, 예수를 믿었다.

6 그리하여 유대인의 장로들을 통해 예수에게 메시지를 전하고 도움을 청했다.

7 그러자 예수는 그의 믿음을 알고 환자를 고치려고 즉시 떠났다. 지휘관은 예수를 도중에 만나 말했다.

8 "주님, 주님께서 저희 집에 오는 것은 좋지 않습니다. 저는 하나님의 사람 앞에 설 만한 가치가 없는 사람입니다.

9 저는 군인으로서 동포들의 생명을 빼앗는 자들과 함께 인생을 살아왔습니다.

10 저의 집에 오시면 세상을 구원하러 오신 분의 명예가 분명히 실추될 것입니다.

11 만일 주님께서 거룩한 말씀만 하신다면 제 하인이 나을 것을 저는 알고 있습니다."

12 그러자 예수는 돌아서서 그를 따르는 사람들에게 말했다.

13 "이 지휘관의 믿음을 보라. 나는 이스라엘에서 이와 같은 믿음을 본 적이 없다.

14 보라, 너희를 위하여 잔치가 준비되어 있다. 그러나 너희가 의심하고 머뭇거리는 사이에 이방인이 믿음으로 찾아와 생명의 빵을 먹게 되는 것이다."

15 그런 뒤 그에게 돌아서서 말했다. "돌아가라. 그대의 믿음대로 될 것이니 그대의 하인이 살아날 것이다."

16 예수가 거룩한 말씀을 하는 바로 그때, 그 중풍 병자는 병이 나아 병상에서 일어났다.

17 그런 뒤 그리스도인들은 가르치기 위해 이방으로 떠났다. 그들이 헤르몬으로 가는 길에 있는 나인에 도착했을 때, 성문 주위에 많은 사람이 모여 있는 것을 보았다.(누가복음 7:11 이하)

18 그것은 장례행렬이었다. 어느 과부의 아들이 죽었고, 친구들이 그 시신

을 무덤으로 옮기고 있었다.

19 그는 외아들이었다. 그 여인은 비탄에 젖어 통곡했다. 그러자 예수가 말했다. "그만 울음을 거두어라. 나는 생명이니, 그대의 아들은 살아날 것이다."

20 그리고 예수가 손을 들자 시신을 운반하던 사람들이 걸음을 멈추었다.

21 그러자 예수가 상여에 손을 얹고 말했다. "젊은이여! 돌아오라."

22 혼이 돌아왔다. 그리고 죽은 자의 몸은 생명으로 가득 찼다. 그가 일어나 앉아서 말을 했다.

23 사람들이 그 장면에 매우 놀랐다. 그리고 모두가 감탄하며 외쳤다. "하나님을 찬양하라."

24 유대의 제사장 한 명이 나서서 말했다. "보라. 위대한 선지자가 나타났다." 그러자 모든 사람이 '아멘'이라고 말했다.

25 그리스도인들은 여행을 계속했다. 그들은 갈릴리의 여러 마을에서 병자들을 고치고 사람들을 가르쳤다. 그리고 다시 가버나움으로 돌아왔다.

예수의 집에 있는 그리스도인들. 예수는 매일 아침에 열두 제자와 외국에서 온 스승들을 지도한다. 예수는 선구자 요한으로부터 전갈을 받고 격려의 말을 보낸다. 예수는 요한의 인품을 칭찬한다.

103 예수의 집은 이른 아침에 열두 사도와 외국에서 온 사제들이 하나님의 비밀스러운 일들을 배우는 학교였다.

2 그곳에는 중국, 인도, 바빌론, 페르시아, 이집트 그리고 그리스에서 온 사제들이 있었다

3 그들은 예수가 사람들에게 가져온 지혜를 배워 그들의 백성들에게 성스러운 삶을 사는 법을 가르칠 수 있도록 하기 위해 예수의 발아래에 앉았다.

4 예수는 그들에게 가르치는 법을 가르치고, 도중에 받는 시련에 대하여 말하고, 시련을 인류에게 도움이 되게 만드는 방법을 말해 주었다.

5 그는 그들에게 죽음을 정복할 수 있는 거룩한 삶을 사는 법을 가르쳤다.

6 그는 인간이 신과 하나가 되는 의식에 도달했을 때 필멸하는 인간의 삶의 마지막이 무엇이 될지를 가르쳤다.

7 오후 시간은 생명의 길을 배우고 치유 받기 위해 온 대중들에게 주어졌다. 그리고 많은 사람이 믿음을 갖게 되었고 세례를 받았다.

8 한편 사해 근처의 감옥에 투옥된 선구자 요한은 예수가 행한 모든 기적에 대해 전해 들었다.

9 그의 감옥생활은 힘들고 몹시 고통스러웠다. 그리고 그는 의심하기 시작했다.

10 그는 스스로에게 말했다. "나는 이 예수가 선지자들이 기록한 그리스도인지 의아스럽다.

11 내가 내 일을 잘못 생각한 것인가? 나는 정말로 우리 백성 이스라엘을 구하려고 하나님께서 준비한 사람이었나?"

12 그리하여 요한은 그에게 면회 온 친구 중 몇 사람을 가버나움으로 보내 예수에 대하여 알아보고 전해 달라고 했다.

13 그들은 예수의 집에서 예수를 발견하고 말했다. "보십시오, 선구자 요한이 당신을 만나 물어보라고 했습니다. 당신이 진정 그리스도이시오? 아니면 그분께서는 아직 오시지 않았나요?"

14 그러나 예수는 대답하지 않았다. 다만 그들에게 며칠 동안 머물면서 직접 보고 들으라고 했다.

15 그들은 예수가 병자를 고치고, 걸음이 불편한 사람들을 걷게 하고, 듣지 못하는 사람들을 듣게 하고, 앞을 못 보는 사람들을 보게 하는 것을 보았다.

16 예수가 귀신들린 사람에게서 악령을 내쫓는 것을 보았으며, 죽은 자를 일으켜 세우는 것을 보았다.

17 그들은 예수가 가난한 자들에게 복음을 전하는 것을 들었다.

18 그러자 예수가 그들에게 말했다. "요한에게 돌아가서 그대들이 보고 들은 모든 것을 전하라. 그리하면 그가 알 것이다." 그들은 갈 길을 갔다.

19 무리가 그곳에 있었다. 예수가 그들에게 말했다. "너희는 한때, 요단강 강가에 모였었고, 광야를 가득 채웠다.

20 너희는 무엇을 보려고 갔는가? 유다의 나무와 헤스의 꽃들인가? 아니면 왕자의 복장을 한 사람을 보려고 갔는가? 아니면 선지자와 선각자를 보려고 갔는가?

21 사람들이여, 내가 너희에게 말하는데 너희는 너희가 본 사람을 모르고 있다. 그가 선지자였는가? 그렇다. 그리고 그 이상이다. 너희가 오늘 보고 듣게 될 것을 위해 길을 닦도록 하나님께서 보낸 사자이다.

22 이 땅에 살았던 모든 사람 가운데 요한 보다 더 뛰어난 인물은 결코 없었다.

23 보라. 내가 말하는데, 헤롯왕이 쇠사슬에 묶어서 감방에 넣은 이 사람은 이 땅에 다시 온 하나님의 엘리야다.

24 엘리야는 죽음의 문을 통하지 않고 그의 육신이 변하여 낙원에서 눈을 떴다.

25 요한이 와서 혼을 씻어 주는 회개의 복음을 전했을 때 평민들이 믿고 세례를 받았다.

26 율법사들과 바리새인들은 요한의 가르침을 받아들이지 않아 세례를 받지 않았다.

27 보라. 놓쳐버린 기회는 결코 다시 오지 않는다.

28 보라. 사람들은 바닷물과 같이 불안정하여 정의로부터 빠져나갈 방법을 찾는다.

29 요한은 와서 빵도 먹지 않고 포도주도 마시지 않았다. 그는 사람들에게서 떨어져서 지극히 단순한 삶을 살았다. 그리고 사람들은 그가 귀신들렸다고 말했다.

30 또 다른 사람이 와서 다른 사람들과 마찬가지로 집에서 먹고 마시고 하며 생활하자 사람들은 그를 게걸스럽고 술주정뱅이고 세리나 죄를 저지르는 자들과 한패라고 말한다.

31 하나님의 모든 기적이 행해진 너희 갈릴리 계곡의 도시에 화가 있을 것

이다! 고라신과 벳새다에게 화가 있을 것이다!

32 만일 너희에게 행해진 기적이 절반이라도 두로나 시돈[41]에서 행해졌더라면, 그들은 오래전에 그들의 죄를 회개하고 의의 길을 찾았을 것이다.

33 심판의 날이 올 때, 보라, 두로와 시돈이 너희보다 나았다고 말할 것이다.

34 너희는 가장 귀중한 진주를 팽개쳐 버렸지만, 그들은 받은 선물을 가볍게 여기지 않았기 때문이다.

35 너희 가벼나움에게 화가 있을 것이다! 보라. 너희가 지금은 높임을 받고 있지만 멸시당할 것이다.

36 너희에게 행해진 기적들이 소돔과 스보임 등의 평원에 있는 도시에서 행해졌더라면 그들은 하나님의 말씀을 듣고 하나님께 돌아섰을 것이고 멸망하지 않았을 것이다.

37 그들은 그들의 무지 때문에 소멸되었다. 그들에게는 빛이 없었다. 하지만 너희는 들었으며 그 증거를 가지고 있다.

38 생명의 빛이 너희의 언덕 위에 나타났으며, 모든 갈릴리 해변은 빛으로 번쩍거렸다.

39 주님의 영광은 모든 거리와 회당과 가정에 나타났다. 그러나 너희는 그 진리의 빛을 거절했다.

40 그러므로 내가 이르노니 심판의 날이 올 것이며, 하나님께서 너희보다 평원의 도시들에 더 큰 자비를 베푸실 것이다.”

예수가 군중들을 가르친다. 시몬의 집에서 열리는 잔치에 참석한다. 그곳에서 어느 부유한 매춘부가 예수에게 값비싼 향유를 발라준다. 시몬이 예수를 책망하자 예수는 거짓된 체면에 대하여 설교한다.

~ ❋ ~

104 예수가 개인적인 이익을 위해 몰려든 군중들을 바라보았다.

---

41) 두로(Tyre)와 시돈(Sidon)은 갈릴리의 북방, 지중해 해안으로 펼쳐져 있는 페니키아 문명(Phoenician civilization)을 가리킨다. 유대인이 볼 때 이방지역이라 할 수 있다.

2 학식 있는 사람들, 재력이 있는 사람들, 명성이 있는 사람들, 권력이 있는 사람들이 거기에 있었다. 그러나 그들은 그리스도를 알지 못했다.

3 그들의 눈은 이기적인 자아의 화려하게 장식한 반짝임으로 인해 눈이 멀었으므로 왕을 알아볼 수가 없었다.

4 그들은 빛 속을 걸었지만, 죽음의 밤 같은 어둠 속에서 더듬거리고 있었다.

5 예수가 눈을 들어 하늘을 향해 말했다.

6 "하늘과 땅의 거룩하신 한 분 하나님이시여! 빛이 지혜롭고 위대한 사람에게 가려지고 아기들에게 드러나게 해 주셔서 감사합니다."

7 그리고 군중들을 향해 돌아보며 말했다. "나는 사람의 이름으로 온 것이 아니며, 자신의 힘으로 온 것도 아니다.

8 내가 그대들에게 가지고 온 지혜와 덕은 위로부터 내려오는 것이다. 그것은 우리가 찬양하는 하나님의 지혜와 덕이다.

9 내가 하는 말은 나의 말이 아니다. 나는 내가 받은 것을 그대들에게 주는 것이다.

10 수고하고 무거운 짐을 진 사람들은 모두 내게로 오라. 내가 도와주겠다.

11 나와 함께 그리스도의 멍에를 짊어져라. 이것을 맨다고 피부가 쓸리는 일은 없을 것이다. 그것은 쉬운 멍에이다.

12 우리는 함께 삶의 짐을 쉽게 끌고 갈 것이다. 그러므로 기뻐하라."

13 시몬이라고 불리는 한 바리새인이 잔치를 베풀었는데 예수가 귀빈이었다.

14 모든 사람이 식탁에 둘러앉자, 이전에 예수의 사역에서 받고 본 것으로 죄를 범하고자 하는 욕망에서 구원받은 한 매춘부가 연회에 초대받지 않은 채 왔다.

15 그녀는 값비싼 향유를 담은 설화 석고 상자를 들고 왔다. 그리고 손님들이 기대어 쉬자 기뻐하며 예수에게 왔다. 그녀가 죄에서 벗어났기 때문이다.

16 그녀의 눈물이 쏟아졌다. 그녀는 예수의 발에 입을 맞추고 젖은 발을

머리카락으로 닦아 말리고 향유를 발랐다.(요한복음12:3)

17 그러자 시몬이 입 밖에 내지는 않았지만, 이렇게 생각했다. "예수는 선지자가 아니다. 그렇지 않다면 그에게 접근하는 여자가 어떤 부류의 여자인지 알고 그녀를 내쫓았을 것이다."

18 그러나 예수는 그의 생각을 알고 있었다. 그가 말했다. "주인이여, 내가 그대에게 할 말이 있다."

19 시몬이 말했다. "말씀해 보시죠."

20 예수가 말했다. "죄라는 것은 사악한 괴물이다. 그것은 작을 수도 있고 클 수도 있으며 아직 행하여지지 않은 것일 수도 있다.

21 보라, 어떤 사람은 죄를 짓다가 마침내 구원받았다. 또 어떤 사람은 너무 무관심하여 그가 마땅히 해야 할 일을 잊었지만 스스로 개심하여 용서를 받았다. 자, 이 들 중 누가 더 칭찬을 받을 만한가?"

22 시몬이 대답했다. "인생의 과오를 극복한 사람입니다."

23 예수가 말했다. "그대가 진리를 말했다.

24 눈물로써 내 발을 씻고 머리카락으로 이를 말리고 향유로 발을 덮은 이 여인을 보라!

25 수년에 걸쳐서 죄짓는 생활을 계속해 왔으나, 생명의 말씀을 듣고는 용서를 구하였고 용서를 받았다.

26 그러나 내가 손님으로 그대의 집에 왔을 때, 그대는 내가 손과 발을 씻을 물도 내놓지 않았다. 이는 율법에 충실한 유대인이라면 대접하기 전에 반드시 해야 할 일이다.

27 그런데 시몬, 이 여인과 그대 자신 중에서 누가 더 칭찬을 받을 만하다고 생각하는가?"

28 그러나 시몬은 대답하지 않았다.

29 그러자 예수가 그 여인에게 말했다. "그대의 죄는 모두 용서받았다. 그대의 믿음이 자신을 구원했으니 평안히 돌아가라."

30 그러자 식탁에 둘러앉아 있던 손님들이 수군거리기 시작했다. "'너희의 죄가 모두 용서되었다'라고 말하는 저 사람은 도대체 어떤 사람인가?"

부유한 부인들의 후원으로 그리스도인들이 전도 여행을 한다. 예수는 가르칠 때 진실을 칭찬하고 위선을 책망한다. 그는 성스러운 숨결에 어긋나는 죄에 대하여 말한다.

105 한편 많은 재산을 소유하고 갈릴리의 다른 마을들에 사는 많은 여인들이 예수와 그의 열두 제자가 외국에서 온 스승들과 함께 자기들의 마을 방문하여 설교하며 병을 고쳐주시기를 간청했다.

2 이렇게 열망하는 사람 중에는 떠돌이 일곱 악령에게 씌웠다가 예수의 전능한 말씀으로 고침을 받은 막달라 마리아가 있었고,

3 가이사랴 빌립보에 막대한 토지를 소유한 수잔나와,

4 헤롯의 신하인 슈자의 아내 요안나와

5 두로 연안 출신의 라헬과

6 요단강과 갈릴리 해 너머에서 온 다른 사람들이 있었다.

7 그들이 충분한 자금을 제공하였고 스물한 명이 여행을 떠났다.

8 그들은 그리스도의 복음을 전파하고 그들의 신앙을 고백하는 군중들에게 세례를 주고 병자들을 고치고 죽은 자를 살려 일으켰다.

9 예수는 이른 아침부터 시작하여 낮이 가고 밤이 깊도록 일하고 가르쳤다. 그는 식사 시간조차 갖지 못했다.

10 그의 친구들은 예수가 건강을 해치지 않을까 염려하여 강제로라도 그를 쉴 곳으로 데려가려고 했다.

11 그러나 그는 그들을 책망하지 않고 말했다. "그대들은 하나님께서 그의 천사들에게 나를 염려하는 책무를 주실 것이라는 것과,

12 천사들이 나를 꽉 붙들어서 내가 고통받거나 곤궁하지 않게 한다는 것을 읽어 보지 못했느냐?

13 사람들이여, 그대들에게 말하겠다. 나는 불안하고 나를 기다리는 사람들에게 나의 힘을 베푸는 동안 나 자신도 하나님의 양팔에 안겨 쉬고 있으며,

14 하나님의 축복 받은 사자들이 나에게 생명의 빵을 가져다준다는 것을 안다.

15 사람의 일생에는 단 한 번의 조수가 있다.

16 이 사람들은 지금 기꺼이 진리를 받아들이려 하므로 그들의 기회는 지금이며 또한 우리의 기회도 지금이다.

17 그리고 만일 우리가 할 수 있을 때 그들을 가르치지 않으면 조수는 빠지고 말 것이다.

18 그들은 다시는 진리에 귀를 기울이지 않을지도 모른다. 그렇다면, 말해보라. 누가 그 죄를 지겠는가?”

19 그리하여 예수는 계속하여 사람들을 가르치고 병자를 치유했다.

20 무리 중에는 제각기 다른 생각을 하고 있는 사람들이 있었다. 예수가 말하는 모든 것에 대해서도 그들의 관점이 나뉘었다.

21 어떤 사람들은 그에게서 하나님을 보고 경배하는 반면, 어떤 사람들은 예수에게서 지하에서 온 악마가 있음을 보고 그를 구덩이 속으로 던져야 한다고 주장했다.

22 또 어떤 사람들은 자기가 의지하고 있는 것의 색에 따라 몸 색깔을 바꾸는 지상의 카멜레온과 같이 이중생활을 하느라 애쓰고 있었다.

23 어떤 종류든 의지할 만한 확실한 것이 없는 사람들은 그때그때 자신에게 가장 도움이 되는 것처럼 보이는 것을 따라 친구가 되기도 하고 원수가 되기도 한다.

24 예수가 말했다. “그 누구도 한 번에 두 주인을 섬길 수 없다. 또한, 그 누구도 동시에 친구도 되고 원수도 될 수는 없다.

25 모든 사람은 일어나거나 아니면 주저앉고 있다. 무언가를 쌓아 올리든가, 아니면 무너뜨리고 있다.

26 만일 그대들이 소중한 곡식을 모으고 있지 않다면, 그대들은 그것을 팽개치고 있는 것이다.

27 다른 사람의 비위를 맞추기 위하여 친구로 가장하거나 적으로 가장하는 사람은 겁쟁이다.

28 사람들이여, 생각으로 자신을 속이지 말라. 그대들의 마음은 알려지게 마련이다.

29 위선은 바알세불의 숨결과 같이 혼을 말려버릴 것이다. 정직한 악인은 부정직한 신앙인보다 혼의 수호자들에게 더 존경받는다.

30 사람의 아들을 저주하려면 큰 소리로 저주하라.

31 저주는 내면의 인간에게 독이다. 만일 저주를 삼켜 버린다면 그것은 결코 소화되지 않을 것이다. 그것은 그대의 혼의 모든 원자를 독살할 것이다.

32 만일 그대가 사람의 아들에게 죄를 지으면, 용서받을 수도 있고, 친절함과 사랑의 행위로 죄를 씻을 수 있다.

33 그러나 만약 성스러운 숨결이 그대를 위하여 생명의 문을 열 때 이를 무시함으로써 죄를 범한다면,

34 또한, 성스러운 숨결이 그대의 마음에 사랑의 빛을 부어주고 하나님의 불로써 그대의 마음을 씻어 주려고 할 때 혼의 창문을 닫음으로써 죄를 범한다면,

35 그대의 죄는 현세나 내세에서도 지워지지 않을 것이다.

36 놓쳐버린 기회는 두 번 다시 오지 않으므로 다음의 시대가 순환되어 돌아올 때까지 기다려야만 한다.

37 그때가 이르면 성스러운 숨결이 다시 한번 그대 생명의 불꽃에 숨을 불어 넣어 살아있는 불길로 활활 타오르게 할 것이다.

38 그때 성스러운 숨결이 그 문을 다시 열고 들어오시면 열어줄 것이고, 그대는 함께 영원히 식사를 할 수 있도록 성스러운 숨결을 안으로 받아들일 수 있다. 그렇지 않으면 다시 한번, 그리고 또 다시 성스러운 숨결을 무시할 수도 있다.

39 이스라엘 사람들이여! 그대들의 기회는 바로 지금이다.

40 그대들의 생명나무는 환상의 나무이다. 그 나무에는 풍성한 잎사귀들이 달려 있고, 가지는 열매로 축 늘어져 있다.

41 보라, 그대들의 말은 잎사귀이며 그대들의 행위는 열매이다.

42 보라, 사람들이 그대들의 생명나무의 사과를 따보았으나 맛이 아주 쓰고 사과 속까지 벌레 먹은 것을 알게 되었다.

43 길가에 잎만 무성하고 열매가 없는 무화과나무를 보라!"

44 예수가 자연의 영들이 알아듣는 말씀을 하자, 무화과나무는 시든 잎 무더기로 변했다.

45 예수가 다시 말했다. "보라, 하나님께서 거룩한 말씀을 하시면, 무화과 나무는 지는 해에 시들어버릴 것이다.

46 그대 갈릴리의 사람들이여, 너무 늦기 전에 정원사를 불러 쓸모없는 가 지와 환상에 불과한 잎사귀를 제거하여 햇빛이 들게 하라.

47 태양은 생명이다. 그리고 그것은 그대들의 무가치한 것을 가치 있는 것 으로 바꿀 수 있다.

48 그대들의 생명 나무는 훌륭하다. 그러나 너무도 오랫동안 자아의 이슬 과 세속적인 것들의 안개 속에 파묻혀 햇빛을 받지 못했다.

49 사람들이여, 내가 그대들에게 말한다. 그대들은 그대들이 하는 모든 헛 된 말과 그대들이 행한 모든 악한 일을 하나님께 설명해야 한다."

막달라에 있는 그리스도인들. 예수가 앞을 보지 못하는 사람들과, 듣지 못하는 사람들 과, 악령 들린 사람을 고친다. 그는 사람들을 가르친다. 그가 말하고 있는 동안 그의 어 머니와 형제들 그리고 미리암이 그에게 온다. 그가 가족관계에 대하여 가르친다. 예수 가 사람들에게 미리암을 소개하고 그녀는 승리의 노래를 부른다.

≈ ❋ ≈

106 막달라는 해변에 있었는데 교사들이 이곳에서 가르쳤다.

2 귀신 들리고 앞을 보지 못하며 말을 하지 못하는 사람을 데리고 오자 예수가 거룩한 말씀을 했다. 그러자 그에게서 악령이 떠났다. 그 남자 는 말을 했으며 눈을 뜨고 보았다.

3 이 일은 스승이 행한 가장 위대한 일이었다. 그리고 그들 모두가 놀랐 다.

4 그곳에 있던 바리새인들이 분노어린 질투로 가득 차 예수를 비난할 이 유를 찾으려 했다.

5 그들이 말했다. "그렇소. 예수가 수많은 기적을 행하는 것은 사실이오.

그러나 그가 바알세불과 손을 잡고 있다는 사실을 알아야만 하오.

6 그는 마법사이며 시몬 세루스 같은 흑마술사로서 모세 시대의 얀네와 얌브레[42]와 같은 자요.

7 악령의 왕자인 사탄이 밤낮으로 그와 함께 머물고 있고, 그는 사탄의 이름으로 악마를 쫓아내고, 사탄의 이름으로 병자를 고치고 죽은 자를 살리는 것이오."

8 그러나 예수는 그들의 생각을 이미 알고 있었다. 그가 그들에게 말했다. "그대들은 교사이므로 율법을 잘 알 것이다. 무슨 일이건 서로 반대하면 틀림없이 무너질 것이고, 분열된 집안은 바로 설 수 없다.

9 내분이 있는 나라는 망하기 마련이다.

10 만일 사탄이 악마를 쫓아낸다면 그의 나라가 어떻게 설 수 있겠는가?

11 만일 내가 바알세불의 힘으로 악마를 쫓아낸다면, 그대들은 누구의 이름으로 악마들을 내쫓는가?

12 그러나 만일 내가 하나님의 거룩하신 이름으로 악마들을 내쫓아서 걷지 못하는 사람을 걷게 하고, 듣지 못하는 사람을 듣게 하고 보지 못하는 사람을 보게 하고 말하지 못하는 사람을 말하게 한다면 하나님의 나라가 이미 그대들에게 온 것이 아니냐?"

13 바리새인들은 말문이 막혀서 아무 대답도 하지 못했다.

14 예수가 말씀하는 중에 한 전령이 가까이 다가와 그에게 말했다. "선생님의 어머니와 형제들이 선생님과 이야기하고 싶어 하십니다."

15 예수가 말했다. "누가 나의 어머니인가? 그리고 나의 형제들, 그들이 누구인가?"

16 예수가 옆을 보고 외국에서 온 스승들과 열두 제자에게 말했다.

17 "보라, 사람들은 여기서 육신의 어머니, 아버지, 형제들, 자매들을 알아본다. 그러나 장막이 찢어져 사람이 영혼의 세계를 걸을 때는

18 혈육의 집단을 묶는 부드러운 사랑의 끈은 서서히 사라질 것이다.

---

42) 이집트의 술객들(디모데후서 3:8; 출애굽기 7:11)을 지칭한다. 출애굽기에는 다만 이집트의 술객으로 언급하지만, 디모데는 그 이름들을 밝히고 있다.

19 이는 누군가에 대한 사랑이 약해진다는 것을 뜻하는 것이 아니다. 사람들은 모든 것 안에서 모든 사람이 곧 부모요, 자매요, 형제임을 깨닫게 되기 때문이다.

20 이 땅의 모든 가족 집단은 우주적인 사랑과 신성한 동료애로 없어질 것이다.

21 그런 뒤 그는 군중들을 향해 말했다. "누구든지 하나님의 뜻에 따라 삶을 살고 그 뜻을 행하는 사람은 하나님의 자녀이며 나의 어머니이며 아버지이고 형제이며 친구이다."

22 그런 뒤 그는 육신의 어머니와 다른 친척들과 이야기를 나누려고 그들에게 가까이 갔다.

23 그러나 예수는 그들 외에 다른 한 사람을 보았다. 한때 혈육의 사랑을 뛰어넘는 사랑으로 그의 혼을 감동하게 했던 처녀였다.

24 그녀는 나일강 강변의 헬리오폴리스 신전에서 그를 가장 가슴 아프게 한 유혹자로서 그를 위하여 신성한 노래를 불렀던 처녀였다.

25 친족의 혼들이 서로를 알아보는 순간이었다. 예수가 말했다.

26 "보라, 하나님께서는 우리에게 사람들이 이해할 수 없는 힘, 순수함과 사랑의 힘을 보내주셨다.

27 시간의 부담을 덜어주기 위해서, 상처받은 혼들에게 향유가 되기 위해,

28 성스러운 노래와 거룩한 삶으로써 무리를 더 나은 길로 이끌기 위해서 말이다.

29 보라, 모세가 길을 인도할 때 바닷가에 서서 승리의 노래를 부른 미리암이 또다시 노래할 것이다.

30 그리고 하늘의 모든 합창대가 함께 기쁨의 후렴을 부를 것이다.

31 평화, 지상에는 평화가, 사람에게는 선한 의지가 있을 것이다!"

32 그리고 미리암은 기다리는 군중들 앞에 서서 또다시 승리의 노래를 불렀다. 그러자 모든 사람이 '아멘'이라고 말했다.

한 바리새인이 예수가 메시아임을 보여주는 표시를 요구한다. 예수는 그를 책망한다. 계속해서 보여주었던 표시들을 그가 알아차리지 못하기 때문이다. 예수는 빛 이 되려면 빛을 받으라고 사람들에게 강력하게 권고한다.

～ ❈ ～

107 한 바리새인이 군중들 가운데에서 의기양양하게 일어나서 예수에게 말했다.

2 "선생님, 우리는 당신께서 증명해 주기 바랍니다. 만일 진정으로 당신이 오시기로 했던 그리스도라면 당신은 분명히 흑마술사들이 할 수 없는 일을 할 수 있을 것입니다.

3 그들 역시 말의 권능으로 말하고 사람들을 사로잡을 수 있으며, 병자들을 고치고, 귀신들린 사람들에게서 악령을 쫓아낼 수 있습니다.

4 그들은 또한 폭풍우를 통제할 수 있으며, 그들이 말하면 불과 땅과 공기가 듣고 대답할 것입니다.

5 이제 만일 당신이 저 탑으로 올라가 바다를 건너 날 수 있다면 우리는 당신은 하나님께서 보낸 사람이라는 것을 믿겠습니다."

6 예수가 말했다. "어떠한 흑마술사도 거룩한 삶을 살았던 적은 없었다. 그대들은 그리스도의 삶을 매일 증거로 갖고 있다.

7 그러나 그대들 악하고 부정한 서기관들과 바리새인들이여, 그대들은 영의 표시를 볼 수 없다. 그대들의 영의 눈은 육적인 자아로 가득 차 있기 때문이다.

8 그대들은 호기심을 충족시키려고 표시를 요구하고 있다. 그대들은 가장 낮은 육적인 삶의 차원을 걸으면서 '기적을 행하라, 표적을 보여주면 믿겠다.'라고 외치고 있다.

9 나는 마치 사람들이 거리에서 생선과 과일과 그 밖의 잡동사니를 사는 것처럼 믿음을 사려고 지상에 보내진 것이 아니다.

10 사람들은 나와 거룩한 그리스도에 대한 신앙을 고백할 때 나에게 굉장한 호의를 베푼다고 생각하는 듯하다.

11 그대들이 믿건 믿지 않건 인간인 나에게 무슨 상관이 있는가?

12 믿음이란 돈으로 살 수 있는 것이 아니다. 황금을 받고 팔 수 있는 것도 아니다.

13 한 번은 마트라는 걸인이 쫓아와서 '은화 한 잎을 주면 당신을 믿겠다'라고 외쳤다.

14 그대 또한 이 걸인과 다를 바가 없다. 그대들은 믿음을 표시와 교환하려 한다.

15 그러나 나는 그리스도가 내 안에 거한다는 단 한 가지 표시를 온 세상에 보여줄 것이다.

16 그대들은 모두 요나와 물고기의 비유를 읽은 적이 있을 것이다. 그 비유에는 그 선지자가 사흘 밤낮을 거대한 물고기 뱃속에 있다가 나왔다고 기록되어 있다.

17 사람의 아들은 사흘 밤낮을 땅속에서 지낸 후 다시 나올 것이며 그러면 사람들은 이를 보고 알게 될 것이다.

18 보라, 빛이 너무 밝아 사람들은 아무것도 보지 못한다.

19 성령의 빛이 갈릴리 지방 위에 너무나 밝게 비추므로 지금 내 말을 듣는 그대들이 눈이 멀었다.

20 그대들은 선지자 아즈라엘의 말을 읽었을 것이다. 그는 '빛은 밤의 어둠 속에서 밝게 비칠 것이나 사람들은 그것을 인식하지 못하리라'라고 했다.

21 그때가 왔다. 빛이 비추고 있으나 그대들은 그 빛을 보지 않는다.

22 시바의 여왕[43]은 가장 어두운 밤에 앉아 있으면서도 빛을 갈망했다.

23 그녀는 솔로몬의 입에서 나오는 지혜의 말을 들으러 왔으며 그 말을 믿었다.

24 그녀가 살아있는 횃불이 되어 집으로 돌아오자 온 아라비아가 빛으로 가득 차게 되었다.

25 솔로몬보다 훨씬 위대한 사람이 여기에 있다. 그리스도가 여기에 있다. 샛별이 떠올랐다. 그리고 그대들은 그 빛을 거부한다.

---

43) 열왕기상 10장에 등장하는 인물이다. 시바란 지역은 고대 이디오피아로 추정한다.

26 또한, 그대들은 아시리아의 사악한 도시인 니느웨[44]를 기억하고 있다. 그곳은 하나님께서 사람들이 회개하여 의로운 길을 걷지 않는다면 지진과 불로 그 도시를 멸망시키기로 한 곳이었다.

27 그리하여 요나가 목소리 높여 '40일 만에 니느웨는 완전히 파괴되고 그의 부가 무너질 것이다'라고 외쳤다.

28 사람들은 요나의 말을 듣고 믿었다. 그리고 그들은 개심하여 의의 길로 돌아왔으며 그들의 도시는 파괴되지 않았다.

29 그대 갈릴리 사람들이여, 내가 그대들에게 이르노니 아라비아와 니느웨는 최후심판의 날에 그대들에게 불리하게 증언할 것이다.

30 보라, 내가 말하는 모든 사람은 마음속에 하나님의 불을 간직하고 있다. 그러나 그들은 죽은 듯이 누워있다.

31 의지는 육욕에 결박당하여 불의 에테르를 빛으로 진동시키지 못하고 있다.

32 그러므로 자신의 혼을 잘 살펴보라. 혹시 그대들의 내면의 빛이 마치 밤과 같이 어둡지 않은가?

33 그대들 생명의 불을 부채질하여 살아있는 불길을 일으켜서 빛으로 만들 수 있는 것은 성스러운 숨결밖에 없다.

34 성스러운 숨결은 오직 순수함과 사랑의 마음 안에서만 불의 에테르를 빛으로 승화시킬 수 있다.

35 그러므로 그대 갈릴리 사람들이여 들어라. 마음을 순수하게 하고, 성스러운 숨결을 받아들여라. 그러면 그대들의 몸이 빛으로 충만하게 될 것이다.

36 그리고 언덕 위에 세워진 도시와 같이 그대들의 빛은 멀리까지 비추어 다른 이들의 길을 비추게 될 것이다."

---

44) 구약성경 요나서에 나오는 아시리아의 수도이다. 선지자 요나는 니느웨에 가서 회개의 메시지를 전하라는 하나님의 명을 받았지만, 이방 민족이 구원을 받을 것을 싫어하여 다른 지역으로 향하지만 결국에는 니느웨에 가서 회개의 메시지를 전한다는 내용이다.

예수가 이기적인 사람들을 책망한다. 그리스도인들이 연회에 참석하고 예수는 식사하기 전에 손을 씻지 않았다고 바리새인들에게 비난을 받는다. 예수는 지배계급의 위선을 폭로하고 그들에게 많은 저주의 말을 퍼붓는다.

— ❁ —

108 사람들은 이기적인 생각으로 가득 차 제멋대로였다. 누구도 타인의 권리와 욕구를 인정하지 않았다.

2 강자는 약자를 밀어내고, 혼자서 서둘러 가장 먼저 축복을 받으려고 약자를 짓밟았다.

3 예수가 말했다. "저 길들지 않은 짐승들의 우리를 보라. 이는 자기만의 이익을 위해 사악한 탐욕에 미쳐서 날뛰는 날카로운 독사들의 소굴이다.

4 사람들이여, 내가 그대들에게 이르노니 형제들이여, 자신들 외에는 더 멀리 보지 못하는 사람들에게 오는 이익은 해가 뜨면 사그라들 하찮은 것들이다.

5 그것들은 헛되며 곧 사라져버린다. 이기적인 혼은 오늘 배불리 먹어도 그 음식이 소화되지 않는다. 그 혼은 자라지 않으므로 몇 번이고 계속해서 음식을 주어야 한다.

6 보라, 오직 한 헛된 영에 들린 이기적인 사람. 그 영은 만물을 창조하는 하나님의 말씀에 의해 쫓겨난다.

7 쫓겨난 영은 쉴 곳을 찾아 마른 장소를 헤매다가 아무것도 찾지 못한다.

8 그러다가 다시 온다. 이기적인 사람은 문을 닫고 걸어 잠그는 데 실패했다.

9 더러운 영은 집안이 모두 깨끗이 청소된 것을 보고 안으로 들어와 자기보다 더러운 일곱 귀신을 데리고 그 사람 안에 거주하게 된다.

10 그 사람의 마지막 상태는 처음보다 일곱 배나 더 비참하다.

11 다른 사람들의 행복을 뺏는 그대들도 이와 마찬가지이다."

12 예수가 말할 때 가까이 서 있던 어떤 여인이 외쳤다. "하나님의 사람

이신 이분의 어머니가 가장 축복받은 분입니다!"

13 예수가 말했다. "그렇다. 그녀는 축복받았다. 그러나 하나님의 말씀을 듣고 이를 받아들여서 그 말씀을 살아가는 사람들은 두 배로 축복을 받는다."

14 부유한 바리새인이 잔치를 준비했다. 그리고 예수와 열두 사도는 멀리서 온 스승들과 함께 손님이 되었다.

15 그런데 예수는 식전에 손을 씻어야 한다는 바리새인의 가장 엄격한 규율을 어겼다. 마침 이것을 본 바리새인은 깜짝 놀랐다.

16 그러자 예수가 말했다. "주인이여, 어찌하여 그대는 내가 손을 씻지 않은 것에 대하여 그리 놀라는 것인가?

17 바리새인들은 그들의 손과 발을 잘 씻는다. 그들은 매일 매일 몸을 깨끗이 씻지만, 보라, 그들의 내면에는 더러운 것들로 가득 차 있다.

18 그들의 마음은 사악함, 탐욕, 기만으로 가득 차 있다.

19 몸의 겉을 만드신 하나님은 속까지 만들지 않았는가?"

20 그런 다음 예수가 말했다. "그대 바리새인들이여, 그대들에게 화가 있을 것이다! 그대들은 민트와 루타, 그리고 모든 약초를 십일조로 바치면서도 하나님의 심판과 사랑은 그냥 지나치고 있기 때문이다.

21 그대들 바리새인들에게 화가 있을 것이다! 그대들은 회당이나 법정에서는 상석에 앉기를 좋아하고 시장에서는 인사하기를 명령하기 때문이다.

22 이 나라의 겉모습만 화려하게 차려입은 상류 인사들이여, 그대들에게 화가 있을 것이다! 그대들의 행위로 인해 아무도 그대들이 주님의 종이라고 생각지 않을 것이다."

23 근처에 앉아 있던 한 율법사가 말했다. "큰 스승이시여, 당신의 말씀은 너무 가혹하십니다. 그리고 그 말씀을 통해 저희를 질책하십니다. 어째서 그러십니까?"

24 그러자 예수가 말했다. "그대들 율법사들에게 화가 있을 것이다! 그대들은 도저히 감당할 수 없는 무거운 짐을 사람의 아들들에게 지우면서 그대들 자신은 깃털같이 가벼운 것도 들어주려고 하지 않는다.

25 그대들에게 화가 있을 것이다! 그대들은 선지자들과 선각자들의 무덤을 만든다. 그들은 그대들의 조상이 죽였으니 그대들도 그 범죄의 일부이다.

26 자, 이제 보라. 하나님께서는 또다시 그대들에게 그의 거룩한 사도들과 선지자, 선각자들을 보내셨다. 그러나 그대들은 그들을 박해하고 있다.

27 머지않아 그대들은 그들을 법정에 고소할 것이며, 그들을 길거리에 쫓아낼 것이며, 감옥에 가두고, 악마의 기쁨으로 그들을 죽일 것이다.

28 사람들이여, 그대들에게 이르노니, 의로운 아벨로부터 성스러운 요한의 아버지 사가랴에 이르기까지 모든 성스러운 하나님의 사람들이 흘렸던 피,

29 (사가랴는 하나님의 성스러운 제단 옆에서 살해당했다.)

30 이들 모든 성스러운 사람들의 피는 이 사악한 세대의 손을 더 붉게 만들었다.

31 그대들 율법사에게 화가 있을 것이다! 그대들은 사람들의 손에서 지식의 열쇠를 강제로 빼앗아 갔다.

32 그대들은 문을 굳게 닫고 자신들도 들어가지 않고, 기꺼이 들어가고 싶어 하는 사람들도 방해하고 있다."

33 그의 말은 바리새인들, 법률가, 서기관들을 화나게 만들었다. 그리고 그들은 예수를 향해 욕설을 마구 퍼부었다.

34 예수가 말하는 진리들은 하늘의 벼락과 같았다. 통치자들은 그가 한 말로 그를 어떻게 올가미를 씌울지 협의했고, 그를 피 흘리게 할 수 있는 합법적인 방법을 모색했다.

그리스도인들이 기도하기 위해서 멀리 떨어진 곳으로 간다. 예수는 그들에게 바리새인들이 미치는 영향에 대하여 경계하고 모든 생각과 행위들은 하나님의 기억 책 속에 기록된다는 사실을 밝힌다. 사람의 책임과 하나님의 보살핌.

❦

109 연회가 끝나자, 예수는 외국에서 온 스승들, 열두 제자, 마리아와

미리암, 그리고 그리스도를 믿는 충성스러운 여인들과 함께 기도하려
고 조금 떨어진 곳으로 갔다.

2 침묵이 끝나자 예수가 말했다. "조심하라. 바리새인들의 누룩이 생명의
양식을 담은 모든 그릇 속에 부어지고 있다.

3 그것은 닿기만 해도 해가 되는 독이다. 또한, 그것은 악마의 독기와 같
이 혼을 말려버릴 것이다. 그것은 위선이다.

4 바리새인들의 말은 옳은 것같이 들리지만 그들의 마음은 사악하다.

5 그들은 생각을 자기 마음속에 자물쇠로 채워 놓을 수 있는 것이라고
생각하는 듯하다.

6 그들은 모든 생각과 소망이 생명의 책 속에 사진 찍혀 보관되어 있다가
언제든지 스승들이 원할 때 폭로된다는 사실을 모르는 것 같다.

7 생각한 것이나, 소원한 것, 또는 가장 어두운 밤에 행해진 것들이 가장
환한 대낮에 드러나 밝혀지게 되며,

8 은밀한 장소에서 귀에 속삭인 것이 거리마다 알려질 것이다.

9 그리고 심판의 날에는 모든 책이 펼쳐지고 이 사람들과 다른 모든 사람
들은 심판을 받을 것이다. 그들이 말하고 행한 바에 의해서가 아니라,

10 그들이 하나님의 생각을 사용한 방법에 의해서, 그리고 영원한 사랑의
에테르가 어떻게 섬기는 일에 쓰였는지에 따라 심판을 받을 것이다.

11 이는 사람들이 이 에테르를 세속적인 자아를 위해 사용할 수도 있지만
내면의 거룩한 자아를 위하여 사용할 수도 있기 때문이다.

12 보라, 이 사람들은 이 육체를 죽일지도 모른다. 그러나, 그것이 어쨌다
는 것인가? 육체라는 것은 일시적인 것이다. 그리고 곧 자연의 법칙에
따라 사라질 것이다.

13 육체의 학살은 단지 자연의 일을 조금 재촉할 뿐이다.

14 그리고 육신을 죽일 때, 그들은 힘의 한계에 도달한다. 그러나 혼을 죽
일 수는 없다.

15 그러나 자연은 육신의 수호자이면서 영혼의 수호자이다. 그리고 영혼
의 수확기에 생명 나무는 모두 심판관에게 검열을 받는다.

16 그리하여 선의 과실을 맺지 못한 모든 나무는 뿌리째 뽑혀 불길 속에 던져진다.

17 그렇다면 그대들은 누구를 마음에 두어야 하는가? 육체를 죽이는 것밖에는 아무것도 할 수 없는 자에게 마음을 두어서는 안 된다.

18 타오르는 자연의 불길 속에서 영과 육을 다 함께 녹일 수 있는 권능을 가진 강력한 사람을 마음에 담고 있어야 한다.

19 그러나 사람이 왕이다. 사람은 자기 생각과 사랑과 삶을 다스려 영원한 삶이라는 상을 받을 수 있다.

20 생명의 왕관을 위하여 애쓰는 그대들은 버려지지 않는다. 그대들의 아버지가 살아있고, 그대들도 또한 살게 될 것이다.

21 하나님께서는 모든 살아있는 것들을 보살피고 계신다. 그분은 별들과 태양들과 달들의 숫자를 헤아리고 계신다.

22 하나님께서는 천사들, 인간들 그리고 밑에 있는 모든 것들, 즉 새들, 꽃들, 나무들도 그 숫자를 헤아리고 계신다.

23 그는 장미의 꽃잎 하나하나의 이름을 알고 계시며, 모든 것이 그의 생명의 책에 헤아려지고 있다.

24 또한, 그대의 머리에 있는 모든 머리카락과 혈관 속을 흐르는 핏방울을 숫자와 리듬으로 알고 계시고,

25 새들이 지저귀는 소리와 귀뚜라미의 울음소리, 반딧불의 노랫소리를 들으시며 한 마리의 참새라도 그분의 알고 계심과 허락 없이는 땅에 떨어지지 않는다.

26 한 마리의 참새는 아무런 가치도 없는 것처럼 보인다. 그렇다. 다섯 마리의 참새가 시장에서 2파딩의 가격으로 팔리고 있다. 그럼에도 불구하고 하나님께서는 그들 모두를 돌보신다.

27 하나님께서 혼 속에 하나님의 모습을 간직한 그대들을 참새들 이상으로 보살펴 주시지 않겠는가?

28 사람들 앞에서 그리스도를 믿는다고 고백하기를 두려워하지 말라. 그러면 하나님께서 하늘의 만군 앞에서 그대들을 그분의 자녀로 인정하

실 것이다.

29 만일 그대들이 사람들 앞에서 그리스도를 부인한다면, 하나님께서도 하늘의 만군 앞에서 그대들을 자녀로 받아들이지 않으실 것이다.

30 내가 덧붙여 말하겠다. 사람들이 그대들의 믿음에 대한 확답을 들으려고 그대들을 나라의 통치자들 앞에 데려가더라도 두려워하지 말라.

31 보라. 성스러운 숨결이 그대들이 무엇을 말하고 무엇을 말하지 말아야 할지를 적기에 가르쳐 주실 것이다."

32 그런 뒤 그리스도인들은 사람들을 가르치려고 다시 길을 떠났다.

미리암이 승리의 노래를 부른다. 그 노래. 예수는 이집트에서 가나안으로 나오는 이스라엘 민족의 여행의 상징을 밝혀준다.

110 미리암은 밀려오는 사람들 앞에 서서 하늘을 우러러보며 승리의 노래를 다시 불렀다.

2 "하프, 비나, 칠현금을 가져오라, 가장 높은 소리를 울리는 심벌즈를 가져오라. 천상의 모든 성가대여, 새롭고 새로운 노래를 함께 부르라.

3 만군의 주님께서 몸을 굽혀 사람들의 외침을 들어주신다. 보라, 바알세불의 요새는 바람 앞의 나뭇잎처럼 흔들리고 있다.

4 기드온의 칼을 다시 한번 칼집에서 뽑으리라.

5 주님께서 당신의 손으로 밤의 장막을 거두시니 진리의 태양이 하늘과 땅에 홍수처럼 넘치도다.

6 어둠의 악마, 무지와 죽음의 악마들은 쏜살같이 도망치지만 떠오르는 아침 태양 아래 이슬과 같이 사라지도다.

7 하나님은 우리의 힘이요, 우리의 노래시라. 우리의 구원자이시며 소망이시니 우리가 그를 위하여 새로운 성전을 지으리라.

8 우리 모두 마음을 깨끗이 하고 마음의 모든 방을 정결히 하리라. 우리는 성스러운 숨결이 거하시는 성전이도다.

9 우리는 더 이상 광야의 장막이 필요 없도다. 손으로 지은 성전도 더 이

상 필요 없도다.

10 우리는 거룩한 땅도 예루살렘도 추구하지 아니하리.

11 우리가 하나님의 장막이며, 날카로운 연장 소리 하나 없이 세워진 하나님의 성전이도다.

12 우리가 거룩한 땅이며 우리가 새로운 예루살렘이노라. 할렐루야, 주 하나님을 찬양하라!"

13 노래가 끝나자 사람들이 모두 외쳤다. "하나님을 찬양하라."

14 그러자 예수가 말했다. "그 길을 보라!

15 사람들의 아들들은 이집트 밤의 어둠 속에서 오랜 세월 동안 헤맸다.

16 욕망에 사로잡힌 이집트의 왕은 쇠사슬로 그들을 묶었다.

17 그러나 하나님께서는 오랜 세월을 통해 끊임없이 속삭이시며 그들에게 자유와 사랑의 땅을 말씀하시고,

18 길을 밝혀 주시기 위하여 그의 로고스를 보내 주셨다.

19 홍해가 언약의 땅과 이집트의 모래사막 사이에서 굽이친다.

20 홍해는 세속적인 마음이다.

21 보라, 로고스가 그의 손을 뻗자, 바다가 갈라지고 세속적인 마음이 두 동강이가 나서 사람들은 발을 적시지 않고 홍해를 건너간다.

22 욕망에 사로잡힌 파라오가 도망치는 그들을 붙잡으려 하였으나 바닷물이 다시 밀려와 파라오는 사라지고 사람들은 자유의 몸이 되었다.

23 잠시 사람들이 죄의 광야를 걷는 동안에도 로고스는 길을 인도한다.

24 이윽고 사람들이 요단강 기슭에 섰을 때 강물은 멈췄고 그들은 자신들의 고향으로 나아갔다."

예수가 가르친다. 한 사람이 자신의 형으로부터 정당한 대우를 받게 해달라고 간청하자 예수는 신성한 법, 진리의 권능, 소유의 보편성을 밝힌다. 부자와 그의 풍성한 수확의 비유를 말한다.

～ ❀ ～

111 예수가 군중들을 가르쳤다. 그가 말하고 있을 때 한 사람이 일어

나서 말했다.

2 "선생님, 저의 간청을 들어주십시오. 저의 아버지께서 돌아가셨는데 많은 토지를 남기셨습니다. 그런데 저의 형이 그것을 모두 차지하면서 제 몫을 주지 않고 있습니다.

3 형이 바르게 처신하여 제 몫을 주도록 명하시기를 간청합니다."

4 그러자 예수가 말했다. "나는 그러한 문제들을 심판하러 온 것이 아니다. 나는 법정의 관리가 아니다.

5 하나님께서는 사람이 올바른 일을 하도록 강요하라고 나를 보내신 것이 아니다.

6 모든 사람에게는 저마다의 정의감이 있다. 그러나 많은 사람이 그것을 고려하지 않고 있다.

7 이기주의로부터 나오는 연기가 그들의 정의감의 주위에 단단한 껍질을 만들어 내적인 빛을 가리고, 타인의 권리를 이해할 수도 인정할 수도 없게 만든다.

8 그대들은 이 베일을 팔 힘으로 찢을 수 없다. 이 껍질을 녹일 수 있는 것은 하나님의 지식과 사랑 외에는 아무것도 없다.

9 사람들이 진흙 구덩이 속에 있는 동안 하늘은 아득하게 멀리 보인다. 사람들이 산꼭대기에 있을 때는 하늘이 가까워서 별도 거의 손으로 만질 수 있을 정도이다."

10 그런 뒤 예수는 돌아서서 열두 제자에게 말했다. "세속적인 삶의 수렁에 빠진 수많은 사람을 보라!

11 진리의 누룩이 진흙을 굳은 바위로 변하게 할 것이고, 그러면 사람들은 그 위를 걸어서 산꼭대기로 인도하는 길을 발견할 수 있다.

12 너희는 서두르지 않고도 넉넉하게 이 누룩들을 뿌릴 수 있다.

13 사람들이 표면에 정의의 율법을 나타내는 진리를 알게 될 때, 그들은 모든 사람에게 그들이 마땅히 받아야 할 것들을 서둘러 주게 될 것이다."

14 그런 뒤 예수가 사람들에게 말했다. "주의하라. 그리고 탐내지 말라. 사람들의 부는 땅이나 금, 은처럼 자신들이 소유하고 있는 것처럼 보이는

것에 존재하지 않는다.

15 이것들은 단지 빌린 재물에 불과하다. 아무도 하나님의 선물을 독점할 수 없다.

16 자연계의 것은 하나님의 것이며 하나님의 것은 모든 사람에게 고루 속해 있다.

17 혼의 재산은 순수한 삶 속에 있으며 하늘로부터 부여받은 지혜 속에 있다.

18 보라, 어떤 부자가 자기 땅에서 풍성하게 수확하였다. 그의 곡식 창고가 곡물을 담기에 너무도 작아 그는 이렇게 혼잣말을 했다.

19 '어떻게 할까? 곡식들을 쥐버려서도 안 되고, 낭비할 수도 없으니. 낭비해서도 안 된다.' 그런 뒤 그는 이렇게 말했다.

20 이렇게 해야겠다. 이 작은 창고를 헐어 버리고 더 큰 창고를 지어서 곡식을 저장하고 나서 나는 이렇게 말하겠다.

21 '나의 혼아 이제 쉬어라. 여러 해 먹을 양식을 충분히 비축해 두었다. 안심하고 먹고 마시고 만족하도록 하라.'

22 그러나 하나님께서 그를 내려다보시고 그의 이기적인 마음을 보고 말씀하셨다.

23 '이 어리석은 자야! 오늘 밤, 너의 영혼은 육체의 집을 떠날 것이다. 그러면 누가 너의 비축된 재물을 차지하겠느냐?

24 갈릴리 사람들이여! 세상의 금고 속에 보물을 넣어두지 마라. 축적한 재물은 너희의 혼을 망칠 것이다.

25 하나님께서는 사람들에게 비밀 금고 속에 저축하라고 재산을 주지 않으신다. 인간은 단지 하나님의 재산의 관리인에 불과하며 공익을 위하여 그것을 써야 한다.

26 자신과 타인, 그리고 모든 것에 진실한 관리인 모두에게 하나님께서는 '잘했다'라고 말씀하실 것이다."

막달라 마리아의 집에 있는 그리스도인들. 예수는 그의 제자들은 '작은 무리'라고 부르고 거룩한 일에 애정을 가지라고 명한다. 그들에게 내적인 생명에 대하여 가르친다.

— ❊ —

112 예수는 무리를 떠나 제자들과 함께 마리아의 집에 갔다. 그들이 식사를 위해 식탁에 앉았을 때 그가 말했다.

2 "나의 작은 무리야, 두려워하지 말라. 너희가 혼의 나라를 다스리는 것은 너희 아버지의 뜻이다.

3 하나님의 집에서 통치자는 만군의 주의 종이다. 또한, 사람들을 섬기지 않고서 하나님을 섬길 수는 없다.

4 하나님의 집의 종은 재물의 집의 종이 될 수 없다. 또한, 욕망의 회당의 종이 될 수도 없다.

5 만일 너희가 토지, 채권, 지상의 부와 같은 것들에 묶여 있다면 너희 마음도 지상의 것들에 매여 있는 것이다. 너희 보물이 있는 곳에 너희 마음이 있기 때문이다.

6 너희가 모든 재산을 처분하여 가난한 이들에게 나누어주고 하나님을 믿는다면 너희와 너희 가족이 영원히 궁핍하게 되지 않을 것이다.

7 이것은 믿음의 시험이다. 하나님께서는 믿음이 없는 사람의 섬김은 받지 않으실 것이다.

8 때가 무르익었다. 너희의 스승은 구름을 타고 오신다. 동쪽 하늘이 그의 존재로 지금 빛나고 있다.

9 예복을 입고 허리띠를 두르고 등불을 잘 조절하고 등에 기름을 충분히 채우고 너희 주님을 맞을 준비를 해라. 너희가 준비되면 그가 오실 것이다.

10 자기들의 주님을 맞을 준비가 된 종들은 세 번 축복을 받을 것이다.

11 보라, 그분은 의복을 입으시고 만민을 위하여 호화스러운 향연을 준비하시고 친히 음식을 내주실 것이다.

12 그분이 언제 오시느냐는 것은 중요한 것이 아니다. 이경일지 삼경일지 모른다. 그러나 그분을 맞을 준비가 된 사람들은 축복받은 사람들이다.

13 너희가 문을 열어놓고 잠이 들어 시간이 흘러가는 것도 모른 채 무지몽매하게 기다려서는 안 된다.

14 그러면 반드시 도둑이 들어 너희 재물을 훔치고 너희를 결박하여 그들의 소굴로 끌고 갈 것이기 때문이다.

15 만약 너희가 끌려가지 않더라도 주인이 올 때, 그는 잠든 파수꾼을 친구가 아닌 적으로 여기실 것이다.

16 사랑하는 이들이여, 지금은 모든 사람이 깨어나 자기 자리를 지킬 때이다. 아무도 언제 어느 시간에 사람이 나타날지 모르기 때문이다."

17 그러자 베드로가 말했다. "주여, 이는 저희를 위한 비유입니까, 아니면 무리들을 위한 비유입니까?"

18 예수가 말했다. "왜 묻는 것이냐? 하나님께서는 한 사람을 존중하고 다른 사람은 내버리는 그런 분이 아니시다.

19 누구든지 와서 몸단장하고 등잔을 채우고 감시할 수 있는 생명의 작은 탑을 찾아 주님을 맞이할 준비를 하라.

20 그러나 너희는 빛의 자녀로서 와서 궁전의 말을 배워서 앞장서서 길을 인도할 수 있을 것이다.

21 그러나 너희가 기다리며 주를 맞을 준비가 되었다고 생각하더라도 그분은 아직 오지 않으실 것이다.

22 그래서 너희가 점점 참지 못하고 다시 세속적인 생활을 그리워하기 시작하여 예전의 습관으로 다시 돌아가

23 집의 하인들을 매질하거나 학대하고 술과 고기로 너희의 배를 채우기 시작할지도 모른다.

24 그러다가 주께서 오셨을 때 너희는 무엇이라고 말하겠느냐?

25 보라. 그분은 믿음이 없는 종을 그의 집에서 쫓아낼 것이다. 그리고 그가 주를 받아들일 수 있을 만큼 깨끗이 정화되고 가치가 있다고 여겨질 때까지는 많은 세월이 흘러야 할 것이다.

26 빛의 세계로 들어와 주의 뜻을 알고도 이를 행하지 않는 종, 또는 생명의 탑 안에서 잠들어 버린 믿을만한 파수꾼은

27 여러 차례로 정의의 회초리를 맞게 될 것이다. 반면에 주의 뜻을 몰라서 이를 행하지 못하는 자는 더 큰 벌은 받지 않을 것이다.

28 기회의 열린 문 앞에 서서 안으로 들어오지 않고 떠나는 자는

29 다시 오더라도 문은 굳게 잠겨 있고 외쳐 불러도 문은 열리지 않을 것이다.

30 그때, 문 지키는 사람이 말할 것이다. '당신은 한때 암호를 갖고 있었으나 그것을 버렸으므로 지금 주인께서는 당신을 모른다고 하오. 떠나시오.'

31 진실로 내가 너희에게 말한다. 많은 것을 받은 자들은 많이 요구받을 것이며 적게 받은 자들은 적게 요구받을 것이다."

라마아스의 질문에 대한 답으로 예수는 평화의 통치와 대립을 통해 그곳에 도달하는 방법을 가르친다. 시간의 상징. 성스러운 숨결의 안내. 그리스도인들이 벳새다로 간다.

≈ ❈ ≈

113 식사가 끝나자, 예수를 비롯한 손님들 모두 마리아의 집에 있는 널찍한 방으로 모였다.

2 그때 라마아스가 말했다. "주여, 부디 대답해 주십시오. 지금이 평화의 새벽입니까?

3 우리는 더 이상 전쟁이 없는 시대에 온 것입니까?

4 당신은 정말로 지금까지 현자들이 올 것이라고 전한 평화의 왕이십니까?"

5 예수가 말했다. "지금은 평화가 세상을 지배하고 있지만, 그것은 죽음의 평화입니다.

6 고인 물에 평화가 깃들어 있습니다. 물이 흐르기를 멈추면 머지않아 죽음의 씨앗이 쌓일 것이고, 물 전체가 부패할 것입니다.

7 살아있는 물은 마치 봄철의 양과 같이 항상 뛰어놀기 마련입니다.

8 그러나 국가들이 부패하여 죽음의 팔에 안겨 잠자고 있습니다. 그들은 너무 늦기 전에 잠에서 깨어나야 합니다.

9 삶 속에서 우리는 반대세력이 작동하는 것을 발견합니다. 하나님께서는 생명의 바닷물을 밑바닥까지 휘젓게 하기 위해 나를 이곳에 보냈습니다.

10 평화는 투쟁 뒤에 옵니다. 나는 이 죽음의 평화를 부수기 위하여 왔습니다. 평화의 왕자는 먼저 투쟁의 왕자가 되어야 합니다.

11 내가 사람들에게 가져온 진리의 누룩은 악마들을 선동하여 국가, 도시, 가족 안에서 싸움을 일으킬 것입니다.

12 지금까지 평화스러운 가정에 살던 다섯 명은 이제 나누어져 둘이 셋과 전쟁을 할 것입니다.

13 아들은 아버지에게 맞설 것이며, 어머니와 딸이 다툴 것이며, 싸움이 모든 가정을 지배할 것입니다.

14 자아와 탐욕과 의혹이 열병처럼 격렬히 날뛰고, 그런 뒤 나와 관련된 일로 인하여 이 땅은 인간의 피로 세례를 받게 될 것입니다.

15 그러나 정의가 왕입니다. 연기가 사라진 후, 모든 나라는 더 이상 전쟁을 배우지 않을 것이며, 평화의 왕자가 와서 지배할 것입니다.

16 보십시오, 내가 이르는 말의 징조는 하늘에 나타나 있으나 사람들은 이를 볼 수 없습니다.

17 서쪽 하늘에 구름이 나타나는 것을 보면서 사람들이 소나기가 온다고 하면 실제로 그렇게 됩니다. 남풍이 불면 사람들은 날씨가 더워진다고 말하는데 실제로 그렇게 됩니다.

18 사람들은 땅과 하늘의 징후를 읽을 수는 있으나 성스러운 숨결의 징후를 알지 못합니다. 그러나 그대들은 알게 될 것입니다.

19 분노의 폭풍이 몰려와서 세속의 인간들이 그대들을 억지로 법정으로 끌고 갈 구실을 찾아서 그대들을 감옥 속으로 던질 것입니다.

20 그런 시대가 오면 지혜가 인도하게 하십시오. 분개하지 마십시오. 분개는 악한 자들의 분노를 더욱 강하게 합니다.

21 세상의 극악무도한 사람에게도 약간의 정의와 자비심은 있기 마련입니다.

22 그대들이 자신의 언행에 주의하여 성스러운 숨결의 안내를 믿고 있으면 이 감각이 자라도록 영감을 줄 수 있습니다.

23 그래서 사람들의 분노를 하나님을 향한 찬양으로 바꿀 수 있습니다."

24 그리스도인들은 길을 떠나 벳새다[45]에 와서 가르쳤다.

바다 위에 큰 폭풍우가 일어 많은 사람이 죽는다. 예수가 사람들에게 도움을 청하자 사람들이 아낌없이 도움의 손길을 보낸다. 한 율법 학자의 질문에 대한 답으로 예수는 재난의 철학을 말한다.

～ ❀ ～

114 예수가 가르칠 때 한 사람이 앞에 나서서 말했다. "스승이시여, 말씀을 좀 드려도 될까요?"

2 그러자 예수가 말해도 좋다고 하시니 그 사람이 큰 소리로 말했다.

3 "어젯밤 바다에서 큰 폭풍이 일어나 많은 어선이 좌초되고 많은 사람이 빠져 죽었습니다. 그 남겨진 처자들에게 도움이 필요합니다.

4 이러한 비참함 속에 처해있는 그들을 도우려면 무엇을 하면 되겠습니까?"

5 예수가 말했다. "아주 훌륭한 간청이다. 갈릴리 사람들이여, 잘 들으라. 이 사람들에게 다시 생명을 가져다줄 수는 없지만 일용할 양식을 구하는 사람들을 도울 수는 있다.

6 하나님의 재산의 관리인들이여, 기회가 왔다. 금고를 열어서 쌓아둔 황금을 꺼내어 아낌없이 나누어주도록 하라.

7 이 재산은 이런 일을 위하여 따로 떼어둔 것이다. 필요치 않았을 때는 그대들이 이 재산을 보호해야 했지만

8 지금은 그대들의 것이 아니다. 그것은 곤궁한 사람들의 것이기 때문이다. 만일 그대들이 베풀지 않는다면 반드시 하나님의 노여움이 그대들의 머리 위에 내릴 것이다.

----

45) 데가볼리에 있는 한 성읍으로 갈릴리 남동쪽의 가파른 언덕 위에 위치하고 있는 도시이다. 가버나움의 건너편이다.

9 궁핍한 사람들에게 베푸는 것은 자선이 아니라 정직이다. 사람들에게 그들의 것들을 돌려주는 것일 뿐이다."

10 그런 뒤 예수가 열두 제자 중 돈을 맡은 유다를 돌아보고 말했다.

11 "우리의 돈궤를 가지고 나오너라. 그것은 이제 우리의 돈이 아니다. 곤궁한 사람들을 위하여 한 푼도 남기지 말고 나누어 주어라."

12 한편 유다는 궁핍한 사람들에게 돈을 모두 주고 싶지 않아 베드로, 야고보, 요한과 함께 의논했다.

13 유다가 말했다. "내가 약간 남겨두고 나머지를 주도록 하겠습니다. 이것으로 우리가 하는 일은 충분합니다. 궁핍한 그들에게 우리는 아무런 관계도 없는 낯선 사람들입니다. 우리는 그들의 이름도 알지 못합니다."

14 그러나 베드로가 말했다. "유다여, 자네는 어찌하여 정의의 힘을 가볍게 여기려 하는가?

15 주님께서 하신 말씀이 옳네. 이 재산은 이런 재난 앞에서는 우리의 것이 아니며 이 돈을 주는 것을 거절한다면 이 돈을 훔치는 것과 마찬가지일세.

16 자네가 두려워 할 필요는 없네. 우리는 궁핍하게 되지 않을 걸세."

17 그러자 유다가 돈궤를 열어 돈을 다 주었다.

18 그리고 거기에는 유족들이 필요한 만큼 풍족한 금과 은, 음식과 옷이 있었다.

19 한 율법사가 말했다. "스승이시여, 만일 하나님께서 이 세상과 그 안에 있는 모든 것을 다스린다면 하나님께서 이러한 폭풍우를 일으키지 않았고 또한 이 사람들을 죽이지도 않았겠지요?

20 하나님께서 여기 이 사람들에게 극심한 고통을 주신 게 아닙니까? 그들의 죄에 대한 벌입니까?

21 그리고 지금도 우리가 생생하게 기억하고 있는 것은, 갈릴리에서 온 한 무리의 열성적인 유대인들이 예루살렘에 있을 때, 어떤 축제일에 로마의 법을 어겼다는 근거 없는 죄로 인해서

22 본디오 빌라도에 의하여, 그것도 바로 성전의 뜰에서 살해되어 그 피가

그들의 희생제물이 되었습니다.

23 그들이 남들보다 두 배로 악독했기에 하나님께서 이러한 살육을 일으키신 것일까요?

24 그리고 또한 생각나는 것은, 영광스럽게 예루살렘을 지키던 실로암이라고 불린 탑이 아무런 이유도 없이 땅 위에 무너져 내려 열여덟 명이 목숨을 잃었습니다.

25 이 사람들이 악랄한 죄인이었습니까? 그래서 그 죄에 대한 벌로써 죽임을 당한 것입니까?"

26 그러자 예수가 말했다. "우리는 단 한 번의 짧은 인생만을 보고 판단할 수 없다.

27 사람들이 반드시 알아야 할 법칙이 있다. 결과는 원인에 의해서 결정된다는 것이다.

28 사람들은 한 번의 짧은 삶의 공기 중에 떠돌다가 무로 사라져 없어지는 티끌이 아니다.

29 그들은 오직 하나님을 닮은 자아를 펼치기 위해 지상과 저 너머의 공기 중에 몇 번이고 왔다가 가는 영원한 전체의 불멸하는 일부다.

30 어떤 원인은 한 번의 짧은 삶의 일부일 수도 있지만, 결과는 또 다른 삶의 이전까지 나타나지 않을 수도 있다.

31 그대들의 결과의 원인을 내 삶 속에서 찾아볼 수 없으며 나의 결과를 그대들의 삶에서 찾아볼 수 없다.

32 내가 뿌리지 않은 씨는 거둘 수 없으며 내가 뿌린 것은 무엇이든지 내가 거두어야만 한다.

33 영원성에 대한 법칙은 위대한 스승들에게 알려져 있다.

34 사람들이 다른 사람에게 무엇을 하든, 그것을 재판관이나 집행자가 그들에게 행할 것이다.

35 우리는 사람들 사이에서 이 법칙이 집행되는 것을 알아차리지 못한다.

36 우리는 약자가 강자라고 불리는 자들에게 멸시받고 짓밟히고 살해당하는 것을 알고 있다.

37 어리석은 자들이 국가의 수뇌부에 앉아 있고,

38 그들이 왕이나 재판관이 되고 상원의원이나 사제가 되고, 비범하고 큰 능력을 지닌 사람들은 길거리의 청소부가 되어있는 것을 알고 있다.

39 상식이 조금 있을 뿐 아무런 기지도 없는 여인들이 짙은 화장을 하고 여왕처럼 옷을 입고,

40 어떤 아름다운 자태가 있다는 이유로 꼭두각시 왕을 수발하는 궁정의 여인이 되며, 반면에, 하나님의 딸들은 그들의 노예가 되거나 밭에서 평범한 일꾼으로 일하고 있는 것을 알고 있다.

41 정의감은 소리 높여 '이것은 정의를 희화화한 희극'이라고 외친다.

42 그러므로 삶의 한 작은 기간 이상을 보지 못하는 사람들이 하나님은 계시지 않다거나 하나님이 계실지라도 그는 폭군이며 죽여야 한다고 말하는 것은 이상한 일이 아니다.

43 만일 그대들이 인생을 올바르게 판단하고자 한다면 시간의 산마루에 올라서서 오랜 세월에 걸쳐 행해진 사람들의 생각과 행동들을 주목해야만 한다.

44 사람이란 흙으로 빚어져서 또다시 흙으로 사라지는 피조물이 아님을 알아야 하기 때문이다.

45 인간은 영원한 전체 중 일부다. 인간이 존재하지 않았던 때는 없었으며, 또 앞으로 존재하지 않게 될 때도 결코 오지 않을 것이다.

46 그리고 지금 우리는 본다. 현재 노예인 사람들은 과거에 폭군이었고 현재 폭군인 사람은 과거에 노예였다.

47 현재 고통당하는 사람들은 한때 위에 서서 그들의 손에 다른 사람들이 고통받는 동안 악마가 기뻐하듯이 기뻐 외쳤던 사람들이다.

48 그리고 사람들은 병들고, 마비되고, 절름거리고, 눈이 멀어 있다. 왜냐하면 그들은 한때 완벽한 삶의 율법을 어겼으며, 모든 하나님의 율법은 반드시 성취되어야 하기 때문이다.

49 사람은 이생에서 그가 행한 잘못에 대한 응당한 벌을 피해갈 수도 있다. 그러나 모든 행위와 언어와 생각에는 나름의 한계가 있고,

50 원인이 되며, 나름의 결과를 초래한다. 그래서 그릇된 일을 행했다면 이를 범한 자가 반드시 그것을 바로 잡아야 한다.

51 그래서 잘못이 모두 바로 잡히면 인간은 일어나 하나님과 하나가 될 것이다."

예수가 바닷가에서 가르친다. 씨뿌리는 비유를 든다. 비유로 가르치는 까닭을 말한다. 씨 뿌리는 자의 비유를 설명한다. 밀과 가라지의 비유를 든다.

⁓ ❀ ⁓

115 예수가 바닷가에 서서 가르쳤다. 사람들이 그에게 몰려왔다. 그는 근처에 있는 배에 올라가 바닷가에서 약간 떨어진 곳에서 비유로 말했다.

2 "보라. 씨뿌리는 자가 씨를 뿌리려고 밭으로 나갔다.

3 그는 아낌없이 씨를 뿌렸다. 어떤 씨앗은 사람들이 만들어 놓은 단단한 길 위에 떨어져,

4 곧 다른 사람들의 발에 밟혔고, 새들이 내려와서 모두 물고 갔다.

5 어떤 씨앗은 흙이 적은 돌 땅에 떨어졌다. 그들은 곧 잎이 피어나 많은 잎을 피울 것처럼 보였다.

6 그러나 흙이 깊지 않아서 양분을 취하지 못하여 한낮의 뙤약볕에 곧 말라 죽고 말았다.

7 어떤 씨는 엉겅퀴가 무성한 곳에 떨어져 자랄 수 있는 흙이 없어 곧 사라지고 말았다.

8 그러나 다른 씨앗은 비옥하고 부드러운 땅 위에 떨어져 빠르게 자라나서 추수 때에 어떤 것은 백 배, 어떤 것은 육십 배, 어떤 것은 삼십 배의 수확을 했다.

9 들을 귀 가진 사람은 들을 것이며 이해하는 마음을 가진 자는 알 것이다."

10 그들이 배 위에 있을 때 예수의 제자들이 그 옆에 있었는데, 도마가 물었다. "어찌하여 비유로 말씀하십니까?"

11 예수가 말했다. "내 이야기는 다른 모든 스승의 말처럼 뜻이 이중적이다.

12 혼의 언어를 아는 너희에게 나의 말은 다른 사람들이 이해하기에는 너무도 깊은 뜻을 갖고 있다.

13 내가 말하는 다른 뜻은 모든 대중이 이해할 수 있다. 이 말은 그들에게 양식이며, 그 내면의 생각은 그대들에게 양식이다.

14 각자 손을 뻗어 자기가 받아들일 준비가 되어 있는 양식을 취하라."

15 그런 뒤 예수는 모든 사람이 알아들을 수 있도록 말했다. "이 비유의 뜻을 들어라.

16 사람들은 내 말을 듣고도 그것을 이해하지 못한다. 그러고는 세속의 자아가 그 씨앗을 훔쳐 가지만 그들의 삶에는 영적인 삶의 표시가 나타나지 않는다.

17 이것이 사람들이 밟아서 굳어진 땅에 떨어진 씨앗이다.

18 어떤 사람들은 생명의 말씀을 듣고 불타는 듯한 열정으로 모두 받아들인다. 그들은 진리와 약속을 잘 이해한 것 같다.

19 그러나 고난이 온다. 실망감도 생긴다. 생각의 깊이가 없다. 그들의 선한 의도도 시들어 죽는다.

20 이들이 돌밭에 떨어진 씨앗들이다.

21 어떤 이들은 진리의 말씀을 듣고 그 가치를 아는 것 같다. 그러나 쾌락, 명예, 재산, 명성에 대한 사랑이 흙을 모두 채워버려서 씨앗들은 영양분을 공급받지 못하고 사라져버린다.

22 이들이 가시덤불에 떨어진 씨앗들이다.

23 그러나 어떤 사람들은 진리의 말씀을 듣고 잘 이해한다. 그들은 그들의 혼 깊은 곳에 가라앉아 거룩한 삶을 살고 온 세상이 축복을 받는다.

24 이들은 옥토에 떨어져 풍성하게 열매를 맺는 씨앗들이다.

25 갈릴리 사람들이여, 어떻게 밭을 경작할 것인지 주의 깊게 들어라. 오늘의 이 말을 소홀히 여긴다면 씨 뿌리는 사람이 이생이나 내세에도 그대들에게 오지 않을지도 모른다."

26 그런 뒤 예수는 또 다른 비유를 말했다. 그가 말했다.

27 "나는 왕국을 어떤 사람이 귀한 씨앗을 뿌린 밭으로 비유할 수도 있다.

28 그러나 그가 잠자고 있는 동안 악한 자가 와서 가라지 씨앗을 많이 뿌리고 갔다.

29 땅이 좋았으므로 밀과 가라지가 함께 자랐다. 종들이 밀 속에 가라지가 섞여 있는 걸 보고 밭 주인을 찾아가서 말했다.

30 "주인이 분명히 좋은 씨를 뿌렸는데 어떻게 가라지가 자라났을까요?"

31 주인이 말했다. "누군가 악한 자가 가라지의 씨를 뿌렸을 것이다."

32 종들이 말했다. "저희가 가서 가라지를 뿌리째 뽑아 불태울까요?"

33 주인이 말했다. "아니 그건 좋지 않을 것이다. 밀과 가라지가 흙 속에서 서로 가까이 자라고 있으니 가라지를 뽑다가 밀을 훼손시킬지도 모른다.

34 그러니 추수 때까지 함께 자라도록 내버려 둘 것이다. 추수 때 내가 추수꾼들에게 말할 것이다.

35 '가서 가라지를 모아 함께 묶어 불에 태우고 밀은 전부 모아 내 곡식 창고에 넣도록 하라.'"

36 예수는 이같이 말씀한 후 배에서 내려 집으로 향했고 제자들은 그를 따랐다.

그리스도인들이 빌립의 집에 있다. 예수가 밀과 가라지의 비유를 해석한다. 그는 왕국의 전개를 좋은 씨. 나무의 성장. 누룩, 숨겨진 보물 등의 비유로 설명한다. 예수는 기도하기 위해 산에 간다.

— ❋ —

116 그리스도인들이 빌립의 집에 있을 때 베드로가 예수에게 물었다. "주님, 오늘 말씀하신 비유의 뜻을 저희에게 설명해 주시지 않겠습니까? 특히 밀과 가라지의 비유에 대해서 말씀해 주십시오."

2 예수가 말했다. "하나님의 나라는 이중성이다. 겉과 속의 모습이 있다.

3 인간의 눈에 보이는 하나님의 나라는 그리스도의 이름을 고백하는 사람들로 이루어져 있다.

4 다양한 사람들이 여러 가지 이유로 외적인 하나님의 나라로 모여든다.

5 내적인 나라는 혼의 나라이며 마음이 순수한 사람의 나라다.

6 외적인 나라는 비유로 잘 설명할 수 있다. 보라. 나는 너희가 바다에 큰 그물을 던져 넣는 것을 보았다.

7 너희가 그물을 끌어 올렸을 때 좋고 나쁘고 크고 작은 각양각색의 물고기가 하였다. 나는 너희가 좋은 것은 모으고 나쁜 것은 집어 던지는 것을 보았다.

8 이 외적인 나라는 그물이다. 모든 종류의 사람이 잡히지만 선별하는 날에 나쁜 자는 버려지고 좋은 자는 남겨질 것이다.

9 이제 밀과 가라지의 비유가 의미하는 바를 새겨들어라.

10 씨 뿌리는 자는 인자이며 밭은 세상이며, 좋은 씨앗은 빛의 자식이며, 가라지는 어둠의 자식이며, 적은 세속의 자아이며, 수확의 날은 시대의 끝이며, 추수하는 자는 하나님의 전령들이다.

11 심판의 날은 모든 사람에게 올 것이다. 그때 가라지는 한데 모아 불 속에 내던져 태워질 것이다.

12 그때 선한 자는 혼의 나라에서 태양처럼 빛날 것이다."

13 그러자 빌립이 말했다. "남자든 여자든 생명의 길을 찾지 못하면 불길 속에서 고통을 받아야만 합니까?"

14 예수가 말했다. "불은 정화시킨다. 화학자는 온갖 종류의 찌꺼기가 끼어 있는 광석을 불 속에 던진다.

15 쓸모없는 금속은 다 타 없어지는 것처럼 보이지만, 황금은 한 톨도 없어지지 않는다.

16 그 누구도 자신 안에 파괴될 수 없는 황금을 갖지 않은 사람은 없다. 사람들의 사악함은 모두 불타버리고 황금은 살아남는다.

17 내면의 혼의 나라를 비유로 설명해 보겠다.

18 사람의 아들이 나가서 진리의 씨앗들을 뿌리고 하나님께서 흙에 물을 잘 주시면 씨앗들은 생명의 싹을 틔우며 자라난다. 잎이 먼저 나오고, 다음에는 줄기가, 그리고 이삭이 나오고, 이삭에 밀알이 풍성하게 열린다.

19 추수 때가 오면 추수꾼들은 익은 다발들을 주님의 곳간으로 나른다.

20 또한, 이 혼의 나라는 사람들이 비옥한 땅에 심은 작은 씨앗과 같다.

21 (이 천 알의 씨앗들은 불과 1세겔의 무게도 되지 않는다.)

22 이 작은 씨는 씨앗은 자라기 시작한다. 흙을 밀어내고 올라온다. 그리고 몇 년 자란 후에는 큰 나무가 되어 새들은 그 울창한 잎 그늘에서 쉬고 사람들은 그 큰 가지 아래에서 햇빛과 비바람을 가리는 피난처를 찾는다.

23 또한, 혼의 나라의 정신인 진리는 누룩과 같아서 여인이 밀반죽에 적당히 세 개 정도 숨겨 두면 얼마 지나지 않아 전체가 부풀어 오른다.

24 또한, 혼의 나라는 들판에 감추어진 보배와 같아서 어떤 이가 그것을 발견하고 즉시 가서 자기의 소유물을 전부 팔아서 그 밭을 산다."

25 이같이 말씀하신 뒤에 예수는 홀로 기도하려고 근처 산길로 들어갔다.

왕의 연회가 마캐루스에서 열린다. 선구자 요한이 참수당한다. 그 시신이 묻힌다. 그의 제자들이 슬퍼한다. 그리스도인들은 밤중에 바다를 건넌다. 예수가 성난 파도를 잠잠하게 한다.

～ ❋ ～

117 사해의 동쪽에 있는 마캐루스의 성채에서 분봉 왕의 생일을 기념하기 위한 왕실의 연회가 열렸다.

2 영주인 헤롯과 그의 아내 헤로디아는 살로메와 함께 그곳에 참석했으며 궁정의 모든 남녀가 그곳에 참석했다.

3 향연이 끝나갈 무렵 손님들과 신하들은 모두 술에 취했다. 그들은 마치 어린애들이 노는 것처럼 춤추고 뛰었다.

4 헤로디아의 딸 살로메가 왕 앞에서 춤을 추었다. 춤을 추는 그녀의 아름다운 자태와 우아한 모습은 포도주에 반쯤 취한 어리석은 헤롯을 황홀하게 했다.

5 그는 그녀를 옆으로 오도록 불러 말했다. "살로메, 네가 나의 마음을 사로잡았다. 갖고 싶은 것이 있으면 무엇이건 말하라. 네가 원하는 것

은 무엇이든지 주겠다."

6 그 처녀는 어린아이같이 기쁨에 들떠서 어머니에게 통치자가 한 말을 전해주었다.

7 그녀의 어머니가 말했다. "돌아가서 선구자 요한의 목을 달라고 말하렴."

8 처녀는 달려가 어머니가 말한 대로 통치자에게 말했다.

9 그러자 헤롯은 그의 심복을 불러서 말했다. "탑으로 가서 네가 나의 권한으로 요한이라는 죄수를 처형하러 왔다고 문지기에게 말하라."

10 그는 시킨 대로 갔으며 잠시 후에 죽은 요한의 목을 쟁반 위에 올려서 가지고 돌아왔다. 헤롯은 그것을 손님들 앞에서 살로메에게 주었다.

11 그 처녀는 멀찌감치 떨어져 서 있었다. 그녀의 순진함은 피로 물든 선물을 보자 충격을 받았고, 그것을 만지려고도 하지 않았다.

12 죄악에 빠져 냉혹한 그녀의 어머니가 와서 손님들 앞에서 요한의 목을 높이 들고 말했다.

13 "이것이 바로 통치자가 하는 일을 감히 조소하고 비난하는 자의 운명이다."

14 술에 취한 무리들은 사악한 웃음을 터뜨리면서 이 끔찍한 장면을 지켜보았다.

15 목은 탑으로 다시 옮겨졌다. 시신은 요한의 친구였던 경건한 자들에게 인도되었다. 그들은 시신을 관에 넣어 가져갔다.

16 그들은 요한의 시신을 요단강으로 짊어지고 갔다. 그들은 요한이 처음으로 설교했던 바로 그 여울목에서 강을 건넜다.

17 그리고 유대 언덕의 고갯길을 지나 관을 운반했다.

18 그들은 헤브론 근처에 있는 신성한 땅에 도착했다. 그곳은 선구자 요한의 부모님이 묻힌 곳이었다.

19 그들은 그곳에 시신을 묻고 떠났다.

20 한편 요한의 죽음이 갈릴리에 전해지자 사람들은 모여서 죽은 자를 위한 노래를 불렀다.

21 예수와 외국에서 온 스승들과 열두 제자는 함께 갈릴리 바다를 건너기 위해 배를 탔다.

22 요한의 절친한 친구인 어느 서기관이 바닷가에 서 있었다. 그가 예수를 불러 말했다. "스승이시여, 스승께서 가시는 곳에 따라가게 해주십시오."

23 예수가 말했다. "그대는 악한 무리를 벗어나 안전한 곳을 찾고 있지만 나와 함께 있으면 그대의 생명에 안전함이 없다.

24 악한 사람들이 요한의 생명을 앗아 갔듯이 나의 생명을 앗아갈 것이기 때문이다.

25 땅에 사는 여우는 안전하게 숨을 곳이 있고, 새들은 바위틈에 숨어 안전한 둥지를 틀지만 나는 편안히 머리 둘 곳이 없다."

26 그때 한 사도가 말했다. "주여, 돌아가신 저의 아버지를 장사지낼 수 있도록 잠시 이곳에 머무르는 것을 허락해 주십시오."

27 그러나 예수가 말했다. "죽은 자는 죽은 자가 돌볼 수 있다. 살아있는 사람은 살아있는 사람을 기다리니, 와서 나를 따르라."

28 저녁이 되었다. 세 척의 배가 바다로 나가고, 예수는 맨 앞쪽 배에서 쉬다가 잠이 들었다.

29 폭풍우가 밀려왔다. 배들이 바다 위에서 마치 장난감처럼 흔들렸다.

30 파도가 갑판을 덮자 건장한 선원들은 모두 죽게 될까 두려워하였다.

31 도마가 주께서 깊이 잠든 것을 보고 소리쳐 부르니 예수가 깨어났다.

32 도마가 말했다. "폭풍을 보십시오. 주께서는 우리가 어찌 되어도 상관이 없으신가요? 배가 가라앉고 있습니다."

33 예수가 일어서서 손을 들어 사람이 사람들에게 말하듯이 바람과 파도의 영들에게 말했다.

34 그러자 바람이 멎고 파도는 떨며 그의 발에 입을 맞추었고 바다는 고요해졌다.

35 예수가 말했다. "너희 믿음의 사람들아! 너희의 믿음은 어디에 있느냐? 너희가 바람과 파도에게 말을 하면 그들이 너희의 말을 듣고 순종할

것이다."

36 그러자 제자들은 모두 놀라서 말했다. "바람과 파도까지 그의 목소리에 순종하는 이분은 도대체 어떤 분이신가?"

가다라에 있는 그리스도인들. 예수는 한 무리의 더러운 영들을 한 사람에게서 쫓아낸다. 더러운 영들은 사악한 동물 속에 가고 동물들은 곧 바닷속으로 뛰어 들어가 익사한다. 사람들이 두려워 예수에게 그들의 해안을 떠나 달라고 부탁한다. 그는 제자들과 함께 가버나움으로 돌아온다.

⌒⌒ ✳ ⌒⌒

118 아침이 되자 그리스도인들은 제라신스 지방에 상륙했다.

2 그들은 그 페라칸인들의 수도인 가다라[45]에 가서 며칠 동안 머물면서 가르쳤다.(마태복음 8:28-34)

3 전설에 의하면 가다라는 죽은 자들에게 신성한 곳이며 인근의 언덕 전체가 성스러운 땅으로 알려져 있었다.

4 인근의 모든 지역이 매장지이다. 언덕들은 무덤으로 가득 차 있고 갈릴리의 많은 죽은 자들이 이곳에 묻혀 있다.

5 최근에 죽어서 아직 보다 높은 차원에 오르지 못한 영들이 한때 육신의 집이었던 살과 뼈가 묻힌 무덤 근처에 남아 있었다.

6 그들은 때때로 살아있는 사람들 속에 들어가서 수백 가지 방법으로 그들을 괴롭힌다.

7 그래서 가다라 전역에 악령 붙은 사람들이 많았으나 그들을 구원할 정도로 강력한 사람은 없었다.

8 예수는 이 숨은 적들을 만나 악령을 몰아내는 법을 가르치려고 외국에서 온 스승들과 열두 제자를 묘지로 데리고 들어갔다.

9 그들은 묘지 입구에 있는 문에 이르러 귀신 들린 한 사람을 만났다. 한 무리의 더러운 영들이 그 사람 안에 들어가 그를 매우 강하게 만들었다.

10 누구도 그를 묶을 수 없었고 쇠사슬로도 소용없었다. 그는 가장 강한 쇠사슬도 부숴 버리고 멋대로 할 수 있었기 때문이었다.

11 그러나 더러운 영들은 빛 속에서 살 수 없다. 그들은 어둠 속에서 야단 법석할 뿐이다.

12 예수가 왔을 때, 그는 생명의 빛을 가져왔고 모든 악령들이 술렁거렸 다.

13 그 사람 속에 있는 무리의 두목이 외쳤다. "당신, 예수여! 당신, 임마누 엘이여! 제발 우리를 흑암 속에 가두지 말아 주시오. 우리의 때가 이르 기 전에 우리를 괴롭히지 마시오."

14 예수가 말했다. "너희들의 숫자와 이름을 대라."

15 악령이 대답했다. "우리들의 이름은 레기온(고대 로마의 군단)이며, 숫자 는 짐승의 수와 같습니다."

16 그러자 예수가 그 언덕들을 뒤흔드는 목소리로 말했다. "나오너라, 더 이상 이 사람에게 붙어있지 말라."

17 한편 언덕과 들에는 그곳에서 먹을 것을 취하고 그 지방 사람들에게 전 염병을 옮기고 퍼뜨리는 더러운 동물들로 가득 차 있었다.

18 악령들이 갈 곳 없이 쫓아내지 말기를 애원하므로 주께서 말했다.

19 "나가서 더러운 네 발 가진 짐승에게 붙거라."

20 그들과 무덤의 모든 악령은 나와서 질병을 일으키는 더러운 짐승들에 게 들어갔다.

21 짐승들은 분노로 몸을 떨면서 비탈로 내리 달아 바다로 뛰어 들어가 모두 익사했다.

22 이로써 이 마을 전체가 전염병에서 해방되고 더러운 영들은 다시는 나 타나지 않았다.

23 그러나 사람들은 예수가 행하신 기적을 보고 경계하기 시작했다. 그들 이 말했다.

24 "만약 그가 온 나라의 전염병을 없앨 수 있고 더러운 영들을 내쫓을 수 있는 초월적인 권능을 지닌 사람이라면, 그는 자신의 뜻대로 우리 땅을 파괴할 수 있는 사람이다."

25 그들은 예수에게 가다라에 머물지 말고 떠나 주기를 간청했다.

26 예수는 그곳에 더 이상 머무르지 않고 다른 스승들과 열두 제자들과 함께 배를 타고 떠났다.

27 더러운 레기온들에게서 구원받은 남자가 바닷가에 서서 말했다. "주님, 저도 함께 가게 해주십시오."

28 그러나 예수가 말했다. "그것은 좋은 선택이 아니다. 너의 고향으로 돌아가서 사람들에게 하나님과 동조할 때 무슨 일을 할 수 있는지 알게 될 것이라고 알려라."

29 그러자 그 사람은 데가볼리 전역으로 가서 이 소식을 전했다.

30 그리스도인들은 배를 타고 다시 바다를 건너 가버나움으로 돌아왔다.

가버나움 사람들이 예수를 환영한다. 마태가 잔치를 연다. 바리새인들이 죄인들과 함께 식사하는 예수를 비난한다. 예수는 자신은 자신이 죄인을 구하려고 보내진 사람이라고 말한다. 금식과 선악의 철학에 대하여 교훈을 준다.

≈ ✿ ≈

119 예수가 집에 돌아왔다는 소문이 온 마을에 전해지자 그를 환영하려고 사람들이 몰려들었다.

2 그리고 열두 제자 중의 한 명이며 가버나움에 집을 두고 있는 부자인 마태는 호화스러운 잔치를 베풀어 예수와 외국의 스승들, 열두 제자들, 그 밖에 여러 다른 사상을 지닌 사람들을 초대했다.

3 그리고 바리새인들이 예수가 세리들과 평판이 좋지 않은 사람들과 함께 식사하는 것을 보았을 때, 그들이 말했다.

4 "부끄럽도다! 하나님의 사람이라고 공언하고 있는 이 사람이 세리, 매춘부 그리고 평민들과 어울리고 있으니 부끄럽도다!"

5 예수가 그들의 생각을 알고 말했다. "건강한 사람은 고침을 받을 수 없으며, 순수한 자들은 구원을 받을 필요가 없다.

6 건강한 사람들은 온전하며 순수한 사람들은 이미 구원을 받았다.

7 정의를 사랑하고 올바른 일을 행하는 자는 회개할 필요가 없다. 나는 그들을 위하여 온 것이 아니라 죄인을 위하여 왔다."

8 요한이 죽었다는 소식을 들은 요한의 제자들은 죽은 자를 애도하기 위한 표식을 달고 있었고,

9 금식을 하면서 마음속으로 기도를 드리고 있었다. 그것을 본 바리새인들이 예수에게 와서 말했다.

10 "요한을 따르는 자들은 금식하고 있는데 어찌하여 당신의 제자들은 금식하지 않습니까?"

11 예수가 말했다. "그대들 율법 선생들이여, 그대들은 이것을 알아야만 한다. 어쩌면 그대들이 이 사람들에게 알려주어야 할 것이다.

12 금식에서 얻어지는 이점이 무엇인가?" 바리새인들은 말문이 막혀서 아무도 대답하지 못했다.

13 그러자 예수가 말했다. "사람들의 활력은 그들이 먹고 마시는 것에 달려 있다.

14 활력이 약해질 때 영적인 생명력이 더 강해지는가? 스스로 굶주리면 성인의 경지에 이르는가?

15 식탐하는 자는 하나님이 보시기에 죄인이다. 그리고 하나님 자신이 마련해 주신 힘의 수단을 가볍게 생각하며 스스로 약하게 만들어 인생의 무거운 짐을 감당하지 못하는 자는 성인이 아니다.

16 요한은 죽었다. 그를 헌신적으로 따르는 자들은 슬퍼하며 금식하고 있다.

17 요한에 대한 그들의 사랑이 죽은 자에 대한 존경을 표하는 것이다. 그들은 죽은 자에 대한 기억을 경솔히 다루는 것을 죄라고 생각하고, 또 그렇게 배워왔기 때문이다.

18 그들에게 그것은 죄이므로 그들이 금식하는 것은 좋은 일이다.

19 양심의 소리를 거역하고 그 소리에 귀를 기울이지 않으면, 마음은 슬퍼하고, 그들은 삶의 일에 맞지 않게 되어 죄를 범하게 된다.

20 양심은 가르침의 대상이 될 수도 있다. 어떤 사람이 양심 안에서 행할 수 없는 일을 어떤 사람은 양심 안에서 행할 수 있다.

21 내가 행하여 죄가 되는 일이 그대들이 행하면 죄가 되지 않을 수도 있

다. 삶의 길에서 그대들이 처해있는 상황이 곧 무엇이 죄인지를 결정한다.

22 선에 대한 불변의 법칙은 없다. 선과 악 모두 다른 것들에 의해 판단되기 때문이다.

23 어떤 사람은 금식하여 그의 깊은 진심이 축복을 받기도 하고,

24 어떤 사람은 금식해도 믿음 없이 행함으로써 저주받는다.

25 모든 사람에게 꼭 맞는 침대를 만들 수는 없다. 만일 그대가 그대 자신에게 맞는 침대를 만들 수 있다면 잘한 일이다.

26 어째서 나를 따르는 이 사람들이 금식을 하거나 그들의 힘을 약화시키는 일을 해야 하는가? 그들이 인류에게 봉사하려면 힘이 필요하다.

27 하나님께서 그대들이 원하는 대로 할 수 있게 하실 때가 올 것이다. 그리고 그대들은 헤롯이 요한에게 행한 것과 같은 일을 나에게 행하게 될 것이다.

28 그리고 그 끔찍한 때가 되면 이 사람들은 금식할 것이다.

29 귀 있는 사람들은 들을 것이며 느낄 수 있는 가슴이 있는 자는 이해할 것이다."

니고데모가 잔치에 참석한다. 그는 예수에게 그리스도인의 종교가 유대인의 예배를 변형시켜 좀 더 성공적으로 소개될 수 없는가를 묻는다. 예수는 이를 부정적으로 말하고 그 이유를 설명한다. 예수가 유출증이 있는 여인을 치료한다. 야이로의 딸을 고친다. 사람들이 경배하려 하자 그는 사라진다.

― ✳ ―

120 한편 한때 밤중에 예수를 찾아와서 생명의 길을 배운 적이 있는 니고데모도 손님 중의 한 사람이었다.

2 그가 일어나서 말했다. "스승이시여, 유대의 율법과 유대의 관습이 일치하지 않습니다.

3 제사장직은 개혁되어야 할 필요가 있습니다. 통치자는 좀 더 자비롭고 친절해야만 하며 율법사들은 좀 더 공정해야 합니다. 평민들은 그렇게

무거운 짐을 져서는 안 됩니다.

4 그러나 이런 개혁을 이루는 동시에 유대인들의 예배를 파괴하지 않을 수는 없을까요?

5 선생님의 전능하신 사역과 바리새인들과 서기관들의 일을 조화시킬 수는 없을까요? 제사장직은 선생님의 거룩한 철학에 유익하지 않을까요?"

6 그러자 예수가 말했다. "새 술은 헌 부대에 담을 수 없다. 술은 스스로를 정화할 때 팽창하고, 낡은 부대는 그 압력을 이겨내지 못하여 터져 버리며, 그러면 술은 모두 버려진다.

7 사람들은 새 천 조각으로 낡은 옷을 수선하지 않는다. 새 천 조각은 오랜 세월로 낡아 약해진 천에 맞춰 휘어질 수 없으니 옷은 더 크게 찢어진다.

8 오래된 술은 낡은 가죽 부대로 보존할 수 있지만 새 술은 새 부대를 요구한다.

9 내가 가지고 온 이 영의 진리는 이 새 세대를 위한 것이다. 만일 이것을 유대교 형식의 낡은 부대에 넣으면 술은 모두 버려질 것이다.

10 술은 반드시 팽창한다. 낡은 병들은 이를 견디지를 못하여 터질 것이다.

11 그리스도의 나라를 보라. 그것은 하나님 자신만큼 오래되었지만, 아직도 아침 해와 같이 새롭다. 그것은 단지 하나님의 진리만을 담을 수 있다."

12 예수가 이같이 말씀할 때 야이로라는 이름을 가진 회당장이 와서 예수의 발에 절하며 말했다.

13 "스승님, 제발 저의 기도를 들어주십시오. 제 아이가 심하게 앓고 있습니다. 아이가 죽을까 걱정됩니다. 그러나 저는 당신께서 오셔서 거룩한 말씀만 해주셔도 제 아이가 살아날 것을 알고 있습니다."

14 (그 아이는 외동으로서 열두 살 난 소녀였다.)

15 예수는 지체하지 않았다. 야이로와 함께 가니 많은 이가 따라갔다.

16 그들이 가자 그곳에 한 여인이 있었다. 그 여인은 여러 해 동안 피를 흘리며 앓고 있었는데 멀고 가까운 곳의 여러 의사를 찾아갔지만, 모두가 살아날 수 없다고 하였다. 그런데 그 여인이 병상에서 일어나서 예수가 지나가는 길로 뛰어나왔다.

17 그녀는 혼자서 말했다. "저분의 겉옷을 만지기만 하여도 나의 병은 깨끗이 나을 것이라는 걸 내가 알아."

18 그녀가 예수의 옷자락을 만지자 흐르던 피가 즉시 멎고 그녀는 깨끗이 나았다.

19 예수는 그의 치료능력이 그에게서 빠져나간 것을 느끼고 사람들에게 말했다.

20 "누가 내 옷을 만졌느냐?"

21 그러자 베드로가 대답했다. "아무도 알지 못합니다. 무리가 밀려와 많은 사람이 선생님의 옷을 건드렸을 수도 있습니다."

22 그러나 예수가 말했다. "믿음 있는 사람이 치료받으려는 간절한 염원을 가지고 옷을 만지자 나에게서 치유능력이 나갔다."

23 그 여인은 자신이 행한 일이 드러난 것을 알고, 예수의 발밑에 엎드려 모든 사실을 고백했다.

24 예수가 말했다. "네 믿음이 너를 낫게 했다. 이제 평안히 돌아가라."

25 한편, 예수가 말할 때 야이로의 하인이 와서 말했다. "야이로 주인님, 주께서 오시도록 폐를 끼칠 필요가 없습니다. 당신의 딸이 이미 죽었습니다."

26 그러나 예수가 말했다. "독실한 야이로야, 너의 믿음이 이런 시련의 때에 흔들려서는 안 된다.

27 하인이 무엇을 말했느냐? 아이가 죽었다고 했느냐? 죽음이 무엇이냐?

28 죽음이란 육신의 집에서 혼이 떠나는 것이다.

29 사람은 혼과 그 집의 주인이다. 의심과 두려움에서 깨어나 일어날 때, 그는 빈집을 깨끗이 하고 거주자를 다시 데려올 수 있다."

30 그런 뒤 예수는 베드로, 야곱, 요한 그리고 야이로와 아이의 어머니를

데리고 죽은 아이의 방으로 들어갔다.

31 다른 사람들이 들어오지 못하도록 문들이 닫히자 예수는 혼들이 알아들을 수 있는 거룩한 말씀을 했다. 그리고 그 소녀의 손을 잡고 말했다.

32 "달리다굼,[46] 아이야 일어나라." 그러자 소녀의 혼이 되돌아와 그녀는 일어나서 먹을 것을 달라고 하였다.

33 성읍의 모든 사람이 깜짝 놀랐고, 많은 이가 예수를 마치 하나님처럼 경배했다.

34 그러나 예수는 밤의 유령처럼 자취를 감추고 길을 떠났다.

나사렛에 있는 그리스도인들. 미리암이 그리스도인의 찬가를 부른다. 예수가 회당에서 가르친다. 예수가 귀신들린 벙어리를 고친다. 사람들이 그를 믿지 않는다. 바리새인들이 예수를 바알세불의 하수인이라고 부른다. 그리스도인들이 가나로 간다.

❦

121 나사렛의 경축일이었다. 사람들이 한마음으로 커다란 행사를 기념하려고 모여들었다.

2 예수와 외국에서 온 스승들과 열두 제자와 주님의 어머니인 마리아와 미리암이 그곳에 있었다.

3 사람들이 마을의 커다란 홀에 모이자 우아한 가수 미리암이 일어나서 찬미의 노래를 불렀다.

4 그러나 모여든 무리는 노래하는 사람이 누구인지 몰랐으나 그녀는 즉석에서 모든 사람의 마음을 사로잡았다.

5 며칠 동안 그녀는 그곳에서 이스라엘의 노래들을 부른 뒤 그곳을 떠났다.

6 안식일이 다가왔다. 예수는 회당에 가서 시편을 펴서 읽었다.

7 "교만한 자와 거짓에 치우치는 자를 존중하지 않고 하나님을 믿는 사람은 복이 있습니다.

8 오 주, 나의 하나님이시여, 당신께서 우리를 위하여 행하신 일은 놀랍

---

46) 아람어로 '내가 말하노니 작은 소녀야, 일어나라'란 뜻이다.

고, 저희를 위한 생각이 많으십니다. 저희는 그 모든 것을 다 헤아릴 수 없습니다.

9 주께서는 희생과 피의 제물을 원하지 않으시며 번제나 속죄제를 원하지 않습니다.

10 또한, 저는 당신의 뜻을 이루기 위해서 왔습니다. 오 하나님이시여, 당신의 법은 제 마음속에 있습니다.

11 저는 몰려드는 사람들에게 정의와 평화의 말씀을 전했으며, 저의 하나님의 가르침을 온전히 선포하였습니다.

12 저는 당신의 의로움을 마음속에 숨기지 않았으며, 당신의 신실함과 은혜를 선포했습니다.

13 저는 당신의 인자하심과 진실하심을 사람들에게 숨기지 않고 밝혔습니다.

14 오 주여, 제가 당신을 찬미할 수 있도록 저의 입을 크게 열게 하옵소서. 저는 피의 희생이나 죄의 번제를 올리지 않습니다.

15 제가 당신에게 바치려는 희생제물은, 오 하나님이시여, 삶의 순수함과 회개하는 마음과, 믿음과 사랑이 충만한 영혼이며, 당신께서는 이것들을 기꺼이 받으실 것입니다."

16 예수는 여기까지 읽고 책 관리자에게 책을 넘겨주고는 말했다.

17 "땅끝까지 하나님의 이 메시지가 이르렀다.

18 우리 백성들은 희생의 의식을 찬미하고 자비, 정의, 인간의 권리를 소홀히 했다.

19 그대들 바리새인들, 제사장들, 서기관들이여, 그대들의 하나님께서는 피에 질리셨다. 하나님께서는 그대들의 기도에 귀를 기울이지 않으신다. 그대들은 타오르는 희생제물 앞에 서 있지만 헛되이 서 있는 것이다.

20 율법의 증거에 마음을 돌려라. 개심하여 하나님께 마음을 돌려라. 그러면 그대들은 살게 될 것이다.

21 또 다시 무고한 동물들을 태운 연기로 너희의 제단을 저주받게 하지 마라.

22 상처받고 회개하는 마음을 하나님께 제물로 바쳐라.

23 그대들이 동포들에게 지운 무거운 짐들을 덜어주어라.

24 만일 그대들이 말을 듣지 않고 악한 생활 방식에서 돌아서지 않는다면 하나님께서는 이 나라를 저주로 내리칠 것이다."

25 예수가 이렇게 말씀하고 옆으로 비켜서자 모든 사람이 놀라서 말했다.

26 "대체 이 사람은 어디에서 이 같은 지식과 힘을 얻었을까? 이런 지혜들은 어디에서 온 것일까?

27 그는 마미온 거리에 사는 마리아의 아들이 아닌가?

28 그의 형제들인 유다, 야고보, 시몬은 우리가 존경하는 사람들 아닌가? 그리고 그의 자매들은 여기에 우리와 같이 있지 않은가?"

29 그러나 그들 모두는 예수가 한 말에 기분이 상했다.

30 그러자 예수가 말했다. "선지자는 자신의 고향에서 아무런 존경을 받지 못하며, 친척들에게도 환영받지 못하며, 그의 적은 집 안에 있다."

31 예수는 나사렛에서 많은 기적을 행하지 않았다. 사람들이 그에 대한 믿음이 없었기 때문이었다. 그는 나사렛에 오래 머물지 않았다.

32 그러나 예수가 그곳을 떠나려 할 때 두 명의 눈먼 남자가 그를 따라와 애원하였다. "다윗의 자손이여, 들어주십시오! 주여, 자비를 베풀어 우리의 눈을 뜨게 해서 볼 수 있게 해주십시오."

33 예수가 말했다. "그대들은 내가 그대들의 눈을 뜨게 하고 볼 수 있게 만들 수 있다고 믿느냐?"

34 그들이 대답했다. "주여, 그렇습니다. 만일 당신께서 거룩한 말씀만 하신다면 저희는 볼 수 있다는 것을 알고 있습니다."

35 예수가 그들의 눈을 만지며 말씀을 했다. "너희 믿음대로 그렇게 될 것이다."

36 그들은 축복을 받아 눈을 뜨고 볼 수 있게 되었다.

37 예수가 말했다. "이 일을 아무에게도 말하지 말라."

38 그러나 그들은 나가서 이 소식을 온 지방에 퍼뜨리고 다녔다.

39 예수가 길을 가고 있을 때, 귀신 들린 벙어리가 예수에게 인도되었다.

40 예수가 거룩한 말씀을 말하자 더러운 영이 그 사람에게서 쫓겨났고, 그는 혀가 풀려서 '하나님을 찬양하라.'라고 말했다.

41 사람들은 놀랐다. 그들이 말했다. "이것은 놀라운 일이다. 지금까지 이런 일은 본 적이 없다."

42 바리새인들도 역시 매우 놀랐다. 그러나 그들은 이렇게 소리쳤다.

43 "이스라엘 사람들이여, 주의하시오, 예수는 바알세불의 끄나풀이오. 그는 사탄의 이름으로 병자를 고치고 악령을 쫓아내는 것이오."

44 그러나 예수는 대답하지 않고 길을 떠났다.

45 예수는 외국에서 온 스승들과 열두 제자와 함께 일찍이 물로 포도주를 만든 적이 있었던 마을에 가서 며칠 동안 머물렀다.

그리스도인들이 기도하면서 7일간을 보낸다. 예수가 열두 제자에게 임무를 부여하고 사도의 직무를 수행하도록 내보내며, 가버나움에서 만날 것을 지시한다.

⚜

122 그리스도인들은 침묵 속에서 7일 동안 기도를 했다. 그런 뒤 예수가 열두 제자를 따로 불러 말했다.

2 "보라, 어디에서나 사람의 무리가 우리 주위로 몰려든다. 사람들은 어찌할 바를 모르고 울타리 없이 떠도는 양들처럼 이곳저곳을 방황하고 있다.

3 그들에게 목자의 보호가 필요하다. 그들은 빛의 길로 인도해 줄 사랑의 손길을 원한다.

4 곡식이 익어서 수확은 많지만, 추수꾼들이 너무 적다.

5 때가 무르익었으니 너희는 각기 갈릴리의 모든 지방과 마을들을 돌아다니며 가르치고 병을 고쳐주어야 한다."

6 그리고 열두 제자에게 숨을 불어넣으시면서 말했다. "성스러운 숨결을 받아라."

7 예수는 그들에게 각각 권능의 거룩한 말씀을 주고 말했다. "이 만물을 창조하는 하나님의 말씀으로 너희는 악령을 쫓아내고 아픈 사람들을

치료하고 죽은 자들에게 생명을 불어넣어라.

8 또한, 아시리아인들이나 그리스 사람들이 있는 길로 가지 말고, 사마리아로 가서도 안 된다. 오로지 흩어진 지파의 너희 형제를 찾아가라.

9 가서 그리스도의 나라가 왔다고 선포하라.

10 너희가 충분히 받았으니 아낌없이 주어라.

11 그러나 너희는 믿음으로 나아가야 한다. 자신을 위해 의지할 것을 준비하지 말라.

12 너희가 가진 모든 금과 은을 가난한 사람에게 나누어 주어라. 두 벌의 외투나 여분의 신발도 지니지 말고 단지 지팡이만 지니고 가라.

13 너희는 하나님의 일꾼들이므로 하나님은 결코 너희를 궁핍하게 하지 않으실 것이다.

14 너희가 어디를 갈지라도 믿음이 있는 사람을 찾아서 그곳을 떠날 때까지 그들과 함께 있어라.

15 너희는 나를 대신해서 가서 나를 대신해서 행동하여라. 너희를 맞아 환영하는 사람은 나를 맞아 환영하는 것이다.

16 또한, 너희 앞에서 문을 닫는 자들은 나를 받아들이기를 거부하는 것이다.

17 설혹 어떤 마을에서 친절하게 받아 주지 않더라도 결코 악의를 갖지 말라. 저항하지 마라.

18 어떤 종류의 악한 생각도 너희를 해칠 것이고 너희의 힘을 분산시킬 것이다.

19 너희가 호의를 받지 못할 때, 너희 길을 떠나라. 빛을 원하는 사람들은 아주 많기 때문이다.

20 보라, 나는 마치 늑대 우리 속에 양을 보내듯이 너희를 보내니 너희는 뱀처럼 현명하고 비둘기처럼 순수해야 한다.

21 너희는 모든 말을 할 때 신중해야 한다. 바리새인들과 서기관들이 너희의 말에서 체포할 구실을 찾으려 할 것이기 때문이다.

22 또한, 그들은 틀림없이 거짓된 혐의를 찾아서 너희를 법정에 넘길 방법

을 찾을 것이다.

23 그러면 재판관이 너희에게 어떤 범죄에 대한 유죄를 선언하고 채찍질 하여 투옥하라고 판결할 것이다.

24 그러나 재판관 앞에 나가서도 두려워하지 마라. 행할 바와 할 말을 두 고 불안해하지 말라.

25 그때 성스러운 숨결이 너희를 인도하여서 해야 할 말을 가르쳐 줄 것이 다.

26 이것을 완전히 확신하라. 말하는 자는 너희가 아니다. 할 말을 주고 입 술을 움직이는 것은 성스러운 숨결이다.

27 너희가 전하는 복음은 평화를 가져다주지 않을 것이다. 오히려 대중을 뒤흔들어 분노하게 할 것이다.

28 세속적인 인간은 진리를 혐오하여 추수기가 오기 전에 어린 식물을 짓 밟기 위해 목숨을 바칠 것이다.

29 이러한 분노는 정체된 평화에 머물러 있던 가정에 혼란을 가져올 것이 다.

30 형제는 형제를 죽음에 내줄 것이고, 아버지는 사람들이 자식을 처형할 때 방관하고 있을 것이며, 자식은 법정에서 아버지에게 불리한 증언을 할 것이고, 어머니가 죽임을 당하는 것을 기쁘게 관망할 것이다.

31 그리고 사람들은 단지 너희가 그리스도의 이름을 말하는 것만으로도 너희를 미워할 것이다.

32 앞으로 다가올 분노의 날에도 믿음이 굳은 사람은 3배로 축복을 받을 것이다.

33 자, 이제 가거라. 너희가 한 곳에서 박해를 받거든 다른 곳을 찾아 가라.

34 그런데 만일 너희가 힘에 겨울 정도로 큰 적을 만날 때는, 보라! 사람의 아들이 너희의 문 앞에 서서 말할 것이며, 하늘의 군대가 너희 편이 되 어 너희를 방어할 것이다.

35 그러나 현재의 삶을 너무 소중히 여기지 마라.

36 사람들이 나의 목숨을 빼앗아 갈 때가 올 것이다. 너희는 그 화를 면할

것이라는 희망을 가질 필요가 없다. 그들이 너희도 하나님의 이름으로 죽일 것이기 때문이다.

37 사람들은 나를 바알세불이라고 부르고 너희를 작은 악마라고 부를 것이다.

38 사람들이 말하고 행하는 것을 두려워하지 마라. 그들은 혼을 지배할 힘이 없다. 그들이 육신의 몸을 해치고 파괴할 수 있지만, 그것뿐이다.

39 그들은 혼의 문제를 손안에 쥐고 혼을 파괴할 수 있는 하나님을 모른다.

40 그리스도는 오늘의 왕이시기 때문에 사람들은 그의 권능을 인정해야만 한다.

41 하나님의 사랑이신 그리스도를 다른 그 무엇보다 사랑하지 않는 사람은 결코 영적인 깨우침이라는 상을 받을 수 없다.

42 또한, 그리스도를 사랑하는 것 이상으로 그들의 부모나 자식들을 사랑하는 사람들은 결코 그리스도의 이름을 지닐 수 없다.

43 그리고 그리스도를 사랑하는 것보다 자신의 목숨을 더욱 아끼는 사람은 하나님을 기쁘게 할 수 없다.

44 그리고 삶에 매달리는 사람은 목숨을 잃을 것이며, 자신의 목숨을 그리스도에게 바치는 사람은 생명을 얻을 것이다."

45 예수는 이렇게 말하고 열두 제자를 두 명씩 짝지어 보내면서 가버나움에서 다시 만날 것을 명하였다.

46 그들은 갈릴리의 모든 마을을 다니며 가르치고 영과 권능으로 병자들을 고쳤다.

예수는 외국에서 온 스승들에게 최후의 임무를 주고 그들을 사도로서 세상에 내보낸다. 예수는 홀로 두로에 가서 라헬의 집에 머문다. 귀신 들린 어린아이를 고친다. 시돈에 간 다음 레바논의 산으로 간다. 헤르몬산, 가이사랴 빌립보, 데가볼리, 가다라를 방문한 후 가버나움으로 돌아온다. 열두 제자를 만나 그들의 사역 보고를 받는다.

━━ ✾ ━━

123 예수는 기도하는 시간을 보낸 후 외국에서 온 스승들을 불러 말

했다.

2 "보라, 나는 열두 사도를 이스라엘 각지로 보냈다. 그러나 그대들은 세계 각지로 보낼 것이다.

3 우리들의 하나님은 한 분이시며 영이시며 진리이다. 그리고 모든 사람이 그분에게 소중하다.

4 그분은 인도에 사는 모든 어린이의 하나님이시며, 저 멀리 동쪽의 페르시아, 저 멀리 북쪽의 그리스와 로마, 저 멀리 서쪽의 이집트, 저 멀리 남쪽과 바다 건너의 강대국들, 그리고 바다 가운데 섬에 사는 모든 이의 하나님이시다.

5 만일 하나님께서 한 사람에게 생명의 빵을 주시면서도 생명의 자각이 일어나서 생명의 빵을 받을 수 있는 모든 이에게 주시지 않는다면 하나님은 불공평하신 분이 되고 하늘의 보좌 자체가 흔들릴 것이다.

6 그러므로 하나님께서는 그대들을 세상의 일곱 중심지에서 부르시고 그대들의 영혼 속에 지혜와 권능의 숨을 불어 넣어주시고 이제 그대들을 생명의 빛을 지닌 자들로서, 인류의 사도로서 보내신다.

7 그대들의 길을 떠나도록 하라. 가서 그리스도의 복음을 선포하라."

8 그런 뒤 그는 스승들에게 숨을 불어넣으며 말했다. "성스러운 숨결을 받아라." 이어서 각자에게 권능의 거룩한 말씀을 주셨다.

9 그들은 각자의 길을 떠났으며 모든 나라가 축복을 받았다.

10 그런 뒤 예수는 홀로 갈릴리의 언덕을 넘어 며칠 후 두로의 해안에 도착하여 라헬의 집에 머물렀다.

11 그는 가르치러 온 것이 아니었으므로 사람들에게 온 것을 알리지 않았다. 그는 거대한 바다의 물결을 볼 수 있는 곳에서 하나님과 교감하려고 했다.

12 그러나 라헬이 이 소식을 알렸고 사람들이 주님을 보려고 그녀의 집에 몰려들었다.

13 페니키아 출신의 한 그리스 여인이 왔다. 그녀의 딸은 귀신에 사로잡혀 있었다. 그녀가 말했다.(마가복음 7:25 이하)

14 "오! 주여, 저의 집에 자비를 베풀어 주십시오. 저의 딸이 악령에 사로 잡혔습니다. 그러나 당신께서 거룩한 말씀만 해주신다면 아이는 자유 로워질 것임을 제가 압니다. 다윗의 아들이시여, 저의 간청을 들어 주 십시오."

15 라헬이 말했다. "착한 여인이여, 주님을 괴롭히지 마십시오. 그분은 병 을 고치려고 두로에 온 것이 아닙니다. 그는 바닷가에서 하나님과 대화 하려고 오셨습니다."

16 예수가 말했다. "나는 그리스 사람들에게 온 것도 아니고, 시리아계 페 니키아인들에게 온 것도 아니다. 나는 단지 나의 백성 이스라엘 사람들 에게 온 것이다."

17 그러자 그 여인이 예수의 발밑에 엎드려 말했다. "주 예수여, 저의 아이 를 구원해 주시기를 간청합니다."

18 예수가 말했다. "그대는 자녀들의 빵을 개에게 주지 않는다는 속담을 잘 알고 있을 것이다."

19 그 여인이 말했다. "네, 예수님! 잘 알고 있습니다. 그러나 개는 주인의 상에서 떨어진 부스러기를 주워 먹을 수는 있습니다."

20 예수가 말했다. "이러한 믿음은 유대인에게서도 일찍이 본 적이 없다. 이 여인은 하녀도 개도 아니다."

21 그런 뒤 그녀에게 말했다. "그대의 믿음대로 될 것이다."

22 그녀가 집에 돌아와 딸에게 가보니 아이가 나았다.

23 예수는 두로에서 많은 날을 머물고 그런 뒤 길을 떠나 바닷가에 자리 한 시돈에 머물렀다.

24 예수는 여행을 계속했다. 레바논 언덕과 골짜기, 숲속을 고요한 생각 속에서 걸었다.

25 이 땅에서의 예수의 사명은 빨리 끝나가고 있었다. 예수는 힘을 간구하 였으며 그것을 얻었다.

26 저 너머에 헤르몬산이 있었다. 예수는 히브리 노래에서 유명한 그 산 옆에 기꺼이 무릎을 꿇고 싶었다.

27 그리고 그는 헤르몬산의 높은 봉우리 위에 서서 하늘로 눈을 들어 하나님과 이야기를 나눴다.

28 그리고 고대의 스승들이 모습을 드러내었고 그들은 오랫동안 그리스도의 나라에 관해 이야기를 나눴다.

29 그리고 지금까지 행해진 기적과 장차 올 십자가의 정복과 죽음을 넘어선 승리에 관해 이야기했다.

30 그런 뒤 예수는 여행을 계속하였다. 그는 가이사랴 빌립보에 가서 수잔나의 집에 며칠 동안 머물렀다.

31 그런 뒤 예수는 데가볼리의 온 마을을 다니며 그를 그리스도로 알고 있는 사람들을 격려하고 갈보리의 날을 준비하도록 했다.

32 그 후 가다라에 갔다. 그곳에는 많은 친구들이 있었고, 그를 환영했다.

33 그리고 그곳에는 헤롯 안티파스의 사무장인 쿠쟈스가 있었다. 예수는 그와 함께 왕실의 배를 타고 바다를 건너 가버나움에 도착했다.

34 사람들은 예수가 고향에 온 것을 알고 그를 환영하려고 왔다.

35 얼마 후에 열두 사도가 와서 갈릴리 여행 이야기를 예수에게 들려주었다.

36 그들은 하나님의 신성한 말씀으로 행한 많은 기적에 대해 이야기를 하였고 예수는 '잘하였다'라며 그들을 칭찬했다.

제17부

예수의 그리스도 사역의 세 번째 해

그리스도인들이 바다를 건넌다. 예수가 제자들에게 은밀한 가르침을 전한다. 사람들을 가르친다. 5천 명을 먹인다. 제자들은 다시 바다를 건너기 시작한다. 폭풍이 일어난다. 예수는 물 위를 걸어서 제자들에게 간다. 베드로의 믿음의 시련. 그들은 게네사렛에 도착한다.

— ❋ —

124 열두 사도가 이제 영적 각성의 단계에 도달했고 예수는 그들에게 자신이 세상에 해야 할 사명의 더 깊은 의미를 그들에게 밝힐 수 있었다.

2 다음 주에 유대인들의 큰 축제가 열릴 예정이었으므로, 마태가 말했다. "우리도 준비해서 예루살렘으로 가야 하지 않겠습니까?"

3 그러나 예수가 말했다. "우리는 축제에 가지 않을 것이다. 시간이 짧고 나는 너희에게 할 말이 많다. 너희는 사람이 없는 곳으로 가서 잠시 쉬어라."

4 그들은 배를 타고 바다를 건너 율리우스 벳새다 근교의 사람이 없는 곳으로 갔다.

5 사도들이 가는 것을 보고 수많은 사람들이 그들을 따라갔다.

6 예수는 갈망하는 무리를 불쌍히 여기고 그 들 앞에서 서서 종일토록 그들을 가르쳤다. 사람들은 빛을 찾고 있었고, 양 떼를 잃은 양과 같았기 때문이다.

7 밤이 되자 열두 사도는 수많은 사람을 어떻게 해야 할지 걱정했다. 도마가 말했다.

8 "주여, 우리는 외딴곳에 있습니다. 저 사람들은 아무것도 먹지 못했습니다. 저들은 굶주림에 지쳐있습니다. 어떻게 할까요?"

9 예수가 말했다. "가서 사람들에게 음식을 주어라."

10 유다가 말했다. "가서 저 사람들이 먹을 수 있도록 200페니어치의 빵

을 사 올까요?"

11 예수가 말했다. "창고에 가서 남은 빵이 얼마나 있는지 살펴보라."

12 안드레가 말했다. "우리에게는 빵이 없습니다. 하지만 어떤 소년이 보리 빵 다섯 개와 조그만 생선 두 마리를 갖고 있습니다. 그런데 이것은 열 사람 중 한 사람의 양을 채우기에도 부족한 양입니다."

13 그러나 예수가 말했다. "이 사람들 모두 열두 명씩 풀밭에 앉게 하라." 그러자 모두 열두 명씩 모여 앉았다.

14 그러자 예수는 빵과 생선을 들고 하늘을 올려다보며 하나님의 신성한 말씀을 말했다.

15 그런 뒤 예수는 빵을 떼어서 열두 사도에게 나누어 주었다. 그리고 생선도 열두 사도에게 나누어 주었다. 그리고 말했다. "가서 사람들을 먹여라."

16 모든 사람이 먹고 기운을 차렸다.

17 그곳에는 약 5천 명의 남자와 따라온 아이들과 적지 않은 수의 여인들이 있었다.

18 사람들이 모두 배부르도록 먹었을 때 예수가 말했다.

19 "빵 한 부스러기라도 버리지 마라. 필요한 사람들에게 줄 수 있도록 가서 빵 조각과 생선을 모아 오너라."

20 그들이 남은 빵 부스러기를 모으니 열두 바구니에 가득 찼다.

21 사람들은 놀라운 권능의 기적을 보고 어리둥절해서 말했다. "우리는 이제 예수가 우리의 선지자들이 올 것이라고 말했던 그 선지자임을 압니다." 그러자 사람들이 말했다. "'왕이여, 만세!'

22 예수는 사람들이 '왕이여, 만세!'라고 외치는 말을 듣고 열두 사도를 불러서 배를 타고 먼저 건너편에 건너가 있으라고 명하였다.

23 그리고 예수는 기도하러 홀로 산길로 갔다.

24 열두 사도는 바다 위에 있었고 곧 가버나움에 도착할 것으로 기대하고 있었다. 그때 갑자기 무시무시한 폭풍우가 일어나자 그들은 모두 파도에 내맡겨졌다.

25 새벽 4시 무렵에 바람은 회오리바람으로 변했고 제자들은 공포에 사로

잡혔다.

26 앞이 안 보일 정도의 폭풍우 속에서 사람들은 파도 위에서 움직이는 형체 하나를 보았다. 그것은 사람처럼 보였다. 한 사람이 큰 소리로 말했다. "유령이다. 불길한 징조다."

27 그런데 요한은 그 형체를 알아보고 말했다. "저분은 주님이시다."

28 그러자 바람이 그다지 심하지 불지 않았다. 베드로가 그들 가운데 서서 외쳤다.

29 "나의 주님이시여! 나의 주님이시여! 진정 주님이시다면, 저에게 파도 위를 걸어서 주님께 오라고 명하십시오."

30 그 형체는 자신의 손을 앞으로 내밀면서 말했다. "오너라."

31 베드로가 파도 위로 발을 디뎌 보니 파도는 바위처럼 딱딱했다. 베드로는 파도를 밟고 걸어갔다.

32 베드로는 물 위를 걸어가면서 속으로 생각했다. "만약 파도가 내 발밑에서 내려앉으면 어떻게 하지?"

33 바로 그때, 파도가 베드로 발아래에서 부서졌다. 가라앉기 시작하자 베드로는 두려워서 외쳤다. "오 주여! 살려주십시오. 그렇지 않으면 저는 죽습니다."

34 예수가 베드로의 손을 잡고 말씀했다. "오, 믿음이 적은 자여! 너는 왜 의심했더냐?" 그리고 예수는 베드로를 배 위로 인도했다.

35 폭풍우는 그 힘을 다했고, 바람도 잠잠해졌다. 그들은 해변 가까이 왔다. 그들이 육지로 올라오니 그곳이 게네사렛 계곡이었다.

그리스도인들은 게네사렛에서 환영을 받는다. 빵과 생선 때문에 많은 사람이 예수를 따른다. 예수는 그들에게 생명의 빵에 대하여 말한다. 자신의 살과 피를 빵과 생명의 물의 상징으로 말한다. 많은 사람이 분노하고, 많은 제자가 더 이상 그를 따르지 않는다.

─ ❈ ─

125 예수와 열두 제자가 돌아왔다는 소식이 곧 게네사렛 마을에 두루 퍼졌다. 많은 사람이 그들을 보러 왔다.

2 그들은 병자들을 데리고 와서 예수의 발밑에 눕혀 놓았고 예수는 종일 사람들을 가르치고 병자들을 고쳤다.

3 그 전날 건너편에서 빵과 생선을 먹었던 사람들과 또 다른 사람들이 주님을 보러 왔다. 그러나 그곳에 없음을 알고 그를 찾으러 가버나움으로 왔다.

4 그러나 예수가 집에도 있지 않음을 알고 게네사렛으로 왔다. 그들은 그곳에서 예수를 발견하고 말했다. "스승이시여, 언제 게네사렛에 오셨습니까?"

5 예수가 말했다. "그대들은 왜 바다를 건너왔는가? 그대들은 생명의 빵을 구하고자 온 것이 아니다.

6 그대들은 이기적인 자아를 만족시키려고 온 것이다. 그대들은 모두 어제 바다 건너에서 음식을 먹고 더 많은 빵과 생선을 구하고자 온 것이다.

7 그대들이 먹었던 음식은 육체를 위한 영양분으로 곧 사라질 것이 틀림없다.

8 갈릴리의 사람들이여, 사라져버리는 음식을 구하지 말라. 영혼을 먹일 음식을 구하라. 내가 하늘에서 그대들에게 줄 음식을 가져왔다.

9 그대들은 생선의 살을 먹었고 만족했다. 이제 나는 그대들이 먹고 영원히 살 수 있는 그리스도의 살을 준다.

10 우리 조상들은 광야에서 만나를 먹었다. 그들은 메추라기 고기를 먹고 모세가 바위에서 가져온 샘물을 마셨다. 하지만 그들 모두가 죽었다.

11 만나와 메추라기는 그리스도의 살을 상징했고 바위에서 나온 물은 피를 상징했다.

12 그러나 그리스도가 왔으며 그는 하나님께서 세상에 주신 생명의 빵이다.

13 그리스도의 살을 먹고 그리스도의 피를 마시는 사람은 누구든지 절대 죽지 않을 것이며, 더 이상 배고프거나 목마르지도 않을 것이다.

14 이 하늘의 빵을 먹고 이 생명의 샘물을 마시는 사람들은 멸망하지 않는다. 이것들은 혼의 음식이며 생명을 정화한다.

15 보라, 하나님은 '인간이 스스로 정화하면 나는 그를 능력의 보좌에 높이 앉혀 주리라'고 말씀하셨다."

16 그 후 예수와 열두 제자는 가버나움으로 갔다. 예수는 그곳의 회당에서 가르쳤다.

17 예수가 게네사렛에 계신다는 소문을 듣고 유대인들이 말했다.

18 "이 사람은 제정신이 아닙니다. 우리는 그가 자신을 '하늘에서 온 생명의 빵'이라고 말하는 것을 들었습니다. 그리고 우리는 모두 그가 단지 인간, 곧 사람의 아들이며 나사렛에서 왔다는 것을 압니다. 우리는 그의 모친과 다른 친족들을 압니다.

19 예수가 그들의 생각을 알고 그들에게 말했다. "그대들은 무엇 때문에 서로 수군거리며 판단하는가?

20 그리스도는 영원한 생명이다. 그는 하늘에서 왔다. 그는 하늘의 열쇠를 갖고 있으며, 그 어떤 누구도 자신을 그리스도로 채우지 않고는 천국에 들어갈 수 없다.

21 나는 하나님의 뜻을 이루려고 육신으로 왔다. 이 살과 피는 그리스도로 가득 차 있으며 나는 하늘에서 온 살아있는 빵이다.

22 이 살을 먹고 이 피를 마시면 그대들은 영원히 살 것이며, 그대들이 원한다면, 그대들 생명의 빵이 될 수 있다."

23 그러자 많은 사람이 몹시 화를 내며 말했다. "어떻게 이 사람이 우리에게 자신의 살을 먹고 자신의 피를 마시라고 할 수 있습니까?"

24 예수의 제자들은 예수가 이런 말을 했기 때문에 마음이 괴로웠다. 그리고 많은 수의 제자는 돌아서서 더 이상 예수를 따르지 않았다.

25 그들은 말했다. "자신의 살을 먹지 않고 자신의 피를 마시지 않는다면 우리가 생명의 길로 들어갈 수 없다고 말하는 것은 끔찍한 일이다."

26 그들은 예수가 말한 비유를 이해할 수 없었다.

27 예수가 말했다. "너희는 비틀거리다가 진리 앞에서 넘어지고 있다. 이 살과 피가 더 높은 형태로 변하는 것을 보게 되면 그때는 어떻게 할 것이냐?

28 사람의 아들이 하늘의 구름 위로 올라가는 것을 볼 때 너희는 무엇이라고 말하겠느냐?

29 사람의 아들이 하나님의 보좌에 앉은 것을 볼 때 너희는 무엇이라고 말하겠느냐?

30 육은 아무것도 아니지만, 영은 소생시키는 힘이다. 내가 한 말들은 영이며, 그들은 생명이다."

31 예수에 대한 믿음을 큰 소리로 공언했던 많은 사람이 등을 돌리고 가버리는 것을 보고 예수가 열두 제자에게 말했다.

32 "너희도 지금 나를 버리고 떠날 것이냐?"

33 베드로가 말했다. "주님, 우리는 달리 갈 곳이 없습니다. 주님은 영원한 생명의 말씀을 갖고 계십니다. 우리는 당신이 하나님께서 우리에게 보내신 분이라는 것을 알고 있습니다."

서기관들과 바리새인들이 예수를 찾아온다. 그들은 예수가 손을 씻지 않고 식사하는 것을 비난한다. 예수는 자신의 행위를 변호하고, 위선에 대해 가르친다. 열두 제자에게 자신의 공적인 가르침을 은밀하게 설명한다.

〰 ✤ 〰

126 서기관들과 바리새인들 일행이 예수의 권능이 어디에 있는지 배우러 예루살렘에서 왔다.

2 그런데 그들은 예수와 그의 제자들이 식사하기 전에 손을 씻는 유대인의 관습을 따르지 않는 것을 보고 놀랐다.

3 예수가 말했다. "서기관들과 바리새인들 사이에서 위선은 여왕이다. 이사야는 그대들에 대하여 다음과 같이 적었다.

4 '이 백성은 입술로 나를 찬양하지만 그들의 마음은 나에게서 멀다. 나를 헛되이 경배하며 그들의 교리는 독단이며 사람들의 신조일 뿐이다.'[47]

5 하나님의 사람으로 처세하는 그대들은 여전히 하나님의 율법을 거부하고 사람들의 법을 가르치고 있다.

---

47) 마태복음 15:7-9, 이사야 29:13.

6 언제 하나님이 사람들에게 그대들이 지키는 의례적인 율법을 주었는지를 나와서 말해보라. 그리고 만약에 식사하기 전에 손을 씻지 않는다면 어떻게 영적인 삶이 오염되는지를 이 사람들에게 말해보라."

7 비난하던 사람들이 대답하지 못하자 예수가 말했다.

8 "이스라엘 사람들이여, 내 말을 들으라! 더러움은 마음의 산물이다. 세속적인 마음이 생각을 사로잡고서 괴물 같은 신부를 만들어낸다. 이 신부는 죄이며, 죄는 마음의 산물이다.

9 사람을 더럽히는 것은 그가 먹는 음식이 아니다.

10 우리가 먹는 빵과 생선과 그 외에 다른 음식들은 인간이라는 집을 만드는 데 들어가는 살의 세포를 운반하는 잔에 불과하며, 역할이 끝나면 쓰레기로 버려진다.

11 인간이라는 집을 짓기 위해 사용되는 식물과 동물의 생명은 결코 혼의 음식이 아니다. 혼은 동물이나 식물의 시체를 먹이로 하지 않는다.

12 하나님은 직접 하늘에서 혼에게 필요한 양식을 주시며, 생명의 빵은 저 높은 곳에서 내려온다.

13 우리가 숨 쉬는 공기는 성스러운 숨결로 가득 차 있다. 그리고 원하는 사람은 이 성스러운 숨결을 마실 수 있다.

14 혼은 분별한다. 그리고 그리스도의 삶을 원하는 사람은 그 안에서 숨 쉴 수 있다. 그대들의 믿음에 따라 그렇게 되도록 하라.

15 사람은 자신이 거주하는 집의 일부가 아니다. 그리고 그 집은 그 사람이 아니다.

16 낮은 세계는 육체로 된 집을 짓고 계속 수리하지만, 높은 세계는 영적인 생명의 빵을 제공한다.

17 가장 사랑스러운 백합꽃은 고인 연못과 가장 더러운 거름에서 자란다.

18 육체의 법칙은 사람들이 몸을 청결히 하기를 요구하지만,

19 영의 법칙은 생각과 말과 행동이 순수해지길 요구한다."

20 날이 저물자 그들은 집으로 돌아왔다. 열두 제자는 할 말도 많았고 질문할 것들도 많았다.

21 나다나엘이 물었다. "육체의 집을 말씀하신 것은 하나의 비유였습니까? 그렇다면 그것이 무슨 뜻인지요?"

22 예수가 말했다. "아직도 분별할 수 없느냐? 사람이 입으로 먹는 것은 사람을 더럽히지 않는다는 것을 아직 깨닫지 못하였느냐?

23 사람이 먹는 음식은 그의 혼으로 들어가지 않는다. 그것은 살과 뼈와 근육을 만드는 재료이다.

24 영에게는 모든 것이 깨끗하다.

25 인간을 오염시키는 것은 세속적인 생각에서 나오며, 세속적인 생각은 마음에서 솟아나 많은 악한 것을 만들어낸다.

26 마음으로부터 살인, 절도, 어리석음이 나온다. 모든 이기적인 행동과 육욕의 행위도 마음에서 생겨난다.

27 손을 씻지 않고 식사를 하는 것은 인간을 더럽히지 않는다."

28 베드로가 말했다. "주여, 오늘 말씀하신 것은 서기관들과 바리새인들의 기분을 몹시 상하게 했습니다."

29 예수가 말했다. "그 서기관들과 바리새인들은 생명 나무의 접가지가 아니다. 그들은 하나님의 식물이 아니라 사람들의 식물이다. 그리고 모든 외래 식물은 뿌리째 뽑혀야 할 것이다.

30 그런 사람들을 내버려 두어라. 그들은 눈먼 안내인들이다. 그런데 그들이 수많은 눈먼 자들을 이끌고 있다.

31 이끄는 사람들과 따라가는 사람들이 함께 걷는다. 그들은 입을 벌리고 있는 구덩이 안으로 다 같이 떨어질 것이다."

그리스도인들이 바다를 건너 데가볼리로 간다. 예수는 사람들 눈에 띄지 않고 열두 제자를 가르칠 수 있는 한적한 곳을 발견한다. 그들은 사흘간 머물다가 해변의 마을로 간다.

꽃

127 예수가 열두 제자를 데리고 밤에 바다를 건너 데가볼리의 경계까지 왔다.

2 예수는 따로 제자들에게 앞으로 다가올 일들을 알려줄 수 있는 비밀

장소를 찾고자 했다.

3 그들은 산길로 들어가 그곳에서 기도하며 사흘을 보냈다.

4 예수가 말했다. "보라, 내가 더 이상 육신으로 너희와 함께 걷지 않을 때가 가까웠다.

5 나는 자신의 목숨이 너무 소중하여 형제들을 구하는데 기꺼이 희생할 수 없는 사람은, 생명으로 들어갈 가치가 없다고 가르쳤다.

6 보라, 나는 사람들의 본이 되려고 왔으며 도움이 되는 것을 자제하지 않았다.

7 내가 헬리오폴리스에서 일곱 가지 시험을 통과했을 때, 나는 세상을 구하기 위해 나의 목숨과 나의 모든 것을 바쳤다.

8 나는 유대의 광야에서 사람들의 가장 강력한 적들과 싸웠고, 내 동료들을 위해 헌신할 것을 재확인했다.

9 나는 고난과 시련 속에서 흔들리지 않았고, 거짓 고발자들이 왔을 때, 나는 대답하지 않았다.

10 하나님께서는 나에게 구원의 말씀을 주셨다. 그리고 나는 말씀으로 종종 병자를 치유했고 더러운 악령을 쫓아냈고 죽은 자들을 일으켰다.

11 나는 또한 너희에게 거룩한 말씀을 하는 법을 보여주었고 그 하나님의 말씀을 너희에게 전해 주었다.

12 곧 우리는 예루살렘으로 향할 것이다. 그때, 지금 내가 하는 말을 듣고 있는 너희 중 한 명이 나를 배신하여 악한 자의 손에 팔아넘길 것이다.

13 서기관들과 바리새인들이 나에게 거짓 혐의를 씌워 법정으로 끌고 가서 로마의 승인 아래 나를 십자가에 못 박을 것이다."

14 그때 베드로가 말했다. "주여, 그렇게 되지 않을 것입니다. 로마 병사들이 주님께 이르려면 열두 명의 시체를 넘고 가야 할 것입니다."

15 그러나 예수가 말했다. "이 세상의 구원자는 저항할 수 없다.

16 나는 세상을 구하기 위해 왔고, 하늘의 최고 법정에 너희의 이름을 올렸다. 그리고 너희는 세상의 구원자들로 확정되었다.

17 나를 배반할 사람을 제외하고는 그 어떤 이름도 수치를 당하지 않을

것이다.

18 나는 나의 길을 간다. 비록 나의 육신이 사라질지라도 나의 혼은 너희 옆에서 언제나 너희를 인도하고 축복할 것이다.

19 사악한 사람들이 너희를 거리에서 사로잡을 것이며, 너희가 무릎 꿇고 기도할 때 뭔가 합법적인 죄명을 들어 기소할 것이며, 너희를 죽음으로 몰아넣음으로써 그들의 신을 섬겼다고 생각할 것이다.

20 하지만 흔들리지 말아라. 짐은 무거울 것이다. 하지만 의무를 다했다는 자각과 함께 하나님의 평화가 그 짐을 가볍게 해줄 것이고, 고통을 사라지게 하고 길을 밝혀 줄 것이다.

21 그리고 우리는 육신의 형집행자가 오지 않는 곳에서 다시 만날 것이다. 그곳에서 우리는 무지로 인해 우리를 죽도록 고문했던 잔인한 사람들을 섬길 것이다.

22 우리가 이 능욕과 살육을 막을 수 있을까? 막지 못한다면 우리도 육신의 밀물과 썰물의 피조물에 불과할 것이다. 그것은 삶의 희생이 아닐 것이다.

23 하지만 우리는 시간의 흐름을 타고 존재하는 만물의 주인이다. 우리가 말을 하면, 불, 물, 흙, 공기의 모든 영이 일어나서 우리를 지켜줄 것이다.

24 우리가 명령하면 천사 세계의 많은 군단이 와서 우리의 적들을 땅바닥에 내동댕이칠 것이다.

25 하지만 하늘이나 땅 위에 있는 어떠한 힘도 우리를 구하러 오지 않는 게 가장 좋다. 심지어 하나님조차도 그의 얼굴을 숨기시고 우리가 하는 말을 듣지 않는 것처럼 보이는 것이 가장 좋다.

26 내가 너희에게 모범이 되듯이 너희 또한 인류의 모범이다. 우리는 무저항으로 사람들을 위해서 기꺼이 우리의 생명을 희생하는 것을 보여준다.

27 하지만 나의 본보기는 죽음으로 끝나지 않을 것이다. 나의 몸은 일찍이 그 어떤 육체도 놓인 적이 없던 무덤 속에 놓일 것이며 이는 죽음 안에

서 생명이 순수해짐을 상징한다.

28 나는 그 무덤 안에서 사흘 동안 그리스도와 아버지 하나님, 어머니 하나님과 함께 달콤한 교감을 할 것이다.

29 그 후 영혼이 더욱 높은 생명으로 올라가는 상징으로 무덤 속의 나의 육신은 사라질 것이며,

30 더 높은 형태로 변형되어 너희가 모두 보는 앞에서 나의 아버지 하나님께로 올라갈 것이다."

31 그런 뒤 예수와 열두 제자는 해변의 마을로 갔다.

예수는 밤에 기도하러 산에 간다. 제자들과 마을 사람이 예수를 발견하고, 예수는 사흘 동안 그들을 가르친다. 사천 명의 사람들을 먹인다. 그리스도인들이 가이사랴 빌립보에 간다. 그들이 그리스도의 인격을 존경한다. 베드로가 사도들의 지도자로 선정된다.

❦

128 밤에 제자들이 자는 동안 예수는 일어나서 여섯 마일 떨어진 산속에 홀로 기도하러 갔다.

2 아침에 열두 제자가 잠에서 깨어났을 때 예수가 안 계신 것을 알고 모든 마을 사람이 예수를 찾아 나섰다. 해가 하늘 높이 솟아올랐을 무렵에야 산길에서 그를 찾았다.

3 많은 사람이 병자를 데리고 왔다. 예수가 그들을 가르치고 고쳐주었다.

4 밤이 되었지만 사람들은 가려고 하지 않았다. 그들은 주님 가까이 있으려고 땅바닥에서 잠을 잤다.

5 사람들이 사흘 밤낮을 머무르자 먹을 것이 없게 되었다.

6 예수가 그들을 불쌍히 여기고 말했다. "만약에 내가 사람들을 보내면 그들은 집에 도착하지 못할 것이다. 사람들은 허기져 있고 저들 가운데 몇몇은 먼 곳에서 온 사람들이다."

7 그러자 제자들이 말했다. "사람들이 모두 먹을 수 있을 만큼 충분한 음식을 어디에서 구할 수 있을까요? 여인과 아이들을 제외하고도 사천 명이나 됩니다."

8 예수가 말했다. "빵이 얼마나 있느냐?"

9 그들이 대답했다. "빵 일곱 개와 작은 생선 몇 마리가 있습니다."

10 예수가 말했다. "가서 이전에 모든 사람에게 먹을 것을 주었을 때처럼 사람들을 열두 명씩 앉게 하라."

11 사람들이 열두 명씩 앉자 제자들이 빵과 생선을 가져왔다.

12 예수가 하늘을 올려다보며 거룩한 말씀을 했다. 그런 뒤 빵 일곱 개를 작은 조각으로 나누고 생선도 그와 같이 잘랐다.

13 모든 빵 조각이 한 덩어리의 빵이 되고 모든 생선 조각이 한 마리의 생선이 되었다.

14 열두 제자가 나서서 모든 사람에게 나누어 주었다. 사람들이 배부르게 먹었다. 남은 조각들을 모았더니 바구니 일곱 개가 가득 찼다.

15 그 후 사람들은 각자의 길로 떠났고 열두 제자는 배를 타고 해변에 있는 달마누다로 갔다.

16 이곳에서 그들은 여러 날을 머물렀다. 예수는 열두 제자에게 꺼지지 않는 내면의 빛에 관해 말했다.

17 예수는 영혼 안에 있는 그리스도의 나라에 관해, 믿음의 힘에 관해, 죽은 자의 부활의 비밀에 관해, 영생에 관해, 그리고 어떻게 살아있는 사람들이 가서 죽은 자들을 도와줄 수 있는지 말했다.

18 그 후 그들은 배를 타고 갈릴리의 북쪽 해안에 도착했다. 그리고 도마의 친척이 사는 고라신에서 내려 육지로 계속해서 여행했다.

19 그들은 메롬으로 갔다. 그곳은 수정처럼 맑은 물이 하늘의 모습을 잡아 만군의 주님의 영광을 비추는 것처럼 보이는 곳이었다.

20 이곳에서 그들은 며칠 동안 머물면서 고요한 생각에 잠겼다.

21 그 후 그들은 여행을 계속해서 가이사랴 빌립보의 땅에 도착했다.

22 그들이 걸으면서 서로 이야기할 때 예수가 말했다. "사람들은 사람의 아들에 대해서 무슨 말을 하느냐? 그들은 내가 누구라고 생각하느냐?"

23 마태가 대답했다. "어떤 사람들은 선생님을 다시 오신 다윗이라고 합니다. 또 어떤 사람들은 에녹, 솔로몬, 셋이라고 합니다."

24 안드레가 말했다. "저는 한 회당장이 '이분은 예레미야이다. 그분은 예레미야가 기록했던 것처럼 말하기 때문이다.'라고 외치는 것을 들었습니다."

25 나다나엘이 말했다. "한동안 우리와 함께 있었던 외국인 스승들이 말하기를 선생님께서는 다시 오신 고타마(석가모니)라고 했습니다."

26 야고보가 말했다. "저는 대부분의 유대 지도자들이 선생님을 이 세상에 다시 오신 엘리야로 믿고 있다고 생각합니다."

27 그리고 요한이 말했다. "우리가 예루살렘에 있었을 때, 나는 한 선지자가 '이 예수는 다름 아닌 바로 평화의 왕인 멜기세덱입니다. 약 이천 년 전에 살았고 다시 오겠다고 했던 분이지요.'라고 외치는 소리를 들었습니다."

28 그리고 도마가 말했다. "헤롯왕은 선생님을 부활한 요한이라고 생각합니다.

29 하지만 그때 이후 헤롯은 양심의 고통을 받고 있습니다. 살해당한 요한의 영이 꿈에 나타나서 밤의 유령처럼 그를 따라다닌다고 합니다."

30 예수가 물었다. "너는 나를 누구라고 생각하느냐?"

31 베드로가 말했다. "선생님은 하나님의 사랑이 사람들에게 나타난 그리스도이십니다."

32 그러자 예수가 말했다. "세 번 복 받았구나, 너 요나의 아들 시몬아! 너는 하나님이 주신 진리를 선포했다.

33 너는 반석이다. 너는 만군의 주의 성전에서 기둥이 될 것이다.

34 너의 고백은 믿음의 주춧돌이요, 능력의 바위다. 이 바위 위에 그리스도의 교회가 세워진다.

35 지옥과 죽음의 어떤 힘도 너의 고백을 무너뜨릴 수 없다.

36 보라, 나는 사람들을 위해 '안전함'의 문들을 열 수 있는 열쇠들을 너에게 준다.

37 성스러운 숨결은 너와 열 사람에게로 올 것이며, 예루살렘에서 너희가 이 땅의 모든 나라들 앞에 서게 될 것이며, 그곳에서 하나님과 사람들

이 맺은 언약을 선포할 것이다.

38 또한, 너희는 성스러운 숨결의 말씀들을 전하게 될 것이며, 하나님께서 그리스도에 대한 진실한 믿음으로서 사람들에게 요구한 것은 무엇이라도 너희가 알려 주어야 할 것이다."

39 그리고 열두 제자를 돌아보며 말했다. "오늘 너희가 들었던 것은 누구에게도 말하지 말라."

40 그 후 예수와 열두 제자는 수잔나의 집으로 가서 여러 날 동안 머물렀다.

예수는 사람들을 가르친다. 그는 베드로, 야고보, 요한을 데리고 높은 산에 올라가서 그들 앞에서 변신한다.

━━━ ✳ ━━━

129 예수와 열두 사도가 왔다는 소문이 퍼지자 많은 사람이 그들을 보러 왔다.

2 예수가 말했다. "보라, 너희가 우리를 보러 왔지만, 그것은 아무런 의미가 없다. 너희가 그리스도의 축복을 받고 싶으면 너희의 십자가를 지고 나를 따르라.

3 너희가 이기적인 자아를 위해서 자신의 생명을 바친다면 너희는 자신들의 목숨을 잃게 될 것이다.

4 너희가 생명을 바쳐 동료들을 섬긴다면 너희의 생명을 구할 것이다.

5 이 생명은 단지 오늘의 별 볼 일 없는 한순간에 불과하다. 하지만 사라지지 않는 생명이 있다.

6 너희가 세상을 얻고도 자신의 혼을 잃는다면 무슨 이익이 있겠느냐? 너희의 혼에 대한 보상으로 무엇을 받겠느냐?

7 너희가 영적인 삶, 즉 하나님 안에서 인간의 삶을 찾고자 한다면 너희는 좁은 길을 걸어가서 좁은 문으로 들어가야 한다.

8 그 길이 그리스도이며 그 문이 그리스도이다. 너희는 그리스도라는 길로 와야만 한다. 그 어떤 누구도 그리스도에 의하지 않고는 하나님께

갈 수 없다.

9 그리스도의 나라가 올 것이다. 그렇다. 지금 내 말을 듣고 있는 너희 가운데 누군가는 나라가 권능으로 오는 것을 볼 때까지 죽음의 문을 지나지 않을 것이다."

10 7일 동안 예수와 열두 사도는 가이사랴 빌립보에 머물렀다.

11 그때 예수가 기도하기 위해 베드로, 야고보, 요한을 데리고 산꼭대기로 올라갔다.

12 예수가 기도할 때 찬란한 빛이 나타났다. 예수의 형체가 보석처럼 빛났다.

13 그의 얼굴은 태양처럼 빛났으며 그의 의복은 눈처럼 하얗게 보였다. 사람의 아들은 하나님의 아들이 되었다.

14 그는 지상에 있는 사람들이 사람의 가능성을 볼 수 있도록 변형되었다.

15 첫 번째 영광이 왔을 때 제자들 세 명은 잠들어 있었다. 예수가 이들의 눈을 만지면서 말했다. "잠에서 깨어나서 주님의 영광을 보아라."

16 그들이 깨어나서 주님의 영광을 보았다. 그리고 더 나아가서 그들은 천국의 영광을 보았다. 천국에서 나온 두 사람이 예수의 옆에 서 있는 것을 보았다.

17 베드로가 그들을 깨운 주님께 물었다. "주님 옆에 서 있는 사람들은 누구입니까?"

18 예수가 말했다. "이 사람들은 모세와 엘리야다. 이들은 하늘과 땅이 하나이며 하늘의 스승과 땅의 스승은 하나라는 것을 너희가 알게 하려고 왔다.

19 두 세계를 갈라놓은 휘장은 단지 에테르로 된 휘장이다. 믿음으로 마음을 순수하게 한 사람들에게 그 휘장은 걷히고, 그들은 죽음이 환상에 불과하다는 것을 보고 알게 된다."

20 베드로가 말했다. "하나님을 찬양하라" 그리고 예수에게 큰 소리로 말했다. "나의 스승이시며 주님, 이것은 하늘의 문입니다. 저희는 여기에 남아 있는 것이 좋겠습니다.

21 저희가 내려가서 천막 세 개를 가져올까요? 하나는 선생님을 위하여 하나는 모세 를 위하여 하나는 엘리야를 위하여 말입니다." 하지만 예수는 대답하지 않았다.

22 모세와 엘리야는 예수와 함께 산 위에서 대화를 나누었다. 그들은 앞으로 닥칠 주님의 시련에 대하여 말했다.

23 예수의 죽음, 무덤 속에서의 휴식, 부활 아침의 경이로움, 육신의 변모, 빛의 구름을 탄 예수의 승천에 관해 이야기했다.

24 또한, 모든 인간이 걸어가야만 하는 모든 상징적인 길과 사람이 하나님의 아들이 되는 상징적인 길에 관해 이야기했다.

25 세 명의 제자는 깜짝 놀랐다. 갑자기 에테르가 노래로 가득 찼고, 공기처럼 가벼운 형체들이 산 정상의 여기저기를 돌아다니고 있었다.

26 그리고 더 높은 세계의 영광으로부터 들려오는 목소리가 있었다.

27 "이 사람은 사람의 아들이다. 사람들에게 그리스도를 보이려고 내가 선택한 한사람이다. 온 세상이 그가 말하는 것을 듣도록 하라."

28 이 목소리를 듣고 제자들은 두려워져서 땅에 엎드려 기도했다.

29 예수가 왔다. 그는 그들을 어루만지면서 말했다. "일어나라. 두려워하지 말라. 내가 여기 있다."

30 그들이 일어나서 주위를 둘러보니 아무도 없었다. 두 사람은 사라졌고 예수만이 그들과 함께 서 있었다.

31 예수와 세 제자가 산 정상에서 내려오면서 그들은 그 장면의 의미에 관해 이야기했다. 예수는 그들에게 모든 것을 들려주며 말했다.

32 "내가 죽은 자들로부터 일어날 때까지 너희가 보았던 것을 아무에게도 말하지 말라."

33 하지만 제자들은 '내가 죽은 자들에게서 일어날 때까지'라는 말이 무슨 뜻인지 알지 못했다.

34 예수는 자신의 죽음에 대해, 그리고 무덤에서 일어나는 것에 대해, 영광과 권능으로 오게 될 혼의 나라에 대해 다시 한번 더 제자들에게 말했다.

35 그러나 베드로가 말했다. "왕이 올 때는 언제나 반드시 엘리야가 나타나야만 한다고 서기관들은 가르쳐왔습니다."

36 예수가 말했다. "엘리야는 이미 왔다. 그러나 서기관들과 바리새인들은 그를 받아들이지 않았다.

37 그리고 사람들은 그를 욕하고 묶어서 감방에 가두었다. 그리고 그가 죽는 것을 보고 악마같이 기뻐 날뛰며 소리 질렀다.

38 사람들은 그에게 했던 일을 나에게도 할 것이다."

39 그때 제자들은 예수가 헤롯이 살해한 요한에 대해 말한 것을 이해했다.

예수와 세 명의 제자가 가이사랴 빌립보로 돌아온다. 아홉 명의 제자는 아이의 간질병 치료에 실패했다. 예수는 그 아이의 병을 고쳐주고, 제자들이 하나님에 대한 믿음이 없음을 질책한다. 그리스도인들이 가버나움으로 돌아온다.

130 예수, 베드로, 야고보, 요한이 성문에 왔을 때 수많은 사람이 길에 모여 있었다.

2 예수와 함께 산에 올라가지 않았던 사도 아홉은 악령 들린 어린 간질병 환자를 고치려다 실패했다. 그리하여 사람들은 주님께서 오시기를 기다리고 있었다.

3 예수가 오자 아이의 아버지는 예수 앞에 무릎을 꿇고 도와달라고 애원했다.

4 그가 말했다. "선생님, 원컨대 제 아들을 불쌍히 여겨주십시오. 외아들입니다. 이 아이가 간질병으로 몹시 고통을 받고 있습니다.

5 때때로 이 아이는 불 속에 굴러떨어져 화상을 입기도 했고, 물에 빠져서 익사할 뻔도 했고, 하루에도 몇 번이나 쓰러지고 이를 갈고 입에서 거품이 쏟아집니다.

6 제가 선생님의 제자들에게 아이를 데리고 갔지만, 그들은 아이의 병을 고쳐주지 못했습니다."

7 그가 말하는 동안에 하인이 그 아이를 주님 앞에 데리고 왔다. 그 아이

는 벙어리라 말을 하지 못하였다. 그때 갑자기 아이가 땅에 쓰러지며 거품을 물고서 고통스럽게 몸부림쳤다.

8 예수가 말했다. "이 아이는 얼마나 오랫동안 이렇게 괴로워했느냐?"

9 아버지가 대답했다. "어릴 때부터입니다. 지금까지 병을 고치기 위해 여러 곳을 찾아다녔지만 고칠 수 없었습니다. 그러나 저는 선생님께서 거룩한 말씀으로 저의 아들의 병을 고쳐주시리라 믿습니다."

10 예수가 말했다. "믿음은 하나님의 권능이다. 마음으로 믿는 자에게는 모든 것이 가능하다."

11 그 아버지가 눈물을 흘리면서 외쳤다. "주여, 저는 믿습니다. 저의 믿음 없음을 도와주십시오."

12 그러자 예수가 권능의 거룩한 말씀을 했다. 간질병에 걸린 아이는 기절한 채 누워있었다. 그 아이는 숨을 쉬지 않았으므로 사람들은 모두 아이가 죽었다고 말했다.

13 그러나 예수가 아이의 손을 잡고, '일어나라'라고 말하자 아이가 일어나서 말을 했다.

14 사람들은 모두 깜짝 놀라 말했다. "이분은 분명히 하나님의 아들이시다. 여태껏 그런 권능이 사람에게 주어진 적은 없었다."

15 그 후 예수와 열두 제자는 집으로 돌아왔다. 식사를 마친 뒤 기운이 회복되자 아홉 제자가 말했다.

16 "주여. 왜 우리는 이 아이를 고치지 못했을까요? 우리도 거룩한 말씀을 했지만, 그것도 힘이 없었습니다."

17 예수가 말했다. "너희가 이전에 한 모든 일이 크게 성공했기 때문에 너희 마음이 해이해져서 하나님의 권능을 인정하는 것을 잊어버렸다.

18 거룩한 말씀의 영이 없다면 말씀은 단지 쓸데없는 이야기와 같다. 너희는 기도하는 것 또한 잊었다.

19 믿음의 기도가 없이는 믿음도 없다. 믿음은 기도의 날개다. 하지만 날개만으로 날 수 없다.

20 기도와 믿음으로 너희는 산봉우리들을 끌어내려서 바다에 던져 넣을

수 있다. 너희가 하는 명령에 따라 작은 언덕들이 마치 새끼 양처럼 이리저리 뛰어다닐 것이다.

21 이번의 실패는 너희에게 도움이 될 수도 있다. 삶에서 배운 큰 교훈들은 실패 이후에 나오는 것들이다."

22 제자들이 앉아서 깊은 명상을 하고 있을 때 예수가 말했다. "이 말들을 너희의 마음속에 새겨라.

23 너희가 너희의 짐을 홀로 져야 할 때가 가까이 왔다. 육신으로서의 내가 없이 말이다.

24 나는 사악한 자들의 손아귀에 떨어질 것이다. 그리고 그들은 뱃새다의 장벽 건너편에 있는 산에서 나를 죽일 것이다.

25 그리고 사람들은 나의 시신을 무덤 속에 둘 것이며, 그곳에서 나의 육신은 하나님의 신성한 말씀에 의해 사흘 동안 지켜지고 보호받을 것이다. 그 후 나는 다시 일어날 것이다.

26 열두 제자는 슬펐다. 그들은 이해할 수 없었지만. 그 말의 의미가 무엇인지 알려달라고 묻는 것이 두려웠다.

27 이튿날 그리스도인 스승과 열두 제자가 되돌아가는 여행을 시작했고, 곧 가버나움에 도착했다.

예수와 베드로는 반 세겔의 세금을 납부한다. 제자들이 서로 잘났다고 다툰다. 예수가 그들을 나무란다. 제자들에게 실제적인 교훈을 가르친다. 선한 목자의 비유.

～⊛～

131 예수와 열두 제자가 집에서 쉬고 계실 때 세리가 베드로에게 와서 말했다. "젊은이, 예수와 당신들은 이 반 세겔의 세금을 내고 있소?"

2 베드로가 대답했다. "부과된 세금은 모두 납부합니다."

3 예수가 말했다. "세리들은 누구에게서 이 특별세를 거두느냐? 이방인들이냐 아니면 이 지방 주민들이냐?"

4 베드로가 말했다. "이방인들만 이 세금을 내게 되어있습니다."

5 그러자 예수가 말했다. "우리는 모두 이 지방 주민들이고 우리는 자유

롭다. 하지만 분쟁을 일으키지 않도록 우리는 세금을 낼 것이다." 그런데 누구도 납세할 세겔이 없었다.

6 예수가 말했다. "바다로 가서 낚싯바늘을 던져서 물고기를 잡아라. 그 안에 한 세겔이 있을 것이다. 그것을 가지고 와서 너와 나의 세금을 지급하여라."

7 베드로는 예수가 말씀한 대로 했다. 그는 세겔을 찾아 세금을 냈다.

8 한편 예수는 열두 제자가 서로 다투는 것을 들었다. 그들의 마음속에서는 육신의 자아가 움직여 하나님과 사람의 눈에 누가 가장 으뜸가는 제자인지 서로 질문하고 있었다.

9 예수가 말했다. "너희는 부끄럽지 않느냐! 가장 위대한 자는 다른 이들의 종이 되는 사람이다." 그리고 예수는 어린아이 한 명을 불러 팔에 안고 말했다.

10 "가장 위대한 사람은 어린아이다. 만약 너희가 정말 위대해지고 싶으면 너희는 순진무구하고 진실하며 순수하게 사는 이 아이처럼 되어야만 한다.

11 위대한 사람들은 땅 위의 작은 것들을 업신여기지 않는다. 이런 아이들을 존중하고 존경하는 사람은 나를 존중하고 존경하는 것이며 아이를 업신여기는 사람은 나를 업신여기는 것이다.

12 너희가 하늘나라의 문을 통과하려면 이 아이처럼 겸손해야만 한다.

13 내가 하는 말을 들어보라. 이 아이에게도 다른 모든 아이처럼 하나님의 보좌 앞에서 아이의 정당함을 변론해줄 사람이 있다.

14 너희가 아이를 경멸하면 위험을 각오해야 할 것이다. 내가 말하거니와 아이의 짝은 매 순간 매일 하나님의 얼굴을 보기 때문이다.

15 내 말을 한 번 더 잘 들으라. 어린아이를 넘어지게 하는 자는 표적이 되어 저주를 받을 것이다. 그런 사람은 스스로 물에 빠져 죽는 것이 훨씬 더 낫다.

16 보라, 불법이 어디에나 있다! 사람들은 죄를 짓고 넘어져도 이유를 찾으며, 넘어졌을 때 다시 일어남으로써 더 강해진다.

17 하지만 남들을 넘어뜨리는 사람은 화를 당할 것이다.

18 하나님의 사람들아, 다른 사람을 걸려 넘어지게 하지 않도록 주의하라. 너희 스스로가 죄악의 길로 빠지지 않도록 조심하라.

19 너희의 손이 너희로 하여금 죄를 짓게 한다면 그 손을 잘라 버리는 게 더 낫다. 육신은 온전한데 혼을 잃은 것보다, 하나님과 사람들의 눈앞에 비록 손은 없지만, 죄가 없는 편이 훨씬 더 낫기 때문이다.

20 만약에 너희 발이 죄를 범하게 한다면, 너희는 그 발을 잘라버리는 게 더 낫다. 저주의 바닥으로 떨어지는 것보다 발 없이 생명으로 들어가는 것이 훨씬 더 낫기 때문이다.

21 만약 너희 눈이나 귀가 너희에게 죄를 범하게 한다면 너희의 혼을 잃어버리는 것보다 차라리 눈과 귀를 모두 잃어버리는 것이 더 낫다.

22 너희의 생각과 말과 행동은 모두 불로 시련을 받을 것이다.

23 기억하라! 너희는 세상의 소금이다. 하지만 너희가 소금의 효능을 잃는다면 너희는 하나님이 보시기에 다만 쓰레기일 뿐이다.

24 생명의 소금의 효능을 지녀라. 그리고 너희끼리 화평하라.

25 세상은 자신들 내면에 생명의 소금이 없는 자들로 가득하다. 그 사람들은 길을 잃은 자들이다. 나는 길 잃은 자들을 찾아서 구해주기 위해 왔다.

26 너희는 어떻게 생각하느냐? 목자에게 백 마리의 양이 있는데 그중에 한 마리가 길을 잃었다면, 그 목자는 아흔아홉 마리의 양을 남겨두고

27 길 잃은 그 한 마리를 찾으려고 사막과 산꼭대기로 가지 않겠느냐?

28 그렇다. 너희는 이것을 알아 두어라. 목자가 잃어버린 한 마리를 찾는다면 기쁠 것이다. 길을 잃지 않은 아흔아홉 마리의 양보다 잃어버린 한 마리를 더 기뻐할 것이다.

29 그러므로 죄의 길로 갔던 한 사람을 찾아내어 양의 우리로 데리고 돌아올 때 하늘의 궁전에서는 기쁨이 있다.

30 그렇다, 기쁨이 있다. 한 번도 길을 잃지 않았던 모든 의인보다도 더 큰 기쁨이 있다.

31 그러자 요한이 말했다. "주님, 누가 길 잃은 자들을 찾아서 구해줄 수 있습니까? 누가 병자들을 고쳐주고, 악령 들린 사람들에게서 악마를 쫓아낼 수 있습니까?

32 우리가 길을 가고 있을 때 우리에게 속하지 않은 사람이 악령을 내쫓고 병자를 고치는 것을 보았습니다.

33 그가 하나님의 신성한 말씀과 그리스도의 이름으로 그것을 행했습니까? 하지만 우리는 그 사람이 행하는 일을 금했습니다. 그는 우리와 같이 걷지 않았기 때문입니다."

34 예수가 말했다. "너희 사람의 아들들이여! 너희는 하나님의 권능을 소유한 줄로 생각하느냐?

35 또한, 너희는 세상 모든 사람이 너희가 하나님의 일을 할 때까지 기다려야 한다고 생각하느냐?

36 하나님은 누군가에게 특별한 관심을 가지고 그 사람한테만 특별한 재능을 주는 사람이 아니다.

37 누구든지 하나님의 일을 하는 것을 금하지 마라.

38 하나님의 신성한 말씀을 발음할 수 있고, 그리스도의 이름으로 병자를 낫게 하고, 악령을 쫓아낼 수 있는 사람으로서 하나님의 자녀가 아닌 사람이 없다.

39 너희가 말한 사람은 우리와 함께 있는 사람이다. 누구든지 하늘의 곡식을 추수하는 사람은 우리와 함께 하는 사람이다.

40 누구든지 물 한 잔이라도 그리스도의 이름으로 주는 사람은 우리와 함께 있는 사람이다. 하나님도 그렇게 판단하실 것이다."

예수는 빵을 훔친 죄로 유죄판결을 받은 사람을 변호한다. 판결이 뒤집힌다. 그 사람은 풀려나고 사람들은 굶주린 그의 가족에게 필요한 것을 제공한다.

～❋～

132 많은 사람이 거리에 모여 있었다. 관리들이 빵을 훔친 죄로 기소된 사람을 데리고 법정으로 가고 있었다.

2 잠시 후에 그 사람은 판결을 받기 위해 판사 앞으로 끌려 나왔다.

3 예수와 열두 제자가 그곳에 있었다. 그 남자의 얼굴과 손에는 고생과 가난으로 주름살이 깊이 패어 있었다.

4 그 남자를 고발한 호화로운 옷차림의 여인이 앞으로 나서서 말했다. "내가 직접 이 남자를 붙잡았습니다. 나는 이 사람을 잘 압니다. 어제 이 사람이 빵을 구걸하러 왔기 때문입니다.

5 그리고 내가 그를 문밖으로 쫓아냈을 때 그는 내가 자기와 같은 사람을 보살피지 않는다는 것을 알았어야 했습니다. 그런데 오늘 그가 와서 빵을 가져갔습니다.

6 그는 도둑입니다. 나는 그를 감옥에 보낼 것을 요구합니다."

7 하인들도 역시 그 남자에게 불리한 증언을 했다. 그는 도둑으로 판결 받았고 관리들이 그를 끌고 갔다.

8 그러자 예수가 앞으로 나와서 소리쳤다. "그대 관리들과 판사여, 이 남자를 그렇게 서둘러 끌고 가지 마시오.

9 이곳이 정의와 공정함의 땅이오? 그대들은 누군가 자신을 변호하기도 전에 그를 기소하고 형을 선고해서 처벌할 수 있는 것이오?

10 로마법은 정의에 대해 그런 우스꽝스러운 억지를 허용하지 않을 것이오. 그러므로 나는 이 사람이 말을 할 수 있도록 시간을 줄 것을 요청하오.

11 그러자 판사가 그 남자를 다시 불러서 말했다. "그대가 하고 싶은 이야기가 있으면 말해보라."

12 그 남자는 눈물을 흘리면서 앞으로 나와서 말했다. "제 처와 아이들이 먹을 빵이 없어 죽어가고 있습니다. 저는 제 사정을 몇 번이고 말하면서 빵을 구걸했지만 아무도 들으려 하지 않았습니다.

13 제가 오늘 아침에 일거리를 찾아서 기쁨이 없는 움막을 나설 때 아이들은 빵을 달라고 울었습니다. 그리고 저는 아이들에게 먹을 것을 주든지 아니면 죽을 결심을 했습니다.

14 저는 빵을 훔쳤습니다. 그리고 하나님께 호소합니다. '이것이 범죄였습

니까?'

15 이 여인은 저에게서 빵을 낚아채서 그것을 개한테 던져 주었습니다. 그리고는 관리를 불렀고 저는 여기에 끌려 왔습니다.

16 선량하신 여러분들, 저에게 무엇이든 원하는 대로 하십시오. 하지만 제 처와 아이들을 죽음에서 구해주십시오.”

17 그러자 예수가 말했다. “이런 경우에 누가 죄인이오?

18 나는 이 여인을 중죄인으로 하나님 앞에 고발하오.

19 나는 인권의 심판대 앞에 이 재판관을 범인으로 고발하오.

20 나는 또한 이 하인들과 관리들도 이 범죄의 공범으로 고발하오.

21 나는 잔인함과 절도죄로 가버나움의 시민들도 고발하오. 그들은 빈곤과 결핍을 부르짖는 소리에 귀를 기울이지 않았으며, 모든 법과 권리에 따라서 자신들이 돌보아야 할 소외계층들을 외면하였기 때문이오.

22 그리고 나는 여기 있는 사람들에게 호소하며 묻겠소. 나의 고발이 정의와 진리에 근거한 고발이 아니오?”

23 그러자 모든 사람이 옳다고 말했다.

24 고발당한 여인은 부끄러워서 낯을 붉혔다. 판사는 두려워서 몸을 움츠렸고 관리들은 그 남자의 족쇄를 풀어주고 달아났다.

25 그러자 예수가 말했다. “이 남자에게 필요한 것을 주어라. 그리고 이 남자를 보내 처와 아이들을 먹이게 하라.”

26 사람들이 풍부하게 베풀어주었다. 그 사람은 갈 길을 갔다.

27 예수가 말했다. “죄를 판단하는 데 표준이 되는 법은 없다. 어떤 소송에서 판결이 내려지기 전에 사실이 모두 진술되어야만 한다.

28 가슴이 있는 자들이여, 앞으로 나와서 이 남자가 있던 자리에 서서 내가 하는 말에 대답해 보라. 그대들이라면 어떻게 하겠는가?

29 도둑은 다른 모든 사람을 도둑이라고 생각하고, 그에 따라 그를 판단한다.

30 냉혹한 판결을 내리는 사람은 마음속에 죄가 가득한 사람이다.

31 체면이라고 하는 것으로 자신의 사악함을 감추고 있는 매춘부는 있는

모습 그대로 사는 정직한 매춘부에게 한 마디도 동정하지 않는다.

32 그대들에게 말하거니와, 만약 그대들이 죄에서 자유로워질 때까지 남을 비난하지 않는다면, 세상은 피고인이라는 단어의 의미를 곧 잊어버릴 것이다.

열두 제자는 예루살렘의 축제에 갔지만, 예수는 가버나움에 남는다. 예수가 칠십 명의 제자들을 선발하여 사람들을 가르치고 병을 고치라고 보낸다. 예수가 홀로 축제에 가던 중에 나병 환자 열 명을 고친다. 그가 성전에서 가르친다.

━━ ❉ ━━

133 추수절이 다가왔다. 열두 제자는 예루살렘으로 갔지만, 예수는 함께 가지 않고 가버나움에 머물렀다.

2 예수를 따랐던 사람 중에서 축제에 가지 않은 사람들도 많았다. 그들은 유대인들이 아니었다.

3 예수가 제자 중 칠십 명을 불러 말했다. "그리스도의 나라는 유대인만을 위한 나라가 아니라 모두를 위한 나라이다.

4 보라, 내가 먼저 유대인에게 복음을 전하기 위해 열두 명을 선택했고 그들은 유대인이었다.

5 십이는 유대인들의 수이며 칠은 모든 사람을 포함하는 만인의 수이다.

6 하나님은 십이시며 거룩한 요드(히브리어 알파 벳 중 열 번째 자음)이시다.

7 하나님과 사람의 수를 곱하면 칠십이며 이것은 우리 형제의 숫자이다.

8 이제 나는 너희를 두 사람씩 보낸다. 유대인만이 아니라 하늘 아래 모든 민족, 그리스인, 앗시리아인, 사마리아인, 그리고 바다 건너편에 사는 사람들을 비롯한 모든 사람에게 보낸다.

9 너희는 멀리 갈 필요가 없다. 각국의 사람이 이곳과 사마리아에 있기 때문이다.

10 일어나서 너희의 길을 가라. 오로지 믿음으로 가라. 전대에 황금과 은도 갖지 마라. 여벌의 외투나 신발도 가져가지 마라.

11 성스러운 이름으로 가라. 하나님을 믿으라. 그러면 부족함이 없을 것이다.

12 너희는 어디에 가서나 이렇게 인사를 하도록 해라. "모든 이에게 평화가 있기를, 모든 이에게 선한 의지가 있기를."

13 만약에 평화의 아들이 그 집 안에 있다면 문이 활짝 열릴 것이며 너희는 안으로 들어갈 것이다. 그러면 그 집 위에 거룩한 평화가 깃들 것이다."

14 칠십 명은 두 사람씩 출발했다. 그들은 사마리아에 가서 이렇게 말했다. "모든 이에게 평화가 있기를! 모든 이에게 선한 의지가 있기를!

15 회개하고 죄에서 돌아서서 그대들의 집을 말끔히 정리하시오. 그리스도의 형상을 한 인자가 올 것이고, 그대들은 그의 얼굴을 볼 수 있소."

16 그들은 사마리아의 모든 마을로 갔다. 또한, 해변의 두로와 시돈에서 설교했다. 어떤 이들은 크레타로 갔고, 어떤 이들은 그리스로 갔다. 또 다른 사람들은 길르앗에 가서 가르쳤다.

17 그리고 예수는 홀로 사마리아를 지나 축제에 갔다. 도중에 수가를 지날 때 문둥병자들이 예수를 보고, 그중 열 명이 멀리에서 그를 불러 말했다.

18 "주 예수여! 가시던 길을 멈추시고 저희의 몸이 깨끗해질 수 있도록 거룩한 말씀을 해주십시오."

19 그러자 예수가 말했다. "가서 제사장들에게 너희의 모습을 보여라."

20 그들은 제사장에게 가는 도중에 문둥병이 나았다. 그 열 명 중 한 명의 사마리아인이 돌아와 주님께 감사를 드리고 하나님을 찬양했다.

21 예수가 그 사람에게 말씀했다. "열 사람이 깨끗해졌는데 아홉 명은 어디 있느냐? 일어나서 너의 길을 가라. 너의 믿음이 너를 건강하게 만들었다.

22 너는 진심을 보여주었고, 하나님의 권능을 받을 자격이 있음을 증명했다. 그 아홉 명은 다시 손과 발에 문둥병이 도질 것이다."

23 예수가 길을 떠났다. 축제가 열리는 동안 예수는 예루살렘으로 가서 성전의 뜰 안으로 들어갔다.

24 그는 서기관들, 바리새인들, 제사장들과 율법사들의 위선과 이기심을 꾸짖었다.

25 평민들은 깜짝 놀라 말했다. "이분의 지혜는 어디에서 왔을까? 이분은 성자처럼 말한다."

26 예수가 말했다. "나는 사람이 다니는 학교에서 거룩한 분의 지혜를 배운 것이 아니다. 나의 가르침은 나의 것이 아니다. 나는 이곳으로 나를 보내어 그분의 뜻을 행하도록 하신 분의 말씀을 전할 뿐이다.

27 내가 어디서 온 말을 하는지 알고 싶다면 반드시 먼저 하나님의 뜻을 행해야 한다. 생명 안으로 들어가 하나님의 뜻을 행하지 않고서는 누구도 내 말을 이해할 수 없다.

28 모세는 율법을 주었다. 그러나 너희 중에서 율법을 지킨 사람은 아무도 없었다. 그런 그대들이 어떻게 누군가의 가치를 심판할 수 있겠는가?

29 내가 한때 안식일에 이 성전 뜰에서 병자를 고쳐주었더니 그대들이 발끈하여 나의 목숨을 앗아가려고 했다. 그리고 이제는 내가 진리를 말한다고 다시 내 목숨을 앗아가려 하고 있다."

30 한 서기관이 말했다. "어리석은 자여, 그대는 귀신에게 사로잡혀 있소. 누가 그대의 생명을 앗아가려 한다는 것이오?"

31 평민들이 말했다. "이 사람은 통치자들이 죽이려고 오랫동안 찾고 있는 바로 그 예수가 아닙니까? 그런 그가 성전의 뜰에 다시 와서 가르치는군요.

32 만일 그가 그토록 끔찍한 죄를 지었다면 어째서 사슬로 묶어서 끌고 가지 않습니까?"

33 예수가 말했다. "그대들은 모두 나를 알고 있으며, 내가 어디에서 왔는지 알고 있다. 하지만 그대들은 나를 이곳으로 보낸 하나님을 알지 못한다. 나는 그분의 거룩하신 말씀을 하고 있다."

34 사람들은 다시 나서서 예수를 변호하여 말했다. "만약 이분이 하나님이 사람들에게 보내신다고 약속했던 그 그리스도가 아니라면, 누가 와서 이 사람이 한 일 보다 더 위대한 일을 하겠습니까?"

35 바리새인들과 주 제사장들은 화가 나서, 관리들을 보내서 예수가 떠나기 전에 체포하려고 했다. 그러나 관리들은 두려워하여 그를 체포하지

않았다.

36 예수가 말했다. "나는 잠깐만 여기 있다가 나를 이곳에 보내 그 뜻을 행하라 하신 그분께로 갈 것이다.

37 지금은 그대들이 나를 보기 원할 때 찾아낼 수 있지만, 언젠가는 나를 찾아도 찾을 수 없을 때가 올 것이다. 내가 가는 곳에 그대들은 올 수 없기 때문이다."

38 사람들이 말했다. "그가 어디로 가기에 찾을 수 없다는 것일까? 그리스로 가서 그리스인을 가르칠 것인가? 아니면 이집트 혹은 앗시리아로 가서 가르칠 것인가?"

39 그러나 예수 대답하지 않았다. 그는 사람들이 눈치채지 못하게 성전의 뜰로 나가 길을 떠났다.

예수가 성전에서 가르친다. 그의 말이 통치자들을 노하게 한다. 니고데모가 그를 변호한다. 그가 감람산에서 기도로 밤을 보낸다. 다음날 다시 성전에서 가르친다. 간음한 여자가 심판을 받기 위해 예수 앞에 끌려온다.

134 축제의 마지막 날, 사람들이 사원의 뜰에 이르는 길목에 모여 있을 때 예수가 말했다.

2 "목마른 자는 누구든지 내게로 와 마시라.

3 나를 믿고 하나님께서 보내신 그리스도를 믿는 자는 생명의 잔을 마실 수 있고, 그의 내면에서는 생명수가 흐를 것이다.

4 성스러운 숨결이 그를 덮칠 것이며, 그가 그 숨을 호흡할 것이다. 그리고 말씀을 말하고, 생명의 삶을 살 것이다."

5 예수에 대한 사람들의 의견이 갈렸다. 어떤 이들은 예수가 살아있는 하나님의 선지자라고 했다.

6 또 어떤 이들은 우리의 선지자들이 앞으로 오리라고 예언했던 메시아라고 했다.

7 또 다른 이들은 그가 갈릴리에서 왔으므로 그리스도일 리가 없고 그리

스도는 다윗이 살았던 베들레헴에서 와야만 한다고 했다.

8 다시 제사장들과 바리새인들이 예수를 법정으로 데려와 그의 삶에 대하여 심문을 하려고 관리들을 보냈지만 그를 데려오지 못했다.

9 통치자들은 노하여 말했다. "왜 그를 체포하여 법정으로 끌고 오지 않았느냐?"

10 관리들이 대답했다. "우리는 이렇게 말하는 사람은 처음 보았습니다."

11 화가 난 바리새인들이 나서며 말했다. "너희가 미쳤느냐? 미혹 당했느냐? 그의 제자들이 되었느냐?

12 통치자와 바리새인 중에 그를 믿는 자가 있었느냐? 평민들이 믿었다! 그렇지, 그들은 믿을 수도 있겠지. 그들은 저주받았고 아무것도 모르는 자들이니까!"

13 하지만 니고데모가 통치자들 앞에 나와 말했다. "유대의 재판관은 그의 항변을 듣기도 전에 사람을 심판하여 형벌을 내릴 수 있습니까? 예수를 법정에 세우고 그가 자신을 증언하게 합시다."

14 통치자들이 말했다. "이 예수라는 자는 교활한 자요. 만약 그가 말하는 것을 내버려 둔다면, 그는 우리를 보는 앞에서 비난할 것이오. 그러면 대중들이 비웃으며 그를 옹호할 것이오.

15 그리고 우리는 물론 당신도 알다시피 선지자들은 갈릴리에서 나오지 않소."

16 통치자들은 관리들과 니고데모가 한 말에 위압감을 느껴 더 이상 아무 말도 하지 않았다.

17 그러자 사람들은 길을 떠나 각자 집으로 돌아갔다. 그러나 예수는 감람산에 올라 기도로 밤을 지새웠다.

18 하지만 해가 떠오르기 전 새벽에 예수가 다시 왔다. 그리고 수많은 사람이 그를 보려고 성전의 뜰에 왔다. 그가 앉아서 그들을 가르쳤다.

19 바리새인과 서기관들은 그의 말에서 정죄할 구실을 찾으려고 여전히 경계하고 있었다.

20 관리들이 한 매춘부를 현장에서 붙잡아 왔다. 예수가 가르치고 있을

때, 그들은 이 여인을 데리고 와서 가운데 세워놓고 말했다.

21 "스승이시여, 이 사악한 여인은 간통 중에 잡혀 왔습니다. 모세의 법에 따르면 이와 같은 여인은 돌로 쳐서 죽이라고 하였습니다. 당신은 여인이 받을 벌에 대하여 뭐라고 말하겠습니까?"(요한복음 8장 3절 이하)

22 그러자 예수는 몸을 굽혀 바닥에 어떤 형상을 만들고 그 안에 한 혼의 숫자를 써넣은 뒤 고요히 앉아 생각에 잠겼다.

23 제사장들이 그에게 말하라고 요구하자 그가 말했다. "죄 없는 자가 나서서 먼저 저 여인에게 돌을 던지게 하라."

24 그런 뒤 예수는 눈을 감고 아무 말도 하지 않았다. 그가 일어났을 때 그 여자만 홀로 있었다. 그가 말했다.

25 "너를 이리로 데려와 심판을 요구하던 자들은 어디에 있느냐?"

26 그 여인이 말했다. "모두 가버렸습니다. 저를 정죄할 수 있는 사람은 이곳에 아무도 없었습니다."

27 예수가 말했다. "나 또한 너를 정죄하지 않는다. 평안히 너의 길을 가라. 그리고 더 이상 죄를 짓지 말아라."

예수가 성전에서 가르친다. 그는 그리스도인의 임무에 대한 보다 깊은 뜻을 밝힌다. 통치자들이 크게 격분하여 그에게 돌을 던지려 하지만, 그는 사라진다.

135 축제가 끝나고 예수와 베드로, 야고보와 요한이 성전의 금고에 앉아 있었다.

2 아홉 명의 제자는 가버나움으로 돌아갔다.

3 사람들이 성전 뜰에 모여들자 예수가 말했다.

4 "나는 등이요, 그리스도는 생명의 기름이요, 성스러운 숨결은 불이다. 저 빛을 보라. 그리고 나를 따르는 자는 어둠 속에서 걷지 않을 것이요, 생명의 빛을 지닐 것이다."

5 한 율법사가 말했다. "그대는 그대 스스로 증언하는 것이니, 그대의 증언은 진실이 아니다."

6 예수가 말했다. "만일 나 자신을 증거하더라도 그것은 진실이다. 나는 내가 어디서 와서 어디로 가는지 알기 때문이다.

7 육체를 입은 인간은 누구도 나를 위해 증언할 수 없다. 아무도 내가 어디에서 와서 어디로 가는지를 모르기 때문이다.

8 내가 하는 일은 내가 말하는 진리를 증거한다. 사람으로서 나는 성스러운 숨결의 말을 전하지 못한다. 그러면 나의 아버지가 나를 위해 증언하신다."

9 그 율법사가 말했다. "당신의 아버지는 어디에 살고 있는가?"

10 예수가 말했다. "그대들은 나를 모른다. 만일 나를 알았다면 내 아버지를 알았을 것이다. 만약 그대들이 그 아버지를 안다면 그 아들을 알 것이다. 그 아버지와 그 아들은 하나이기 때문이다.

11 나는 나의 길을 가지만 그대들은 나를 찾지 못할 것이다. 내가 가는 곳에 그대들이 올 수 없기 때문이며 그대들은 그 길을 모르기 때문이다.

12 그대들은 그 길을 찾지 못할 것이다. 그대의 마음이 거칠고 귀는 어둡고 눈은 감겼기 때문이다.

13 생명의 빛은 그대들의 마음에 드리워진 어두 컴컴한 장막을 뚫고 비칠 수 없다.

14 그대들은 그리스도를 알지 못한다. 만약 그리스도가 마음 안에 없다면 그곳에는 빛이 없는 것이다.

15 내가 그리스도를 사람들에게 드러내 보이려고 왔지만 그대들은 나를 받아들이지 않는다. 그리고 그대들은 내가 말하는 것을 믿을 때까지 어둠과 무덤의 그늘 속에서 살 것이다.

16 그러나 그대들은 사람의 아들을 비난하고 그를 매달고 그가 죽어가는 것을 보며 비웃을 것이다.

17 그러나 그때 작은 빛이 나타날 것이고, 비로소 그대들은 내가 나임을 알게 될 것이다."

18 사람들은 그가 한 말의 뜻을 이해하지 못했다.

19 그러자 예수는 자신을 믿는 사람에게 말했다. "만약 그대들이 그리스

도 안에 거하면 그리스도가 그대들 안에 거하며, 만약 그대들이 내 말을 마음에 새긴다면

20 그대들이 곧 길이며, 그 길을 걸어가는 제자이다. 또한 진리가 무엇인지 알게 될 것이며, 진리가 그대들을 자유롭게 할 것이다."

21 그러나 사람들은 여전히 이해하지 못하여 말했다. "우리는 아브라함의 자손이며 이미 자유롭습니다. 우리는 결코 누구의 노예가 된 적이 없었습니다. 왜 선생님은 우리가 자유로워질 것이라고 말씀하십니까?"

22 예수가 말했다. "죄를 짓는 모든 이가 죄의 노예이며 죄에 속박되어 있다는 것을 알지 못하느냐?

23 만일 그대가 죄를 짓지 않는다면, 그대는 자유다. 하지만, 생각이나 말이나 행동으로 죄를 지으면 그대들은 노예이며, 진리를 제외한 그 무엇도 그대들을 자유롭게 할 수 없다. 만약 그대들이 그리스도를 통해 자유롭게 된다면, 마침내 그대들은 진실로 자유로워진 것이다.

24 그대들은 아브라함의 자손이지만 단지 내가 아브라함의 진리를 말한다는 이유로 나를 죽이려고 하고 있다.

25 그대들은 아브라함의 육의 자손이지만, 나는 말한다. 그대들이 알지 못하는 영적인 아브라함이 있다.

26 영적으로 그대들은 아버지의 자식이고, 그대들의 아버지는 디아볼로이다. 그리고 그대들은 그의 말을 붙잡고 그의 뜻을 행한다.

27 그는 처음부터 살인자였다. 그는 진실을 말할 수 없으며, 그가 거짓을 말할 때는 그는 자기 말을 하는 것이다. 그 자신이 거짓이며 그는 자신의 아버지이다.

28 만약 그대들이 내 아버지 하나님의 자녀라면 하나님의 말씀을 들을 수 있을 것이다. 그러나 내가 하나님의 말씀을 하건만 그대들은 그 말씀을 듣지 못한다."

29 한 바리새인이 나서서 말했다. "이 사람은 우리 가운데의 한 사람이 아닙니다. 그는 뻔뻔한 사마리아인이고 귀신들린 자입니다."

30 그러나 예수는 바리새인이나 서기관의 말에 주의를 기울이지 않았다.

그는 모든 사람이 그가 유대인임을 안다는 것을 알고 있었다.

31 예수가 말했다. "누구든지 내 말을 지키는 자는 절대 죽지 않을 것이다."

32 한 율법사가 말했다. "그가 귀신들려 있음을 알겠습니다. 우리의 아버지 아브라함은 죽었습니다. 선지자들은 모두 죽었는데 이 사람은 자신의 말을 지키는 자는 절대 죽지 않을 것이라고 하였습니다.

33 이 사람이 우리의 아버지 아브라함보다 더 위대합니까? 그가 선지자들위에 있습니까? 그들은 모두 죽었습니다.

34 "예수가 말했다. "그대들의 아버지 아브라함은 나의 날을 보고 기뻐했다. 그가 그날을 보았고 기뻐했다."

35 그 율법사가 말했다. "이 어리석은 사람이여, 쉰 살도 되지 않은 그대가 아브라함을 보았다는 말인가?"

36 예수가 말했다. "아브라함의 날 이전에 내가 있다."

37 서기관들과 바리새인들은 또다시 격분했다. 그들은 돌을 집어 예수에게 던지려 하였으나 그는 밤의 유령처럼 사라졌다. 사람들은 그가 어디로 갔는지 알 수 없었다.

예수가 성전에서 가르친다. 선한 사마리아인의 비유를 말한다. 베다니로 간다. 나사로의 집에서 가르친다. 마르다가 세상일에 대해 근심하는 것을 꾸짖는다.

~~~ ❋ ~~~

136 예수가 다시 성전의 뜰에 서서 가르쳤다.

2 한 율법사가 예수를 죄를 비난하고 고소할 구실을 찾아내려고 보내졌다.

3 그가 말했다. "주여, 제가 영생을 얻으려면 어찌해야 할지 말해주십시오."

4 예수가 말했다. "그대는 율법을 알고 있다. 거기에는 뭐라고 쓰여 있느냐?"

5 율법사가 말했다. "온 마음과 온 영혼과 온 힘과 온 정신을 다하여 너의 주 하나님을 사랑할 것이며 네 이웃을 너 자신처럼 사랑할지니라."

6 예수가 말했다. "대답을 잘하였다. 그것을 행하면 그대는 살 것이다."

7 율법사가 말했다. "나의 이웃은 누구입니까?"(누가복음 10:29 이하)

8 예수가 말했다. "한 남자가 예루살렘에서 여리고로 가고 있었다. 그가 도중에 강도를 만났는데 강도들이 그를 때리고 물건을 빼앗고 피 흘리는 그를 길가에 내버려 두었다.

9 한 바리새인이 그 길로 내려가고 있었는데 다친 사람을 보았지만 지체할 시간이 없어서 지나갔다.

10 한 레위인이 다가와 그를 보았다. 그러나 자신의 사제복을 더럽히고 싶지 않아서 지나쳤다.

11 여리고로 가던 한 율법사가 죽어가는 남자를 관찰하더니, '내가 일 세겔이라도 받는다면 도와주겠지만 그는 줄 것이 없고 나는 자비를 베풀 시간이 없다'라고 말하며 지나가 버렸다.

12 그때 사마리아에서 온 한 낯선 사람이 그 길로 왔다. 그가 다친 남자를 보더니 측은한 마음이 들어, 가던 길을 멈추고 말에서 내려,

13 그를 소생시켰고, 자신의 말에 태워 여관으로 데려가 여관 주인에게 그가 기운을 차리도록 돌봐 달라 하였다.

14 그는 여관 주인에게 가지고 있던 모든 돈을 주며, '이것보다 더 들 테지만, 이 불운한 자를 돌봐 주시오. 그러면 내가 다시 와서 모두 지불할 것이오.' 하며 길을 떠났다.

15 자, 율법사여! 이 넷 가운데 누가 강도를 만난 자의 이웃이냐?"

16 율법사가 말했다. "그에게 자비를 베풀어 돌봐 준 사람입니다."

17 예수가 말했다. "가서 그같이 행하라. 그러면 그대도 살 것이다."

18 예수와 베드로, 야고보, 요한이 나사로가 사는 베다니로 갔다.

19 마리아가 예수의 발치에 앉아 그가 전하는 생명의 말씀을 듣는 동안 마르다는 수종을 들고 있었다.

20 마르다가 마리아를 불렀지만, 마리아는 주님의 곁을 떠나 마르다의 일을 도우려 하지 않았다.(누가복음 10:38 이하)

21 마르다가 예수에게 말했다. "마리아가 종일 내가 힘들게 시중드는 일

을 하게 하는 것을 개의치 않으십니까? 그녀에게 나를 돕도록 명하시기를 간청합니다."

22 예수가 말했다. "마르다여, 그대는 손님들을 접대하는 일에 너무 염려하고 있다. 그대는 삶의 일로 그렇게 힘들어할 필요가 없다.

23 그대는 사소한 일에 신경 쓰느라 지치면서 무엇보다 가장 필요한 일은 소홀히 한다.

24 여기 있는 그대의 동생은 누구도 뺏을 수 없는 훨씬 더 나은 쪽을 선택했다."

예수는 그의 제자들과 함께 기도하려고 눈에 띄지 않는 곳으로 간다. 예수가 나사로에게 기도하는 법을 가르친다. 절박한 기도의 가치. 절박한 주부의 비유.

— ❈ —

137 저녁이 되자, 예수, 베드로, 야고보 그리고 요한은 나사로와 함께 기도를 드리러 마을 밖으로 나갔다. 나사로가 말했다. "저에게 기도하는 법을 가르쳐주십시오."

2 예수가 말했다. "우리가 갈릴리에 있을 때 열두 제자에게 가르친 그 기도는 하나님께서 받아들일 수 있는 기도이다. 네가 기도할 때 단지 이렇게 말하라.

3 하늘에 계신 우리 아버지 하나님, 이름이 거룩하시며, 나라가 임하옵시며, 뜻이 하늘에서 이루어진 것과 같이 땅 위에서도 이루어지게 하옵소서.

4 우리에게 일용할 양식을 주옵시고,

5 다른 사람이 우리에게 지은 빚을 잊게 도와주시고, 우리의 모든 빚을 사하여 주옵소서.

6 우리를 견디기 어려운 유혹의 시험에서 지켜주시고,

7 시험이 왔을 때 이를 물리칠 힘을 주소서."

8 그리고 예수가 말했다. "너희의 기도에 대한 응답이 금방 온전히 나타나지 않을 수도 있다.

9 그러나 낙담하지 말고 기도하고 또 기도하라, 하나님께서 들으실 것이다.”

10 그런 뒤 그는 한 비유를 말했다. “한 주부가 밤에 홀로 있는데, 손님 몇 명이 찾아왔다. 온종일 아무것도 먹지 못한 그들은 배가 고팠다.

11 그 여인이 빵이 없어 한밤중에 친구를 찾아가 불러내어 말하기를 손님들이 왔는데 그들에게 먹일 게 아무것도 없으니 빵 세 덩이를 빌려 달라 하였다.

12 그 친구가 대답하였다. ‘한밤중에 왜 나를 괴롭히나요? 내 집 문은 닫혀 있고 아이들과 나는 잠자리에 들었습니다. 당신에게 빵을 주려고 일어날 수 없어요. 내일 받으러 오세요.’

13 여인은 부탁하고 또 부탁하였다. 그녀가 애원하므로 거절할 수 없어서 그 친구가 일어나 그녀에게 빵을 주었다.

14 보라, 내가 너희에게 말한다. 단단히 구하라. 그러면 네가 받을 것이다. 믿음으로 구하라. 그러면 네가 찾을 것이다. 진심으로 두드려라. 그러면 문이 열릴 것이다.

15 모든 것이 너의 것이니 구할 때는 구걸하는 사람이 구하듯이 구하지 말고 어린아이가 구하듯이 구하라. 그러면 만족할 것이다.

16 아들이 아버지에게 빵 한 덩이를 달라고 하는데 아버지가 돌멩이를 주지는 않을 것이다.

17 또는 생선을 달라는데 게를 주지 않을 것이며, 달걀을 달라는데 아버지가 개울에서 조약돌을 주워 주지는 않을 것이다.

18 보라, 육의 사람이 육의 자식에게 풍족히 주는 법을 아는데 하물며 너의 하나님 아버지께서 너희가 기도할 때 풍족히 주시지 않겠느냐?”

예루살렘의 그리스도인들. 날 때부터 시각장애인이었던 남자를 만난다. 예수가 질병과 재앙의 원인을 가르친다. 그가 그 시각장애인을 고친다.

~❈~

138 주님은 베드로, 야고보, 그리고 요한과 함께 예루살렘에 있었다.

그날은 안식일이었다.

2 그들이 길을 가다가 앞 못 보는 남자를 보았다. 그는 날 때부터 맹인이었다.

3 베드로가 말했다. "주여, 질병과 불구가 된 것이 모두 죄에 의한 것이라면 이런 경우 누가 죄인입니까? 그 부모입니까, 아니면 그 자신입니까?"

4 예수가 말했다. "모든 고통은 지은 빚의 일부를 지불하는 것이다.

5 절대로 실패하지 않는 보상의 법칙이 있다. 그리고 그것은 진정한 삶의 법칙으로 요약된다.

6 사람이 다른 사람에게 무엇을 행하든, 다른 누군가가 그것을 그 사람에게 행할 것이다.

7 여기서 우리는 '눈에는 눈, 목숨에는 목숨'이라는 말로 간결히 표현되는 유대의 율법이 뜻하는 바를 알게 된다.

8 누군가를 생각이나 말이나 행동으로 상처를 입히는 자는 율법상 채무자로 심판받으며, 그와 같이 다른 누군가가 생각이나 말이나 행동으로 그에게 상처를 입힐 것이다.

9 다른 사람에게 피를 흘리게 하는 자는 누군가에 의해 피를 흘리게 되는 때를 맞이하게 될 것이다.

10 고통은 빚을 진 사람이, 그의 주인이 빚을 갚을 더 좋은 기회를 주기 위해 그를 놓아주지 않는 한, 그 빚을 다 갚을 때까지 머물러야 하는 감옥이다.

11 고통은 갚을 빚이 있다는 확실한 표시이다.

12 이 사람을 보라! 한때 전생에서 그는 잔인한 사람이었고 자기 동료의 눈을 잔인한 방법으로 멀게 하였다.

13 이 사람의 부모는 언젠가 눈멀고 힘없는 맹인을 외면하고 그를 문밖으로 몰아낸 적이 있다."

14 그러자 베드로가 물었다. "저희가 거룩한 말씀으로 그들을 고치고, 더러운 영들을 쫓아내거나 어떤 형태의 괴로움에서 그들을 구해낼 때 저

희가 그들의 빚을 갚는 것입니까?"

15 예수가 말했다. "우리는 누구의 빚도 갚을 수 없다. 다만 거룩한 말씀으로 누군가를 고통과 괴로움으로부터 해방시키고,

16 그를 자유롭게 하여 그가 진 빚을 기꺼이 사람들이나 다른 살아있는 것들을 위한 제물로 자신의 삶을 포기함으로써 갚을 수 있게 하는 것이다.

17 보라, 우리는 이 사람이 인류에게 더 나은 봉사를 하고 그의 빚을 갚을 수 있도록 그를 자유롭게 만들 수 있다."

18 그런 뒤 예수는 그 사람을 불러 말했다. "자유로워지고 싶으냐? 시력을 되찾고 싶으냐?"

19 그 남자가 대답했다. "제가 볼 수만 있다면 가진 모든 것을 기꺼이 드리겠습니다."

20 예수가 침과 약간의 진흙으로 고약을 만들어 맹인의 눈에 붙였다.

21 예수는 거룩한 말씀을 하고 나서 말했다. "실로암에 가서 씻어라. 그리고 씻으면서 야헤바헤(Jahhevahe)⁴⁸⁾라 말하라. 이것을 일곱 번 하면 볼 수 있을 것이다."

22 그는 실로암으로 인도되었다. 그가 눈을 씻고 말씀을 말하자 즉시 눈을 뜨고 보았다.

23 여러 해 동안 길가에 앉아 구걸하던 그를 보아온 사람들은 그가 앞을 보는 걸 보고 무척 놀랐다.

24 그들이 말했다. "이 자는 맹인으로 태어나 길가에 앉아 구걸하던 욥이 아닌가?"

25 그가 사람들끼리 하는 말을 듣고 말했다. "맞습니다. 제가 그 욥입니다."

26 사람들이 물었다. "어떻게 나았소? 누가 당신의 눈을 뜨게 해 주었소?"

27 그가 말했다. "사람들이 예수라고 부르는 분이 진흙으로 고약을 빚어

---

48) '바람은 불을 붙인 JAH-HEVAHE라는 단어를 부른다. 영의 이름과 함께 배치되면 노래는 관련된 영의 에너지를 불러온다.' 영적인 에너지를 불러오는 단어로 추정한다.

내 눈에 붙이며 나에게 말씀을 외우며 실로암에 가서 일곱 번 씻으라 하셨습니다. 명한 대로 하였더니 이제 보게 되었습니다."[49]

28 한 서기관이 지나가다가 그를 보고 그에게서 예수가 거룩한 말씀으로 그의 눈을 뜨게 해주었다는 말을 들었다.

29 그리하여 그 남자를 회당으로 데려가 제사장들에게 이야기했더니 그들이 그 기적에 관해 물었다.

30 그 남자가 대답했다. "저는 나면서부터 맹인으로 오늘까지 빛을 전혀 못 보던 사람입니다.

31 오늘 아침에 실로암 옆에 앉아 있을 때 전혀 모르는 분이 제 눈에 고약을 붙이셨는데 사람들이 말하기를 그 고약은 진흙으로 만들었다 했습니다. 그는 저에게 어떤 말을 외우면서 물에다 눈을 일곱 번 씻으라 하였고 시키는 대로 하였더니 앞이 보였습니다."

32 한 율법사가 그에게 물었다. "자네를 눈 뜨게 한 자가 누구인가?"

33 그가 대답했다. "어떤 이들은 그 이름이 예수이며 갈릴리에서 왔다고 하고, 다른 이들은 그가 하나님의 아들이라 말합니다."

34 한 바리새인이 다가와 말했다. "오늘은 안식일이요. 안식일을 염두에 두지 않고 이런 일을 하는 자는 하나님에게서 온 것이 아닙니다."

35 제사장들 가운데 몇 명은 크게 놀라 말했다. "사악한 사람이라면 결코 이와 같은 기적을 행하지 못할 것입니다. 그는 분명히 하나님의 권능을 가지고 있음이 틀림없습니다." 그러면서 그들은 서로 열띤 논쟁을 했다.

36 그들이 그 남자에게 물었다. "너는 갈릴리에서 온 사람을 누구라고 생각하는가?"

37 그가 말했다. "그는 하나님이 보내신 선지자입니다."

38 한편 유대인 가운데 많은 사람은 그 남자가 태어날 때부터 맹인이었다는 것을 믿지 않았다. 그들은 '날 때부터 앞 못 보는 사람의 눈을 뜨게 하는 권능은 존재하지 않는다.'라고 말했다.

---

49) 요한복음 9장 1절 이하를 참조.

39 그리고 그들은 그 남자의 부모를 바리새인들 앞에 데려와 증언하게 했다.

40 그들이 말했다. "이 아이는 우리 아들이고 날 때부터 장님이었습니다. 우리는 그가 어떻게 시력을 얻었는지 모릅니다. 그가 성인이니 스스로 말할 수 있습니다. 그에게 물어보십시오."

41 부모들은 그들이 믿는 대로 예수가 하나님의 권능을 보여주러 오신 그리스도라고 말하면 제사장들을 노하게 하여 회당에서 쫓겨날까 두려웠다.

42 다시 통치자들이 말했다. "이 예수라는 자는 사악한 사람이다." 고침을 받은 남자가 다시 나서며 말했다.

43 "이 예수라는 분이 죄인인지 성인인지 저는 모릅니다. 그러나 한가지 아는 것은 제가 한때 맹인이었는데 지금은 볼 수 있다는 것입니다."

44 그러자 서기관와 바리새인들이 그를 욕하며 말했다. "너는 갈릴리에서 온 그 사람의 제자구나. 우리는 모세를 따른다. 우리는 그 사람을 모르며 어디서 온 지도 알지 못한다."

45 그가 대답했다. "당신들이 그분이 어디서 왔는지 모른다니 놀랍습니다. 어쨌든 그가 내 눈을 뜨게 해 주셨습니다.

46 당신들이 알다시피 하나님의 권능이 아니고서는 그런 일을 할 수 없습니다.

47 하나님은 죄인의 기도를 듣지 않으시며 하나님의 권능을 쓸 수 있는 그는 악인이 아님을 알아야 합니다."

48 바리새인들이 대답했다. "이놈! 죄에 빠져 죄 속에서 태어난 놈이 이제 우리에게 율법을 가르치려 드는구나." 그러고는 그를 회당에서 쫓아냈다.

예수는 맹인이었던 사람을 만나 가르친다. 하늘나라의 신비를 펼친다. 양우리. 자신을 목자로 선언한다. 마살리아인의 집으로 가 며칠을 보낸다.

~ ❀ ~

139 예수는 자신이 고쳐 준 남자에게 무슨 일이 일어났는지 그리고 어

떻게 제사장들이 그를 쫓아냈는지 듣고 그를 찾아와 말했다.

2 "너는 하나님과 하나님의 아들을 믿느냐?"

3 그가 대답했다. "저는 하나님을 믿습니다. 그런데 당신이 말하는 하나님의 아들은 누구입니까?"

4 예수가 말했다. "하나님의 아들은 너에게 말하고 있는 사람이다."

5 그 남자가 물었다. "어찌하여 당신은 하나님의 아들이라고 말씀하십니까? 그는 한 분밖에 없나요?"

6 예수가 말했다. "모든 사람은 태어날 때부터 하나님의 아들들이며 하나님은 인류의 아버지이시다. 그러나 모든 사람이 믿음으로 인한 하나님의 아들들은 아니다.

7 자기를 극복하여 승리를 얻은 자가 믿음으로 인한 하나님의 아들이다. 그리고 너에게 말하는 사람은 자기를 이겨 하나님의 아들이라 불리는 사람이다. 이는 그가 사람들의 모범이기 때문이다.

8 하나님의 뜻을 믿고 이를 행하는 자는 믿음으로 인한 하나님의 아들이다."

9 그가 기뻐 외쳤다. "주여, 저는 하나님을 믿고 하나님의 아들을 믿습니다."

10 예수가 말했다. "나는 감옥 문을 열고, 장님을 보게 하려고 왔지만 바리새인들은 날 때부터 장님이구나.

11 내가 진리의 고약을 빚어 그들의 눈에 붙이고 가서 씻으며 하나님의 신성한 말씀을 말하라 하여도 그들은 가지도 않을 것이다. 그들은 어둠을 사랑한다."

12 무리가 예수의 주위로 몰려오자 그가 일어서서 말했다.

13 "이스라엘 사람들이여, 그대들에게 말하니, 하나님의 양우리는 크며 그 벽은 단단하고 그 문은 동쪽에 있다. 그 문으로 들어가지 않고 다른 데로 넘어가려는 자는 도적이요 훔치러 온 자들이다.

14 양들의 목자가 문 옆에 서 있다. 그가 은밀한 신호를 보내며 문을 두드리면 지키는 자가 문을 연다.(요한복음 10장)

15 그리고 목자는 양들의 이름을 부른다. 양들이 그의 목소리를 듣고 따라간다. 양들 이 문을 통해 우리로 들어간다.

16 양들은 낯선 사람의 목소리는 알지 못하므로 그를 따라가지 않고 달아난다."

17 사람들이 예수가 말한 비유를 이해하지 못하므로 그가 말했다.

18 "그리스도는 양우리의 입구이다. 나는 양치는 목자이며 그리스도를 통해 나를 따르는 자는 생명의 물이 흐르고 푸른 풀밭이 있는 양우리로 들어온다.

19 거짓 선지자들이 오가며 자신들이 양들의 목자이며 길을 안다고 주장한다. 그러나 그들은 말씀의 권능을 알지 못하므로 문지기는 문을 열어주지 않고 양들은 그들이 부르는 소리에 귀를 기울이지 않는다.

20 양의 목자는 양들을 구하기 위해 그의 생명을 던질 것이다.

21 늑대가 떼 지어 우리로 몰려올 때 고용된 사람은 자신의 목숨을 건지기 위해 도망간다. 그러면 온순한 어린 양들이 강탈되고 양 떼는 사방으로 흩어지게 된다.

22 나는 양들의 목자이다. 나는 하나님의 양들을 안다. 하나님이 나를 아시고 내가 그분을 알 듯 양들은 내 목소리를 안다.

23 아버지는 불멸의 사랑으로 나를 사랑하신다. 그것은 내가 양들을 위해 내 생명을 내려놓았기 때문이다.

24 나는 내가 원할 때 내 생명을 내려놓지만, 그것을 되찾을 수도 있다. 모든 믿음으로 인한 하나님의 아들들은 육신을 내어줬다가 다시 취할 권능이 있기 때문이다. 이 말씀들은 내가 하나님으로부터 받았다."

25 다시 사람들 사이에서 분쟁이 일어났다. 그리스도에 관한 견해가 갈라졌다. 그들은 예수가 한 말씀을 이해할 수 없었다.

26 어떤 이들이 다시 말했다. "그는 귀신 들렸거나 미친 자요. 왜 그의 말에 귀를 기울이는 거요?"

27 그러자 다른 사람들이 말했다. "그의 말은 귀신 들린 자의 말이 아닙니다. 더러운 영들이 날 때부터 맹인인 사람의 눈을 뜨게 할 수 있단

말이오?"

28 그런 뒤 예수는 마살리아인과 함께 예루살렘을 떠나 며칠을 보냈다.

예수와 세 제자는 가버나움으로 돌아온다. 예수가 칠십 명의 보고를 받는다. 제자들과 함께 갈릴리를 두루 다니시며 믿는 자들을 격려한다. 그가 한 여인을 고친다. 작은 씨앗과 큰 나무의 비유를 말한다.

— ❋ —

140 예수가 말씀을 전파하라고 외국으로 보냈던 칠십 명이 돌아올 때가 되었다.

2 그리하여 예수와 베드로, 야고보, 요한은 갈릴리로 돌아가는 여행을 시작했다.

3 그들이 사마리아를 거쳐 갔다. 많은 마을과 성읍을 지나는데, 칠십 명이 증언한 예수를 보려고 가는 곳마다 사람들이 몰려나왔다. 예수는 그들을 가르치고 병든 자들을 고쳤다.

4 그들이 가버나움에 이르자 그 칠십 명이 그곳에 있었다. 그들은 기쁨에 넘쳐 말했다.

5 "주 하나님의 영이 가는 곳마다 우리와 함께하시니, 우리가 충만하였습니다.

6 하나님의 신성한 말씀의 권능이 우리에게 드러나서 병자들을 고치고 걷지 못하는 사람들을 걷게 하고 듣지 못하는 사람들을 듣게 하고 앞 못 보는 사람들을 보게 했습니다.

7 우리가 거룩한 말씀을 말하면 마귀들이 떨며 우리에게 복종했습니다."

8 예수가 말했다. "너희가 가는 길에 하늘이 빛으로 빛났고, 땅이 빛나 하늘과 땅이 서로 만나 하나가 된 듯이 보였다. 그리고 나는 사탄이 번개처럼 하늘에서 떨어지는 것을 보았다.

9 보라. 너희에게 사람들의 적을 상징하는 뱀과 전갈들을 짓밟을 권능이 있다. 너희는 정의의 길에서 보호를 받으며, 아무도 너희를 해칠 수 없다.

10 너희가 갔을 때 어느 스승이 '잘하였다'라고 말하는 소리를 내가 들었다.

11 그러나 너희가 거룩한 말씀으로 병자를 고치고 악귀를 떨게 하는 힘을 가졌다고 하여 기뻐해서는 안 된다. 그 같이 기뻐함은 세속적인 자아에서 오는 것이기 때문이다.

12 너희는 세상의 여러 나라가 그 거룩한 말씀을 들을 귀가 있고 주님의 영광을 볼 눈이 있고 성스러운 숨결의 내적인 숨결을 느낄 마음이 있는 것에 대해서는 기뻐해도 좋다.

13 그리고 너희의 이름이 생명의 책에 기록된 것을 기뻐할 수도 있다."

14 그런 뒤 예수는 하늘을 올려 보고 말했다. "아버지이시며 하늘과 땅의 주께 감사합니다. 아버지께서는 아버지 자신을 어린아이들에게 드러내시고 그들에게 어떻게 길을 밝혀 지혜로운 자들을 당신께 인도하는지를 가르치셨습니다.

15 주께서 저에게 주신 것을 제가 그들에게 주었으며 하나님의 신성한 말씀을 통하여 제가 그들에게 깨닫는 마음을 부어 주어

16 그들이 전에도 있었고 지금도 있고 앞으로도 영원히 존재하실 그리스도를 통해 하나님을 알고 경배할 수 있게 되었습니다."

17 그런 뒤 그는 그 칠십 명과 열두 제자에게 따로 말했다. '너희가 볼 것을 보니 너희 눈이 가장 많은 축복을 받았다.

18 그리고 너희 귀가 들을 것을 들으니 너희 귀가 축복을 받았다.

19 또한, 너희가 깨달으니 너희 마음이 축복을 받았다.

20 지나간 시대에 세상의 현인, 선지자, 선각자, 왕들은 너희가 이미 듣고 보고 아는 것을 듣고 보고 알기를 열망했지만, 그들은 얻지 못했고 듣지 못했고 보지 못하고 알지 못했다.'

21 예수가 다시 말했다. '보라. 내가 너희보다 몇 달 먼저 가서 천국의 빵과 생명의 잔을 너희에게 주었다.

22 내가 너희의 방패이며 버팀목이었으나 이제 너희가 그 길을 배워 홀로 설 힘을 가졌으니, 보라. 나는 내 몸을 버리고 모든 것이신 그분께 간다.

23 40일 후에 우리는 예루살렘을 향해 갈 것이다. 그곳에서 나는 주님의 제단을 찾아, 내 생명을 사람들을 위한 희생제물로 기꺼이 바칠 것이다.

24 이제 일어나 갈릴리의 해안을 모두 다니며 믿음에 의한 하나님의 모든 아들들에게 격려의 인사를 나누자.'

25 그리고 그들은 일어나 떠났다. 해안의 모든 마을과 성읍에 들어가서 가는 곳마다 말했다. '그리스도의 축복이 그대들과 영원히 함께하실 것이다.'"

26 안식일이 되어 그들은 어느 성읍의 회당으로 올라갔다. 그리고 예수가 가르쳤다.

27 그가 말할 때 두 사람이 병으로 몸이 거의 두 배로 구부러진 여인을 간이침대에 싣고 왔다. 그 여인은 18년 동안 도움의 손길도 없이는 침대에서 일어나지 못하고 있었다.

28 예수가 그 여인에게 손을 얹고 말씀했다. "일어나라, 병약함에서 벗어나라!"

29 예수가 거룩한 말씀을 말하자 그 여인은 자신의 몸이 곧아지고 강해졌음을 알아차리고 일어나 걸으며 말하였다. "하나님을 찬양하라."

30 예수가 안식일에 병자를 고치자 회당장이 몹시 분노했다.

31 그는 예수를 직접 비난하지 않았지만, 사람들을 향해 말했다.

32 "갈릴리인들이여, 어찌하여 하나님의 율법을 어기는 것이오? 고통받는 자들을 데려와 고칠 수 있는 날이 매주 6일이 있소.

33 오늘은 사람들이 일을 하지 않아도 되는 안식일로 하나님께서 축복하신 날이오."

34 예수가 말했다. "일관성이 없는 서기관들과 바리새인들이여! 안식일에 그대들이 먹고 마시기 위해 마구간에서 짐을 진 짐승을 끌고 오는데 그것은 일이 아닌가?

35 18년 동안 속박되어 있던 그대들의 아버지 아브라함의 딸이 믿음으로 자유로워졌다.

36 자, 사람들이여, 말해보라, 안식일에 그녀를 속박에서 풀어 자유롭게 한 일이 죄인가?"

37 회당장은 더 이상 말하지 않았다. 사람들이 모두 기뻐하여 말했다. "그리스도를 보라!"

38 예수가 비유로 말했다. "그리스도의 나라는 땅에 심은 작은 씨앗 하나와 같다.

39 그것이 자라 여러 해 뒤에는 큰 나무가 되어 많은 이가 그 그늘에서 쉬며 잎이 무성한 큰 가지 사이에 새들이 둥지를 틀고 새끼를 길렀다."

예수가 격려의 말을 말한다. 쓸데없이 참견하기를 좋아하는 바리새인을 책망한다. 결혼 축하연에 참석한다. 수종水腫 걸린 사람을 고친다. 윗자리를 요구하는 하객들을 책망한다. 혼인 잔치에 관한 비유를 말한다.

━ ❋ ━

141 예수는 해안에 있는 다른 성읍으로 가서 그를 따르는 자에게 격려의 좋은 말을 전했다.

2 한 사람이 나서서 말했다. "주여, 생명으로 들어가는 사람은 거의 없습니까?"

3 예수가 말했다. "생명에 이르는 길은 험난하다. 그 문은 좁고 경비가 철저하다. 하지만 믿음으로 구하는 자는 모두 그 길을 찾을 것이며 거룩한 말씀을 아는 자는 안으로 들어갈 것이다.

4 그러나 많은 사람이 자기의 이익을 위해 그 길을 구한다. 그들은 생명의 문을 두드리지만, 문은 굳게 닫혀 있다.

5 탑의 파수꾼이 말한다. '나는 그대들을 모릅니다. 그대들은 아스돗[50]의 말을 하고 죄인들이 입는 옷을 걸쳤구려. 물러가시오.'

6 그들은 울며 이를 갈며 돌아갈 것이다.

---

50) 팔레스타인 북쪽에 있는 도시로, 여호수아 시대에 거인 족속 아낙 족속이 살던 땅이다.(여호수아 11:21-22) 유대 민족에게는 이방 족속으로 블레셋에 속한 성읍이었다. 블레셋의 다곤 신전이 세워졌던 지역이기도 하다.

7 그들의 아버지 아브라함이 이삭과 야곱과 선지자들과 함께 그리스도 의 나라에 거하는 것을 보고 격분하지만, 그들은 그곳에서 쫓겨난다.

8 그리고 나는 말한다. 사람들이 머나먼 동서남북에서 와서 생명의식 안 에서 나와 함께 앉을 것이다.

9 보라, 나는 말한다. 마지막이 첫째가 되고 첫째가 마지막 될 것이다.

10 모든 사람이 그리스도의 나라로 부름을 받지만, 선택되는 자는 거의 없다. 마음이 순수한 사람만이 왕을 볼 수 있기 때문이다."

11 예수가 말하는 가운데 한 바리새인이 와서 말했다. "갈릴리인이여, 목 숨을 건지려거든 여기 머무르지 말고 즉시 달아나십시오. 헤롯이 당신 의 목숨을 빼앗겠다고 맹세하였고 지금도 그의 관리들이 당신을 찾고 있습니다."

12 예수가 말했다. "어찌하여 바리새인들이 내 목숨을 걱정하느냐?" 그리 고 말한 사람에게 말했다.

13 "가서 그 교활한 여우에게 이렇게 말하라. '보라, 나는 오늘도 내일도 앞으로도 병자를 고치고 더러운 귀신을 내쫓을 것이다. 그러면 나는 나 의 사명을 이룰 것이다.'

14 가서 그에게 말하라. '나는 갈릴리에서 두려워할 필요가 없다. 나는 예 루살렘 안에서 사람들의 잔인한 분노를 만나야 하기 때문이다'라고 말 이다."

15 그들이 그곳에 머물 때 한 바리새인이 아들의 결혼을 축하하기 위해 안 식일의 식사에 예수와 그를 따르는 사람을 초대했다.

16 손님들 가운데 수종水腫으로 고생하는 사람이 있었다.

17 예수는 자신이 하는 말 중에서 무엇인가를 트집 잡아 기소하려고 보내 진 사람들에게 말했다.

18 "그대 율법사들과 바리새인들이여, 안식일에 치유하는 일이 불법이라 는 것을 어떻게 생각하는가? 여기 그대 친척 중 한 사람이 있는데 몹시 괴로워하고 있다.

19 내가 하나님의 권능으로 치유의 거룩한 말씀을 하고 이 사람을 고쳐주

어야겠는가?"

20 율법사들과 바리새인들은 벙어리가 되어 대답이 없었다.

21 그러자 예수가 치유의 거룩한 말씀을 하고 그 남자를 고쳤다. 그 남자가 기뻐하며 돌아갔다.

22 그러자 예수가 다시 율법사들과 바리새인들에게 말했다. "그대들 가운데 말이나 소를 가진 사람이 있는데 안식일에 그들이 구덩이에 빠진다면 끌어올리려고 친구들을 불러 도움을 청하지 않을 자가 있는가?"

23 그러나 아무도 "여기 있소."라고 대답하는 사람이 없었다.

24 예수는 잔치에 초대된 사람들을 둘러보았다. 그리고 그들이 상석을 차지하려고 몰려드는 것을 보았을 때, 그들에게 말했다.

25 "이기적인 사람들이여, 그대들이 단지 손님으로 초청된 자리에서 어찌하여 상석을 차지하려고 다투는 것인가? 주인에게 일상적인 예의도 차릴 줄 모르는구나.

26 혼인 잔치에 초대된 사람은 주인이 그의 뜻대로 자리를 정해줄 때까지 말석에서 기다려야만 하는 것이다.

27 지정되지 않았는데 자발적으로 상석에 앉을 수도 있지만, 만일 더 존귀한 사람이 와서 주인이 그를 더 존중하려고 그대들에게 일어나 말석에 앉도록 한다면 그대들은 모욕감에 부끄러워 얼굴이 붉어질 것이다.

28 그러나 말석에 있다가 주인이 존중하여 상석에 앉으라 권한다면 그대들은 존귀한 손님으로 여겨질 것이다.

29 이런 일에서 우리는 삶의 원리를 알게 된다. 스스로 높이려는 자는 낮아지기 마련이고, 자신을 겸손히 낮추는 자는 사람들 앞에서 높아진다는 것을 말이다."

30 그런 뒤 예수가 모든 손님에게 말했다. "그대들 중에서 누구라도 잔치를 열려면 친구나 친척이나 부자들을 위한 잔치를 열지 말라.

31 그들은 그대들의 호의를 빚으로 생각하고 그대들을 위해 더 성대한 잔치를 베풀어 빚을 갚으라는 뜻으로 여길 것이기 때문이다.

32 그러나 가난한 자들과 걸음이 불편한 사람들과 앞을 못 보는 사람들을

불러 잔치를 베풀면 축복이 그대들을 기다릴 것이다. 잘 알다시피 그들에게서 보답을 받을 게 없기 때문이다. 그러나 그대들은 도움이 필요한 자들을 도왔다는 그 자각 속에서 보상을 받을 것이다."

33 그런 뒤 그는 비유를 들어 말했다. "어느 부자가 잔치를 준비했다. 그가 하인을 보내어 선택된 사람들을 초청했지만, 그들은 가기 싫어 주인이 수긍할만한 핑계들을 만들었다.

34 한 사람이 '내가 방금 땅을 샀는데 가서 소유권 이전을 해야 합니다, 너그러이 이해해 주십시오'라고 말하자

35 다른 사람이 '나는 내가 산 양들에 대한 소유권을 증명하러 가야 하니 이해해 주시기 바랍니다.'라고 말했다.

36 또 다른 사람은 '나는 막 결혼하여 여유가 없으므로 갈 수 없겠습니다. 이해해 주시기 바랍니다.'라고 했다.

37 하인들이 잔치를 준비한 주인에게 초대한 손님들이 오지 않을 거라고 전했다.

38 주인은 깊이 슬퍼하며 하인들을 마을의 거리와 뒷골목으로 보내어 가난한 사람들과 걸음이 불편한 사람들과 앞을 못 보는 사람들을 잔치에 데려오도록 하였다.

39 하인들이 사방으로 나가 가난한 자들과 걸음이 불편한 사람들과 앞을 못 보는 사람 들을 찾아 데려왔지만, 아직도 자리가 많이 남아 있었다.

40 그러자 주인은 사병들을 보내서 강제로 사람들을 데려와 잔치에 참석하게 하였다. 그러자 집에 사람들이 가득했다.

41 하나님께서 사람들을 위해 잔치를 베푸셨다. 오래전에 하나님께서는 자신의 종들을 자신이 사랑하는 사람들에게 보냈지만, 그들은 그 부름에 응하지 않고 잔치에 오지 않았다.

42 그래서 하나님께서 자신의 종들을 이방인들과 많은 사람에게 보냈고 그들이 왔지만, 잔칫집에는 아직도 사람들을 더 수용할 공간이 있었다.

43 보라, 하나님은 크고 웅장한 나팔 소리와 함께 천사들을 보내실 것이다. 그리고 사람들은 강제로라도 잔칫집에 오게 될 것이다."

제자 됨의 길, 그 어려움. 십자가와 그 의미. 재물의 위험. 그리스도보다 재물을 더 사랑한 젊은이. 부자와 나사로의 비유.

~ ❊ ~

142 예수와 그의 열두 제자는 다른 마을에 갔다. 그 마을에 들어가면서 이렇게 말했다. "모든 이에게 평화가 있기를, 모든 이에게 선한 의지가 있기를!"

2 많은 사람이 그를 따르자 예수가 그들에게 말했다. "보라! 너희는 이기적인 이익을 얻으려고 나를 따르는 사람들이다.

3 만약 너희가 사랑으로 나를 쫓아 성스러운 숨결의 제자들이 되어 마침내 생명의 왕관을 얻으려면 모든 세속적인 삶을 버려야만 한다.

4 속지 말라. 사람들이여, 잠시 머물러서 너희가 치러야 할 비용을 계산해 보라.

5 누군가 탑이나 집을 짓는다면 먼저 가만히 앉아 집을 완성하는데 드는 충분한 금이 있는지 확인하기 위해 비용부터 계산한다.

6 만약 사업이 실패하면 그의 전 재산을 잃고 남에게 조롱거리가 될 수 있음을 잘 알기 때문이다.

7 만약 어느 왕이 다른 왕의 영토를 차지하려는 욕망을 품는다면 그는 믿을 수 있는 사람들을 불러 자신들의 힘을 잘 고려한다. 그리고 상대도 안 되게 우세한 적과는 전쟁을 일으키지 않을 것이다.

8 너희는 나를 따르기 전에 비용을 잘 계산해 보라. 그것은 너희의 생명과 너희가 가진 모든 것을 포기하는 것을 의미한다.

9 만약 너희가 아버지와 어머니, 아내, 또는 자녀를 그리스도보다 더 사랑한다면 나를 따를 수 없다.

10 만약 너희가 부와 명예를 그리스도보다 더 사랑한다면 너희는 나를 따를 수 없다.

11 세속적인 삶의 길들은 산 정상을 향해 산 비탈길을 따라 올라가지 않는다. 그 길들은 삶의 산 주위를 돈다. 그리고 만일 너희가 저 위에 있는 깨달음의 문을 향해 곧장 갈 때 세속적인 삶의 길들을 밟지 않고 가

로지르게 된다.

12 그리고 이것은 인간이 십자가를 짊어지는 방법이며 아무도 다른 이의 십자가를 대신 짊어질 수는 없다.

13 너 자신의 십자가를 짊어지고 그리스도를 통하여 진정한 제자가 되는 길로 나를 따라오라. 이것이 생명에 이르는 길이다.

14 이 생명의 길은 가장 값진 진주로 불리며 그것을 찾은 사람은 가진 모든 것을 발밑에 내려놓아야 한다.

15 보라. 어떤 사람이 어느 밭에서 놀랄만한 양의 금광을 발견했다. 그는 곧장 가서 집과 전 재산을 팔아서 그 밭을 샀다. 그리고 부를 누렸다."

16 그때 거기에 돈과 채권과 땅을 사랑하는 부유한 서기관들과 바리새인들이 있었는데 그들은 예수의 말을 크게 비웃었다.

17 그러자 예수가 그들에게 말했다. "그대들은 사람의 관점에서 그대 자신을 정당화하는 사람들이다. 그러나 하나님께서는 그대들의 사악한 마음을 알고 계신다.

18 그대들은 세속적인 마음에게 존경받고 찬양받는 것은 무엇이든 간에 하나님의 눈에 혐오스럽다는 것을 알아야 한다."

19 그리고 예수는 갈 길을 떠났다. 그가 떠나려고 하자 한 젊은이가 달려와 무릎을 꿇고 말했다. "선한 스승이시여, 영생을 얻으려면 무엇을 해야 하는지 말씀해주십시오."

20 예수가 말했다. "너는 어찌 나를 선하다고 하는가? 하나님 외에는 아무도 진정으로 선하지 않다.

21 그리고 하나님께서는 말씀하셨다. '네가 생명으로 들어가고자 한다면 율법의 계명을 지키라'

22 젊은이가 물었다. "하나님께서 어떤 계명을 말씀하셨습니까?"

23 예수가 말했다. "살인하지 말 것이며, 도둑질하지 말 것이며, 간음하지 말 것이며, 거짓으로 증언하지 말라.

24 또한 온 마음을 다하여 하나님을 사랑하고 네 이웃을 너 자신처럼 사랑해야 한다."

25 젊은이가 대답했다. "이것들은 제가 어려서부터 지켜 오던 것들입니다. 제가 아직 무엇이 부족합니까?"

26 예수가 말했다. "너에게 부족한 것이 하나 있다. 네 마음이 세상의 것들에 매여 있어 자유롭지 못하다.

27 가서 가진 것을 모두 팔아 너의 돈을 가난한 자들에게 주고 나를 따르라. 그러면 영생을 얻을 것이다."

28 젊은이는 스승의 말을 듣고 비통해하였다. 그가 부자였기 때문이었다. 그는 얼굴을 가리고 슬픔에 잠겨 그곳을 떠났다.(누가복음 18:18 이하)

29 예수가 슬퍼하는 젊은이를 바라보며 말했다. "사람이 쌓아 놓은 재산을 가지고 영의 나라로 들어가는 문을 지나기란 매우 어려운 것이다."

30 제자들은 그 말을 듣고 깜짝 놀랐다.

31 예수가 그들에게 대답하여 말했다. "내가 너희에게 말한다. 재물을 믿는 사람들은 하나님을 믿을 수 없으며 영의 나라에 들어갈 수 없다.

32 그렇다. 축적된 재물을 가진 자가 생명의 길을 찾기보다 낙타가 바늘구멍으로 들어가는 것이 더 쉽다." 그러자 제자들이 말했다. "그러면 누가 그 길을 찾을 수 있습니까? 누가 구원받을 수 있습니까?"

33 예수가 말했다. "부자들이 자신들의 금을 나누어주고, 지체 높은 사람들이 땅에 입을 맞춘다면 그때 하나님께서는 그들을 구원하실 것이다."

34 그런 뒤 예수가 그들에게 비유를 말했다.(누가복음 16:19 이하)

35 "사치스러운 생활을 하던 한 부자가 있었다. 그는 사람이 만들 수 있는 옷 중에 가장 좋은 옷을 입었고 그의 식탁에는 그 나라에서 나는 가장 진귀한 요리가 가득했다.

36 앞을 볼 수 없고, 다리까지 불편한 거지 나사로가 부자의 식탁에서 나오는 음식 부스러기를 개와 함께 먹으려고 쓰레기를 버리는 문 옆에 앉아 있곤 했다.

37 시간이 흘러 나사로가 죽었다. 천사들이 그를 우리 아버지 아브라함의 품 안으로 데려갔다.

38 부자도 또한 죽어서 값비싼 무덤에 묻혔다. 그는 영혼을 정제시키는 불길 속에서 불만족스럽게 눈을 떴다.

39 그가 보니 그 거지가 평화롭게 그의 아버지 아브라함의 품 안에서 쉬고 있었다. 그는 혼이 고통 속에서 울부짖었다.

40 '내 아버지 아브라함이시여! 당신의 아들을 불쌍히 여기소서. 저는 이 불길 속에서 괴로워하고 있나이다.

41 간청하오니 나사로를 보내어 제게 물 한 모금을 주어 제 바싹 타는 혀를 식혀주소서.'

42 그러나 아브라함이 대답했다. '내 아들아, 생전에 너는 세상에서 가장 좋은 것을 가졌고 나사로는 가장 나쁜 것을 가졌었다. 너는 그에게 물 한 잔을 주지 않고 문 밖으로 쫓아냈다.

43 율법은 반드시 성취되어야만 한다. 나사로는 이제 위로받고 너는 빚진 것을 갚고 있다.

44 그뿐만 아니라 네가 있는 곳과 우리가 있는 곳 사이에는 거대한 구멍이 있어서 나사로를 너에게 보내고자 하여도 보낼 수 없으며 너도 네 빚을 다 갚을 때까지는 우리에게 올 수 없다.'

45 다시 부자는 괴로워하며 말했다. '오 아버지 아브라함이시여, 제발 나사로를 다시 지상의 제 아버지 집으로 보내셔서 아직 살아있는 다섯 형제에게 이곳의 참혹함을 전하게 하여 그들이 저에게 오지 않고 당신에게 갈 수 있게 해주십시오.'

46 그러자 아브라함이 대답했다. '그들에게는 모세와 선지자의 가르침이 있으니 그들은 그 말을 듣게 할 것이다.'

47 부자가 대답했다. '그들은 기록된 말에는 귀를 기울이지 않을 것입니다. 하지만 누군가 무덤에서 살아난다면 믿을지도 모릅니다.'

48 그러나 아브라함은 대답했다. '만약 그들이 모세와 선지자의 말을 듣지 않는다면 죽은 자들 가운데서 살아난 자가 그들 가운데 서 있어도 듣지 않을 것이다.'"

49 베드로가 말했다. "주여, 우리는 주님을 따르기 위해 모든 것을 버렸습

니다. 우리의 보상은 무엇입니까?"

50 예수가 말했다. "내가 진실로 너희에게 말한다. 나를 따르기 위해 모든 것을 버린 자는 하나님 안의 그리스도에 깊이 숨겨진 새로운 생명으로 들어올 것이다.

51 너희는 나와 함께 권능의 보좌에 앉아 나와 함께 이스라엘 민족을 심판할 것이다.

52 그리고 세속적인 자아를 정복하고 그리스도를 통해 나를 따르는 자는 지상에서의 부유한 삶의 백배를 가질 것이며 오는 세상에서 영생을 얻을 것이다."

보상의 정당함. 예수는 농사꾼과 노동자의 비유를 말한다. 이혼에 대한 하나님의 율법을 알린다. 결혼의 신비.

※

143 주께서 바닷가에서 계실 때, 무리 중 한 사람이 나서며 말했다.

2 "하나님께서는 사람들이 일한 것에 대해 보상을 주듯이 보상을 주십니까?"

3 예수가 말했다. "사람들은 다른 사람이 뭘 했는지 절대 알지 못한다. 이생은 그렇게 겉보기의 삶이다.

4 어떤 사람은 대단한 일을 한 듯이 보여, 사람들로부터 큰 보상을 받을 만한 사람으로 평가될 수 있다.

5 다른 사람은 인생의 추수 밭에서 실패한 듯이 보여 사람들 앞에서 치욕을 당할 수도 있다.

6 사람들은 다른 사람들의 마음을 모른다. 하나님만이 사람들의 마음을 아시고 날이 저물 때 그날의 무거운 짐에 눌려 쓰러진 사람에게는 생명으로 보상하시고, 사람들의 마음에 우상이 된 사람은 외면하신다."

7 그런 뒤 예수가 한 비유를 말했다. "영의 나라는 광대한 땅을 가진 사람과 같다.

8 아침에 그는 곡식을 거둬줄 사람을 찾으러 시장에 갔다.

9 그가 세 사람을 찾아 하루 품삯으로 한 푼씩 주기로 합의하고 밭으로 보냈다.

10 다시 그가 아홉 시에 시장으로 내려가 기다리고 있던 다섯 명에게 말했다. '내 밭에서 일을 하면 합당한 금액을 주겠다' 그러자 그들은 가서 일을 했다.

11 그가 열두 시에 다시 가자 일곱 사람이 서서 기다리고 있었고 그는 그들을 밭으로 보내 일을 하게 했다.

12 오후 다섯 시에 다시 가니 게으름뱅이처럼 보이는 열두 사람이 서 있어서 그들에게 말했다. '왜 온종일 게으름 피우며 여기에 서 있느냐?'

13 그들이 말했다. '아무도 우리를 고용해주지 않아서 할 일이 없습니다'

14 그러자 그는 그 사람들을 밭으로 보내 일하게 했다.

15 이제 저녁 시간이 되어 그가 관리인에게 가서 말했다. '일꾼들을 밭에서 불러와 일한 대가를 지불하라.' 모두에게 임금이 지불되었고 임금은 각자 한 푼씩이었다.

16 그런데 고작 오후 다섯 시부터 와서 일했던 열두 명이 한 푼씩 받자 세 사람이 몹시 기분이 상해 말했다.

17 '이 열두 사람은 다만 한 시간을 일하고 한낮의 뜨거운 시간을 힘들게 고생한 우리와 똑같은 몫을 받았습니다. 우리는 적어도 두 푼은 받아야 하지 않겠습니까?'

18 주인이 대답했다. '친구들이여, 나는 너희에게 잘못한 게 없다. 일하러 올 때 확실히 계약하지 않았는가? 내가 전액을 지불하지 않았는가?

19 내가 이 사람들에게 더 적게 주든지 더 많이 주든지 너희에게 무슨 상관이 있는가? 너희 몫이나 받아 가라. 나는 세 명, 다섯 명, 일곱 명에게 주는 금액을 너희 열두 명에게 줄 것이다.

20 그들은 그들대로 최선을 다했고 그대들도 더할 나위 없이 최선을 다했다.'

21 사람을 고용하는 것은 마음의 의도에 달려 있다."

22 예수가 가르칠 때 한 바리새인이 다가와 말했다. "주여, 남자가 아내를

내쫓는 것은 적법한 일입니까?"

23 예수가 말했다. "그대가 알고 있을 것이다. 율법에서 뭐라고 말하는
가?"

24 그 바리새인이 대답했다. "율법에 따르면 남자는 이혼할 수 있고 아내
를 내쫓을 수 있습니다."

25 예수가 말했다. "사람들의 마음이 가혹해서 율법을 만드는 사람에게
이와 같은 조항을 만들게 하였지만, 처음부터 그렇지 않았다.

26 하나님께서 남자를 위해 여자를 만드셨고 그들은 하나였다." 그리고
그는 이어서 말했다. "남자는 그 부모를 떠나서 그의 아내와 결합할 것이
며 더 이상 나뉘는 일은 없다. 그들은 하나이며 한 몸이다.

27 하나님께서 맺어주신 것을 사람이 갈라놓을 수는 없다."

28 그들이 집에 갔을 때 한 사람이 스스럼없이 이혼에 대해 다시 물었다.

29 예수가 바리새인에게 한 말을 다시 했다. 그리고 결혼 생활에 대한 더
높은 율법을 주었다.

30 "아내가 매춘부가 아닌데 쫓아내고 다른 여인을 아내로 취하는 사람은
간음하는 것이다.

31 남자가 방탕하거나 음행하는 자가 아닌데 그 남자를 떠나 다른 남자의
아내가 되는 여인은 간음하는 것이다."

32 도마가 물었다. "간음이 무엇입니까?"

33 예수가 말했다. "음탕한 생각을 품는 자, 자기 아내가 아닌 다른 여자
를 탐내는 자가 간음하는 자이다.

34 음탕한 생각을 품고 자기와 결혼하지 않은 남자, 그녀의 남편이 아닌
자를 탐내는 아내는 매춘부다.

35 사람들은 두 개의 마음을 묶는 율법을 만들 수 없다.

36 두 사람이 사랑으로 맺어지면 음욕이란 관념은 존재하지 않는다. 여자
는 남자를 떠날 수 없고 남자는 여자를 떠나보낼 마음이 없다.

37 남녀가 음탕한 생각을 품고 다른 육체를 탐낼 때 그들은 하나가 아니
며 하나님에 의해 결합한 것이 아니다."

38 빌립이 말했다. "주여, 하나님께서 신성한 결혼 계약으로 맺어준 사람이 거의 없습니까?"

39 예수가 말했다. "하나님께서는 마음의 순수함을 아신다. 음탕한 남녀는 음탕한 자아의 피조물에 불과하다. 그들은 하나 되지 못하며 하나님과도 하나 되지 못한다."

40 나다나엘이 말했다. "모든 사람이 결혼 서약을 삼가는 것은 안 좋은 것입니까?"

41 예수가 말했다. "남자들이 결혼하지 않았다고 해서 그들이 순수한 것은 아니다. 그가 아내가 있든 없든 음란한 남자는 간음한 자이다."

42 그런 뒤 예수가 모두에게 말했다. "사람들은 어떤 것은 들어서 알고, 다른 어떤 것은 자각의 문이 열릴 때까지 알지 못한다.

43 나는 지금은 너희가 이해할 수 없는 비밀을 말하지만, 언젠가 이해할 것이다.

44 고자는 정욕을 일으키지 않는 남자이다. 어떤 사람들은 타고난 고자이고 어떤 사람들은 인간의 힘으로 고자가 되며 어떤 사람들은 성스러운 숨결에 의해 고자가 된다. 성스러운 숨결은 그리스도를 통해 하나님 안에서 그들을 자유롭게 한다.

45 내가 말하는 진리를 받아들일 수 있는 사람은 받아들이도록 하라."

티베리아에서의 그리스도인들. 예수가 내적인 생명에 대하여 말한다. 방탕한 아들의 비유를 든다. 큰아들의 불만.

— ❋ —

144 그들이 갈릴리 땅의 마을과 도시를 두루 여행하고 있을 때 주님께서 제자들과 함께 티베리아에 들어가 그리스도의 이름을 사랑하는 몇 사람들을 만났다.

2 예수가 내적 생명에 대해 많은 것을 말했다. 그러나 사람들이 몰려오자 한 가지 비유를 말했다.(누가복음 15:11 이하)

3 "어느 부자에게 두 아들이 있었다. 막내아들은 집에서 지내는 생활이

지루해졌다. 그가 말했다.

4 '아버지, 부디 재산을 나누어 제 몫을 주십시오. 저는 다른 나라에 가서 운명을 개척하려 합니다.'

5 아버지는 아들이 원하는 대로 해주었고, 젊은이는 재산을 갖고 외국으로 갔다.

6 그는 방탕한 자라서 죄를 지으면서 금방 모든 재산을 탕진했다.

7 할 수 있는 일이 아무것도 남아 있지 않아 그는 들에 가서 돼지 기르는 일거리를 얻었다.

8 그는 배가 고팠다. 그러나 아무도 먹을 것을 주지 않아 그는 돼지에게 먹이는 콩깍지를 먹었다.

9 여러 날이 지난 후 정신을 차리고 자신에게 말했다. '내 아버지는 부자이며 그의 하인 스무 명이 배불리 먹고 있는데 아들인 나는 들판에서 돼지들 사이에서 굶주리고 있구나.

10 나는 다시 아들로 받아들여지는 것을 기대하지 않지만 일어나 곧장 아버지의 집으로 가서 내가 제멋대로였음을 할 것이다.

11 그리고 아버지께 말씀드릴 것이다. 아버지! 제가 다시 돌아왔습니다. 저는 방탕하고 죄를 지으며 재산을 탕진했습니다. 아버지의 아들이라 불릴 자격이 없습니다.

12 저를 다시 아들로 받아 주시기를 구하지 않습니다. 다만 하인들 가운데 있게 해서 비바람을 피하고 배불리 먹게만 해 주십시오.'

13 그리고 일어나 아버지의 집을 찾아갔다. 그가 마을에 이르자 어머니는 아주 멀리 떨어져 있었지만, 아들이 오는 것을 보았다.

14 (어머니의 가슴은 방황하는 아이의 그리워하는 심정을 어렴풋이 느낄 수 있었다.)

15 아버지가 왔다. 그들은 서로 손을 잡고 아들을 만나러 걸어갔다. 기쁨이 넘쳐 흘렀다.

16 아들은 자비를 구하며 하인의 자리를 간절히 부탁했다. 그러나 그런 부탁을 들어주기에는 사랑하는 마음이 너무 컸다.

17 문이 활짝 열렸다. 아들은 어머니와 아버지의 진심 어린 환대를 받았다.

18 아버지가 하인들을 불러 아들에게 입힐 가장 좋은 옷과 최고급 신발과 순금으로 된 반지를 가져오게 하였다.

19 그리고는 아버지가 말했다. '나의 하인들이여! 오늘의 기쁨을 축하하려 하니 가서 살찐 송아지를 잡아 잔치를 준비하라.

20 죽은 줄로만 알았던 아들이 살아 돌아왔으니 잃었다고 생각했던 보물을 찾은 것과 같다.'

21 곧 잔치가 준비되고 모두 기뻐하고 있을 때 장남이 돌아왔다. 그는 먼 들판에서 일하느라 동생이 돌아온 것을 모르고 있었다.

22 그리고 이 모든 흥겨움의 이유가 무엇인지 알고 나서 그는 기분이 상해 집으로 들어가려 하지 않았다.

23 그의 아버지와 어머니 모두 눈물 흘리며 동생의 변덕스러움과 어리석음을 눈감아 주기를 간청했지만, 그는 거절하며 말했다.

24 '저는 이때껏 집에 남아 매일 부모님을 섬기며 부모님의 명령이 아무리 가혹할지라도 결코 어겨본 일이 없습니다.

25 그런데도 두 분께선 저를 위해 새끼 양을 잡은 적도 없고, 제 친구들과 즐겁게 지내도록, 조촐한 잔치 한번 베풀어주신 적도 없습니다.

26 그런데 방탕한 동생이 집을 나가 죄를 짓느라 아버지의 재산을 반이나 탕진하고 할 수 있는 일이 없어 돌아왔는데 살찐 송아지를 잡아 엄청난 잔치를 베푸시는군요.'

27 아버지가 말했다. '내 아들아! 내 재산은 모두 너의 것이며 너는 지금껏 우리와 기쁨을 함께 하지 않았느냐?

28 그런데 소중한 네 아우가 죽었다고 생각했는데 살아 돌아왔으니 기뻐하는 게 당연하지 않겠느냐?

29 저 아이가 방탕하여 매춘부나 도둑들과 어울렸을지도 모르지만 그런데도 여전히 네 아우이며 우리의 아들이란다.'"

30 그런 뒤 예수는 모두가 들을 수 있도록 말했다. "들을 귀 가진 자, 이해할 수 있는 마음을 가진 자는 이 비유의 의미를 알 것이다."

31 그런 뒤 예수는 열두 제자와 함께 가버나움으로 갔다.

예수는 그리스도인의 나라 건설과 장차 오실 권능의 주를 말한다. 신실할 것을 권한다. 불공정한 재판관의 비유. 바리새인과 세리의 비유.

~~~ ❊ ~~~

145 한 무리의 바리새인들이 예수와 이야기를 나누려고 와서 말했다. "선생님, 우리는 당신께서 나라가 가까이 왔다고 말씀하시는 것을 들었습니다.

2 다니엘서에서는 하늘에 계신 하나님께서 한 나라를 이루신다 했는데, 당신이 말씀하시는 그 나라가 하나님의 나라입니까? 만약 그렇다면 그 나라가 언제 옵니까?"

3 예수가 말했다. "선지자들은 모두 이 하나님의 나라에 대해 말해 왔다. 하나님의 나라는 바로 가까이에 있지만, 사람들은 그것이 오는 것을 결코 볼 수 없다.

4 그것은 결코 육안으로는 볼 수 없다. 그것은 내재하는 것이다.

5 보라, 내가 지금까지 말해 왔고 이제 다시 말하거니와, 마음이 순수한 자들만이 그 왕을 볼 수 있고, 마음이 순수한 자들은 모두 왕의 신하들이다.

6 개심하고 죄에서 벗어나라. 너희를 준비하라! 오, 준비하라! 나라가 가까이 왔다."

7 그런 뒤 예수는 제자들에게 말했다. "사람의 아들의 계절은 지나갔다.

8 너희가 무엇보다 이와 같은 날들의 하루를 다시 보기 원할 때가 오겠지만 너희는 그날을 볼 수 없다.

9 많은 사람들이 '보라, 여기에 그리스도가 계시다. 저기에 그리스도가 계시다'라고 말하겠지만 미혹되지 말라. 그들의 길을 가지 말라.

10 사람의 아들이 다시 올 때 누구도 그 길을 가리킬 필요가 없다. 번개가 하늘을 비추듯 사람의 아들이 하늘과 땅을 비출 것이기 때문이다.

11 하지만 나는 말한다. 사람의 아들이 권능으로 오기 전에 많은 세대가 왔다가 갈 것이다. 그러나 그가 올 때 누구도 '그리스도가 여기 있다. 저기 있다.'라고 말하지 않을 것이다.

12 그러나 그때는 노아의 시대에 홍수가 나기 전처럼 그렇게 될 것이다. 그때 사람들은 먹고 마시고 환락에 취해 기쁨을 노래하였다.(창세기 6:8 이하)

13 방주가 완성되고 노아가 방주 안으로 들어갈 때까지 그들은 자신들의 파멸을 알지 못했다. 그 후 홍수가 닥쳐 그들 모두를 휩쓸어버렸다.

14 또한, 롯의 시대에도 마찬가지였다. 사람들은 먹고 마셨다. 그들은 사고팔고, 심고 거두고, 죄를 범하면서 개의치 않았다.(창세기 19장)

15 그러나 의로운 롯이 성읍의 성문으로 빠져나오자 성읍 아래의 땅이 흔들리고 유황불이 하늘에서 떨어졌다.

16 땅의 갈라진 틈이 크게 벌어지고, 집과 재산을 집어삼켰고 사람들은 땅속으로 빠져 다시는 올라오지 못했다.

17 사람의 아들이 권능으로 올 때도 그러할 것이다.

18 앞으로 명할 것처럼 지금 명하겠다. 재물을 아끼려 하지 마라. 그렇지 않으면 너희의 생명을 잃을 것이다. 곧장 가라. 그리고 무너져가는 죄의 벽을 돌아보지 마라. 뒤를 돌아본 롯의 아내의 교훈을 잊지 마라.

19 누구든 자기 생명을 구하려는 자는 생명을 잃을 것이며, 누구든지 다른 사람의 생명을 섬기는 일에 자신의 생명을 아낌없이 바치는 자는 자신의 생명을 구할 것이다.

20 그 후 체로 걸러내는 시간이 온다. 두 남자가 침대에 있는데 한 명은 불려가고 다른 한 사람은 남을 것이다. 두 여자가 나란히 일을 하고 있지만 한 명은 사라질 것이고 한 명은 남을 것이다."

21 제자들이 말했다. "저희에게 이 비유를 설명해 주십시오. 아니면 그것은 비유가 아닙니까?"

22 예수가 말했다. "지혜로운 자들은 이해할 것이다. 하늘의 빵이 있는 곳에서 너희는 마음이 순수한 자들을 찾을 수 있을 것이며, 주검이 있는 곳에 먹이를 찾는 새들이 모일 것이다.

23 보라 내가 말하거니와, 이런 날들이 오기 전에 사람의 아들이 너희 중 한 사람에게 배반을 당해 악한 자들의 손에 넘겨질 것이며 그는 너희와

온 세상을 위해 그의 생명을 바칠 것이다.

24 그렇다. 그뿐만 아니라, 성스러운 숨결이 권능으로 오셔서 너희를 의인의 지혜로 채워주실 것이다.

25 또한, 너희는 유대와 사마리아와 더 먼 나라에서 놀라운 이야기를 전할 것이다."

26 예수는 사람들에게 기도하고 절대 낙심하지 말 것을 가르치기 위해 이같은 비유를 말했다.

27 "하나님을 두려워하지 않고 사람을 무시하는 한 재판관이 있었다.(누가복음 18:2 이하)

28 한 과부가 그 재판관에게 자주 찾아와 자신이 당한 억울한 일을 바로잡아 줄 것과 자신의 원수를 갚아 줄 것을 간청했다.

29 처음에는 재판관이 그녀의 말에 귀를 기울이지 않았지만, 여러 날이 지난 후 말했다.

30 '나는 하나님을 두려워하지 않고 사람을 무시하지만, 이 여인이 날마다 나에게 와 간청함으로 나를 번거롭게 하니 내가 그녀의 원한을 풀어주겠다.'"

31 제자들이 이 비유의 뜻을 묻자 주께서 대답했다. "지혜로운 자들은 이해할 수 있을 것이며 어리석은 자는 알 필요가 없다."

32 예수는 자기 자신을 믿고 자기들이 다른 사람들보다 더 거룩하다고 생각하며 예수를 따르는 자들을 가르치려고 다음과 같은 비유를 말했다.

33 "두 사람이 기도하려고 회당으로 갔다. 한 명은 바리새인이고 다른 사람은 세리였다.(누가복음 18:10 이하)

34 바리새인이 나서며 이렇게 기도했다. '오 하나님, 제가 다른 이들처럼 탐욕스럽고 부정하고 간음하는 자가 아닌 것을 감사드리며,

35 또한, 세리와 같지 않은 것을 감사드립니다. 저는 일주일에 두 번 금식하고 제가 벌어들인 것의 십일조를 바칩니다.'

36 세리는 가까이 오지도 않고 하늘을 향해 눈을 들지도 않은 채 가슴을 치며 말했다.

37 '오 주님, 저에게 자비를 베푸소서. 저는 당신 앞에서 죄인입니다. 저는 쓸모없는 사람입니다.'

38 너희에게 말하거니와, 그 세리는 기도하는 법을 알았기 때문에 의롭게 되었다.

39 그 바리새인은 말하는 법은 알았으나 죄를 선고 받고 떠났다.

40 보라, 자신을 칭찬하는 자는 낮아질 것이며 자신을 칭찬하지 않는 자는 하나님 앞에서 높임을 받을 것이다."

갈릴리에서 제자들과의 마지막 만남. 미리암이 찬양의 노래를 부른다. 그 노래. 그리스도인들이 예루살렘으로 여행을 시작한다. 그들이 에논 샘터에서 쉰다. 야고보와 요한의 어머니의 이기적인 요구. 그리스도인들이 예루살렘에 도착한다.

⟞ ❊ ⟝

146 갈릴리에서 예수의 일이 끝났다. 그가 갈릴리 지역에 메시지를 보냈다. 예수의 손에서 축복을 받으려고 많은 이가 갈릴리의 여러 마을에서 왔다.

2 사람들 중에 안디옥 출신의 시리아인 누가가 있었다. 그는 학식이 있는 의사로 정의로운 사람이었다.

3 카이사르의 장관이자 그리스 상원 의원인 데오빌로가 또한 그곳에 있었으며, 명성이 높은 다른 많은 사람들이 와 있었다.

4 그리고 미리암이 노래를 불렀다. "높이 뜬 태양을 모두 함께 맞이하라!

5 과거에도 계셨고 현재도 계시며 영원히 계실 그리스도를 모두 함께 맞이하라!

6 그림자의 땅에 드리운 어둠을 모두 함께 맞이하라! 땅 위에 동트는 평화를 모두 함께 맞이하라! 사람들에게 선한 의지가 있으리라!

7 죽음의 폭군에 맞서 이기고 사람들에게 영생의 빛을 가져다준 승리의 왕을 모두 함께 맞이하라!

8 부러진 십자가와 창을 모두 함께 맞이하라!

9 영혼의 승리를 모두 함께 맞이하라! 빈 무덤을 모두 함께 맞이하라!

10 사람들에게 멸시받고 대중들에게 거절당한 분이 보좌에 앉으시니, 모두 함께 그를 맞이하라!

11 모두 함께 만세! 그가 마음이 순수한 자들을 불러 그와 함께 권능의 보좌에 앉게 하셨다.

12 모두 함께 만세! 찢어진 장막이여! 하나님 계신 가장 높은 궁전에 이르는 길이 사람의 아들들에게 열렸도다!

13 기뻐하라, 오 땅의 사람들이여! 기뻐하고 크게 기뻐하라!

14 하프를 가져와 최상의 노래를 연주하라. 피리를 가져와 가장 달콤한 선율을 연주하라.

15 낮게 된 자들은 이제 높게 들리고, 어둠 속에서 죽음의 골짜기를 걷던 자들은 일어나 하나님과 사람이 영원히 하나가 되리라.

16 할렐루야! 영원히 주님을 찬양하라. 아멘."

17 예수가 하늘을 향해 눈을 들어 말했다.

18 "내 아버지 하나님이시여! 이제 당신의 사랑, 당신의 자비하심, 당신의 진리가 이 사람들에게 임하게 하소서.

19 등불이 그들 가운데 꺼지고 만약 내면의 빛이 타오르지 않는다면 그들은 어둠 속과 죽음의 길을 걸어야만 합니다."

20 그런 뒤 예수는 모두에게 작별인사를 했다.

21 그 후 예수와 그의 어머니, 열두 제자, 미리암과 마리아, 두 제자 야고보와 요한의 어머니,

22 그리고 그리스도를 사랑하는 많은 다른 충성스러운 혼들은 유대의 축제를 축하하려고 예루살렘으로 떠났다.

23 그들이 여행하던 중 선구자 요한이 한때 가르쳤던 살림 근처에 있는 에논 샘터에 도착했다.

24 그들이 샘 근처에서 쉬고 있을 때 세베대의 아내이며 두 제자 야고보와 요한의 어머니인 마리아가 주님께 와서 말했다.(마가복음10:35이하)

25 "주여! 저는 하나님의 나라가 곧 올 것을 알고 있으므로 부탁드립니다. 저의 아들들이 주님과 함께 하여 한 명은 주님의 보좌 오른쪽에 한 명

은 왼쪽에 앉게 명해 주소서."

26 예수가 말했다. "그대는 그대가 무엇을 구하는지 모르고 있다."

27 그리고는 야고보와 요한을 돌아보고 말씀했다. "너희는 내가 마실 잔을 마실 정도로 단단히 준비되어 있느냐?"

28 그들이 말했다. "예. 주여! 저희는 당신께서 가시는 곳에 따라갈 만큼 단단히 준비되어 있습니다."

29 그러자 예수가 말했다. "너희는 내 잔을 마실 것이다. 그러나 나는 누가 나의 오른쪽에, 누가 나의 왼쪽에 앉게 될지를 결정하는 사람이 아니다.

30 살면서 믿음을 지키는 사람들이 권능의 보좌에 앉을 것이다."

31 한편 사도들은 아들을 위한 그 어머니의 간청을 듣고, 또한 야고보와 요한이 주님으로부터 특혜를 구하고 있음을 알고서 분개하여 말했다.

32 "우리는 야고보와 요한이 이기심을 초월했다고 확실히 생각했습니다. 사람의 아들들 가운데서 우리가 누구를 믿을 수가 있겠습니까?"

33 예수가 열 명을 따로 불러 말했다. "사람이 혼의 나라의 본질을 이해하는 것이 얼마나 어려운 일인가!

34 이들 두 제자는 하늘의 통치가 땅 위의 통치와 다르다는 것을 모르는 것 같다.

35 세상의 모든 나라에서는 권세 있는 자들이 자신을 높이고 자신의 권위를 과시하고 냉혹한 법으로 다스린다.

36 그러나 빛의 아들들을 다스리는 자들은 세상의 권력을 추구하지 않으며, 다만 사람들을 위해 기꺼이 자신의 생명을 희생하여 바치는 사람이라는 것을 너희가 반드시 알아야 한다.

37 누구든 큰 자가 되려는 자는 모든 사람을 섬기는 자가 되어야 한다. 하늘에서 가장 높은 자리는 이 땅에서 가장 낮은 자의 발아래 있다.

38 나는 세상이 만들어지기 이전에 우리 아버지 하나님과 함께 영광을 누렸다. 그리고 여전히 나는 인류에게 헌신하고 사람들을 섬기며 나의 생명을 바치기 위해서 왔다."

39 그리스도인들은 계속 여행하여 예루살렘에 도착했다.

예수가 성전에서 사람들에게 메시아에 대해 말한다. 유대인들의 배반을 꾸짖는다. 유대인들은 예수에게 돌을 던지려 했지만, 요셉에게 저지당한다. 그리스도인들은 여리고를 지나 벳다바라로 간다.

─── ❀ ───

147 갈릴리, 유대, 사마리아에서 온 많은 유대인이 예루살렘의 축제에 참석했다.

2 솔로몬의 현관에는 학자들, 바리새인들, 율법 박사들, 서기관들로 가득 차 있었고 예수는 그들과 함께 걸었다.

3 한 서기관이 예수에게 다가와 말했다. "선생님! 당신은 왜 사람들을 초조히 기다리게 하십니까? 만약 당신께서 선지자들이 올 거라고 말한 그 메시아라면 지금 저희에게 그렇다고 말씀해 주시지 않으시겠습니까?

4 예수가 말했다. "보라, 내가 그대들에게 여러 번 말했지만, 그대들은 나를 믿지 않았다.

5 하나님으로부터 오지 않은 그 누구도 내가 그대들에게 가져온 진리와 같은 것을 가져올 수 없으며 내가 행한 일을 이룰 수 없다.

6 내가 한 일과 한 말은 나에 대한 증거이다.

7 하나님께서 부르신다. 하늘의 소리를 들을 수 있도록 맞춰진 귀를 가진 사람들은 그 소리를 듣고 나를 믿었다. 하나님께서 나를 보증하시기 때문이다.

8 그대들은 하나님의 목소리를 들을 수 없다. 그대들의 귀가 닫혀 있기 때문이다. 그대들은 하나님의 일을 이해할 수 없다. 그대들의 마음이 자아로 가득 차 있기 때문이다.

9 또한, 그대들은 남의 일에 참견하거나 이간질하기 좋아하는 위선자들이다. 그대들은 하나님께서 내게 보낸 사람들을 그대들의 소굴에 데려가서 궤변과 거짓말로 그들을 독살하려고 하고 하나님의 품 안에서 그들을 빼앗을 것이라고 생각한다.

10 내가 그대들에게 말하거니와 이 사람들은 시련을 받고 있지만, 그대들은 그들 중 한 사람도 빼앗아 갈 수 없다.

11 나에게 그들을 맡기신 나의 아버지께서는 그대들 모두보다 더 위대하시며 그분과 나는 하나이다."

12 그러자 유대인들은 돌을 집어 들고 그에게 던지면서 외쳤다. "이제 충분히 들었다. 그를 쫓아내라! 돌로 쳐 죽이자!"

13 그러나 그때, 유대인들의 위대한 산헤드린의 일원인 요셉이 현관에 서 있다가 앞으로 나서며 말했다.

14 "이스라엘의 사람들이여, 분별없는 행동을 삼가시오. 그 돌들을 내려놓으시오. 이러한 경우에 그대들의 이성이 열정보다 더 나은 길잡이요.

15 그대들은 그대들의 비난이 진실인지 알지 못하오. 만일 이 사람이 스스로 그리스도임을 증명하는데 그대들이 그의 생명을 취한다면 하나님의 진노가 영원히 그대들에게 있을 것이오."

16 예수가 그들에게 말했다. "나는 그대들의 병자들을 치료하고, 앞을 못 보는 사람들은 볼 수 있게 하고, 듣지 못하는 사람들을 듣게 하고, 걸음이 불편한 사람들은 걷게 하고, 그대들의 친구들로부터 악령을 쫓아 주었다.

17 이런 위대한 일들 가운데 어떠한 일로 나의 생명을 빼앗으려 하느냐?"

18 유대인들이 대답했다. "우리는 그대의 자비로운 일들에 대해 그대를 돌로 치려고 한 것이 아니라 그대의 수치스럽고 모독적인 말들 때문에 그러는 것이오. 그대는 사람에 불과하면서 여전히 자기가 하나님이라고 말하고 있소."

19 예수가 말했다. "그대들의 선지자가 사람의 아들들에게 '너희는 신들이다.'라고 말하지 않았느냐!

20 잘 들으라. 만일 그 선지자가 단지 하나님의 말씀을 들은 사람들에게 그렇게 말할 수 있었다면, 어찌하여 내가 하나님의 아들이라고 말했다고 해서 내가 하나님을 모독한다고 생각하는 것이냐?

21 만약 그대들이 내가 말한 것을 믿지 못한다면 내가 한 일은 믿어야 하고, 이러한 일 속에서 아버지를 보아야 하며 하나님 아버지 안에 내가 거하고 내 안에 아버지가 거하고 계심을 알아야 할 것이다."

22 그러자 유대인들은 다시 돌을 집어 들었고 성전 뜰에 서 있는 예수에게 던지려 했다. 그러나 예수는 사람들의 시야에서 벗어나 현관과 안뜰에서 나갔다.

23 그리고 열두 제자와 함께 여리고로 갔다. 그리고 며칠 뒤에 그들은 요단강을 건너서 벳다바라에서 여러 날을 머물렀다.

나사로가 죽고 예수는 열두 제자를 데리고 베다니로 돌아온다. 나사로의 부활. 그것은 예루살렘의 통치자들을 크게 동요시킨다. 그리스도인들은 에브라임 언덕에 올라 그곳에 머문다.

— ❊ —

148 어느 날 예수와 열두 제자가 아라바에 있는 집에서 침묵에 잠겨있을 때 전령이 와서 말했다.

2 "주 예수여, 들으소서! 베나디에 있는 당신의 친구가 아파서 죽을 지경에 이르렀습니다. 그의 누이들이 당신께서 서둘러 오시기를 재촉하고 있습니다."

3 예수가 열두 제자를 돌아보며 말했다. "나사로가 잠들었으니 내가 가서 깨워야겠다."

4 제자들이 말했다. "잠든 것이라면 가실 필요가 무엇이 있습니까? 머지 않아 깨어날 텐데요"

5 그러자 예수가 말했다. "죽음의 잠이다. 나사로는 죽었다."

6 그러나 예수는 서두르지 않았다. 그는 아라바에서 이틀을 머물렀다. 그런 뒤 말했다. "때가 되었으니 우리가 베다니로 가야 한다."

7 그러나 제자들이 가지 말라고 설득하며 말했다. "유대인들이 선생님의 목숨을 취하기 위하여 돌아오기만을 기다리고 있습니다."

8 예수가 말했다. "내가 내 생명을 넘겨주기 전에 사람들이 내 생명을 가져갈 수는 없다.

9 시간이 되면 나 스스로 내 생명을 내놓을 것이다. 그때가 가까웠고, 하나님께서 그때를 가장 잘 아신다. 나는 일어나 가야만 한다."(요한복음 11장)

10 도마가 말했다. "그러면 우리도 또한 갈 것입니다. 그렇습니다. 우리도 우리 생명을 바쳐 그와 함께 죽을 것입니다." 그리고 그들이 일어나 떠났다.

11 마리아, 마르다, 룻 그리고 많은 친구들이 그들의 집에서 울고 있을 때 한 사람이 와서 말했다. "주님께서 오셨습니다." 그러나 마리아는 그 말을 듣지 못했다.

12 그러나 룻과 마르다는 그 말을 듣고 일어나 주님을 만나러 나갔다. 예수가 마을 어귀의 문에서 기다리고 있었다.

13 주님을 만나자 마르다가 말했다. "너무 늦으셨습니다. 나사로는 이미 죽었습니다. 당신께서 우리와 함께 계셨더라면 그는 죽지 않았을 것을 저는 압니다.

14 그러나 지금이라도 당신은 죽음을 이길 힘이 있으며 하나님의 신성한 말씀으로 죽음으로부터 삶을 일어나게 할 수 있다는 것을 알고 있습니다."

15 예수가 말했다. "보라, 나사로는 다시 살아날 것이다."

16 마르다가 말했다. "저는 그가 모든 죽은 자가 살아날 때 다시 살 것을 압니다."

17 예수가 말했다. "나는 부활이자 생명이다. 나를 믿는 자는 죽더라도 살 것이며,

18 살아서 나를 믿는 자는 절대 죽지 않을 것이다. 너희는 내가 말한 것을 믿느냐?"

19 그러자 마르다가 말했다. "주여, 저는 당신께서 하나님의 그리스도를 보여주기 위해 오셨음을 믿습니다."

20 예수가 말했다. "돌아가서 네 자매와 내 어머니와 여선지자들을 따로 불러 내가 왔다고 말하라. 나는 그들이 올 때까지 여기 문 옆에서 기다릴 것이다."

21 룻과 마르다는 예수가 시킨 대로 하였다. 잠시 후에 마리아들과 여선지자들이 주님을 만났다.

22 마리아가 말했다. "어찌하여 이렇게 늦었습니까? 당신께서 우리와 함

께 계셨더라면 오라버니는 죽지 않았을 겁니다."

23 그러자 예수가 집으로 올라가 모두가 깊은 슬픔에 잠긴 것을 보고 그 자신도 슬픔에 잠겼다. 그가 말했다. "그가 누운 무덤이 어디냐?"

24 그들이 말했다. "주여, 와서 보소서." 그리고 예수가 울었다.

25 사람들이 말했다. "예수가 그를 얼마나 사랑하셨는지를 보라!"

26 다른 이들이 말했다. "날 때부터 앞 못 보던 자의 눈을 뜨게 하신 주께서 이 사람을 죽음에서 구하지 못하리오?"

27 곧 조문객들이 무덤 옆으로 섰다. 단단한 바위를 잘라 만든 무덤이었고, 육중한 돌로 문 입구가 막혀 있었다.

28 예수가 말했다. "그 돌을 치워라."

29 하지만 마르다가 말했다. "주여! 그래도 괜찮을까요? 보십시오. 우리 형제가 죽은 지 나흘이 지났으니 그 몸이 썩고 있을 텐데 우리가 지금 그의 몸을 보아도 괜찮을까요?"

30 주께서 대답했다. "마르다야! 우리가 마을 어귀에 있을 때 내가 한 말을 잊었느냐? 네가 주님의 영광을 볼 것이라고 내가 말하지 않았느냐?"

31 그러자 그들이 돌을 굴려 치웠다. 살은 썩지 않았다. 예수가 눈을 들어 하늘을 향해 말했다.

32 "아버지 하나님, 당신께서는 저의 기도를 항상 들어주셨음을 지금 감사드립니다. 그리고 당신께서 저를 보내셨고 제가 아버지의 것임을 이 대중들이 알게 해주심을 감사드리며, 권능의 거룩한 말씀을 강하게 해주심을 감사드립니다."

33 그런 뒤 그는 거룩한 말씀을 말하고, 혼들이 알아들을 수 있는 목소리로 말했다. "나사로야 깨어나라!"

34 나사로가 일어나 무덤 밖으로 나왔다. 수의가 그의 몸에 단단히 싸매져 있었다. 예수가 말했다.

35 "수의를 풀어 그를 가게 하라."

36 사람들은 몹시 놀랐고, 예수에 대한 믿음을 고백했다.

37 이들 중 몇 사람들이 예루살렘으로 가서 바리새인들에게 죽은 자의 부

활에 대해 말했다.

38 우두머리 제사장들이 당황하여 말했다. "어찌해야 좋겠습니까? 이 사람은 많은 기적을 행하고 있으니 그가 하는 일을 막지 않으면 모든 이가 그를 왕으로 여길 것이요. 그러면 로마인들에 의해 그가 왕위에 오를지도 모르고, 우리는 우리의 지위와 권력을 잃게 될 것입니다."

39 대제사장들과 바리새인들이 공회에 모여 예수를 죽음에 몰아넣을 방법을 모색했다.

40 가야바는 당시의 대제사장이었다. 그가 나서서 말했다. "이스라엘 사람들이여, 율법을 알지 못하는가?

41 이런 경우에 우리 국가와 율법을 구하기 위해 한 사람의 생명을 포기할 수 있다는 것을 모르는가?"

42 가야바는 그 자신이 진리의 말씀을 말하고 있는 선지자임을 알지 못했다.

43 그는 예수가 모든 사람, 즉 유대인과 그리스인과 온 세상을 위해 희생제물로 바쳐질 시간이 다가오고 있음을 알지 못했다.

44 그날 이후로 유대인들은 매일 모여 주님을 죽일 계획을 세워나갔다.

45 한편 예수와 열두 제자는 베다니에 있지 않고 사마리아의 경계에 있는 에브라임의 언덕에서 거처를 찾아 여러 날을 그곳에 머물렀다.

유대인들이 축제에 참석하기 위해 예루살렘에 모인다. 그리스도인들은 여리고로 간다. 예수는 삭개오과 함께 식사한다. 주님께서 10달란트에 대한 이야기를 한다.

─── ✻ ───

149 유대인들의 큰 봄 축제인 유월절이 모든 신실한 유대인들을 예루살렘으로 불러들이고 있었다.

2 이 축제가 시작되기 열흘 전 주님과 그의 제자들은 에브라임 언덕을 떠나 요단강을 거쳐 여리고로 갔다.

3 그들이 여리고로 들어갔을 때 한 부유한 세리가 주님을 보기 위해 나왔다. 그러나 키가 작은 데다 사람들이 워낙 많아 예수를 볼 수 없었다.

4 길가에 뽕나무 한그루가 있었는데 그는 그 나무 위에 올라가 가지에 앉을 곳을 찾았다.(누가복음 19:2 이하)

5 예수가 와서 그를 보고 말씀했다. "삭개오야, 어서 내려오너라. 오늘 내가 네 집에 머물러야겠다."

6 삭개오는 내려와 기뻐하며 주님을 맞이하였다. 그러나 엄격한 교파의 많은 사람들이 소리쳐 말했다.

7 "그가 죄인이며 세리인 삭개오의 집에 머물러 가시다니 부끄러운 일입니다!"

8 그러나 예수는 그들의 말에 개의치 않으시고 삭개오와 함께 갔다. 그는 믿음이 있는 사람이었다. 그들이 이야기를 나눌 때 삭개오가 말했다.

9 "주님, 저는 항상 옳은 일을 하려고 노력하고 있습니다. 저는 제 재산의 절반을 가난한 사람들에게 나눠 주고 제가 만일 어떤 식으로든지 사람에게 잘못하면 그 사람에게 네 배를 갚아 잘못을 바로잡습니다."

10 예수가 그에게 말했다. "너의 삶과 믿음은 이미 하나님께서 아신다. 만군의 주 하나님의 축복이 너와 네 집에 있을 것이다."

11 그런 뒤 예수가 모두에게 한 비유를 말했다. "'어떤 황제의 신하가 왕이 되었다. 그는 자신의 권리를 주장하고 스스로 왕국을 차지하려고 외국 땅으로 갔다.(누가복음 19:112 이하)

12 왕은 가기 전에 열 명의 신임하는 종들을 불러놓고 각자에게 1파운드씩을 주며 말했다.

13 '가서 기회가 생기는 대로 이 돈을 활용하여 나를 위해 더 많은 재산을 늘릴 수 있도록 하라.' 그리고 왕은 길을 떠났다.

14 여러 날이 지난 후 왕은 돌아와 열 명을 불러서 보고하게 했다.

15 첫 번째 종이 와서 말했다. '왕이시여, 저는 9파운드를 벌었습니다. 제게 일 파운드를 주셨는데 여기 10파운드가 있습니다.'

16 왕이 대답했다. '잘했다. 충실한 종아. 너는 작은 일에 충실하였기 때문에 더 큰 일에도 충실한 종이 될 것이라 판단한다.

17 보라, 내 영토 중에서 아홉 개의 중요한 도시의 통치자로 임명한다.

18 두 번째 종이 와서 말했다. '왕이시여 저는 4파운드를 벌었습니다. 제게 1파운드를 주셨고 여기 5파운드가 있습니다.'

19 왕이 대답했다. '너는 너의 충실함을 증명했다. 보라, 내 영토 가운데 중요한 도시 네 개의 통치자로 임명한다.'

20 다른 종이 와서 말했다. '왕이시여, 저는 저에게 주신 돈을 배로 늘렸습니다. 저에게 1 파운드를 주셨고 여기 2파운드가 있습니다.'

21 왕이 말했다. '너는 너의 충실함을 증명했다. 나는 너에게 내 영토의 중요한 한 도시의 통치자로 임명한다.'

22 다른 종이 와서 말했다. '왕이시여, 여기 당신이 주신 돈이 있습니다. 저는 주인님이 씨를 뿌리지 않은 곳에서 자주 거둬들이는 준엄한 분이라는 것을 알기에 몹시 두려웠습니다. 그래서 저는 당신이 주신 이 돈을 은밀한 곳에 숨겨두었습니다. 여기 그 돈이 있습니다.'

23 왕이 소리쳐 말했다. '게으른 자여! 내가 요구하고 기대했던 것은 각자 최선을 다하는 것이라는 것을 너는 알고 있었다.

24 만일 네가 소심하고 두려워하여 시장에서 장사할 엄두가 나지 않았다면 어찌하여 가서 내 돈을 남에 빌려줘서 이자를 취하지 않았느냐?'

25 그런 뒤 왕은 그의 재산을 관리하는 신하에게 말했다. '이 1파운드를 취하여서 열심히 일해서 9파운드를 번 종에게 주어라.'

26 그러므로 내가 말하거니와, 자기가 갖고 있거나 얻은 것을 잘 사용하는 사람은 더욱 풍부하게 가질 것이나, 자기 재능을 땅속에 숨기는 자는 갖고 있던 것도 빼앗길 것이다."

예수가 앞을 못 보는 바디매오를 고친다. 열두 제자와 함께 베다니로 간다. 많은 사람이 예수를 환영하고 나사로와 말하려고 온다.

꽃 무늬

150 그리스도인들이 베다니로 떠나기 시작했다. 그들이 가려는데 아직 여리고에 있는 동안 길가에 앉아 있던 거지 한 명을 지나게 되었다. 그는 맹인 바디매오였다.(마가복음 10:46 이하)

2 그 거지는 사람들이 지나가는 소리를 듣고 물었다. "지금 들리는 이 소리는 무슨 소리입니까?"

3 사람들이 그에게 나사렛 예수가 지나가고 있다고 말했다.

4 그러자 그는 곧바로 외쳤다. "다윗의 자손이신 주 예수여, 길을 멈추소서! 이 불쌍한 앞 못 보는 바디매오에게 자비를 베풀어주소서!"

5 사람들이 그에게 말했다. "조용히 하고 진정하시오."

6 그러나 눈먼 바디매오가 또다시 외쳤다. "다윗의 자손이시여, 들리십니까? 이 불쌍하고 눈먼 바디매오에게 자비를 베풀어주소서!"

7 그러자 예수가 걸음을 멈추고 말했다. "그를 내게 데려오라."

8 그러자 사람들이 그를 주님께 데려가며 말했다. "바디매오여, 이제 기뻐하라. 주님께서 너를 부르신다."

9 그러자 그는 겉옷을 벗어 던지고 길가에서 기다리고 계시는 예수에게 달려갔다.

10 예수가 물었다. "바디매오여, 너는 무엇을 바라느냐?"

11 그가 대답했다. "선생님! 제가 볼 수 있게 제 눈을 뜨게 해주소서."

12 예수가 말했다. "바디매오야, 눈을 뜨고 보아라. 너의 믿음이 너를 온전하게 만들었다."

13 갑자기 시력을 얻게 된 그는 온 마음에서 우러나오는 소리로 말했다. "하나님을 찬양하라."

14 그리고 모든 사람이 외쳤다. "하나님을 찬양하라."

15 그런 뒤 예수와 열두 제자는 베다니로 갔다. 그날은 축제가 열리기 엿새 전이었다.

16 예수가 베다니에 있다는 것이 알려지자 사람들은 그를 보고 말씀을 들으려고 각처에서 몰려왔다.

17 사람들은 모두 예수가 죽음에서 살려준 나사로와 이야기하고 싶어 안달이었다.

18 한편 예루살렘에서는 제사장들과 바리새인들이 모두 경계하고 있었다. 그들은 말했다. "예수는 축제에 올 것이다. 다시는 도망가지 못하게 해

야 한다."

19 그들은 모든 사람에게 예수의 생명을 앗아갈 수 있도록 경각심을 가지고 그를 체포하는데 협조하라고 명했다.

예수가 회당에서 가르친다. 예루살렘으로 당당히 입성한다. 군중들은 어린아이들과 함께 예수를 찬양하는 노래를 부르며 '왕에게 호산나'를 외친다. 그리스도인들이 베다니로 돌아온다.

≈ ✹ ≈

151 예수가 베다니에 온 날은 유대 니산월[51]의 여덟 번째 날, 안식일 전날이었다.

2 안식일에 예수는 회당으로 가서 가르쳤다.

3 예수가 일주일의 첫째 날인 일요일 아침에 열두 제자를 불러 말했다.

4 "우리는 오늘 예루살렘으로 갈 것이나, 두려워하지 마라. 나의 때가 아직 오지 않았다.

5 너희 중 두 사람은 벳바게 마을로 가라. 나무에 묶인 당나귀 한 마리가 있을 것이다. 근처에 어린 새끼도 한 마리도 있을 것이다.

6 그 당나귀를 풀어서 여기 나에게 데려오라. 왜 데려가느냐고 누군가가 묻거든 주님이 필요하다고 말하라. 그리하면 그 주인이 너희를 따라올 것이다."(마가복음 21:1-7)

7 제자들은 예수가 명하신 대로 갔다. 그들은 열린 문 근처에서 당나귀와 그 새끼를 발견하고 당나귀를 풀려 하자, 주인이 말했다. "왜 당나귀를 가져가려는 것이오?"

8 제자들이 말했다. "주님께서 당나귀가 필요합니다." 그러자 주인이 허락했다.

9 제자들이 당나귀를 데려와서 당나귀 등에 자신들의 외투를 올려놓았

---

51) 바빌론 유배 기간 이후 유대 종교력으로 음력 첫째 달의 명칭. 이달은 3월과 4월에 걸쳐 있다. (느헤미야2:1; 에스더3:7) 니산월에 지킨 축제들 가운데 첫 축제는 이집트에서 처음으로 지켰던 유월절이었다. 그달 14일에 행해진 이 축제에는 유월절 어린양의 희생이 포함되었다. (출애굽기 12:2-14; 레위기 23:5; 신명기 16:1)

다. 예수는 당나귀를 타고 예루살렘으로 갔다.

10 많은 사람이 나와서 길을 메웠다. 제자들은 주님을 찬양하여 말했다.

11 "하나님의 이름으로 오시는 왕에게 넘치는 축복이 있으라. 왕은 세 번 복 받았다! 하나님께 모든 영광이, 땅 위에는 평화가, 사람들에게 선한 의지가 있으리라!"

12 많은 사람이 길 위에 자신들의 옷을 깔아 놓았다. 몇몇은 나뭇가지를 꺾어서 길에 놓았다.

13 많은 아이들이 예쁜 꽃으로 만든 화환을 가지고 와서 주님께 바치거나 길에 뿌리면서 말했다. "왕이여, 만세! 왕이여, 만수무강하소서!

14 다윗의 왕좌가 다시 세워질 것이다. 만군의 주님께 호산나!"

15 무리 가운데 바리새인들이 있었다. 예수가 지나갈 때 그들이 말했다. "이 시끄러운 무리를 꾸짖으시오. 길거리에서 이처럼 떠들다니 창피한 줄을 알아야지."

16 주께서 대답했다. "내가 그대들에게 이르노니 만약 이 사람들이 조용히 한다면 바로 저 돌들이 크게 외칠 것이오."

17 그러자 바리새인들은 서로 의논을 한 후에 말했다. "우리가 협박해도 소용이 없습니다. 보십시오, 온 세상이 그를 따르고 있습니다."

18 예루살렘에 가까이 이르자, 예수는 걸음을 멈추고 눈물을 흘리면서 말했다. "예루살렘이여, 예루살렘이여, 유대인들의 거룩한 도시여! 주님의 영광이 너의 것이었으나 너는 주님을 버렸구나.

19 너희의 눈이 감겨 왕을 볼 수가 없구나. 하늘과 땅의 주님의 나라가 왔으나 너희는 그것을 이해하지 못하는구나.

20 보라, 멀리에서 온 군대가 너희 주위에 진지를 구축하고 너희를 에워싸고 사방에서 포위하는 날이 올 것이다.

21 그들은 너희를 땅에 내동댕이치고 너희와 자식들을 길에서 살해할 것이다.

22 너희의 신성한 성전과 궁전, 그리고 성벽은 돌 위에 돌 하나도 남아 있지 않을 것이다. 오늘 너희가 하늘에 계신 하나님의 베푸심을 걷어찼기

때문이다."

23 예수와 무리가 예루살렘으로 왔을 때 그곳은 흥분의 도가니였다. 사람
들이 물었다. "이 사람은 누구입니까?"

24 무리가 대답했다. "이분은 왕이시며, 선지자요, 하나님의 제사장입니
다. 이분은 갈릴리에서 오신 분입니다."

25 그러나 예수는 지체하지 않고 곧바로 성전 현관으로 갔다. 그곳은 왕
을 보려고 몰려든 사람들로 가득했다.

26 환자들, 걸음이 불편한 사람들, 앞을 보지 못하는 사람들이 그곳에 있
었다. 예수는 잠시 멈추시고 그들에게 손을 얹은 후에 하나님의 신성한
말씀으로 그들의 병을 낫게 했다.

27 성전과 성전 뜰은 하나님을 찬양하는 아이들로 가득했다. 아이들이 외
쳤다. "왕에게 호산나! 다윗의 아들은 왕이시다! 왕 만세! 하나님을 찬
양하라!"

28 바리새인들은 아이들이 노래하는 소리를 듣고 화가 나 예수에게 말했
다. "아이들이 말하는 것이 들립니까?"

29 예수가 말했다. "듣고 있다. 그런데 그대들은 우리의 시인이 쓴 글들을
읽어본 적이 없는가? 들어보라.

30 '당신께서는 아기와 젖먹이의 입에서 찬양을 완성하셨다.' "(시편 8장)

31 저녁이 되자 주님과 제자들은 다시 베다니로 갔다.

예수가 열매를 맺지 못하는 무화과나무를 꾸짖는다. 성전에서 상인들을 쫓아낸다. 사람
들을 가르친다. 베다니로 돌아온다.

⁓ ❋ ⁓

152 다음날 월요일, 예수와 열두 제자는 예루살렘으로 갔다.

2 그들은 길을 가다가 열매는 흔적도 없이 잎만 무성한 무화과나무 한
그루를 보았다.

3 예수가 나무를 향해 말했다. "쓸데없이 땅만 차지하는 나무, 너 무화과
나무야. 보기에 멋있지만, 사람을 속이는구나.

4 너는 열매를 많이 맺는 나무들이 먹어야 할 영양분을 땅과 공기에서 빼앗고 있구나.

5 너는 흙으로 돌아가 다른 나무들이 먹어야 할 영양분이 되어라."

6 예수는 무화과나무를 향해 그와 같이 말하고 길을 떠났다.

7 예수가 성전에 도착하니 방에는 제물로 바칠 비둘기와 동물들 그리고 다른 물건들을 팔고 있는 잡상인들로 가득했다. 성전은 물건을 사고파는 시장이었다.

8 예수가 이 광경에 분개해서 말했다. "그대 이스라엘 사람들이여, 부끄러운 줄을 알라! 이곳은 기도하는 집이다. 그런데 지금은 도적들의 소굴이 되었다. 이 신성한 장소에서 이 약탈물을 치워라."

9 상인들은 그저 웃으면서 말했다. "우리는 관리들의 보호를 받고 장사를 합니다. 우리는 떠나지 않을 것입니다."

10 그러자 예수는 전에 했던 대로 줄로 회초리를 만들어서 상인들 사이로 뛰어 들어가서 상인들의 돈을 바닥에 모조리 쏟아버리고,

11 비둘기 상자를 던져 버렸다. 그리고 울고 있는 새끼 양들을 매어 놓은 줄을 잘라서 풀어주었다.

12 그리고 상인들을 성전에서 몰아낸 후에 깨끗한 새 빗자루로 바닥을 쓸었다.

13 대제사장들과 서기관들은 분노했지만, 주님을 건드리거나 심지어 꾸짖는 것을 두려워했다. 모든 사람이 예수의 편이었기 때문이다.

14 또한, 예수는 온종일 사람들을 가르치고 많은 병자를 낫게 해주었다.

15 저녁이 되자 예수는 다시 베다니로 갔다.

그리스도인들이 예루살렘으로 간다. 그들이 시든 무화과나무를 주의 깊게 본다. 그 상징적인 의미. 예수가 성전에서 가르친다. 제사장들에게 질책을 받는다. 부자의 잔치에 대한 비유를 말한다.

❦

153 화요일 아침 일찍 예수와 열두 제자는 예루살렘으로 갔다.

2 가는 도중에 열두 제자는 주님께서 전날 말한 무화과나무를 보았다. 잎들이 시들어 있었다. 마치 불로 태운 것 같았다.

3 베드로가 말했다. "주님. 저 나무를 보십시오. 잎들이 시들어서 나무가 죽은 것 같습니다."

4 그러자 예수가 말했다. "열매를 맺지 못하는 자도 그와 같이 될 것이다. 하나님께서 그들을 불러서 심판하실 때 하나님은 그들에게 숨을 불어넣으실 것이다. 그러면 그 나뭇잎들, 즉 그들의 공허한 빈말들은 시들어서 썩게 될 것이다.

5 하나님께서는 열매가 없는 생명의 나무가 땅을 차지하지 못하도록 할 것이며, 모두 뽑아서 내던지실 것이다.

6 이제 너희가 하나님의 권능을 증명할 수 있다. 하나님을 믿고 산을 향해 물러가라고 명하면 산은 너희 발밑에서 무너질 것이다.

7 그리고 너희가 바람이나 파도에게 말하면 그들이 들을 것이다. 그리고 너희가 명한 대로 따를 것이다.

8 하나님께서는 믿음의 기도를 들어주신다. 너희가 믿음으로 구하면 받게 될 것이다.

9 너희는 부당한 것을 구하지 말아야 한다. 하나님께서는 자신의 손에 다른 사람의 피를 손에 묻히고 온 사람의 기도는 들어 주지 않으신다.

10 또한, 시기하는 마음을 품고 동료를 사랑하지 않는 사람은 아무리 기도를 하더라도 하나님은 그의 기도를 들어주지 않으신다.

11 하나님께서는 사람들이 남을 위해서 하려는 것 이상의 것을 그 사람들에게 해주실 수 없다."

12 예수가 다시 성전 뜰로 걸어 들어갔다.

13 제사장들과 서기관들은 가야바와 그 밖의 유지들이 모인 회의를 한 후 매우 대담해졌다. 그들은 예수에게 와서 말했다.

14 "누가 당신에게 당신이 했던 일과 같은 일을 할 권능을 주었습니까? 어제 당신은 어찌하여 상인들을 성전에서 내쫓았습니까?"

15 예수가 그들에게 대답하여 말했다. "만일 그대들이 내가 묻는 말에 대

답한다면 나도 그대들의 질문에 대답할 것이다. 선구자 요한은 하나님의 사람인가 혹은 선동적인 사람인가?"

16 서기관들과 바리새인들은 대답하기를 꺼려했다. 그래서 그들은 자기들끼리 의논했다.

17 "만일 우리가 '요한은 하나님께서 보내신 선지자'라고 말한다면 그는 이렇게 말할 것이다.

18 '요한이 나를 하나님의 아들이라고 증언했는데 어찌하여 그대들은 그의 말을 믿지 않는가?'

19 만일 우리가 '요한은 불손하고 선동적인 사람'이라고 말한다면 사람들이 분노할 것입니다. 대중은 그를 살아있는 하나님의 선지자라고 생각하기 때문입니다.

20 그래서 그들은 예수에게 대답하여 이렇게 말했다. "우리는 모르니 말할 수 없소."

21 그러자 예수가 말했다. "만일 그대들이 나에게 대답해 주지 않는다면 누가 나에게 하나님의 집에서 도적의 무리를 몰아낼 권능을 주었는지 말하지 않을 것이다."

22 그런 뒤 예수는 그들에게 비유를 말했다. "어떤 사람이 하루는 잔치를 베풀어 그 고장의 모든 부자와 존귀한 자들을 초청했다.

23 하지만 그들이 와서 보니 연회장으로 들어가는 문이 낮아서 머리를 숙이고 무릎을 꿇지 않고는 안으로 들어갈 수 없다는 것을 알게 되었다.

24 이들은 머리를 숙이고 무릎을 꿇기가 싫어서 돌아가 연회에 가지 않았다.

25 그래서 그 사람은 전령들을 보내 일반 백성과 신분이 낮은 사람들이 와서 그와 함께 잔치를 하도록 명하였다.

26 이들은 기쁘게 와서 머리를 숙여 무릎을 꿇고 연회장에 들어왔고 자리는 가득 찼고 모두 기뻐했다."

27 그런 뒤 예수가 말했다. "보라, 그대들 제사장들과 서기관들과 바리새인들이여! 하늘과 땅의 주님께서 호화로운 잔치를 베풀었다. 그리고 그

대들은 모든 사람 가운데 첫 번째로 초대받았다.

28 하지만 그대들이 연회장으로 들어가는 문이 낮아서 안으로 들어가려면 머리를 숙이고 무릎을 꿇어야 한다는 것을 알게 되었다. 그래서 그대들은 잔치를 베푼 왕을 욕하고 머리를 숙이고 무릎을 꿇는 것을 거절했다. 그리고 그대들의 길을 떠났다.

29 그러나 이제 하나님께서는 사람들을 다시 초대하셨다. 그래서 일반 백성들과 신분이 낮은 사람들이 무리를 지어와서 잔치에 참석하여 모두 기뻐하였다.

30 내가 그대들에게 말하거니와, 세리와 매춘부는 문을 통과하여 하늘에 계신 하나님의 나라로 들어가지만, 그대들은 문밖에 남아 있다.

31 요한은 의로움으로 그대들에게 왔다. 그는 진리를 가지고 왔지만, 그대들은 그를 믿지 않았다.

32 그런데 세리와 매춘부는 그를 믿었고, 세례를 받았으며 지금 잔치에 참석했다.

33 전에도 여러 번 말했고 이제 다시 말하지만, 많은 자가 초대받았지만 선택받은 자는 소수이다."

예수가 성전의 뜰에서 가르친다. 집주인과 사악한 농부의 우화. 혼인 잔치와 결혼 예복을 입지 않은 손님의 비유.

～ ❋ ～

154 사람들은 예수의 말을 들으려고 성전 뜰에 단을 쌓았다. 예수는 그곳에 서서 가르쳤다. 예수가 비유를 들어 말했다.

2 "어떤 사람이 광대한 토지를 가지고 있었다. 그는 포도밭을 만들고 울타리를 두르고 망루를 세우고 포도주를 만드는 압착기를 설치했다.

3 그는 농부들에게 포도밭을 맡기고 멀리 여행을 떠났다.

4 이윽고 수확 철이 되자 주인은 하인을 보내어 포도 수확량에서 본인의 몫을 받아오게 하였다.

5 농부들은 나와서 그 하인을 구타했다. 그의 등에 마흔 대의 채찍질을

가하여 포도밭 밖으로 내쫓았다.

6 그러자 주인은 다시 다른 사람을 보내 자기의 몫을 받아오라고 했다. 농부들은 그를 잡아다가 심하게 상처를 입히고 포도밭 밖으로 내쫓았다. 그 하인은 반죽음이 되어 길가에 내팽개쳐졌다.

7 주인은 또 다른 사람을 보내어 자기의 몫을 받아오라고 했다. 농부들은 그를 잡아다가 창으로 심장을 찔렀다. 그리고는 울타리 너머에 그를 묻어버렸다.

8 주인은 몹시 기분이 상했다. 그는 어떻게 해야 할지 혼자서 곰곰이 생각하고는 말했다. '이렇게 하겠다. 나의 외아들이 여기에 있으니 그를 농부들에게 보내겠다.

9 그들은 틀림없이 내 아들을 공경하고 내 몫을 보낼 것이다.'

10 그는 자기의 아들을 보냈다. 농부들은 서로 의논한 후 말했다. '이 아들은 이 재산 전부를 물려받을 유일한 상속자이다. 우리가 그의 생명을 빼앗는다면 막대한 재산이 우리의 것이 될 것이다.'

11 그들은 그를 죽이고 포도밭 울타리 너머로 시체를 던져 버렸다.

12 그날이 올 것이다. 주인이 돌아와서 농부들과 낱낱이 청산할 것이다. 그리고 그는 그들 모두를 잡아다가 활활 타오르는 불 속에 집어 던져 그들이 진 빚을 갚을 때까지 그들을 거기에 머물게 할 것이다.

13 그런 뒤 주인은 정직한 사람에게 포도밭을 맡길 것이다."

14 예수가 제사장들과 서기관들을 돌아보며 말했다. "그대들의 선지자들이

15 '건축자의 버린 돌이 아치문의 갓돌이 되었도다.'라고 말하지 않았느냐?

16 농부로서 하나님의 사람임을 자처하는 사람들이여, 그대들이 하나님의 사자들인 선지자들을 돌로 쳐 죽이고 이제 그의 아들을 죽이려고 하고 있다.

17 내가 그대들에게 말하거니와, 하나님의 나라를 그대들로부터 낚아채서 지금은 백성이라고 일컬을 수 없는 백성에게, 지금은 나라라고 일컬을

수 없는 그러한 나라에게 줄 것이다.

18 또한, 그대들이 이해할 수 없는 말을 쓰는 사람들이 산 자들과 죽은 자들 사이에 서서 생명의 길을 보여줄 것이다."

19 대제사장들과 바리새인들은 이 비유를 듣고 몹시 화가 나서 주님을 잡아서 해하려 했다. 그러나 그들은 몹시 두려워했다. 그들은 무리를 두려워했다.

20 예수가 다른 비유를 말했다. "하나님의 나라는 자기 아들의 결혼을 축하하기 위해 잔치를 베푼 왕과 같다.(마가복음 22:1 이하)

21 그는 하인을 보내서 잔치에 초대받은 사람들을 불러오라고 했다.

22 하인들이 가서 그들을 불렀으나 그들은 오려고 하지 않았다.

23 그러자 왕은 다른 전령들을 보내서 말하게 했다. '보시오! 잔칫상이 마련되어 있습니다. 소고기와 살찐 송아지 고기가 준비되어 있습니다.

24 최고급 요리와 최고 품질의 포도주가 식탁에 마련되었으니 결혼 잔치에 참석하시오.'

25 사람들은 이를 비웃고 그의 초대를 무시했다. 그리고 각자 갈 길을 갔다. 어떤 사람들은 농장으로 갔고 어떤 사람들은 장사하러 갔다.

26 또 다른 사람들은 왕의 하인을 잡아서 창피를 주었다. 또한, 그들 중 몇몇을 죽이기도 했다.

27 그러자 왕은 군대를 보내 살인자들을 죽이고 그들의 마을을 불태웠다.

28 그런 뒤 왕은 다른 종들을 보내며 말했다. '길모퉁이나 갈림길, 그리고 시장에 가서

29 누구든지 혼인 잔치에 올 수 있다고 말하라.'

30 종들은 나가서 전했다. 잔칫집은 손님으로 가득 찼다.

31 왕이 손님을 보러 나왔는데 혼인 예복을 입지 않은 사람이 한사람 있었다. 왕은 그를 불러 말했다.

32 '친구여, 그대는 어찌하여 예복을 입지 않고 여기에 있는가? 그대는 내 아들의 명예를 더럽히려고 하는가?'

33 그 사람은 꿀 먹은 벙어리가 되어 아무런 대답도 하지 않았다.

34 그러자 왕은 그의 근위병에게 명했다. '이 자의 손발을 묶어 밤의 어두
움 속에 내쫓아라.'

35 많은 사람이 초대를 받았지만, 혼인 예복을 입지 않은 사람은 아무도
손님으로 선택되지 않는다."

예수가 세상의 납세 제도가 정당함을 인정한다. 내세의 가족관계에 대해 가르친다. 계
명 중 가장 으뜸의 계명은 사랑으로 이뤄져 있다. 예수가 제자들에게 서기관들과 바리
새인들의 위선을 경고한다.

$$\diamondsuit$$

155 예수가 말할 때, 바리새인들이 이의를 제기하려고 왔다. 그들은
예수가 한 말을 트집 잡아 죄를 뒤집어씌우려는 생각이었다.

2 한 엄격한 헤롯당원이 말했다. "나의 주님이시여, 당신은 진실한 사람
입니다. 당신은 하나님의 길을 보여주시며 사람들의 인격을 중시하지
않습니다.(마가복음 22:15 이하)

3 당신은 어떻게 생각하는지 말씀해주십시오. 아브라함의 자손인 우리
가 가이사에게 세금을 바쳐야 합니까? 그렇지 않아야 합니까?

4 예수는 그의 사악한 마음을 알고 말했다. "어찌하여 그대는 이처럼 나
를 시험하려 드는가? 그대가 말한 그 세금 바칠 돈을 내게 보여라."

5 그 사람은 초상이 새겨진 주화를 가지고 왔다.

6 예수가 말했다. "이 주화에는 누구의 그림과 이름이 있는가?"

7 그 사람이 대답했다. "카이사르의 초상과 이름입니다."

8 예수가 말했다. "카이사르의 것은 카이사르에게 주어라. 그러나 하나
님의 것은 하나님에게 바쳐라."

9 이 말을 들은 사람들은 '그가 대답을 잘한다.'라고 말했다.

10 그러자 이번에는 죽은 사람은 부활할 수 없다고 생각하는 사두개인이
와서 말했다. "선생님, 모세는 만일 결혼한 사람이 죽고 자식이 없으면
그 처는 그 형제의 아내가 되어야 한다고 기록했습니다.

11 이제 여기에 일곱 형제가 있고 맏형에게 아내가 있었습니다. 그가 죽었

는데 자식이 없었습니다. 동생이 그 여인을 아내로 맞았으나 그도 죽었습니다.

12 모든 동생들이 이 여인을 아내로 맞이했습니다. 세월이 흘러 이 여인도 죽었습니다.(마가복음 22:23-33)

13 그러면 부활의 날에 누가 이 여인을 아내로 맞이하겠습니까?"

14 예수가 말했다. "여기 이 삶의 차원에서는 단지 이기적인 자아를 채우거나 대를 잇기 위해서 결혼을 하지만, 다가올 세상과 부활의 날에는 사람들은 혼인 서약을 하지 않는다.

15 천사들과 다른 하나님의 아들들처럼 그들은 자신의 쾌락을 위해서나 대를 잇기 위해서 결혼을 하지는 않는다.

16 죽음은 삶이 끝나는 것을 의미하지 않는다. 흙이 씨앗의 목적이 아닌 것과 같이 무덤이 인간의 목적인 것은 아니다.

17 삶은 죽음의 결과이다. 씨앗은 죽은 것같이 보일 수 있지만, 그것의 무덤에서 나무가 자라 생명이 된다.

18 그와 같이 사람은 죽은 듯이 보일 수 있으나 그는 계속 살아나가고 무덤으로부터 새 삶으로 솟아오른다.

19 만일 너희가 불에 타고도 여전히 소멸되지 않은 가시덤불에 대하여 모세가 말한 것을 이해할 수 있다면 죽음이 생명을 파괴할 수 없다는 것을 알게 될 것이다.

20 또한, 모세는 하나님을 아브라함, 이삭, 이스라엘의 하나님이라고 말했다.

21 하나님은 죽은 사람들의 하나님이 아니요 살아있는 사람의 하나님이다.

22 내가 너희에게 말한다. 사람은 무덤으로 들어가지만, 다시 일어나 생명을 드러낼 것이다.

23 모든 생명이 하나님 안에서 그리스도와 함께 숨어 있으며 하나님께서 살아 계시는 동안 사람도 살 것이기 때문이다."

24 바리새인들과 서기관들은 주님의 말을 듣고 '그가 진리를 말한다.'라고

외쳤다. 그리고 그들은 사두개인을 당황하게 만든 것을 기뻐했다.

25 그러자 한 정직한 서기관이 나와서 예수에게 말했다. "주님, 당신은 하나님께서 보내신 사람처럼 말합니다. 그래서 제가 물어보겠습니다.

26 율법 가운데 어느 계명이 가장 중요하고 으뜸이 됩니까?"

27 예수가 말했다. "이스라엘 사람들이여, 들으라. 가장 첫째는 우리 주 하나님은 하나이시며, 너희는 모든 마음과 정신과 영혼과 힘을 다하여 주 하나님을 사랑해야 한다는 것이다.

28 또한, 너희 자신처럼 이웃을 사랑하라.

29 이것들은 십계명 중에서 가장 중요한 것으로 율법과 예언서와 시편이 이를 바탕으로 되어 있다."

30 서기관이 대답했다. "나의 영혼은 당신이 진리의 말씀을 하시는 것을 확신합니다. 사랑은 율법을 완성하고 번제와 희생제물을 훨씬 초월하기 때문입니다."

31 예수가 그에게 말했다. "그대는 불가사의를 풀어냈다. 그대는 하나님의 나라 안에 있으며 그 나라는 그대 안에 있다."

32 예수가 그의 제자들에게 그 말을 했고, 모든 이가 들었다. 그가 말했다. "너희는 서기관들과 바리새인들은 조심하라. 그들은 길게 늘어뜨려 호화롭게 장식한 옷을 입는 것을 뽐내고

33 시장에서 인사를 받고 잔치 석상에서 가장 상석에 앉기를 원하며 사욕을 채우려고 가난한 사람들이 어렵게 번 돈을 착취하고 공공석상에서 오랫동안 큰 소리로 기도하기를 좋아한다.

34 이들은 양의 탈을 쓴 늑대들이다."

35 그런 뒤 예수가 모두에게 말했다. "서기관들과 바리새인들은 모세의 율법과 자신들이 해석하는 율법에 따라 자리에 앉은 사람들이다.

36 그러므로 그들이 하라고 명하는 일은 하라. 그러나 그들이 하는 행위를 흉내 내지는 말라.

37 그들은 모세가 가르친 것들을 말하지만 바알세불이 하는 일을 한다.

38 그들은 자비에 대하여 말하지만, 인간의 어깨 위에 견디기 힘든 무거운

짐을 지운다.

39 그들은 도움에 대해 말하지만, 그들 자신은 자신의 형제들에게 털끝만 치도 도움을 주지 않는다.

40 그들은 일을 하는 것을 보여주지만, 실제로는 아무것도 하지 않으며, 단지 번지르르한 옷과 널찍한 성구함을 뽐내고, 사람들이 그들을 존경받는 율법의 스승이라고 불러줄 때 미소나 지을 뿐이다.

41 그들은 거들먹거리며 걸어 다니고 사람들이 그들을 아버지라 부르는 것을 자랑스러워한다.

42 들으라, 여기 누구에게도 아버지라고 부르지 말라. 하늘과 땅의 하나님만이 홀로 인류의 아버지이시다.

43 그리스도는 대제사장이며 사람들의 아들들의 높고 고귀한 스승이시다.

44 만일 너희가 높이 받들어지기를 원한다면 스승의 발밑에 앉아 섬겨라. 가장 잘 섬기는 사람이 가장 위대한 사람이다.”

서기관들과 바리새인들이 화를 낸다. 예수가 그들의 위선을 꾸짖는다. 예수는 예루살렘에 대하여 비통해한다. 과부의 성금. 예수가 성전에서 사람들에게 고별사를 한다.

※

156 서기관들과 바리새인들이 격분했다. 예수가 말했다.

2 너희 서기관들과 바리새인들, 너희 위선자들에게 화가 있을지라! 너희는 길 가운데 서서 문을 닫고 하나님의 나라로 들어가지도 않고 마음이 순수한 사람들이 그 안으로 들어가는 것도 막고 있다.

3 너희 서기관들과 바리새인들, 너희 위선자들에게 화가 있을지라! 너희는 한 사람의 개종자를 만들기 위해 바다와 육지를 휩쓸고 다닌다. 그리고 그가 개종하면 그는 바로 너희 자신들과 마찬가지로 지옥의 아들이 된다.

4 사람들의 인도자라 자칭하는 너희에게 화가 있을지라! 너희는 인도자이지만 앞을 못 보는 인도자들이다.

5 너희는 수확물의 십일조를 바치지만, 율법의 더 중요한 부분인 심판과

정의와 믿음을 놓치고 있다.

6 너희들은 물을 마시기 전에 날파리는 걸러내지만, 낙타 같은 것들은 꿀 꺽 삼키는구나.

7 너희 서기관들과 바리새인들, 너희 위선자들에게 화가 있을지라! 잔 바깥은 깨끗이 윤이 나게 닦고 있지만, 그 안에는 오물과 착취와 과욕이 넘치고 있구나.

8 가서 잔의 내부를 깨끗이 씻어라. 그리하면 독기가 잔의 겉면을 더럽히지 않을 것이다.

9 너희 서기관들과 바리새인들, 너희 위선자들에게 화가 있을지라! 너희 자신은 회반죽을 칠한 무덤 같구나. 멋진 겉옷을 걸쳤지만, 너희는 온통 죽은 사람들의 뼈들로 가득 찼구나.

10 너희는 사람들에게 거룩하게 보인다. 하지만 그 마음속은 욕망과 위선과 사악한 부정을 키우고 있다.

11 너희 서기관들과 바리새인들, 너희 위선자들에게 화가 있을지라! 너희는 옛 성인들의 무덤을 만들고 장식한 후에 이렇게 말한다.

12 '우리가 이 성인들이 살았던 시대에 살았더라면 우리는 그들은 지켜주었을 것이며, 우리 선조들이 했던 대로 이들을 학대하고 칼로 찌르지 않았을 것이다'

13 하지만 너희는 이 거룩한 자들을 살해한 자들의 자손일 뿐이며, 그들보다 전혀 낫지 않다.

14 죄악에 깊이 빠져 있었던 너희의 선조들이 하던 대로 가서 그들의 분량을 채워라.

15 그대들은 독사의 자손들이다. 그러니 그대들이 단지 흙을 먹는 뱀에 불과할 수 있겠는가?

16 이제 하나님께서 또다시 너희에게 그의 선지자들, 선각자들, 현인들과 현자들을 보내셨지만, 너희는 회당에서 그들을 매질할 것이며 또한 거리에서 그들에게 돌을 던질 것이다. 그리고 그들을 십자가에 못 박을 것이다.

17 너희에게 화가 있을지라! 너희의 머리 위에 이 땅에서 살해되었던 모든 거룩한 자의 피가 흐를 것이다.

18 의로운 아벨로부터 주님의 성전 안 제단 앞에서 살해된 베레갸의 아들 스가랴에 이르기까지.

19 보라, 내가 말하노니 이 모든 일이 이 나라와 예루살렘의 사람들에게 일어날 것이다."

20 예수가 주위를 둘러보며 말했다. "예루살렘아, 예루살렘아, 너 잔인한 도시 예루살렘아! 거리에서 선지자를 살해하고 하나님께서 너에게 보내신 현자들을 죽이는구나!

21 내가 너희를 하나님의 자녀들로 몇 번이고 하나님의 우리에 거두어들이려고 했지만, 너희가 그러려고 하지 않았다.

22 너희가 하나님을 받아들이지 않았고, 이제 너희의 집은 황폐하며, 너희가 이렇게 말하기 전까지는 다시는 나를 보지 못할 것이다.

23 '하나님의 아들로 오신 사람의 아들에게 세 배의 축복이 있을 것이다'

24 그 후 예수는 헌금함 옆으로 가서 사람들이 십일조를 바치는 것을 지켜보았다.

25 한 부자가 와서 많은 헌금을 바쳤다. 예수는 가난하지만 믿음이 강한 과부가 와서 헌금함에 1파딩을 넣는 것을 보았다.

26 예수가 옆에 서 있는 제자에게 말했다. "보라. 이 가난한 과부는 헌금함에 1파딩을 바쳤지만 다른 사람들 모두가 바친 금액보다 더 많은 액수이다.

27 그녀는 자신이 가지고 있었던 전부를 바쳤지만, 부자들은 그들이 가진 것의 아주 일부분만을 바쳤기 때문이다."

28 헬라파 유대인 일행이 축제에 참석하고 있었다. 그들은 그들과 이야기할 수 있는 빌립을 만나서 말했다. "빌립 선생님, 우리는 그리스도로 불리는 주님인 예수를 만나고 싶습니다."

29 빌립은 그들을 그리스도에게 데리고 갔다.

30 예수가 말했다. "시간이 왔다. 사람의 아들은 영광을 받을 준비가 되었

다. 이 방법밖에 없다.

31 한 알의 밀이 땅에 떨어져서 죽지 않으면 그것은 단지 밀 한 알일 뿐이다. 그러나 그것이 죽으면 다시 살아나서 그 무덤으로부터 백 알의 밀이 생겨난다.

32 지금 내 마음이 몹시 괴로우니 무슨 말을 해야 할까?" 그런 뒤 그는 하늘을 바라보면서 말했다.

33 "아버지 하나님, 저는 제가 짊어져야만 하는 모든 짐을 덜어주시기를 요구하지 않습니다. 그 짐이 무엇이든지 간에 단지 그것들을 견딜 수 있는 은총과 힘을 구할 뿐입니다.

34 지금 이 시각을 위해서 제가 이 땅에 왔습니다. 오 아버지, 당신의 이름을 영광스럽게 하소서!"

35 그러자 그곳이 한낮의 태양보다 더 밝은 빛으로 밝아졌다. 사람들이 두려워 뒤로 물러났다.

36 그때 하늘에서 들려오는 듯한 목소리가 말했다.

37 "내가 나와 너의 이름을 영광스럽게 하였고 다시 영광스럽게 할 것이다."

38 사람들이 그 목소리를 들었다. 누군가가 외쳤다. "보십시오, 멀리서 들려오는 천둥소리를!" 또 다른 이들이 말했다. "천사가 그에게 말한 것입니다."

39 하지만 예수가 말했다. "이 목소리는 내가 아니라 너희를 위함이다. 내가 하나님에게서 왔음을 너희가 알게 하기 위함이다.

40 이제 세상의 심판이 눈앞에 왔다. 어둠의 왕자가 나타나 자신의 길을 갈 것이다.

41 사람의 아들이 땅으로부터 들어 올려질 것이고, 그가 모든 사람을 그 자신에게로 이끌 것이다."

42 사람들이 말했다. "율법에는 그리스도가 항상 옆에 계신다고 하는데, 당신은 어떻게 사람의 아들이 이제 들어 올려질 것이라 말할 수 있습니까? 사람의 아들이 누구입니까?"

43 예수가 그들에게 말했다. "빛이 지금 빛나고 있다. 빛이 아직 있을 동안 너희는 빛 속으로 걸어가라.

44 어둠이 온다. 하지만 어둠 속을 걸어가는 사람은 길을 찾을 수 없다.

45 내가 거듭 말하겠다. 빛이 있는 동안에 빛 속을 걸어라. 그러면 사람들은 너희가 빛의 아들들이라는 것을 알게 될 것이다."

46 예수가 성전 입구에 서서 사람들에게 마지막으로 호소하여 말했다.

47 "나를 믿는 자는 자신의 뜻을 이루기 위해 나를 보내신 하나님을 믿는 자이다. 그리고 지금 나를 보는 자는 나의 아버지 하나님을 보는 것이다.

48 보라, 나는 세상에 빛으로 왔다. 나를 믿는 자는 빛 속을, 생명의 빛 속을 걷게 될 것이다.

49 너희, 지금 내 말을 듣고 있는 자들이여, 만약 너희가 나를 믿지 않더라도 나는 너희를 심판하지 않는다.

50 나는 세상을 심판하러 온 것이 아니라 세상을 구하러 왔다.

51 하나님만이 인간을 심판하신다. 하지만 하나님이 세상을 심판하는 날에 내가 한 말은 너희에게 불리할 것이다.

52 나는 스스로 말하는 것이 아니며, 하나님께서 나에게 주신 말씀을 전하는 것이다."

53 그런 뒤 예수가 말했다. "예루살렘이여, 너의 모든 영광과 너의 모든 죄악이여, 안녕."

감람산 위의 그리스도인들. 예수가 예루살렘의 멸망과 시대의 종말을 알리는 끔찍한 재앙을 예언한다. 예수가 제자들에게 신실할 것을 당부한다.

157 그 후 예수가 열두 제자와 함께 성문 바로 너머의 감람산으로 가 앉았다.

2 그의 제자들이 말했다. "놀라운 도시 예루살렘을 보십시오! 집들이 모두 매우 아름답고 성전과 신전은 장엄합니다!"

3 예수가 말했다. "이 성읍은 내 백성, 이스라엘의 영광이지만, 모든 돌이 무너져내려 이 땅의 모든 나라에게 비웃음거리와 이야깃거리가 될 날이 올 것이다."

4 제자들이 물었다. "그런 재난은 언제 닥칩니까?"

5 예수가 말했다. "이 인간 삶의 순환은 정복자의 군대가 성문에서 천둥 같은 소리를 내며 들어와 거리마다 피가 물처럼 흐르기 전까지는 완성되지 않을 것이다.

6 그리고 성전과 궁전과 왕실의 귀한 모든 가구들이 파괴되거나 옮겨져 다른 나라의 왕들의 궁전과 왕실을 위해 꾸며질 것이다.

7 보라, 이런 날들이 임박한 것은 아니지만, 그날이 오기 전에 너희가 서기관들과 바리새인들과 대제사장들과 율법사들에게 학대받을 것이다.

8 너희는 이유도 없이 법정으로 끌려가 돌로 맞을 것이고 회당에서 매를 맞고 이 세상의 통치자들 앞에 서서 정죄를 당하고 총독과 왕들이 너희에게 사형을 선고할 것이다.

9 그러나 너희는 흔들리지 않고 진리와 의를 위해 증언할 것이다.

10 그때 무엇을 말해야 할지 염려하지 말라. 무엇을 말해야 할지 생각할 필요가 없다.

11 성스러운 숨결이 너희를 덮고 너희에게 할 말을 주실 것이기 때문이다.

12 그러나 그때 대학살이 계속될 것이고, 사람들이 너희를 죽이는 것이 하나님을 기쁘게 하는 일이라 생각하여 멀고 가까운 나라들이 그리스도를 위해 너희를 미워할 것이다.

13 또한, 사람들은 너희의 친족들에게 악한 생각을 불러일으켜서 그들이 너희를 미워하여 죽음에 이르게 할 것이다.

14 그리고 형제가 형제를 속이고, 아버지가 자식에게 불리한 증언을 하며, 자식들이 부모를 장례 지낼 장작더미로 몰아넣을 것이다.

15 공중에서 로마 독수리가 날카로이 우는 소리가 들리고 로마 군대가 광야를 뒤덮는 것이 보이면 너희는 예루살렘의 멸망이 가까이 왔음을 알라.

16 그러면 현명한 자들은 기다리지 말고 도망가라. 지붕 위에 있는 사람은 재물을 챙기려고 집안에 들어가지 말고 도망가게 하라.

17 들에서 일하던 자들은 집으로 돌아가지 말고, 모든 것을 버리고 자신의 생명을 구하라.

18 그날에 어린아이를 둔 어머니들에게 비통함이 있을 것이다. 누구도 칼을 피하지 못할 것이다.

19 이날의 고난은 말로 다 할 수 없을 것이다. 하나님이 이 땅에 인간을 창조하신 이래 이런 일은 없었기 때문이다.

20 정복자들은 아브라함의 자손들을 포로로 잡아 이국땅에 데려갈 것이며, 이스라엘의 하나님을 알지 못하는 그들은 반유대주의의 시대가 끝날 때까지 예루살렘의 대로를 활보할 것이다.

21 그러나 사람들이 자신들의 죄에 벌을 받을 때, 고난의 날들이 끝날 것이다. 하지만 모든 나라가 경기장의 검투사들처럼 일어나 단지 피를 흘리기 위해 싸우는 날이 올 것이다.

22 사람들은 이유를 묻지 않을 것이다. 그들은 학살과 폐허와 절도의 이유를 보지도 않을 것이고, 보려고 하지도 않을 것이다. 그들은 친구와 적을 가리지 않고 싸울 것이기 때문이다.

23 대기는 죽음의 연기로 가득 찰 것이며, 역병이 칼을 바짝 뒤쫓아 따라올 것이다.

24 그러면 사람들이 결코 본 적이 없는 징조가 하늘과 땅에 나타날 것이며, 또한 해와 달과 별에 나타날 것이다.

25 바다는 요동치고 하늘로부터 결코 알아들을 수 없는 소리가 들려오며, 이런 이변은 여러 나라에 당혹스러운 고통을 가져올 것이다.

26 가장 용감한 사람들도 앞으로 지상에 닥칠 더욱 무서운 것들을 생각할 때 두려워 기절할 것이다.

27 그러나 육지와 바다에서 분쟁이 맹위를 떨치는 동안 평화의 왕자가 하늘의 구름 위에 서서 다시 말할 것이다.

28 '평화, 땅 위에는 평화가, 사람들에게는 선한 의지가 있을지라! 그리고

모든 사람이 칼을 버리고 나라들은 더 이상 전쟁을 배우지 않으리라.'

29 그리고 그때 물병을 든 사람이 하늘의 호弧를 가로질러 걸어 나올 것이다. 그리고 사람의 아들의 표지와 인장이 동쪽 하늘에 우뚝 서게 될 것이다.

30 지혜로운 자들은 고개를 들고, 이 땅의 구원이 가까이 왔음을 알게 될 것이다.

31 이날이 오기 전에 거짓 그리스도들과 어설픈 사기꾼 선지자들이 여러 나라에서 일어날 것이다.

32 그들은 징조를 보이고 사람들에게 권능을 행하며 어리석은 자들을 그릇 인도하고 현명한 자들도 속임을 당할 것이다.

33 내가 너희에게 다시 한번 말한다. 사람들이 그리스도가 광야에 계신다고 할 때 나가지 말라.

34 그들이 그리스도가 은밀한 곳에 계신다고 하더라도 믿지 말라. 그가 오실 때 세상이 그가 왔음을 알 것이기 때문이다.

35 아침 해가 동쪽에서 와서 서쪽으로 비추듯이 사람의 아들의 시대가 오는 것도 마찬가지이다.

36 사람의 아들이 권능을 가지고 하늘의 구름 위에 나타나는 걸 볼 때 땅 위의 사악한 자들이 눈물을 흘릴 것이다.

37 사람의 아들이 오는 날과 시간도 알 수 없으니 너희는 주의하고 또 주의하라.

38 그날이 올 때 준비되어 있으려면 마음에 감각적인 일이나 일상의 근심에 사로잡히지 않도록 하라.

39 사시사철 깨어 있어라. 그리고 주님을 슬픔이 아닌 기쁨으로 만나기를 기도하라.

40 이날이 오기 전에 우리 아버지 하나님이 그의 전령들을 타국과 땅 구석구석으로 곳곳에 보내시면, 그들이 이렇게 말할 것이다.

41 '너희들은 준비하고 또 준비하라. 평화의 왕자가 올 것이요, 이제 하늘의 구름을 타고 오시리라.' "

42 예수는 이처럼 말하고 제자들과 함께 베다니로 돌아갔다.

예수와 열두 제자가 감람산에서 기도한다. 예수가 제자들에게 은밀한 가르침의 깊은 의미를 밝힌다. 그가 사람들에게 무엇을 가르쳐야 할지 말한다. 수많은 비유를 말한다. 그들이 베다니로 돌아온다.

─ ❋ ─

158 수요일 아침이 되자 예수가 열두 제자와 함께 감람산으로 올라가서 일곱 시간 동안 기도에 몰두했다.

2 그런 뒤 예수가 열두 제자를 곁에 불러 말했다. "오늘 장막이 걷히면 우리는 장막 너머 하나님의 비밀의 궁전으로 걸어갈 것이다."

3 그리고 예수는 숨겨진 길, 성스러운 숨결, 그리고 결코 실패할 수 없는 빛의 의미를 그들에게 밝혀주었다.

4 예수는 그들에게 생명책과 말씀이 기록된 두루마리와 하나님의 기억의 책에 대해 말하였다. 이 책들에는 사람들의 모든 생각과 말들이 쓰여 있다.

5 예수는 큰 소리로 말하지 않았다. 예수는 낮은 음성으로 스승들의 비밀을 말했고, 하나님의 이름을 말할 때 하늘의 뜰에는 삼십 분 동안 침묵이 흘렀다. 천사들이 숨을 죽이고 말했기 때문이다. (요한계시록8:1)

6 예수가 말했다. "이 말씀들은 소리 높여 말해서는 안 된다. 기록되어서도 안 된다. 이들은 침묵의 땅에서 오는 메시지이며 하나님의 가슴 깊은 곳의 숨이다."

7 그 후 스승은 열두 제자에게 그들이 다른 사람들에게 가르쳐야 할 교훈들을 가르치셨다. 그는 때때로 비유로 가르쳤다. 예수가 말했다.

8 "너희는 사람의 아들이 오실 것에 대해 어제 한 말 들을 명심하라. 이제 너희가 다른 이들에게 내가 한 말들과 지금 하려는 말들을 가르쳐야 한다.

9 그들에게 용기를 잃지 않고 기도하는 법을 가르쳐라. 매 순간 준비되어 있도록 가르쳐라. 그들이 가장 예상하지 못할 때 주께서 오실 것이기

때문이다.

10 어떤 사람이 먼 나라로 떠나며 집과 재산을 모두 종들에게 맡겼다. 다섯 명에게는 집을 지키게 하고 다른 다섯 명에게는 곳간과 가축을 지키게 했다.

11 종들은 주인이 돌아오기를 오랫동안 기다렸으나 주인은 돌아오지 않았다. 그들은 점점 일을 소홀히 했다. 몇몇은 마시고 흥청거리며 시간을 보내고 몇몇은 자기 구역에서 잠을 잤다.

12 밤마다 강도가 들어 집과 곳간에서 재물을 빼앗고 가축 중 가장 좋은 것을 몰고 갔다.

13 지켜야 하는 막대한 재물을 도둑맞은 걸 알고 그들이 말했다.

14 '우리는 비난받을 수 없다. 만약 주인이 다시 오실 날짜와 시간을 우리가 알았더라면 그 재물을 잘 지켰을 것이고, 도둑이 가져가도록 내버려두지 않았을 거니까. 우리에게 언제 올 것이라고 말해주지 않았으니 분명히 주인의 잘못이다.'

15 그러나 여러 날 뒤에 주인이 돌아왔다. 그는 도둑들이 와서 재물을 훔쳐 간 것을 알고 종들을 불러 말했다.

16 '너희는 주어진 일들을 소홀히 하며 마시고 흥청거리고 잠자는 데에 시간을 허비하였다. 보라. 너희는 모두 나에게 빚진 자들이다.

17 너희는 너희가 태만하여 잃어버린 나의 재물을 나에게 빚졌다.' 그런 뒤 주인은 그들에게 중노동을 시키고 그들을 그들의 구역에 쇠사슬로 묶었다. 그들은 자신들의 태만함으로 잃어버린 모든 재물을 주인에게 갚을 때까지 그곳에 머물렀다.

18 또 다른 사람은 자신의 재물에 자물쇠를 채우고 잠자리에 들었는데, 밤중에 강도가 와서 문을 열고, 지키는 사람이 없는 것을 보고는 안으로 들어와 재물을 가져갔다.

19 그가 깨어나 문이 조금 열려 있고 보물이 전부 사라져 버린 걸 발견하고는 이렇게 말했다. '내가 도둑이 들 시간을 알았더라면 잘 지켰을 텐데.'

20 주의하라, 나의 친구들이여, 주의하라! 매 순간 준비되어 있어라. 그러

면 만약 주께서 밤중에 오시든 새벽에 오시든 그것은 중요하지 않다. 그는 너희가 받아들일 준비가 되어있는 것을 발견하실 것이기 때문이다.

21 그리고 보라. 혼인이 공표되었다. 그리고 열 명의 처녀들이 신랑을 맞이하려고 각자 준비하고 있었다.(마가복음 25:1 이하)

22 처녀들이 예복으로 옷을 갈아입고 등불을 들고 문지기가 '신랑이 온다!'라고 외치기를 기다리며 앉아 있었다.

23 다섯 명은 슬기로워서 등에 기름을 채웠고 다섯 명은 어리석어 빈 등을 들고 왔다.

24 신랑이 예정된 시간에 오지 않자 처녀들은 기다리다 지쳐 잠이 들었다.

25 한밤이 되어 외치는 소리가 들렸다. '보라. 신랑이 오고 있다!'

26 처녀들은 일어났다. 슬기로운 처녀들은 재빨리 등불을 밝혀 신랑을 맞으러 나갔다.

27 어리석은 처녀들은 기름이 없어 등불을 밝힐 수 없다고 말했다.

28 그들은 슬기로운 처녀들에게 빌리려 했지만, 그들이 말하기를 나누어 줄 기름이 없으니 상인들에게 가서 기름을 사서 등에 기름을 채우고 신랑을 맞으러 나오라 하였다.

29 그러나 그들이 기름을 사러 간 사이 신랑이 왔다. 등불이 잘 준비된 처녀들은 그와 함께 혼인 잔치에 참석했다.

30 그리고 어리석은 처녀들이 왔을 때 문은 닫혀 있었다. 그들이 문을 두드리며 크게 불러 보았지만, 문은 열리지 않았다.

31 혼인 잔치의 주인이 외쳤다. '나는 너희를 모른다!' 처녀들은 수치스러워하며 떠났다.

32 내가 너희에게 다시 말하노니 너희는 너희를 따르는 사람들에게 전해야 할 것이다.

33 밤이고 낮이고 매 순간 준비하라. 하나님은 너희가 예상하지 않을 때 오실 것이기 때문이다.

34 보라, 그가 빛의 사자들과 오실 때 생명책과 기록의 책이 펼쳐질 것이

다. 그 책에는 생각과 말과 행동들이 적혀 있다.

35 누구든 자기가 스스로 기록한 것을 읽을 수 있다. 또한, 그는 재판관이 말하기 전에 그의 운명을 알 것이며 이때가 바로 체로 거르는 시간이 될 것이다.

36 사람들은 자신의 기록에 따라 자신의 것들을 찾을 것이다.

37 재판관은 정의이며, 온 세상의 왕으로서 목자가 양과 염소를 분리하듯 사람들을 분리할 것이다.

38 양은 오른쪽에서 제 자리를 찾을 것이고, 염소는 왼쪽에서 제 자리를 찾을 것이며, 모든 사람이 자신의 자리를 알 것이다.

39 그때 재판관이 오른쪽에 있는 이들에게 말할 것이다. '아버지 하나님의 축복받은 이들이여, 와서 오래전부터 너희를 위해 준비된 유산을 받아라.

40 너희는 너희 동족의 종들이었다. 너희는 내가 굶주릴 때 나에게 빵을 주었고 목마를 때 마실 것을 주었고 헐벗을 때 옷을 주었다.(마가복음 25:35 이하)

41 내가 병들었을 때 보살펴 주었고 옥에 갇히자 나에게 와서 격려의 말을 해주었다. 내가 낯선 나그네일 때 너희의 집에서 편히 쉬었다.'

42 그러면 의로운 자들이 말할 것이다. '저희가 언제 당신께서 배고프고, 목마르고, 병들고, 옥에 갇히고, 저희 문전에서 나그네인 것을 보고 당신을 보살펴 주었습니까?'

43 그러면 재판관이 말할 것이다. '너희가 사람들의 아들들을 섬겼고, 이들을 위해 한 일들은 그것이 무엇이건 나를 위해 한 일들이다.'

44 재판관이 왼쪽에 있는 자들에게 말할 것이다. '내게서 떠나가라. 너희는 사람들의 아들들을 섬기지 않았다.

45 내가 굶주렸지만 너희는 나에게 먹을 것을 주지 않았고, 목말랐지만 마실 것을 주지 않았으며, 내가 나그네였을 때 너희는 나를 문밖으로 쫓아내고, 감옥에 갇히고 병들었을 때 나를 보살펴 주지 않았다.'

46 그러면 이들이 말할 것이다. '저희가 언제 그처럼 당신을 소홀히 했습

니까? 언제 저희가 당신께서 굶주리고 목마르고 병들고 나그네였거나 옥에 갇힌 것을 보고, 당신을 보살피지 않았다는 겁니까?'

47 그러면 재판관이 이렇게 말할 것이다. '너희의 삶은 이기심으로 가득했다. 너희는 자신만을 위하고 동료에게 베풀지 않았으니 이들 가운데 하나라도 경시했다면 나를 소홀히 하고 무시한 것이다.'

48 그때 의로운 자들은 나라와 권능을 가질 것이고 불의한 자들은 자신들이 진 빚을 갚아야 하며 다른 사람들이 그들에 의해 당한 괴로움을 당해야 할 것이다.

49 들을 귀 있는 자들은 들을 것이며 이해할 마음 있는 자들은 이 비유를 이해할 것이다."

50 예수가 비유를 마치고 말했다. "이틀 뒤에 성대한 유월절 축제가 있을 것이다. 보라. 사람의 아들이 배반당하여 사악한 자들의 손에 넘겨질 것이다.

51 그리고 그는 자신의 생명을 십자가에 바칠 것이며, 사람들은 사람의 아들인 그가 하나님의 아들임을 알게 될 것이다."

52 그런 뒤 예수와 열두 제자는 베다니로 돌아갔다.

제18부

배신과 예수의 체포

그리스도인들이 시몬의 집에서 열린 연회에 참석한다. 마리아가 주님에게 값비싼 향유를 붓자 유다와 다른 자들이 그녀의 낭비를 질책한다. 예수가 그녀를 변호한다. 유대의 통치자들이 예수를 체포하려고 아나니아를 고용한다. 아나니아가 유다를 매수하여 그를 돕게 한다.

━ ✱ ━

159 한때 나병 환자였다가 예수에 의해 하나님의 신성한 말씀으로 병이 나은 바시몬이 베다니에 살고 있었다.

2 그는 그리스도 주님을 위하여 연회를 베풀었고 나사로도 그 손님 중 하나였다. 그리고 룻과 마르다가 시중을 들었다.

3 손님들이 식탁 주위에 앉았을 때 마리아가 값비싼 향유단지를 가져와 예수의 머리와 발에 부었다. (마가복음 26:6 이하)

4 그리고 그녀는 무릎을 꿇고 자신의 머리카락으로 그의 발을 닦았다. 값비싼 향유의 향기가 온 방을 채웠다.

5 한편 늘 삶의 이기적인 측면을 보는 유다가 외쳤다. "부끄럽지도 않소? 당신은 왜 이처럼 값비싼 향유를 낭비하는 것이오?

6 우리는 그것을 삼백 펜스에 팔아서 그 돈으로 우리가 필요로 하는 것을 사거나 가난한 사람들을 먹일 수도 있었을 것이오."

7 (그때 유다는 그리스도인 무리의 모든 돈을 관리하는 재무 일을 맡고 있었다.)

8 그러자 다른 이들도 말했다. "마리아여, 그대는 왜 그렇게 낭비벽이 심하오! 그렇게 값비싼 것을 함부로 써서는 안 되오."

9 예수가 말했다. "너희는 조용히 하라. 그녀를 내버려 두어라. 너희는 너희가 무슨 말을 하는지 모르고 있다.

10 가난한 자들은 계속해서 너희와 함께 있을 것이다. 너희는 언제나 그들을 도울 수 있지만 나는 너희와 오래 있지 않을 것이다.

11 마리아는 다가올 날의 슬픔을 알고서 내 장례를 앞두고 내게 기름을 바른 것이다.

12 그리스도의 복음이 온 세상에 전해질 것이고 그리스도의 이야기를 전하는 자는 오늘의 일을 이야기할 것이다. 그리고 지금 마리아가 한 일은 사람들이 어디에 있든 그녀에 대한 좋은 기념이 될 것이다."

13 연회가 끝나자 예수는 나사로와 함께 그의 집으로 갔다.

14 한편 예루살렘에서는 제사장들과 바리새인들이 주님을 사로잡아 그의 목숨을 빼앗을 계획을 세우느라 분주했다.

15 대제사장이 모든 현명한 사람들을 불러 자문을 구하며 말했다. "이번 일은 비밀리에 이루어져야만 합니다.

16 사람들이 그의 곁에 없을 때 그를 잡아들여야 합니다. 그렇지 않으면 전쟁을 촉발할지도 모릅니다. 평민들이 그를 옹호하러 나설지도 모르고 결국 이 신성한 곳을 인간의 피로 더럽히게 될지도 모릅니다.

17 또한, 우리가 하려는 일은 축제일 전에 해치워야 합니다."

18 그러자 아나니아가 말했다. "저에게 묘안이 있습니다. 예수와 열두 제자는 매일 그들끼리 기도하러 갑니다.

19 그들이 만나는 비밀 장소를 알아낸다면 무리가 모르게 그를 잡아 올 수 있습니다.

20 나는 열두 제자 중에서 재물을 좋아하는 사람을 압니다. 약간의 사례를 한다면 그는 예수가 늘 기도하는 장소로 우리를 안내할 것입니다."

21 그러자 가야바가 말했다. "만일 네가 앞장서서 네가 말한 그자를 매수하여 비밀 장소에서 예수를 잡는 것을 도와준다면 그에게 뇌물을 주는 비용으로 은 백 냥을 주겠다."

22 아나니아가 수락했다.

23 그는 베다니로 가서 시몬의 집에 있는 열두 제자를 찾았다. 그리고 유다를 구석으로 불러 말했다.

24 "돈을 벌고 싶다면 내 말을 들으시오.

25 예루살렘의 대제사장과 통치자들이 예수와 단독으로 이야기하고 싶어

하오. 그들은 그가 주장하는 것이 무엇인지 알고자 하오.

26 그리고 만일 그가 자신이 그리스도임을 증명한다면 그들은 그를 변호할 것이오.

27 당신의 스승이 내일 밤 있을 곳으로 안내하면, 그들은 제사장을 보내어 예수와 단독으로 이야기하게 할 것이오. 그리고 제사장들이 당신에게 은화 삼십 냥을 사례로 줄 것이오."

28 유다는 스스로 판단해 본 후 말했다. '주님께서 혼자 계실 때 주님이 주장하시는 바를 제사장들에게 말할 기회를 드리는 것이 분명 좋을 수도 있다.

29 그리고 만일 제사장들이 주님에게 해를 끼치려 해도 주님은 예전처럼 사라져서 자신의 길을 갈 수 있는 능력이 있다. 거기에다가 삼십 냥의 돈은 꽤 큰돈이다.'

30 그래서 유다가 아나니아에게 말했다. "내가 길을 안내하겠소. 그리고 내가 주님께 입을 맞추어 누가 주님이신지 알려주겠소."

예수와 열두 제자는 니고데모의 집에서 유월절 음식을 먹는다. 예수가 제자들의 발을 씻어준다. 유다가 식탁을 떠나 주님을 배신하러 간다. 예수가 나머지 열한 명의 제자를 가르친다. 그가 주의 만찬을 연다.

⸺ ❄ ⸺

160 목요일 아침에 예수가 열두 제자를 불러서 말했다. "오늘은 하나님을 기억하는 날이니 유월절 만찬을 우리끼리 먹자."

2 그리고 베드로, 야고보, 요한에게 말했다. "지금 예루살렘으로 가서 유월절 만찬을 준비해라."

3 그러자 제자들이 말했다. "저희가 어디에 만찬을 준비하면 되겠습니까?"

4 예수가 말했다. "샘터에 있는 문으로 가면 손에 물 항아리를 들고 있는 사람을 볼 것이다. 그에게 오늘이 무교병[52]을 먹는 유월절의 첫날이며,

----

52) 무교병(누룩을 넣지 않고 만든 떡)이 있으면 유교병(누룩을 넣어 발효시켜 만든 떡)이 있다. 무교병을 먹는 절기를 무교절이라 한다. 이는 이스라엘의 민족의 출애굽사건과 관련

5 주께서 연회장 한쪽을 빌려 그의 마지막 유월절 만찬을 열두 제자와 함께하고자 한다고 전하라."

6 두려워 말고 말하라. 너희가 볼 사람은 니고데모인데 유대인의 통치자 이지만 그래도 그는 하나님의 사람이다."

7 제자들은 예수가 말한 대로 가서 니고데모를 찾았다. 니고데모는 서둘러 자기 집에 가서 연회장의 위층 방을 따로 마련하고 만찬 준비를 했다.

8 오후가 되어 주와 그의 제자들이 예루살렘으로 가서 만찬이 준비된 것을 보았다.

9 만찬의 시간이 다가오자 제자들은 서로 높은 자리를 차지하려고 다투었다.

10 예수가 말했다. "나의 친구들이여, 오늘 밤의 우울한 어둠이 다가오는 것처럼 너희도 이기적인 욕구를 위해 싸우려는가?

11 하늘의 잔치에는 겸손하게 가장 낮은 자리에 앉으려는 사람 외에는 명예로운 자리가 없다."

12 그런 뒤 주께서 일어나서 물이 가득 담긴 대야와 수건을 들고 몸을 굽혀 열두 제자의 발을 모두 씻겨 주고 수건으로 닦아 주었다. (요한복음 13:4 이하)

13 그는 그들에게 숨을 불어넣고, '이들의 발들이 영원히 정의의 길을 걷도록 하여 주소서'라고 말했다.

14 그가 베드로에게 가서 그의 발을 씻어 주려 했다. 그러자 베드로가 말했다. "주님, 제 발을 정말 씻기실 건가요?"

15 예수가 말했다. "너는 내가 하는 일의 의미를 이해하지 못한다. 그러나 이해하게 될 것이다."

16 베드로가 말했다. "주님 안 됩니다. 제 발을 씻기 위해 허리를 굽히셔서는 안 됩니다."

17 예수가 말했다. "나의 친구여, 내가 만일 너의 발을 씻지 않는다면 너는

이 있다. 정월 십사일 저녁부터 이십일일 저녁까지 일주일 동안 무교병을 먹는다. 정월십사일 저녁을 유월절이라 하고 이어지는 일주일간을 무교절이라 한다.(출애굽기 12:39)

나와 아무런 관계가 없다."

18 베드로가 말했다. "그렇다면 오 주님, 내 발과 내 손, 그리고 내 머리도 모두 씻어주십시오."

19 예수가 그에게 말했다. "먼저 목욕을 한 사람은 깨끗하다. 그리고 그는 발을 제외하고는 씻을 필요가 없다.

20 발은 진정으로 인간의 깨달음을 상징한다. 그리고 깨끗해지고자 하는 사람은 살아있는 생명의 개울에서 매일 그의 깨달음을 잘 씻어야 한다."

21 그런 뒤 예수가 제자들과 함께 식탁에 앉으시며 말했다. "지금 이 시간의 교훈을 보라.

22 너희가 나를 스승이라 부르니 나는 그러한 사람이다. 그렇다면 만일 너희가 주님이자 스승인 내가 무릎을 꿇고 너희의 발을 씻어준다면 너희도 또한 서로의 발을 씻어주며 봉사할 의지를 보여주어야 하지 않겠느냐?

23 너희는 이러한 것들을 알고 있다. 만일 너희가 그렇게 한다면 너희는 세 번 축복을 받을 것이다."

24 그가 이어 말했다. "지금이야말로 내가 진정으로 하나님의 이름을 찬양할 수 있는 시간이다. 이는 내가 장막을 통과하기 전에 너희와 함께 이 연회를 같이 할 수 있기를 몹시 바랐기 때문이며,

25 내가 너희와 함께 우리의 아버지 하나님의 나라에서 새롭게 식사하게 될 때까지 다시 이 음식을 먹지 않을 것이기 때문이다."

26 그런 뒤 그들은 유대인들이 연회 전에 주로 부르는 히브리 노래를 불렀다.

27 그런 뒤 그들은 유월절 음식을 먹었다. 스승이 말했다. "보라. 너희 중 하나가 오늘 밤에 나를 배반하여 사악한 자의 손에 나를 넘길 것이다."

28 제자들은 그의 말에 깜짝 놀랐다. 의혹 속에 서로의 얼굴을 쳐다보더니 외쳤다. "주님, 그가 저입니까?"

29 베드로가 주님 곁에 앉아 있는 요한에게 말했다. "누구를 두고 하신 말씀일까?"

30 요한은 손을 뻗어 주님의 손을 잡으며 말했다. "우리 중 누가 자신의 주를 배반할 만큼 타락했습니까?"

31 그러자 유다가 말했다. "주님, 저입니까?"

32 예수가 말했다. "그는 지금 그의 손을 내 손과 함께 접시 안에 넣는 자이다." 그들이 보니 유다의 손이 예수의 손과 함께 접시 안에 있었다.

33 예수가 말했다. "선지자들은 실패할 수 없다. 사람의 아들은 반드시 배신을 당한다. 그러나 그의 주를 배반하는 자에게 화가 있을 것이다."

34 유다가 즉시 탁자에서 일어났다. 그의 시간이 왔다.

35 예수가 그에게 말했다. "네가 하려는 일을 속히 하라." 그러자 유다가 자기 일을 하려고 나갔다.

36 유월절 만찬이 끝났을 때 주님과 열한 제자는 잠깐 조용히 생각에 잠겼다.

37 그때 예수는 자르지 않은 빵 한 덩어리를 들고 말했다. "이 덩어리는 내 육신의 상징이다. 그리고 이 빵은 생명의 빵을 상징한다.

38 그리고 내가 이 빵을 자르듯이 나의 살은 사람들에게 본이 되려고 잘려질 것이다. 사람들은 다른 사람을 위하여 기꺼이 희생해서 자신의 몸을 바칠 수 있어야 한다.

39 그리고 너희가 이 빵을 먹는 것처럼 이 생명의 빵을 먹으면 절대 죽지 않을 것이다." 그리고 예수는 각자에게 빵 조각을 나누어주었다.

40 그 후 예수는 한 잔의 포도주를 들어 보이며 말했다. "피는 생명이다. 이것은 포도에서 나온 생명의 피이다. 이는 사람들을 위해 생명을 바친 사람의 생명을 상징한다.

41 너희가 이 포도주를 마실 때 믿음으로 마신다면 너희는 그리스도의 생명을 마시는 것이다."

42 그런 뒤 한 모금을 마시고 잔을 돌리자 사도들이 한 모금씩 마셨다. 예수가 말했다. "이것은 생명의 축제이며 사람의 아들의 위대한 유월절이며 주의 만찬이다. 너희는 종종 이 빵을 먹고 포도주를 마시게 될 것이다.

43 이제부터 이 빵은 기억의 빵이라고 불릴 것이고 이 포도주는 기억의 포도주로 불릴 것이다. 너희가 이 빵을 먹고 이 포도주를 마실 때마다 나를 기억하라."

예수가 열한 제자를 가르친다. 그는 그들에게 그들 모두가 예수를 떠날 것이고 베드로가 아침 전까지 자신을 세 번 부인할 것이라 말한다. 그는 마지막 격려의 말을 한다. 보혜사 성령을 약속한다.

～ ✳ ～

161 한편 유다가 제사장들의 특사를 만나 주님을 배신하려고 간 후에

2 주님이 말했다. "때가 왔다. 사람의 아들은 이제 영광을 받게 될 것이다.

3 나의 어린 자녀들이여, 나는 너희와 잠깐만 함께 할 것이다. 곧 너희 가 나를 찾고자 하겠지만 찾지 못할 것이다. 내가 가는 곳에 너희는 올 수 없기 때문이다.

4 내가 너희에게 새 계명을 준다. 내가 너희를 사랑하고 너희를 위해 나의 생명을 바치는 것처럼 너희도 세상을 사랑하고 세상을 구하기 위하여 생명을 바쳐라.

5 너희 자신을 사랑하듯이 서로를 사랑하라. 그러면 세상이 너희가 하나님의 아들들이자 하나님께서 영광스럽게 한 사람의 아들의 제자들임을 알게 될 것이다."

6 베드로가 말했다. "주여, 당신이 가는 곳에 저도 갈 것입니다. 저는 주님을 위해 생명을 버릴 것이기 때문입니다."

7 예수가 말했다. "나의 친구여. 담대함을 자랑하지 마라. 너는 오늘 밤 나를 따라올 만큼 마음이 강하지 않다.

8 자, 베드로야 들어라! 너는 내일 아침 닭이 울기 전에 나를 세 번 부인할 것이다."

9 그 후 열한 제자를 바라보며 말했다. "너희 모두는 오늘 밤 나에게서 멀어질 것이다.

10 선지자가 말하기를, '그가 양치는 목자를 공격할 것이니 양 떼는 달아나 숨을 것이다.'라고 하였다.

11 그러나 내가 죽은 자들로부터 일어난 후, 너희가 다시 나에게 올 것이며 나는 너희가 오기 전에 갈릴리로 갈 것이다."

12 베드로가 말했다. "주님, 모든 다른 자들이 주님을 저버려도 저는 그러

지 않을 것입니다."

13 예수가 말했다. "오 시몬 베드로야, 너의 열성은 네가 가진 불굴의 용기보다 크다. 보라. 사탄이 너에게 와서 밀을 넣은 냄비처럼 흔들어 놓아도, 네가 너의 믿음 안에서 굴하지 않고 시련이 끝난 후 흔들리지 않는 사람이 되기를 내가 기도해왔다."

14 모든 제자가 외쳤다. "땅 위의 어떠한 힘도 주님과 우리를 멀어지게 하거나 우리의 주님을 부인하도록 할 수 없습니다."

15 예수가 말했다. "슬퍼하지 마라. 너희 모두는 하나님을 믿고 나를 믿어라.

16 보라, 나의 아버지의 나라에 거할 곳이 많다. 그렇지 않다면 내가 그렇다고 말했을 것이다.

17 나는 내 아버지의 나라로 가서 내가 있는 곳에 너희도 있을 수 있는 장소를 준비할 것이다. 그러나 지금은 너희가 내 아버지의 나라로 가는 길을 알지 못한다."

18 도마가 말했다. "우리는 주님께서 어디로 가려는지 모릅니다. 우리가 어떻게 그 길을 알 수 있습니까?"

19 예수가 말했다. "나는 길이요. 진리요. 생명이다. 나는 하나님의 그리스도를 드러낸다. 나와 함께 그리스도를 통하지 않으면 아무도 아버지의 나라에 올 수 없다.

20 만일 너희가 나를 알고 이해했더라면, 지금 나의 아버지 하나님을 알 것이다."

21 빌립이 말했다. "저희에게 아버지를 보여주시면 저희는 만족할 것입니다."

22 예수가 말했다. "내가 오랫동안 너희와 함께 있었건만 아직도 나를 모르느냐?

23 아들을 본 자는 아버지를 본 자이다. 이는 아버지가 그 아들 속에서 자신을 드러냈기 때문이다.

24 내가 하는 말과 행동은 사람의 것이 아니라고 여러 번 말했다.

25 그것들은 하나님의 말씀이다. 하나님은 내 안에 사시고 나는 그분 안에 산다.

26 나의 말을 들으라, 너희 신실한 사람들아! 나와 나의 아버지 하나님을 믿는 자는 내가 말하고 행한 대로 말하고 행할 것이다.

27 그렇다. 그 밖에 그는 일찍이 내가 이룬 업적보다 더 많은 위대한 일할 것이다. 내가 하나님께로 가서 하나님의 일을 할 것이고, 그때 내가 손을 내밀어 그를 도울 수 있기 때문이다.

28 그리고 너희가 그리스도를 통한 나의 이름으로 하나님께 청할 수 있을 것이고 하나님께서는 너희의 요구를 들어주실 것이다.

29 너희는 내 말을 믿느냐? 그렇지, 너희는 믿을 것이다. 너희가 그리스도를 사랑하고 나를 따른다면 나의 말 또한 지킬 것이다.

30 나는 포도나무이고 너희는 그 가지이며 나의 아버지는 농부이시다.

31 열매도 없이 잎사귀만 무성하여 쓸모없는 가지는 농부가 잘라내서 불 속에 던져 태워 버릴 것이다.

32 그러나 열매 맺는 가지들은 풍성한 열매를 맺도록 잘 전지할 것이다.

33 가지가 나무와 분리되면 열매를 맺지 못하듯, 너희도 나와 분리되면 열매를 맺지 못한다.

34 내 안에 살며 하나님께서 나를 통해서 너희에게 하도록 가르치는 일을 하라. 그러면 너희가 많은 열매를 맺을 것이며 하나님께서 나를 영화롭게 하셨듯이 너희를 영화롭게 하실 것이다.

35 이제 나는 내 갈 길로 가지만, 나는 아버지 하나님께 기도할 것이고, 하나님은 너희와 함께할 다른 보혜사 성령을 너희에게 보내 주실 것이다.

36 보라, 하나님의 보혜사 성령, 성스러운 숨결은 하나님과 하나이시다. 그러나 세상은 그분을 받아들이지 못한다. 그들은 성령을 보지 못하고 알지 못하기 때문이다.

37 그러나 너희는 성령을 알고 있고 또한 알게 될 것이다. 성령께서 너희 영혼 속에 거할 것이기 때문이다.

38 나는 너희를 외로이 두지 않을 것이다. 인간에 대한 하나님의 사랑의

표시인 그리스도 안에서 나는 항상 너희와 함께할 것이다.”

예수가 성스러운 숨결의 사명을 온전히 밝힌다. 제자들에게 그가 곧 죽을 것임을 명백하게 알리자 그들은 슬퍼한다. 그는 그들과 세상의 모든 믿는 자들을 위하여 기도한다. 그들 모두 연회장을 떠난다.

———— ❈ ————

162 한편 요한은 깊이 슬퍼하였다. 주께서 '나는 떠나갈 것이며, 내가 가는 곳에 너희는 오지 못한다.'라고 말하였기 때문이었다.

2 그는 울면서 말했다. “주님, 저는 모든 시련을 거쳐 죽음까지 함께 하겠습니다.”

3 예수가 말했다. “너는 모든 시련을 통과하고 죽음도 거쳐 나를 따라올 것이다. 그러나 지금 내가 가는 곳은 네가 오지 못할 곳이다. 그러나 너는 오게 될 것이다.”

4 예수가 또다시 열한 제자에게 말씀했다. “내가 떠나감을 슬퍼하지 마라. 내가 떠나는 것이 가장 좋은 것이기 때문이다. 만일 내가 떠나지 않으면 너희에게 보혜사 성령이 오지 않을 것이다.

5 내가 육신으로 너희와 함께 있는 동안 이런 것들을 말한다. 그러나 성스러운 숨결이 능력으로 오면 그는 너희에게 더 많은 것을 가르칠 것이고 내가 너희에게 한 모든 말을 기억나게 할 것이다.

6 아직도 이야기할 것들이 많이 있으나 지금 이 시대는 그 말을 받아들이지 못할 것이니, 그것을 이해할 수 없기 때문이다.

7 그러나 내가 말하노니 주의 위대한 날이 오기 전에 성스러운 숨결이 모든 신비를 밝혀 줄 것이다.

8 영혼, 삶, 죽음, 불멸에 대한 신비, 그리고 사람은 다른 모든 사람과 하나님과 하나라는 사실을 밝혀 줄 것이다.

9 그때 온 세상은 진리로 인도되고 사람들은 진리가 될 것이다.

10 그리고 보혜사 성령이 왔을 때 성령은 세상에게 죄악과 내가 말한 진실, 그리고 정의의 심판을 깨닫게 해 줄 것이다. 그러면 세속적인 삶은

버려질 것이다.

11 또한, 보혜사 성령이 올 때, 내가 너희를 위하여 중재할 필요가 없다. 너희가 인정받을 것이고, 하나님께서 나를 아시듯이 너희를 아시게 될 것이다.

12 너희가 울어야 할 시간이 왔다. 사악한 자들은 내가 떠나서 기쁠 것이다. 그러나 나는 다시 올 것이니 너희의 모든 슬픔은 기쁨으로 바뀔 것이다.

13 그렇다, 진정으로 너희는 형제가 죽음에서 살아 돌아온 것을 환영하는 사람처럼 기뻐할 것이다."

14 제자들이 말했다. "주님, 더 이상 비유로 말씀하지 마시고 우리에게 명백하게 말씀해 주십시오. 저희는 주님께서는 지혜로우시고 모든 것을 알고 있다는 것을 압니다.

15 '나는 떠나지만, 다시 오리라'는 말씀의 의미가 무엇입니까?"

16 예수가 말했다. "너희가 다 흩어지고 모든 이가 두려워할 시간이 오고 있다.

17 사람들은 살기 위해 도망치고 나는 홀로 남겨질 것이다. 그러나 나는 혼자가 아닐 것이다. 나의 아버지 하나님께서 항상 나와 함께 하실 것이다.

18 사악한 자들은 나를 사악한 자들의 법정에 데려갈 것이다. 그리고 수많은 무리 앞에서 나는 사람들의 본으로서 스스로 목숨을 버릴 것이다.

19 그러나 나는 다시 살아나 너희 앞에 나타날 것이다.

20 내가 이런 말을 하는 것은 그런 일들이 닥쳐 지나갈 때 너희가 믿음 위에 굳건히 설 수 있도록 하기 위함이다.

21 그리고 너희는 사람들의 학대를 견디면서 내가 걸었던 가시밭길을 걸을 것이다.

22 실망하지 말고 기뻐하라. 내가 세상을 이겼고 너희도 세상을 이길 것이다."

23 예수가 눈을 들어 하늘을 올려다보며 말했다. "아버지 하나님이시여,

때가 왔습니다.[53]

24 사람의 아들은 이제 땅에서 들림을 받아야 합니다. 그러니 온 세상이 희생의 힘을 알게 되도록 그가 흔들리지 않게 하여 주소서.

25 제가 다른 사람들을 위해 생명을 바치듯이 그들도 다른 이들을 위해 생명을 바쳐야 합니다.

26 오 하나님, 저는 당신의 뜻을 행하려고 왔습니다. 그리고 그 성스러운 이름 안에서 그리스도는 영광을 받았으니 이는 사람들이 그리스도를 생명과 빛과 사랑과 진리로 보게 하려는 것입니다.

27 또한, 그리스도를 통하여 그들 자신이 생명과 빛과 사랑과 진리가 됩니다.

28 저는 당신께서 저에게 보내주신 이 사람들로 인하여 당신의 이름을 찬양합니다. 이는 그들이 당신을 영광스럽게 했으며 앞으로도 영광스럽게 할 것이기 때문입니다.

29 세속적인 삶에 눈이 멀어 그의 주를 팔아넘기려고 간 자를 제외하고는 이들 중 누구도 길을 잃지 않았고 떠나지 않았습니다.

30 오 하나님, 이 사람을 용서하소서. 그는 자신이 하는 일을 알지 못하고 있습니다.

31 오 하나님, 제가 이제 당신께로 갑니다. 이제 저는 더 이상 인간으로 머물지 못합니다. 제가 당신의 지혜와 당신의 사랑을 가르친 이 사람들을 돌보아 주소서.

32 그들이 저를 믿고 제가 한 말을 믿듯이 온 세상이 그들을 믿고 그들이 하는 말을 믿게 하소서.

33 당신께서 저를 이 세상에 보내셨듯 저는 그들을 보냈습니다. 당신께서 저에게 영광을 주셨듯이 그들에게 영광을 주시기를 기도드립니다.

34 당신께서 그들을 이 세상에서 데려가도록 기도드리는 것이 아니라 그

----

53) 『보병궁 복음서』의 후반부로 갈수록 요한복음의 말씀과 일치하거나 유사한 내용이 많이 나타난다. 『보병궁 복음서』는 기존의 복음서의 내용을 보충해 주거나 더 심화시켜 준다. 이 부분은 요한복음 17장에 나오는 예수의 기도다.

들을 세상의 악으로부터 지켜주시고 그들이 견디기 어려운 유혹을 당하지 않게 해 주시기를 기도드립니다.

35 한때 그들은 세상에 속해 있었으나, 제가 더 이상 세상에 속해 있지 않은 것처럼 그들도 더 이상 세상에 속해 있지 않습니다.

36 오 하나님, 당신의 말씀은 진리입니다. 당신의 말씀으로 그들의 죄를 씻어주십시오.

37 오 하나님, 저는 이들만을 위해 기도하지 않습니다. 저는 또한 말과 행동을 통해 저를 믿고 그리스도를 받아들이는 모든 사람을 위해, 그들 모두가 하나가 되기를 기도드립니다.

38 제가 당신과 하나이고 당신께서 저와 하나이신 것처럼 그들이 우리와 하나가 되도록 하여 주소서.

39 당신께서 당신의 뜻을 행하도록 저를 보내셨고, 저를 사랑하셨듯이 저들도 사랑하심을 세상이 알게 하소서."

40 예수가 말을 마치자 그들은 유대의 찬양을 부르고 일어나 떠났다.

예수가 빌라도를 방문한다. 빌라도는 예수에게 목숨을 건지기 위해 다른 나라로 피신할 것을 권한다. 예수가 이를 거절한다. 예수가 마살리안의 과수원에서 제자들과 만난다. 겟세마네의 광경. 유다가 이끄는 유대의 폭도들이 가까이 온다.

163 예수와 그의 열한 제자가 밖으로 나오자 한 로마의 위병이 다가와서 말했다. "모두 안녕하십니까? 당신들 중에 갈릴리 출신이 있습니까?"

2 베드로가 말했다. "우리는 모두 갈릴리 출신이오. 누구를 찾고 있습니까?"

3 위병이 대답하였다. "나는 그리스도라고 불리는 예수를 찾습니다."

4 예수가 대답했다. "여기 있다."

5 위병이 큰 소리로 말했다. "나는 공적으로 온 것이 아니요. 나는 총독의 메시지를 가지고 왔습니다.

6 예루살렘에는 복수심을 갖고 당신을 죽이겠다고 맹세한 유대인들로

가득 차 있습니다. 그래서 빌라도 총독께서 당신과 의논하고 싶어 합니다. 그는 당신을 즉시 데려오라고 하였습니다."

7 예수가 베드로와 나머지 제자에게 말했다. "골짜기로 가라. 기드론 시냇가에서 나를 기다려라. 나는 홀로 가서 총독을 만나볼 것이다."

8 예수가 위병과 함께 갔다. 그가 궁전에 도착했을 때 빌라도가 정문에서 그를 맞으며 말했다.

9 "젊은이여, 내가 당신에게 도움이 될 말한 말을 해 주려 하오. 나는 당신의 언행을 삼 년 이상 지켜보았소.

10 그래서 나는 당신의 동포들이 당신이 죄인이라고 기꺼이 돌로 쳐서 죽이려고 할 때마다 당신의 편을 들었소.

11 그러나 이제는 제사장들과 서기관들 그리고 바리새인들이 민중들을 동요시켜 그들을 광적으로 무자비하고 잔인하게 만들었소. 그리고 그들은 당신의 목숨을 빼앗으려 하고 있소.

12 그들의 말에 의하면 당신이 그들의 성전을 파괴하고 모세가 준 율법을 바꾸며 바리새인들과 제사장들을 내쫓고 스스로 왕위에 오르겠다고 맹세했기 때문이라고 하오.

13 또한, 그들은 당신이 로마와 완전히 결탁하고 있다고 단언하고 있소.

14 지금 예루살렘의 모든 거리는 당신의 피를 흘리게 하려는 미친 무리로 가득 차 있소.

15 도망가는 것 말고는 당신에게 안전한 길이 없소. 내일 아침 해가 뜰 때까지 기다리지 마시오. 당신은 이 저주받은 땅의 국경에 도달하는 길을 알고 있을 것이오.

16 내게 몇 명의 잘 훈련된 무장 기병들이 있으니 그들이 당신이 위험에서 벗어나도록 데리고 나갈 것이오.

17 당신은 이곳에서 지체해서는 안 되오. 젊은이여, 지금 당장 일어나서 가야만 하오."

18 예수가 말했다. "로마 황제 카이사르는 본 디오 빌라도라는 훌륭한 총독을 가지고 있구려. 세속적인 인간의 관점에서 볼 때 당신의 말은 지

혜로운 자의 소금으로 풍미롭소. 그러나 그리스도의 관점에서 볼 때 당신의 말은 어리석소.

19 겁쟁이는 위험이 닥치면 도망을 가지만 길 잃은 사람을 찾아 구하려는 사람은 그들을 위하여 목숨을 기꺼이 희생해야만 하오.

20 유월절이 끝나기 전에 온 나라는 죄 없는 사람이 흘린 피로 저주받을 것이오. 지금도 살인자들은 문밖에서 기다리고 있소."

21 그러자 빌라도가 말했다. "그럴 수는 없소. 로마의 검이 당신의 목숨을 지켜줄 것이오."

22 예수가 말했다. "아니오. 빌라도. 아니오. 이 세상에 나의 목숨을 구해 줄 만큼 큰 군대는 없소."

23 예수가 총독과 작별을 하고 떠났다. 그러나 빌라도는 그의 목숨을 노리는 자들로부터 그를 보호하기 위해 이중으로 편성된 위병을 딸려 보냈다.

24 그러나 순식간에 예수가 사라졌다. 위병들은 그를 더 이상 보지 못했다. 예수는 잠시 후에 열한 제자가 있는 기드론 시냇가에 도착했다.

25 한편 시내 바로 건너에는 과수원과 집 한 채가 있었다. 그곳은 마실리아 사람이 살았던 곳으로 예수가 종종 찾아왔던 곳이었다.

26 마실리아 사람은 예수의 친구였으며, 그는 예수가 유대의 선지자들이 오래 전에 오리라고 예언했던 그리스도임을 믿고 있었다.

27 한편 과수원 안에는 신성한 동산이 있었다. 마실리아인은 그곳을 겟세마네라고 불렀다.

28 그날 밤은 어두웠는데 과수원 안은 두 배로 더 어두웠다. 예수는 여덟 제자에게 시냇가에 남아 있으라고 명했다.

29 그동안 예수는 베드로, 야고보, 요한과 함께 겟세마네 동산에 기도하러 올라갔다.

30 그들은 감람나무 밑에 앉았다. 예수가 베드로, 야고보, 요한에게 생명의 신비를 밝혀주었다. 예수가 말했다.

31 "영원의 영은 모습을 드러내지 않는 한 분이시다. 그 영은 아버지 하나

님, 어머니 하나님, 아들 하나님이 하나인 분이시다.

32 생명이 현현되면서 하나가 셋이 되었다. 아버지 하나님은 전능의 하나님, 어머니 하나님은 전지의 하나님, 성자 하나님은 사랑이시다.

33 또한, 아버지 하나님은 하늘과 땅의 권능이시며, 어머니 하나님은 성스러운 숨결로서 천지의 생각이시며, 성자 하나님은 독생자로서 그리스도이며, 그리스도는 사랑이시다.

34 나는 이러한 사랑을 사람들에게 드러내려고 사람으로 왔다.

35 사람으로서 나는 인류의 모든 시련과 유혹을 겪어왔다. 그러나 나는 육체적인 모든 열정과 욕구를 극복하였다.

36 내가 이룬 것은 모든 사람이 할 수 있는 것이다.

37 이제 나는 죽음을 정복하는 인간의 능력을 증명하려 한다. 모든 인간은 육체를 입은 신이기 때문이다.

38 너희가 삶과 죽음 그리고 죽은 자들의 부활에 대한 신비를 알도록 나는 내 목숨을 버렸다가 다시 취할 것이다.

39 나는 육체 안에 있는 나를 버릴 것이다. 그러나 나는 사람들의 눈으로도 나를 볼 수 있도록 권능을 가진 영체로서 일어날 것이다.

40 그러므로 나는 사흘 후에 삶과 죽음의 모든 것과 죽은 자들의 부활의 의미를 보여 줄 것이다.

41 내가 하는 일은 모든 사람이 할 수 있다.

42 그리스도 교회의 핵심인 너희 세 사람은 모든 하나님들의 속성을 사람들에게 보여주어라.

43 베드로는 하나님의 권능을 알려주고, 야고보는 하나님의 생각을 보여주고, 요한은 하나님의 사랑을 증명하도록 하라.

44 두려워하지 마라. 너희는 성부, 성모, 성자의 전능한 일을 하려고 보내졌기 때문이다.

45 그리고 너희가 너희의 일을 이룰 때까지 모든 세속적인 삶의 권력은 너희의 생명을 해하지 못할 것이다.

46 이제 나는 너희를 떠나 홀로 어두운 적막 속에서 하나님과 이야기할 것

이다.

47 나는 슬픔에 압도되어 있다. 여기에 남아서 자지 말고 나를 지켜라."

48 그 후 예수는 동쪽으로 삼백 큐빗(약 150미터) 가서 엎드려 기도했다. 그가 말했다.

49 "나의 하나님, 나의 하나님, 제가 다가올 시간의 공포에서 벗어날 길이 없겠습니까? 저의 육신은 움츠러들고 있습니다. 그러나 저의 영혼은 흔들리지 않으니 제 뜻대로 마옵시고, 오! 하나님, 당신의 뜻대로 이루어지기를 원합니다."

50 고통 속에서 그는 기도하였다. 그의 육체에 가해지는 고통은 엄청난 것이었다. 그의 핏줄은 산산이 터지고 그의 이마는 피로 흥건하였다.

51 그런 뒤 세 명의 제자에게 돌아와 보니 그들 모두가 잠들어 있었다. 예수가 말했다.

52 "오, 시몬, 시몬 너는 잠자고 있느냐? 너는 단 한 시간이라도 자지 않고 나를 지킬 수 없느냐? 방심하지 말고 너의 유혹이 견디기 어려울 정도로 강해지지 않도록 깨어서 기도하라.

53 나는 영혼은 깨어서 의지가 있으나 육체가 나약한 것을 잘 알고 있다."

54 그런 뒤 그는 다시 가서 기도했다. "오 아버지 하나님, 제가 이 쓴잔을 마셔야만 한다면 저에게 영혼의 강인함을 주옵소서. 그러나 제 뜻대로는 마옵시고 당신의 뜻대로 하옵소서."

55 그런 뒤 제자들에게 돌아와 보니 아직도 잠들어 있었다. 그들을 깨우고 야고보에게 말했다.

56 "너는 너의 스승이 인간의 최대의 적과 겨루고 있는 동안에도 잠자고 있었느냐? 너는 한 시간이라도 자지 않고 나를 지킬 수 없느냐?"

57 그런 뒤 그는 다시 가서 기도했다. "오 하나님, 당신의 뜻에 따르겠습니다. 당신의 뜻대로 이루어지게 하소서."

58 그런 뒤 제자들에게 돌아와 보니 아직도 그들은 자고 있었다. 예수가 요한에게 말씀했다.

59 "나를 향한 사랑으로 한 시간이라도 자지 않고 나를 지킬 수 없었느냐?"

60 그런 뒤 이렇게 말했다. "이제 충분하다. 때가 왔다. 배신자가 가까이 왔다. 일어나서 함께 가자."

61 그들이 다시 기드론에 도착했을 때, 여덟 제자들이 모두 자고 있었다. 예수가 말했다. "일어나라. 보라. 사람의 아들을 파는 배신자가 왔다."

유다가 입맞춤으로 주님을 배신한다. 예수가 폭도들에게 붙잡히고 제자들은 자신들의 생명을 구하려고 도망친다. 예수가 예루살렘으로 끌려간다. 베드로와 요한이 폭도들을 뒤따라간다.

— ❋ —

164 주님께서 열한 제자와 함께 마실리아인의 과수원에 있었다. 그들이 서로 이야기하고 있을 때 그들은 한 떼의 사람들이 횃불과 검과 곤봉을 들고 그들에게 다가오고 있는 것을 보았다.

2 예수가 말했다. "사악한 자들의 밀정들을 보라! 유다가 길을 인도하고 있다."

3 제자들이 말했다. "주님, 목숨을 구하려면 도망갑시다."

4 그러나 예수가 말했다. "이것이 바로 선지자들과 선각자들의 예언이 성취되는 것인데 왜 우리가 목숨을 구하려고 도망쳐야 하는가?"

5 예수가 홀로 사람들을 만나러 갔다. 그들이 다가오자 그가 말했다. "너희는 왜 여기 있느냐? 누구를 찾고 있느냐?"

6 그들이 대답했다. "우리는 갈릴리에서 온 남자를 찾고 있소. 스스로를 그리스도라 칭하는 예수를 찾고 있소."

7 예수가 대답했다. "내가 여기 있다."

8 그런 뒤 그는 두 손을 들어 강력한 생각으로 에테르를 빛의 상태로 가져왔다. 그러자 온 과수원이 빛으로 밝게 빛났다.

9 격앙한 사람들이 뒤로 물러나고 그중 많은 사람이 예루살렘까지 곧장 달아났다. 그리고 다른 사람들은 땅에 엎어졌다.

10 가장 용감하고 담이 큰 자들만 남았다. 빛이 엷어지자 주님이 또다시 물었다. "너희는 누구를 찾고 있느냐?"

11 아나니아가 말했다. "우리는 갈릴리에서 온 사람을 찾고 있소. 우리는 자신을 그리스도라고 칭하는 예수를 찾고 있소."

12 예수가 그에게 대답하여 말했다. "내가 이미 말하지 않았느냐? 다시 말하지만 내가 바로 그다."

13 아나니아의 곁에 유다가 서 있었다. 그러나 곧 그는 주님의 뒤로 다가가서 말했다. "나의 주님!" 그리고 유다는 그가 그들이 찾고 있는 예수라는 표시로 예수에게 입을 맞추었다.

14 예수가 말했다. "너 가룟 유다야, 네가 와서 이같이 입맞춤으로써 너의 주를 배반하느냐?

15 이 일은 이렇게 되어야만 하나, 주를 배신하는 자에게 화가 있을 것이다.

16 너의 세속적인 탐욕이 양심을 마비시켜서 너는 너 자신이 하는 짓을 모르고 있다. 그러나 머지않아 너의 양심이 눈을 뜰 것이고, 너는 후회하면서 자신의 수명을 단축하여 목숨을 끊으리라."

17 그러자 열한 제자가 다가와서 유다를 붙잡아 그를 해하려 하였다. 그러나 예수가 말했다.

18 "이 자를 해쳐서는 안 된다. 너희는 이 자를 심판할 권리가 없다. 그의 양심이 그의 재판관이니 양심이 그에게 사형을 선고할 것이고, 그는 스스로 자신을 처형할 것이다."

19 그러자 가야바의 하인인 말고가 이끄는 폭도들이 예수를 붙잡아 사슬로 결박하려 하였다.

20 예수가 말했다. "너희는 무엇 때문에 깊은 밤에 이러한 신성한 장소에서 검과 곤봉으로 나를 체포하려 하느냐?

21 내가 예루살렘의 공공장소에서 말하지 않았느냐? 내가 너희의 병자를 고쳐주고, 보지 못하는 자들의 눈을 뜨게 하고, 걸음이 불편한 사람들을 걷게 해주고, 듣지 못하는 사람들을 들리게 해주지 않았느냐? 너희는 언제든지 나를 찾을 수가 있었다.

22 그런데 지금 너희가 나를 사슬로 결박하려고 한다. 이 사슬은 단지 갈

대를 엮은 것에 불과하지 않느냐?" 그리고 그가 양손을 들어 올리자 사슬이 끊어져 땅에 떨어졌다.

23 그러자 말고는 주님이 자신의 목숨을 구하기 위해 도망치려는 줄 알고 몽둥이로 그의 얼굴을 내리치려 하였다.

24 하지만 검을 가지고 있었던 베드로가 달려들어 그를 쳐서 상처를 입혔다.

25 그러나 예수가 말했다. "멈춰라. 베드로여, 멈춰라. 칼을 거둬라. 너는 검과 곤봉을 가지고 싸우도록 부름을 받은 것이 아니다. 누구든지 검을 휘두르는 사람은 검으로 망할 것이다.

26 나는 사람들의 보호가 필요하지 않다. 이는 내가 지금이라도 하나님의 한 군단, 아니 하나님의 사자들로 구성된 열두 군단을 불러와 나를 방어하도록 할 수 있기 때문이다. 그러나 그렇게 되면 좋지 않다."

27 그런 뒤 예수가 말고에게 말했다. "나는 네가 해를 당하게 하지 않을 것이다." 그런 뒤 베드로가 입힌 상처 부위에 손을 대니 곧 아물었다.

28 예수가 말했다. "내가 내 생명을 구하려고 결박을 풀고 도망할까 봐 걱정할 필요는 없다. 나를 너희가 원하는 대로 하라."

29 그러자 폭도들이 예수의 범죄에 대한 증인으로 재판장에 세우려고 열한 제자를 붙잡으려 달려들었다.

30 그러자 제자들은 모두 살기 위해 예수를 버리고 도망쳤다.

31 가장 마지막으로 도망친 제자는 요한이었다. 폭도들은 그를 잡고 옷을 갈기갈기 찢자, 그는 벌거벗은 채로 도망쳤다.

32 마살리아인이 그를 보고 집으로 데려가 다른 옷을 주었다. 요한은 주님을 끌고 간 사람들의 뒤를 쫓았다.

33 베드로는 자신의 나약한 비겁함이 부끄러웠다. 제정신이 들자 그는 요한과 함께 폭도들의 뒤를 바짝 따라 예루살렘에 왔다.

제19부

예수의 재판과 처형

가야바 앞에 서 있는 예수. 베드로가 그의 주님을 세 번 부인한다. 유대 통치자 일곱 명이 서명한 기소장. 백 명의 위증인이 기소 사실을 증언한다.

～ ✤ ～

165 가야바는 유대인의 대제사장이었다. 폭도들은 예수를 그의 관저로 끌고 갔다.

2 법정은 소집되어 있었고, 주님에 대한 불리한 증언을 서약한 서기관들과 바리새인들로 회랑이 가득 찼다.

3 관저의 입구를 지키고 있던 하녀는 요한과 아는 사이였으므로 요한은 그녀에게 자신과 베드로가 안에 들어갈 수 있도록 부탁했다.

4 하녀는 그들이 들어가는 것을 허락했고 요한은 안으로 들어갔다. 그러나 베드로는 두려워서 법정 밖에 남아 있었다.

5 베드로가 문 옆에 서 있을 때, 그녀가 물었다. "당신은 갈릴리에서 온 저자를 따르는 사람이 아닌가요?"

6 그러자 베드로가 말했다. "아니오, 나는 아닙니다."

7 예수를 홀 안으로 데려갔던 사람들이 법정 밖에서 불을 쬐고 있었다. 밤이 추웠기 때문에 베드로는 그들과 함께 앉았다.

8 그곳에서 대기하고 있던 또 다른 하녀가 베드로를 보고 말했다. "당신은 분명히 갈릴리에서 온 사람이군요. 당신의 말은 갈릴리인의 어투에요. 당신은 이 사람을 따르는 사람이군요."

9 베드로가 말했다. "무슨 말인지 모르겠습니다. 나는 저 사람을 알지도 못합니다."

10 그때 가야바의 하인이며 주님을 잡아 법정으로 데려온 자가 베드로를 보고 말했다.

11 "당신이 마살리안의 과수원에서 이 선동적인 나사렛사람과 함께 있는

것을 내가 보지 않았소? 나는 틀림없이 보았소. 당신은 그를 따르던 사람 중의 한 사람이오."

12 그러자 베드로는 일어나서 바닥을 소리나게 구르며, 모든 신성한 것을 걸고 그 죄인을 모른다고 하였다. 맹세했다.

13 요한이 근처에 서 있다가 베드로의 말을 듣고 그가 그의 주를 부인했다는 것을 알았다. 요한은 너무나 놀라서 베드로를 쳐다보았다.

14 바로 그때 수탉 한 마리가 뜰 아래서 큰 소리로 울었다. 그러자 베드로는

15 '내일 아침 닭이 울기 전 네가 나를 세 번 부인 하리라' 하신 주의 말씀이 생각났다.

16 양심의 가책을 깊이 느낀 베드로는 어둠 속으로 사라져 슬피 울었다.

17 가야바는 위엄을 갖추고 앉아 있었고 그 앞에 갈릴리 출신의 예수가 서 있었다.

18 가야바가 말했다. "너희 예루살렘인들이여. 너희가 고소한 사람이 누구인가?"

19 그들이 대답했다. "우리는 모든 충성스러운 유대인의 이름으로 스스로 우리의 왕이라고 자처하는 갈릴리 출신의 이 예수라는 자를 하나님과 인간의 적으로 고소합니다."

20 가야바가 예수에게 말했다. "남자여, 그대는 이제 그대의 가르침이나 주장에 대해 말해도 좋다."

21 예수가 말했다. "세속적인 인간의 제사장이여, 왜 나의 말과 행적을 묻는가?

22 나는 온갖 공공장소에서 많은 무리를 가르쳤다. 나는 그대들의 병자를 고쳐주었고, 앞 못 보는 사람의 눈을 뜨게 했고, 듣지 못하는 사람들을 듣게 했으며, 다리가 불편한 사람들을 걷게 하고, 죽은 자를 다시 살렸다.

23 나의 행적은 은밀한 장소에서 행해진 게 아니라 공회당이나 대로변에서 행해졌다.

24 황금이나 겉만 번지르르한 약속으로 매수되지 않은 사람들한테 가서

나의 말과 행적에 관하여 물어보라."

25 예수가 이렇게 말하자 유대인 위병 하나가 다가와 그의 얼굴을 때리며 말했다. "유대의 대제사장에게 어찌 감히 그런 식으로 말하느냐?"

26 예수가 말했다. "만일 내 말이 거짓이라면 내 말이 거짓이라는 증거를 대라. 내가 진실을 말했는데도 어찌하여 나를 이렇게 치느냐?"

27 가야바가 말했다. "그대들이 무슨 일을 하건 합법적으로 하라. 우리가 행하고 말하는 모든 것을 고등법정에서 답변을 해야만 하기 때문이다.

28 이 사람을 고소한 자들은 합법적인 고소장을 제출하라."

29 그런 뒤 가야바의 서기가 일어서서 말했다. "여기 합법적 서식으로 된 고소장이 있습니다. 이것은 서기관들과 대제사장, 그리고 바리새인들이 작성하여 서명한 것입니다."

30 가야바가 말했다. "여러분, 조용히 하고 서기가 낭독하는 것을 들어보시오." 서기는 두루마리를 들고 읽었다.

31 "유대의 산헤드린과 존경하는 대제사장 가야바께 올립니다.

32 인간이 할 수 있는 가장 높은 의무는 국가에 대한 것이며 그의 의무는 적들로부터 그들을 보호하는 것입니다.

33 예루살렘의 백성들은 막강한 적 하나가 그 들 가운데 있음을 알고 있습니다.

34 예수라는 이름의 남자가 나타나서 자신이 다윗의 왕위 계승자라고 주장하고 있기 때문입니다.

35 그는 사기꾼으로서 우리의 적입니다. 모든 충성스러운 유대인의 이름으로 우리는 여기에 충분히 증명할 수 있는 조항을 들어 고소장을 제출합니다.

36 우선 그는 하나님을 모독하였습니다. 자신이 하나님의 아들이며 하나님과 하나라고 말합니다.

37 또한, 그는 안식일에 병을 고치고 다른 일을 함으로써 거룩한 날을 모독합니다.

38 또, 자신이 우리 다윗과 솔로몬의 계승자인 왕이라 선포합니다.

39 그리고 그는 우리의 성전을 허물고 사흘 만에 더욱 영광스러운 모습으로 다시 세울 것이라 공언합니다.

40 또 그가 우리의 성전 뜰에서 장사꾼들을 내쫓았듯이 예루살렘에서 백성들을 내몰고, 하나님을 모르는 야만족을 데려와 우리의 성스러운 언덕을 차지할 것이라고 선언합니다.

41 그리고 모든 율법사, 서기관, 바리새인, 사두개인들은 추방되어 다시 돌아오지 못할 것이라고 주장합니다.

42 상기의 고소 내용에 대해 우리 모두는 서명하고 날인합니다.

안나, 시몬,

아비나답, 아나니아,

조아시, 아쟈니아,

히스기야."

43 서기가 고소장을 다 읽고 나자 모든 사람들이 피를 요구했다. 그들은 '저런 비열한 인간은 돌로 쳐 죽이고 십자가에 못 박으라.'라고 말했다.

44 가야바가 말했다. "이스라엘 사람들이여, 당신들은 이 자들의 고소를 지지하는가?"

45 뇌물을 받은 사람 백 명이 증언하려고 나섰다. 그들은 모든 혐의가 사실이라고 맹세했다.

46 가야바가 예수에게 말했다. "남자여, 그대는 할 말이 있는가? 그대가 하나님의 아들인가?"

47 예수가 말했다. "그대가 말한 그대로이다." 그리고 더 이상 말하지 않았다.

최고 법정 앞에 서 있는 예수. 니고데모가 정의를 위해 변호한다. 그가 증인들의 자격이 불충분함을 보여준다. 의회는 예수가 유죄임을 입증하는 데 실패하나 의장인 가야바가 유죄를 선언한다. 폭도들은 예수를 학대한다. 그는 빌라도의 법정으로 끌려간다.

166 예수가 말하려 하지 않자 가야바가 유대의 폭도들 앞에 서서 말

했다.

2 "죄인을 단단히 결박하라. 그는 유대의 위대한 산헤드린 최고 법정 앞으로 가서 목숨을 걸고 대답해야 할 것이다.

3 유대인 최고회의에 의해 우리의 조사 결과가 입증되기 전에는 범인을 처형할 수 없다."

4 날이 밝자 백성의 최고 의회가 열리고 주님과 그를 고발한 자들이 법정에 섰다.

5 가야바가 의장이었다. 그가 일어나 말했다. "갈릴리에서 온 이 사람을 고소한 자들은 고소장과 그 증거를 제출하시오."

6 가야바의 서기가 일어나서 고소장과 갈릴리 사람을 고소한 사람들의 이름을 낭독했다.

7 모든 증인은 유대의 평의회 앞에 서서 증언하게 하였다.

8 율법사들은 증거를 따져 보았고, 니고데모는 변호하려는 사람들 가운데 서 있었다.

9 니고데모가 양손을 들고 말했다. "피고 예수뿐 아니라 모든 서기관과 바리새인과 제사장과 사두개인도 거짓으로 판명날 수 있더라도 이제 정의를 행합시다.

10 만약 우리가 이 예수를 우리 율법과 국가에 대한 적이자 반역자로 증명할 수 있다면 그에게 유죄판결을 내려 죄의 대가를 받도록 합시다.

11 만약 증언한 자들이 하나님과 사람들 앞에서 위증자들로 판명되면, 이 갈릴리 사람을 풀어줍시다."

12 그 후 니고데모가 재판관들에게 증인들의 증언을 제출하였지만 두 재판관이 모두 동의하지 않았다. 그들은 홧김에 또는 이익을 위해 증언한 자들이었다.

13 평의회는 흔쾌히 예수를 범죄자로 판결하여 사형을 선고할 생각이었지만 모든 증거 앞에서 그들은 두려워졌다.

14 그러자 가야바가 말했다. "그대 갈릴리인이여. 살아 계신 하나님 앞에서 그대에게 대답할 것을 명한다. 그대가 하나님의 아들 그리스도인가?"

15 예수가 말했다. "만일 내가 그렇다고 대답한다면 들으려 하지 않거나 믿으려 하지 않을 것이다.

16 내가 아니라고 한다면 내가 그대들의 증인들과 마찬가지로, 사람과 하나님 앞에서 위증자가 될 것이다. 그러나 나는 이렇게 말한다.

17 '권능의 보좌에 앉은 사람의 아들이 하늘의 구름을 타고 오는 것을 너희가 볼 때가 오리라.'"

18 그러자 가야바가 자신의 옷을 잡아 찢으며 말했다. "그대들은 충분히 듣지 않았는가? 이 자의 비열하고 불경스러운 말을 듣지 않았는가? 더 이상 무슨 증언이 필요하겠는가? 우리가 이 자를 어떻게 해야 하겠는가?"

19 사람들이 그를 사형에 처하라고 외쳤다. 그러자 폭도들이 예수에게 달려들어 얼굴에 침을 뱉고 손으로 그를 때렸다.

20 그리고 예수의 눈을 천으로 묶고 얼굴을 때리며 말했다. "너는 선지자가 아니냐? 네 얼굴을 때린 사람이 누구인지 말하라."

21 예수가 대답하지 않았다. 양털 깎는 사람 앞에 서 있는 어린 양처럼 이 갈릴리 사람은 저항하지 않았다.

22 가야바가 말했다. "우리는 로마 통치자가 이 법정의 선고가 유효함을 확인해주기 전까지는 사람을 사형에 처할 수 없다.

23 그러니 이 죄인을 데리고 가라. 그러면 빌라도가 우리가 한 일을 승인할 것이다."

24 그런 뒤 예수는 로마 총독의 공관으로 끌려갔다.

빌라도 앞의 예수. 무죄를 선고받는다. 헤롯 앞에 선 예수. 고문을 받고 빌라도에게 다시 보내진다. 빌라도는 다시금 그에게 무죄를 선고한다. 유대인들이 그의 죽음을 요구한다. 빌라도의 아내가 그에게 예수의 처벌에 관여하지 말라고 재촉한다. 빌라도는 눈물을 흘린다.

❧❖❧

167 유대인들은 로마 총독의 관저 안으로 들어가게 되면 부정을 타서

축제에 참석하기에 합당하지 않게 될까 봐 들어가지 않고, 예수를 관저 마당으로 데려갔다. 빌라도는 그곳에서 그들을 만났다.

2 빌라도가 말했다. "이렇게 이른 시간에 무슨 소란인가? 그대들이 바라는 바가 무엇인가?"

3 유대인들이 대답했다. "우리가 사악하고 선동적인 자를 데리고 왔습니다.

4 이 자가 유대의 최고 의회에서 재판을 받은 결과, 우리의 율법과 국가 그리고 로마 정부에 대한 반역자로 판명되었습니다.

5 우리는 총독께서 이자에게 십자가형을 선고하시기를 탄원합니다."

6 그러자 빌라도가 대답했다. "왜 이 자를 나에게 데리고 오는가? 가서 그대들 스스로 그를 재판하라.

7 그대들에게 율법이 있고, 로마법의 인가를 받아 재판하고 처형할 권리가 있다."

8 유대인들이 대답했다. "우리에게는 사람을 십자가에 매달아 처형할 권리가 없습니다. 이 자는 디베랴 황제에 대한 반역자이므로 우리의 법률 고문들은 이 자는 가장 치욕적인 죽음인 십자가형에 처해야 한다고 믿고 있습니다."

9 그러나 빌라도가 말했다. "로마법에서는 모든 증거가 갖춰지고 기소된 자가 자신을 변호할 수 있도록 허락받기 전에 누구도 유죄라고 할 수 없다.

10 그러니 그대들의 증거물과 고소장을 받아 로마법에 따라 재판하겠다."

11 유대인들은 로마 법정의 용어로 고소장 사본을 만들고 거기에 다음과 같은 내용을 덧붙였다.

12 "우리는 예수를 로마의 적으로서 고소합니다. 그는 디베랴 황제에게 공물을 바치지 말 것을 주장합니다."

13 빌라도는 고소장을 받았다. 그의 위병들이 예수를 그의 관저 안으로 데리고 갔다.

14 예수가 로마의 총독 앞에 섰다. 빌라도는 그에게 유대인들의 고소장을

읽어주고 말했다.

15 "이 고소장에 대한 그대의 답변은 무엇이오? 이 고소장의 내용이 사실이오, 아니면 거짓이오?"

16 예수가 말했다. "어찌하여 내가 지상의 법정 앞에서 변론해야만 하오? 그 기소 내용은 위증자들에 의해 입증된 것인데 내가 말할 필요가 무엇이 있겠소?

17 그렇소. 나는 왕이오. 그러나 세속적인 사람들은 왕을 볼 수 없으며 하나님의 나라 또한 볼 수 없소. 하나님의 나라는 안에 있는 것이오.

18 내가 만일 세속적인 인간의 왕이었다면 나의 신하들이 나서서 나를 보호했을 것이며 나는 유대 법률의 앞잡이들에게 자진해서 항복하지 않았을 것이오.

19 나는 사람들의 아들들로부터는 아무런 증언도 갖고 있지 않소. 오직 하나님만이 나의 증인이며, 나의 말과 행동이 진리를 증명하오.

20 그리고 진리를 이해하는 사람은 누구든지 나의 말을 귀담아들을 것이므로, 그의 영혼이 나를 증거할 것이오."

21 빌라도가 말했다. "진리란 무엇이오?"

22 예수가 말했다. "진리란 '아시는 하나님'을 의미하오. 그것은 변하지 않는 것이오. 성스러운 숨결이 진리이며, 그것은 변하지 않고 사라지지 않소."

23 빌라도가 유대인들에게 다시 가서 말했다. "이 사람은 아무런 죄가 없으므로 나는 그에게 사형을 언도할 수 없다."

24 그러자 유대인들이 소란스러워졌다. 그들이 큰소리로 외쳐 말했다. "우리 평의회는 분명히 압니다. 전국에서 가장 현명한 사람들이 그가 수많은 범죄로 유죄임을 밝혀냈습니다.

25 그는 유대인의 나라를 변질시키려 했고, 로마의 통치를 전복시키고 스스로 왕이 되려고 했습니다. 그는 갈릴리 출신의 범죄인이며 마땅히 십자가에 처형되어야 합니다."

26 그러자 빌라도가 말했다. "만일 예수가 갈릴리 출신이라면 그는 갈릴

리 총독의 신민이므로 갈릴리에서 재판받아야 할 것이다."

27 한편 헤롯은 갈릴리에서 내려와 그의 수행원들과 함께 예루살렘에 머무르고 있었다.

28 빌라도는 주님을 사슬로 결박하여 헤롯에게 보냈다. 그는 또한 유대인들의 고소장과 증언의 사본을 보내어 헤롯이 이 사건을 판결하라고 요구했다.

29 헤롯이 말했다. "이 사람에 관한 이야기는 많이 들었습니다. 기꺼이 법정에서 그를 만나 보겠습니다."

30 그는 예수에게 그의 주장과 가르침과 목적에 관해 물었다.

31 예수는 단 한 마디도 답하지 않았다. 헤롯은 화가 나서 말했다. "그대는 대답하지 않음으로써 이 나라의 통치자를 모욕하려 하는가?"

32 그리고는 위병들을 불러 말했다. "이 자를 데려가 대답할 때까지 고문하라."

33 위병들은 예수를 잡아가 때리고 조롱하고, 그에게 왕복을 입히고 가시로 된 왕관을 만들어 머리에 씌우고 손에는 부러진 갈대를 쥐여 주었다.

34 그리고 비웃으며 말했다. "왕이시여, 만세! 그대의 신하들과 친구들은 어디에 있소?"

35 하지만 예수는 한마디도 하지 않았다. 그러자 헤롯은 다음과 같은 정중한 편지와 함께 그를 빌라도에게 돌려보냈다.

36 "가장 존경하는 로마의 섭정이시여, 당신께서 이 선동적인 갈릴리인에 관련해 제게 보낸 고소장과 증언들을 검토해 보았습니다. 그리고 기소된 대로 그에게 유죄를 선고할 수도 있겠으나

37 당신께 저의 판결권을 양보하고자 합니다. 당신께서 저보다 더 높은 권력을 가지고 있기 때문입니다. 저는 당신께서 이 사건에 대해 내리는 어떠한 판결에도 승인할 것입니다."

38 원래 빌라도와 분봉왕 헤롯은 적이었으나 이 일로 인해 불화가 해소되고 그 후로는 친구가 되었다.

39 예수가 다시 빌라도의 법정으로 보내졌을 때 로마 총독은 주님을 고소

한 자들 앞에 서서 말했다.

40 "나는 이 나사렛인이 고소당한 대로 범죄자라는 것을 발견하지 못했다. 그가 사형을 당해야 한다는 증거가 아무것도 없다. 그러므로 나는 그를 매질한 뒤 놓아줄 것이다."

41 유대인들이 노하여 외쳤다. "그런 위험한 인물을 살려준다는 건 당치 않습니다. 그를 십자가에 처형시켜야 합니다."

42 그러자 빌라도가 잠시 기다려 달라고 하고는 방에 들어가 조용히 사색에 잠겼다.

43 그가 생각에 잠겨있을 때 갈리아[54]에서 간택된 그의 경건한 아내가 들어와 말했다.

44 "빌라도, 당신께 간청합니다. 제 말을 잘 들어 주세요. 지금 당신이 하는 일에 조심하세요. 그 갈릴리 사람을 건드리지 마세요. 그는 거룩한 자입니다.

45 당신이 만일 그를 처벌한다면 당신은 하나님의 아들을 처벌하는 것이 됩니다. 어젯밤에 저는 한가로운 꿈이라고 하기에는 너무도 생생한 장면들을 보았어요.

46 저는 그 사람이 바다 위를 걷고 있는 것을 보았고, 그가 말씀으로 거친 폭풍우를 잠재우는 것도 들었어요. 또 그가 빛의 날개로 나는 것도 보았어요.

47 저는 또한 피로 물든 예루살렘을 보았는데, 카이사르의 동상은 붕괴되고 태양 앞에 장막이 가려져 낮이 밤처럼 어두워졌어요.

48 제가 서 있던 땅이 바람 앞의 갈대처럼 흔들렸어요. 빌라도, 제가 분명히 말하겠습니다. 만일 당신이 이 사람의 피로 당신의 손을 물들인다면 당신은 디베랴 황제의 노여움을 사고 로마 원로원의 저주를 받을지도 모릅니다."

49 그런 뒤 그녀는 방을 나갔다. 빌라도는 눈물을 흘렸다.

----

54) 갈리아, 고대 캘트족의 땅; 이탈리아 북부·프랑스·벨기에·네덜란드·스위스·독일을 포함한 옛 로마의 속령(屬領).

예수를 석방하려는 빌라도의 마지막 노력이 실패한다. 그는 자신의 결백을 가장하여 손을 씻는다. 유대인들이 처형하도록 예수를 넘긴다. 유대 병사들이 그를 갈보리로 끌고 간다.

━ ❋ ━

168 유대인들은 미신을 믿는 사람들이었다. 그들에게는 다른 나라의 우상 숭배자에게서 들여온 신앙이 있었다. 그것은 매년 말,

2 특정인을 선정하여 그 사람의 머리 위에 그들의 모든 죄를 대신 짊어지게 하는 것이었다.

3 그는 대중을 대신한 속죄양이 되며, 그들은 그를 광야로 내몰거나 외국으로 추방하면 그들의 죄가 사해진다고 믿었다.

4 그래서 매년 봄 축제가 벌어지기 전 그 나라의 여러 감옥에서 죄수 한 사람을 뽑아서, 그들만의 양식으로 그가 그들의 모든 죄를 지고 가도록 하였다.

5 예루살렘에 있는 유대인 죄수 중에는 악랄하고 선동적인 단체의 지도자들 세 명이 있었다. 그들은 도둑질, 살인, 약탈 등을 저질러 십자가형을 선고받았다.

6 사형수 가운데 바라바가 있었다. 하지만 그는 부자라서 제사장들을 매수하여 다가올 축제에 사람들을 위한 속죄양이 되어 석방되는 은혜를 입게 되었다.

7 이제 빌라도는 이 미신을 이용하여 주님을 구하려고 생각했다. 그래서 그는 다시 유대인들 앞으로 나가 말했다.

8 "이스라엘 사람들이여, 나는 관습에 따라 그대들의 죄를 짊어지고 떠날 죄수를 석방할 것이다.

9 이 사람을 그대들은 광야나 외국으로 추방하라. 그리고 그대들은 수십 명을 죽인 죄를 지은 것으로 판명된 바라바를 놓아 달라고 간청하였다.

10 그러나 잘 들으라. 예수를 석방하고 바라바를 십자가에 매달아 죄값을 치르도록 하라. 그러면 그대들이 예수를 광야로 내쫓아 더 이상 그의 말을 들을 일이 없을 것이다."

11 총독의 말에 사람들은 격분하여 총독의 관저를 파괴하고 빌라도와 그의 식구들과 그의 위병들을 추방하기 위한 계획을 세웠다.

12 만일 빌라도가 폭도들의 말을 들어주지 않으면 내란이 일어날 것이 확실해지자, 그는 물 한 그릇을 떠 놓고 사람들 앞에서 손을 씻으며 말했다.

13 "그대들이 고소한 이 사람은 가장 거룩한 하나님의 아들이다. 그리고 나는 나의 결백을 선언한다.

14 그대들이 그분의 피를 흘리게 한다면 그 피는 내 손이 아닌 그대들의 손에 묻은 것이다."

15 그러자 유대인들이 외쳤다. "그의 피가 우리와 우리 아이들의 손에 묻도록 하시오."

16 그러자 빌라도는 두려워 나뭇잎처럼 몸을 떨었다. 그는 바라바를 석방했다. 그리고 주께서 폭도들 앞에 서자 총독이 말했다. "그대들의 왕을 보라! 그대들의 왕을 죽이려는가?"

17 유대인들이 대답했다. "그는 왕이 아니오. 우리에게 위대한 디베랴 외에는 왕이 없소."

18 빌라도는 죄 없는 사람의 피를 로마 군인들의 손에 묻히려고 하지 않았다. 그래서 제사장들과 바리새인들은 그리스도라 불리는 예수를 어떻게 해야 할지 의논하였다.

19 가야바가 말했다. "우리는 이 사람을 십자가에 매달 수 없다. 그는 마땅히 돌로 쳐 죽여야 하며, 그 이상은 안 된다."

20 그러자 폭도들이 말했다. "서두르시오! 그를 돌로 쳐 죽입시다." 그리고 나서 그들은 주님을 성문 밖 언덕으로 데리고 갔다. 그곳은 죄인들이 처형을 당한 곳이었다.

21 폭도들은 골고다(해골이라는 뜻의 아람어 굴굴타의 헬라어 음역) 언덕에 이를 때까지 기다릴 수 없었다. 그들은 그 도시의 성문을 통과하자마자 예수에게 달려들어 손으로 때리고 침을 뱉고 돌을 던졌다. 그러자 예수가 땅에 쓰러졌다.

22 그때 하나님의 사람이 나서서 말했다. "이사야가 말했습니다. 우리의

라'라고 말입니다."

23 예수가 온통 멍들고 으스러져 땅바닥에 쓰러져 있을 때 한 바리새인이 외쳤다. "기다리시오! 여러분, 잠깐만 기다리시오. 저기를 보시오. 헤롯의 근위병이 오고 있습니다. 그들이 이 사람을 십자가에 매달 것이오."

24 그들은 도시의 성문 옆에서 바라바를 위한 십자가를 발견했다. 그러자 광분한 폭도들이 외쳐 댔다. "그를 십자가에 매달아라."

25 가야바와 다른 유대인 관원들이 나서서 승낙했다.

26 그리고 그들은 주님을 땅에서 일으켜 세워 칼끝으로 밀었다.

27 예수의 친구 시몬이라는 사람이 그 곁에 있었는데 멍들고 상처 입은 예수가 십자가를 질 수가 없었기 때문에 그들이 시몬의 어깨에 십자가를 메게 하고 갈보리까지 가게 했다.

유다는 양심의 가책으로 가득 찬다. 그는 급히 성전으로 달려가 제사장들의 발 앞에 은 삼십 냥을 던진다. 제사장들은 그 돈으로 토기장이의 땅을 산다. 유다는 스스로 목을 맨다. 그의 시신은 토기장이의 땅에 묻힌다.

≈ ✳ ≈

169 한편 주를 배신한 유다는 폭도들과 같이 있었다. 그러나 그가 내내 예수가 그의 권능을 발휘하여 그가 소유한 하나님의 힘을 나타내서 폭도들을 땅 위에 때려눕혀 스스로 자유롭게 되는 것을 생각했다.

2 그러나 주께서 땅 위에 쓰러져서 심한 상처를 입고 피를 흘리고 있는 것을 보고 그가 말했다.

3 "오 하나님, 제가 무슨 일을 저지른 것입니까? 저는 하나님의 아들을 배반하였습니다. 제 영혼에 하나님의 저주를 내리소서."

4 그런 뒤 그는 돌아서서 급히 성전을 향해 달렸다. 그는 그에게 주님을 배신하도록 은 삼십 냥을 준 제사장들을 찾아 말했다.

5 "이 뇌물을 도로 가져가시오. 그것은 내 혼에 대한 비싼 대가입니다. 나는 하나님의 아들을 배신하였소."

6 제사장들이 대답하였다. "그건 우리와 아무 상관이 없는 일이오."

7 유다는 바닥에 은전을 던지고 슬픔에 몸을 숙이고 떠났다. 그리고 성벽 너머의 튀어나온 바위에 스스로 목을 매고 자살했다.

8 단단히 묶인 줄이 풀렸을 때 그의 시신은 힌논 계곡으로 떨어졌으며, 여러 날이 지난 후에 사람들이 발견했을 때는 형체조차 알아볼 수 없었다.

9 통치자들은 피의 대가를 금고에 넣을 수 없어서 은 삼십 냥으로 토기장이의 밭을 샀다.

10 그들은 거기에 신성한 매장지에 묻힐 권리가 없는 자들을 묻기로 했다.

11 그들은 그곳에 자신의 주인을 팔아 버린 자의 시신을 묻었다.

십자가형. 예수가 그를 살인하는 자들을 위해 기도한다. 빌라도가 십자가 위에 글을 쓴다. 예수가 회개한 도둑에게 격려의 말을 한다. 요한에게 그의 어머니와 미리암을 부탁한다. 병사들이 그의 옷을 나누어 가진다.

━ ✻ ━

170 유대인 폭도들이 갈보리를 향해 몰려들었다. 그들이 가는 동안, 마리아들과 미리암 그리고 많은 여인들이 주님 가까이에서 따르고 있었다.

2 그들은 큰 소리로 울었다. 예수가 그들이 소리 내어 울고 탄식하는 것을 보고 말했다.

3 "나를 위해 울지 말라. 비록 내가 떠나서 십자가의 문을 지난다 해도 내일 아침 해 뜰 무렵에는 기운을 차려라. 무덤에서 다시 그대들을 만나게 될 것이기 때문이다."

4 거대한 행렬이 갈보리에 도착했다. 이미 로마 병정들은 두 명의 국사범을 십자가에 묶어 놓았다.

5 (그들은 못 박히지 않았고 단지 줄에 묶여 있을 뿐이었다.)

6 헤롯이 갈릴리에서 데려온 로마 수비대 병사 네 명이 형을 집행하도록 불려왔다.

7 그들은 예수를 괴롭히고 그에게서 자백을 얻어내도록 따로 선발된 자

들이었다.

8 또한, 그들은 그를 매질하고 머리에 가시관을 씌우고 부러진 갈대를 손에 쥐여 주고 왕의 옷을 입혀 그를 왕이라고 비웃고 놀리면서 절을 하던 자들이었다.

9 이 병사들은 주님을 붙잡아 옷을 벗기고 십자가 위에 눕히고는 밧줄로 묶었다. 그러나 이것만으로는 충분하지 않았다.

10 잔인한 유대인들이 망치와 못을 들고 곁에 서서 소리쳤다. "밧줄이 아니라 못이다. 그를 십자가에 매어 단단히 못질하라."

11 그러자 병사들은 못을 가져다 주님의 손과 발에 박았다.

12 그들은 예수에게 진정제로서 식초와 몰약 한 모금을 마시라고 주었으나 예수가 거절했다.

13 병사들은 다른 죄인들 사이에 바라바를 매달 십자가를 세울 장소를 준비하고 나서 여기에 예수, 그리스도라 불리는 자의 십자가를 세웠다.

14 병사들과 폭도들은 그가 죽는 것을 지켜보려고 바닥에 앉았다.

15 예수가 말했다. "아버지 하나님, 이들을 용서하소서. 저들은 자기들이 무엇을 하고 있는지 모릅니다."

16 한편 빌라도가 십자가 위에 걸 나무판을 준비하였는데 거기에는 히브리어, 라틴어, 그리스어로 진리의 말씀이 쓰여 있었다. '예수 그리스도, 유대인의 왕'

17 나무판은 십자가 위에 걸렸다. 제사장들이 십자가 위에 걸린 현판의 글을 보고 화가 났다.

18 그들은 빌라도에게 '그리스도, 유대의 왕'이라고 하지 말고 '자칭 그리스도, 유대인의 왕이라 주장하다'로 고쳐 달라고 부탁했다.

19 하지만 빌라도는 말했다. "내가 쓴 것은 내 뜻대로 쓴 것이니 그대로 놔두라."

20 주께서 십자가에 매달린 것을 본 유대의 무리는 기뻐 날뛰었다. 그들이 말했다. "가짜 왕, 만세!

21 성전을 부수고 3일 만에 다시 짓겠다고 하던 당신이 어찌 자기 자신은

구하지 못하는 거요?

22 만일 당신이 하나님의 아들 그리스도라면 십자가에서 내려오시오. 그러면 모든 사람이 당신을 믿을 것이오.”

23 제사장들과 서기관들 그리고 바리새인들은 그 광경을 바라보고 비웃으며 말했다. “그는 다른 사람을 무덤에서 살려냈으면서 왜 자신은 구하지 않는가?”

24 유대의 병사들과 갈릴리에서 온 로마 위병들도 큰 소리로 조롱하고 비웃었다.

25 십자가에 매달려 있는 다른 사람 중 한 명이 조롱에 가담했다. “만일 당신이 그리스도라면 권능이 있을 것이오. 거룩한 말씀을 하여 당신 자신과 나를 구해보시오.”

26 그러자 십자가에 매달려 있는 다른 한 사람이 그를 나무라며 말했다. “이 비열한 자야! 당신은 하나님이 두렵지도 않으냐?

27 당신과 나는 죄를 지어서 당연히 그 대가를 치르고 있는 것이지만 이분은 아무런 죄도 없는 분이다.”

28 그런 뒤 그가 예수에게 말했다. “주여, 저는 당신의 나라가 오리라는 것을, 세상이 결코 이해할 수 없는 나라가 오리라는 것을 압니다.

29 부디 당신께서 하늘의 구름을 타고 오실 때 저를 기억해 주십시오.”

30 예수가 말했다. “보라. 내가 오늘 혼의 나라에서 그대를 만날 것이다.”

31 그때 십자가 가까이에 유대와 갈릴리에서 온 많은 여인이 서 있었다. 그들 가운데는 주님의 어머니와 미리암,

32 그리고 두 제자인 야고보와 요한의 어머니인 마리아와 막달라 마리아, 마르다, 룻, 마리아 그리고 살로메가 있었다.

33 예수가 어머니와 가수 미리암이 십자가 곁에 가까이 서 있고 요한이 가까이 있는 것을 보고 요한에게 말했다.

34 “너에게 나의 어머니와 누이동생 미리암을 맡긴다. 따뜻하게 보살펴라.”

35 요한이 대답했다. “그분들께서 살아 계시는 동안 저의 집은 세 번 축복을 받은 주님의 어머니와 누이동생의 집이 될 것입니다.”

36 유대의 관습에 따르면 범죄인의 옷은 율법을 집행하고 범죄인의 생명을 빼앗은 자의 소유가 되었다.

37 그래서 예수가 십자가에 못 박혔을 때 로마 위병들은 주님의 옷을 자기들끼리 나누어 가졌다.

38 하지만 그들이 주님의 외투가 이음새가 없는 매우 귀한 것임을 발견했다.

39 위병들은 그것을 차지하기 위해 제비를 뽑아 누가 옷을 차지할 것인가를 결정했다.

40 이것으로 '그들이 내 옷을 나누어 가지려고 내 옷을 놓고 제비를 뽑도다'라는 성경의 말이 이루어졌다.

십자가 처형 후 마지막 장면. 요셉과 니고데모가 빌라도의 허락을 얻어 주님의 시신을 십자가에서 내려 이를 요셉의 무덤에 안치한다. 백 명의 유대의 병정들이 무덤 근처에 배치된다.

～ ✳ ～

171 정오가 되어 해가 중천에 높이 떠 있음에도 불구하고 날이 마치 한밤중같이 어두워졌다.

2 사람들은 등을 구하여 잘 보이도록 언덕 위에 불을 지폈다.

3 태양이 비추려 하지 않아 어둠이 찾아왔을 때 주께서 외쳤다. "엘로이! 엘로이! 라마 사박다니(Heloi! Heloi! La-ma Sabach- thani : 태양이시여! 태양이시여! 어찌하여 저를 버리시나이까?)"

4 사람들은 그가 하는 말을 알아듣지 못했다. 그래서 그들은 엘리야의 이름을 부르는 줄 알고 말했다.

5 "그는 지금 도움이 필요하여 엘리야를 부르고 있다. 만일 그가 온다면 우리도 보게 될 것이다."

6 그리고는 예수가 목마르다고 말했다. 로마 병정 한 명이 해면을 식초와 몰약에 담가 주님의 입술에 대주었다.

7 오후 3시가 되자 땅이 흔들리기 시작했다. 해가 없는 한낮의 어둠 속에

서 황금빛이 십자가 위로 홍수처럼 나타났다.

8 그리고 그 빛 속에서 '보라! 이제 이루었도다.'라는 목소리가 들렸다.

9 예수가 말했다. "아버지 하나님이시여, 당신의 손에 제 영혼을 맡깁니다."

10 한 로마 병정이 가엾게 여겨 말했다. "이 고통은 너무나 큰 것이다. 고통을 덜어주어야겠다." 그리고는 그의 창으로 주의 심장을 찔렀으며 그로써 모든 것이 끝이 났다. 사람의 아들이 세상을 떠났다.

11 그러자 땅이 또다시 흔들렸다. 예루살렘 성읍이 이리저리 흔들리고 언덕은 갈라지고 무덤이 열렸다.

12 사람들은 죽은 자들이 일어나 길을 걸어 다니는 것을 보았다고 생각했다.

13 성전이 흔들렸고, 성소와 지성소 사이의 장막이 둘로 찢어졌으며, 놀라운 일이 곳곳에서 일어났다.

14 십자가 위의 시체를 지키며 지키고 있던 로마 병정이 외쳤다. "죽은 자가 하나님의 아들이었음이 분명하다."

15 그러자 사람들은 서둘러 갈보리 언덕에서 내려왔다. 제사장들과 바리새인들 그리고 서기관들은 두려움에 가득 찼다.

16 그들은 회당과 집으로 숨을 곳을 찾으며 말했다. "하나님의 진노하심을 보라!"

17 유대인의 유월절의 마지막 날이 다가오고 있었다. 유대인들은 율법에 따라 안식일에 죄인을 십자가에 매달아 놓을 수 없었다.

18 그래서 그들은 빌라도에게 십자가에 매달려 있는 사람들의 시신을 치워 달라고 간청했다.

19 빌라도는 그의 위병들을 갈보리로 보내어 십자가에 매달린 사람들이 모두 죽었는지 확인하게 하였다.

20 위병들이 떠난 후 나이가 지긋한 두 명의 유대인이 총독을 만나러 관저로 찾아왔다. 그들은 유대인 최고 의회의 일원들이었다.

21 그들은 여전히 예수가 하나님이 보내신 선지자임을 믿었다.

22 한 사람은 공회원이며 아리마대 사람인 랍비 요셉으로 공정하고 하나님의 율법을 사랑하는 사람이었다.

23 다른 한 사람은 니고데모였다.

24 그들은 빌라도의 발아래에 엎드려 그들이 나사렛 사람의 시신을 거두어 무덤에 장사 지낼 수 있기를 간청했다.

25 빌라도가 허락했다.

26 요셉은 주님의 몸을 방부 처리하려고 알로에와 몰약을 혼합하여 만든 100파운드의 귀중한 향료를 준비하여 급히 갈보리로 갔다.

27 위병들은 돌아와서 이렇게 말했다. "나사렛인은 죽고 나머지 죄인들은 살아있습니다."

28 빌라도는 위병들에게 명하여 살아있는 자들을 죽여 그 시체를 불태우게 하고 다만 나사렛인의 시신만은 그것을 요구하는 랍비에게 주도록 하였다.

29 병사들은 빌라도가 명한 대로 하였다.

30 랍비들이 도착하여 주님의 시신을 거두어 갔다. 그리고 그들은 미리 준비한 향료로 잘 처리하고는

31 요셉을 위해 단단한 바위 속에 마련해 두었던 새 무덤에 주님의 시신을 안치했다.

32 그런 뒤 그들은 돌을 굴려 무덤의 입구를 막았다.

33 제사장들은 예수의 친구들이 야밤을 틈타 나사렛 예수의 시신을 가져가서 그가 생전에 했던 말대로 죽은 자로부터 다시 살아 일어났다는 소문을 낼까 두려웠다.

34 그리고 그들은 총독에게 병사들을 무덤으로 보내어 시체를 지킬 것을 요청했다.

35 하지만 빌라도는 말했다. "나는 로마 위병들을 보내지 않을 것이다. 그대들에게는 유대 병사들이 있으니 백부장에게 백 명의 군사들을 딸려 보내어 무덤을 지키게 하라."

36 그러자 그들은 무덤을 지키도록 백 명의 병사들을 보냈다.

제20부

예수의 부활

빌라도가 무덤 입구의 돌문 위에 로마의 봉인을 붙인다. 한밤중에 침묵의 형제단 한 무리가 무덤주위를 행진한다. 병사들이 깜짝 놀란다. 예수가 옥 중의 영들에 설교한다. 그는 일요일 아침 일찍 무덤에서 부활한다. 제사장들이 병사들에게 뇌물을 주어 제자들이 그의 시체를 훔쳐 갔다고 말하라고 한다.

---

172 주님의 시신을 안치한 무덤은 실로암이라고 부르는, 아름다운 꽃이 만개한 정원 안에 있었다. 그리고 요셉의 집도 근처에 있었다.

2 감시가 시작되기 전에 가야바는 한 무리의 제사장들을 실로암 정원으로 보내어 예수의 시신이 무덤 안에 있는지 확인해보라고 했다.

3 그들은 돌을 굴려 치우고 시신이 있음을 확인하고 다시 돌을 입구에 갖다 놓았다.

4 빌라도는 그의 서기관을 보내 입구의 돌에 로마의 봉인을 붙이도록 하여 누구든지 돌을 움직이면 봉인이 뜯어지도록 하였다.

5 그리고 이 로마의 봉인을 뜯는 자는 사형에 처하도록 하였다.

6 유대 병사들은 모두 성실히 근무에 임할 것을 맹세하고 보초를 서기 시작했다.

7 한밤중까지는 아무 일도 없었다. 그런데 갑자기 무덤이 찬란한 불빛으로 변하더니 정원 아래쪽으로부터 한 무리의 흰옷 입은 병사들이 한 줄로 행진해 왔다.

8 그들은 무덤 입구까지 올라와 행진하고 문 앞에서 다시 뒤로 돌아 행진했다.

9 유대 병사들은 긴장했다. 그들은 나사렛인의 친구들이 시신을 훔치러 왔다고 생각했다. 경비대장이 돌격을 명령했다.

10 그들은 돌격했다. 그러나 흰옷 입은 병사들은 단 한 사람도 쓰러지지

않았다. 심지어 그들은 멈추지 않고 놀란 보초병들 사이를 앞뒤로 행군하였다.

11 그들은 로마의 봉인 앞에 섰고 단 한 마디도 말하지 않았다. 칼도 뽑지 않았다. 그들은 침묵의 형제단이었다.

12 유대인 병사들은 두려워 달아나거나 땅바닥에 넘어졌다.

13 그들은 흰옷을 입은 병사들이 행군하며 사라질 때까지 멀리 떨어져 있었다. 그런 뒤 무덤 주위의 빛이 서서히 희미해졌다.

14 병사들이 돌아와 보니 입구의 돌은 제자리에 있었고 봉인 또한 흐트러지지 않았다. 그들은 보초 서기를 계속하였다.

15 한편 예수는 무덤 안에서 잠자고 있지 않았다. 육체는 혼의 드러남이지만, 혼은 드러남이 없는 혼이다.

16 드러남이 없는 혼의 영역에서, 주께서는 나가서 가르쳤다.

17 그는 감옥 문을 열고 죄수들을 석방했다.

18 그는 갇힌 영혼들의 사슬을 끊어주고 그들을 빛으로 인도했다.

19 그는 고대의 조상들과 선지자들과 함께 앉아 회의했다.

20 그는 모든 시대와 모든 나라의 스승들과 만났다. 그는 이 위대한 집회에서 앞에 나서서 지상에서의 그의 삶과 인간을 위한 희생이 된 자신의 죽음에 대해 말했다.

21 그리고 그가 다시 육체의 옷을 입고 그의 제자들과 함께 거닐기로 약속한 것은, 다름 아닌 인간의 가능성을 증명하기 위한 것이며

22 그들에게 삶과 죽음, 그리고 죽은 자들의 부활의 열쇠를 주기 위한 것임을 이야기했다.

23 회의에서 모든 스승들이 자리에 앉아 앞으로 다가오는 시대의 계시에 대해 이야기했다.

24 그때에는 성스러운 숨결이 땅과 대기를 가득 채우고 인간에게 완전하고 영원한 삶을 열어줄 것이다.

25 안식일 날 실로암의 정원은 조용했다. 유대인 병사들이 감시하고 있었기 때문에 묘지 근처로 접근하는 사람은 아무도 없었다. 그러나 이튿날

밤이 되자 상황이 변했다.

26 한밤중에 모든 유대 병사들이 '아돈 마쉬히 쿠 미(Adon Mas-hich Cumi)' 라는 소리를 들었다. 그 말은 주 그리스도께서 일어나신다는 의미였다.

27 그들은 예수의 친구들이 민첩하게 기회를 엿보다가, 주님의 시신을 가져가려고 올라오고 있는 것으로 생각했다.

28 그리하여 병사들은 재빨리 칼을 뽑아 들고 경계했다. 그러자 또다시 그 말이 들렸다.

29 그 목소리는 마치 사방에서 들려오는 것 같았으나 아무도 보이지 않았다.

30 병사들은 두려움으로 창백해졌지만 도망가면 겁쟁이로 몰려 죽음을 면치 못할 것이었으므로 계속 서서 지켜보았다.

31 다시, 해가 떠오르기 직전이었다. 하늘은 빛으로 번쩍거렸다. 멀리에서 들려오는 천둥소리는 폭풍이 다가오는 것을 예고하는 것 같았다.

32 그리고 그때 땅이 흔들리기 시작했다. 그들은 빛줄기 속에서 하늘로부터 어떤 형체가 내려오는 것을 보았다. 그들이 말했다. '보라! 천사가 내려오고 있다.'

33 그때 또다시 '아돈 마쉬히 쿠미'라는 소리가 들려왔다.

34 그러자 그 흰옷 입은 형체는 로마의 봉인 앞으로 저벅저벅 걸어가 그것을 뜯어 산산조각내 내버렸다. 그리고 그는 거대한 바위를 마치 시냇가의 조약돌처럼 가볍게 손으로 들어 올려 옆으로 내던졌다.

35 그리고 예수가 눈을 뜨며 말했다. "모두 떠오르는 태양을 맞이하라. 정의의 날이 왔도다!"

36 그런 뒤 그는 수의와 머리띠 그리고 그의 시신을 감았던 천을 잘 개어서 옆에다 놓았다.

37 그는 일어나서 잠시 흰옷 입은 형체 옆에 서 있었다.

38 심약한 병사들은 땅 위에 엎드려 손으로 그들의 얼굴을 가렸지만 강한 병사들은 계속 서서 지켜보았다.

39 그들은 그 나사렛인의 몸이 변화하는 것을 보았다. 그들은 그것이 필

멸의 형체로부터 불멸의 형체로 변하는 것을 보았다. 그 후 그 형체는 사라졌다.

40 병사들은 어디선가 들려오는 소리를 들었다. 아니, 오히려 그것은 모든 곳에서 들려오는 소리였으며, 이렇게 말하고 있었다.

41 "평화, 지상에는 평화가, 인간에게는 선한 의지가 있을 것이다!"

42 그들이 보니 무덤은 텅 비어 있고 주께서 자신이 말한 대로 부활하셨다.

43 병사들이 서둘러 예루살렘으로 가 제사장들에게 말했다.

44 "보십시오, 그 나사렛인은 그가 말한 것처럼 부활했습니다. 무덤은 텅 비었고 그 사람의 시체는 사라졌습니다. 우리는 그것이 어디 있는지 모릅니다." 그러면서 밤에 있었던 놀라운 일에 대해 말했다.

45 가야바는 유대 의회를 소집하여 말했다. "예수가 죽은 자들로부터 부활했다는 소식이 밖으로 새어 나가서는 안 된다.

46 만일 그렇게 되면 모든 사람이 그가 하나님의 아들이라 말할 것이고, 우리의 모든 증언이 거짓으로 판명날 것이다."

47 그런 뒤 그들은 그 병사 백 명을 불러들여 말했다.

48 "너희는 그 나사렛 사람의 시신이 지금 어디 있는지 알지 못한다. 그래서 만약 너희가 가서 말하기를 그 제자들이 와서 너희가 자는 사이에 훔쳐 갔다고 하면,

49 너희 모두 은화 한 닢씩 받게 될 것이고, 로마 인장이 뜯어진 일에 대해서도 빌라도와 잘 수습할 것이다."

50 병사들은 보수를 받은 그대로 이행했다.

제21부

예수 영체의 육화

예수가 완전히 육화하여 그의 어머니와 미리암과 막달라 마리아와 베드로, 야고보, 요한에게 나타난다.

— ❋ —

173 한편, 랍비들이 주의 시신을 거두어 무덤에 안장했을 때 주님의 어머니와 막달라 마리아 그리고 미리암이 그곳에 있었다.

2 시신을 안장하고 난 후 그들은 요셉의 집에 가서 거기에 머물렀다.

3 그래서 그들은 유대인 병사들이 무덤을 지키기 위해 보내졌다는 사실과 무덤 입구의 돌 위에 로마의 봉인이 붙여졌다는 것을 알지 못했다.

4 그리하여 그 주의 첫날 아침 그들은 주님의 시신을 방부하려고 향료를 가지고 서둘러 무덤으로 향했다.

5 그러나 그들이 무덤에 다다랐을 때 그들은 공포에 질려 미친 듯이 이리저리 뛰어다니는 병사들을 보았다.

6 여인들은 이유를 알 수 없었다. 그러나 무덤이 텅 빈 것을 보고 흥분한 반면에 몹시 괴로웠다.

7 병사들도 무슨 일이 일어났는지 몰랐고, 누가 주님의 시신을 치웠는지 알지 못했다.

8 막달라 마리아는 이 소식을 베드로와 나머지 사람들에게 전하려고 예루살렘으로 급히 달려갔다.

9 그녀는 성문 옆에서 베드로와 야고보와 요한을 만나서 말했다. "누군가 무덤 입구의 돌을 옮기고 주님의 시신을 가져갔습니다."

10 그러자 세 제자는 무덤으로 달려갔다. 요한의 걸음이 가장 빨라 제일 먼저 도착하여 살펴보니 무덤은 텅 비었으며 주의 시신은 사라졌다.

11 베드로가 도착하여 무덤 내부로 들어가 수의가 단정히 개어진 채로 옆에 놓여 있는 것을 발견했다.

12 제자들은 이러한 광경을 이해하지 못했다. 그들은 그들의 주님께서 죽기 직전에 알려주신 바, 그가 그 주의 첫날 죽음에서 일어나리라는 말의 의미를 알지 못했다.

13 세 제자는 다시 예루살렘으로 돌아갔다. 그러나 주님의 어머니와 미리암은 돌아가지 않았다.

14 그리고 마리아가 무덤 내부를 들여다보았을 때 안에는 두 스승이 앉아 있었다. 그들이 말했다. "왜 우시오?"

15 마리아가 말했다. "저의 주님이 사라졌기 때문입니다. 누군가 주의 시신을 가져갔습니다. 어디에 있는지 알 수 없습니다."

16 그런 뒤 그녀는 일어나 주위를 둘러보았다. 어떤 사람이 가까이 서 있다가 말했다. "왜 우시오? 그대는 누구를 찾고 있소?"

17 마리아는 그를 정원사라고 생각하여 말했다. "만일 당신이 주님의 시신을 옮겼다면 제가 그를 신성한 묘지로 모실 수 있도록 부디 그 장소를 가르쳐 주세요."

18 그 사람이 다가와 말했다. "나의 어머니!" 그러자 마리아가 말했다. "나의 주님!"

19 미리암의 눈이 휘둥그레져 주님을 쳐다보았다.

20 예수가 말했다. "보십시오. 우리가 십자가를 향해 올라가던 중에 제가 말하지 않았습니까? 일주일의 첫날 무덤에서 다시 만나리라고요."

21 한편, 막달라 마리아는 그다지 멀리 떨어지지 않는 곳에 앉아 있었다. 예수가 그녀에게로 가서 말했다.

22 "왜 산 자를 죽은 자들 가운데서 찾으려 하느냐? 너의 주는 자신이 말한 대로 부활했다. 자, 마리아여, 내 얼굴을 보아라!"

23 그제서야 마리아는 그가 주님이시며 그가 죽은 자들로부터 부활하셨음을 알았다.

24 그런 뒤 살로메, 두 제자 야고보와 요한의 어머니 마리아, 요안나, 그리고 무덤으로 온 다른 여인들이 예수를 보고 그와 이야기를 나눴다.

25 막달라 마리아는 기쁨에 넘쳤다. 그녀는 다시 베드로, 야고보, 요한을

찾아갔다. 그들을 발견하자 그녀가 말했다.

26 "제가 주님을 보았습니다. 미리암도 주님을 보았고 주님의 어머니도 주님을 보았습니다. 그리고 많은 이들이 그의 얼굴을 보았습니다. 주께서 죽은 자들로부터 부활하셨기 때문입니다."

27 하지만 제자들은 그녀가 단순히 주님의 환상을 본 것이라고 생각했다. 그들은 주님께서 죽은 자들로부터 부활했다고는 생각하지 않았다.

28 그런 뒤 마리아가 다른 제자들을 찾아가 주께서 부활한 모든 내막을 말해주었지만, 아무도 믿지 않았다.

29 한편 베드로와 야고보와 요한은 실로암의 정원에서 낮에 발생했던 일에 대해 정원사와 이야기를 나누고 있었다. 그때 요한은 한 낯선 사람이 걸어오고 있는 것을 보았다.

30 그 낯선 이가 손을 들어 말했다. "나다." 그러자 제자들은 그가 주님인 것을 알아보았다.

31 예수가 말했다. "보라, 인간의 육체는 더욱 높은 차원의 형태로 바뀔 수 있다. 그리고 그 높은 차원의 형태는 나타난 모든 것의 으뜸이며 원하는 대로 어떠한 형태도 취할 수 있다.

32 그래서 나는 너희에게 익숙한 모습으로 나타났다.

33 도마와 내가 사도로 부른 사람들에게 가서 말하라.

34 유대인과 로마인들이 죽었다고 생각하는 자가 실로암의 정원에서 거닐고 있으며,

35 그는 예루살렘의 성전 안에서 사제들과 바리새인들 앞에 다시 나타날 것이며,

36 또한, 세상의 현자들 앞에 나타날 것이라 말하라.

37 또한, 그들에게 내가 그들보다 먼저 갈릴리로 갈 것이라고 말하라."

38 그러자 베드로, 야고보, 요한은 그들의 형제를 찾아가서 말했다. "보시오, 주님께서 죽은 자들로부터 부활하였소. 그리고 우리는 그분을 직접 보았소."

39 형제들은 세 명의 제자들이 하는 말을 듣고 몹시 놀랐다. 하지만 그들

은 여전히 그들의 말을 헛된 말이라 여기고 믿지 않았다.

예수가 완전히 육화하여 엠마오로 여행하고 있는 삭개오와 글로바에게 나타나지만 그들은 알아보지 못한다. 예수가 그들에게 그리스도에 대해 많은 것을 말한다. 그는 그들과 함께 저녁 식사를 하고 자신이 누구인지 밝힌다. 그들은 예루살렘으로 가서 이 소식을 전한다.

⁓ ❈ ⁓

174 부활의 날 저녁이 가까워질 무렵, 7마일 떨어진 엠마오의 삭개오와 글로바라는 예수의 두 친구가 그들의 집으로 가고 있었다.

2 그들이 이런저런 이야기를 하며 걷고 있을 때 한 나그네가 그들과 합류하여 동행하였다.

3 그가 말했다. "친구들이여, 그대들은 기운이 없고 슬퍼 보이는데 무슨 큰 걱정거리라도 있습니까?"

4 글로바가 말했다. "당신은 유대 땅이 처음이라서 이곳에서 일어났던 놀라운 일들을 들어보지 못했습니까?"

5 그 이방인이 말했다. "어떤 일들입니까? 무엇을 말하는 것입니까?"

6 글로바가 말했다. "말씀과 행적에서 위대한 선지자였던 갈릴리 출신의 사람에 대해서 들어본 적이 없다는 말입니까?

7 많은 사람들이 그가 유대의 나라를 다시 세우고 예루살렘에서 로마인들을 쫓아내어 스스로 왕이 되기 위해 왔다고 생각했던 그 사람을요?"

8 그 이방인이 말했다. "그 사람에 대해 들어보고 말씀해 주십시오."

9 글로바가 말했다. "그의 이름은 예수였습니다. 베들레헴에서 태어났고, 그의 집은 갈릴리에 있었습니다. 그는 그 자신을 사랑하듯 사람들을 사랑했습니다.

10 그는 비할 데 없는 권능을 가지고 있었기 때문에 진실로 하나님께서 보내신 스승이었습니다. 그는 병자들을 치유했고, 듣지 못하는 사람들을 듣게 하고, 보지 못하는 사람들을 눈뜨게 했으며, 앉은뱅이들을 걷게 했습니다. 심지어 죽은 사람도 살려냈습니다.

11 유대인 서기관들과 바리새인들은 그의 명성과 권능을 질투하여 그를 붙잡아 거짓된 증언으로 그가 많은 범죄를 저질렀음을 증명했습니다.

12 그래서 그는 지난 금요일 골고다의 형장에 끌려가 십자가에서 처형당했습니다.

13 그는 죽었고 그의 시신은 실로암의 정원에 있는 한 부자의 묘지에 안장되었습니다.

14 .그런데 그의 친구들이 바로 오늘 아침 무덤으로 가보니 무덤은 텅 비어 있고 주님의 시신은 사라졌다고 합니다.

15 그리고는 지금 그가 죽은 사람 가운데에서 다시 살아났다는 소식이 퍼졌습니다.”

16 낯선 사람이 말했다. “물론 나도 그 사람에 대해 들어본 적이 있소. 그러나 이상한 일은 유대의 옛 선지자들이 오래전부터 그에 대해서 예언하기를 그가 왔을 때 사람들이 그를 알아보지 못했다고 했다는 것이오.

17 이 사람은 사람들에게 그리스도를 증명하기 위해 태어났으며 그것은 곧 예수가 그리스도라고 말하는 것일 뿐이오.

18 말씀에 의하면, 이 예수가 온 것은 사람들의 손에 고통받고, 사람의 아들의 본이 되기 위해 자신의 생명을 바치고,

19 또 사람들이 죽음에서 살아나는 방법을 알도록 스스로 죽음에서 살아나기 위함이오.”

20 그런 뒤 그 이방인은 그 두 명의 제자들에게 율법과 선지자 그리고 시편에 대해 전부 말해 주었다. 그리고 그 갈릴리인에 대해 기록된 많은 것들을 읽어주었다.

21 이윽고 그들이 집에 도착했다. 밤이 가까워 왔으므로 그들은 그 이방인에게 그들과 함께 묵기를 졸랐다.

22 그리하여 그는 그들과 함께 안으로 들어갔다. 그들이 저녁 식사를 위해 식탁에 둘러앉자, 그는 빵 한 조각을 들어 그리스도의 이름으로 축복했다.

23 그리고 그 즉시 그들의 눈이 떠졌다. 그리고 그들은 그 이방인이 다름

아닌 죽은 자들 가운데에서 살아난 갈릴리인 예수 그리스도임을 알아
차렸다. 그러자 예수의 형체가 사라졌다.

24 그가 사라지자 두 제자는 깜짝 놀라 말했다. "그가 길에서 우리와 대화
하면서 율법과 선지자와 시편의 증거들을 열어주었을 때 우리의 가슴
이 기쁨으로 타오르지 않았던가?"

25 그런 뒤 삭개오와 글로바는 예루살렘으로 돌아가 온 마을을 돌아다니
며 말했다. "보시오, 우리는 주님을 보았습니다."

26 그는 우리와 함께 엠마오까지 걸었습니다. 우리와 저녁 식사를 같이했
으며 우리를 위해 생명의 빵을 떼어 주셨습니다."

예수가 완전히 육화하여 시몬의 집에서 열 명의 사도에게 나타난다. 또한, 나사로와 그
의 누이들에게도 나타난다.

⮑ ✢ ⮐

175 부활한 날 저녁이 되었다. 열 명의 사도들이 베다니에 있는 시몬
의 집에 있었다. 하지만 율법사인 도마는 그곳에 없었다.

2 문은 빗장이 걸려 잠겨있었다. 유대인들이 갈릴리인들을 그 지방에서
모두 추방하겠다고 말했기 때문이었다.

3 그들이 이야기하고 있을 때 예수가 와서 그들 한가운데 서서 말했다.
"평화! 평화!"

4 제자들은 두려움으로 몸을 움츠렸다. 그들은 자기들이 본 것이 유령이
었다고 생각했다.

5 예수가 말했다. "무엇을 걱정하고 있는가? 어찌 두려워하는가? 나는
유령의 형태가 아니다. 나는 너희의 주님이다. 나는 죽은 자 가운데서
부활했다.

6 내가 부활할 것이라고 종종 말했지만, 너희는 믿지 않았다. 이제 이리 와
서 보라. 유령은 내가 가진 것처럼 살과 뼈와 근육을 가지고 있지 않다.

7 이리 와서 내 손을 쥐어보고 다리를 만져보아라. 그리고 손을 내 머리
위에 얹어보아라."

8 모두가 다가가 손을 쥐어보고 다리를 만져보고 머리 위에 손을 얹어보았다.

9 예수가 말했다. "먹을 것이 있느냐?"

10 그들은 생선 한 토막을 가져왔고 주가 그들이 보는 앞에서 그것을 먹자 비로소 그 열 명이 믿었다.

11 나다나엘이 말했다. "이제야 우리는 주님이 죽은 자들로부터 살아난 것을 알았습니다. 주님께서는 죽은 자들의 부활에 대한 증거를 보여주셨습니다." 그러자 예수가 사라졌다.

12 한편 마리아, 마르다, 룻과 나사로가 집에 있었는데, 그들은 주께서 죽은 자들로부터 부활하셨다는 소문을 들었다. 마르다가 말했다.

13 "그럴 리 없습니다. 이 세상이 시작한 이래로 그런 일이 일어난 적은 없었어요."

14 그러나 마리아가 말했다. "주께서는 나의 오라비를 죽음에서 살리지 않았습니까? 그러므로 그는 분명히 다시 살아나셨을 거예요."

15 그들이 그렇게 말할 때 주님께서 그들 가운데 나타나서 말씀했다.

16 "만세! 내가 죽은 자들 가운데서 살아났으니 무덤에서 일어난 첫 열매다.'"

17 마르다가 바로 달려가 주님께서 즐겨 앉았던 의자를 가져오니 그가 그 의자에 앉았다.

18 그리고 오랫동안 그들은 그들이 겪은 시련과 갈보리와 실로암 정원에서 있었던 일에 관해 이야기했다.

19 그러자 예수가 말했다. "두려워 마라. 내가 항상 너희의 친밀한 벗이 될 것이다." 그런 뒤 그는 사라졌다.

예수가 완전히 육화하여 인도의 왕자 라반나의 궁전에 모인 동양의 현자들과 페르시아의 마기 사제들에게 나타난다. 세 명의 동방박사들이 그 나사렛인의 인격을 찬양한다.

~~❖~~

176 인도의 왕자 라반나가 잔치를 열었다. 오릿사에 있는 그의 궁전

은 모든 극동에서 온 사상가들이 늘 모이던 장소였다.

2 라반나는 오래전 어린 예수와 함께 인도에 갔던 왕자였다.

3 잔치는 동방의 현인들을 기리기 위해 열렸다.

4 손님들 가운데에는 맹자와 비드야파티, 그리고 라마아스가 있었다.

5 현인들은 탁자에 둘러앉아 인도와 전 세계에 필요한 것들에 대해 말했다.

6 연회장 문이 동쪽으로 나 있었고, 동쪽에 있는 테이블에는 빈 의자 하나가 놓여 있었다.

7 현인들이 대화할 때 낯선 사람이 예고 없이 들어왔다. 그는 손을 들어 올려 축복하며 말했다. "모두 만세!"

8 그의 머리 위에 후광이 있었고, 햇빛과는 다른 빛이 온 방을 가득 채웠다.

9 현인들은 일어나 머리를 숙여 인사하며 말했다. "어서 오십시오!"

10 예수가 빈 의자에 앉자 현인들은 그가 옛날에 왔던 히브리의 선지자임을 알아차렸다.

11 예수가 말했다. "보십시오, 나는 죽은 자들 가운데서 살아났습니다. 나의 손과 발 그리고 내 옆구리를 보십시오.

12 로마 병정들이 내 손과 발에 못을 박았고 한 병사가 내 심장을 찔렀습니다.

13 그들이 나를 무덤에 눕혔고, 나는 인간들의 정복자와 씨름했습니다. 나는 죽음을 정복하여 그를 짓밟고 일어섰습니다.

14 사람들의 아들들을 위해 빛에 영원한 생명을 가져와 시간의 벽에 무지개를 그려주었습니다. 그리고 내가 한 일을 모든 인간이 하게 될 것입니다.

15 죽은 자들의 부활에 대한 이 복음은 유대인과 그리스인에 국한된 것이 아닙니다. 이는 모든 시간과 모든 국가와 모든 사람의 유산이며, 나는 여기서 인간의 능력을 보여주고 있습니다."

16 그런 뒤 그는 일어나 모든 사람과 왕자 라반나의 손을 쥐고 말했다.

17 "보십시오, 나는 덧없이 떠도는 바람이 만든 신화가 아닙니다. 나는 살과 뼈와 근육이기 때문입니다. 그러나 나는 내 뜻대로 국경을 넘을 수 있습니다."

18 그런 뒤 그들은 그곳에서 오랫동안 이야기를 나누었다. 예수가 말했다.

19 "이제 나는 나의 길을 갑니다. 그러나 여러분은 온 세상에 나아가 인간의 전능함과 진리의 힘, 그리고 죽은 자들의 부활에 대한 복음을 전하십시오.

20 사람의 아들의 이 복음을 믿는 자는 절대 죽지 않을 것이며, 죽은 자들은 다시 살아날 것입니다."

21 그런 뒤 예수는 사라졌다. 하지만 그는 씨앗을 심어 놓고 갔다. 생명의 말씀은 오릿사와 인도 전역의 사람들에게 전파되었다.

22 마기 사제들이 페르세폴리스에서 고요히 침묵 속에 있었다. 카스파와, 베들레헴의 양치기 집에서 언약의 아기를 처음으로 영접한 마기 사제들 또한 그들과 함께 있었다.

23 예수가 와서 그들과 함께 앉았다. 빛의 왕관이 그의 머리 위에 씌워져 있었다.

24 침묵이 끝나자 카스파가 말했다. "침묵의 형제단의 왕실 의회에서 오신 스승님입니다. 다 같이 찬양합시다."

25 그러자 모든 사제와 스승들이 일어나 말했다. "반갑습니다. 왕실 의회에서 어떤 메시지를 가지고 오셨습니까?"

26 예수가 말했다. "침묵의 형제단의 형제들이여, 평화, 땅 위에는 평화가, 사람들에게는 선한 의지가 있기를 축복합니다!

27 오랜 세월에 걸친 문제는 해결되었습니다. 사람의 아들은 죽은 자로부터 부활하여 인간의 육체가 신성한 육체로 변할 수 있음을 보여주었습니다.

28 여러분에게 나타난 이 육체는 사람들의 눈앞에서 인간의 육체로부터 빛의 속도로 변하였습니다. 따라서 여러분에게 가져온 메시지는 바로 나 자신입니다.

29 나는 현존의 모습으로 변하게 될 모든 인류 가운데 처음으로 여러분에게 왔습니다.

30 내가 한 일은 누구나 하게 될 것이고, 또한 내가 존재하는 이대로 모든 사람이 될 것입니다."

31 예수는 더 이상 말하지 않았다. 그는 사람들을 위한 그의 사명에 대해 짧게 말하고 사라졌다.

32 마기 사제가 말했다. "얼마 전에 우리는 지금 이루어진 이 언약에 대해 하늘의 문자판에서 읽은 적이 있습니다.

33 그런 뒤 우리는 방금 우리에게 세속적인 육신과 피로부터 하나님의 육신으로 다시 살아나는 인간의 능력을 증명해 준 이 사람을 베들레헴에서 갓 태어난 아기였을 때 보았습니다.

34 그리고 수년이 지나, 지금의 이 숲속으로 찾아와 우리와 함께 앉았습니다.

35 그는 인간으로 사는 삶의 이야기, 시련과 극도의 유혹들과 진통과 고뇌의 이야기에 관해 말했습니다.

36 그는 스스로 일어서서 하나님과 사람에게 가장 강력한 적을 무찌르기까지 인생의 가시밭길을 걸었습니다. 그리고 이제 그는 현재 인간의 육신이 신성한 육신으로 변형된 인류의 유일한 스승입니다.

37 그는 오늘의 '하나님-사람'이지만, 지상의 모든 사람도 극복하여 그와 같은 하나님의 아들이 될 것입니다."

예수가 완전히 육화하여 예루살렘의 성전에 나타난다. 유대인 지도자들에게 그들의 위선을 꾸짖는다. 그들에게 모습을 나타내자 그들은 두려워서 뒤로 넘어진다. 그가 시몬의 집에 있는 사도들에게 나타난다. 도마가 확신한다.

～ ❀ ～

177 안식일이었다. 많은 제사장과 서기관과 바리새인이 예루살렘의 성전에 모여 있었다. 또한, 가야바와 안나스 그리고 다른 유대 통치자들도 그곳에 있었다.

2 그때 어부 차림의 한 낯선 사람이 들어와 물었다. "그리스도라고 불리는 예수라는 사람은 어찌 되었소? 그는 지금 성전에서 가르치고 있지 않소?"

3 유대인들이 대답했다. "그 갈릴리인은 위험하고 비열하고 선동적인 인물이라 일주일 전에 십자가에서 처형당했소."

4 그 낯선 사람인이 물었다. "그 갈릴리인의 시체는 어디에 두었소? 그리고 그의 무덤은 어디에 있소?"

5 유대인들이 대답했다. "우리는 모르오. 그의 제자들이 밤중에 와서 무덤에서 그의 시체를 훔쳐 갔소. 그런 다음 그들은 그가 죽은 자들로부터 살아났다고 떠들고 있소."

6 낯선 사람이 물었다. "당신들은 그의 제자들이 무덤에서 시체를 훔쳐 간 사실을 어떻게 알았소? 도난당한 것을 목격한 사람이라도 있소?"

7 유대인들이 대답했다. "그곳에 병사들이 백 명이 있었는데 그들 모두가 그의 제자들이 무덤에서 시체를 훔쳐 갔다고 밝혔소."

8 낯선 사람이 다시 물었다. "그들 백 명의 병사 중에서 단 한 사람이라도 앞으로 나서서 무덤에서 시체가 도난당했다는 것을 목격했다고 증언할 수 있는 사람이 있소?"

9 유대인들이 대답했다. "우리는 모르오. 하지만 그들은 진실한 사람들이오. 우리는 그들의 말을 의심할 수 없소."

10 낯선 사람이 말했다. "제사장들과 서기관들 그리고 바리새인들이여, 나의 말을 들으시오. 내가 목격자였소. 나는 실로암의 정원에 있었고 그대들의 백 명의 병사들 사이에 서 있었소.

11 그래서 나는 그 백 명의 병사들 가운데 누구도 무덤에서 시체가 도둑맞는 것을 보았다고 증언할 사람이 없다는 것을 알고 있소.

12 그리고 나는 하늘과 땅의 하나님 앞에서 증언하겠소. 시신은 무덤에서 도난당한 것이 아니라, 그 갈릴리인은 스스로 죽은 자들 가운데서 부활했다고 말이오."

13 그러자 제사장들과 서기관들 그리고 바리새인들은 우르르 몰려와 그

사람을 붙잡아 내쫓으려 하였다.

14 하지만 그 어부가 그 즉시 빛을 발하는 형체가 되었다. 그리고 사제와 서기관과 바리새인들은 극심한 두려움에 뒤로 나자빠졌다. 그들은 본 것은 그 갈릴리인이었다.

15 예수가 놀란 사람들을 바라보며 말했다. "이 몸이 바로 너희가 성문 앞에서 돌을 던지고 갈보리에서 십자가에 못 박아 처형했던 그 육신이다.

16 내 손과 발, 옆구리, 그리고 병사들이 낸 상처들을 보라.

17 만일 내가 공기로 만들어진 유령으로 믿거든 다가와서 나를 만져보아라. 유령은 살과 뼈를 가지고 다니지 않는다.

18 나는 죽은 자들이 부활할 수 있으며, 인간의 육신이 신성한 육신으로 변형될 수 있다는 사실을 증명하려고 지상으로 왔다."

19 그런 뒤 예수는 양손을 들고 말했다. "너희 모두에게 평화가, 전 인류에게 선한 의지가 있을지어다." 그런 뒤 그는 사라졌다.

20 한편 도마는 예수가 죽은 자들로부터 부활한 후로 그를 단 한 번도 보지 못했다. 그리고 열 명의 제자가 주를 만나보고 같이 이야기하였다고 말하자 그가 말했다.

21 "내가 그의 손과 발에 있는 못 자국이나 창으로 찔린 옆구리 상처를 보고, 전에 주님과 이야기를 나누었을 때처럼 그와 대화를 나누기 전까지 나는 주께서 죽은 자로부터 부활했다고 믿을 이유가 없다."

22 베다니에 있는 시몬의 집에서 갈릴리인들이 만났다. 그날은 한 주 첫째 날의 저녁이었으며 이튿날이 되면 모두 집으로 가기로 되어있었다.

23 열한 명의 사도들 모두 그곳에 있었다. 문은 빗장이 걸려 잠겨 있었지만, 예수가 나타나 말했다. "모든 사람에게 평화가 있으리라!"

24 그런 뒤 그가 도마에게 말했다. "나의 친구여, 너는 내가 죽은 자들로부터 부활했음을 모르고 있구나. 이제 너도 알아야 할 때가 왔다.

25 이리와 내 손에 있는 못 자국과 옆구리에 있는 창 자국을 보아라. 그리고 예전과 같이 나와 함께 이야기 나누어 보자."

26 그러자 도마가 그에게 다가가 확인하고 외쳤다. "나의 스승님, 나의 주

님! 저는 이제 믿는 것이 아닙니다. 저는 당신께서 죽은 자들로부터 부활하셨음을 압니다."

27 예수가 말했다. "네 눈으로 보니 이제 믿는구나. 너의 눈이 축복을 받았다.

28 그러나 나를 보지 않고 믿는 자들은 세 배로 축복을 받을 것이다."

29 그런 뒤 예수는 그들의 시야에서 사라졌다. 그러나 제자들은 그들의 믿음을 더욱 굳건히 했다.

예수가 완전히 육화하여 그리스에 있는 아볼로와 침묵의 형제단에게 나타난다. 로마 근처의 테베레강에서 글라우다스와 줄리엣에게 나타난다. 헬리오폴리스에 있는 이집트 사원의 사제들에게 나타난다.

— ❋ —

178 아볼로는 그리스 침묵의 형제단과 함께 델피의 숲속에 앉아 있었다. 신탁이 오랫동안 큰 소리로 말하고 있었다.

2 제사장들은 신전 안에서 신탁이 빛의 섬광이 되어가는 것을 보았다. 그것은 마치 불이 붙어 모든 것을 태워 버릴 듯했다.

3 제사장들이 두려움으로 가득 차서 말했다. "큰 재앙이 오고 있다. 우리의 신들은 노했으며 그들이 우리의 신탁을 파괴했다."

4 그러나 불길이 꺼지자 신탁의 대좌 위에 한 사람이 서서 말했다.

5 "하나님께서는 나무나 황금의 신탁에 의해서가 아닌 인간의 목소리를 통해 사람들에게 말씀하십니다.

6 신들은 그리스인들과 그 친족들에게 인간이 만든 형상을 통해 말해 왔습니다. 하지만 하나님, 그 한 분은 이제 독생자 그리스도를 통해 사람에게 말합니다. 그분은 전에도 있었고 지금도 있으며 영원히 있을 것입니다.

7 신탁은 없어질 것이나 한 분이신 하나님의 살아 계신 신탁은 절대 없어지지 않을 것입니다."

8 아볼로는 말하는 사람이 누구인지 알고 있었다. 그는 그가 아크로폴리

스에서 현인들을 가르치고 아테네 해변에서 우상 숭배자들을 꾸짖던 나사렛 사람임을 알았다.

9 잠시 후 예수가 아볼로와 침묵의 형제단 앞에 서서 말했다.

10 "보십시오. 나는 인류에게 줄 선물을 가지고 죽은 자들로부터 부활했습니다. 이제 그대들에게 막대한 자산에 대한 권리를 가져왔습니다.

11 하늘과 땅 안의 모든 권능은 나의 것이며, 나는 그대들에게 하늘과 땅 안의 모든 권력을 권능을 드립니다.

12 지상의 모든 백성에게 가서 죽은 자들의 부활에 대한 복음과 인간에게 나타난 하나님의 사랑이신 그리스도를 통한 영원한 삶의 복음을 전하십시오."

13 그러고 나서 예수가 아볼로의 손을 잡으며 말했다. "나의 육체는 신성한 사랑에 의해 더욱 높은 차원의 형태로 바뀌었습니다. 나는 뜻대로 육체나 더 높은 차원의 생명으로 나타낼 수 있습니다.

14 내가 할 수 있는 일은 누구나 할 수 있습니다. 가서 인간의 전능함에 대한 복음을 전하십시오."

15 그런 뒤 예수는 사라졌다. 그러나 그리스와 크레타 그리고 모든 나라의 백성들이 그 복음을 들었다.

16 클라우다스와 그의 아내 줄리엣은 로마의 팔라틴 언덕에 살았다. 그들은 디베랴의 부하였으나 한 때는 갈릴리에서 산 적이 있었다.

17 그들은 예수와 함께 바닷가를 걷고 그의 말을 들었으며 그의 권능을 본 적이 있었다. 그리고 그들은 그가 현상으로 드러난 그리스도임을 믿었다.

18 한편 클라우다스와 그의 아내는 테베레강 강가에서 작은 배를 타고 있었는데, 바다에서 큰 폭풍이 불어오더니 배는 난파되고 클라우다스와 그의 아내는 물에 빠져 죽게 되었다.

19 그때 예수가 나타나 그들을 양손으로 잡고 말씀했다. "클라우다스와 줄리엣아, 일어나 나와 함께 파도 위를 걷자."

20 그들은 일어나 그와 함께 파도 위를 걸었다.

21 천 명의 사람들이 세 사람이 파도 위를 걸어서 강가에 도달하는 것을 보았다. 그들은 모두 깜짝 놀랐다.

22 예수가 말했다. "로마인들이여, 나는 부활이며 생명이다. 죽은 자들은 살 것이며 앞으로 살게 될 많은 사람들은 결코 죽지 않을 것이다.

23 신들과 반신반인의 입을 통해 하나님은 오래전부터 그대의 선조들에게 말했다. 그러나 이제 그분은 완전한 인간을 통해 그대들에게 말씀하신다.

24 하나님은 세상을 구하시기 위해 그의 아들인 그리스도를 인간의 몸으로 보냈다. 또한, 내가 마치 이 디베랴의 하인들이 물에서 빠져 죽을 것을 구해주었듯이

25 그리스도는 인류의 아들들과 딸들을 들어 올릴 것이다. 아니 그뿐 아니라 그들 한명 한명을 어둠과 세속의 무덤으로부터 빛과 영원한 삶으로 들어 올릴 것이다.

26 나는 죽은 자들로부터 살아난 사랑의 나타남이다. 육의 인간들이 찌른 나의 손과 발 그리고 옆구리를 보라.

27 내가 죽음에서 구한 클라우다스와 줄리엣은 로마에 보내는 나의 대사들이다.

28 이제 그들은 길을 안내하여 성스러운 숨결과 죽은 자들의 부활에 대한 복음을 전파할 것이다."

29 그것이 그가 말한 전부였다. 그러나 로마와 이탈리아 전역의 사람들이 이 말씀을 들었다.

30 헬리오폴리스 신전에 있던 사제들은 그들의 형제 나실인의 부활을 축하하려고 모였다. 그들은 예수가 죽은 자들로부터 부활했음을 알고 있었다.

31 그 나실인이 나타나 지금까지 아무도 서본 적 없는 신성한 단 위에 우뚝 섰다.

32 이는 죽은 자들로부터의 부활을 증명하게 될 그를 기리기 위해 처음으로 마련된 영예였다.

33 그리고 예수는 모든 인류 가운데 최초로 죽은 자들의 부활을 증명한 사람이었다.

34 예수가 신성한 단 위에 서자 스승들이 기립하여 '만세!'라고 외쳤다. 신전의 큰 종이 울리고 온 신전이 빛으로 가득했다.

35 예수가 말했다. "이 태양의 신전에 계시는 모든 스승께 경의를 표합니다.

36 인간의 육체 속에는 죽은 자로부터 부활하는 정수가 있습니다. 성스러운 숨결에 의해 소생하는 이 정수는 육체의 모든 구성 물질을 더욱 높은 상태로 끌어올릴 것이며,

37 인간의 눈으로 볼 수 없는 보다 높은 차원의 몸의 실체로 만듭니다.

38 죽음에는 신성한 사명이 있습니다. 몸의 정수는 고정된 것이 풀어질 때까지는 성스러운 숨결에 의해 소생될 수 없습니다. 따라서 몸이 분해되어야만 하며 그것은 곧 죽음입니다.

39 그리고 하나님은 마치 세상이 형성될 때 심연의 카오스 위에 호흡을 불어넣으셨듯이 이 유연한 물질들 위에 호흡을 불어 넣으십니다.

40 그리하여 생명은 죽음으로부터 솟아오르고, 육의 형태는 신성한 형태로 바뀌게 됩니다.

41 인간의 의지가 성스러운 숨결을 활동할 수 있게 해 줍니다. 인간의 의지와 하나님의 의지가 하나일 때, 부활이 일어납니다.

42 부활 안에 필멸하는 인간 생명의 화학과 죽음의 사명, 그리고 신과 같은 삶의 신비가 있습니다.

43 나의 인간으로서의 삶은 전적으로 나의 의지를 신과 같은 의지와 조화시키기 위해 주어졌습니다. 이것이 성취되었을 때 나의 지상에서의 과제도 성취되었습니다.

44 그리고 그대, 나의 형제들이여, 그대들은 내가 만나야만 했던 적들을 잘 알고 있습니다. 그대들은 겟세마네에서의 나의 승리, 인간의 법정에서의 시련들, 그리고 십자가에서의 죽음에 대해서 알고 있습니다.

45 그대들은 나의 모든 삶이 사람들의 아들들을 위한 한편의 위대한 드라

마이며 그들을 위한 본보기였음을 알고 있습니다. 나는 인간의 가능성을 보여주기 위해 살았습니다.

46 내가 이룬 일은 누구나 할 수 있으며 또한, 지금 내가 존재하는 이대로 모든 사람이 될 것이다."

47 스승들이 바라보니 신성한 단상 위의 형체는 사라졌다. 그러나 모든 사제와 모든 살아있는 존재가 다 함께 '하나님을 찬양하라'라고 말했다.

예수가 완전히 육화하여 갈릴리의 바닷가에 있는 사도들에게 나타난다. 또한, 무리에게 나타난다. 그의 사도들에게 예루살렘으로 돌아가라 말하고 거기에서 그들을 만나겠다고 말한다.

***

179 한편, 사도들은 갈릴리에서 집에 있었다. 여인들은 오순절까지 유대에 머무르고 있었다.

2 그리고 베드로, 야고보, 요한, 그리고 안드레, 빌립, 나다나엘은 가버나움에 있었다. 그들은 요나와 세베데와 함께 배를 타고 고기잡이에 나섰다.

3 그들은 밤새도록 고생했지만, 다음 날 아침이 되도록 단 한 마리의 물고기도 잡지 못했다.

4 그들이 해변에 가까워졌을 때 한 사람이 바닷가에 서서 말했다. "고기를 얼마나 잡았느냐?"

5 베드로가 한 마리도 잡지 못했다고 대답했다.

6 그 사람이 또다시 소리쳐 말했다. "한 떼의 물고기가 너희 배의 오른쪽으로 지나고 있으니 그곳에 그물을 던져라."

7 그들은 그물을 던졌고 그물은 물고기로 가득 찼다. 그때 요한이 소리쳤다. "저 건너 해변에 서 계신 분은 주님이시다!"

8 그러자 베드로가 바다에 뛰어들어 헤엄쳐 해변으로 갔다. 나머지 사람들은 그물을 걷어 올렸다. 그 안에 153마리의 물고기가 잡혔지만, 그

물은 찢어지지 않았다.

9 예수가 말했다. "나의 자식들아, 여기서 함께 아침 식사를 하자."

10 그들은 해변에서 숯을 찾고, 베드로는 물고기를 가지고 와서 요리하였다. 그들은 약간의 빵도 준비했다.

11 식사가 준비되자 그들은 아침을 먹었다. 예수는 생선과 빵 둘 다를 먹었다.

12 아침 식사가 끝나고 모두가 해변에 앉아 있었다. 예수가 베드로에게 말했다. "너는 주 하나님을 진심으로 사랑하느냐? 그리고 너의 이웃을 너 자신처럼 사랑하느냐?"

13 그러자 베드로가 대답하였다. "예, 주여, 저는 온 마음을 다해 저의 주 하나님을 사랑하며, 저 자신을 사랑하듯 제 이웃을 사랑합니다."

14 예수가 말했다. "그러면 나의 양들을 길러라."

15 그런 뒤 그는 야고보에게 말했다. "너는 온 마음을 다해 성스러운 숨결을 사랑하느냐? 또한, 너 자신을 사랑하듯이 네 이웃을 사랑하느냐?"

16 야고보가 대답하였다. "예, 주여 저는 진심으로 성스러운 숨결을 사랑하고 제가 저 자신을 사랑하듯이 저의 이웃을 사랑합니다."

17 그러자 예수가 말했다. "나의 양들을 보호하라."

18 그런 뒤 그는 요한에게 말했다. "너는 온 마음을 다해 하나님의 사랑의 나타남인 그리스도를 사랑하느냐? 또한, 너는 너 자신을 사랑하듯이 네 이웃을 사랑하느냐?"

19 요한이 대답했다. "예, 주여, 저는 온 마음을 다해 그리스도를 사랑하며 제가 저 자신을 사랑하듯이 저의 이웃을 사랑합니다."

20 예수가 말했다. "그러면 나의 어린 양들을 먹여라."

21 그런 뒤 예수는 일어서서 베드로에게 말했다. "나를 따라오너라." 그러자 베드로는 예수를 따라갔다.

22 베드로는 요한이 따라오는 것을 보고 주님께 말했다. "주여, 보십시오. 요한도 주님을 따라오고 있습니다! 그가 무엇을 하면 되겠습니까?"

23 사실 베드로는 주님께서 요한에게 '나의 어린 양들을 먹여라'고 하신

말씀을 듣지 못했다.

24 예수가 베드로에게 말했다. "요한이 무엇을 할지는 너와 아무 관계가 없다. 설령 내가 다시 올 때까지 그가 남아 있기를 내가 바란다고 해도 말이다.

25 너는 자신의 의무만 다하면 된다. 나를 따라오너라."

26 그리고 예수가 어딘가로 갔는데 아무도 그가 간 곳을 몰랐다.

27 예수가 죽은 자들로부터 부활하여 제자들과 함께 해변을 거닐고 아침 식사를 같이했다는 소식이 곧 가버나움 전체에 널리 퍼졌다. 사람들의 무리가 그를 보려고 찾아왔다.

28 한편 베드로, 야고보, 요한은 주의 사도라 불리는 나머지 사람들과 함께 가버나움 근교의 산으로 기도하러 갔다.

29 그들이 기도하고 있을 때 주님께서 오셨다. 그들은 주님을 보았고 함께 이야기를 나눴다.

30 그가 그들에게 말했다. "오순절이 다가왔으니 예루살렘으로 가라. 내가 그곳에서 너희를 만날 것이다."

31 그가 말을 하고 있을 때 사람들이 몰려와 주님을 보았다. 그들이 말했다.

32 "보십시오, 우리는 이제 그 나사렛인이 죽은 자들로부터 살아났음을 알았습니다. 우리가 그를 직접 보았기 때문입니다."

예수가 완전히 육화하여 예루살렘의 사도들에게 나타난다. 그들을 가르친다. 오순절에 그들의 사역을 위해 특별한 능력을 부어 주실 것을 약속한다. 감람산으로 가서 제자들이 지켜보는 가운데 하늘로 승천한다. 제자들이 예루살렘으로 돌아간다.

❋

180 주님의 열한 명의 사도들은 예루살렘에 가서 주님의 명에 따라 그들이 선택한 넓은 방에 모여 있었다.

2 그들이 기도하고 있을 때 주님께서 나타나 말했다.

3 "모든 이들에게 평화를! 살아있는 모든 존재에게 선한 의지가 있으리

라." 그런 뒤 그는 그들과 함께 오랫동안 이야기를 나누었다.

4 제자들이 물었다. "이제 주님께서는 이스라엘에 하나님의 나라를 복원하실 것입니까?"

5 예수가 말했다. "사람들의 정부에 관해 관심을 두지 마라. 스승들이 인도할 것이다.

6 너희들은 주어진 일만 하고 불평하지 말며, 조용히 기다리라.

7 하늘과 땅의 모든 권능이 나에게 주어졌다. 이제 너희는 전 세계로 나가 그리스도, 인간과 하나님의 하나 됨, 죽은 자들의 부활, 영원한 삶에 대한 복음을 전파하라.

8 너희가 가서 복음을 전파할 때 그리스도의 이름으로 사람들에게 세례를 주어라.

9 믿고 세례를 받는 사람들은 그리스도의 새로운 생명 안에서 살아날 것이고, 믿지 않는 자들은 그리스도의 새로운 생명 안에서 살아나지 못할 것이다.

10 그리고 너희는 내가 너희에게 준 권능을 사람들에게 줄 것이다.

11 믿고 세례를 받는 자들은 병자들을 치유하고 앞 못 보는 사람들을 볼 수 있게 하며 듣지 못하는 사람들을 듣게 하고 앉은뱅이들을 걷게 할 것이다.

12 또한, 귀신 들린 사람들로부터 더러운 악령들을 쫓아내고, 독사들을 밟아도 해를 입지 않으며, 불 속을 걸어도 타지 않고, 독약을 마시더라도 죽지 않을 것이다.

13 너희는 하나님의 신성한 말씀을 알고 있다. 그것은 권능의 말씀이다.

14 내가 너희에게 전한 비밀을 지금은 세상에 알려서는 안 된다. 너희는 신실한 사람들에게만 전하여 계속해서 그들이 다른 신실한 사람들에게 전하도록 하라.

15 그리하여 온 세상이 진리와 권능의 말씀을 듣고 이해할 때가 올 때까지 말이다.

16 이제 나는 너희와 온 세상이 하나님께 올라갈 것처럼 하나님께 올라갈

것이다.

17 보라, 오순절에 너희 모두는 저 높은 곳에서 권능을 부여받을 것이다.

18 그러나 그때까지 이곳에 남아 거룩한 생각을 하며 기도하라."

19 그런 뒤 예수는 감람산으로 갔다. 제자들이 그 뒤를 따랐다. 베다니에서 그리 멀리 떨어지지 않은 곳에서 그는 마리아들과 살로메를 만났다.

20 그리고 마르다와 룻과 미리암을 만났고 나사로와 한 무리의 갈릴리 사람들을 만났다.

21 예수가 따로 떨어져 서더니 손을 들어 올리며 말했다.

22 "거룩하신 한 분, 전능하신 하나님, 성스러운 숨결, 하나님의 사랑이 현상으로 나타난 그리스도의 축복이

23 너희가 일어나 나와 같이 권능의 보좌에 앉을 때까지 너희 모두에게 깃들 것이다."

24 그때 그들은 예수가 빛의 날개를 타고 오르는 모습을 보았다. 빛의 화환이 그를 둘러싸자 그들은 더 이상 그의 형상을 볼 수 없었다.

25 그들이 하늘을 바라보고 있을 때, 흰옷 입은 두 사람이 나타나 말했다.

26 "갈릴리 사람들이여, 그대들은 어찌하여 승천하시는 주님을 그렇게도 근심스러운 눈으로 올려다보는가? 그대들이 주께서 승천하시는 것을 보았듯이 그분께서 다시 하늘에서 내려올 것이다."

27 그 후 열 한 명의 제자와 나사로, 그리고 갈릴리에서 온 다른 사람들과 신실한 적지 않은 여인들은 함께 예루살렘으로 돌아가 그곳에 머물렀다.

28 그들은 쉬지 않고 기도하고 거룩한 생각을 하면서 지냈다. 그들은 성스러운 숨결과 높은 곳으로부터 약속된 권능이 오기를 기다렸다.

제22부

그리스도 교회의 창립

열 한 명의 사도는 유다의 변절로 인하여 생긴 빈자리를 메우기 위해 맛디아를 선정한다. 그리스도인들이 모두 기뻐한다. 미리암이 찬양의 노래를 부른다. 사도 명부

━━ ❖ ━━

181 유대의 많은 통치자들은 예수가 죽은 자들로부터 부활했다는 사실을 부인하지 않았다.

2 빌라도 또한 명령을 내려 자기 영토 내의 어느 곳에서도 그 나사렛인을 따르는 자가 모여 예배하는 것을 방해하지 않도록 했다.

3 오순절이 다가오자 모든 사람이 영적인 권능이 나타나기를 고대하고 있었다.

4 한편 예루살렘에서는 주님을 배신한 유다의 빈자리를 채울 사람을 선정하기 위해 열 한 제자가 모였다.

5 베드로가 말했다. "주님께서는 그리스도인의 성전을 세울 열두 초석으로서 열두 사람에게 그 사명을 부여하셨습니다.

6 자신의 주님을 배신한 유다는 장막 너머 자기 자리로 갔습니다.

7 선지자는 그에 대해 이렇게 기록했습니다. '그의 집은 황폐하게 되고, 아무도 그 안에 살지 못하게 될 것이며, 그의 임무를 다른 사람에게 부여하리라.'

8 우리의 형제가 죄를 지어 생긴 공석을 채워 열둘을 완성하려면, 선구자가 세례를 주었던 길갈에서 오늘에 이르기까지 우리와 함께 했던 사람들 가운데서 한 사람을 뽑아야 합니다."

9 그런 뒤 열 한 제자들은 아주 오랫동안 기도를 하였다. 그리고 그들은 제비를 뽑아 나일강 계곡 출신의 맛디아를 선정했다.

10 맛디아는 실제로 이스라엘인이었지만 이집트의 학교에서 모든 지혜를 배웠고, 여리고에서 미즈라임의 신비를 가르치고 있었다.

11 그는 선구자를 처음으로 영접한 사람 중 하나였으며 또한 나사렛인을 하나님의 아들 그리스도라고 처음으로 인정한 사람 중 한 명이었다.

12 그는 그리스도인들과 함께 갈릴리 지방과 유대, 그리고 사마리아 지방을 두루 여행했었다.

13 전령이 보내졌고, 그는 맛디아를 찾았다. 맛디아는 열한 명의 사도들에 합류하였다. 열두 제자는 잠깐 모두 묵념에 잠겼다.

14 갈릴리와 유대의 여러 지방으로부터 약 백 이십여 명의 그리스도인들이 그곳에 와 있었다. 베드로는 그들에게 맛디아를 소개하고 그가 어떻게 하여 주의 사도로 뽑혔는지 설명했다.

15 그리스도인들은 모두 기뻐했고 하나님의 이름을 찬양했다. 그리고 미리암은 찬양의 노래를 불렀다.

16 주의 사도들의 명단은 다음과 같다. 베드로, 요한, 야고보, 빌립, 안드레, 나다니엘,

17 도마, 알패오의 아들 야고보, 열심 당원 시몬, 마태, 알패오의 아들 유다, 그리고 맛디아.

오순절 날의 사건. 사도들에게 권능이 부여됨. 그리스도 교회가 창립된다. 베드로가 입문 설교를 한다. 설교. 삼천 명의 사람들이 세례를 받고 교회의 일원이 된다.

⟨※⟩

182 오순절이 다가오면서 예루살렘은 경건한 유대인들과 각국에서 온 개종자들로 가득 찼다.

2 모든 그리스도인이 만나 완벽한 조화를 이뤘다.

3 그들이 침묵의 기도를 드리며 앉아 있을 때 멀리서 폭풍이 다가오는 것 같은 소리가 들렸다.

4 그 소리는 마치 천둥이 울리는 것처럼 사도들이 앉아 있는 방안을 가득 메울 때까지 계속하여 더욱 더 커졌다.

5 찬란한 빛이 나타났다. 사람들은 건물이 불타는 것으로 생각했다.

6 불덩어리 같이 보이는 열두 개의 공이 하늘에서부터 떨어졌다. 하늘의

모든 궤도의 상징으로부터 나오는 공이었다. 그리고 각 사도의 머리에 타오르는 불덩어리가 나타났다.

7 각각의 불덩어리가 하늘을 향해 일곱 개의 불의 혀를 내뿜자 각 사도는 지상의 일곱 가지 방언으로 말했다.

8 무식한 자들은 그들이 보고 들은 것을 가볍게 여기고 말했다. "이 사람들은 취했다. 그리고 자기들이 뭘 말하는지도 모른다."

9 하지만 배운 자들은 모두 놀라 말했다. "이들은 모두 유대어를 쓰는 사람들이 아닌가? 어떻게 이들이 지상의 모든 언어로 말할 수 있는가?"

10 그러자 베드로가 말했다. "예루살렘의 백성들이여, 그리고 성문 밖에 사는 사람들이여, 그대들과 세상 모든 사람에게 평화가 있을 것입니다.

11 지금이 바로 옛 현자들이 보고 싶어 했던 때입니다. 그들은 믿음으로 이때를 미리 보았으며 지금 그들은 황홀경 속에서 우리와 함께 서 있습니다.

12 오래 전 선지자 요엘은 당신들이 보고 듣고 있는 것에 대해 말했습니다. 성스러운 숨결이 그의 입으로 이렇게 말했습니다.

13 '장차 내가 사람의 자손들에게 숨을 불어넣어 그들을 거룩한 축복으로 가득 채울 날이 오게 될 것이다.

14 너희들의 아들들과 딸들이 나서서 예언할 것이다. 너희들의 청년들이 선각자들이 될 것이며 너희들의 노인들은 꿈을 꿀 것이다.

15 그리고 나는 위에 있는 하늘들의 기적들과 땅의 놀라운 징조를 보여 줄 것이다.

16 소리가 하늘로부터 울려 퍼지고 목소리가 들릴 것이지만 사람들은 이해하지 못할 것이다.

17 태양은 빛을 비추지 못할 것이며, 달은 주님의 큰 날이 올 때까지 피로 물들 것이다.

18 믿음으로 하나님의 이름을 부르는 자는 구원받을 것이다.'

19 오늘은 그리스도인의 권능의 날이요, 갈릴리의 그분이 영화롭게 되는 날입니다.

20 그는 베들레헴에서 갓난아기로 와서 그가 탄생하는 날부터 지상의 왕들은 그를 죽이려 하였습니다.

21 하나님께서 그를 손바닥 안에 두어 지키셨습니다.

22 사람들은 그를 예수라 불렀고 그것은 매우 적절한 이름이었습니다. 이는 그가 길을 잃은 자들을 찾아 구하기 위해 보내졌기 때문입니다.

23 그리고 예수께서 어른이 되어서는 사람들의 아들들에게 주어지는 유혹과 시련을 견디어 내야만 했습니다. 그렇게 함으로써 그는 사람들이 짊어져야 할 짐이 무엇인지, 그리고 그들을 구할 방법이 무엇인지 알 수 있었습니다.

24 그는 먼 나라들을 다니면서 하나님의 신성한 말씀으로 살고, 병자들을 고치고, 감옥의 문들을 열고, 죄수들을 자유롭게 해주어 모든 곳에서 임마누엘로 불렸습니다.

25 그러나 사악한 자들이 그를 경멸하고 거절했고, 사람들을 매수해 그에게 수많은 죄를 뒤집어씌웠습니다.

26 그리고 지금 내 말을 듣고 있는 무리 앞에서 그를 십자가에 못 박았습니다.

27 그들은 죽음의 인으로 그를 봉했지만 죽음은 그를 무덤 안에 잡아넣기에는 너무 나약했습니다. 불멸의 스승들이 '아돈 마쉬히 쿠 미'라고 말하자 그는 죽음의 속박을 벗어나서 다시 생명으로 일어났습니다.

28 그는 예루살렘의 통치자들뿐만이 아니라 지상의 여러 먼 곳에서 많은 사람들에게 자신의 모습을 드러냈습니다.

29 그리고 지금 내가 하는 말을 듣고 있는 사람들이 놀라서 보고 있는 가운데 그는 천사의 세계에서 수행원들의 섬김을 받아 하나님의 보좌로 올라갔습니다.

30 그리고 이제 그분은 저 높은 곳에서 성스러운 숨결을 깊이 들이쉬어 우리에게 다시 그 숨을 불어넣으심으로써 지금 여러분들이 보고 듣는 것을 비추고 있습니다.

31 이스라엘 사람들이여, 그대들이 욕하고 십자가에 못 박은 이 갈릴리인

은 하나님께서 주님이자 그리스도로 만드신 분임을 알아야 합니다."

32 그러자 사람들이 말했다. "우리는 무엇을 해야 합니까?"

33 베드로가 말했다. "그리스도인의 주님은 우리를 보내어 새벽의 문을 열
도록 하셨습니다. 그리스도를 통해 누구라도 빛과 생명 속으로 들어갈
수 있습니다.

34 그리스도 교회는 예수가 현상으로 드러난 하나님의 사랑이라는 원리
위에 서 있습니다. 그 사랑은 사람들의 아들들의 구세주입니다.

35 이 그리스도인의 교회는 영혼 속에 있는 거룩한 한 분의 나라가 현상
으로 드러난 것입니다.

36 오늘 그리스도인의 교회가 열렸으니 누구든지 들어와 그리스도의 한
량없는 은총으로 구원받을 것입니다."

37 사람들이 다시 물었다. "어떻게 하면 우리가 교회 안으로 들어가 그리
스도의 한량없는 은총을 나누어 받을 수 있습니까?"

38 베드로가 대답했다. "개심하고 세례를 받으십시오. 그리고 죄에서 돌아
서서 그리스도와 함께 하나님 안에 깊이 숨겨진 삶을 사십시오. 그러면
당신들은 그 생명 속으로 들어가 구원을 받을 것입니다."

39 그리하여 삼천여 명의 사람들이 죄를 회개하고 세례를 받아 하나님 안
에서 그리스도와 함께 깊이 숨겨진 삶을 살려고 했다.

40 그리고 그리스도 교회는 하루 만에 강력한 힘을 갖게 되었으며, 그리스
도는 여러 나라의 사람을 감동시키는 강력한 이름이 되었다.

〈끝〉

| 역자 후기 |

1908년 12월 1일 리바이 다울링Levi H. Dowling은 천상 영계의 아카샤의 기록을 옮겨적음으로써 『보병궁 복음서』를 출판했다. 그러나 이 일은 이미 이천 년 전에 이집트의 조안에 있는 엘리후라는 한 영적 스승에 의해 예언된 일이었다. 그는 예수의 어머니 마리아와 요한의 어머니 엘리사벳을 가르친 스승이었다.

"이 시대는 아직 순수함과 사랑의 사역에 대해서 거의 이해하지 못할 것이다. 그러나 하나님의 기억의 책에는 모든 생각과 말과 행동이 적혀 있으므로 한 단어도 없어지지 않는다. 그래서 세상이 받아들일 준비가 되면, 하나님께서 한 전령을 보내 자신의 책을 펴고, 그 신성한 장마다 쓰인 모든 순수함과 사랑의 메시지를 옮겨 적게 하실 것이다."(보병궁 7:25~26)

'하나님의 기억의 책'과 한 '메신저' 그리고 그 시대의 미성숙함이 이 책이 나오게 된 배경이 되었다. 그리고 7~12장에 있는 엘리후와 살로메의 가르침 속에 핵심적인 내용이 거의 들어가 있다 해도 과언이 아니다.

이 책의 내용과 기존의 사복음서의 내용을 비교해보면 『보병궁 복음서』의 내용이 더 구체적이면서도 사복음서와 상충되지 않는다는 것을 알 수 있다. 또한 『보병궁 복음서』는 다음 일곱 가지의 소재를 다룬다는 측면에서 가치가 있다. 에테르는 무엇이며 어떤 역할을 하는가, 예수의 잃어버린 18년, 그리스도에 대한 새로운 정의, 인간에 대한 새로운 정의와 인간이 위임받은 통치, 그리고 인류의 원형문화, 다가오는 새 시대에 대한 복음이 그것이다.

1. 에테르

먼저 에테르에 관한 부분이다. 저자인 리바이 다울링은 이미 소년이었을 때 미세한 에테르들의 민감함에 감명을 받았다. 이 에테르들은 어떤 면에서 소리, 심지어는 생각까지도 녹음된 감성의 판들이었다. 그는 갈망을 가지고 에테르 진동에 관한 연구에 착수했고 40년 동안 연구와 침묵 명상으로 그 자신이 미세한 에테르의 영역으로 들어가는 영적 의식의 단계에 이르렀다. 엘리후와 살로메의 가르침 속에 있는 에테르에 관한 내용을 살펴보면, 엘리후는 인간에게 높은 자아와 낮은 자아가 있다고 말한다. 높은 자아는 하나님의 형상으로 만들어진 영혼을 입은 인간의 영이고, 낮은 자아는 욕망의 몸이고 육체의 더러워진 에테르로 왜곡된 상태를 말한다. 예수 역시 우리가 눈으로 볼 수 있는 모든 것은 에테르가 진동하는 동안 나타나는 그림자라 했고 에테르는 하나님의 생각에 옷을 입힌 미세한 물질이라고 표현하기도 했다. 『보병궁 복음서』 32장에 에테르에 관한 예수의 말씀을 참고한다면 단어 이면의 진의를 파악하는데 도움이 될 것이다. 결국 에테르에 대한 인식이 이 책의 출발점이라 할 수 있다.

2. 잃어버린 18년

다음은 예수의 잃어버린 18년에 관한 내용이다. 사복음서에는 예수의 탄생과 공생애의 기록이 있으나 예수가 12세 때 성전에 들어가서 선생들과 함께 질문하고 답하는 내용(누가복음 2:42~52) 외에는 12세 이후로 30세가 되어 공생애를 시작하기 전의 이야기는 기록되어 있지 않다. 그러나 이 책에서는 예수의 소년 시절 이후 갈릴리에서 공생애가 시작되기 전까지의 구도 과정과 여행담이 풍부하게 기록되어 있다. 예수는 인도, 네팔, 티베트, 파키스탄, 페르시아(현, 이란), 아시리아(현, 이라크), 그리스와 이집트 등지를 여행하면서 성자들을 만나서 가르침을 받기도 하고 가르치기도 했다. 그 지역의 사람들을 가르치고 치유하기도 했다. 예수는 이러한 과정을 통하여 다양한 사상들과 종교 그리고 문화들을 경험했다.

그러면 예수의 성장기로부터 '잃어버린 18년'에 해당하는 타국에서의 유학여정에 이르기까지 예수에게 가르침을 전한 스승들을 구체적으로 살펴보자. 첫 번째로 이집트 조안의 엘리후Elihu와 살로메Salome를 꼽을 수 있다. 이들은 예수의 어머니 마리아와 요한의 어머니 엘리사벳의 스승이었다. 그 가르침은 어머니들을 통해 아들들에게 전수되었는데, 다음의 구절은 그것이 그 어머니들의 사명이었음을 보여준다. "그대들이 아들을 가르쳐 그들의 혼이 사랑과 거룩한 갈망으로 불타게 하고, 사람의 아들들에 대한 그들의 사명을 자각하게 해야 한다."(보병궁 7:17) "너희는 세상을 지도할 사람들의 정신을 지도할 것이다."(보병궁 12:14) 그러므로 예수의 실질적인 첫 번째 스승은 어머니인 마리아라 할 수 있다.

두 번째 스승은 마리아의 요청을 받은 나사렛 회당의 유대인 바라키아 랍비Rabbi Barachia였다. 이 책에는 구체적인 가르침이 언급되지 않고 단지 십계명에 대한 문답이 다루어지고 있다. 세 번째 스승은 산헤드린의 의장이었던 힐렐Hillel로 유대의 계율과 성전 제사장의 가르침을 받았다. 네 번째 스승은 갠지스강의 베나레스에서 힌두의 최고의 의사였던 우드라카Udraka였다. 그의 가르침은 자연을 사용하여 건강을 회복하는 법칙이었다. 그리고 사랑으로 강력해진 생각은 하나님의 위대한 약이라는 결론을 제시했다. 예수는 그곳 베나레스에서 브라만 계급의 평민계층인 바이샤와 노예계층인 수드라에게서도 지혜를 구했다.

이외에도 『보병궁 복음서』에는 예수에게 가르침을 전한 스승이자 조력자, 또는 예수와 지혜를 나눈 동시대인들로서 여러 인물들이 등장하고, 이와 더불어 예수에게 영향을 준 모임과 학파, 예수가 어린 시절부터 탐독했던 경전들이 기록되어 있다. 그 가운데 주요 내용들을 정리하면 다음과 같다.

인도 남부 오릿사의 왕자인 라반나Ravanna의 후원을 받은 예수는 인도의 자간나트 사원의 학생으로 들어가 베다와 마누법전을 배웠다.(보병궁 21:19) 그는 인도의 카필라바스튜 사원에서 불교 사제 바라타 아라보Barata Arabo와 함께 고타마의 지혜서를 비롯한 고전을 읽고 인간의 가능성에 대해 토론하였다.(보병궁 32:1~3) 예수는 또한 인도의 성자인 비드야파티Vidyapati와 자주 만나서 나라와 백성이 필요로 하는 것과, 다가올 시대에 가장 적합한 신성한 교리와 형식과 의식에 관하여 대화하였다.(보병궁 35:1) 당시 티베트의 라싸에는 구도자들을 위하여 고전古典 필사본을 풍부하게 소장한 사원 하나가 있었는데, 이 필사본을 모두 읽고 예수에게 읽어보기를 권했던 인물이 또한 이 비드야파티였다. 그는 라싸에 머물고 있던 **맹자**Meng-tse(구 번역, 멘구스테, 우리가 알고 있는 맹자〈BC372-BC289, Meng-ste, Mencius, Meng-zi, Mengtzu〉와 같은 이름을 쓰고 있는 현자로 보임, 예수와 동시대의 인물로서의 맹자가 어떤 인물인지는 알 수 없음.)에게 서신을 보내 예수에 대하여 언급하면서 예수가 사제들의 환영을 받을 수 있게 해달라고 부탁했다.(보병궁 36:5) 맹자는 이 책에서 '중국에서 온(보병궁 56:7) 동방 최고의 성자(보병궁 36:3)'로 소개되는 인물이다. 예수는 라싸에서 맹자와 함께 장차 다가올 시대와 그 시대의 사람들에게 가장 알맞은 신성한 예식에 관해서 이야기를 나누었다. 그리고 사원에 있는 학교에서 공부를 마친 후 서쪽으로 여행했다.(보병궁 36:9~10)

24세가 된 예수는 고향으로 향하는 길에 페르시아에 들러서 자신의 탄생의 순간을 함께 했던 동방박사 세 사람(호르Hor, 룬Lun, 메르Mer)을 찾아갔다. 그 집에 마기 땅 최고의 스승들인 카스파Kaspar, 자라Zara, 멜조온Melzone이 방문해 있었으므로 이 일곱 사람은 함께 칠 일간의 깊은 명상 속에서 다가오는 시대의 율법과 계율을 밝히는 빛과 계시와 능력을 구하였다.(보병궁 38장) 이후 예수는 페르세폴리스 축제에서 마기 철학을 논하였다. 그런 뒤 아시리아의 위대한 현자인 **아시비나**Ashbina를 만나서 함께 갈대아의 성읍과 도시, 티그리스와 유프라테스 강 사이의 땅들을 두루 살피면서 많은 병자를 고쳤고 (보병궁 38:16~17), 폐허가 된 바빌론을 방문하여 그 황폐함에 대해 이야기를 나누었다.(보병궁 43장) 예수는 또한 신랄한 진리pungent truth로 가득 차 있는 그리스 철학을 갈망하여 얼마간 그리스의 학교에 머물렀다.(보병궁 44:1) 이후 그는 이집트 조안에 이르러서 어머니 마리아의 스승인 엘리후와 살로메를 만난 뒤, 헬리오폴리스로 가서 성聖형제단the sacred brotherhood의 신전에 입회하고자 했다. 이때 그 의회를 주관한 사제가 "당신의 지혜는 신들의 지혜인데 어찌하여 사람의 모임에 와서 지혜를 구하십니까?"라고 묻자 그가 이렇게 대답하였다. "나는 지상의 삶의 모든 길을 걸을 것입니다. 모든 배움의 전당에 앉을 것이고, 인간이 도달한 최고의 높이에 도달할 것입니다."(보병궁 47:11~12) 예수는 그곳에서 여섯 개의 테스트를 통과함으로써 '신실, 공정, 믿음, 박애, 용기, 거룩한 사랑'이라는 여섯 개의 칭호를 수여 받고 '신비 의식의 사제'의 제자가 된다. 사제는 예수에게 이집트에서 비밀스럽게 전해오는 가르침을 전수하였는데 그것은 삶과 죽음의 신비뿐 아니라 태양의 궤도 너머의 세계들에 대한 지식도 포함되어 있는 것이었다.(보병궁 54:1~2) 이렇게 여섯 관문을 통과한 예수는 마지막 일곱 번째 시험에 합격하여 최고의 칭호인 '그리스도'를 수여 받고 승리자가 되어 신전을 떠나게 된다.(보병궁 55장)

그리스도가 된 예수는 알렉산드리아에서 개최된 '세계의 일곱 성자의 모임'에 참석하였다. 이 모임에 대하여 이 책은 다음과 같이 기술하고 있다. "시간이 시작된 이래 시대마다 일곱 현자가 살았다. 매 시대가 시작될 때, 이 현자들이 만나서 국가와 백성과 부족과 어족의 행로를 확인하고 인류가 정의, 사랑, 공정함을 향하여 얼마나 다가갔는지 파악하고 다가올 시대에 가장 적합한 법령과 종교적 기준과 통치 계획을 수립하였다."(보병궁 56:1~4) 그 일곱 성자는 다음과 같다. "중국에서 맹자가, 인도에서 비드야 파티가, 페르시아에서 카스파가, 아시리아에서 아시비나Ashbina가, 그리스에서 아볼로Apollo가 왔다. 맛세노Matheno는 이집트의 성자였고 필로Philo는 최고의 히브리 사상가였다."(보병궁 56:7)

이 밖에 '침묵의 형제단the Silent Brothers'이 있다. 카스파가 예수를 '침묵의 형제단의 최고 의회에서 오신 스승'으로 소개하는 것을 보면 예수가 속해 있던 집단으로 추측된다.(보병궁 176:24) 예수가 기도하기 위해 함모스의 언덕에 올랐을 때 그는 사흘 밤낮으로 침묵의 형제단과 영적 대화를 나눈 후 열두 제자를 부르려고 성령의 권능을 입고 내려왔다.(보병궁 87:19) 이들은 특히 예수의 무덤 앞에 등장하여 행군하는데, 이것은 예수의 부활과 관련된 것으로 짐작된다. "별안간 무덤이 찬란한 불빛으로 변하더니 정원 아래쪽으로부터 한 무리의 흰옷 입은 병사들이 한 줄로 행진해 왔다…그들은 로마의 봉인 앞에 섰고 단 한 마디도 말하지 않았다. 칼도 뽑지 않았다. 그들은 침묵의 형제단이었다."(보병궁 172:7~11)

죽음으로부터 부활한 예수는 자신과 지혜를 나누었던 이 위대한 스승들 앞에 다시 나타나서 자신의 부활을 증명하기도 하였다.

『보병궁 복음서』에 등장하는 주요 스승으로서, 예수의 선구자인 요한의 스승 맛세노를 배놓을 수 없다. 그는 이집트의 사제이자 사카라 성전 출신이다. 이 맛세노는 요한에게 가르침을 전할 때 종종 인도의 베다 경전을 인용했다. 그는 베다 경전에서 "잘못을 한 당사자 외에는 아무도 그것을 바로잡을 수 없다.(보병궁 13:20)"라는 구절을 직접 인용하기도 하였고, "베다 시대 이전에도 세상에는 길을 밝혀 주는 많은 경전이 있었다. 그리고 인간이 더 큰 빛이 필요할 때 베다와 아베스타와 대도大道의 경전들이 더 높은 차원으로 사람들을 인도하기 위해서 나타났다."(보병궁 14:19)라고 언급하며 요한에게 가르침을 전하였다.

베다경은 엘리후가 마리아와 엘리사벳을 가르칠 때에도, 유년 시절 예수가 즐겨 읽은 책 가운데서도 등장한다. "마리아는 이 집에서 아들 예수에게 엘리후와 살로메의 교훈을 가르쳤다. 예수는 베다의 찬가와 아베스타 경전을 매우 좋아했지만, 무엇보다도 다윗의 시편과 솔로몬의 신랄한 논쟁을 즐겨 읽었다. 유대의 예언서를 읽는 것은 예수의 기쁨이었다. 일곱 살이 되었을 때 예수는 책에 있는 모든 내용을 외우고 있었기 때문에 책을 읽을 필요가 없었다."(보병궁 16:1~3)

18년간 타국에서의 여정을 마치고 광야로 간 예수는 40일간을 머물면서 자신을 시험했다. 그곳에서 세 가지의 시험을 받아 그 모든 것을 극복한 뒤, 요단강의 요한을 찾아가서 처음으로 메시아에 대한 복음을 전하고 제자와 대중들의 추종을 받으며 그리스도로서의 사역을 준비하였다.

이 모든 준비의 과정을 마치고 그는 고향으로 돌아왔다. 그리고 지혜와 자신감을 가지고 사역을 시작했다. 그러나 공관복음서(마가복음, 마태복음, 누가복음)는 예수가 어느 날 갑자기 나타나서 세례 요한에게 세례를 받고 성령에 이끌려 광야에서 40일 금식하며 사탄의 시험을 이긴 후 즉시 공생애를 시작했다고 기록했다. 공관복음서의 저자들에게는 예수의 삶이 보통 사람들과 같은 삶일 필요가 없었다. 그는 성령으로 잉태한 하나님의 아들이었으니까 그런 과정이 있었다 하더라도 그들에게는 관심의 대상이 아니었다. 그러나 『보병궁 복음서』는 예수 역시 인간으로서 거쳐야 하고 배워야 하는 과정을 통해서 하나님의 그리스도가 된 사람이었으며, 예수 뿐만 아니라 모든 모든 사람들이 삶의 과정을 거치면서 배움을 통하여 예수와 같은 그리스도가 될 수 있는 길이 열려져 있다고 말한다.

3. 그리스도

이제 세 번째 주제인 그리스도에 관해서 살펴보자. 그리스도는 누구인가? 그리스도는 헬라어로 christos이며, 히브리어로 메시야로 '기름부음을 받은 자'라는 뜻이다. 구약성경에 보면 제사장, 선지자, 왕들은 모두 기름부음을 받았다. 물론 이들은 메시아나 그리스도로 불림을 받지는 않았다.

복음서나 서신서에 나타나는 그리스도란 칭호는 오직 예수에게만 사용된 칭호이다. 구약에 나타나는 제사장, 선지자, 왕이라는 삼중의 직무를 한 사람 예수가 모두 행한다는 의미로 그리스도라는 호칭을 사용하였다고 말할 수도 있다. 마태복음에서 베드로는 "주는 그리스도시요, 살아 계신 하나님의 아들이시니이다."라는 고백을 하였다.(마가복음 16:16) 베드로의 이러한 고백을 들은 예수는 무척 기뻐하였다. 베드로는 예수가 누구이며 어떤 직무를 행하는지를 명확히 알고 있었다고 인정한 것이다.

그러면 『보병궁 복음서』에서 저자 리바이 다울링은 그리스도라는 칭호를 어떤 의미로 사용하는가를 살펴보자. 책의 머리말은 "그리스도라는 단어 앞에 'the'라는 정관사가 있을 때, 그 사람에게 특정한 인격이 부여된다."고 설명한다. 그렇다면 어떤 인격일까? 바로 보편적인 사랑을 가진 인격이다. 자신의 의지를 신과 같은 의지에 조화시킨(보병궁 178:43) 인격인 것이다. 예수는 이것을 위해 '열심히 노력함으로써 그리스도의 지위Christship를 획득'하였다.(머리말) 유혹을 이기고 여러 가지 시련을 극복하여 그리스도가 된 것이다. 예수는 사람이다. 그러나 온갖 유혹과 많은 시련을 이겨냈기에 사람들에게 그리스도를 분명히 드러낼 수 있었다.(보병궁 68장)

그리스도는 본래 그 어떤 사람을 특정하지 않는다. 기름부음을 받은 사람은 누구나 그리스도가 된다.(머리말) 과거와 현재와 미래에 항상 존재하는 보편적인 그리스도가 예수 안에 드러나게 되었지만 그것은 결국 모든 사람에게도 다 내재하여 있었던 것이다.(보병궁 82장) 살렘 왕 멜기세덱이 인간의 모습을 한 그리스도였던 것처럼(보병궁 76장) 그리스도는 모든 시대가 시작하는 때에 사람을 통하여 나타나신 분인 것이다. 예수는 다름 아닌 그런 인격의 모델이다. 우리도 그러한 모델을 받아들이고 그 모델이 걸어간 과정을 거쳐서 그리스도라는 인격이 형성되며, 결국에는 인간인 우리가 하나님과 하나가 된다.(보병궁 114장)

나사렛 예수, 그는 여느 사람과 다르지 않은 사람이고 그리스도는 하나님이며 하나님의 무한한 사랑이다. 본질적으로 인간에게는 예수가 거친 고난과 시련의 과정을 통해 그리스도가 되는 길이 열려 있는 것이다.

4. 인간

다음으로 인간에 대한 정의는 어떠한가? 『보병궁 복음서』에서는 인간은 영으로 된 사람으로 하나님의 모든 부분의 속성을 자신 안에 간직하고 있다고 한다. 사람 자신은 육체도 아니고 혼도 아니다. 그는 영이며 하나님의 일부분이다.(머리말) 인간은 영원한 전체 중 일부이기에 인간이 없는 시대는 존재하지 않을 것이다.(보병궁 114:45장) 다만 창조적인 명령에 의하여 영혼이 주어져 영혼의 기능을 하고 육체의 몸이 주어져 드러난 사물의 기능을 하게 되었다. 인간의 영은 무한한 반면에 인간의 영혼과 육신은 유한하고 변하기 마련이다.

『보병궁 복음서』는 영으로 된 사람을 하나님의 생각이라고 말한다. 하나님의 생각이므로 무한하며 시작과 끝이 없다.(머리말) 또한, 영으로 된 사람을 하나님이 생각을 간직한 씨앗(머리말)이라고 표현하기도 한다. 이 씨앗을 영혼의 토양에 뿌리자 인간은 살아있는 영혼이 되었고, 살아있는 영혼이 된 인간은 마침내 육체를 입었다. 이처럼 영인 인간은 영혼의 차원으로, 육체라는 형태로 드러나게 되었다.(머리말)

그러면 인간은 왜 영혼과 육체라는 형태로 드러나 마침내 육체의 욕구에 지배를 받는 상태로 전락하였는가? 이 질문에 대한 명백한 답이 있다. 적이 없으면 군인은 자신의 힘을 알지 못하며 그 힘을 발휘하지도 못한다. 육체의 본성은 영인 인간이 싸워야 할 적이다. 이 싸움을 통하여서만 진정한 승리를 할 수 있다. 먼저 육의 차원에서 승리를 거두고 이어서 영혼의 차원에서 승리를 거둔 영의 인간은 하나님과 하나가 되고 성령 안에서 살 것이다.(머리말) 정리하면 영spirit인 인간은 영혼soul의 인간으로 드러나고 마침내 육체flesh의 인간으로 드러나게 되는데 이 과정에서 육체의 본성과 영혼의 본성에 의하여 영의 본성은 갈등하고 고통스러워 한다. 그러나 이러한 갈등과 고통은 영의 인간이 승리를 거두기 위한 과정이다. 마침내 영의 인간은 하나님과 하나가 되고 성령 안에서 살 것이다. 이제 인간이 위임받은 통치에 대하여 살펴보자.

5. 인간이 위임받은 통치

인간은 자신에게 주어진 특권과 축복의 진정한 의미를 몰랐기 때문에 그것들을 잃어버렸다. 그 결과 인간에게 주어진 근원적인 특권과 축복인 하나님과 하나됨과 성령 안에서 사는 삶을 상실했다. 구체적으로 말하면 인간은 자연 만물을 다스릴 권한을 받았다. 단지 사랑으로 다스려야 한다는 조건이었다.(머리말) 그러나 사랑 대신 잔인함으로 자연 만물을 다스렸고, 그들에게 주어진 참된 권리의 의미를 잃어버리고 무한한 사랑이 무엇인지조차 이해하지 못하게 되었다.(머리말)

인간은 자신에게 주어진 의지를 사용하여 선택할 수 있는 능력을 가지고 있다. 그의 의지를 사용하여 가장 높은 곳에 도달할 수도 있고 가장 낮은 곳으로 추락할 수도 있다.(보병궁 14장) 가장 높은 곳에 도달한다는 것은 영의 인간이 되어 하나님과 하나가 되는 것이고, 가장 낮은 곳으로 추락한다는 것은 육체의 소욕을 따라 하나님의 순결함과 사랑을 저버리고 하나님과 멀어지는 육의 인간이 되는 것을 말한다. 『보병궁 복음서』 8장에는 이집트 조안의 스승인 엘리후가 이에 대해 가르친 내용이 나오는데 요약하면 다음과 같다. '선택할 의지가 주어진 인간에게 두 개의 길이 있다. 하나는 높은 자아이고 다른 하나는 낮은 자아이다. 높은 자아는 하나님의 형상으로 만들어진 혼을 입은 인간의 영이고, 낮은 자아는 세속적인 자아이며 육의 자아이며 높은 자아의 반영에 불과하며 육체의 더러워진 에테르에 의해 왜곡된 자아이다. 다른 말로 표현하면 높은 자아는 인간 안에 내재한 하나님이고 진리가 체현된 자아이며 낮은 자아는 실제가 아닌 허상虛像이며 진리가 뒤집힌 자아이다. 그래서 인간에게 구원은 낮은 자아에서 높은 자아로 가는 길을 선택하는 의지를 발휘하는 것이다.'(보병궁 8장)

저절로 얻어지는 구원은 없다. 어떤 특정한 신을 구원자로 믿어서 구원을 받는 기복적이거나 의존적인 믿음은 믿음이 아니라 단순한 바램일 뿐이다. 갈등과 역경과 유혹이 있더라도 그것들을 극복하는 지속적인 선택의 의지야말로 인간 안에 높은 자아가 회복되는 길이다.

『보병궁 복음서』는 사복음서의 내용의 보완이며 나아가서 완성이라 할수 있다. 예수가 그리스도가 된다는 것은 인간이 하나님이 된다는 것이다. 더 정확하게 말하면 본래 하나님의 일부였던 인간 자신의 위격이 회복될때 비로소 원래 인간의 참 정체성을 회복한다.

6. 인류의 원형原形 문화

『보병궁 복음서』에는 예수와 그의 위대한 가르침의 요람이 되는 인류 원형 문화의 맥락을 찾아볼 수 있는 소중한 구절들이 많다. 한 가지 예로 아버지 하나님과 어머니 하나님이 함께 계신다는 구절을 들 수 있다. 머리말과 9장, 34장, 127장 등에서 확인되는 이 가르침은 동방 신교神教 문화의 천지부모 사상이 전수된 것으로써, 예수가 동방으로의 유학 여정을 통하여 전해 들은 여러 원형 문화적 가르침들 가운데 하나였을 것이다. 그러나 그중에서도 예수가 하나님을 '일(1) 이시며 삼(3)이시며 칠(7)이신 하나님'(9:14)으로 인식했으며 '성스러운 숨결의 수는 일곱이며, 하나님의 손안에 시간의 일곱을 쥐고 계신'(96:23) 것으로 이해하였다는 대목은 가장 특별하다. 이러한 대목은 예수 가르침의 핵심이 9천 년 동방 신교神教 문화의 원형 정신인 천부경 문화에 깊이 영향 받아 태동되었음을 짐작케 하기 때문이다.

7. 다가오는 새 시대에 대한 복음

『보병궁 복음서』157장에는 앞으로 맞이하게 될 시대에 대한 예수 성자의 가르침이 기록되어 있다.

157장에서 감람산에 오른 예수는 제자들에게 앞으로 예루살렘의 멸망과 시대의 종말을 알리는 끔찍한 재앙이 있을 것을 예언한다. 전쟁과 역병 등 장 전반에 걸쳐 묘사되는 총체적 재앙의 상황은 너무도 급박하고 충격적이어서 읽는 이를 비참한 심경에 몰아넣는다. 그러나 이 구절은 천체 변화에 의해 일어나게 되는 전대미문의 대변국을 암시하고 있으므로 과거 사건에 대한 대과거 시점의 예언이거나 예루살렘이라는 공간에 한정된 이야기가 될 수 없다. 이 책의 원제인 '쌍어궁 시대 그리스도인 예수의 보병궁 시대에 대한 복음서'가 시사하듯 쌍어궁 시대에서 보병궁 시대로 가는 전환기에 일어나게 될 일인 것이다. 그렇다면 다가올 보병궁의 시대는 어떤 시대인가? 이어지는 157장의 구절 속에서 그 답을 찾을 수 있다.

"그러나 육지와 바다에서 분쟁이 맹위를 떨치는 동안 평화의 왕자가 하늘의 구름 위에 서서 다시 말할 것이다. '평화, 땅 위에는 평화가, 사람들에게는 선한 의지가 있을지라! 그리고 모든 사람이 칼을 버리고 나라들이 더는 전쟁을 배우지 않으리라.' 그때 물병을 든 사람이 하늘의 호弧를 가로질러 걸어 나올 것이다. 사람의 아들의 표지와 인장이 동쪽 하늘에 우뚝 서게 될 것이다. 그러면 지혜로운 자들은 고개를 들어 이 땅의 구원이 가까이 왔음을 알게 될 것이다."

앞으로 전 세계가 전쟁과 괴질, 그리고 지구적 큰 변화라는 추수의 시기를 거친 후 아버지 하나님의 나라가 하늘에서도 건설되는 것처럼 이 땅에서도 건설이 된다는 것이다. 이러한 『보병궁 복음서』는 지나온 과거가 아닌 다가올 미래에 대한 복음서이다. 예수를 내려보내신 아버지 하나님의 구원의 도가 동방으로부터 출현하여 신구약 2천 년의 약속을 이루는 성약成約의 시대의 복음서이다.

　지금 전 세계가 코로나19로 인해 크나큰 어려움을 겪고 있다. 이런 가운데 2,000년 전 예수가 '하나님의 기억의 책'에다가 순결과 사랑의 언어로 새겨 놓은 보병궁 성약成約 시대의 복음이 다시 번역과 편집을 가다듬어 우리 손에 주어지게 되었다. 문명의 시원始原 역사와 인간 정체성의 근본을 잃어버리고 비틀거리며 살아오다가 대자연의 엄중한 물음에 직면하게 된 2021년의 우리는 이 책에서 무엇을 찾아야 할 것인가? 독자마다 그 해답의 소중한 단초들과 조우하는 기쁨의 순간이 있으시길 빌며 역자 후기를 마친다.

2021년 5월
상생문화연구소

1. 『보병궁 복음서』가 우리에게 주는 의미

우리는 예수가 인도와 티벳 등지에서 유학을 했다는 것을 들어본 적이 있다. 이 유학 사실을 명확히 밝힌 책이 있다. 100년 전에 미국의 기독교 목사 리바이 다울링이 영적 계시를 받아서 쓴 『보병궁 복음서』가 바로 그 책이다. 이 책은 우리에게 어떤 의미를 주는가?

이 책에서 알 수 있듯이 예수의 가르침이 인도와 티베트 그리고 중동의 종교문화에서 왔다는 것은 충격적이다. 그런데 기독교에 기반한 서양의 종교 문화는, 환국과 배달의 동방원형문화에서 기원했다. 이것을 뒷받침하는 증거는 『보병궁 복음서』 전반에 걸쳐서 발견된다.

본래 기독교는 유대교에서 시작되었다. 그렇지만 유대교와 기독교는 같은 야훼를 믿으면서도 예수의 위격을 정함에 서로가 대립하고 있으며, 메시아에 대한 해석도 다르다. 그러면서 모순되게도 한국의 기독교에서는 유대교의 역사와 유대교인의 신인 야훼의 가르침이 담긴 구약을 믿고 가르친다. 물론 예수를 보낸 아버지가 바로 구약의 야훼라는 점을 믿음의 연결고리로 삼기 때문에 이 논리는 성립한다. 그러나 문제는 유대교와 기독교에서 본래 말하고자 하였던 아버지 하나님문화가 과연 어디에서 왔느냐라는 것이다. 우리는 그 시초를 구약 성경에서 찾아볼 수 있다. 야훼라는 신보다 엘신이 먼저 등장하고 있는데 창조자 엘신은 수메르문명에서 왔다. 그리고 수메르문명은 동방에서 왔다는 것이 여러 학자들의 공통된 결론이다.

2. 예수가 말한 아버지는 야훼가 아니라 동방의 상제님

1) 조상신관은 동서 보편 신관

사람은 누구나 후손을 남기고 죽는다. 그리고 사람이 죽으면 영혼이 빠져나가 천상에서 신명으로 다시 태어난다. 후손들은 천상에 있는 조상신을 받드는 것이다. 그 조상신은, 웃어른을 모시는 것처럼 신명세계에서도 영혼으로 살아계신 선대 조상신들을 모시며 살아간다.

2) 동서 보편 신관 '조상신과 함께 모신 하나님 아버지'

조상신들을 있게 한 뿌리가 되시는 신은 우주의 최고신인 삼신상제님이다. 그래서 옛 사람들은 조상신과 삼산상제님을 같이 모셨다.

이처럼 조상신과 상제님을 함께 받들고 모신 것은 환국과 배달, 조선을 통해 내려온 동방 신교문화였다. 이 문화가 중국으로 전파되어 주나라 때 문왕도 조상신과 상제님을 함께 배향하여 제사를 올렸다.

한국에서는 예로부터 환국의 환인천제, 배달의 환웅천황, 조선의 단군왕검을 가장 오래된 조상신으로 모셔왔다. 이 삼성조 조상신들이 삼신 상제님을 최고신으로 모셨던 것이다.

서양의 뿌리 수메르 문명도 동방에서 왔기에 수메르인도 조상신을 모시고 하늘의 최고 신을 '아버지'라 부르며 제사를 지냈다. 길가메시 서사시에는 '만약 가족들이 죽은 자에게 음식과 음료를 주기적으로 바치면 저승에서의 삶이 조금 나아질 수 있으므로 가능하면 많은 자손을 남기는 것이 바람직하다.'고 쓰여 있다.

우리 전통문화에는, 사람이 죽으면 혼이 하늘로 올라가고, 넋은 땅으로 돌아간다는 관념이 있다. 수메르 사람들도 넋이 땅으로 돌아간다는 개념을 '불귀'로 돌아간다고 표현하였다. 이러한 개념이 아브라함에게 전달되어 창세기 25장 8절에 '내가 죽으면 스올에 계신 열조烈祖(돌아가신 조상신)에게 돌아간다.'라는 내용이 나타나게 된 것이다. 스올은 조상신이 계신 무덤 아래의 신도세계이다.

3) 환부역조換父易祖된 유대인들의 신관神觀

그런데 유대민족까지 이어오던, 조상에게 제사를 드리는 문화는 기독교가 세력을 얻으면서 어느새 마귀문화로 둔갑되었다. 아버지를 바꾸고 조상님을 바꾸는 역사 즉 환부역조가 된 것이다. 환부역조의 역사를 좀 더 자세히 알아보면 다음과 같다. 수메르에서는 최고신을 '아버지'라 불렀는데 이 문화를 그대로 유대민족이 이어받아서 최고신 엘을 역시 아버지라 불렀다. 후에 야곱 때 엘신과 씨름을 하여 이김으로써 이스라엘이라 불리게 되었다. 이때부터 지방신이었던 야훼를 아버지 신으로 모시는 문화가 유대민족에게 본격적으로 자리잡게 되었다. 이처럼 아버지신을 지방신으로 바꾸어 믿는 것은 환부역조換父易祖에 해당하는 큰 잘못이며 죄이다.

4) '엘티을 아버지로 모시는 문화'가 '야훼를 아버지로 모시는 문화'로 변하다

강사문 장로회신학대학교 구약학과 교수는 논문 '구약의 하나님 야웨(II)'에서 티은 보통명사뿐 아니라 고유명사로도 쓰였고, 가나안 지역 우가릿 만신전 목록에 있는 신 중에 최고 신神(the highest god)으로서 아버지('il ab)로 표시된다고 하였다.

또 이방인과 접촉이 많고 전쟁을 겪은 이스라엘에서는 전쟁을 통해 고유명사 '엘'이 야훼를 뜻하는 '아도나이'로 대체되고, 보통명사 의미의 형용사적 '엘'은 '엘로힘'으로 대용되었다고 했다. 유대인들이 처음에는 수메르 문명권의 타 종교의 유산을 그대로 활용하다가, 그 후 자체의 야훼 신앙으로 독립될 때 야훼 신앙(YHWHism)으로 대체했던 것이다.

이것을 뒷받침하는 증거는 구약에 나온다. 창세기 49장 24절에 나오는, '야곱의 하나님'의 별명 '아비르 야곱'(야곱의 강한 자)이 히브리 성경에서는 '아비르'라 기록되었다. 티신의 별명인 아비르는 힘센 황소를 뜻하기도 한다. 이처럼 구약성경에 나타난 조상들의 하나님의 별명은 가나안의 최고 신 엘의 별명이다.

텍사스대학교 교수 제레미 블랙과 안소니 그린의 책 『Gods, Demons and Symbols of Ancient Mesopotamia』에는 이런 사실이 자세히 설명되어있다. "메소포타미아 종교의 가장 오랜 특징 중 하나는 각 지역이나 마을에 특정한 지방신이 있다는 것이다.... 어느 지역이든 그 지역 지방신과 연관되지 않은 메소포타미아의 신은 거의 없었다. 이러한 지방신들 중 일부는 작은 신으로 남았지만 훗날 그들에 대한 숭배는 퇴색해 버렸고, 일부는 지위가 국가신으로 상승하기도 했다."

이처럼 본래 수메르 문명에서 가져온 엘신에 대한 숭배가 퇴색되고, 그 대신에 지방신 야훼가 유대인들의 민족의 하나님 국가신으로 상승된 것이다.

그렇지만 이렇게 숭배되던 신이 교체될 때에도 하나님을 아버지라 부르는 수메르의 관습은 지워지지 않았다. '히브리 민족의 아버지 하나님은 수메르의 abba(아빠)와 같다'는 김상일 전 한국신학대학교 교수의 주장과 같은 말을 하는 학자가 많이 있다. 캐나다 브리티시 컬럼비아 대학교에서 인류학을 전공한 김산해작가는 기독교에서 말하는 '하늘에 계신 우리 아버지'는 수메르의 전승을 이어받은 성구로, '하늘에 계신 신들의 아버지 안'을 모방한 것이라 말한다.

민영진 전 감리교신학대학교 교수는 하나님을 아버지로 지칭하여 사용한 빈도가 구약에서는 11회이지만, 신약에서는 358회나 된다고 지적했다.

위에서 보듯이, 수메르에서 '신을 아버지라 부르는 문화'를 후대에 유대인들이 가져가서 쓴 것을 알 수 있다.

5) 엘티의 기원은 안An이며 모두 수메르의 '하나님 아버지문화'에서 왔다
그렇다면 유대인들의 최고신 '엘'은 과연 어디서 왔을까?

마빈 포프 박사는 저서 『El in the Ugaritic texts』에서 수메르어 An의 뜻과 같은 셈족 언어는 Anu이며 이는 티신과 동일하다고 주장하였다. 김상일 교수도 『인류문명의 기원과 한』에서 적어도 BCE 2,500년 이전까지는 '안'이 수메르 신정 정치의 최고 통치자였고, 수메르어 '안An'은 우랄알타이어계의 '한'과 그 음과 의미가 같다고 하였다. 그리고 안호상의 『국민윤리(1977)』를 보면 국내 학자들도 환이 우리말인 '한'의 한자 차음이라는 데 의견을 거의 일치

한다고 밝혔다. 그러므로 수메르어 '안An'의 기원은 동방 환국의 '환'이라는 것을 알 수 있다. 9,000년 전 환국문명에는 아버지를 하나님이라 부르는 문화가 있었다. 그 문화가 곧 삼신일체 상제 문화이다.

6) 수메르의 안An 신이 가나안 지방의 엘신으로 들어오게 된 역사

'안An'신의 아들 '엔릴Enlil'은 신들의 신으로 수메르에서 숭배되었다. 나중에 아카드인, 바빌로니아인, 아시리아인에게 엘릴(Ellil 혹은 El)로 숭배되었다. 클레어몬트대학교 교수 슈나이더의 『An Introduction to Ancient Mesopotamian Religion』에서 엔릴은 기원전 24세기에 '안An'신의 중요성이 약해지기 시작하면서 두드러지게 나타났다고 했다. 엔릴과 '안'은 당시의 비문에서 자주 나온다. 엔릴은 아모리 시대 내내 메소포타미아에서 최고의 신으로 남았으며, 아모리 군주들은 엔릴을 정당성의 근원으로 선포했다. 엔릴의 중요성은 바빌로니아 왕 함무라비가 수메르를 정복한 후 점차 줄어들기 시작했다. 그리고 도현신의 『지도에서 사라진 종교들』이라는 책에서는 셈족 계열 아카드인이 세운 바빌로니아에서는 엔릴신을 엘릴신으로 믿기 시작했다고 밝혔다.

함무라비 이후에 엘릴Ellil신의 중요성은 떨어지기 시작하였지만 황소로 표현되고 창조주로 인식되는 문화는 그대로 바빌로니아, 아시리아 제국을 통해서 주변 가나안 나라에도 전파되었다. 가나안 우가릿 문화에서 출토된 유물에는 엘신은 황소와 창조주로 똑같이 기술되어 있다. 이 가나안 문화에 들어간 아브라함조차 멜기세덱과 함께 엘신을 믿는다는 내용이 구약 창세기에 있다. 엘릴(엘)신이 홍수를 일으켜서 지우스드라에게 보상을 주는 이야기는 수메르 이후 모든 국가에 영향을 주었다. 물론 이 이야기는 유대인들의 구약에 엘신이 홍수로 전해졌다.

7) 유대교 아버지 하나님 문화의 뿌리는 동방의 삼신일체 상제문화

이처럼 구약성경에 기록된 최초의 신 엘신은 그 뿌리가 수메르이고, 엘을 아버지라 부른 문화는 '안'신에서 왔다. 그 '안'신은 동방에서 기원했다. 이러한 사실은 역사적으로, 문화적으로 그리고 언어학적으로 고증되고 있다. 예루살렘 히브리대학교에서 수메르어를 가르친 조철수 교수는 이 세상에서 한국어와 가장 완벽하게 같은 언어체계를 가졌다고 주장했다. 그리고 수메르가 동방에서 나왔다는 것은 수메르문명 최고 학자 중 한 사람인 크레머 박사의 결론이다. 인류의 시원역사를 밝힌 문화 경전 『환단고기』에 따르면, 하나님을 아버지로 불렀던 동방의 삼신일체 상제문화가 서양 수메르를 통해 구약의 아버지 하나님 문화로 전해졌음을 알 수 있다.

3. 지방신 야훼에서 다시 아버지 하나님문화를 복원하려 한 예수

예수가 하나님 아버지로부터 받은 사명은, 지방신 신앙을 벗어나서 본래의 아버지 하나님 신앙을 회복하기 위해 사랑의 신약시대를 여는 것이었다. 구약과 신약성경 그리고 『보병궁 복음서』를 관통하는 일관된 흐름에서 우리는 이것을 확인할 수 있다. 구약성경에서 유대민족만을 지켜왔던 질투와 복수의 신 야훼와 달리, 신약의 예수는 모든 민족을 지켜 줄 아버지 하나님, 즉 사랑의 아버지를 설파하였다. 같은 맥락으로 『보병궁 복음서』에 나온 그 하나님 아버지 진리를 전파한 예수의 가르침은 바로 동방 환국 아버지 상제님의 계시서인 천부경과 삼일신고에 기인한다.

4. 『보병궁 복음서』에 천부경과 삼일신고의 가르침이 존재하는 이유

『환단고기』에는 '환국구전지서桓國口傳之書'라 하여 천부경이 환국에서 시작하였음을 알려주고 있다. 또한 천부경 문화는 역사가 발전함에 따라 동서양으로 전파되었다. 환국에서 배달국으로 넘어가는 시기에 동양에서는 천부경이 녹도문의 형태로 전해지기도 하고 삼일신고라는 수행체계로 발전되기도 하면서 후세에 『환단고기』라는 역사책에 포함되어 동양에 전수되었다.

서양도 역시 천부경 문화가 전파되었는데 동방에서 갈려나간 수메르인과 아리아인들에 의해서 전해졌다.

천부경은 인류 역사 최초 하나님의 묵시록이다. 이는 곧 아버지 하나님의 가르침으로서 중동과 티베트, 인도에 각각의 종교를 통해 퍼지게 되었다. 마기교와 조로아스터교, 브라만교와 힌두교 그리고 불교가 그것이다.

『보병궁 복음서』에는 예수도 다른 성자와 같이 스스로 깨닫기 위해 중동과 티베트, 인도 등지를 유학하며 스승들에게 가르침을 받았다고 기록되어 있다. 그것을 예수가 여러 스승들로부터 배워서 예루살렘에 돌아갔던 것이다. 이런 이유로 우리는『보병궁 복음서』에서 천부경과 삼일신고와 같은 맥락의 문화 자취를 쉽게 찾아 볼 수 있는 것이다.

5. 『보병궁 복음서』에 나오는 천부경의 가르침

천부경은 인류 원형문화이자 우주신학의 원전으로써 그 깊이는 헤아릴 수 없다. 뿐만 아니라 언어의 한계를 넘어, 우주수학으로 암호와 같은 체계로 되어 있다. 그렇기에 해석의 여지는 무궁하다. 거기에 천부경은 각 문화권에 다른 언어와 다른 종교권으로 전해졌을 것이기에 그 자취를 더듬어 보는 것은 쉽지만은 않을 것이다. 하지만『보병궁 복음서』에 발견되는 천부경과 비슷한 맥락의 어구들을 비교해 봄으로써 그 유사성을 생각해 볼 수 있다. 우리는 이로써 천부경 이해의 폭을 조금 더 넓힐 수 있는 계기로 삼을 수 있는 것이다.

천부경의 상경에는 '일시무시일一始無始一 석삼극 무진본析三極 無盡本'이 있다. 이것은 '하나는 시작이나 무에서 시작된 하나이며, 이 하나가 세 가지 지극한 것으로 나뉘어도 그 근본은 다함이 없다.'로 해석된다. 여기서 '일자一者'의 문제를 다양한 시각에서 바라 볼 수 있다. '일'을 심론心論으로 보면 일심一心으로 해석이 될 수도 있고, 물리적으로는 일기一氣로도 볼 수 있으며,『보병궁 복음서』는 신론神論으로의 일신一神을 말해주고 있다. '우주의 하나님은 한 분입니다. 하지만 그분은 한 분 이상입니다. 모든 만물은 하나님입니다. 그리고 모든 것은 하나입니다.', '1수이시자 3수이신 하나님'이라는 구절은 동방의 '삼신일체 상제님'을 연상케 한다.

'천일일 지일이 인일삼天一一 地一二 人一三'이란 구절은 '하늘과 땅과 사람'을 주제로 다양한 해석을 할 수 있으나 기독교적 해석으로는 삼위일체 하나님으로도 볼 수 있다. '영원성을 지닌 영은 아버지 하나님, 어머니 하나님, 아들 하나님이며 이들은 하나이다.', '삼위일체의 하나님은 빛이 하나인 것처럼 한 분이십니다.'라는 구절이 바로 그러하다. 이런 표면적 의미 이외에도 천부경은 한 구절, 한 구절이 무한한 깨달음을 담고 있다.

특히 '일적십거 무궤화삼一積十鉅 無匱化三'은 '선천 일적의 시대를 지나 후천 십거의 시대를 맞이하고, 그 변화를 주도하는 십무극 상제님은 삼신의 조화로 만물을 다스리신다.'는 의미를 담고 있다. 이와 대조해 볼 수 있는 『보병궁 복음서』의 구절은 '만물은 각자를 위한 시간과 계절이 있다고 가르친다.', '하나님은 십(10)이시다.'가 있다.

또한 위의 구절은 '용변 부동본用變 不動本'으로 연결될 수 있다. '용用의 변화를 넘어 부동不動의 본체本體시대'가 옴을 말하고 있는 것이다. 이것은 선천의 천지일월의 상극 작용이 뒤집어져 온 세상이 진리 그 자체가 되는 후천 상생의 시대가 온다는 지상천국의 소식을 전하고 있다. 사실 알고 보면 이것이 예수 가르침의 핵심이다. 예수는 인도 유학시절에 미륵 부처님이 앞 세상에 오셔서 지상 극락세계를 연다는 것을 유대인들에게 소개한 것이다. 민희식 박사의 『법화경과 신약성서』도 이것을 지적했다. 성경에서도 '아버지의 뜻이 하늘에서 이루어진 것같이 땅에서도 이루어진다.'고 하여 새 하늘과 새 땅이 열릴 것을 암시했다.

기존 신구약에서는 이러한 지상천국 후천선경에 대한 내용이 추상적으로 나오지만, 『보병궁 복음서』에는 현실적인 문제로 밝혀준다. 예를 들면 '하나님의 나라는 이중성을 가지고 있고 겉과 속이 있다.', '내적인 하나님의 나라는 영혼의 나라이며 마음이 순결한 사람의 나라다.', '외적인 하나님의 나라는 그물이다. 모든 종류의 사람이 붙잡히지만 선별하는 날에 나쁜 자는 버려지고 좋은 자는 주워 모아질 것이다.'라는 구절이 있다. 내 마음 속의 천국이 아니라 외적인 실재적인 천국이 지상에서 펼쳐질 것을 밝히고 있는 것이다. 이것 또한 천부경 문화와 연결된 것이다.

천부경 하경을 보면 천국에 들어가기 위해서는 삼극이 삼합을 하여 태일이 되어야 함을 밝히고 있는데, '인중천지일人中天地一'이 그런 의미를 함축하고 있다. 이 또한 『보병궁 복음서』에는 '인간의 하나님은 인간으로 오신 하나님이어야 합니다.', '영혼, 삶, 죽음, 불멸에 대한 신비 그리고 사람은 다른 모든 사람과 하나님과 하나라는 사실을 밝혀 주실 것이다.', '사람은 땅 위에 있는 하나님이다.'라는 구절들이 있다. 천국에 들어갈 수 있는 온전한 인간 즉 태일太一은 '환한 사람', '광명과 하나 된 사람'을 뜻한다.

'인중천지일'이라는 구절은 '본심 본태양 앙명本心 本太陽 昂明'과도 연결된다. 『보병궁 복음서』에서는 '사람들은 빛을 보고 빛 가운데로 걸어 들어가 빛이 될 것이다. 그리고 인간은 다시 하나님과 하나가 될 것이다.'라고 하여 천부경문화의 한 단면을 드러내 주었다.

6. 중동의 여러 종교들에 남아있는 천부경과 삼일신고 수행문화

천부경 문화는 조로아스터교와 브라만교 그리고 불교에도 영향을 주었다. 페르시아와 인도의 종교에도 일신이면서 삼신인 문화가 반영되어 있다. 이들 종교에서 광명의 문화를 발견할 수 있다. 시방정토十方淨土세계에 아버지 하나님이 오시며 그분을 만나서 불멸의 신선이 될 수 있음을 가르치고 있는 것이다. 조로아스터교는 일월과 광명을 숭배하며 불멸의 신선을 아메샤라 불렀다. 브라만교에서도 수행을 통해 대광명인 브라흐만과 내가 하나가 되며 데바라는 신선이 될 수 있음을 가르친다. 불교에서는 앞으로 말법 시대에 미륵부처의 도법을 만나서 열반에 들어 시방정토세계에 들어간다고 한다.

이런 대광명의 인간, 천지와 하나 된 불멸의 인간이 되기 위한 수행을 동방 환국, 배달, 조선에서는 삼신수행법이라 일러왔다. 그것은 천부경과 삼일신고를 통해 전수되어 왔다. 삼신일체 상제님을 모시고 나의 진아를 닦아서 내 몸에 깃들어 있는 조화, 교화, 치화의 여의주가 내 몸 속에 삼진三眞으로 살아 있음을 가르쳐 온 것이다.

삼진은 성性, 명命, 정精이다. 삼일신고를 보면 '참된 본성[眞性]은 선해서 악이 전혀 없으니, 상등 철인은 이 본성 자리를 통하고, 참 목숨[眞命]은 맑아 조금도 흐리지 않으니, 중등 철인은 이 타고난 목숨의 경계 자리를 깨닫고, 참 정기[眞精]는 두터워 터럭만큼의 얇음도 없으니 하등 철인은 이 본연의 순수한 정기를 잘 수련하여 보존하느니라. 이 삼진의 조화경계로 돌아가면 인간이 살아있는 신이니라.'라는 말이 있다. 그리고 『보병궁 복음서』에는 '인간의 육체 속에는 죽은 자로부터 부활하는 정수가 있습니다. 성스러운 숨결에 의해 소생하는 이 정수는 육체의 모든 구성 물질을 더욱 높은 상태로 끌어올릴 것이며, 인간의 눈으로 볼 수 없는 보다 높은 차원의 몸의 실체로 만듭니다.'라는 말이 있다. 삼일신고와 『보병궁 복음서』의 말이 오묘하게 맞아 떨어진다.

7. 『보병궁 복음서』는 아버지 하나님의 성약성서

이처럼 천부경의 내용들이 흘러나오는 『보병궁 복음서』는 아버지 하나님 상제님의 가르침을 증거할 성약성서이다. 그러면 혹자는 『보병궁 복음서』를 리바이 다울링 목사가 어떤 방식으로 밝히게 된 것인지를 물을 수 있다. 그것은 바로 신성한 아버지 하나님의 영적 계시로 가능했던 것이다.

8. 『보병궁 복음서』의 천문학적 배경과 우주 조화성신

1) 천문학과 아버지의 별 북두칠성

동방 환국의 원형문화 속에는 아버지 하나님이 계신 북극성과 북두칠성의 문화가 담겨 있다. 신약성서 요한계시록에서 밝혔듯이 오른손에 칠성을 가지고 계신 하나님은 칠성에 계신 하나님인 것이다. 예로부터 동방에서는 칠성을 하나님의 별이라 불렀다. 예수의 탄생이 별에서 기원되었듯이 아버지 하나님이 생명을 내려주실 때는 칠성에서 내려 주신다. 천제를 지내는 문화와 더불어 천문학이 고대부터 내려오게 된 이유가 이것이다. 『보병궁 복음서』의 이름도 이 천문학에 그 근거가 있는 것이다.

2) 황도대의 주기와 2,100년마다 바뀌는 성인들

우리가 살고 있는 태양계는 황도대를 중심으로 끊임없이 순환 운동을 한다. 순환은 일정한 시간을 주기로 둥글어가는 것을 전제로 한다. 약 2,100년이 12번 바뀌면 황도대를 한 바퀴 돌게 되는데 2,100년이 지날 때마다 지구에서 인류의 영성을 선도할 성인이 탄생한다는 것은 이런 순환 주기와 연관이 있다. 실제로 많은 현자들이 그렇게 말해 왔다.

3) 지난 6,000년간 바뀌었던 별자리와 인류가 맞이하는 새 보병궁 별자리

6,000년 전쯤에 동방의 환웅천황께서 배달국을 여셨듯이, 서양의 모든 종교문화의 뿌리가 된 수메르 문명이 환국에서 갈라져 나갔다. 수메르 문명은 중동의 여러 나라들에게 문명의 어머니 역할을 하였다. 약 4,000년 전 양자리 시대에는 유대인들의 믿음의 조상 아브라함이 수메르지역 우르에서 태어났다. 그리고 2,000년 전쯤 물고기자리 시대에 예수가 태어나 유대인들의 메시아 역할을 했다. 초기 교회에 물고기 문양의 타일이 나타나는 것은 고대부터 동서양이 함께 전해 온 천문 문화의 일부이다. 그리고 새로운 2,100년이 넘어서는 이 시대에 지구가 물병자리, 즉 보병궁에 들어감에 따라 인류에게 생명의 물을 부어주실 아버지 하나님이 인간으로 오시는 시대를 맞이하였다. 이것이 바로 『보병궁 복음서』라는 이름이 갖는 진정한 의미인 것이다.

4) 황도대 각 별자리를 수호하는 우주성신과 조화정부 통치자 상제님

아버지 하나님 상제님께서는 지구의 모든 영혼뿐 아니라 우주의 별자리에 존재

하는 우주 성령들까지 통치하신다. 천상 조화정부 안에 부처별로 각기 소임을 맡은 조화성신들이 따로 존재하는데 상제님이 그들을 통치하신다. 그래서 성경과 『보병궁 복음서』에는 그분을 천지의 주재자라 표현한 것이다. 이분을 동방에서는 천지인으로 자신을 드러내시는 삼신일체 상제님이라 불러왔다.

5) 조화성신의 영적 계시로 받아적은 『보병궁 복음서』

상제님의 통치 아래 있는 모든 별자리 중 우리 태양계가 속한 황도대에도 우주 성신들이 계신다. 보병궁 성약성서에는 12개의 별자리로 나누어 각 별자리 구역마다 두 명의 조화성신이 소임을 맡아 다스린다고 했다. 그 중에서 물고기 자리와 보병궁을 다스리는 조화성신들과 그들을 중재하는 지혜의 여신이 존재한다. 이들로부터 아카식 레코드에 저장되어 있는 수많은 기록, 예컨대 예수 생애 전반에 걸친 어록은 물론, 그 주변 인물들과 대화한 내용까지 그대로 받아내려 적은 기록이 『보병궁 복음서』인 것이다.

9. 『보병궁 복음서』의 핵심 메시지

1) 천지 부모님이 인간으로 오신다

이 『보병궁 복음서』가 전하는 가장 핵심적 메시지는 무엇일까? 그것은 천지 부모님께서 이 세상에 인류 문명을 바로잡고 위기에 처한 상극의 우주를 상생의 우주로 바꾸신다는 것이다. 이는 그 내용이 예수의 아버지 요셉이 속한 에세네파에서 주장하던 쿰란 동굴의 성경에 나오는 메시지와도 같다. 그것은 앞으로 메시아가 두 분이 오시는데, 한 분은 왕으로 오시고, 다른 한 분은 제사장으로 오신다는 것이다.

증산도 『도전道典』에는 이 부분을 정확하게 이렇게 밝혀주고 있다. "상제님은 만유 생명의 아버지(父)요 큰스승(師)이시며 천지와 만물, 인간과 신도의 통치자(君)이시니라."(도전 3:1)라는 말씀과 태모님께서 말씀하시기를 "천만 겁으로 싸인 법을 돌려 잡을 수 있느냐. 천지에 비는 책임밖에 없다."(도전 11:77)라는 말씀을 통해서 그 두 분이 바로 증산 상제님과 태모 고 수부님이라는 것을 알 수 있다.

기존의 바울신학에 근거한 기독교에서는 예수의 본래 가르침과 달리 예수가 재림하는 것으로 말하고 있다. 그러나 요한 계시록 1장 8절에 '나는 알파요 오메가라. 이제도 있고 전에도 있었고 장차 올자요 전능한 자라.'라고 적혀 있다. 백보좌 아버지 하나님이 직접 인간으로 오신다는 것이다.『보병궁 복음서』에서는 예수 자신이 세상을 심판하러 온 것이 아니라, 그 하나님이 인간으로 오신다고 했다. 이것이 기독교의 결론인 것이다. 실제 19세기 동방에서는 최수운 대신사가 기성 종교 시대가 막을 내리면서 아버지 하나님을 직접 모셔야 한다는 시천주 시대를 선언하셨다.

『보병궁 복음서』에도 어머니 하나님이 계신다는 것을 말하며 그분의 가르침 또한 세상에 드러날 것을 밝히고 있다.『보병궁 복음서』에 따르면 '모든 시대가 같지 않다. 오늘은 남자의 말이 가장 큰 힘을 가지겠지만 내일은 여자가 최고의 가르침을 펼칠 것이다.'라고 하였다. 이것은 태모님께서 상제님의 도를 세상에 현실적으로 펼치실 것과 연관되는 것이다.

2) 개벽기에 태을주 수행을 통한 후천 선仙으로 갱생

앞서『보병궁 복음서』에 나온 천부경의 관련 구절에서 살펴보았듯이, 이 세상은 단순히 창조-타락-구원의 순서로 마무리되지 않는다. 오히려 만물과 인간은 개벽-진화-순환되어 간다. 환단고기에서 그것을 밝혀주고 있다. 그러나 기독교에서는 직선적 시간관에 따라 마지막 말세의 때에 극단적으로 자신의 죄를 대신 대속해줄 유일신을 찾아야 한다고 외친다. 이런 왜곡된 신앙의 가르침은, 자신의 죄는 자신만이 벗길 수 있다는『보병궁 복음서』의 예수 가르침과는 완전히 다르다. 우주가을 개벽기때에 우리가 해야 될 과제가 있다. 그것은 이법과 더불어 자존하시는 천지 주재자이신 상제님과 태모님을 찾을 수 있을 때 온전한 하나님의 자녀로 개벽을 극복할 수 있다는 것이다. 상제님과 태모님의 말씀이 담긴 생명의 책 『도전道典』에는 우리들이 천지부모님을 모시는 삼랑으로서 개벽기때 태을주 수행을 통해 후천 선仙으로 거듭날 수 있는 생명의 말씀이 담겨져 있다.

후천 선仙의 생명을 내려주시는 분은 예수가 아니라 예수를 보낸 아버지이시다. 이를 밝혀주는 구절이 『보병궁 복음서』 142장에 있다. 어느 젊은이가 예수에게 '선한 스승이시여, 영생을 얻으려면 무엇을 해야 하는지 말씀해 주십시오.'라고 묻자 예수는 '너는 어찌 나를 선하다고 하는가? 하나님 외에 진정으로 선하신 분은 없다.'고 하였다. 영생을 내려주는 선한 이는 예수가 아니라 예수를 보내신 아버지라는 말이다. 『도전道典』 2편 40장이 이 구절에 대한 명확한 답을 내려준다. '예수, 공자, 석가는 내가 쓰기 위해 내려보냈느니라.'라는 상제님 말씀을 통해 성경에서 말한 아버지 하나님이 바로 상제님이심을 확인할 수 있다. 『보병궁 복음서』에서는 자신을 회개하고 오직 아버지의 생명 말씀에 귀의해야 한다는 메시지도 담겨 있다.

10. 온 인류의 후천 선仙 부활을 보여주기 위해 온 예수

이 책은 인류 문화의 뿌리가 동방 환국문화에서 왔으며 구체적으로는 바로 그것이 상제님의 계시 문서인 천부경이라는 것, 그리고 후천선경 세계로 들어가기 위해서는 누구도 진아를 되찾고 아버지 하나님이 내려주시는 물과 성령으로 거듭나야 함을 말해주고 있다. 물과 성령은 태을주 수행을 말한다. '태을주는 수기水氣 저장 주문이니라'(도전 2:140), '태을주를 읽어야 신도神道가 나고 조화가 나느니라.'(도전 11:282)라는 구절이 그것을 말해준다.

또한 예수가 이 세상에 와서 부활한 이유는 모든 사람들이 앞으로 아버지의 도를 만나 불멸의 선仙으로 갱생될 수 있음을 보여주기 위해서라고 밝혀주고 있다. 우리는 『보병궁 복음서』를 통해서 기독교의 본 모습과 예수가 전하고자 한 본래의 천지부모님의 가르침을 확인할 수 있다. 아울러 인류가 후천 선仙이 되기 위해 넘어야 할 우주 가을 대개벽에 관한 소식들도 전해 주고 있다.

【 천부경 】

우주 창조 법칙을 선언한 제1 시원 경전,

아버지 하나님의 인류 최초의 계시록

一始無始一
일 시 무 시 일

하나는 시작이나 무에서 시작된 하나이니라.

析三極 無盡本
석 삼 극 무 진 본

이 하나가 세 가지 지극한 것으로 나뉘어도
그 근본은 다함이 없어라.

天一一 地一二 人一三
천 일 일 지 일 이 인 일 삼

하늘은 창조운동 근원 되어 일이 되고
땅은 생성운동 근원 되어 이가 되고
사람은 천지성공 근원 되어 삼이 되니

一積十鉅 無匭化三
일 적 십 거 무 궤 화 삼

하나가 쌓여 열로 열리지만 모두 3수의 조화라네.

天二三 地二三 人二三
천 이 삼 지 이 삼 인 이 삼

하늘도 음양운동 3수로 돌아가고
땅도 음양운동 3수로 순환하고
사람도 음양운동 3수로 살아가니

大三合六 生七八九
대 삼 합 육 생 칠 팔 구

천지인 큰 3수가 합해 6수 되니 생장성 7·8·9를
생함이네.

運三四 成還五七
운 삼 사 성 환 오 칠

우주는 3과 4로 운행하고 5와 7로 순환하네.

一妙衍 萬往萬來
일 묘 연 만 왕 만 래

하나가 오묘하게 뻗어 나가 수없이 오고 가는데,

用變不動本
용 변 부 동 본

작용이 변하여 변하지 않는 본체가 탄생하네.

本心本太陽 昂明
본 심 본 태 양 앙 명

우주의 근본은 마음이니 태양을 본받아 한없이
밝고

人中天地一
인 중 천 지 일

사람은 천지를 꿰뚫어 태일太一이 되니라.

一終無終一
일 종 무 종 일

하나는 끝이나 무에서 끝나는 하나이니라.

一始無始一
일 시 무 시 일
▸ 일(1)이시며, 삼(3)이시며, 칠(7)이신 하나님 (9:14)
▸ 우주의 하나님은 한 분입니다. 하지만 그분은 한 분 이상 입니다. 모든 만물은 하나님입니다. 그리고 모든 것은 하나 입니다. (28:4)
▸ 진리는 하나이다. 하지만 누구도 그 자신이 진리가 되기 전 에는 진리를 알지 못한다. (10:29)

析三極 無盡本
석 삼 극 무 진 본

天一一
천 일 일

地一二
지 일 이

人一三
인 일 삼

삼위일체의 하나님

▸ 그리하여 삼위일체 하나님이 나타나는데, 사람들은 그것 을 아버지-어머니-자녀라 부른다. (58:20)
▸ 위대한 도는 하나였다. 그 하나가 둘이 되었고, 둘은 셋이 되었으며, 셋은 일곱으로 진화하였다. 그리고 그것이 우주 를 형상이 드러난 것으로 채웠다. (9:25)
▸ 영원의 영은 모습을 드러내지 않는 한 분이시다. 그 영은 아버지 하나님, 어머니 하나님, 아들 하나님이 하나인 분이 시다. (163:31)
▸ 보좌 앞에 서 계신 삼(3)이시며 칠(7)이신 하나님의 축복이 언제나 틀림없이 너희에게 있을 것이다. (12:21)
▸ 세상이 형성되기 이전에 만물은 하나였다. 다만 성령, 우주 적인 숨결이었다. 그리고 성령께서 숨을 쉬자 드러나지 않 았던 것들이 하늘의 불과 생각, 아버지 하나님과 어머니 하 나님이 되었다. 하늘의 불과 생각이 함께 숨을 쉬자, 그들 의 독생자가 태어났다. 그 아들은 사람들이 그리스도라 부 르는 사랑이다. (9:15~17)

원방각

▸ 우리는 직각자를 사용해서 모든 선을 재고, 길이 굽은 곳

을 곧게 만들고, 행동의 모난 곳을 반듯하게 만듭니다. 우리는 컴퍼스를 사용하여 우리의 열정과 욕망을 둘러싸는 원을 그려 정의의 테두리 안에 둡니다. 우리는 도끼를 사용해서 나무의 옹이를 잘라내고, 쓸모없고 보기 흉한 부분도 잘라내서 우리의 품성에 균형을 잡습니다. (20:14~16)

‣ 원은 완전한 인간의 상징이며, 일곱은 완전한 인간의 숫자입니다. (48:2)

‣ 우리는 믿음, 소망, 사랑이라는 삼위일체 계단의 사다리를 타고 삶의 순수한 지붕으로 올라갑니다. 그리고 열두 계단의 사다리를 밟고, 짓기 위해 평생이 걸리는 완벽한 인간의 성전의 정점에 이를 때까지 올라갑니다. (20:20~21)

‣ 그가 처음으로 예수를 보았을 때 예수는 열두 계단의 사다리를 올라가고 있었다. 예수는 손에 컴퍼스, 직각자, 도끼를 들고 있었다. (21:11)

一積十鉅
일 적 십 거

無匭化三
무 궤 화 삼

10무극 아버지 하나님

‣ 하나님은 어디에나 계십니다. 그는 벽으로 둘러싸여 있을 수 없으며, 어떤 종류의 경계에도 매여 있을 수 없습니다. (28:12)

‣ 하나님은 십이시며 거룩한 요드(히브리어 알파벳 중 열 번째 자음)이시다. (133:6)

‣ 그들이 가장 예상하지 못할 때 주께서 오실 것이기 때문이다. (158:9)

중경

天二三
천 이 삼

地二三
지 이 삼

人二三
인 이 삼

칠성과 하나이신 아버지 하나님

‣ 세 분의 하나님이 숨을 내쉬자, 보라, 일곱 영이 보좌 앞에 섰다. 이들은 엘로힘이며, 우주의 창조 영들이다. 이들이 '사람을 만들자'고 했고, 그들의 형상대로 사람이 만들어졌다. (9:19~20)

大三合六 대 삼 합 육	▸ 성스러운 숨결의 수는 일곱이며, 하나님은 손안에 시간의 일곱을 쥐고 계신다. (96:23)
生七八九 생 칠 팔 구	▸ 천지를 창조하신 일곱 영을 낳으신 위대한 하나님은 오직 한 분이시며 이들 위대한 영들은 해와 달과 별에서 사람들의 아들들에게 명확히 나타납니다. (39:6)
運三四 운 삼 사	
成還五七 성 환 오 칠	▸ 이 삼위일체의 하나님은 하나다. 그러면서도 빛의 하나님처럼 본질적으로는 일곱이다. (58:21)
	▸ 천지를 창조하신 일곱 영을 낳으신 위대한 하나님은 오직 한 분이시며 이들 위대한 영들은 해와 달과 별에서 사람들의 아들들에게 명확히 나타납니다. (39:6)
	▸ 삼위일체 하나님의 일곱 영의 일곱 에테르를 가진 어떤 존재에게도 죽음은 없습니다. (32:37)

하경

一妙衍 일 묘 연	▸ 우리는 순환하는 시대로 시간을 측정하며, 각 시대로 들어가는 문을 인류가 나아가는 여정의 이정표로 여긴다. (7:12)
萬往萬來 만 왕 만 래	▸ 만물이 가르친다. 그리고 각각은 자신만의 시간과 계절이 있다. (9:3)
用變不動本 용 변 부 동 본	▸ 우리가 보는 것은 에테르들이 이리저리 진동하는 동안 그것을 반사하여 그렇게 보이는 것일 뿐이며, 조건이 변하면 사라지고 맙니다. (22:9)
	▸ 하나님은 어디에나 계십니다. 그는 벽으로 둘러싸여 있을 수 없으며, 어떤 종류의 경계에도 매여 있을 수 없습니다. (28:12)
	▸ 그들은 오직 하나님을 닮은 자아를 펼치기 위해 지상과 저 너머의 공기 중에 몇 번이고 왔다가 가는 영원한 전체의 불멸하는 일부다. (114:29)
	▸ 성스러운 숨결 안에는 그리스인도, 유대인도, 사마리아인도 없고, 구속도 없고 자유도 없다. 모두가 하나이기 때문이다. (81:23)

- 하나님의 나라는 이중성이다. 겉과 속의 모습이 있다. (116:2)
- 내적인 나라는 혼의 나라이며 마음이 순수한 사람의 나라다. (116:5)
- 이 외적인 나라는 그물이다. 모든 종류의 사람이 잡히지만 선별하는 날에 나쁜 자는 버려지고 좋은 자는 남겨질 것이다. (116:8)

本心本太陽
본 심 본 태 양

昂明
앙 명

- 사람들은 빛을 보고 빛 가운데로 걸어 들어가 빛이 될 것이다. 그리고 인간은 다시 하나님과 하나가 될 것이다. (7:27-28)
- 보좌 옆에 선 영들 가운데 가장 위대하신 분은 아후라 마즈다이며, 그분은 태양의 광명으로 나타나신다. (10:24)
- 빛의 아들들을 다스리는 자들은 세상의 권력을 추구하지 않으며, 다만 사람들을 위해 기꺼이 자신의 생명을 희생하여 바치는 사람이라는 것을 너희가 반드시 알아야 한다. (146:36)
- 성스러운 숨결은 오직 순수함과 사랑의 마음 안에서만 불의 에테르를 빛으로 승화시킬 수 있다. (107:34)
- 우리는 이들을 '빛의 계시자'라 부르지만, 그들은 빛을 드러낼 수 있기 전에 빛을 지녀야 한다. (7:16)
- 태양이 빛나는 곳에 밤은 없습니다. 나는 비밀스러운 메시지를 전해 줄 것이 없습니다. 빛 속에서 모든 비밀은 드러납니다. (29:16)
- 그들이 예수를 만났을 때, 한낮의 광명보다 훨씬 더 밝은 빛이 그들을 에워쌌다. 사람들은 길에 서 있는 네 사람을 보고, '이들은 변모하여 인간이라기 보다는 신들처럼 보였다.'라고 말했다. 그들은 빛과 계시와 권능을 구하였다. 다가오는 시대의 율법과 계율은 이 세상의 모든 스승의 지혜를 필요로 하였다. (38:10, 15)

人中天地一
인중천지일

- 인간의 하나님은 인격화된 하나님이어야 합니다. (58:8)
- 영혼, 삶, 죽음, 불멸에 대한 신비, 그리고 사람은 다른 모든 사람과 하나님과 하나라는 사실을 밝혀 줄 것이다. (162:8)
- 사람은 땅 위에 있는 하나님이며 하나님을 높이는 사람은 반드시 사람을 높여야 한다. (91:41)
- 모든 인간은 육체를 입은 신이기 때문이다. (163:37)
- 사람들의 아들들을 위해 빛에 영원한 생명을 가져와 시간의 벽에 무지개를 그려주었습니다. (176:14)
- 그러나 다가올 시대에는 인간이 더 높은 곳에 도달할 것이고, 더 강렬한 빛이 나타날 것이다. (14:26)
- 모든 생명이 진리일 때, 사람은 진리가 된다. (10:30)
- 사람은 땅 위에 있는 하나님이다. (91:41)

一終無終一
일종무종일

- 예전에도 계셨고, 지금도 계시며, 앞으로도 영원히 계실 아버지 하나님 (24:16)
- 죽음은 가혹한 말이지만, 당신의 아들은 절대 죽을 수 없습니다. 그는 이 땅에서 할 일을 하기 위해 육신의 옷을 입고 태어났었고 (54:6~7)

【 삼일신고 】
삼신일체 상제님의 가르침

대도와 성령

‣ 도는 "우주적 숨결의 이름"이라 하였으며 여러 고서에 이렇게 쓰여 있다. (9:21)

‣ 위대한 도는 드러난 형체가 없지만, 천지를 만들고 유지한다. (9:22)

‣ 위대한 도는 이름이 없지만, 만물을 성장시키고 파종의 계절과 수확의 계절을 가져온다. (9:24)

‣ 위대한 도는 악한 것이든 선한 것이든 모든 것에 비와 이슬과 햇빛과 꽃들을 고르게 베푼다. 그의 풍성한 창고로부터 그는 모두를 먹인다. (9:26)

‣ 우연히 일어나는 일은 없다. 법칙이 모든 사건을 지배한다. (7:7)

‣ 진리는 변하지 않는 유일한 것입니다. (22:3)

‣ 진리는 원인이 없으면서 동시에 모든 것의 원인인 어떤 것입니다. (22:5)

‣ 사람들은 하늘의 생각을 성스러운 숨결이라고 부른다. (9:18)

천지 주재자 아버지 하나님

‣ 진리는 하나님의 감화시키는 능력이다. 진리는 모든 생명을 진리 자체로 변형시킬 수 있다. (10:30)

‣ 너희가 혼의 나라를 다스리는 것은 너희 아버지의 뜻이다. (112:2)

‣ 하나님 외에는 아무도 진정으로 선하지 않다. (142:20)

‣ 하나님은 영이시니 만일 하나님의 의식을 얻고자 한다면 반드시 영으로 하나님을 경배해야 한다. (96:15)

‣ 하늘과 땅의 거룩하신 한 분 하나님이시여. (104:6)

‣ 하늘과 땅의 하나님만이 홀로 인류의 아버지이시다. (155:42)

‣ 하늘에 계신 우리 아버지 하나님이시여. (24:28)

‣ 아버지이시며 하늘과 땅의 주께 감사합니다. (140:14)

‣ 당신의 뜻이 하늘에서 행해지는 것처럼 땅에서도 행해지소서. (94:7)

아버지 하나님의 권능

▸ 그분께서는 안식일에도 다른 날과 마찬가지로 비와 햇볕과 이슬을 내리시며 (92:25)

▸ 번개와 폭풍은 햇볕과 비와 이슬과 마찬가지로 하나님의 사자이다. (91:37)

▸ 하나님은 한 아이도 버릴 수 없다. (82:20)

▸ 온 인류의 왕이신 내 아버지 하나님께서는 그의 비할 데 없는 사랑과 넘치는 부와 함께 나를 보내셨습니다. (36:33)

▸ 나의 아버지 하나님, 신성한 권능을 저에게 내려주시고 (36:17)

장차 오실 아버지 하나님

▸ 너희 인류의 아버지와 어머니를 공경하라. (92:4)

▸ 창세 이전에 그리스도는 아카샤에서 아버지 하나님과 어머니 하나님과 함께 걸었다. (머리말)

▸ 지혜가 인류의 어머니이며 힘이 인류의 아버지 (97:2)

▸ 그는 아버지 하나님과 어머니 하나님에 대해서, 그리고 형제애의 삶에 대해 말했다. (34:3)

▸ 나는 그 무덤 안에서 사흘 동안 그리스도와 아버지 하나님, 어머니 하나님과 함께 달콤한 교감을 할 것이다. (127:28)

예수를 내려보내신 아버지 하나님

▸ 이 아이는 사람, 곧 사람의 아들이며 모든 찬양을 받을 가치가 있다. 그대는 하나님을 사모하고 경배해야 한다. 오직 그분만을 섬겨야 한다. (4:12)

▸ 나는 하나님께 가는 길을 보여주려고 온 당신들의 형제입니다. 당신들은 사람을 경배해서는 안 됩니다. 단지 거룩하신 한 분, 하나님을 찬양하십시오. (26:24)

▸ 나의 가르침은 나의 것이 아니다. 나는 이곳으로 나를 보내어 그분의 뜻을 행하도록 하신 분의 말씀을 전할 뿐이다. (133:26)

▸ 제 뜻대로 마옵시고, 오! 하나님, 당신의 뜻대로 이루어지기를 원합니다.

(163:49)

‣ 아버지 하나님, 당신께서는 저의 기도를 항상 들어주셨음을 지금 감사드립니다. (148:32)

‣ 그러나 지금은 너희가 내 아버지의 나라로 가는 길을 알지 못한다. (161:17)

‣ 아버지 하나님이시여, 당신의 손에 제 영혼을 맡깁니다. (171:9)

장차 오실 아버지 하나님

‣ 그들이 가장 예상하지 못할 때 주께서 오실 것이기 때문이다. (158:9)

‣ 나는 세상을 심판하러 온 것이 아니라 세상을 구하러 왔다. 하나님만이 인간을 심판하신다. (156:50-51)

후천선경을 열어주시는 어머니 하나님

‣ 모든 시대가 같지 않다. 오늘은 남자의 말이 가장 큰 힘을 가지겠지만 내일은 여자가 최고의 가르침을 펼칠 것이다. (9:1)

‣ 머지않아 어머니의 세상사들이 풀릴 것입니다. (30:17)

아버지 하나님의 강세

‣ 그들이 가장 예상하지 못할 때 주께서 오실 것이기 때문이다. (158:9)

하나님의 가르침을 전한 진리의 스승들

‣ 그들은 어느 곳에나 교사들이 있고, 그 교사들이 각자 하나님께서 정해주신 임무 수행에 바쁘며, 진리를 인간의 마음속에 몰고 간다는 것을 모른다. (9:10)

‣ 나를 믿고 하나님께서 보내신 그리스도를 믿는 자는 생명의 잔을 마실 수 있고, 그의 내면에서는 생명수가 흐를 것이다. (134:3)

‣ 부처의 말은 인도의 신성한 책들에 기록되어 있다. 그 말에 주의를 기울여라. 그 말들은 성스러운 숨결의 가르침의 일부이기 때문이다. (11:12)

‣ 그래서 거룩하신 한 분은 판단했고, 사람들이 더 많은 빛을 필요로 할 때 영적 스승이 빛을 주기 위해 땅으로 내려왔다. (14:18)

- 베다 시대 이전에도 세상에는 길을 밝혀주는 많은 경전이 있었다. 그리고 인간이 더 큰 빛이 필요할 때 베다와 아베스타와 대도大道의 경전들이 더 높은 차원으로 사람들을 인도하기 위해서 나타났다. (14:19)
- 그리고 적합한 장소에서 율법과 예언서와 시편을 담고 있는 히브리 성서가 인간에게 깨달음을 주기 위하여 나타났다. (14:20)
- 그러나 해가 지나가면서 사람들에게 더 큰 빛이 필요하게 되었다. (14:21)

하나님의 대행자

- 그리고 그때 물병을 든 사람이 하늘의 호弧를 가로질러 걸어 나올 것이다. 그리고 사람의 아들의 표지와 인장이 동쪽 하늘에 우뚝 서게 될 것이다. 지혜로운 자들은 고개를 들고, 이 땅의 구원이 가까이 왔음을 알게 될 것이다. (157:29~30)
- 아침 해가 동쪽에서 와서 서쪽으로 비추듯이 사람의 아들의 시대가 오는 것도 마찬가지이다. 사람의 아들이 권능을 가지고 하늘의 구름 위에 나타나는 걸 볼 때 땅 위의 사악한 자들이 눈물을 흘릴 것이다. 사람의 아들이 오는 날과 시간도 알 수 없으니 너희는 주의하고 또 주의하라. 그날이 올 때 준비되어 있으려면 마음에 감각적인 일이나 일상의 근심에 사로잡히지 않도록 하라. 사시사철 깨어 있어라. 그리고 주님을 슬픔이 아닌 기쁨으로 만나기를 기도하라. (157:35~39)
- 사람의 아들의 표지와 인장이 동쪽 하늘에 우뚝 서게 될 것이다. (157:29)
- 그리스도의 형상을 한 사람의 아들이 올 것이고, 그대들은 그의 얼굴을 볼 수 있소. (133:15)
- 그러나 다가올 시대에는 인간이 더 높은 곳에 도달할 것이고, 더 강렬한 빛이 나타날 것이다. 그런 다음 마침내 완전한 인간의 보좌로 가는 길을 비출 위대한 스승이 땅으로 내려오실 것이다. (14:26~27)

구원의 일꾼들

- 이날이 오기 전에 우리 아버지 하나님이 그의 전령들을 타국과 땅 구석구석

으로 곳곳에 보내시면 (157:40)
‣ 수확의 날은 시대의 끝이며, 추수하는 자는 하나님의 전령들이다. (116:10)

개벽 실제 상황
‣ 성벽은 돌 위에 돌 하나도 남아 있지 않을 것이다. 오늘 너희가 하늘에 계신
  하나님의 베푸심을 걷어찼기 때문이다. (151:22)
‣ 대기는 죽음의 연기로 가득 찰 것이며, 역병이 칼을 바짝 뒤쫓아 따라올 것
  이다. (157:23)
‣ 그날에 어린아이를 둔 어머니들에게 비통함이 있을 것이다. 누구도 칼을 피
  하지 못할 것이다. (157:18)
‣ 이 인간 삶의 순환은 정복자의 군대가 성문에서 천둥 같은 소리를 내며 들어와
  거리마다 피가 물처럼 흐르기 전까지는 완성되지 않을 것이다. (157:5)
‣ 모든 돌이 무너져내려 이 땅의 모든 나라에게 비웃음거리와 이야깃거리가 될
  날이 올 것이다. (157:3)
‣ 사람들이 결코 본 적이 없는 징조가 하늘과 땅에 나타날 것이며, 또한 해와
  달과 별에 나타날 것이다. (157:24)
‣ 심판의 날에는 모든 책이 펼쳐지고 이 사람들과 다른 모든 사람들은 심판을
  받을 것이다. (109:09)
‣ 이날의 고난은 말로 다 할 수 없을 것이다. 하나님이 이 땅에 인간을 창조하
  신 이래 이런 일은 없었기 때문이다. (157:19)

남을 위해 사는 상생의 삶
‣ 인간이 더 이상 할 수 있는 것이 없을 때 비로소 도움을 줍니다. (46:11)
‣ 많은 사람이 자기의 이익을 위해 그 길을 구한다. 그들은 생명의 문을 두드
  리지만, 문은 굳게 닫혀 있다. (141:4)
‣ 하나님은 하나님을 믿고 인류에게 봉사하는 사람들을 돌봐 주신다. (99:23)
‣ 모든 생명체에게 여러분의 삶을 바치십시오. 그러면 하나님께서는 기뻐하십
  니다. (28:25)

- 가장 위대한 자는 다른 이들의 종이 되는 사람이다. (131:9)
- 우리가 가지고 있는 유일한 것은 남에게 나누어주는 것뿐입니다. (37:18)
- 빛의 아들들을 다스리는 자들은 세상의 권력을 추구하지 않으며, 다만 사람들을 위해 기꺼이 자신의 생명을 희생하여 바치는 사람이라는 것을 너희가 반드시 알아야 한다. (146:36)

하나님의 뜻과 하나 되는 삶 ; 성통공완자性通功完者

- 인간이 하나님과 같은 삶에 도달했을 때, 인간과 하나님이 하나가 될 때, 인간은 구원받습니다. (22:31)
- 하나님은 모든 사람의 마음에 개별적으로 말씀하신다. (12:5)
- 인간이 신과 하나가 되는 의식에 도달했을 때 필멸하는 인간의 삶의 마지막이 무엇이 될지를 가르쳤다. (103:6)
- 누구든지 하나님의 뜻에 따라 삶을 살고 그 뜻을 행하는 사람은 하나님의 자녀이며 (106:21)
- 육신에서 나는 것은 사람의 아들이며 성스러운 숨결로 나는 것은 하나님의 자녀이다. (75:12)
- 창조의 영들은 인간에게 의지를 주었다. 따라서 인간은 선택할 수 있는 능력을 가지고 있다. (14:10)
- 그들은 오직 하나님을 닮은 자아를 펼치기 위해 지상과 저 너머의 공기 중에 몇 번이고 왔다가 가는 영원한 전체의 불멸하는 일부다. (114:29)
- 자신의 높은 자아를 아는 사람은 하나님을 알고 (8:15)
- 모든 사람은 태어날 때부터 하나님의 아들들이며 하나님은 인류의 아버지이시다. 그러나 모든 사람이 믿음으로 인한 하나님의 아들들은 아니다. (139:6)
- 성스러운 숨결이 하나님과 인간을 다시 하나로 만들어 조화와 평화를 회복할 것이라 가르치고, (7:19)
- 사람 자신은 육체도 아니고 혼도 아니다. 그는 영이며 하나님의 일부분이다. (머리말)
- 아버지와 그 자녀가 하나이듯이 하나님과 사람 역시 하나이기 때문이다. (91:41)

‣ 태초 이래로 제단과 성전에 바쳐 온 이른바 제물이라 불리는 모든 것은 자신
  의 형제인 다른 사람을 구하기 위해 스스로 희생하는 법을 인간에게 가르치
  기 위한 것이었습니다. 인간은 다른 사람들을 구하기 위해 자신의 목숨을 버
  리지 않고서는 결코 자신을 구할 수 없기 때문입니다. (35:5)

진아眞我

‣ 인간이 구원받아야 할 유일한 악마는 자아, 즉 낮은 자아이다. (8:21)
‣ 자신의 진아眞我를 찾을 때까지는 아무도 진리의 빛 안으로 들어갈 수 없습
  니다. (48:6)
‣ 사람이 자기 자신에게 돌아와 자기가 하나님의 아들이라는 사실을 이해하
  고, 하나님의 모든 권능이 자신 안에 내재하여 있는 것을 알게 될 때, 그는 위
  대한 스승이며 모든 원소가 그의 목소리를 듣고서 기꺼이 그의 뜻을 행할 것
  이다. (92:11)
‣ 그때 인간은 완전함의 복을 얻고 하나님과 하나가 될 것이다. (머리말)

우주의 이법을 이해하며 하나님을 깨달아가는 인간

‣ 자연법칙은 건강의 법칙이며, 이 법칙에 따라서 생활하는 사람은 결코 병들
  지 않는다. (23:5)
‣ 이 법칙을 어기는 것은 죄악이며, 이러한 죄를 짓는 사람은 병이 든다. (23:6)
‣ 어떤 원인은 한 번의 짧은 삶의 일부일 수도 있지만, 결과는 또 다른 삶의 이
  전까지 나타나지 않을 수도 있다. (114:30)
‣ 감각은 지나가는 사물의 단순한 그림만을 마음에 가져올 뿐 사물의 실체를
  다루지 않습니다. 감각은 영원한 법칙을 이해하지 못합니다. (44:20)
‣ 악령은 인간을 무지하게 만들어서 자연과 하나님의 법칙을 어기도록 한다.
  (23:22)
‣ 지구의 일부에 지구의 고동치는 거대한 심장이 하늘을 향하는 에테르파를
  쏘아 올리는 곳이 있어 위로부터 내려오는 에테르를 만난다는 것을 잘 알
  고 있습니다. 그곳에는 영의 빛과 총명함이 밤하늘의 빛처럼 밝게 빛납니다.

(44:9~10)

‣ 평화는 투쟁 뒤에 옵니다. 나는 이 죽음의 평화를 부수기 위하여 왔습니다. (113:10)

우주 삼라만상의 본질은 영혼이다

‣ 인간들과 새, 짐승, 벌레들은 육화된 신들입니다. (28:9)
‣ 사람의 영은 대도의 영과 밀접히 엮여있다. (9:27)
‣ 혼이 돌아왔다. 그리고 죽은 자의 몸은 생명으로 가득 찼다. (102:22)
‣ 모든 살아있는 것은 다른 살아있는 것과 끈으로 연결되어 있다. (8:2)
‣ 우리가 보는 것은 에테르들이 이리저리 진동하는 동안 그것을 반사하여 그렇게 보이는 것일 뿐이며, 조건이 변하면 사라지고 맙니다. (22:9)
‣ 저 너머 혼의 왕국에는 이런 육의 진화가 알려져있지 않습니다. 위대한 스승들의 과업은 인간이 원래 갖고 있었던 유산을 회복시켜서 그들이 잃어버린 자산을 되돌려주는 것이며, 그때 인간은 자신이 타고난 차원의 에테르에 의존해서 다시 살아갈 것입니다. (32:36)
‣ 사람은 물과 성스러운 숨결로 거듭나지 않고는 하나님의 나라에 들어갈 수 없다. (75:11)
‣ 사람이 혼의 차원에 있는 모든 적을 정복하면, 씨앗은 완전히 싹을 틔우고 성스러운 숨결 안에서 자라날 것이다.
‣ 그러면 혼의 겉옷은 그 목적을 잘 수행한 것이며, 인간은 혼의 겉옷이 더 이상 필요하지 않게 되고, 옷은 사라져서 없어질 것이다. (머리말)
‣ 부활 안에 필멸하는 인간 생명의 화학과 죽음의 사명, 그리고 신과 같은 삶의 신비가 있습니다. (178:42)
‣ 세속적인 사람은 영의 율법을 혐오한다. 그것은 죄악으로 사는 자유를 빼앗기 때문이다. (100:13)
‣ 높은 자아는 하나님의 형상으로 만들어진 혼을 입은 인간의 영이다. (8:6)
‣ 낮은 자아는 뒤집힌 진리가 구체화된 것이며, 따라서 드러난 거짓이다. (8:9)

인간은 수행을 통해 불멸의 존재로 부활한다 ; 성명정性命精

‣ 육체의 생명은 단지 오늘의 별 볼 일 없는 한순간에 불과하다. 하지만 사라 지지 않는 생명이 있다. (129:5)

‣ 영의 법칙은 생각과 말과 행동이 순수해지길 요구한다. (126:19)

‣ 혼의 문을 여는 비밀의 샘은 오직 삶의 순수함과 기도와 성스러운 생각에 의 해서만 건드려집니다. (44:25)

‣ 손이나 호흡에서 나오는 효력은 천 명 이상을 낫게 할 수 있다. 하지만 사랑은 여왕이다. 사랑으로 강력해진 생각은 하나님의 최고의 향유이다. (23:21)

‣ 혼이 하나님을 만날 수 있는 고요함이 있습니다. 그곳에 지혜의 샘이 있어서 그곳에 들어가는 모든 이가 빛에 잠기고, 지혜와 사랑과 권능으로 채워집니 다. (40:3)

‣ 사람들은 하나님과 만날 수 있는 비밀의 장소를 늘 지니고 다닙니다... 마음 의 문을 활짝 열어서 그 고요함을 발견하고 하나님을 집을 찾아낼 수 있습니 다. (40:6~7)

‣ 삶의 무거운 짐으로 인해 심한 압박감을 느낄 때는 밖으로 나가 조용한 장소 를 찾아 기도하고 명상하는 것이 훨씬 더 좋습니다. (40:9)

‣ 이제 나는 죽음을 정복하는 인간의 능력을 증명하려 한다. 모든 인간은 육체 를 입은 신이기 때문이다. (163:37)

‣ 너희가 삶과 죽음 그리고 죽은 자들의 부활에 대한 신비를 알도록 나는 내 목숨을 버렸다가 다시 취할 것이다. (165:38)

‣ 아버지 하나님의 축복받은 이들이여, 와서 오래전부터 너희를 위해 준비된 유산을 받아라. (158:39)

‣ 인간의 육체 속에는 죽은 자로부터 부활하는 정수가 있습니다. 성스러운 숨 결에 의해 소생하는 이 정수는 육체의 모든 구성 물질을 더욱 높은 상태로 끌어올릴 것이며, 인간의 눈으로 볼 수 없는 보다 높은 차원의 몸의 실체로 만듭니다. (178:36~37)

‣ 로고스는 모든 것을 창조하고, 파괴하고, 구원하는 완전한 말씀입니다. (48:3)

‣ 인간이 하나님과 자연 그리고 자신에게 믿음을 갖는 곳에 도달할 때, 인간은

'거룩한 말씀(the Word)'의 힘을 알게 된다. (23:13)

죄를 뉘우치고 성령으로 거듭나야 하나님과 같은 사람이 될 수 있다

▸ 잘못이 모두 바로 잡히면 인간은 일어나 하나님과 하나가 될 것이다. (114:51)

▸ 진리와 거짓이 그 안에 합쳐져 있습니다. 그리고 그 둘은 서로 싸웁니다. 무가 가라앉으면 인간은 진리로 남게 됩니다. (22:13)

▸ 육신에서 나는 것은 사람의 아들이며 성스러운 숨결로 나는 것은 하나님의 자녀이다. (75:12)

▸ 인간의 마음이 우주적인 마음과 정확히 일치할 때, 인간은 이러한 아카샤의 인상을 의식적으로 인식하게 된다. (머리말)

▸ 이를 기억하여 성스러운 일을 위하여 안식일을 완전히 구별하라. 그것은 이기적인 자아를 위한 일이 아니라 우주적인 자아를 위함이다. (96:25)

▸ 인간은 생명의 모든 단계를 겪었기 때문에 모든 것의 일부분입니다. (32:4)

▸ 하늘에 계시는 너희의 아버지 하나님과 같이 온전하라. (97:32)

▸ 영혼, 삶, 죽음, 불멸에 대한 신비, 그리고 사람은 다른 모든 사람과 하나님과 하나라는 사실을 밝혀 줄 것이다. (162:8)

인간은 육체를 벗고 윤회하며 성숙해 간다

▸ 흙이 씨앗의 목적이 아닌 것과 같이 무덤이 인간의 목적인 것은 아니다. (155:16)

▸ 사람은 무덤으로 들어가지만, 다시 일어나 생명을 드러낼 것이다. (155:22)

▸ 죽음은 가혹한 말이지만, 당신의 아들은 절대 죽을 수 없습니다. 그는 이 땅에서 할 일을 하기 위해 육신의 옷을 입고 태어났었고, 이제 그 일을 다 마쳤습니다. 그는 이제 육신의 옷을 벗었습니다. (54:6~7)

▸ 헤롯왕이 쇠사슬에 묶어서 감방에 넣은 이 사람은 이 땅에 다시 온 하나님의 엘리야다. (103:23)

▸ 삶은 죽음의 결과이다. 씨앗은 죽은 것같이 보일 수 있지만, 그것의 무덤에서 나무가 자라 생명이 된다. (155:17)

- 만 년 전에 이 사람들은 화성법에 통달했습니다. (37:14)
- 죽음이란 육신의 집에서 혼이 떠나는 것이다. (120:28)

자연신

- 불과 물과 땅과 공중의 영들은 들어라. (머리말)
- 불의 영들을 꾸짖고 끔찍한 짓을 즉시 멈추고 잠잠해질 것을 명했다. (92:7)

척신과 보호신

- 죽은 자는 죽은 자가 돌볼 수 있다. (117:27)
- 이 사람을 보라! 한때 전생에서 그는 잔인한 사람이었고 자기 동료의 눈을 잔인한 방법으로 멀게 하였다. (138:12)
- 불협화음들은 인간이 보지 못하는 공기의 악령들의 소행이다. (23:22)
- 이 숨은 적들을 만나 악령을 몰아내는 법을 가르치려고 외국에서 온 스승들과 열두 제자를 묘지로 데리고 들어갔다. (118:8)
- 최근에 죽어서 아직 보다 높은 차원에 오르지 못한 영들이 한때 육신의 집이었던 살과 뼈가 묻힌 무덤 근처에 남아 있었다. (118:5)
- 공중의 어떤 영들은 우두머리 영들이며 인간의 힘만으로 몰아내기에는 너무 강력하다. 그러나 인간은 저 높은 곳에 계신 조력자들에게 간청할 수 있으며 (23:25)
- 그대들은 선지자들과 선각자들의 무덤을 만든다. 그들은 그대들의 조상이 죽였으니 그대들도 그 범죄의 일부이다. (108:25)

심판과 구원

- 하나님의 생각을 사용한 방법에 의해서, 그리고 영원한 사랑의 에테르가 어떻게 섬기는 일에 쓰였는지에 따라 심판을 받을 것이다. (109:10)
- 인간은 진리와 거짓이 묘하게 섞인 것입니다. (22:12)
- 하나님이 요구하시는 유일한 희생은 자아입니다. (19:25)
- 빛을 보려면 빛이 있는 곳으로 오십시오. (29:5)

- 사람들의 사악함은 모두 불타버리고 황금은 살아남는다. (116:16)

참회를 바탕으로 한 진실한 삶
- 저주는 내면의 인간에게 독이다. (105:31)
- 다른 사람에게 잘못하는 사람은 그가 잘못한 것을 바로 잡을 때까지 결코 용서받을 수 없다. (13:19)
- 두려움은 인간이 죽음을 향해 타고 가는 수레이다. (52:15)
- 다른 사람의 잡초를 뽑느라고 시간을 보낸 사람은 정작 자기 자신의 잡초는 뽑을 시간이 없으며, (27:24)
- 편협함은 무지가 무르익은 것이다. (77:13)
- 너희가 하늘나라의 문을 통과하려면 이 아이처럼 겸손해야만 한다. (131:12)

타락하지 않는 순결한 삶
- 모든 하늘의 덕은 하나님의 손에 있고 모든 충실한 하나님의 자손들은 이러한 덕과 권능을 사용할 수 있다. (92:38)
- 너희는 사람의 미움을 사랑과 자비와 선한 의지로 바꿀 수 있다. (11:6)
- 그들에게 하나님과 사람은 하나였지만 세속적 생각과 말과 행동을 통해 사람이 하나님에게서 떨어져나와 자신을 천하게 하였음을 가르쳐라. (7:18)
- 아버지 하나님께서는 기만을 경멸하십니다. (48:18)
- 인간이 더 이상 할 수 있는 것이 없을 때 비로소 도움을 줍니다. (46:11)
- 많은 사람이 자기의 이익을 위해 그 길을 구한다. 그들은 생명의 문을 두드리지만, 문은 굳게 닫혀 있다. (141:4)
- 완전한 생명으로 인도하는 길이 있으나 그것을 한 번에 찾는 사람은 아주 드물다. (101:11)
- 사람들의 호화로운 형식과 의식은 나뭇가지들입니다. 그들의 말은 나뭇잎입니다. (34:15)
- 인간적 의지가 신성에 흡수되어야만 합니다. 그때 비로소 당신은 신성함의 의식 속에 들어올 것입니다. (40:14)

【 기타 주요 주제별 구절 모음 】

예수의 성장 과정과 관련된 구절

1) 그들은 값비싼 선물을 가지고 새로 태어난 왕을 찾아 경배하려고 서둘러 서쪽으로 향했다. 한 사람은 고귀함의 상징인 황금을, 다른 사람은 지배와 권능의 상징인 몰약을, 나머지 사람은 현자의 지혜의 상징인 유향을 가져갔다. (5:2~3)

2) 마리아의 아들 예수가 사람들에 대한 그 사랑을 드러내러 왔다. (7:21)

3) 그리고 요한과 예수는 새 소식을 말하고, 사람들에게 선한 의지의 복음과 땅 위의 평화를 선포하는 최초의 사람이 될 것이다. 우리는 이들을 '빛의 계시자'라 부르지만, 그들은 빛을 드러낼 수 있기 전에 빛을 지녀야 한다. (7:14,16)

4) 그래서 그대들이 아들을 가르쳐 그들의 혼이 사랑과 거룩한 갈망으로 불타게 하고, 사람들의 아들들에 대한 그들의 사명을 자각하게 해야 한다. (7:17)

5) 라반나는 자신이 예수의 후원자가 될 수 있는지, 그 소년이 브라만의 지혜를 배울 수 있도록 그를 동양으로 데려갈 수 있는지 물었다. 예수도 역시 가서 배우기를 갈망하였기 때문에, 며칠 후 부모님이 승낙하였다. (21:15-16)

6) 어떤 스승이 저에게 이런 지혜를 열어주었는지 모릅니다. 제가 보기에 진리는 결코 닫혀 있지 않고 언제나 열려 있었어요. 진리는 하나이고 어디에나 있으니까요. (17:9)

7) 너의 지팡이는 진리란다. 이 지팡이로 군중을 건드리거라. 그러면 모든 사람이 신성한 빛과 생명의 메신저가 될 것이란다. (16:12)

8) 나는 지상의 삶의 모든 길을 걸을 것입니다. 모든 배움의 전당에 앉을 것이고, 인간이 도달한 최고의 높이에 도달할 것입니다. (47:12)

9) 마리아는 이 집에서 아들 예수에게 엘리 후와 살로메의 교훈을 가르쳤다. 예수는 베다의 찬가와 아베스타 경전을 매우 좋아했지만, 무엇보다도 다윗의 시편과 솔로몬의 신랄한 논쟁을 즐겨 읽었다. (16:1~2)
10) 그리스의 철학은 날카로운 진리로 가득 차 있었고, 예수는 그리스 학교에서 그리스의 스승들과 공부하기를 갈망했다. (44:1)

예수의 정체성을 드러내는 구절

1) 주께서 오시기 전에 내가 엘리야를 너희에게 다시 보낼 것이다. 그는 구원하실 주를 위해 언덕을 낮추고 골짜기를 채워 그를 위해 길을 닦을 것이다. (2:9)
2) 기뻐하라 마리아여, 그대가...임마누엘이라 불릴 아들을 낳을 것이기 때문이다. (2:15)
3) 밤중에 베들레헴의 동굴에서 그대들이 오래도록 기다려온 예언자이자 왕이신 분이 태어나셨소. (3:11)
4) 임마누엘을 보세요! 메시아의 이마 위에 있는 십자가 인印을 보세요! (4:9)
5) 이 아이는 사람, 곧 사람의 아들이며 모든 찬양을 받을 가치가 있다. 그대는 하나님을 사모하고 경배해야 한다. 오직 그분만을 섬겨야 한다. (4:12)
6) 선지자 미가가 이렇게 썼습니다. 오 베들레헴 유대여, 유대 언덕 가운데 작은 땅이여, 그러나 그대들로부터 한 사람이 나와 우리 민족, 이스라엘을 지배할 것이다. 그렇다. 그는 아주 오래전 옛날에 살았던 사람이다. (5:12)
7) 페르시아는 마기인의 땅이다. 그 땅의 사제들은 마리아의 아들이 태어난 곳을 가리키는 별을 보고, 그를 평화의 왕자로 경배한 최초의 사람들이었다. (10:26)
8) 그들(예수, 세례요한)은 여러 나라에 가서 많은 스승의 발밑에 앉을 것이다. (12:20)
9) 거룩하신 한 분은 그저 자신의 길을 비추신다. (14:16)
10) 예수는 사람들에게 그 빛을 보여주기 위해 성육신하신 메신저이다. (14:22)
11) 마침내 완전한 인간의 보좌로 가는 길을 비출 위대한 스승이 땅으로 내려

오실 것이다. (14:27)

12) 저(예수)는 유대 땅을 떠나서 나의 조상들의 땅에 있는 다른 나라의 친족들을 만나고 싶습니다. (17:20)

13) 나(예수)는 하나님께 가는 길을 보여주려고 온 당신들의 형제입니다. 당신들은 사람을 경배해서는 안 됩니다. 단지 거룩하신 한 분, 하나님을 찬양하십시오. (26:24)

14) 최후 심판일이 오기 전에, 내가 엘리야를 너희에게 보내 사람들의 마음을 하나님께로 돌리게 하리라. (62:7)

15) 메시아란 길을 잃은 사람들을 찾아 구원하기 위해 하나님께서 보내신 사람이다. (73:16)

16) 나는 사람의 이름으로 온 것이 아니며, 자신의 힘으로 온 것도 아니다. (104:7)

17) 나는 그 무덤 안에서 사흘 동안 그리스도와 아버지 하나님, 어머니 하나님과 함께 달콤한 교감을 할 것이다. 그 후 영혼이 더욱 높은 생명으로 올라가는 상징으로 무덤 속의 나의 육신은 사라질 것이며, 더 높은 형태로 변형되어 너희가 모두 보는 앞에서 나의 아버지 하나님께로 올라갈 것이다. (127:28-30)

18) 아브라함의 날 이전에 내가 있다. (135:36)

19) 너는 어찌 나를 선하다고 하는가? 하나님 외에는 아무도 진정으로 선하지 않다. (142:20)

20) 나는 세상이 만들어지기 이전에 우리 아버지 하나님과 함께 영광을 누렸다. 그리고 여전히 나는 인류에게 헌신하고 사람들을 섬기며 나의 생명을 바치기 위해서 왔다. (146:38)

21) 나는 부활이자 생명이다. 나를 믿는 자는 죽더라도 살 것이며, 살아서 나를 믿는 자는 절대 죽지 않을 것이다. (148:17~18)

22) 나는 스스로 말하는 것이 아니며, 하나님께서 나에게 주신 말씀을 전하는 것이다. (156:52)

23) 나는 길이요. 진리요. 생명이다. 나는 하나님의 그리스도를 드러낸다. 나

와 함께 그리스도를 통하지 않으면 아무도 아버지의 나라에 올 수 없다. (161:19)

24) 그러나 성스러운 숨결이 능력으로 오면 그는 너희에게 더 많은 것을 가르칠 것이고 내가 너희에게 한 모든 말을 기억나게 할 것이다. (162:5)

25) 그러나 내가 말하노니 주의 위대한 날이 오기 전에 성스러운 숨결이 모든 신비를 밝혀 줄 것이다. (162:7)

26) 나는 사흘 후에 삶과 죽음의 모든 것과 죽은 자들의 부활의 의미를 보여 줄 것이다. 내가 하는 일은 모든 사람이 할 수 있다. (163:40-41)

27) 저의 영혼은 흔들리지 않으니 제 뜻대로 마옵시고, 오! 하나님, 당신의 뜻대로 이루어지기를 원합니다. (163:49)

28) 태양이시여! 어찌하여 저를 버리시나이까? (171:3)

지상천국

1) 하나님의 나라는 이중성이다. 겉과 속의 모습이 있다. (116:2)

2) 내적인 나라는 혼의 나라이며 마음이 순수한 사람의 나라다. (116:5)

3) 이 외적인 나라는 그물이다. 모든 종류의 사람이 잡히지만 선별하는 날에 나쁜 자는 버려지고 좋은 자는 남겨질 것이다. (116:8)

4) 하나님의 나라가 가까이 있다. (67:2)

【『보병궁 복음서』로 알아보는 멜기세덱】

1. 왜 멜기세덱은 평화의 왕인가

보병궁 성약성서를 보면 성경에는 나와있지 않는 멜기세덱이 왜 평강의 왕인지에 대한 보충설명이 있다. 보병궁 성약성서에서는 전쟁시 살육을 하지 않고 승리했다는 구절이 나온다.

> 머리말 : 너는 아브라함과 동시대에 살았던 그리스도인 멜기세덱의 이야기를 써도 좋다. 그는 사람들에게 희생을 통한 삶의 길을 알려주었으며, 사람들을 위해서 자신의 목숨을 기꺼이 바쳤다.

> 80장 12절 : 하나님의 제사장이자 평화의 왕자인 멜기세덱이 피 한 방울 흘리지 않고 전쟁에서 큰 승리를 거두었던 것처럼, 온유함과 사랑으로 이루어질 것입니다.

* 성경에 나와 있는 평화의 왕 멜기세덱
  그의 이름을 해석하면 의義의 왕이요, 살렘왕이니 곧 평강의 왕이요.
  (개역개정 히브리서 7:2)

2. 족보가 있는 멜기세덱

멜기세덱은 아버지도 없고 어머니도 없고 족보도 없다고 히브리서 7장 3절에 나오나, 보병궁 성약성서에는 실존인물이었고 리바이 다울링 목사가 실제 멜기세덱을 영으로 교감했다는 내용이 나온다.

> 머리말 : 리바이가 구별의 법칙을 배우고, 나사렛 예수와 에녹과 멜기세덱

과 그 외 동역자들의 음색과 리듬에 맞추는 데에는 여러 해가 걸렸다.

* 다른 유대 경전에는 다양한 설로 멜기세덱의 뿌리를 밝힌다. 라시(탈무드를 주석한 유명한 유대인)와 같은 토라(유대인 율법서) 해석 전문가들은 멜기세덱이 노아의 아들 셈 혹은 셈의 후손이라고 한다. 독일 신학자 마틴 루터 또한 그렇게 해석한다. 한편 미국 남부침례신학대 피터 젠트리 박사는 멜기세덱을 가나안 지방에 예루살렘과 관련된 지방의 왕이자 제사장이였던 실존인물로 말하고 있다.

| 인명, 지명 색인(장-절) |

카스피해(the Caspian Sea) 42-3
케루빔(Cherubim) 32-24, 32, 40-24, 56-10, 97-2
크리슈나(Krishna) 26-4
디베랴(Tiberius) 85-3, 167-8, 12, 48, 168-17, 178-16, 24
플라톤(Plato) 50-8
필로(Philo) 56-6, 7, 57-17, 59-13, 72-21
헤롯(Herod) 1-1, 5-5, 6, 8, 13, 17, 6-1, 3, 5, 6, 23, 7-1, 12-23, 85-1, 3, 6, 7, 10, 13, 103-23, 105-4, 117-2, 4, 9, 10, 121-27, 123-33, 128-28, 129-39, 141-11, 167-27, 28, 29, 31, 35, 38, 168-23, 170-6
힐렐(Hillel) 1-10, 18-8, 14, 15, 20, 21, 22, 19-20, 21-4, 6

/ 지명 /

가나(Cana) 70-1, 86-8, 87-1·11
가나안(Canaan) 10-9·10·14, 15-26
가버나움(Capernaum) 71-1·3, 72-1, 86-8, 87-2·4·6·11, 89-6, 90-2·16, 93-13, 101-33, 102-3·25, 103-12·35, 118-30, 119-2, 122-45, 123-33, 124-24, 125-3·16, 130-27, 132-21, 133-1, 135-2, 140-4, 144-31, 179-2·27·28
갈대아(Chaldea) 10-6, 42-3·14·16
갈릴리(Galilee) 1-2·3, 20-3, 21-9, 59-19
갈멜산(Carmel hills) 44-2
그리스(Greece) 17-16, 28-19, 44-1·2·4·5·12·13·26·27, 45-1·6·15·17·20, 46-19·21·22·23·24·25·28, 56-7·8·10, 88-28, 122-8, 123-13·16, 146-3, 178-1,
길갈(Gilgal) 62-13, 131-8
납달리(Napthali) 88-5
델포이(Delphi) 45-3, 4, 9, 20
라다크(Ladak) 36-11, 22, 20
라싸(Lassa) 36-1, 6, 10
라호르(Lahore) 29-1, 2, 17, 37-1, 3, 5, 17, 20
레흐(Leh) 36-11, 37-2
마미온 거리(Marmion Way) 16-1, 21, 21-14, 69-2, 5, 86-7, 121-27
마므레 평원(the plains of Mamre) 10-14
마케루스(Macherus) 85-6
바빌론(Babylon) 43-1, 6, 8, 57-2, 103-2
베나레스(Benares) 23-2, 28-1, 29-1, 29, 31-7, 22
베다니(Bethany) 62-14
베들레헴(Bethlehem) 3-2, 3, 8, 11, 14, 16, 17, 4-14, 5-11, 12, 13, 6-2, 3, 6, 76-14, 23, 134-7, 174-9, 176-22, 33, 182-20
베하르(Behar) 27-2, 3
벨로스(Belus) 43-10
벳새다(Bethsaida) 66-1, 88-20, 90-6, 103-31, 113-24, 124-4
사르밧(Zarephath) 86-12
사마리아(Samaria) 1-1, 17-16, 20-2, 81-2, 5, 6, 8, 23, 82-1, 2, 16, 20, 83-12, 19, 24, 84-1, 122-8, 133-8, 9, 14, 16, 20, 135-29, 136-12, 140-3, 145-25, 147-1, 148-45, 181-12
사카라(Sakara) 13-4, 15-29
사해(Dead sea or Bitter sea) 12-24, 85-6, 103-8, 117-1